勝ち組企業の「ビジネスモデル」大全

著
大前研一

編著
ビジネス・ブレークスルー大学
総合研究所

KADOKAWA

Part 1 大前式「21世紀のビジネスモデル」の描き方

Part 2 実践ケーススタディ「もし、あなたが経営者ならば」

本文デザイン：小口翔平＋三森健太（tobufune）

Part 1

大前式「21世紀のビジネスモデル」の描き方

21世紀企業の勝ち組パターン
モノ・ヒトを抱えずに、客を掴む

日本は再び「戦艦大和」を造ろうとしていないか？

現代はデジタル・ディスラプション、つまりデジタルテクノロジーによる破壊的イノベーションの時代です。そんな時代において、これまで通りのやり方、今までの秩序を維持している日本企業は、米国や中国の先進的デジタル企業＝〝まったく新しい染色体を持った企業〟に一気に先を越され、市場とお客さんを根こそぎ持っていかれてしまうのは目に見えているでしょう。

かつて日本は、それまでの考え方にとらわれていたために世界に太刀打ちできず敗者となる、という苦い経験をしています。日本は太平洋戦争時に、史上最大級の戦艦大和と武蔵を造りました。「モノづくりの力」にこだわり、磨き上げ、日本が持つ技術力を結集して莫大な労力と費用をかけて、世界に類を見ない巨大な戦艦を造ったのです。当時すでに、航空母艦や戦闘機、爆撃機など、航空戦力が勝敗の鍵を握る時代になっていたにもかかわらず、日本の造船会社は高度な技術を持っていたため、それまでの延長線上で〝いいモノ〟を造ったのですが、その結果はご存知の通りです。実際、大和も武蔵も素晴らしい戦艦でしたが、米国の航空母艦と戦闘・爆撃機に徹底的にやられて、大和は表舞台に出る前に、武蔵はフィリピンまで到達してあえなく沈没してしまいました。何を言いたいのかというと、今の日本企業もいつまでも20世紀の発想、やり方にとらわれ、それを磨いていくことだけに気をとられていると、かつての大和や武蔵のように簡単に撃沈されてしまうだろう、ということです。

日本では企業による規模を求めた合併吸収が増えています。鉄鋼会社に銀行と、どの業界を見ても合併吸収の話ばかりです。もっとほかに考えるべきことがあるのではないか。今、多くの日本企業が持っている発想は、かつて大和や武蔵を造って世界と戦おうと考えていた頃とあまり変わっていないのではないかと思うのです。私は日本企業にはもっと抜本的に今までと違うこと、やった経験がないことをやってほしい、と思っています。もはや技術を磨いていいモノを作っていさえすれば売れる時代ではないのです。

デジタルの時代に製品優位性で差別化することはできない

かつての大量生産、大量消費時代の日本のメーカーは、設計から製造、販売に至るまで、全ての機能と設備をワンセットで自分たちの会社の中に持っていました。ところが、こういうやり方でいこうとすると、だんだん需要が陰ってきたり、世の中が大きく変わってきた時に会社がうまく回らなくなってしまいます。

実際にデジタル・ディスラプションの時代が到来した時、まず製造設備をたくさん持っていた会社から様々なトラブルが発生し始めました。日本の家電メーカーがほぼ全て崩壊した理由というのは、スマートフォン（以下、スマホ）1台の中にビデオもカメラもオーディオも全部入ってしまったという時にまだビデオを作る会社を持っている、オーディオ機器の製造工場を持ち続けるという発想の遅れにあったわけです。日本のメーカーは、デジタルカメラ隆盛の時代あたりまでは世界をリードしていましたが、それがスマホのアイコン1つで全てがこと足りる時代になった時に、時代の変化に追いつくことができなかったのです。

20世紀までは製品・サービスの優位性や差別化が重要でしたが、今は製品の優位性や差別化で勝負するのが非常に難しい時代です。「デジタルの時代」になり、アナログの時代にはあった製品差が少なくなってきたためです。例えば家電ではどこのメーカーがいいというこだわりを持つ人は少なく、製品自体で差別化を図ろうとするならダイソンの掃除機くらい圧倒的に違うものを作らないと勝ち目がありません。

アナログの時代には、技術者、職人のスキルによって製品のクオリティにかなり差がありましたが、テレビも、どこのメーカーのどんな製品も同じような半導体や液晶を使っているので、ほとんど差がありません。かつてソニーやシャープは何十年もかけてテレビ・ブランドにおいてトップの座にのぼりつめて世界を席巻しましたが、米国ではVIZIOという鴻海（鴻海精密工業。以下、ホンハイ。台湾）の資本が入っている液晶テレビメーカーが登場。安いテレビを売り出し、2～3年で米国におけるテレビのシェア1位になってしまいました。

昔は安いテレビが売れることはほとんどありませんでしたが、デジタル技術を皆が使う今は品質に差がつけられないので、安いものでもブランド力がなくてもシェアトップになってしまう。商品の優位性や差別化で勝負できない時代には、「安い」ことが一番の差別化になるのです。しかし今や多くの家電メーカーは安さでも勝負できない時代になっています。メーカーだけでなく家電量販店も経営に苦労していますが、仕方ありません。メーカーからの仕入れ価格を下げて「安売りしています！」と大声でアピールしても、Amazonなどネットショップなどでは同じものがもっと安く買えてしまうからです。実店舗を持たない＝抱えないところの方が基本的にはコストが安く、家電量販店がいかに安売りしても、価格競争においては限界があるのです。

勝ち組企業の必須条件「抱えない」＝「ソリューションファースト」

では、そんな時代の勝ち組企業のビジネスモデルとは何か？　という問いに対する答えを最初に言ってしまうならば、「抱えない」こと＝「ソリューションファースト」であることです。

この〝抱えない〟〝ソリューションファースト〟という勝ち組のビジネスモデルを実現し躍進している日本企業の代表格が、大阪に本社を置くキーエンスというセンサーのメーカーです。センサーとは、今注目されているＩｏＴ（Internet of Things）において非常に重要な技術でありアイテムです。キーエンスは昔から収益性が非常に高い会社として知られていますが、その大きな要因の1つが、「社内に製造部門を持っていない」ということです。所有をせずに空いているものを有効活用する「アイドルエコノミー」をいち早く実践してきたのです。こういうセンサーを作るのであればこの技術者、この会社に頼めばいい、ということを熟知していて、外部の彼らに作ってもらい、納品する。つまりお客さんのニーズと、それを作れる人が分かっていて、お客さんと作り手を的確に結び付けるのです。

ネットを活用した印刷サービスを提供しているラクスルもアイドルエコノミーの先駆的な会社であり、〝抱えない勝ち組企業〟のいい例です。彼らも自社内に製造施設、つまり印刷工場を抱えていません。そもそも印刷会社は、必要な印刷量の倍を印刷できるような印刷機械を確保しています。なぜかというと、印刷機械は壊れやすいものなので、故障時にも必要な印刷量を担保するためです。ラクスルはこの通常は使っていない印刷性能を活用することで、低コストを実現しています。印刷サービスを提供する会社が印刷機を持たないというのは、考えてみればすごいことですが、ラクスルは空いている、つまり稼働していない全国の印刷工場の印刷機を有効活用しているのです。

これまでは、企業がDMやチラシ、カタログなどの印刷を発注する時、数社から見積もりをとって彼らの言い値で頼むという方法をとってきました。対してラクスルは、全国にある数万社の印刷会社と連携し、発注者の要望にマッチする印刷会社に印刷を依頼する、という仕組みです。こうしたビジネスモデルによって、お客さん側は安く早く印刷物を納品してもらうことができ、印刷会社も印刷機械の稼働率が上がってWin-Winというわけです。最近ラクスルと同じような印刷サービスを提供する会社もいくつか出てきていますが、みな共通しているパターンとしては、自分たちで印刷機を抱えていないという点です。

今、日本企業、とくに多くのメーカーが陥っている根本的な問題は、自分たちで抱えてしまった製造設備と人間をできるだけ稼働させなければならない、作ってしまったものはどうにかして売らなければならない、ということです。これは、お客さん、市場のニーズよりも企業側の意向を優先したプロダクトアウトの発想です。自分たちで生産施設を抱えてしまうと操業度重視になり、お客さんのニーズがよく見えない状態になってしまうのです。お客さん側は「こういう商品がほしい」と言っているのに、メーカー側はひたすら「私たちが作ったものを買ってください」と言い続け、売りたい人と買いたい人がマッチしなくなり、商品も売れない。これは当然といえば当然です。勝ち組企業のビジネスモデルとは何か？　を考える時、こうした生産設備を抱えてしまうというやり方、プロダクトアウトの発想は、大きく時代からずれてしまっている、言い換えれば負け組のビジネスモデルといってもいいいかもしれません。

21世紀は、作ったものをひたすら売るという発想ではなく、「お客さんが今、何を欲しているのか」という発想で考えることが重要です。そして、お客さんが求めるものを作ってくれる人は、世界中にいくらでもいます。Ａｐｐｌｅでさえ設計やデザインはしても、製造はホンハイにほぼ一任しています。しかしＡｐｐｌｅのスマホを使っている人は、それをＡｐｐｌｅの製造委託先ホンハイの子会社フォックスコン（中国・成都）が作っていることなどほとんど知らないでしょう。

これからの勝ち組企業の必須条件は製造設備や人材を社内に抱え込まないのと同時に、「お客さんのことが分かっていて、お客さんの意見を聞いて、それを実現するためのソリューションが作り出せる」ということです。ソリューションが何かを最初に考えて、それを実現してくれる人、会社を世界中から探し出してくる「ソリューションファースト」の発想を持っていないと勝ち組企業にはなれないのです。

21世紀は「客を握った者」が勝つ！

勝ち組企業の必須条件「抱えない＝ソリューションファースト」を備え持った企業は、先に述べたように〝顧客のことがよく分かっている〟〝顧客がよく見えている〟という意味で、「お客さんを握っている企業」である、と言い換えることができます。つまり「客を握った者が勝つ」ということです。では「お客さんを握る」とはどういうことでしょうか。これについても、少し具体的な例を挙げて説明しましょう。

最近、自動車会社やＩＴ関連会社が、次々とＵｂｅｒのようなスマホを使った配車アプリの会社に資本を投下しています。配車アプリの会社は、ほかにもシンガポールで人気の「Grab Taxi（グラブタクシー）」や、中国の「滴滴出行（ディディチューシン）」などたくさんあります。なぜみなこぞってこうした配車アプリの会社に投資しているのか。その理由が本当に分かっている人は意外と少ないのではないでしょうか。

これは非常に簡単な話です。これから先、自動車はＥＶ（電気自動車）化して、かつ自動運転になっていきます。また、コインパーキングを利用したカーシェアリングサービスも増えています。こうした時代にあって自動車は所有するものではなく、今よりもさらにシェアするものになっていくはずです。そうなってきた時に、今の自動車メーカーにとって何が一番ネックとなってくるのか？　それは「お客さんを知らない」ということです。例えば、私はこれまでいろいろなメーカーの車に乗ってきましたが、私がこれまでどこのメーカーのどんな車種に乗ってきたのか、どの車に何年乗っていつ別の車に買い換えたのか、そして今どんな車を所有しているのか、という顧客情報を正確に把握している自動車会社はありません。先ほど述べたように今後さらに車をシェアする時代になっていくにつれ、自動車会社はもっとお客さんのことが見えなくなってしまうでしょう。つまり、自動車会社は「客を握っていない」のです。

ところが配車アプリの会社やカーシェアリングのサービスを提供している会社は、スマホを通じてお客さんとつながり、お客さんの自動車利用に関する詳細なデータを持っています。このように、お客さんと直接つながった会社、客を握っている会社が21世紀においては大きな強みを持つのです。

この「客を握った者が勝ち」というのは、メーカーだけでなく通信や金融などあらゆる分野で言えることです。日本にも客を握っている巨大企業がいくつかありますが、その1つが本書のケーススタディテーマとしても取り上げているNTT（日本電信電話株式会社）です。NTTは何十年にもわたって固定顧客の電話料金の徴収をしています。したがって、どの人が何年間1度も滞納なく支払っているか、誰が何回いくら支払い遅延があるか、といったことが全部分かっています。つまり、NTTは電話料金の徴収を通して決済機能と同時に膨大な顧客の信用情報（支払い能力）を握っているのです。だから私は以前から、「NTTは銀行になるべきだ」と言っています。彼らが握っている顧客のデータ、信用情報をベースにプラットフォーム（顧客管理・決済）機能を強化すれば、相当巨大な決済専業銀行になれるはずなのです。

一方で、顧客の信用情報の把握という点で、本来最もお客さんのことを知っていなければならないはずの銀行は、NTTのようにはお客さんを握っていません。みなさんが30年も40年も同じ銀行と付き合っていたとしても、あなたに関する詳しい信用情報を彼らは持っていないのです。長年付き合いのある担当者がいれば、その個人がある程度顧客の信用情報を把握していることはありますが、ひとたび担当者が変わってしまえば、その銀行は自動車会社と同じようにお客さんのことが分からなくなってしまうのです。

21世紀に勝つ企業というのは、お客さんをがっちりとつかまえた企業です。そして客を握った企業の強みを活かし、日本企業が強くなるためには業界そのものを再編成することが必要です。もちろん業界再編成のためには政府の決断が求められますが、そのくらいのことは各企業が率先して自分たちの頭で考えてほしいと思います。もう一度しっかりと、「自分たちは本当に客を握っているのか?」、もし握っているのなら「この先もずっと握り続けられるのか?」「客を他企業や中国など海外企業に丸ごと持っていかれる危険性はないのか?」。そうしたことをもう一度真剣に考え直してほしいのです。

日本企業を縛る強大な足かせ「業界秩序」と「規制」

21世紀のデジタル・ディスラプションの時代には「ソリューションファースト」と「客を握る」ことが重要ですが、なぜ日本企業はこの2つが実現できず、もっとスピーディーに変化することができないのでしょうか。その理由は大きく2つあります。それは、「業界秩序」と国・行政の「規制」です。この2つがネック、つまり強大な足かせとなって日本企業は身動きがままならず、世界に遅れをとっているのです。

まず「業界秩序」についてお話ししましょう。例えば金融の分野における決済システムがいい例です。中国では今、買い物など何かの支払いをする時、スマートフォンを使った決済〝スマホ決済〟が主流です。多くの人が現金やクレジットカードはもう使わないのです。つい2～3年前まで「銀聯《ぎんれん》カード」というクレジットカードを使っていましたが、今やこのカードを持って日本にやって来る中国人観光客はほとんどいません。あっという間にみなスマホとQRコードを使ったオンライン決済システム「アリペイ(Alipay=支付宝)」や「ウィチャットペイ(WeChat Pay=微信支付)」を使うようになったからです。ところが日本はまだスマホ決済に十分対応できていないため、日本に来た中国人観光客から、「日本はホテルでもお店でも、スマホ決済できるところが少なくて不便だ」という不満の声を聞くことも多いようです。

中国で短期間に一気にスマホ決済が普及・浸透したのは、中国のEC最大手企業・アリババや、中国最大のチャットサービス「WeChat(微信)」を提供するテンセントなどの巨大企業の台頭が大きく影響しています。「アリペイ」はアリババ・グループ子会社アント・フィナンシャルが、「ウィチャットペイ」はテンセントが提供しているサービスです。この2大企業は、既存の業界秩序に縛られずに大胆に事業拡大することで成功を収め、中国の決済システムを激変させてしまいました。なぜそれができたのかというと、そもそも中国には既存の業界秩序というものがほとんど存在しなかったからです。

アリババとテンセントは両社合わせて10億人以上のお客さんを握っていると言われる企業です。そんな企業が金融業界の秩序に縛られないやり方で、ユーザーにとって非常に便利な決済システムを提供し始めたのですから、あっという間に国全体が現金やクレジットカード決済からスマホ決済に変わってしまったのは当然といえば当然です。こうした変化を目の当たりにすると、もともと秩序のない世界に後からやって来たものの強さを改めて感じます。ちなみにインドも500ルピーと1000ルピーという高額紙幣をいきなり廃止し、サイバーマネー、サイバー決済に移行しつつあります。

しかし日本ではそう簡単に中国やインドのようにはいきません。なぜなら、そこには長い年月をかけて構築されてきた強固な「業界秩序」というものがあるからです。例えば日本ではいまだに多くの人がクレジットカードで決済していますが、クレジットカード決済で一番儲けているのはクレジットカード会社ではなく銀行です。銀行がクレジットカード決済の処理業務を請け負うことによって儲けているのです。したがってそうした業界秩序をいきなり崩すことはできません。米国ではSquareという会社が画期的な決済システムを作りましたが、これも基本的にはクレジットカード決済をベースにしたシステムです。時代はスマホ決済なのに、やはり業界秩序があるためにクレジットカードから脱することができないのです。

こうした業界秩序というものは、行政の分野でも言えることです。いわゆる縦割り行政です。私が提案しているように「NTTが銀行になる」ということが簡単に実現できないのは、通信事業と金融事業では行政の管轄が異なるからです。今の日本では、総務省管轄のNTTが金融庁管轄の銀行にはなれず、他企業の料金の回収代行もできません。私は「NTTはNHKと一緒になればいい」という提案もしていますが、国は「通信のNTTと放送のNHKを一緒にするわけにはいかない。通信と放送は違う」などという時代遅れの考えを持っています。日本の行政はいまだに20世紀型の体質から抜け出せないでいるのです。

つまり、日本企業が変われないのは、業界秩序に加えて、役所による多くの「規制」が存在するというところに原因があるのです。何かちょっとでも新しいことをやろうとすると、国側、行政側が「これはいけれど、これは駄目だ」「これはこっちの管轄。これは別の役所の管轄」とうるさく指導、規制してくる。そうやって規制当局が企業の自由を縛っているために、日本はいつまでたっても21世紀に入ることができないで足踏みしているのです。業界の方も、それはやめてくださいと言い、規制当局の方もそんなことはやっては駄目だと言う。これではいつまでたっても日本企業が変化することはできません。

こうした業界秩序と規制によって、日本では銀行業務を行えるライセンスを持ってない会社が銀行のような業務をやっては駄目だ、ということになりますが、アリババなどは「銀行ライセンスなんて持ってないが、そんなことは知ったことか。秩序も規制も関係ない」とばかりに、どんどん金融（決済）の分野にも足を踏み入れていったわけです。そして自分たちがノウハウや技術を持っていなければ、よそから買ってくる。こうして、アリババ・グループは今やフィンテック（金融業務でのITの活用）分野において世界のトップ企業に躍り出ました。NTTが金融業界に進出して銀行になろうとしたらもの凄いジャンプ力が必要ですが、アリババやテンセントにとってみれば、そもそもジャンプをする必要もなかったわけです。

中国人が「約束を守るようになった理由」とは

いまだに20世紀の発想とやり方を引きずっている日本を横目に21世紀に向かってすごいスピードで動いているのが中国であり、アリババやテンセントのような企業です。

中国企業がここまで早く動けるのは、先述の通り業界秩序や規制に縛られないからなのですが、さらに言うと、アリババの創業者で現会長のジャック・マーも、テンセントの創業者でCEOのポニー・マーも、いわゆる業界の「新人」として既存の業界に入ってきた、ということも強みになっています。つまり、最初から各業界の既得権益、とくに金融業界における既得権益を持っていない新人であったがゆえに、周りを気にせず自由に大胆に何でもできたのです。もし彼らが巨大な権力や既得権益を持っていたならば、お金や人を含め様々なしがらみのために、ここまで大胆かつスピーディーな動きはできなかったはずです。

今アリババは、これまでの経営者、よその国ではまずできないようなことをやっています。最近では「顔認証」による決済システム「smile to pay(笑顔でお支払い)」サービスのテスト運用を開始したと発表して世界を驚かせました。もはや支払いのためにスマホを取り出す必要もない、ということです。

顔認証技術はiPhone Xなどでも導入されていますが、AIの究極の応用分野として莫大なお金になる分野です。一方で顔認証技術は考え方によっては非常に恐ろしい技術ともいえます。これがさらに進化・普及すれば、顔認証技術を持っているところが、いつどこで誰が何をしているか、というようなことまで世界中の人間全てを管理下に置くことができるからです。そのように全ての人間を握ることができるのは、米国政府でもなければ中国政府でもない、それはＡｐｐｌｅでありアリババだということです。

もう１つアリババの強みは、お客さん（ユーザー）の数です。アリババは約８億人のユーザーを抱えていると言われてますが、ただ漫然とした８億人という塊ではあまり意味がありません。アリババがこの８億人に関する長年にわたる様々なビッグデータを蓄積・解析して活用できるようにしたことが重要なのです。それがアリババが提供しているサービス「芝麻信用」（セサミ・クレジット）です。ネットショッピングや決済などの行動履歴、蓄積したデータベースを活用して各ユーザーに、その人の信用度の高さを示す３５０から９５０までのクレジットスコア（信用評価点）をつけているのです。

今、中国ではこれがあらゆる分野で業務効率の向上に役立つようになってきています。このシステムの素晴らしい点は、ビッグデータの解析によって本当に信用度の高い人とそうでない人が明確になるという点です。日本のように、ある程度の年収があってクレジットカード会社に年会費をたくさん払えばゴールドカード会員やプラチナカード会員になれるという曖昧なものではないのです。

アリペイや芝麻信用の普及によって、中国人のライフスタイルやマナーにも様々な変化が起こっています。そのなかの面白い変化の１つが、「約束を守るようになった」ということです。かつては電話やネットでホテルやレストランを予約しても、当日その人が現れないということが多かったのですが、今、中国では、ほとんどの人が予約を守るようになったというのです。その理由は、予約をした時点でアリペイで全額決済してしまう、つまりお金を先に払ってしまうから、ということが1つ。もう1つの理由が、みな「芝麻信用における信用格付けを落としたくない」と考えているからです。面白い逸話としては、適齢期の女性が集まって合コンをする時、クレジットスコアが800以上の男性しか参加する資格がないなどと篩《ふるい》にかけている、という事例も伝わってきています。とくにクレジットスコアの高い人は、自分の現在の信用度を落とすまいと、必死になって約束を守るように頑張っているのです。

こうしたこともあり、今、中国人はアリババのような民間企業の信用格付けをよくしようと必死になっており、中国政府の目はあまり眼中にありません。こうした状況は、他国では見たことのないような強烈な変化です。テンセントもいずれは同じようなサービスを提供し始めるでしょう。

アリババのAI融資システム「3・1・0」の凄さ

アリババの凄さをもう1つ挙げるとするならば、それはAI技術を使った「融資」すなわちお金を貸すシステムです。アリババ傘下のアント・フィナンシャル社が、ビジネスでお金を必要としている人に銀行のようにお金を貸すサービス「網商貸」を行っており、このシステムの処理スピードが驚異的なのです。スマホのアプリから融資申請を提出すると、コンピュータが瞬時に融資判断を下して数分で送金されるという仕組みで、この超高速融資システムは「3・1・0」と呼ばれています。融資申請の記入に必要な時間がスマホで約「3分」。融資の可否を判断する時間が「1秒」。AIが審査をするので、審査を行う人間は「0人」という意味です。こんなことが可能なのは、アリババはビッグデータの蓄積・解析によって「この人にはいくらお金を貸しても大丈夫」「この人にはいくらまでしか貸せない」という判断が瞬時にできるからです。日本なら、何十年も付き合っている銀行でも、融資の件は別部署になりますなどと言って別の人間がやってきて、嫌になるくらい多くの申請書類を書かされるなど少額のお金を借りるのにも大変な時間と労力がかかりますが、アリババだと「3・1・0」であっという間にお金が振り込まれてしまうのです。

これは日本の銀行では逆立ちしてもできないことです。そんなシステムを導入したら、銀行員のほとんどは要らなくなってしまうからです。日本の銀行は今後数万人規模の人員削減をすると言っていますが、私に言わせれば、1年後にほぼ全員クビになっても問題なく回ると思います。今や銀行は日本中に1つだけあれば十分、行員も数人で十分、ということになります。金融庁は銀行を合併させて何とか生きながらえさせようとしているようですが、今のままではとても生き残ることはできないでしょう。同じものを合併して何とか規模の経済（大きすぎて潰せない）が効いたのは20世紀までだ、ということが分かっていないのです。当事者と当局にそうした危機感、認識がないのが悲しいところです。

ここまで述べてきたことをまとめて考察すると、勝ち組企業のビジネスモデルはアリババやテンセントがフィンテック分野で体現しているようなモデルだと言うこともできます。「銀行になろうと思えばいつでも銀行になれる企業」です。アリババやテンセントは明日にでも銀行になれるし、彼らが日本の銀行を1つ買ってしまえば、世界中で銀行業ができて、半年もあれば世界最大の銀行になるでしょう。3000

万か4000万の口座を持っていて世界最大と言われたシティバンクでは、かつてジョン・リード会長が、「我々は今や世界一の銀行だが、本当に世界一の銀行になるには21世紀、1億人の顧客を持たないといけない。だから1億口座というものを目標としている」と言いました。このことからも8億人の客を握っているアリババが明日から銀行業を始めたとしたら、その規模がいかほどのものかが分かります。

銀行は決済、融資、預金という3つの事業を展開するものですが、アリババは預金でも2〜3%の金利は楽に提供できるので、店舗がなくても、あるいは店舗がないが故に、瞬時に世界最大の銀行になれるでしょう。国策でゼロ金利を出しているような国から全ての預金を吸い寄せることができるからです。今のままでは近い将来、銀行はもとより、様々な分野において日本は中国に好きなように操られてしまうでしょう。インバウンドの訪日客が2016年は2040万人、2017年は2800万人、2020年には4000万人に到達するのでは、とも言われています。九州などでは数千人単位の観光客を乗せた船が博多あたりに常時2隻も3隻も停泊している状況ですから、インバウンド、とくに中国からの観光客に対応する決済システムも九州あたりから変わっていくのではないでしょうか。九州にあれだけインバウンドの人が溢れかえってきたら、ニーズに応える決済システムを早急に導入していかざるを得ないと思います。

勝ち組になるには秩序を壊して「ゼロから」考えろ

日本企業の足かせになっている「業界秩序」と「規制」は簡単にはなくすことはできないでしょう。ではどうしたら日本企業は勝ち組企業のビジネスモデルを実現できるのでしょうか？　そこに答えを見出すとするならば、とにかく「ゼロからスタートしてみる」ことです。アリババやテンセントのように、今の時代は業界秩序や規制と関係ないところで、ゼロからスタートした方が早いのです。

まずは会社の伝統的かつ秩序立ったビジネスシステム、伝統的なお客さんへのアプローチ方法、伝統的な部品の調達方法、そういう伝統や秩序をゼロベースにしてみる。そのうえで、今この目的を達成するためには、どういう形で会社を再構築したらいいのかを考える。ゼロベースから一回会社を組み立て直すのです。その際に一番重要なのは、「我々は何をやる会社なのか」を一度根本から考え直すことです。

〝何を〟という部分を中心に、「今この仕組みを変えるとすると、今やっている諸々のことは本当にやる必要があるのか」「今この会社をゼロベースから起こした時に、こんなやり方をする必要があるのか」をあらゆる面から徹底的に考えなければなりません。

今は社内に人を抱えなくてもクラウドソーシングで外にいる人間に仕事を依頼できます。政府は「正規社員を増やします」などと言っていますが、そんな話をまともに聞いていては駄目です。正規社員を抱えるというのは、会社が変われなくなる最大の原因なのですから。

製造システムも人材も、クラウドコンピューティングやクラウドソーシングを使っていくらでも外から引っ張ってくればいい。そうした発想でゼロから会社を組み立てるとすれば、「うちの会社にとって、実はこんなものは要らないのだ」というものが機能別、事業別に山のように出てくるはずです。「今会社にいる人間に何をやらせるか」という考え方ではもう絶対に駄目です。「今、自分の会社がやるべき目的というものを明確にして、それに対して何をやるのか？」。こういう発想で考えないと勝ち組企業にはなれません。

サイバーエージェントのように、秩序立った旧来の人事システムをゼロにして、新入社員に社長をやらせる「新卒社長」というシステムも面白い方法だと思います。サイバーエージェントでは、リクルーティングの時に「君、社長やってみたい？」と学生に聞いて、「やってみたいです！」と言った人材の何人かに実際に子会社の社長をやらせているのです。日本の会社は、入社したら長年同じ部署で1つのことをやるため別の部署、別の仕事に融通が利かなくなります。

しかし新卒で社長をやってみれば、人事、経理、経営戦略、お金の使い方の工夫などあらゆることを全部覚えることができます。同社ではこれまでに50人近い新卒社長が生まれているようですが、こうしたシステムが会社そのものを元気にしているのでしょう。

「私が社長だったら？」という発想で自分なりの解を導き出せ

今、日本の企業にはサイバーエージェントの「新卒社長」のような逆転の発想が必要です。「こんな仕事だったら入社2年目の人間であればできるかもしれない」「この仕事だったら去年入ってきた新人の方が合っているかもしれない」という仕事が意外とたくさんあるものです。にもかかわらず、今までと同じ発想で「年功序列で」などと言っていると、いつまでたっても日本企業は変わることができません。戦略や組織運営体系をどうするのかということのほかに、人の使い方そのものもフレキシブルな会社から学び、研究するというのは非常に重要です。そして、今ある秩序を1回壊して、「自分がこの会社の社長だったらどうするか」を考え、勝つためのビジネスモデルをゼロベースで組み立てるしかないのです。

本書で取り上げる様々な企業のケーススタディも、「もし私がこの企業の社長だったら」という経営者視点で考えるという点において発想は同じです。このケーススタディ「RTOCS®」(Real Time Online Case Study)は、私が学長を務めるビジネス・ブレークスルー大学で提供した企業経営のケーススタディを再編集したものですが、みなさんにも、ここで取り上げている27のケースに対して、「もし自分がこの会社の社長だったら、抱えている問題に対してどう取り組むか」「この会社のトップなら、この会社の事業に対してどのような意思決定を下すか」を自分なりに考えるトレーニングをしてほしいのです。

注意していただきたいのが、これらのケースから「したがって勝ち組企業のビジネスモデルはこれだ」「これが勝ち組企業のパターンだ」という共通項的な答えが導き出せるわけではないということです。それぞれのケースで自分だったらどうやってこの会社を勝ち組にするか、この会社を勝ち組にするにはどんなビジネスモデルを導入したらよいのかを自分の頭で考えて、自分なりの解を導き出すことが重要なのです。

みなさんもここで取り上げたケースを参考にして、自分の会社を勝ち組企業にするためにはどのようなビジネスモデルが最適か、みなさんなりの答えを導き出すヒントにしていただけたらと思います。

※本書収録のケーススタディについて

本書は２０１４年2月～２０１７年3月にＢＢＴ大学で実践したＲＴＯＣＳ®の一部を抜粋し、編集・収録しています。

■収録ケーススタディはＢＢＴ大学総合研究所が学術研究及びクラスディスカッションを目的に作成しているものであり、当該企業のいかなる経営判断に対しても一切関与しておりません。■当該企業に関する情報は一般公開情報、報道等に基づいており、非公開情報・内部情報等は一切使用しておりません。■各ケースとも講義実施時点の公開情報をベースとした見解、予測等であり、現時点もしくは今後について保証するものではありません。また当時の状況に基づいて考察できるよう、本書では、データなどはあえて更新せずに掲載しています。■図表及び本文中に記載されているデータはＢＢＴ大学総合研究所が信頼できると判断した各種情報源から入手したものですが、当総研がその正確性・完全性を保証するものではありません。■ＢＢＴ大学総合研究所として本書の情報を利用されたことにより生じるいかなる損害についても責任を負うものではありません。

Part 2

実践ケーススタディ
「もし、あなたが経営者ならば」

CaseStudy 1

イオングループ

「過去の成功体験」に引きずられない

あなたが**イオングループ**のCEOならば、
GMS(総合スーパー)事業が赤字転落のなか
今後いかに成長戦略を描くか?

※2015年6月に実施したケーススタディを基に編集・収録

正式名	イオン株式会社
設立年	1926年
代表者	取締役兼代表執行役社長　グループCEO　岡田 元也
本社所在地	千葉県千葉市
業種	小売業
事業内容	小売、ディベロッパー、金融、サービス、およびそれに関連する事業を含む会社の株式または持分を保有することによる当該会社の事業活動管理
資本金	2,200億700万円(2015年2月末)
売上高(連結)	7兆786億円(2015年2月末)

「規模の経済」追求にもかかわらず、営業利益は悪化

グループ売上は伸び続けるも……

イオングループはM&Aを繰り返す拡大路線により、日本最大の小売業となっています。基幹事業はGMS事業やSM（スーパーマーケット）事業ですが、DS（ディスカウントストア）事業、中国・アセアン事業（海外GMS事業）、専門店事業、ドラッグ・ファーマシー事業、戦略的小型店事業（コンビニ）、Eコマース事業など多様な小売業態を展開、小売以外にも総合金融事業、ディベロッパー事業、サービス事業など、グループの事業は多岐にわたります。大量仕入れ・大量販売による「規模の経済」を一貫して追求してきましたが、売上高は拡大する一方、営業利益はここ数年、悪化を続けています（図―1）。

営業利益悪化の原因は販管費率の上昇

イオングループでは原価率が毎年低減しているのですが、営業利益率は悪化の一途をたどっています。イオンのコスト構造の変遷（図―2）を見ると、「規模の経済性」効果により原価率は低減していますが、一方で販売管理費比率の上昇が原価率の減少分を上回る年が多く、結果的に営業利益率が悪化しています。

一般的に小売業においては規模が大きくなる程、集中購買による商品仕入れコスト（原価）が低減し、さらに店舗管理や販促戦略の集中化による販管費の低減効果が働き、1つの商品を販売するのに必要なコストは低減する、いわゆる「規模の経済性」が働くと考えられています。イオンにおいては原価の点では「規模の経済性」効果が見られますが、総合小売（GMS）という業態、さらには業態の多様化を進めた結果、販売管理費の点では集中化による「規模の経済性」効果が発揮されなかったということです。

改革すべきは利益率の極端に悪い事業

主力である小売業の低収益性がイオングループにとっての大きな悩みです。事業別に売上構成比、営業利益構成比を見てみると、売上の7兆786億円の87％を小売事業が占めている一方、営業利益1413億円の8割以上は非小売事業から出ています（2015年2月期、決算短信。決算補足資料、決算説明会資料より）。GMS事業など、売上が3兆円を超える事業も営業利益自体は赤字になっており、多くの利益は、総合金融事業やディベロッパー事業（SC：ショッピングセンター事業）のテナント賃料などで稼いでいるのが現状です（図－3）。売上はテナント料のみであり小さいものですが、利益率は非常に高くなります。

参考までに、ライバルであるセブン＆アイ・ホールディングスでは、コンビニエンスストア事業がグループ売上の45％、営業利益の80％を稼ぎ出しています。イオングループもコンビニエンスストア事業（ミニストップ等）を展開していますが、グループの主力を支えるほどの売上も利益もありません。

図−1 大量仕入れ・大量販売による「規模の経済」を一貫して追求してきた

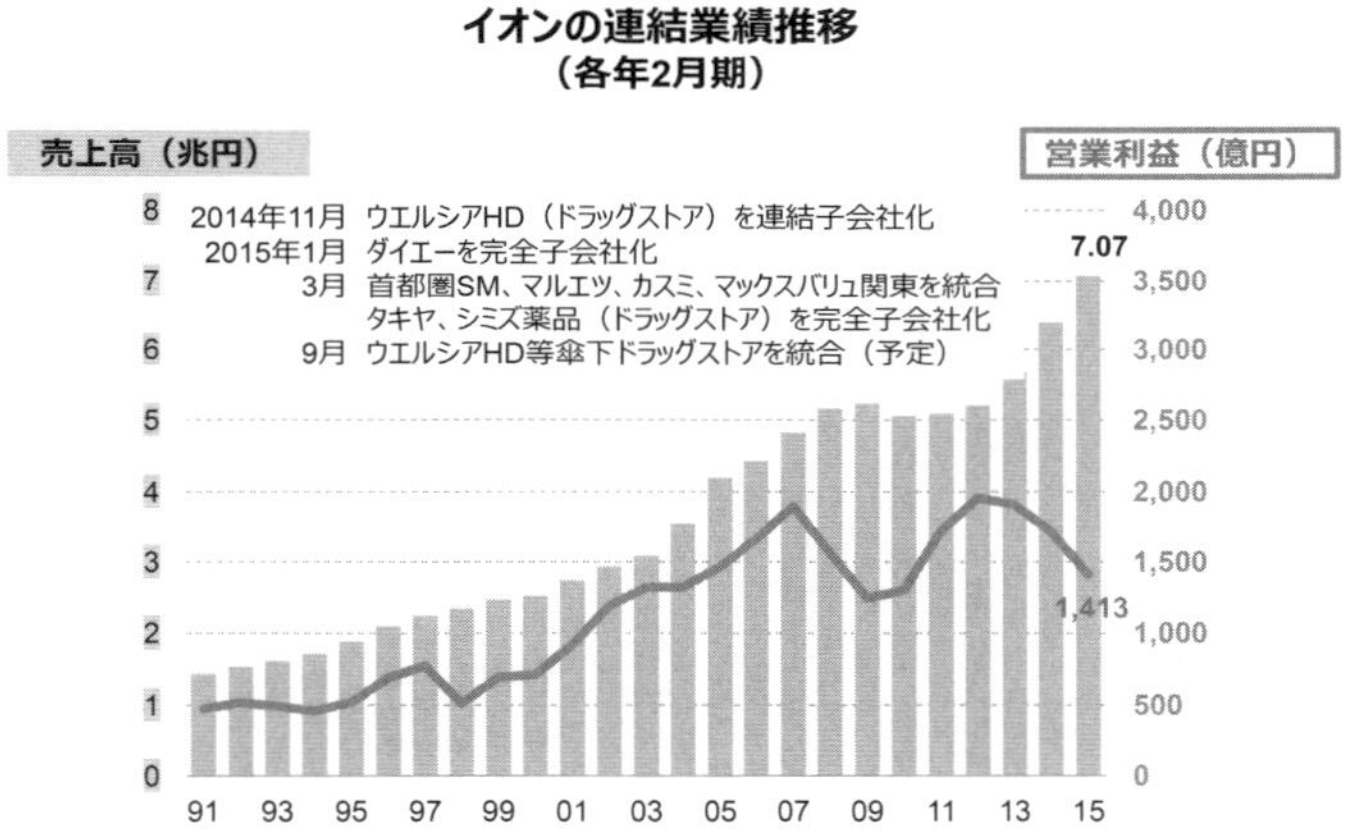

資料: 決算短信、決算補足資料、決算説明会資料よりBBT大学総研作成

図−2 原価率が低減する一方で販管費率は上昇、営業利益率も悪化している

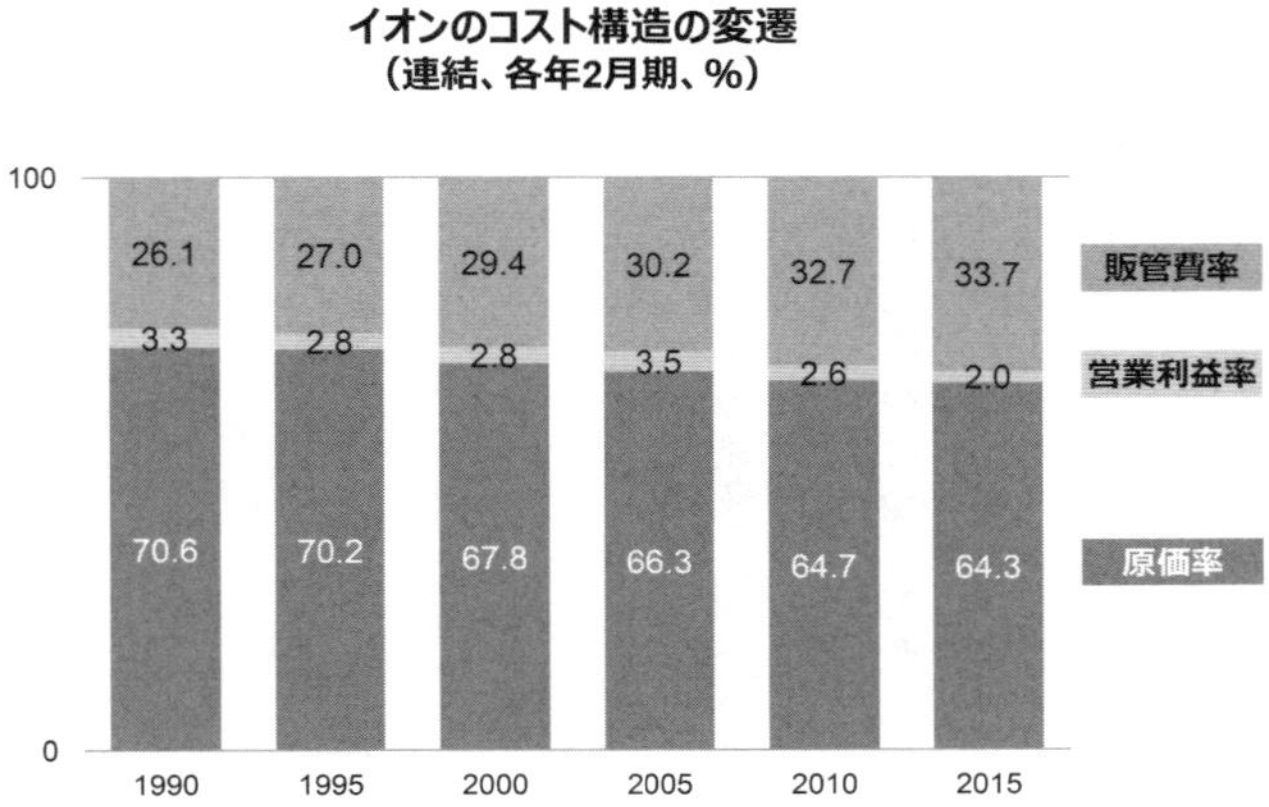

資料: 決算短信、決算補足資料、決算説明会資料よりBBT大学総研作成

小売業界における業態別の平均的な営業利益率はGMSやSMで2％前後、ドラッグストアなどは5％前後、製造小売（SPA）は10～15％前後、コンビニは15～30％です。しかし、イオングループの主力であるGMSは赤字、SM・DS事業は0・3％、その他、高利益率が狙えるはずの各業態も2％未満という状況です。イオングループの問題はまさにここにあるといえます。

社会構造の変化が招いたGMS市場の縮小

GMSの国内販売額は低下の一途

小売事業の低迷は、イオングループだけの問題ではありません。国内の小売販売額は、1990年代をピークにこの20年間は全体的に横ばい基調です（図－4）。内訳を見ると、コンビニエンスストア、ドラッグストアが上昇基調にあるものの、百貨店が下落、スーパーマーケットは長期にわたって大きな変化はありません（図－5）。

イオングループの基幹事業であるGMS事業だけを取り出して見れば、国内全体の販売額は明らかに落ちています（図－6）。なぜこのような状況になっているのか、別の角度から見てみましょう。

図—3 イオンの小売事業はいずれの業態も低利益体質

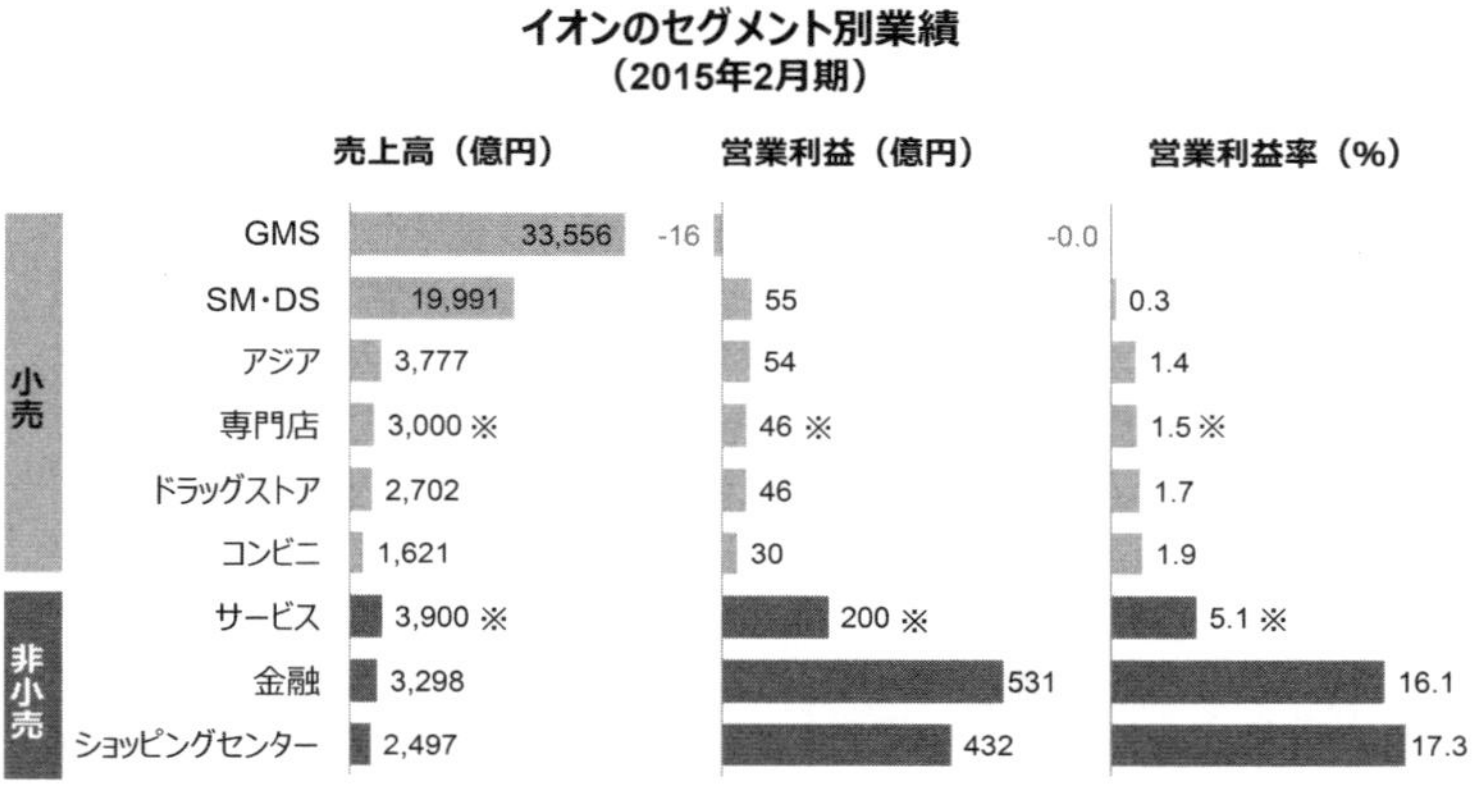

※ 前期の実績よりBBT総研推計

資料: 決算短信、決算補足資料、決算説明会資料よりBBT大学総研作成

図—4 国内の小売販売額は90年代をピークに横ばい

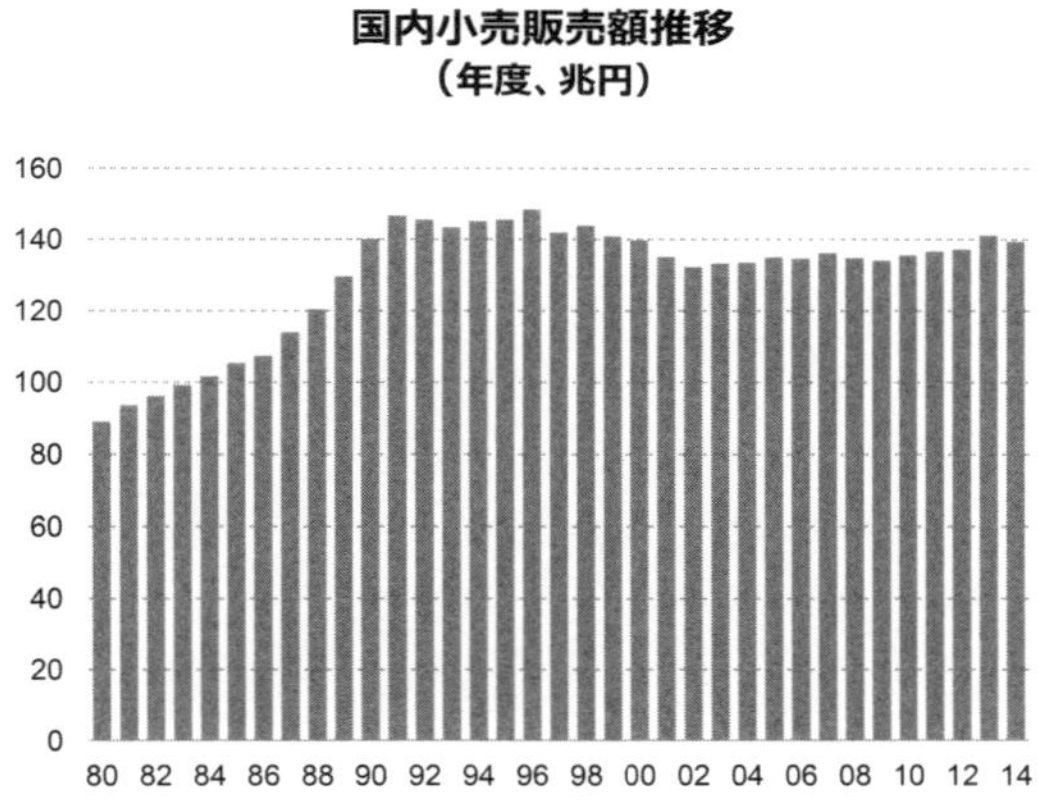

資料: 経産省『商業動態統計』よりBBT大学総研作成

社会構造の変化による消費スタイルの変化

図－7（国内家族類型別世帯構成の変遷）を見ると、これまで消費の中心であった「夫婦と子ども」世帯は1980年代をピークに減少を続ける一方で、晩婚化・高齢化を背景に「単身」世帯が急増しており、2000年代に逆転、今後はさらにその差が拡大していくと予測されています。

これはファミリー層、いわゆるイオングループがターゲットとしていた、安さ重視・大量消費・郊外大型店利用の顧客層の減少を意味しています。休日に夫婦と複数の子どもが自家用車に乗って連れ立って郊外のスーパーマーケットへ買い物に出かけるという消費モデルの崩壊です。最も多くなる単身世帯は、品質重視・選択消費・近接小型店利用を志向しているため、この層を取り込むための業態改革が急務となります。

社会構造の変化に対応する地方中堅スーパー

［図－8／大手GMSと主な地方中堅スーパーの売上高と経常利益率］を見てみると、売上高の高いイオンリテール、イトーヨーカ堂、ユニーの経常利益率が低くなっていることが分かります。一方で、地方中堅スーパーであるサンエー（沖縄県宜野湾市に本社を置くスーパーマーケット。沖縄県内では、店舗数・売上ともに第1位となっている）は7・1％、オオゼキ（東京都世田谷区に本社を置き、千葉県・東京都・神奈川県で展開するスー

図―5 スーパーの市場規模は長期横ばい

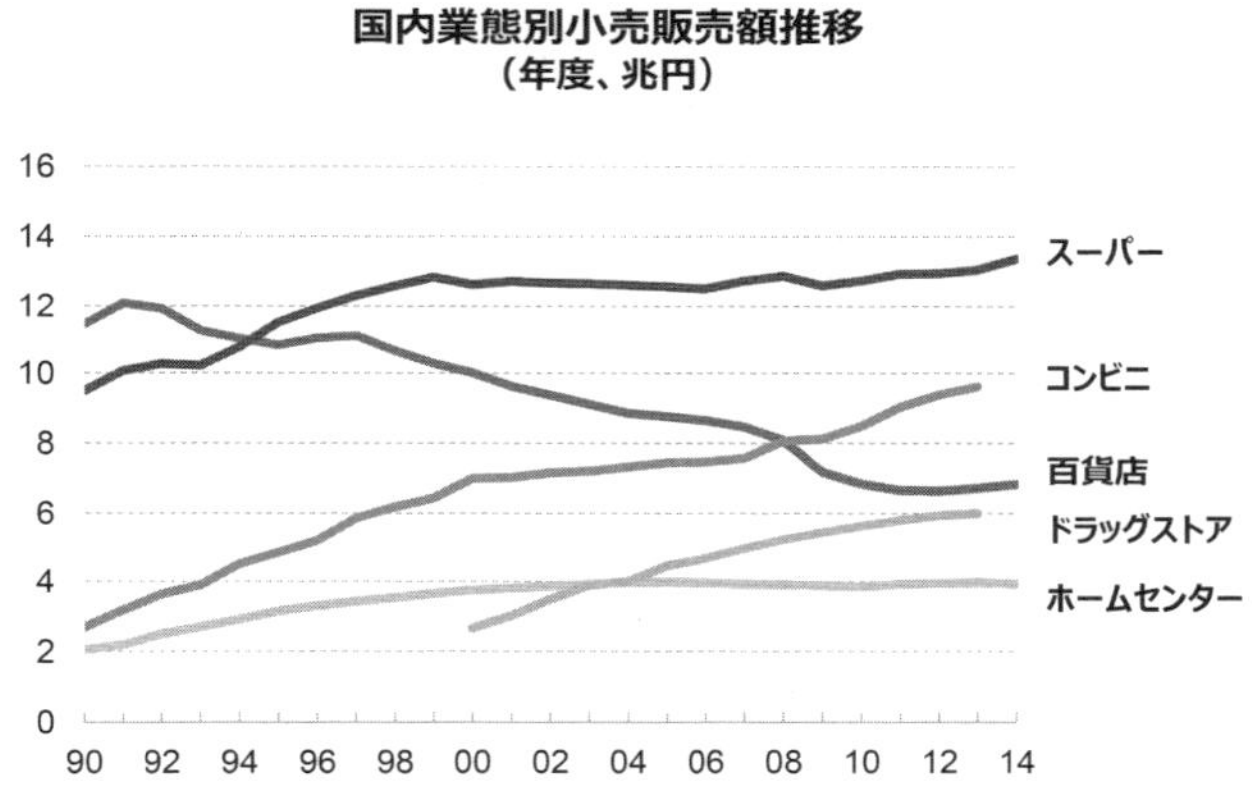

資料: 経産省『商業動態統計』、JCSA、JDSA、JFA、JACDS、JADMA、日本DIY協会よりBBT大学総研作成

図―6 とくにGMS業態の市場規模は縮小が進んでいる

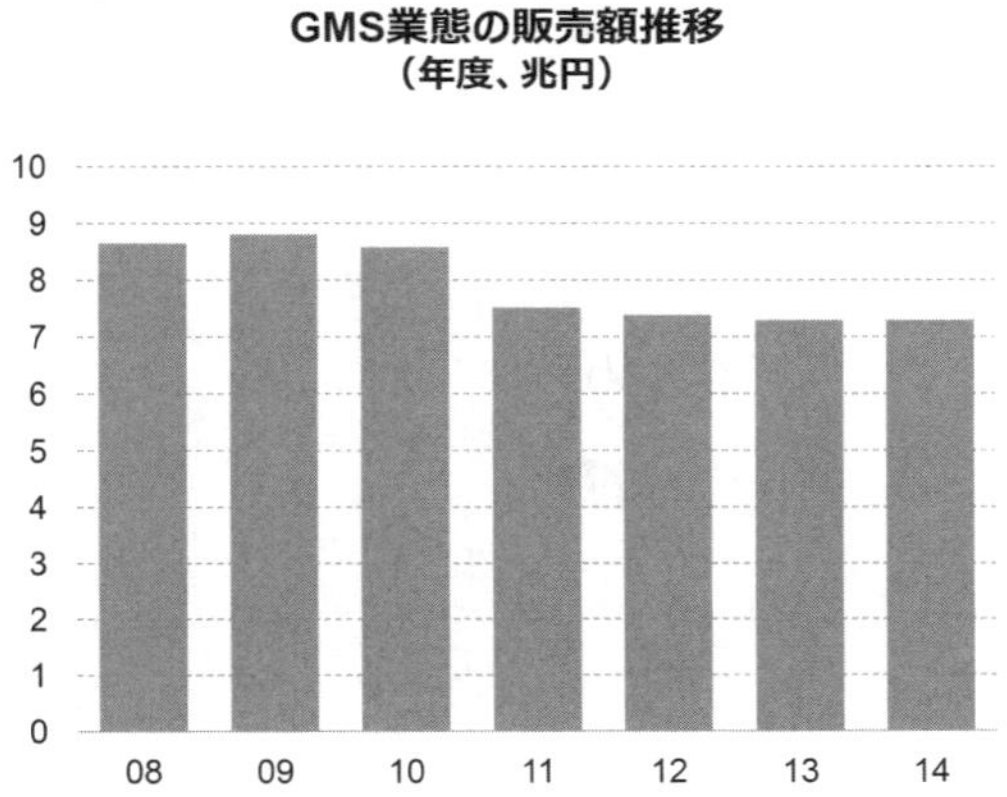

※国内GMSの売上高合計で試算

資料: Chain Store Age『日本の小売業 1000社ランキング』よりBBT大学総研作成

パーマーケット）は7・2％、ベイシア、ヤオコー（埼玉県を中心に千葉県、群馬県、茨城県、東京都、栃木県、神奈川県に144店舗を構えるスーパーマーケット）、成城石井も4％を超えています。

このように地域密着で商圏を絞り、地域のニーズに柔軟に対応できている中堅スーパーは高い利益率を上げています。このような戦略は、一貫して規模の経済を追求し、全国一律に画一的な商品を大量販売するというイオンには難しいサービスです。しかし、今後はこのローカルスーパー的な要素を入れていくことが重要になってきます。

これまでは規模の経済で、仕入れを安くし、価格を下げることで、数を売ってきたイオングループ。しかし、世帯構成の変化がもたらす消費スタイルの変化により、この方法論が機能しなくなっているのです。

「少量・選択型消費」への対応と小売以外のサービス強化が急務

時代に即した業態転換でニーズに対応

今後、イオングループが生き残るためには、主力の小売事業の業態改革が必須です。日本国内における世帯構成や消費スタイルが大きく変わってきていることは間違いありません。今後さらに増加していく単身世帯にとって利便性の高い業態への転換を図り、さらにはニーズの高い小売以外のサービスとの連携を

図－7　世帯構成は激変、「安さ重視・大量消費・郊外大型店」の顧客層は減少の一途（イオンがターゲットとしてきたメイン顧客層は大幅に減少）

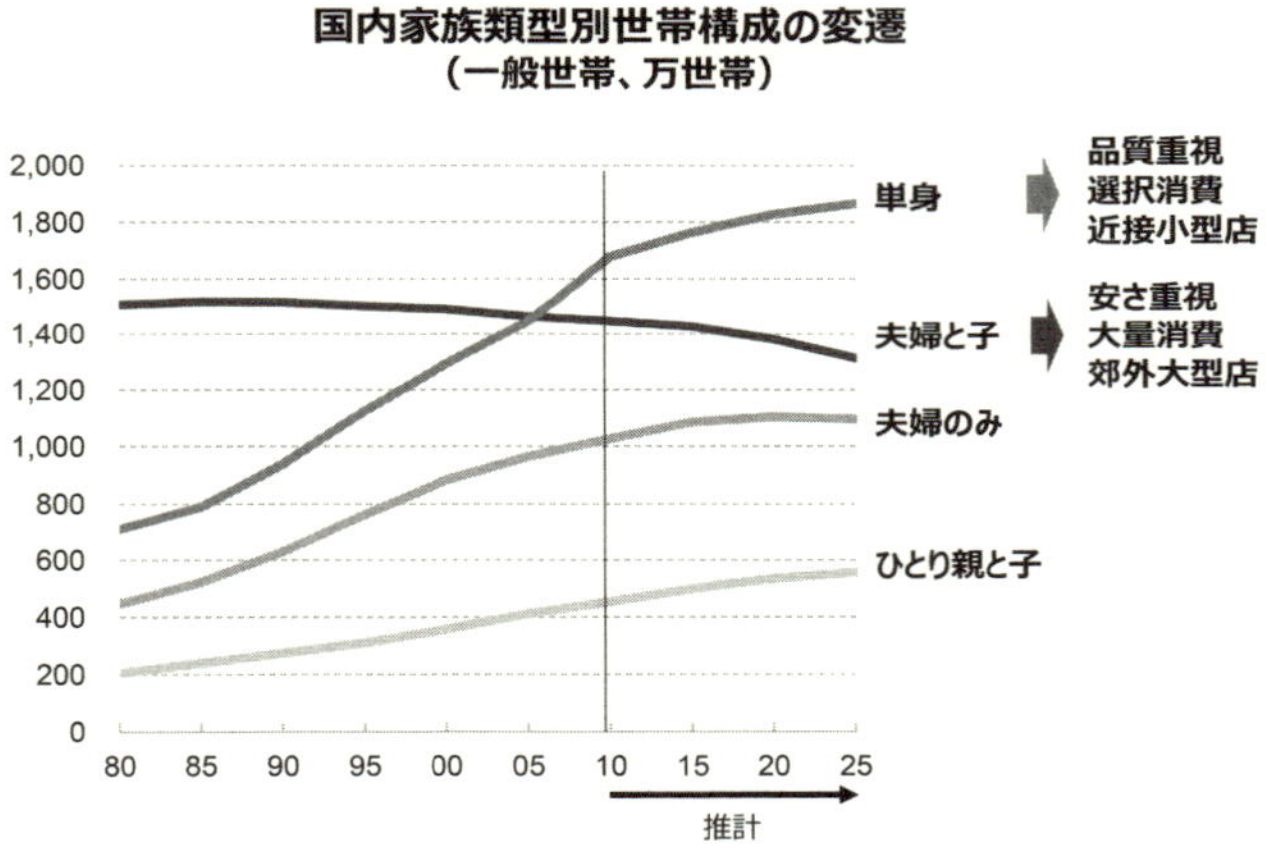

資料: 国立社会保障・人口問題研究所、総務省統計局『国勢調査』よりBBT大学総研作成

図－8　中堅スーパーのなかには地域密着で高収益を上げているところもある

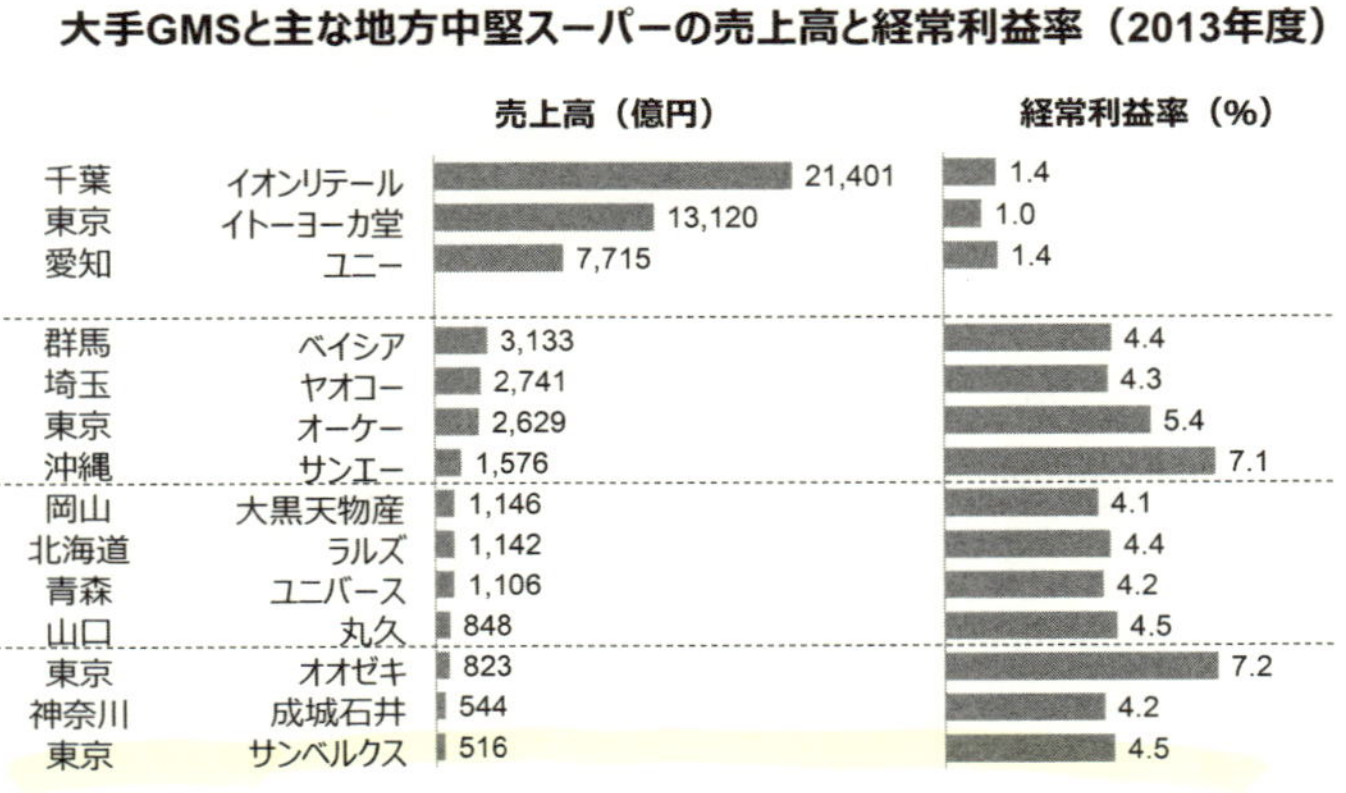

資料: 日経MJ『日本の小売業調査』よりBBT大学総研作成

進め集客力を高めていかなければなりません（図－9）。

消費スタイルやニーズは社会構造の変化によって大きく変わります。つまり、現在の状況を改善するには、時代に即した業態転換が求められているということです。まず提案の1つ目としては、ファミリー層をターゲットとしてきた「大量仕入れ・大量販売モデル」から「単身世帯を中心とした少量・選択型消費」への対応です。また、増加する高齢単身世帯は、郊外型の大規模店に足を運ぶことが難しく、買い物弱者を生んでしまいます。したがって、今よりも地域性を重視した近接小型店舗業態へと転換し、客層に合わせた柔軟な商品開発を行っていくことが重要です。

小売以外のサービスを強化し集客力向上を図る

そして、2つ目には集客力を向上させるため、小売以外のサービス強化が必要です。生活に直結する関連サービスとして、カルチャーセンターなどの運営や冠婚葬祭サービスを強化してはどうでしょうか。すでに「イオンのお葬式」といったサービスを提供していますが、イオングループの店舗網を通じ人間の一生にまつわるイベントのサポートを行うのです。

また、主要都市に展開している店舗は、起業家の育成や若者のサポートを行うインキュベーションセンターとしても適しています。イオンで一日の大半を過ごす〝イオニスト〟と呼ばれる人たちには地方の中・低所得者層が多いと言われていますが、インキュベーションセンターとして活用することでインテリ層に

図－9　時代に即した業態への転換、小売以外のサービス強化が課題

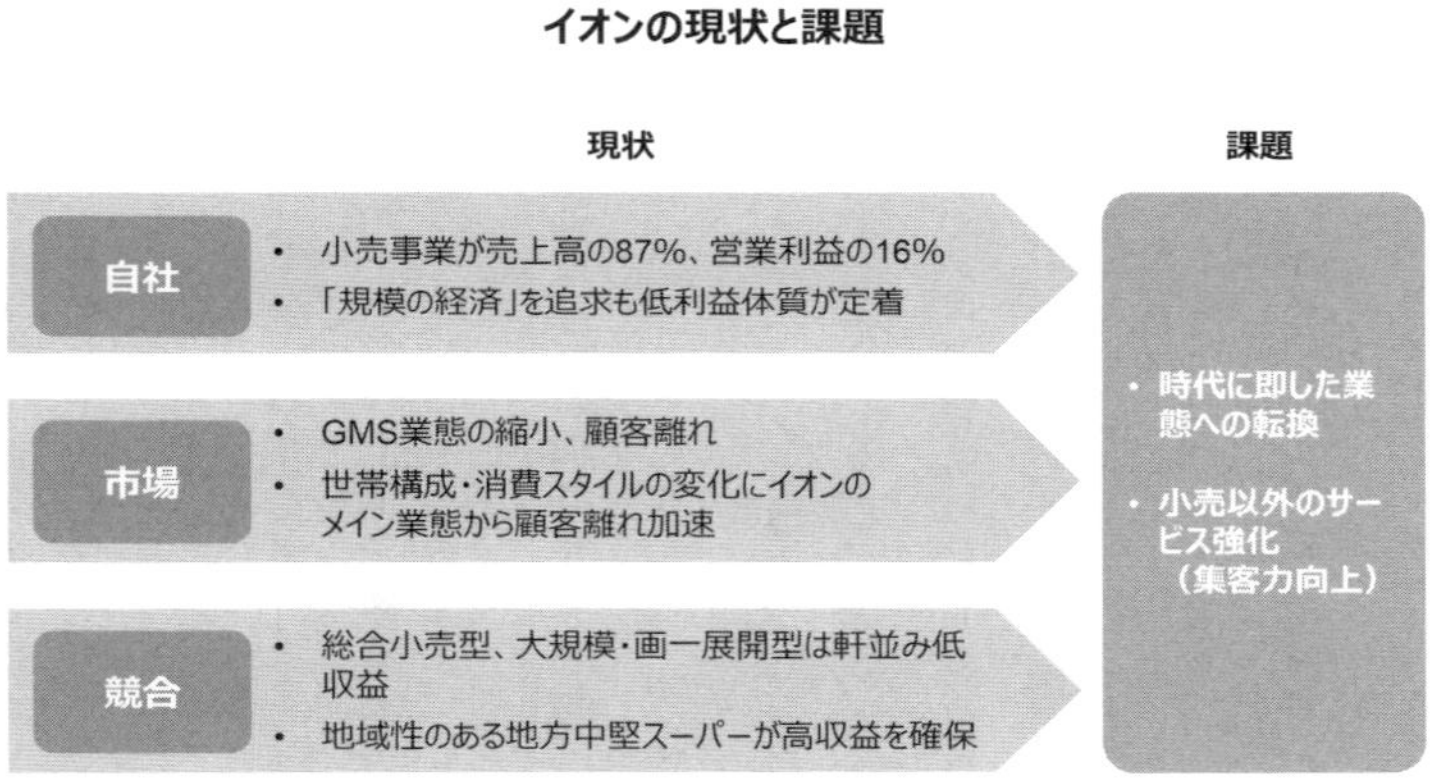

資料: BBT大学総研作成

図－10　従来の郊外大型業態からの脱却、地域性の重視、近接小型店への業態転換、小売以外のサービスを強化、各種カルチャーセンターなどの運営により集客力向上を図る

イオンの方向性（案）

- 大量仕入れ・大量販売モデルからの脱却
 - 高齢単身世帯の増加への対応
 - 少量・選択型消費への対応
- 地域性を重視した近接小型店舗業態への転換
 - 地域ニーズへの柔軟な対応
 - 全国一律の画一的商品展開の見直し
- 郊外大型店の大幅縮小
 - 都心・都市部への展開
- 生活関連サービスの強化

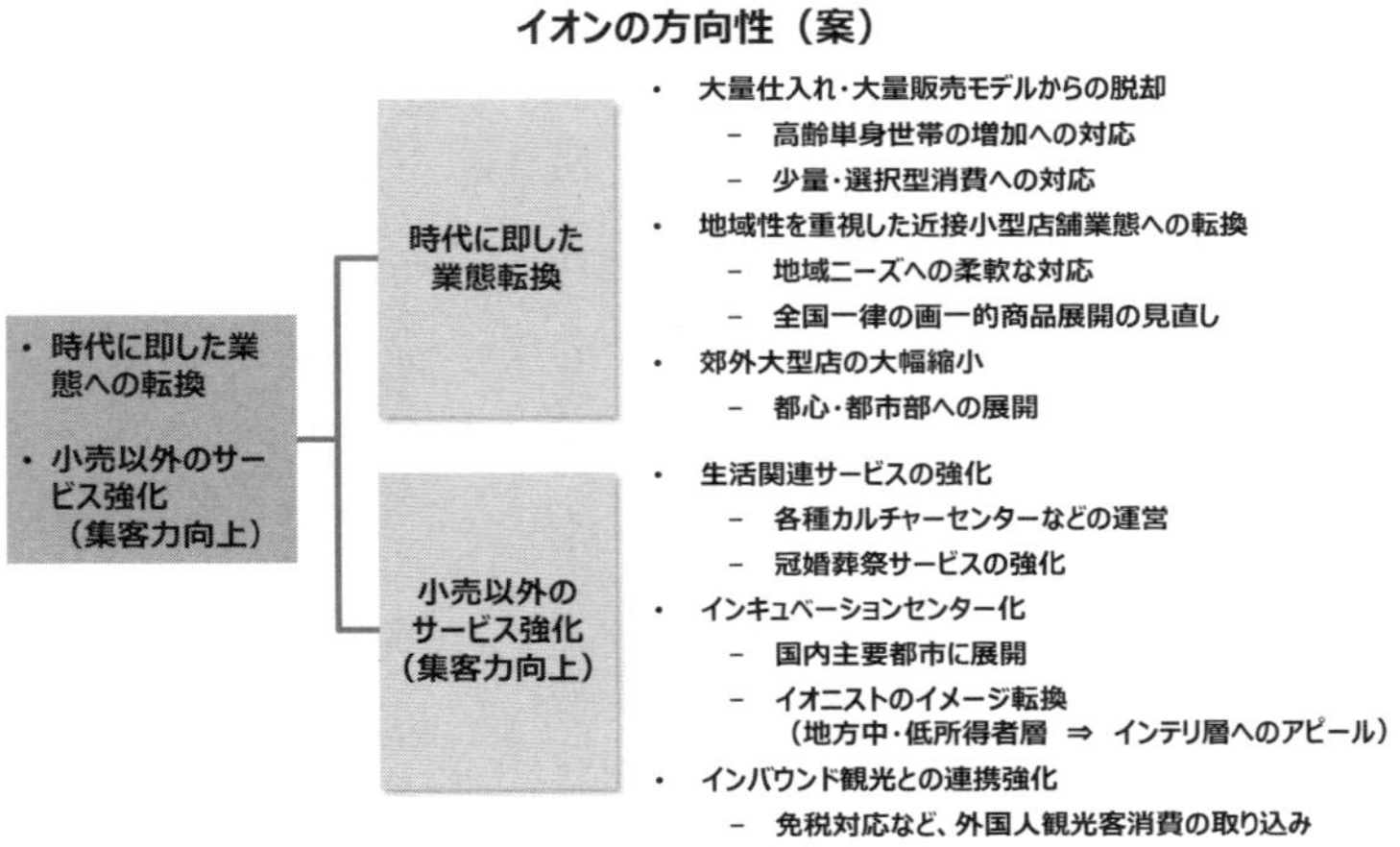
- 冠婚葬祭サービスの強化
- インキュベーションセンター化
 - 国内主要都市に展開
 - イオニストのイメージ転換
 （地方中・低所得者層 ⇒ インテリ層へのアピール）
- インバウンド観光との連携強化
 - 免税対応など、外国人観光客消費の取り込み

資料: BBT大学総研作成

もイオンの存在をアピールすることができます。

ロケーションによっては、海外から日本へやって来るインバウンドの観光客をターゲットに据えたサービス展開も可能でしょう。イオンのスーパーマーケットやショッピングモールには、大型バスを何台も停めることができる駐車場があります。イオンモール木更津のような場所です。ここに、家電量販店、ドラッグストア、ファッションアパレル、各種専門小売店などインバウンド客に強い店舗を揃え、免税対応を行います（図−10）。

これまで、規模の経済で順調に売上を伸ばしてきたイオングループ。M&Aでも成功を重ね順調にグループとしての売上を伸ばしてきたという成功体験があります。

私は、この成功体験こそが、対策を遅らせている原因だと思います。ここから先は危機感を持って未知のジャンルにチャレンジしていくことが求められます。

まずは従来の郊外大型業態から脱却すること。これを突破口に、様々な改革を同時進行で一斉にやること。これをしなければ、イオングループの成長・発展はないと思います。

まとめ

- 単身世帯の増加に対応した少量・選択型消費型の近接小型店への業態転換や地域性を重視した店舗展開など、時代に即した業態に転換。
- 各種カルチャーセンターなどの運営や冠婚葬祭サービスなど、人間の一生にまつわる生活関連のサービスで店舗シナジーを強化する。
- 主要都市店舗のインキュベーションセンター化やインバウンド観光への免税対応などを行い、従来の客層以外の集客向上を図る。

大前の総括

これまでの「規模の経済」はもはや通用しない。過去の栄光にすがることなかれ

世帯構成や消費スタイルが変わってきている現在、ファミリー層向けの大量仕入れ・大量販売というビジネスモデルはいつまでも通用しない。小売以外のサービスも視野に入れ、少量・選択型消費時代に対応する必要がある。成長のためには、過去の成功体験に囚われず、危機感を持って未知の領域へもチャレンジしなければ道はない。

CaseStudy 2

しまむら

世界に通用する「ブランド力」を高める

あなたが**しまむら**の社長ならば、
女性向けファストファッション業態が飽和しつつある現在、今後の成長戦略をどのように描くか？

※2016年12月に実施したケーススタディを基に編集・収録

正式名	株式会社しまむら
設立年	1953年
代表者	代表取締役社長　野中 正人
本社所在地	埼玉県さいたま市
業種	小売業
事業内容	衣料品小売
資本金	170億8,600万円（2016年2月現在）
売上高	5,460億5,800万円（2016年2月期）
従業員	1万7,229名（2016年2月現在）

〝ライバル〟ユニクロとは全てが対照的な戦略

国内販売中心の女性向けファストファッション

しまむらは、埼玉県比企郡小川町にて営業していた島村呉服店を、1953年に株式会社として設立したことに端を発する企業です。1972年に「株式会社しまむら」に社名を変更し、現在では「しまむら」以外にも複数のショップブランドを展開するに至っています。業態別売上高構成を見ると、主力の「しまむら」ブランドだけで8割以上を占めています（図−1）。

国内衣料品小売業の売上高ランキングを見ると（図−2）、しまむらは第2位ですが、第1位のファーストリテイリングの国内売上高の半分程度です。両社とも低価格なカジュアルファッションとして支持されている点は同じですが、ファーストリテイリングは男女を対象としているのに対し、しまむらはほとんど女性を対象としていることがこの差の大きな理由と考えられます。次に世界衣料品小売業の売上高ランキングを見てみますと（図−3）、ファーストリテイリングは第5位、しまむらは第18位で、両社の売上高の差は3倍に広がっています。これは、ファーストリテイリングが海外展開を積極的に行っているのに対し、しまむらはほとんど国内展開のみであることが理由です。

集中管理によるローコストオペレーション

図－4にはしまむらのサプライチェーンの特徴を示しました。しまむらは購買、物流、店舗オペレーションを本部で集中管理することで徹底的なローコストオペレーションを実現していることが特徴です。約500のサプライヤーと売れ行きや在庫状況を共有し、共同で商品企画を行い、発注した商品は返品なしの完全買い取りを行うことで仕入れコストを抑え低価格を実現します。また、自前の物流網を構築しているため、ある店舗で売れ残った商品を適宜、別の店舗に移動させることが可能です。このようにして、買い取った商品を売り切ることで高い商品回転率を実現しています。

様々な面において対照的なユニクロとの戦略比較

しまむらとユニクロの戦略比較を図－5に示しました。商品・顧客セグメントは、ユニクロが全年齢を対象に男女比も半々であるのに対し、しまむらは女性中心で主婦や若者を対象としています。ユニクロは「ユニセクシャル・クローズ」の略だという説もあるくらいですので、セグメンテーションにそれが反映された格好です。マーチャンダイジングの面では、先述の通りしまむらが集中購買で商品売り切り型であるのに対し、ユニクロはSPA(Speciality store retailer of Private label Apparel：製造小売業)で商品補充型です。メーカーから仕入れるしまむらに対し、ユニクロの場合は自社で中国やバングラデシュの工場に発注してつく

図ー1　「しまむら」ブランドを中心に「アベイル」「バースデイ」「シャンブル」「ディバロ」などを展開

しまむらの業態別売上高構成
（2016年2月期、100%=5,461億円）

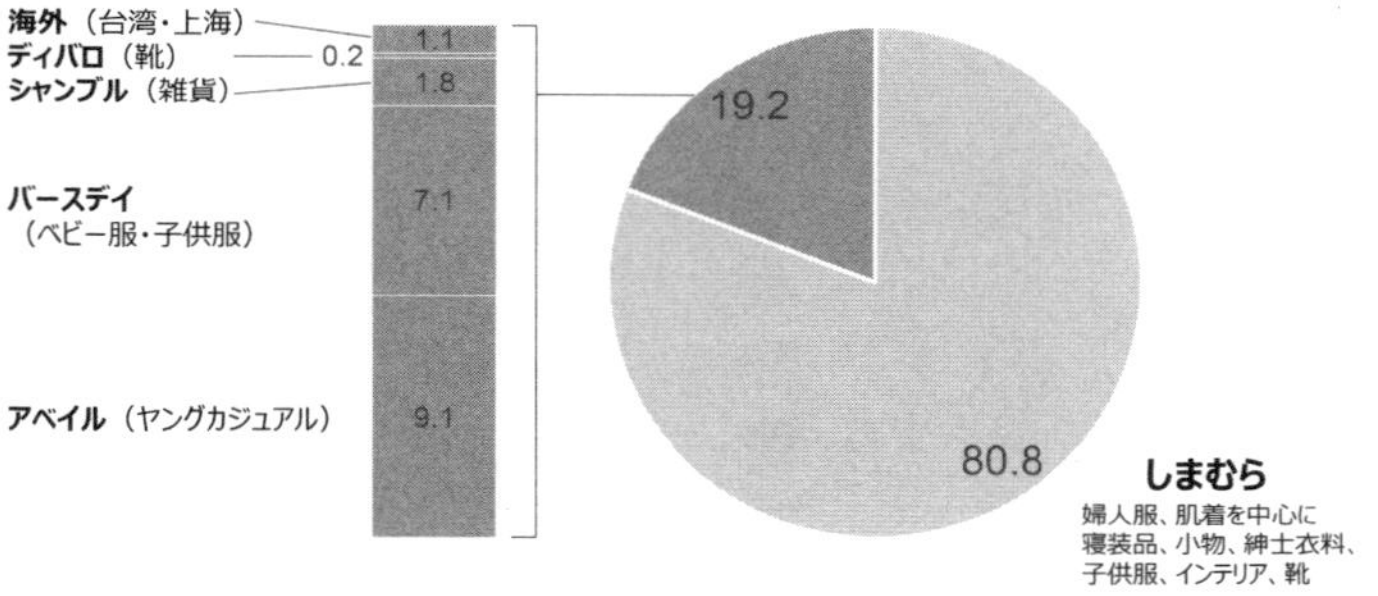

資料: しまむら決算資料よりBBT大学総研作成

図ー2　国内衣料品小売業2位、ファーストリテイリングの2分の1

国内衣料品小売業の売上高ランキング
（2015年度、国内売上のみ、億円）

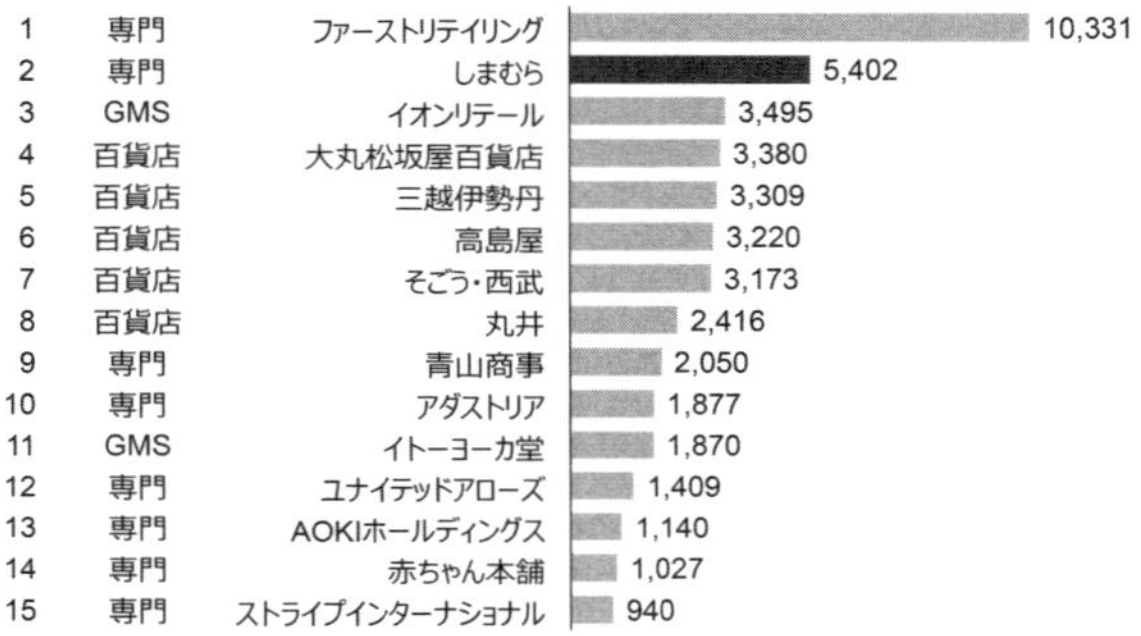

※ 国内における衣料品売上高を集計、一部雑貨等を含む

資料: ダイヤモンド・チェーンストア「日本の小売業1000社ランキング」2016年9月15日号、「市場占有率2016」2016/5/1よりBBT大学総研作成

らせたものを売ることで、非常に高い利益率を達成しています。

したがって商品戦略としては、ユニクロは少品種大量の商品を製造し、色だけ変えるといったやり方をしていますが、しまむらはメーカーから仕入れているため、多品種少量で品揃え重視の展開をしています。物流の面ではユニクロはアウトソーシングしているのに対ししまむらは自社内包です。店舗オペレーションはしまむらが本部主導で集中管理しているのに対し、ユニクロは店長に大きな裁量権があります。

国内出店戦略は、しまむらが郊外中心に1345店舗を展開、ユニクロは837店舗と数では劣りますが都心に積極展開しています。一方、海外出店戦略では、しまむらが53店舗を台湾・上海のみで展開しているのに対し、ユニクロは米国や欧州、アジアで国内店舗数を超える計958店舗を展開しています。

原価比率は高いが販管費率を低位一定に保つ集中管理

しまむらとファーストリテイリングのコスト構造を比較してみましょう(図－6)。まず原価比率ですが、しまむらはメーカーから仕入れるためにどうしても高くなります。ここ20年ほどでは70％前後の水準を保っていますが、一方でファーストリテイリングは自社の契約工場で製造するため原価を低く抑えられます。2015年度では50％ほどの粗利があることが分かります。

しかしながら、販売管理費率を見てみますと、ファーストリテイリングは2015年度で40％程度となっており、これは非常に利益を圧迫しています。しまむらの方は25％程度と低コストで収まっており、こ

図—3　世界衣料品小売業18位、ファーストリテイリングの3分の1

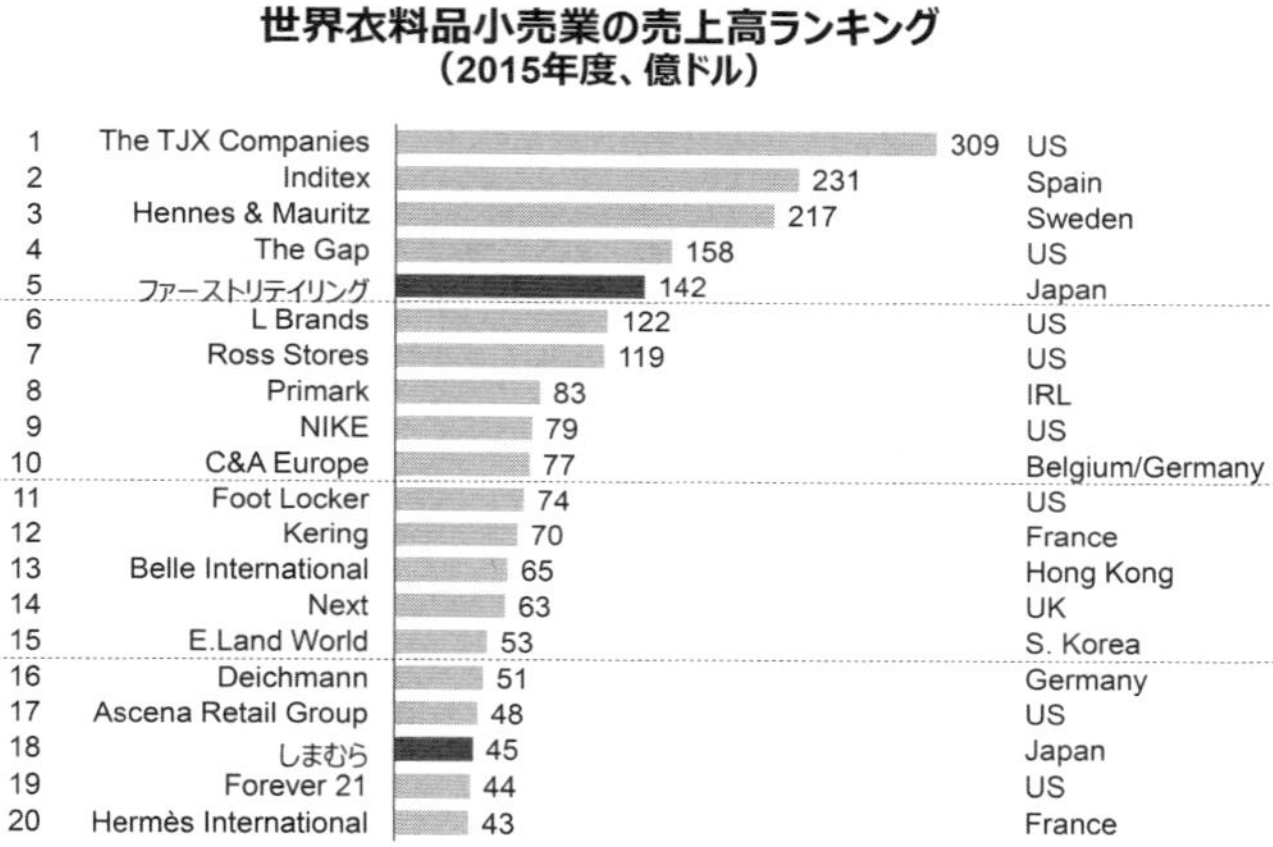

資料: Deloitte『Global Powers of Retailing 2017』よりBBT大学総研作成

図—4　購買、物流、店舗オペレーションの徹底的な集中管理によりローコストオペレーションを実現

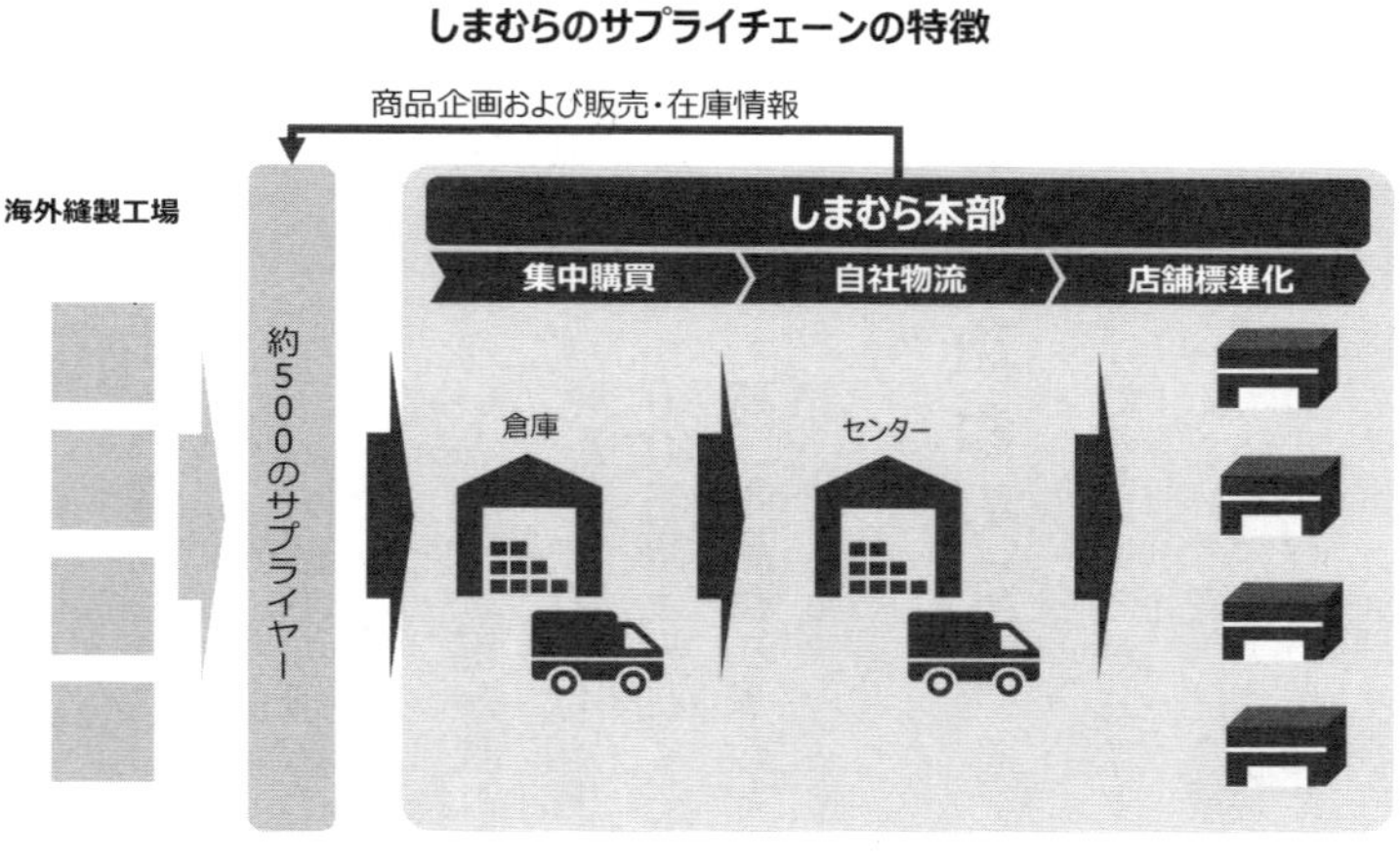

資料: 各種文献よりBBT大学総研作成

れは徹底した集中管理の賜物といえます。

完全買い取り・売り切りモデルで高い商品回転率を実現

しまむらとファーストリテイリングの効率性を比較してみましょう（図－7）。在庫比率はしまむらが10～15％で推移しているのに対し、ファーストリテイリングは上昇を続け直近では20％台で推移しています。少品種大量の商品を生産国に発注し、できあがった商品を大量に抱えざるを得ないという状況が読み取れます。また、在庫が何日かかって1回転するかを示す在庫回転日数を見てみますと、しまむらは40日弱から50日弱といったところであるのに対し、ファーストリテイリングは近年では１００日以上と長く、なおかつこれは悪化傾向にあります。しまむらが完全買い取り・売り切り型モデルで高い商品回転率を実現していることが分かります。

増収の一方で営業利益は悪化傾向、しまむら業態飽和の兆し

しまむらの業績推移を図－8に示しました。長期にわたり概ね増収増益を続けてきましたが２０１３～２０１４年度に初の2期連続の営業減益となり、２０１５年度も売上は伸びていますが営業利益の悪化傾向は概ね悪化の傾向にあります。主な原因は急激な円安による仕入れコストの増加、建設費の高騰による出店コストの増加、そしてここにきての在庫の増加による値引き販売です。

図—5　SPAと異なり、集中購買による完全買い取り・売り切り型モデルで品揃えを重視

「しまむら」と「ユニクロ」の戦略比較

	ファーストリテイリング（ユニクロ業態）	しまむら（しまむら業態）
商品・顧客セグメント	男女半々・全年齢	女性中心・主婦・若者
マーチャンダイジング	SPA・商品補充型	集中購買・商品売り切り型
商品戦略	少品種大量・品質重視	多品種少量・品揃え重視
物流	アウトソーシング	自社内包
店舗オペレーション	店長の裁量権大	本部主導
国内出店戦略	837店舗、都心に積極展開	1,345店舗、郊外中心に展開
海外出店戦略	958店舗、米国・欧州・アジアで展開	53店舗、台湾・上海のみ

※ しまむらは2016年2月期、ファーストリテイリングは2016年8月期の数値

資料:『ユニクロvsしまむら』（月泉博）他、各種文献よりBBT総研作成

図—6　徹底した集中管理により、販売管理費率を低位一定に保っている

「しまむら」と「ファーストリテイリング」のコスト比較

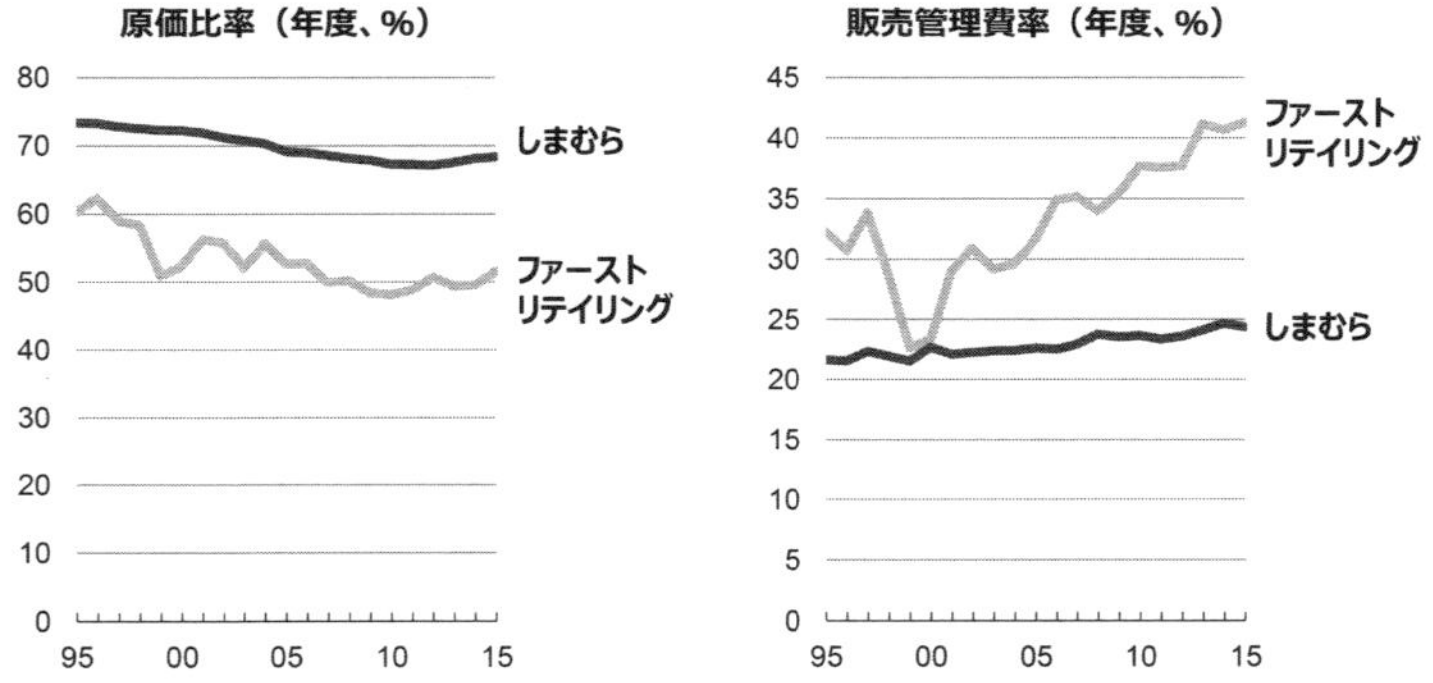

※ しまむらは2月期決算、ファーストリテイリングは8月期決算

資料: 各社決算資料よりBBT大学総研作成

次に「しまむら業態」の店舗数と年間客数の推移を見ると、店舗数は伸びる一方ですが、客数の方は2010年代に入って横ばい傾向にあります（図－9）。これは、郊外型店舗の女性向けファストファッションという「しまむら業態」が飽和しつつあり、店舗の集客力が落ちているということです。さらに、しまむらとユニクロとで国内店舗数と国内売上高を比較してみますと（図－10）、しまむらの国内店舗数はユニクロを500店舗以上も上回っていますが、国内売上高においては逆にユニクロがしまむらの1・8倍となっています。これはすなわち、ユニクロの方が店舗の集客力が高く、1店舗あたりの販売力が大きいということです。

ブランドイメージのチープ化が集客力低下の一因に

しまむらの平均客単価と商品1点あたりの平均価格を見てみましょう（図－11）。平均客単価は2015年度で2657円、商品1点あたりの平均価格は886円となっており、いずれもアパレル業界のなかではかなり低めです。リーズナブルな価格帯のファストファッションというのはしまむら業態の特徴であり魅力でもありますが、この数字を見ますと売れ筋の主力商品は小物類となってきていることが分かります。衣料雑貨のみならず、500円もしないリップ＆チークなどの廉価な化粧品、〝しまむらコスメ〟も最近では出てきています。この客単価の低さは、しまむらにチープなブランドイメージが定着しているということであり、これも集客力低下の一因であると考えられます。

図－7　完全買い取り・売り切りモデルで高い商品回転率を実現

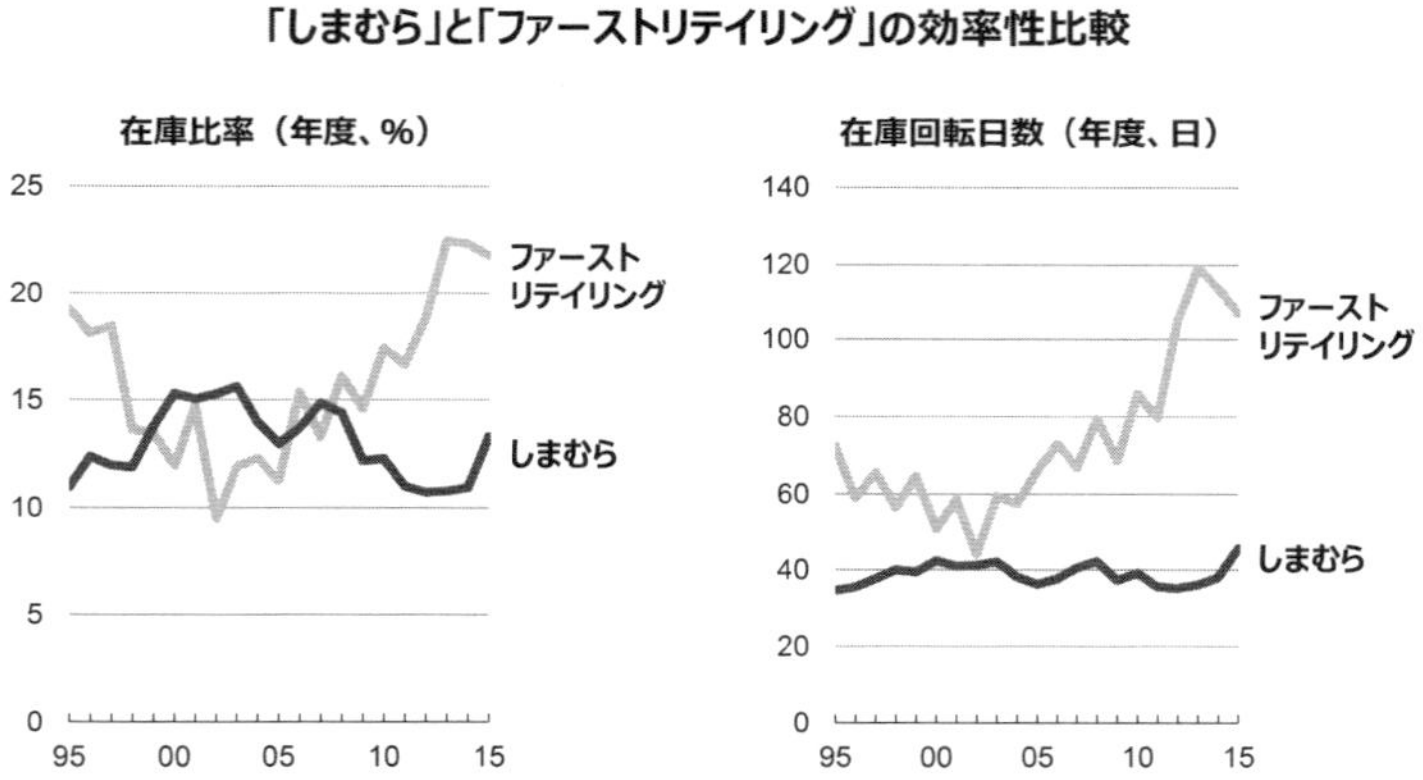

※ しまむらは2月期決算、ファーストリテイリングは8月期決算

資料: 各社決算資料よりBBT大学総研作成

図－8　増収が続く一方で、営業利益が悪化傾向

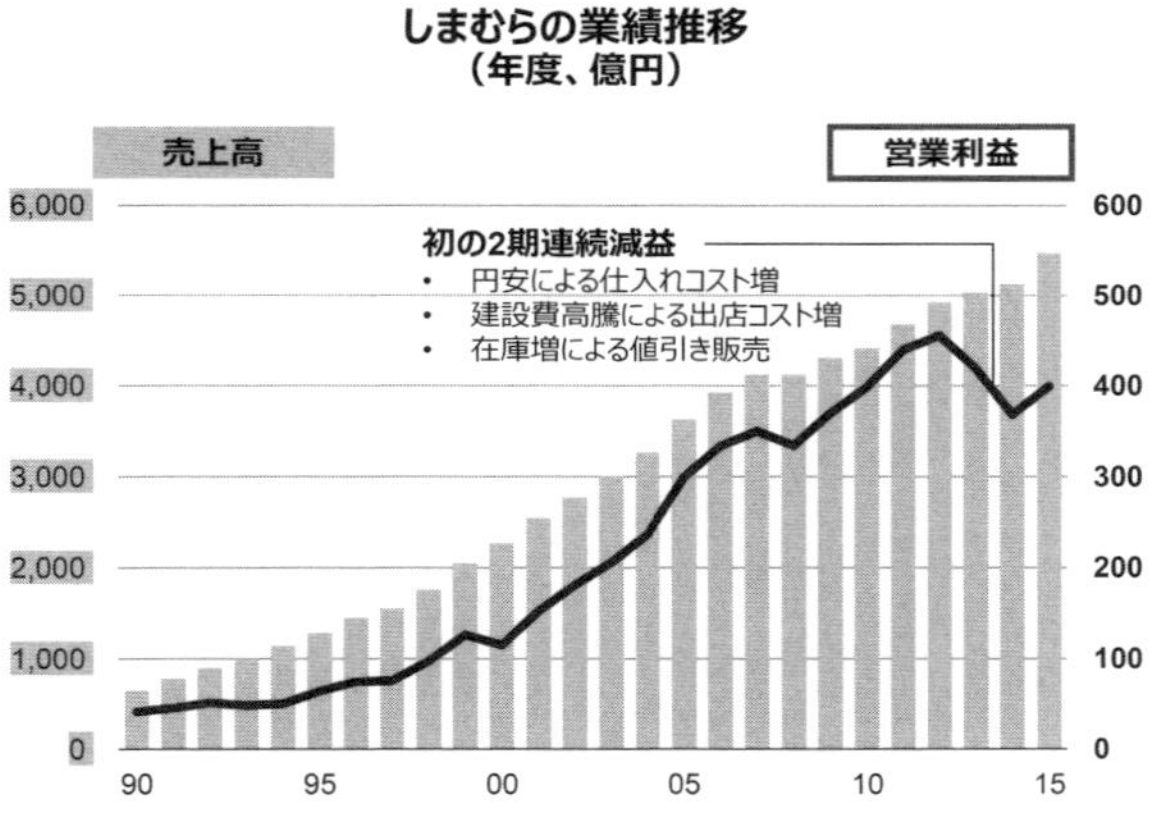

※ 各年翌2月期

資料: しまむら決算資料よりBBT大学総研作成

しまむらとユニクロの大都市における出店戦略を比較してみましょう（図－12）。しまむら本社のある埼玉県ではユニクロを大きく上回っていますが、東京都ではユニクロがしまむらの倍近い店舗数となっています。ユニクロは低価格ブランドでありながら、銀座、新宿、渋谷などの繁華街や都心の駅ナカなどにも積極的に展開しています。

一方、しまむらは首都圏郊外や地方都市のロードサイド店舗が中心です。

もともとユニクロも山口県を発祥とする地方のロードサイド店が主力でしたが、独自の商品力を持って都心部への展開に成功しました。都心集中展開により外国人観光客の目にも留まるようになり、日本のアパレルブランドとしてのブランド力が高まり、これが海外展開の成功にもつながっているといえるでしょう（図－13）。

一方、しまむらのイメージは、地方都市に根ざした〝プチプラ（プチプライス）〟のファストファッションであるという感じになるのは否めないでしょう。最近では全身をしまむらのアイテムでコーディネートした〝しまラー〟と呼ばれる客層も登場していますが、これは客単価の低さを見ればうなずけるところで、地方都市の（低所得）若年層という客層が浮かび上がってきます。しかしながら、こうした層が存在するとはいえ、しまむらの実質的イメージは地方都市の主婦層向けブランドであるという認識が定着しているでしょう。

図—9　出店拡大の一方で客数横ばい、「しまむら業態」に飽和の兆し

しまむら業態の店舗数と客数

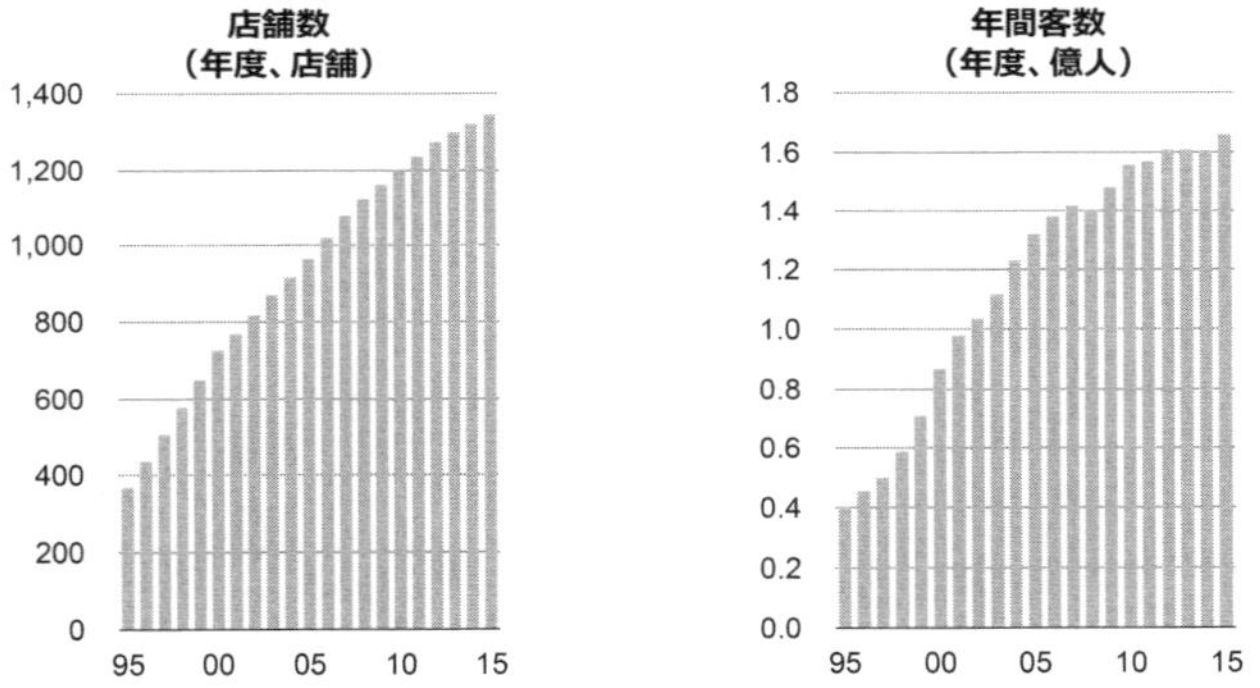

※ 各年翌2月期

資料: しまむら決算資料よりBBT大学総研作成

図—10　国内店舗数はユニクロを大きく上回るが、国内売上高はユニクロを大きく下回る

「しまむら」と「ユニクロ」の国内店舗数および国内売上高

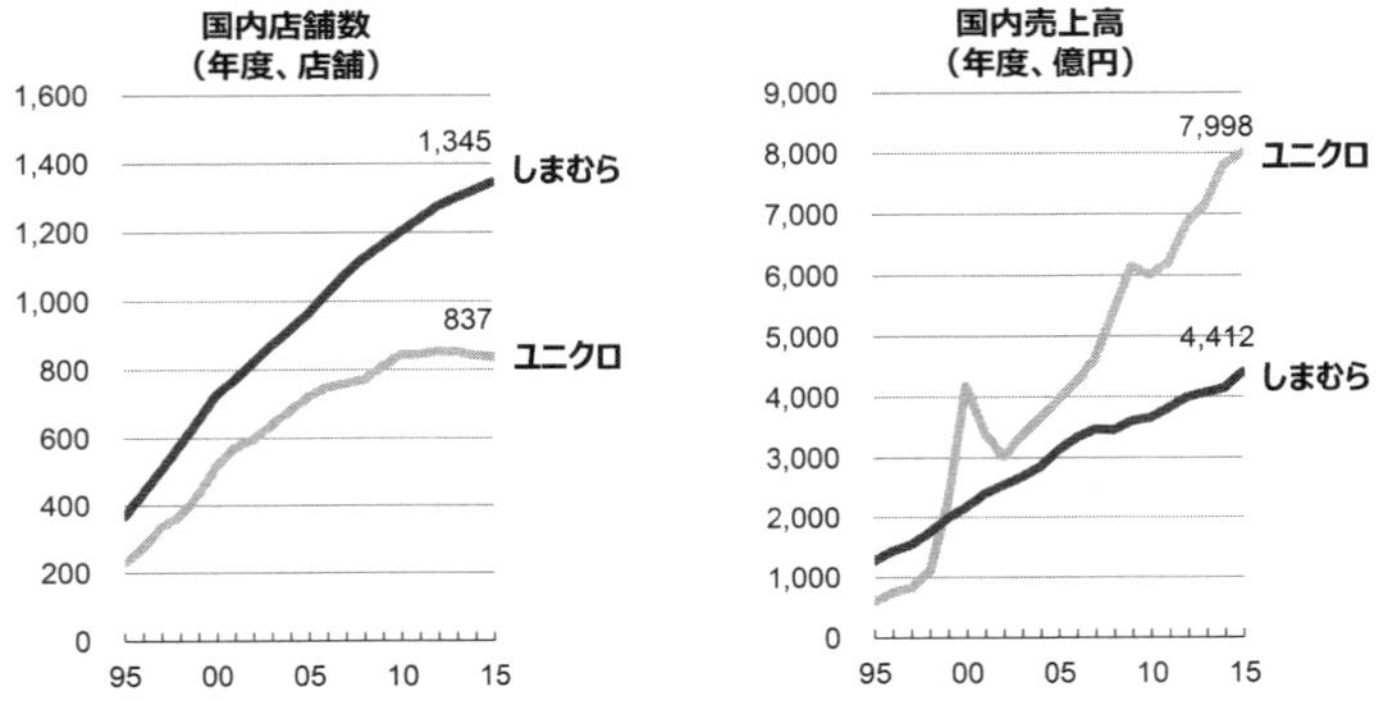

※ 国内しまむら業態、国内ユニクロ業態のみの数値
※ しまむらは2月期決算、ファーストリテイリングは8月期決算

資料: 各社決算資料よりBBT大学総研作成

「脱チープ化」が最大のポイント、世界のしまむらを目指す

強みと弱み、機会と脅威の面から現状と課題を整理

ユニクロとの比較から見えてきたしまむらの現状を整理すると、まず最大の「強み（Strengths）」は、購買、物流、店舗オペレーションの集中管理によるローコストオペレーションです。一方、チープなブランドイメージから店舗の集客力が低下しており、また、ブランド力の低さゆえに海外展開が進まないということから、このチープなブランドイメージがしまむら最大の「弱み（Weaknesses）」といえるでしょう。また、しまむらのメインの顧客層は女性のなかでも首都圏郊外や地方在住の主婦や若年層で、さらに低所得層といったかなり限定的な顧客層をターゲットとしているため、今後、顧客層を拡大していくことが「機会（Opportunities）」の拡大となります。そして、店舗の魅力が薄れ、集客力が低下し、客離れが進むことが今後の「脅威（Threats）」となるでしょう。

これらの現状からしまむらの課題を整理しましょう（図－14）。

1つ目の課題は、強みであるローコストオペレーションを活かした「新業態の展開」によって顧客層の拡大を図ることです。2つ目の課題は、強みを活かしつつ差別化によって店舗の魅力を高め、集客力の向

図—11　しまむら業態は低い客単価が定着

しまむらの平均客単価および商品1点当たりの平均価格

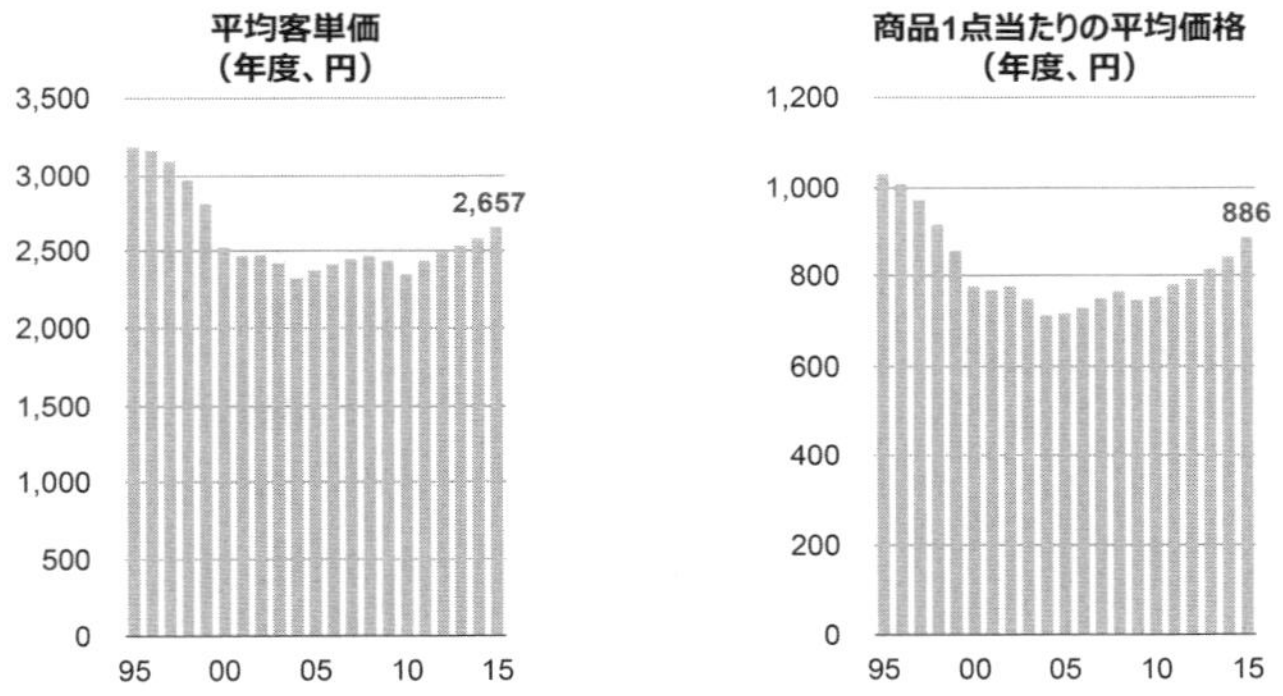

※ 各年翌2月期

資料: しまむら決算資料よりBBT大学総研作成

図—12　しまむらは都心部に弱い

「しまむら」と「ユニクロ」の大都市圏店舗数

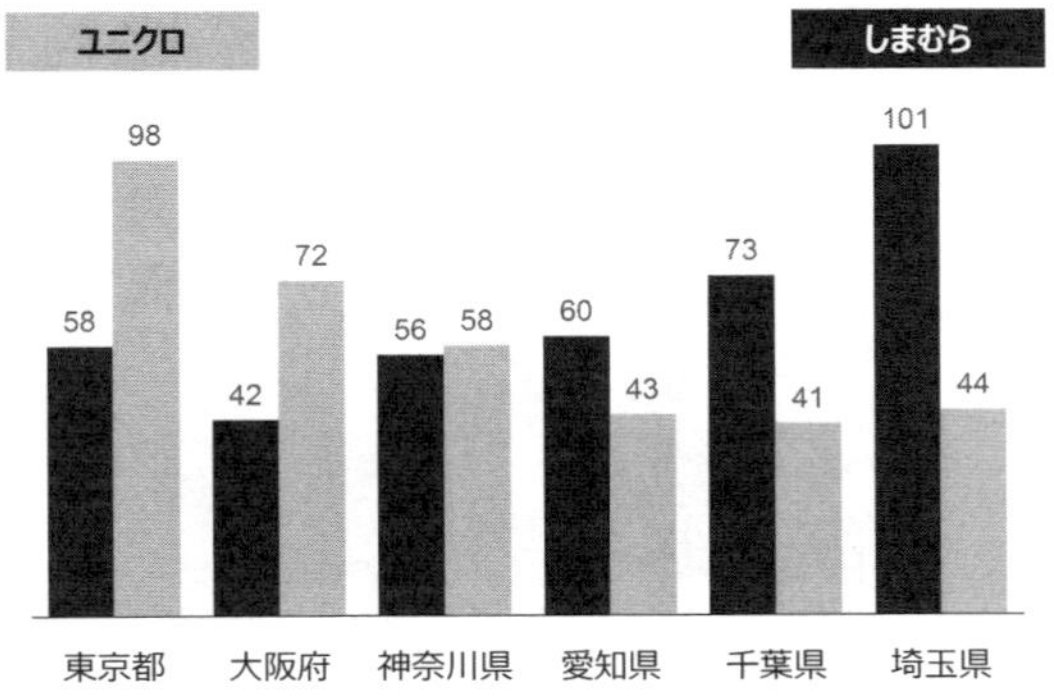

※ しまむらは2016年2月期、ファーストリテイリングは2016年8月期の数値

資料: 各社決算資料よりBBT大学総研作成

上を図ることです。それには「海外有力ブランドの導入」を検討します。3つ目は、弱みであるチープなブランドイメージからの脱却を図りつつ、「都心・海外展開」で商機の拡大を狙うことです。4つ目は、いかにチープなイメージを払拭し集客力を高めるか、すなわち「脱チープ化」自体が課題といえます。

しまむら流経営を活かしてスポーツ用品小売に参入

では、4つの課題に即して、しまむらの今後の方向性を提案しましょう（図－15）。

まずは「新業態の展開」による顧客層の拡大についてです。繰り返しになりますが、しまむらの強みは集中管理による購買、物流、店舗のローコストオペレーションです。この強みは「女性向けファストファッション」という業態以外にも応用可能です。男性向けや子ども向けの業態を開発するのもよいのですが、しまむら流のオペレーションを活かせる業態としてスポーツ用品小売があります。スポーツ用品小売では、商品アイテムの大半がメーカーのナショナルブランドであり、これらを仕入れて店頭に並べるため、どのチェーン店に行っても品揃えは大差ありません。したがって、商品管理や物流、店舗オペレーションをいかに効率化しコストを削減するかが重要になります。まさに、しまむら流のローコストオペレーションが活きる分野でしょう。スポーツ用品の顧客層は性別を問わず全年齢層を幅広くカバーできます。既存のしまむら業態とも重複しないため、隣接した場所にドミナント展開することも可能です。スポーツ用品小売業界ではアルペン、ゼビオホールディングス、ヒマラヤが大手3社です。しまむらの資金力であればいず

図ー13　ファーストリテイリングは海外で大きく伸張、しまむらの海外事業は1%程度

「ファーストリテイリング」と「しまむら」の地域別売上高

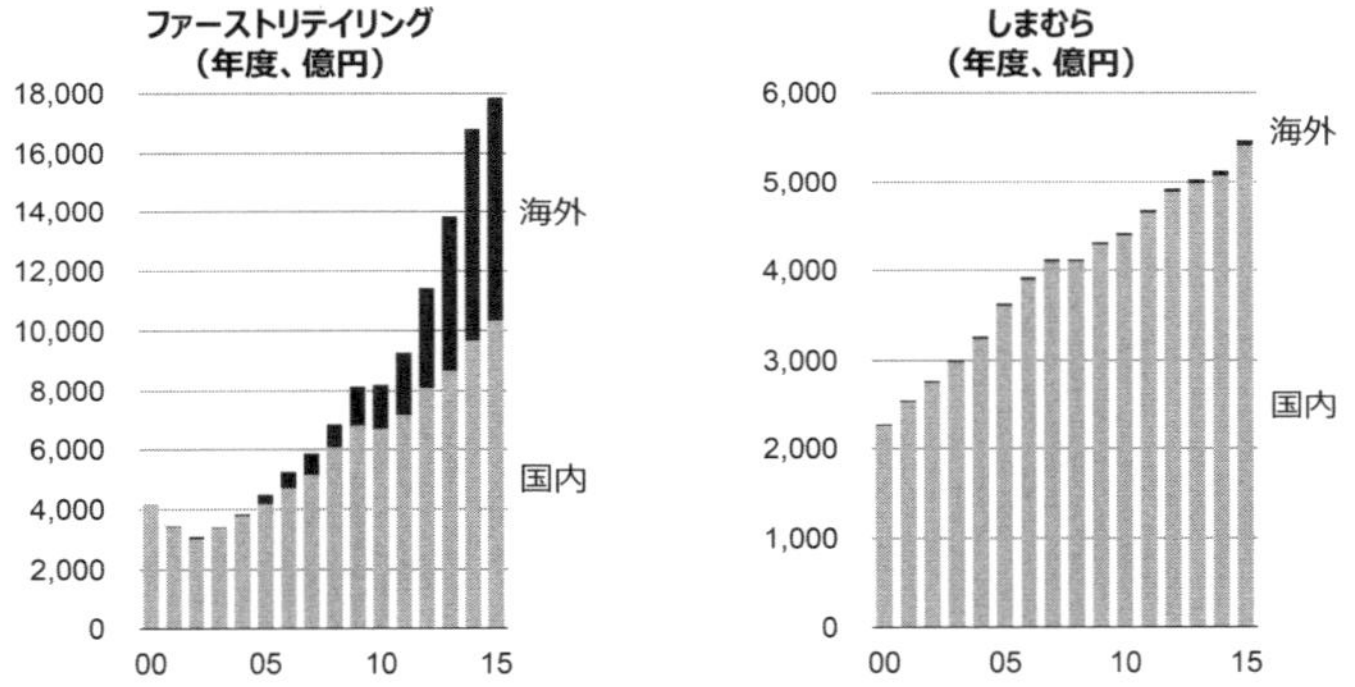

※ 各年翌2月期

資料: 各社決算資料よりBBT大学総研作成

図ー14　「新業態の展開」「海外有力ブランドの導入」「都心・海外展開」「脱チープ化」が課題

SWOT分析によるしまむらの現状と課題

		強み（S）	弱み（W）
		・集中管理によるローコストオペレーション	・チープなブランドイメージ
機会（O）	・顧客層の拡大	【課題1】 新業態の展開	【課題3】 都心・海外展開
脅威（T）	・店舗の集客力低下（客離れ）	【課題2】 海外有力ブランドの導入	【課題4】 脱チープ化

資料: BBT大学総研作成

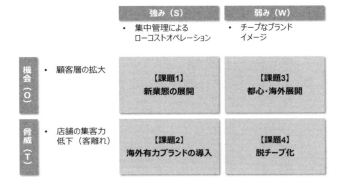

れも買収可能です。これらスポーツ用品小売チェーンは郊外のロードサイド店舗が中心であり、この点においてもしまむらとのシナジーが見込めます。

海外有力ブランドの導入でイメージ向上と顧客開拓を狙う

次に、店舗の魅力を高め集客力向上を図るため「海外有力ブランドの導入」を進めます。しまむらというショップブランドにはすでに定着したイメージがありますので、払拭しづらい自社イメージをブランディング戦略によって覆すよりは、海外有力ブランドの地方展開を受託するというやり方の方がはるかに効率がよいでしょう。要諦は吸引力の向上です。

候補として挙げられるのは、都心に出店しているものの地方展開はまだという海外有力ブランドです。Forever21、ZARA、H&M、それからまだ日本には出店していませんが、ヴィクトリアズ・シークレットなどがよいでしょう。ヴィクトリアズ・シークレットは米国の大手アパレル企業リミテッド・ブランズ（L Brands）が展開するブランドで、ランジェリーや香水に大変強いという特徴があります。ランジェリーのファッションショーも開催しており、このショーへの出演から頭角を現したスーパーモデルも少なくありません。ミランダ・カーも、かつてはヴィクトリアズ・シークレットの〝エンジェル〟の一人でした。

このように、女性に対して非常に訴求力のある、強大な吸引力を持ったブランドと提携して、日本における地方展開を受託していくというやり方が考えられます。その際に、例えば店舗の4分の3をしまむらが使うとか、ヴィクトリアズ・シークレットと半分ずつの構成にするといった方法をとって、従来とは異なる客層を顧客として開拓し取り込むことができます。しまむらの店舗は概して大型なので、地方にある既存店舗の一部をヴィクトリアズ・シークレットに開放するというやり方でもよいでしょう。あるいはしまむらの隣に1店舗丸ごとヴィクトリアズ・シークレットを出店するというのもありでしょう。

世界に通用するプライベートブランドの開発と育成が不可欠

そして「都心・海外展開」です。先述した通り、ユニクロが低価格カジュアルブランドでありながら都心および海外展開を拡大できている理由は、独自のブランドを確立し、それが日本を代表するアパレルブランドの1つとして海外で認知されているからです。しまむらが今後、都心や海外展開を進めていくには、プライベートブランドの開発と育成が不可欠です。SPAモデルによる完全な自社企画ブランドを導入することも選択肢ですが、これまで築き上げてきた信頼と実績のあるメーカーとの関係を活かしてプライベートブランドを開発していくべきでしょう。例えば百貨店向けに海外ブランドをライセンス生産している三陽商会は、2015年に英バーバリーとのライセンス契約が切れたために苦境に立たされています。品質には定評があり、本家バーバリーより質がよいという人もいます。こういったメーカーにプライベートブランドの開発を持ち込んでもよいと思います。しまむらは、すでに商品の共同企画や完全買い取りを行っており、同社の商品はほぼプライベートブランドと言ってもよいですが、「しまむら」である限りチー

図−15　「スポーツ用品小売への参入」「海外有力ブランドの地方展開受託」「プライベートブランドの開発・育成」「チープイメージの払拭」の4つの方向性で発展を目指す

しまむらの方向性（案）

新業態の展開	• スポーツ用品小売チェーンの買収（アルペン、ゼビオHD、ヒマラヤなど） • しまむら流のローコストオペレーションを導入 • 既存業態とのシナジー強化により顧客層を拡大
海外有力ブランドの導入	• 海外有力ブランドの地方展開を受託 • Forever21、ZARA、H&M、ヴィクトリアズ・シークレット（L Brands）など • 店舗の魅力を高め、集客力向上を図る
都心・海外展開	• プライベートブランドの開発・育成 • 自社ブランドを軸に都心展開 • ジャパンブランドを前面に出した海外展開
脱チープ化	• チープイメージを払拭するショップブランドの開発・育成 • ショップブランドのマルチブランド展開を強化

資料: BBT大学総研作成

プなイメージが払拭できません。海外展開を視野に、日本の代表的アパレルブランドを標榜したプライベートブランド開発を行うべきです。

マルチブランド展開で脱チープ化目指す

「脱チープ化」ですが、すでに全国1300店以上も浸透しているしまむらは女性向け低価格ファストファッションとして消費者の確固たる信頼を得ています。この信頼を覆すような脱チープ化戦略はナンセンスです。「しまむら業態」がターゲットとしていない顧客層に向けた新たなブランドコンセプトを開発し、これらをマルチブランド展開することで、グループ全体として脱チープ化を図っていくことが必要です。

これら4つの方向で今後の発展を目指す、というのが私の考えるしまむらのとるべき戦略です。

まとめ

- スポーツ用品小売大手の買収による参入を検討。しまむら流のローコストオペレーションを導入し、既存業態とのシナジー強化により顧客層の拡大を図る。
- 海外有力ブランドと提携し、その地方展開を受託する。
- 女性への訴求力が高いブランドを選定し、しまむらの地方都市の店舗内に積極的に誘致し、吸引力向上を図る。従来とは異なる客層を開拓し、取り込みを目指す。
- 海外展開を視野にプライベートブランドを開発・育成。自社ブランドを軸に都心展開を進め、ジャパンブランドを前面に出したプロモーションで海外展開を推進する。
- 「しまむら業態」がターゲットとしていない顧客層を狙ったショップブランドの開発を進め、マルチブランド展開によりグループ全体として脱チープ化を図る。

大前の総括

自社流経営の強みを活かす。既存の顧客層は裏切らないよう新戦略の展開を

弱点克服のために新機軸を打ち出すにしても、従来の持ち味を殺してしまっては意味がない。国内女性向け低価格ファストファッションブランドは守りながらも、マルチブランドとして新業態・海外への展開を進め、グループ全体として「脱チープ化」を狙え。

CaseStudy

3

ドンキホーテホールディングス

さらなる成長に
不可欠な
「差別化戦略」

あなたが**ドンキホーテ**
ホールディングス(HD)の社長ならば
どのような成長戦略を図るか?

※2017年3月に実施したケーススタディを基に編集・収録

正式名	株式会社ドンキホーテホールディングス
設立年	1980年
代表者	代表取締役社長 兼 CEO　大原 孝治
本社所在地	東京都目黒区
業種	小売業
事業内容	グループ会社株式保有によるグループ経営企画・管理、子会社の管理業務受託、不動産管理等
連結事業	家電用品、日用雑貨品、食品、時計・ファッション用品およびスポーツ・レジャー用品等の販売を行うビッグコンビニエンス&ディスカウントストア
資本金	223億円8,200万円(2016年6月期)
売上高	7,595億9,200万円(2016年6月期)

国内最大手の総合ディスカウントストア

国内外に300店以上を展開

今回のケースは、総合ディスカウントストア首位のドン・キホーテです。

1980年の設立後、1989年にドン・キホーテ1号店となる府中店をオープンしたのを皮切りに店舗数を伸ばし、2017年4月末時点では首都圏を中心に国内外で計360店舗を展開しています。なお、2013年に会社分割を行って株式会社ドンキホーテHDを設立し、持株会社体制へと移行しました。小売事業は株式会社ドン・キホーテを中核とし、長崎屋など買収したいくつかの子会社が担っています。

第1号店の出店以降、増収増益が続く

ドン・キホーテは国内のディスカウントストアのなかで突出した企業です。図－1を見ると分かりますが、2015年度の売上高は7596億円、2位のトライアルカンパニーとは売上高、店舗数とも2倍ほどの差をつけています。百貨店や通販などを含めた小売業全体で見ても、12位に位置しています（図－2）。

1号店の出店以来、一貫して増収増益が続いているのも、ドン・キホーテの特筆すべき点です。図－3

にある通り、業績は1号店を出店した1989年から右肩上がりで伸びています。

都市型ビジネスモデルの成功とスーパー買収による地方展開

「圧縮陳列」と「深夜営業」による独自の都市型ビジネスモデル

ドン・キホーテがこれほど成長した要因の1つは、同社の特徴である「圧縮陳列」と「深夜営業」です。これらがディスカウント業態の都心展開を可能にし、さらにはインバウンド需要の取り込みにつながっていきました。

ドン・キホーテでは、店舗一杯に商品を詰め込んだ「圧縮陳列」と呼ばれる独自のディスプレイ方法で商品を販売しています。それが〝ジャングル〟のような雰囲気を生み出し、商品を探し出す楽しさから購買意欲を刺激するという効果を生みます。また、生活者の活動が24時間化している都市部において、「深夜営業」によるナイトマーケットの開拓を他社に先駆けて推進してきました。この圧縮陳列によるアミューズメント性の高い店舗作りと深夜営業によるナイトマーケットの取り込みが功を奏し、本来であれば地価が高く、薄利多売のディスカウント業態の出店が困難な都心や首都圏の繁華街に、ドミナント出店していくことが可能となりました。

図—1　ディスカウントストア業態で国内トップ

ディスカウントストア売上高ランキング（2015年度、億円）

	本社	会社名	売上高	店舗数
1	東京	ドンキホーテHD	7,596	341
2	福岡	トライアルカンパニー	3,514	186
3	佐賀	ダイレックス	1,638（サンドラッグ傘下）	221
4	岡山	大黒天物産	1,451	111
5	福岡	ミスターマックス	1,184	60
6	愛知	イオンビッグ	886（イオン系）	22
7	福井	PLANT	880	23
8	東京	ビッグ・エー	658（イオン系）	195
9	静岡	マキヤ	601	82
10	福岡	三角商事（ルミエール）	546	22
11	千葉	アコレ	500（イオン系）	129
12	東京	北辰商事（ロヂャース）	477	12
13	東京	多慶屋	285	2
14	鹿児島	マキオ	283	3
15	熊本	アレス（スーパー・キッド）	232	30

資料：ダイヤモンド・チェーンストア「日本の小売業1000社ランキング」2016年9月15日号、日経MJ「日本の専門店調査」、きんざい「第13次業種別審査事典」、帝国データバンク「TDB業界動向」よりBBT大学総研が編集・作成

図—2　小売業全体で国内12位

国内小売業売上高ランキング（億円）

	中核業態	会社名	売上高	決算期
1	総合	イオン	81,767	16年2月
2	総合	セブン&アイHD	60,457	16年2月
3	アパレル	ファーストリテイリング	17,865	16年8月
4	家電	ヤマダ電機	16,127	16年3月
5	百貨店	三越伊勢丹HD	12,873	16年3月
6	百貨店	Jフロントリテイリング	11,636	16年2月
7	百貨店	ユニーグループHD	10,387	16年2月
8	通販	アマゾンジャパン	9,999	15年12月
9	百貨店	高島屋	9,296	16年2月
10	百貨店	H2Oリテイリング	9,157	16年3月
11	家電	ビックカメラ	7,791	16年8月
12	ディスカウント	ドンキホーテHD	7,596	16年6月
13	家電	エディオン	6,921	16年3月
14	家電	ヨドバシカメラ	6,796	16年3月
15	スーパー	イズミ	6,688	16年2月

資料：日経MJ「第49回 小売業調査」をもとにBBT大学総研が編集

ドン・キホーテが首都圏展開を強化していた同じ時期である2003年4月に、政府の訪日旅行促進事業である「ビジット・ジャパンキャンペーン」がスタートしました。主に中国や東南アジア諸国からの旅行客に対するビザ緩和を進めたこのキャンペーンにより、訪日外国人旅行客は2003年の約520万人から2016年には2400万人を突破しました。

これらの外国人旅行客により、都心部では莫大なインバウンド需要が生まれ、都心の繁華街にドミナント出店していたドン・キホーテはいち早くこのインバウンド需要を取り込むことに成功しました（図－4）。

インバウンド需要について詳しく見てみましょう。

20～24時の時間帯に、とくに免税売上高が伸びています（図－5）。午前中から夜にかけて徐々に売上高が伸びていきますが、20時を過ぎるとそれが大幅に増え、ピークは22時です。免税客の平均客単価は1万6200円で、国内平均2500円の6倍以上です（図－6）。国別では最も高いのが中国で客単価は2万4500円、国内平均の約10倍にものぼります。2位にはタイの1万8700円、次にベトナム・フィリピン・インドネシアの1万6600円と続きます。中国人観光客にこれほど人気なのは、ドン・キホーテでは自国では買えない成人向け商品を購入することができるというのも理由の1つです。購入した人がブログやSNSなどでその情報を発信し、それを見た人が来日した時にドン・キホーテで買い物するという循環もできているようです。

図ー3　1989年に「ドン・キホーテ1号店」出店以来、27期連続増収増益

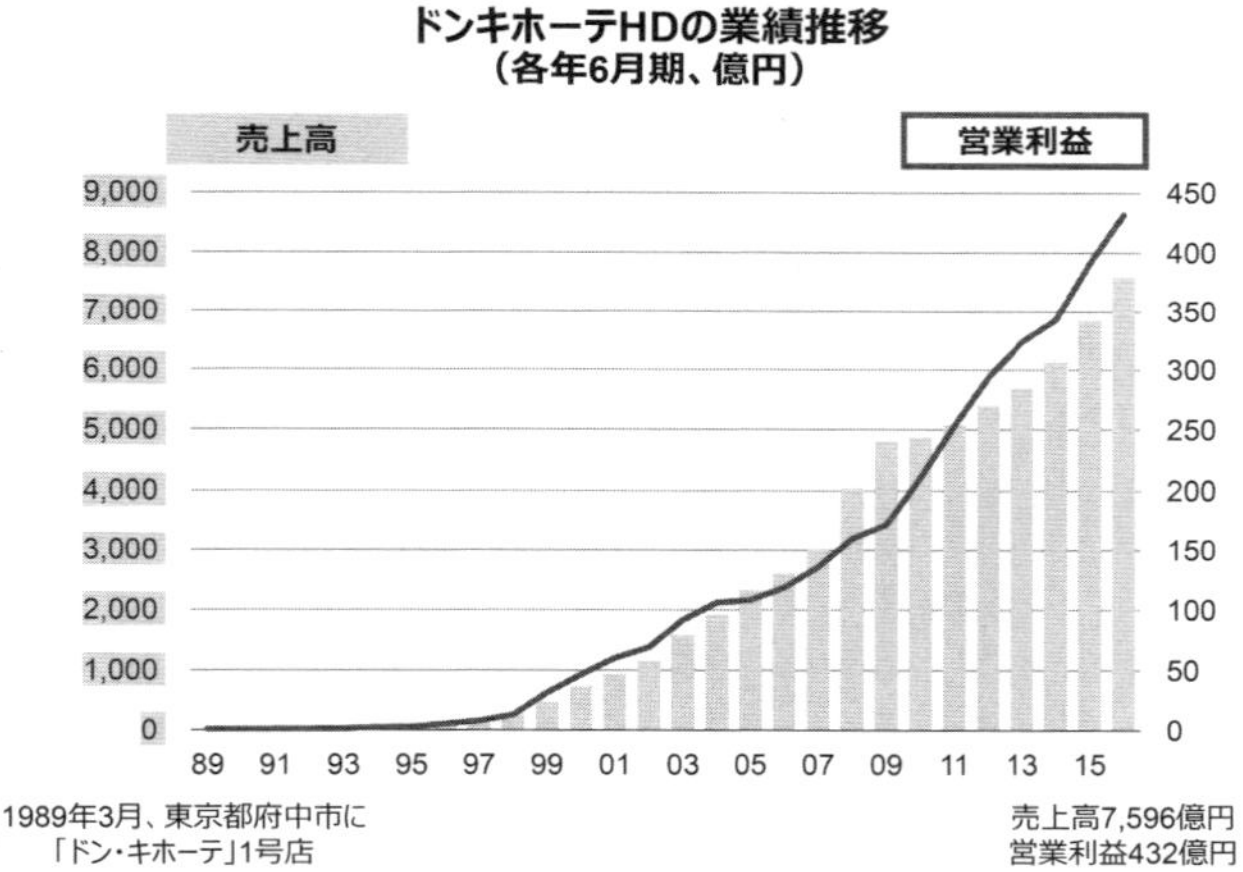

資料: ドンキホーテHD「会社案内」「アニュアルレポート」よりBBT大学総研作成

図ー4　都心・大都市繁華街で業態を確立したことによりインバウンド需要の取り込みに成功

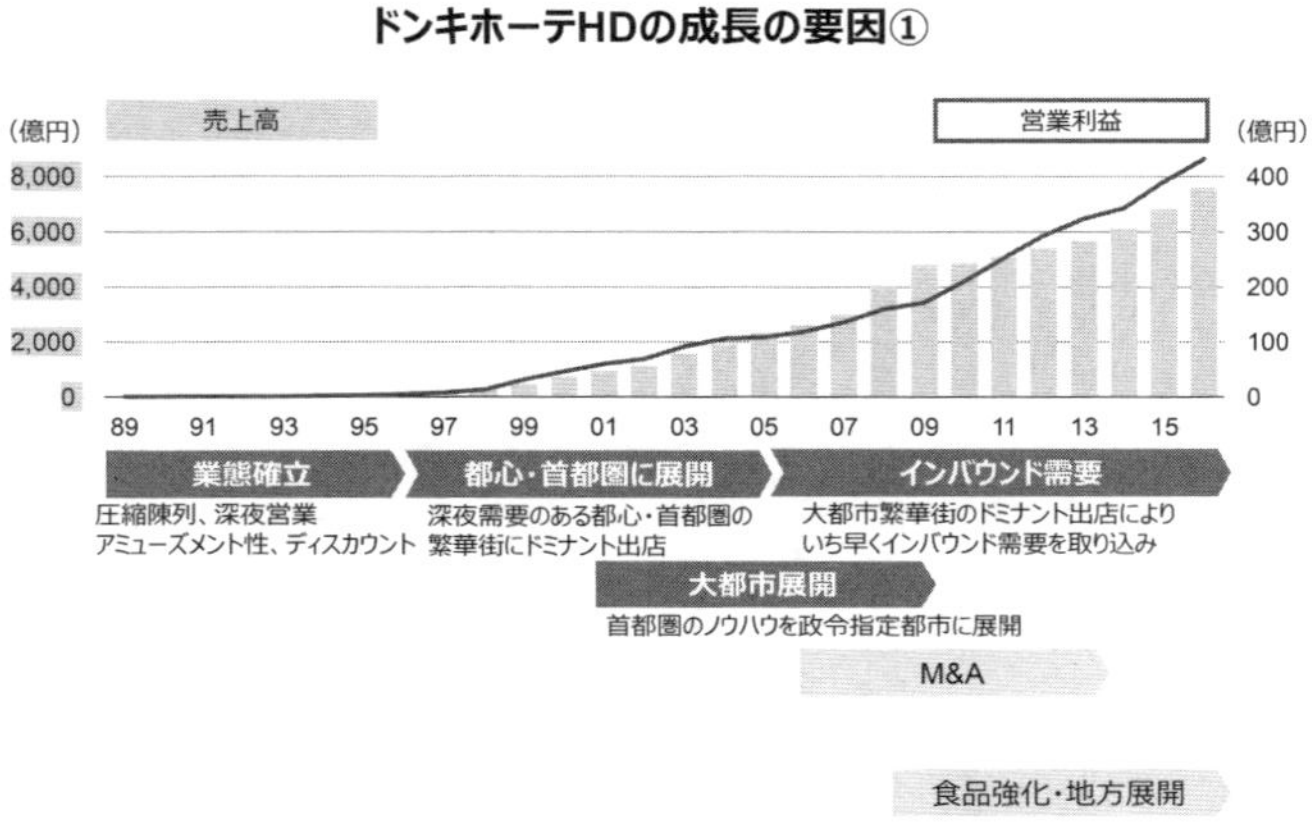

資料: ドンキホーテHD「会社案内」「アニュアルレポート」よりBBT大学総研作成

長崎屋買収で食品分野と地方展開を補完

ドン・キホーテのもう1つの成長要因は、総合スーパー「長崎屋」の買収による食品分野と地方展開の補完的強化によるものです。従来のドン・キホーテは都心や首都圏の繁華街に出店し、アクセサリー、日用雑貨、家電などを主力商品とし、若者や単身層をターゲットとしていました。ドン・キホーテ以外の主要ディスカウントストア事業者のほとんどが地方を基盤にしています。そして地方型ディスカウントストアにおける最大の集客品目は食料品です。独自の都市型ビジネスモデルと商品構成を強みとしてきたドン・キホーテは食料品の取扱ノウハウに乏しく、そのために地方展開が遅れていました。しかし2007年にスーパーマーケットチェーンの長崎屋を買収したことで食料品のノウハウを吸収し、それまで弱点となっていた地方・郊外の店舗を拡大し、主婦やファミリー層もカバーできるようになりました（図－7）。

商品別の売上高を比べると、長崎屋の買収前はアクセサリー、日用雑貨、家電が全体の7割ほどを占めていましたが、買収後は食品の割合が増大し、2015年度は3割を超えています（図－8）。同時に首都圏以外への出店も大幅に伸びており、2005年度に4割ほどであった地方店舗は2010年度には5割を上回り、2015年度は6割近くとなっています（図－9）。

このように都心だけでなく地方への出店も可能となったドン・キホーテは、競合各社を大きく引き離すスピードで成長しています。図－10をご覧ください。競合大手には福岡のトライアルとミスターマックス、

図－5　大都市繁華街での深夜営業がインバウンド客を取り込んでいる

ドン・キホーテの時間帯別免税売上高構成比

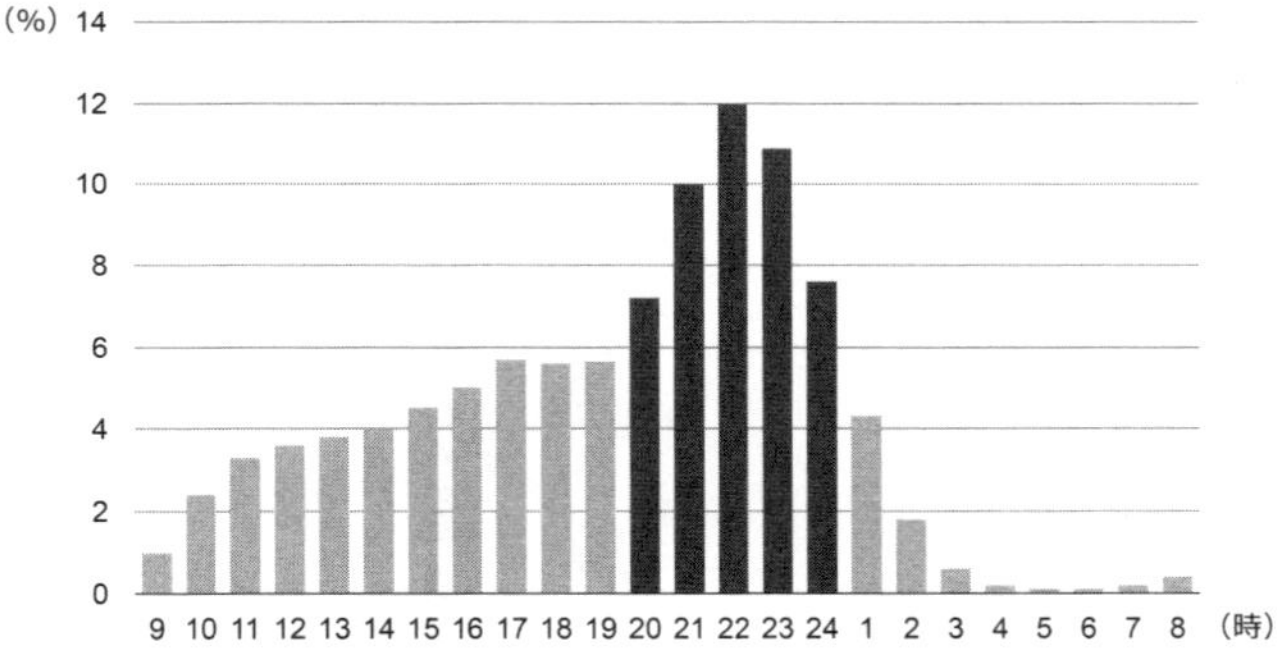

※ 2014年10月～2015年6月調査

資料: ドンキホーテHD「決算業績説明資料 2015年6月期」よりBBT大学総研作成

図－6　インバウンド客の平均客単価は国内平均の約6.5倍

ドン・キホーテの国別免税客の客単価

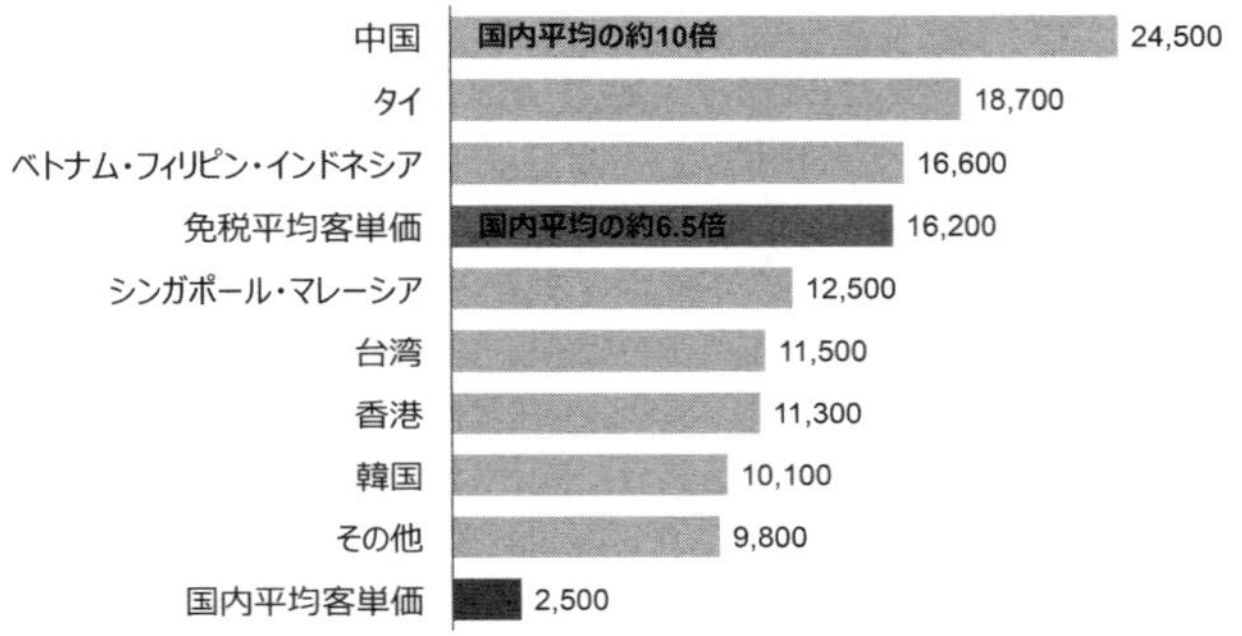

※ 2014年10月～2015年6月

資料: ドンキホーテHD「決算業績説明資料 2015年6月期」よりBBT大学総研作成

佐賀のダイレックス、岡山の大黒天物産が挙げられて、いずれも売上高は右肩上がりですが、ドン・キホーテは2位のトライアルを大きく引き離すスピードで成長しています。

アミューズメント性をコンセプトとした差別化戦略を

課題は同業および周辺業態との差別化

ディスカウントストア業態では規模も成長速度も2位以下を圧倒しているドン・キホーテですが、ここで同社を巡る競争環境を整理してみましょう。

圧縮陳列と深夜営業で独自の都市型ディスカウントモデルを強みに、都市部を中心に展開してきましたが、地方・郊外ではその強みは必ずしも活かせません。長崎屋の買収により食品および地方展開の基盤を手に入れたものの、地方には有力な同業他社が多数ひしめいています。また、都市部においては、コンビニや100円ショップなどの小型業態や通信販売が利便性や安さを武器に競合し、さらに食品スーパーやドラッグストア、家電量販店などが専門性や安さを強みとして戦っています（図－11）。

ドン・キホーテが同業他社と周辺業態との競争にさらされている状況において、さらなる成長を成し遂げるためには、やはり同社の強みを活かした差別化戦略が重要なポイントとなります。ドン・キホーテの

図—7 「長崎屋」の買収を機に食品を中心とした地方郊外型店舗の展開が可能となった

ドンキホーテHDの成長の要因②

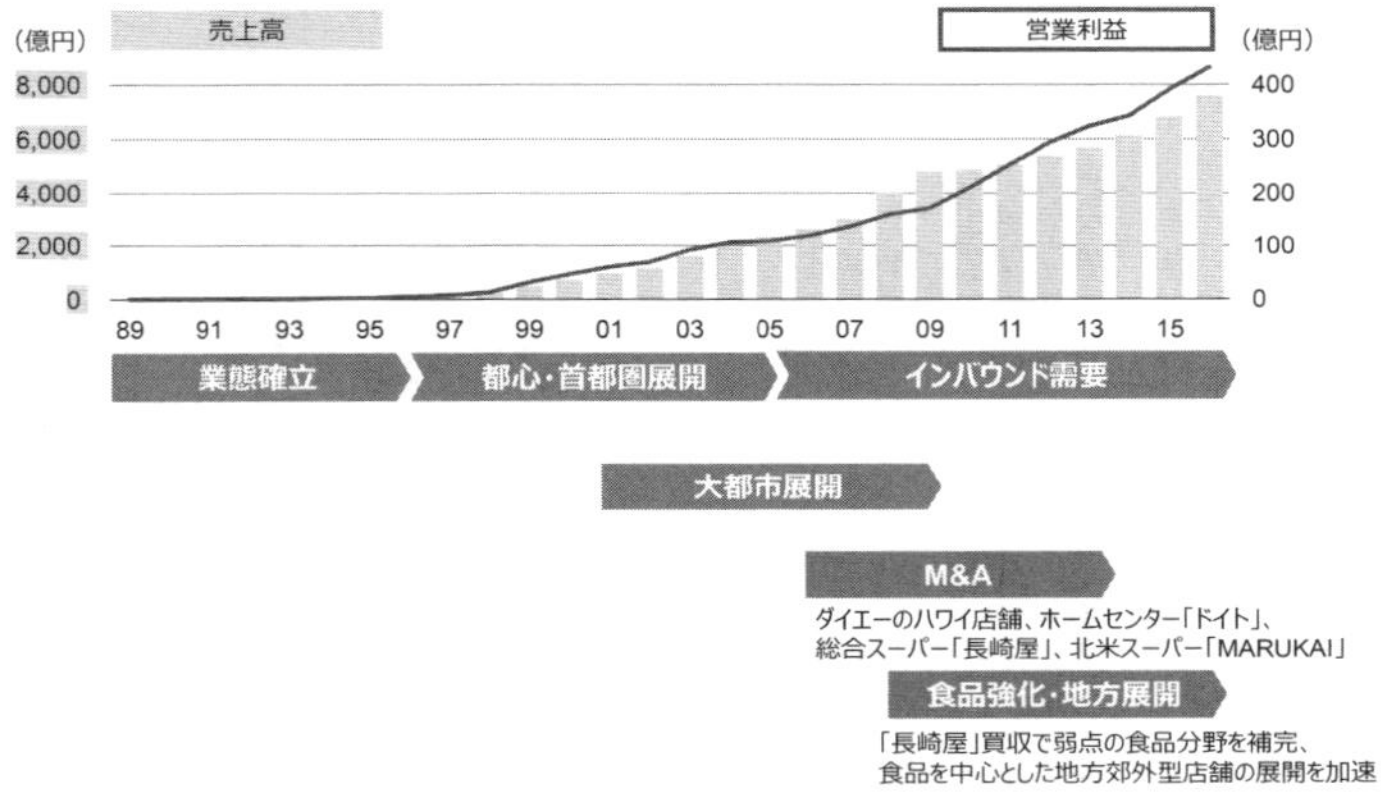

資料：ドンキホーテHD「会社案内」「アニュアルレポート」よりBBT大学総研作成

図—8 長崎屋の買収により「都心繁華街の若者層」から「地方郊外のファミリー層」までカバー可能となった

ドンキホーテHDの商品別売上構成
（年度、%）

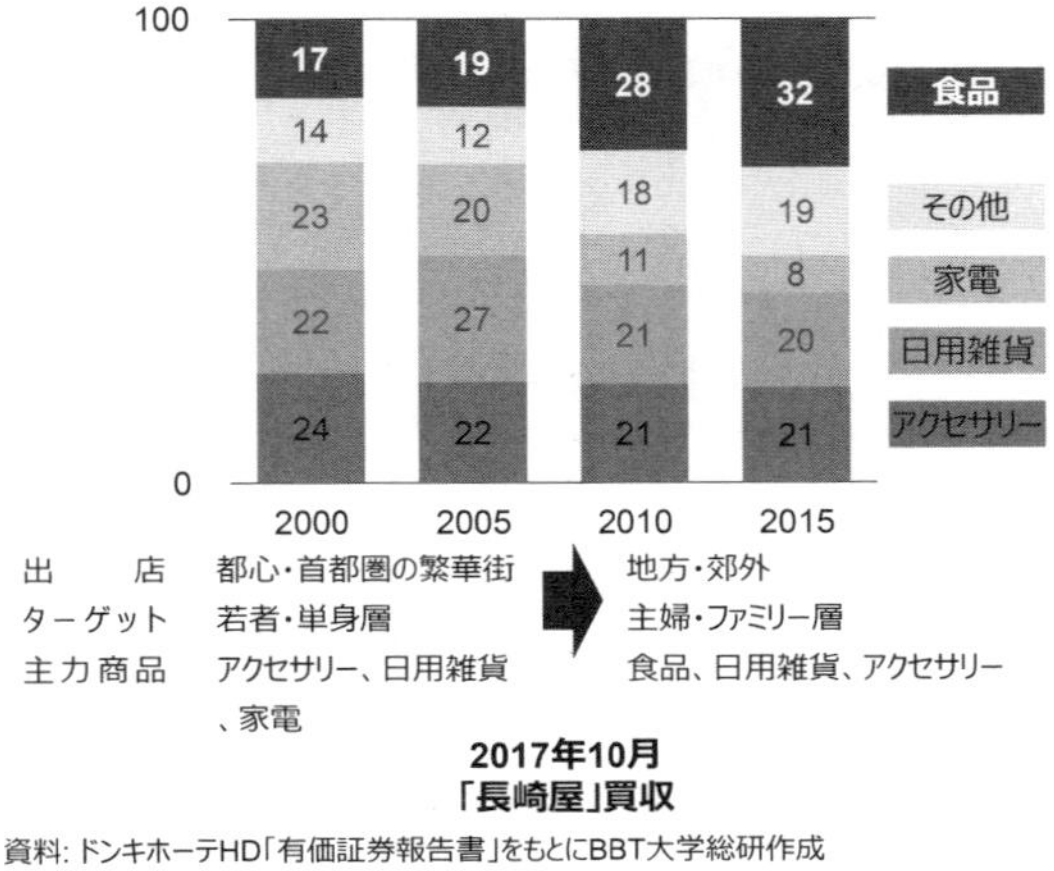

資料：ドンキホーテHD「有価証券報告書」をもとにBBT大学総研作成

強みとは、圧縮陳列された多種多様な商品ジャングルのなかを探索して回る楽しさを集客の重要なポイントとしている点です。すなわち店舗をアミューズメント施設と考えている点が他の小売業態と異なる部分であり、そうしたコンセプトに基づく店舗レイアウトや品揃えが同社の強みです（図－12）。

都市部における差別化戦略

アミューズメント性を軸に都市部および地方における差別化戦略を考えていきましょう（図－13）。

まず都市部では、「従来路線の強化」と「小型店・EC（電子商取引）の強化」の2つを考えます。従来路線の強化については、これまでドン・キホーテが培ってきた大型店を中心とした都市型ディスカウントストアモデル、小型店・ECの強化については、まず100円ショップチェーンの買収を検討します。100円ショップは豊富なワンプライスの商品を探索するアミューズメント性を併せ持つディスカウント業態であり、まさにドン・キホーテのコンセプトにマッチしているといえます。都市部における小型業態は100円ショップを中心に、より生活エリアに近い場所への出店を狙います。ECについては、ドン・キホーテの〝ジャングル〟のような特徴をそのまま活かした通販サイトにもトライすべきでしょう。同社の店舗では商品があえてきれいに整理されておらず、さらにはコスプレ衣装やパーティグッズなど、他の小売事業者ではあまり扱わない商品も豊富に揃っており、それらを自分で見つけていくことが楽しみとなっています。こういった要素をネット化していくのです。現在、ECサイトは無数に乱立していますが、ド

図—9 都心・首都圏への出店拡大とともに地方への出店も拡大している

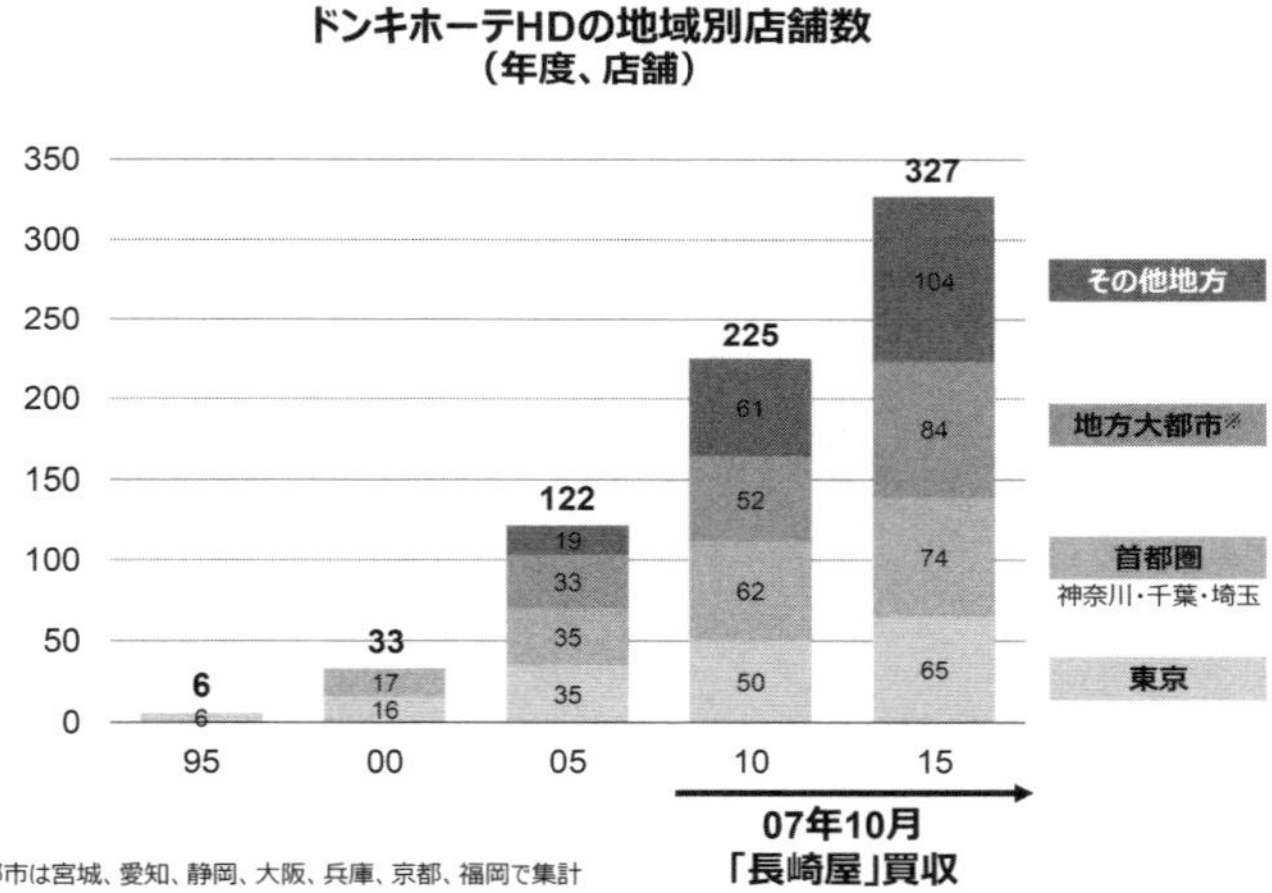

※ 地方大都市は宮城、愛知、静岡、大阪、兵庫、京都、福岡で集計

資料: ドンキホーテHD「有価証券報告書」「アニュアルレポート」「株主通信」よりBBT大学総研作成

図—10 都心から地方まで出店可能なドン・キホーテは競合各社の成長速度を大きく上回る

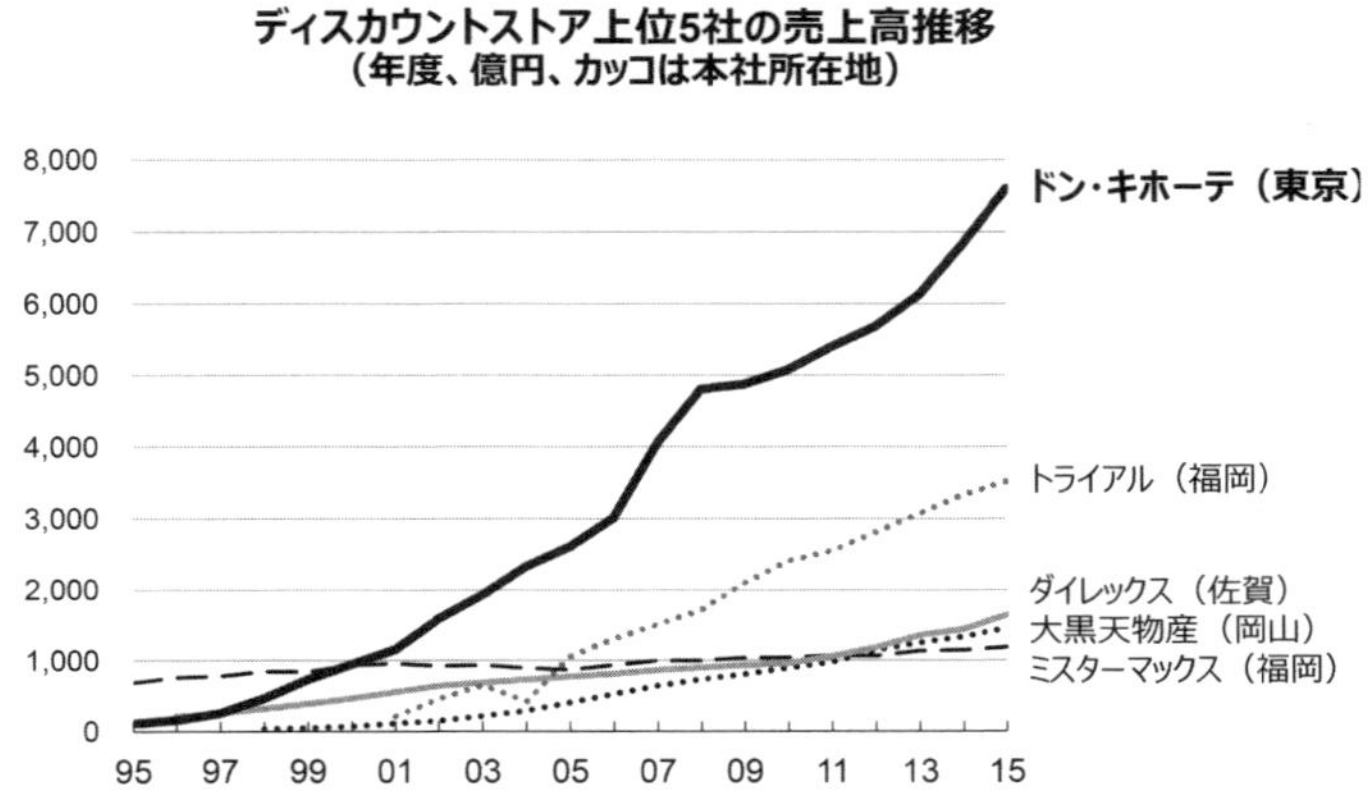

資料: 各社決算資料、帝国データバンク、東京商工リサーチ等よりBBT大学総研作成

ン・キホーテならではの特徴的な商品群と実店舗の雰囲気をネット上に持ち込むことで差別化にもなるでしょう。

地方・過疎地における差別化戦略

次に地方・過疎地においては、「居抜き出店の強化」および「地方型アミューズメント店舗の強化」を行います。かつて地方では郊外型の大型量販店が隆盛し、駅前商店街などが荒廃しました。その郊外型量販店も、高齢化やファミリー層の減少により縮小が続いています。こうした経緯により地方では駅前にも郊外にも空き物件が豊富であり、地方のディスカウントストア事業者にとって出店コストを大幅に削減できる居抜き出店は重要な戦略となっています。

例えば、カー用品店の店舗を〝ドンキ化〟していくのもいいのではないでしょうか。最近はあまりカー用品が売れなくなってきているため、空き物件や業態転換をしたいフランチャイズのオーナーもいるでしょう。カー用品チェーンはオートバックスセブンとイエローハットが二大チェーンで約8割のシェアを寡占しています。ドン・キホーテとカー用品店の客層は重なっている部分も多いため、業態転換後の店舗の中にカー用品コーナーをそのまま取り込むことも容易です。同様に、地方には客離れで廃業したパチンコ店がありますので、そうした店舗もドンキ化していきます。パチンコ店はアミューズメント施設であり、立地特性についてもドン・キホーテとの親和性が高く、その長所を引き出せると思います。

図ー11　地方では有力な同業他社がひしめいており、都市部でも業態間の競争が激化

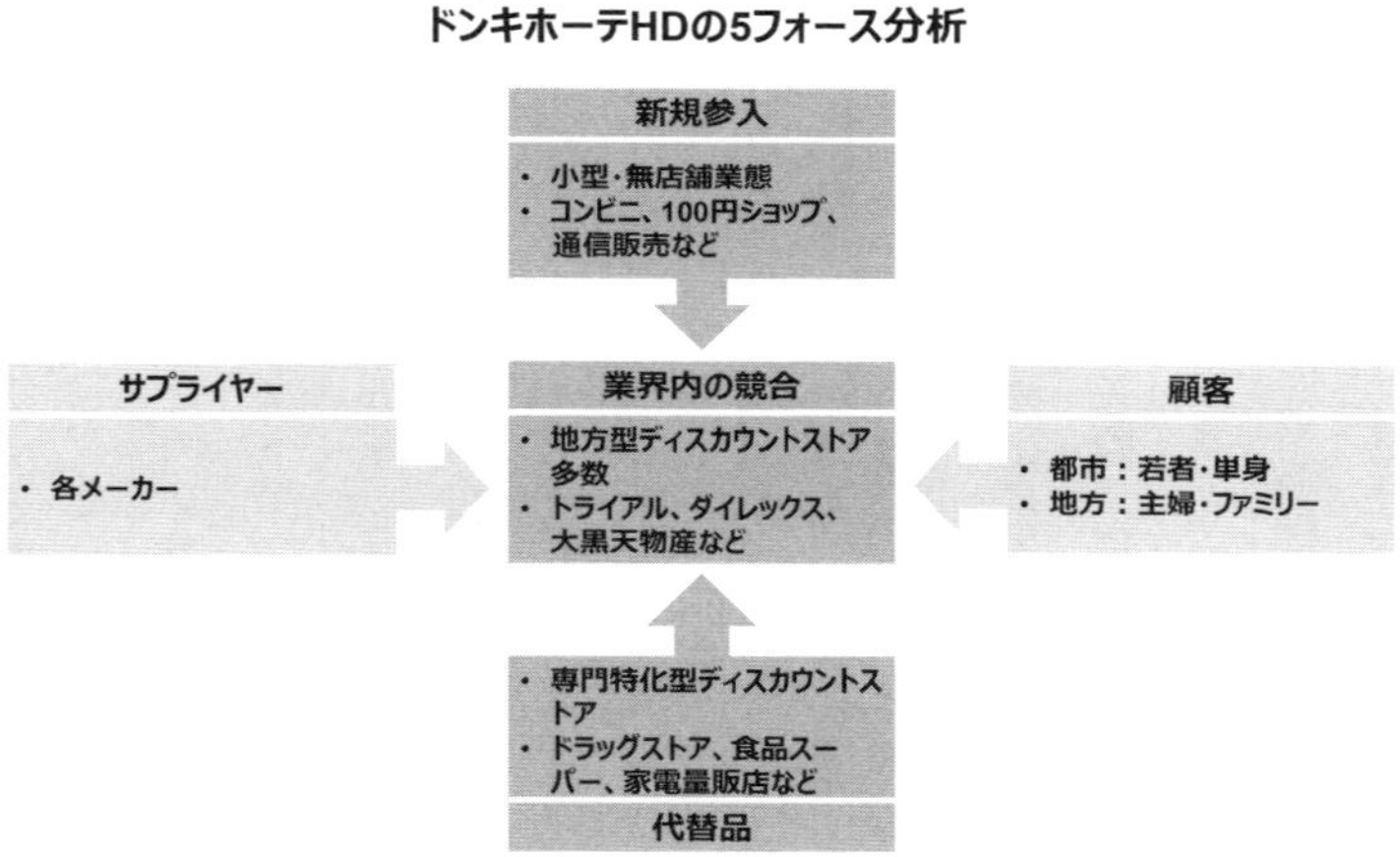

資料: BBT大学総研作成

図ー12　アミューズメント性をコンセプトとした店舗レイアウトと商品戦略が強み

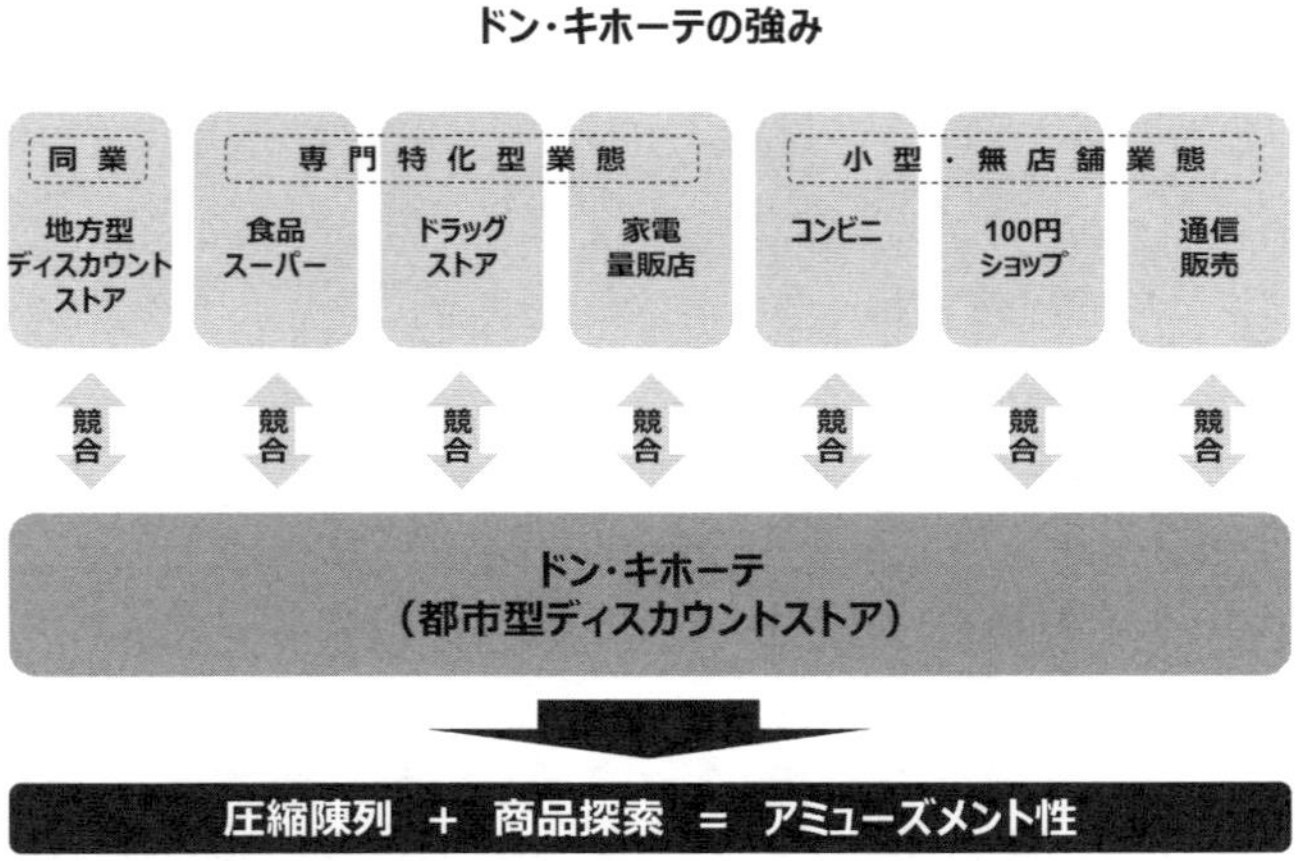

資料: BBT大学総研作成

「地方型アミューズメント店舗の強化」については、過疎地で24時間型大型ディスカウントストアを成功させているマキオ社を買収し、そのノウハウの取り込みを図ります。マキオが展開している鹿児島県阿久根市は世帯数約1万、人口は約2万人の過疎地ですが、「過疎地だからこそいつでも買えてなんでも揃うお店が必要」というコンセプトで、商品アイテム数は30万点を超えています。ドン・キホーテの都市部の店舗ではアイテム数が4万~6万点ですので破格の規模です。このような24時間型のなんでも揃う巨大ディスカウントストアは、それ自体が過疎地における最大のアミューズメント施設といえるでしょう。マキオの事例は過疎地においても24時間ディスカウントストアが成立するということを証明しています。

もう1つ、地方展開における重要な課題として、集客の要となる食品の取り扱いをどうするかという問題があります。食品はリピート性の高い商品ですが、取り扱い方によっては客離れを誘発する商材でもあります。とくに生鮮食品についてはそれを専門とする食品スーパー同士の競争も激しく、収益性を維持することが難しい分野です。長崎屋を買収してノウハウを得たとはいえ、同社はもともと衣料品を中心としたスーパーで、食品分野の強化に失敗し、競争に敗れて経営破綻した会社です。こうした経緯を考慮すれば、ドン・キホーテは得意分野に集中し、食品分野は自ら行うのではなく実績のある専門業者をテナントとして入れた方がよいと考えます。そのうえで食とアミューズメント性の融合を進めていけばよいでしょう。

都市部の大型店舗では従来路線に沿ってドミナントを強化しつつ、小型業態では100円ショップチェーンの買収を検討、ECではパーティグッズなどドン・キホーテならではの商品群を中心に実店舗に

図―13　アミューズメント性をコンセプトに差別化戦略を展開

ドンキホーテHDの課題と方向性（案）

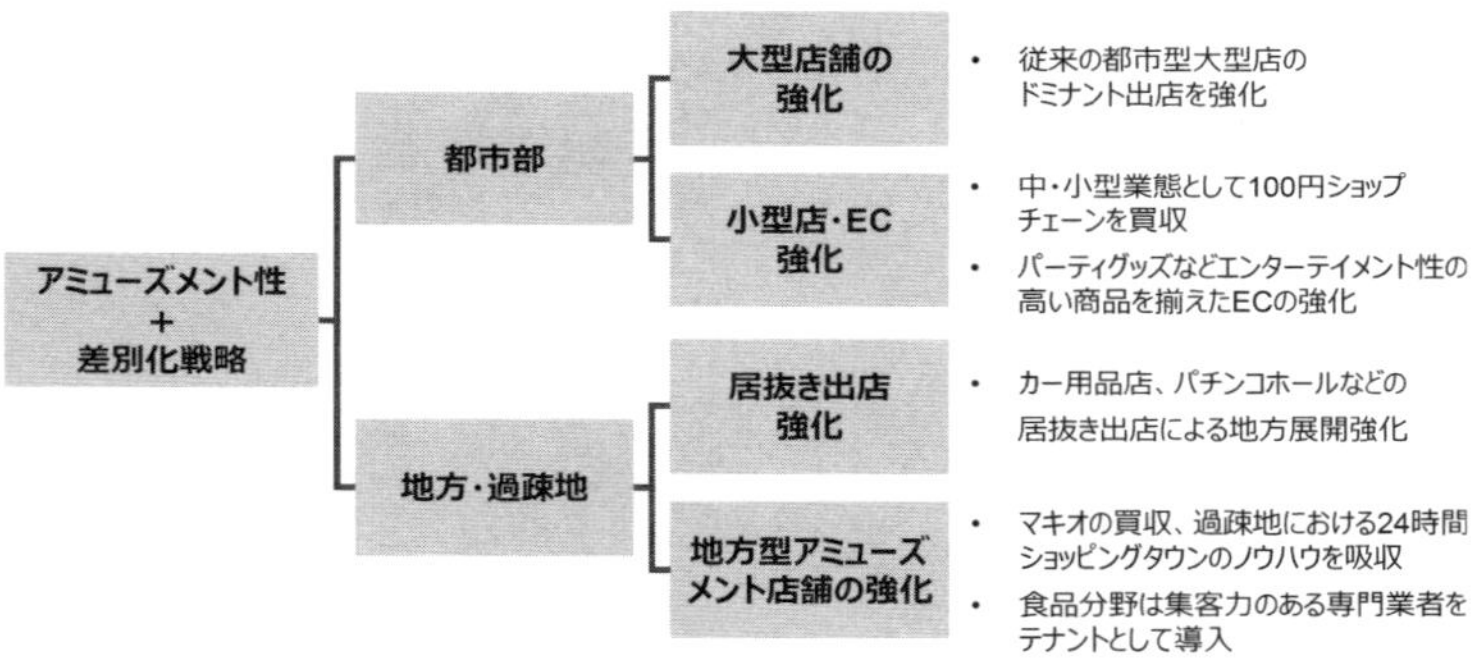

資料: BBT大学総研作成

おけるアミューズメント性の再現を図る。地方ではカー用品店やパチンコホールなど親和性の高い店舗の居抜き出店を強化、過疎地では24時間型巨大ディスカウントストアを成功させているマキオ社の買収を検討、地方店舗の戦略商品である食品分野は集客力のある専門業者をテナントとして導入し、ドン・キホーテの持つアミューズメント性との融合を図る。

このように、アミューズメント性を軸に競合各社との差別化戦略を進める。これが私の考える、ドンキホーテHDがとるべき道です。

まとめ

☑ 都市部の大型店舗は従来路線のドミナント出店を強化。小型店舗は100円ショップチェーンの買収を検討。ECではパーティグッズなどの商品群を中心にアミューズメント性の再現を図る。

☑ 地方ではカー用品店やパチンコホールなどの居抜き出店を強化。過疎地では24時間型巨大ディスカウントストアで定評あるマキオ社買収を検討。食品分野は集客力のある専門業者をテナントとして導入し、アミューズメント性との融合を図る。

大前の総括

圧縮陳列＋商品探索＝アミューズメント性。自社カラーを失わない新展開を

業界内外の競争が激しい市場でさらに成長するためには、やはり差別化戦略が重要。高いアミューズメント性こそがドンキの持ち味。この特徴を活かした戦略で、都市部・地方、ECそれぞれでアミューズメント性の再現を図れ。

CaseStudy

4 マツモトキヨシホールディングス

業態を超えた「競争激化」に立ち向かう

あなたが**マツモトキヨシホールディングス**(HD)の社長ならば業界首位からの転落が予測される今、いかに新たな成長戦略を描くか?

※2017年1月に実施したケーススタディを基に編集・収録

正式名	株式会社マツモトキヨシホールディングス
設立年	2007年(創業は1932年)
代表者	代表取締役社長　松本 清雄
本社所在地	千葉県松戸市
業種	小売業
事業内容	子会社の管理・統括および商品の仕入れ・販売
連結事業	ドラッグストア(医薬品、化粧品、雑貨品、食品、DIY用品の販売等)
資本金	220億5,100万円(2016年3月期)
売上高	5,360億5,200万円(2016年3月期)

窮地に立つドラッグストアの国内最大手

松戸の個人商店が起源

今回取り上げるのは、国内ドラッグストアの最大手であるマツモトキヨシＨＤです。１９３２年、創業者の松本清氏が千葉県松戸市に「松本薬舗」を開業したのが起源です。その後１９５４年に法人化して「マツモトキヨシ薬店」に商号を変更し、１９８７年には現在のような都市型ドラッグストアの第１号店となる上野アメ横店をオープン、１９９５年にはドラッグストアとして売上高が日本一となりました。２０００年代に入ると地域企業との資本・業務提携やフランチャイズ契約などグループ拡大戦略を進めます。２００７年には持株会社のマツモトキヨシＨＤを設立し現在に至ります。代表取締役社長の松本清雄氏は、松本清氏の孫にあたります。

２位、３位のイオングループとは僅差

抜群の知名度と業界首位の売上高を誇るマツモトキヨシＨＤですが、現在はその座が脅かされる状況にあります。図－１を見ると分かるように、たしかに現状では売上高は５３６１億円と国内トップです。し

図ー1　現時点で国内首位だが、上位各社が拮抗状態

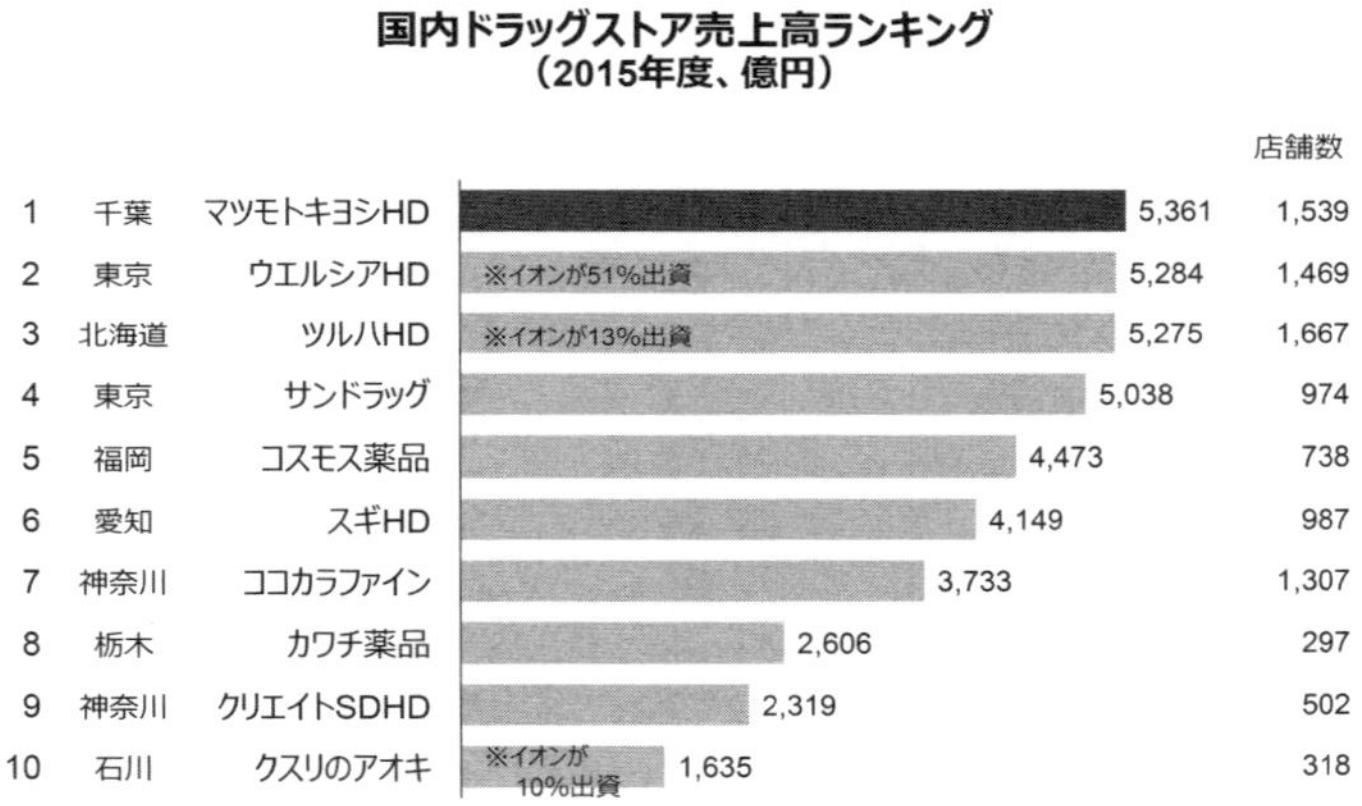

資料：各社決算資料、ダイヤモンド・ドラッグストア「ドラッグストアマーケットブック2016」2016年8月号、
日本ホームセンター研究所（HCI）「ドラッグストア経営統計2017」等よりBBT大学総研作成

図ー2　スーパーや百貨店が低迷するなか、ドラッグストアはコンビニや通販とともに小売市場を牽引

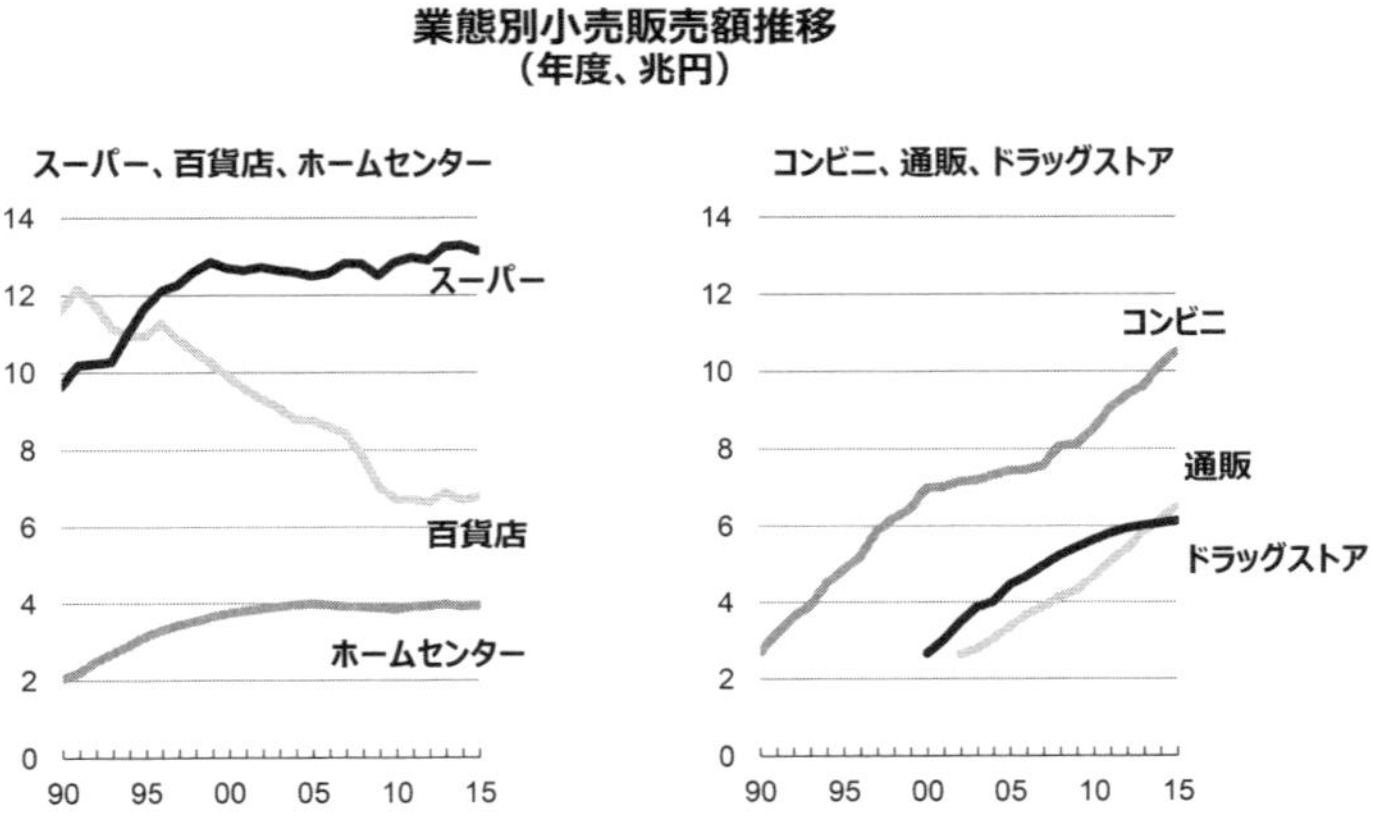

資料：経済産業省「商業動態統計」、日本チェーンドラッグストア協会「日本のドラッグストア実態調査 2015年度」
日本DIY協会統計、日本フランチャイズチェーン協会統計、日本通信販売協会統計よりBBT大学総研作成

かし2位のウエルシアHDと3位のツルハHDもそれぞれ5284億円、5275億円とほとんど差はなく、店舗数も同様です。さらに、ウエルシアHDとツルハHDはイオングループの企業で、両社を合わせると売上高も店舗数もマツモトキヨシHDを上回ります。4位のサンドラッグも売上高が5000億円以上、店舗数は1000店に迫っており、上位各社が拮抗している状態にあります。

激しい業界再編とグループ化が進行中

低迷する総合小売業に反し、小売市場を牽引

次に、国内の小売市場の変遷を業態別に見てみましょう(図1-2)。それぞれの販売額の推移は、百貨店は1992年度のピークからほぼ半減、スーパーは維持していますが、商品の内訳を見ると、衣料品や家電、家具などの販売減少を飲料・食品販売の伸びが支えています。すなわち総合スーパー(GMS)は食品専門小売業態となることで販売額を維持している状況です。これらの総合小売業態から売り場を奪っていったのが、家電や衣料品、家具、DIY用品など特定の分野に特化したロードサイド型の専門量販店業態です。しかし、家電量販店などは通信販売の台頭でショールーム化(店舗で実物を見てネット通販で購入する購買行動)し、業界再編が進みました。また、DIY用品や日用品の低価格業態として成長していたホー

ムセンターは、2000年代後半に横ばいとなり低迷しています。購入頻度の高い日用品や日配食品などは、大型のロードサイド店でまとめ買いするよりも、頻繁にアクセスできる生活圏に近い小型店舗のニーズが増していきました。こうした背景により、コンビニや通販、そしてドラッグストア業態が小売市場を牽引しています。

業界再編と寡占化が進む

ただし、ドラッグストア市場はこの数年、成長スピードに陰りが見られます。2000〜2009年にかけては年率7・4%で成長していた市場規模は2010年度以降、年率1・4%に減速しています。また企業数は2004年度の671社をピークに、その後は下降を続けて2015年度は447社とピークの7割弱にまで減少しました（図－3）。

企業数が減少している一因は、年々進行している業界再編です。ドラッグストア上位10社の市場集中度は2000年度には29%でしたが、徐々にその割合が増加し、2015年度には65%にもなっています（図－4）。こうした傾向は、今後も続くと予想されます。小売業では一般に規模の経済が働くとされています。小売業における規模の経済はとくに集中購買による仕入れ原価の低減で発揮されます。販売規模が大きいほど、メーカーとの交渉力が強まり、仕入れ原価やプライベートブランド商品の開発において有利な条件で取引ができます。そのため小売事業者は規模の拡大および業界の寡占化を進めていくことが重要な課題になります。

業態別に見ると最も寡占化が進んでいるのはコンビニで、10・1兆円の市場規模に対し、上位3社が市場の8割を占めるという状況です。同様に、イオンなどのGMSは上位6社、家電量販店とディスカウントストアは上位7社で全体の8割を占めるというように、寡占化が進んでいます。これらに比べドラッグストアでは、市場の8割を占めるのに上位21社が必要という状況ですので、今まさに激しい業界再編とグループ化が進行している最中なのです（図-5）。

二大ボランタリーチェーンの衰退と企業グループの台頭

ドラッグストア業界の黎明期である1970年に、小規模な薬局・薬店が集まって2つのボランタリーチェーンが組織されました。1つは「オールジャパンドラッグ（AJD）」、もう1つは「日本ドラッグチェーン会（NID）」です。ボランタリーチェーンとは加盟店が経営の独立性を保ちつつ共同仕入れや商品開発を行う協業グループです。1990年代にドラッグストア業界は成長期に入り、ボランタリーチェーンの加盟企業同士で競争が激化し、組織としての影響力が弱まっていきます。このボランタリーチェーンに代わって、大手企業を中心に資本関係や業務提携、フランチャイズ契約を軸とした企業グループが影響力を強め、業界再編を主導しています。次に主な企業グループを見てみましょう。

図―3　ドラッグストア市場は近年成長が鈍化、企業の集約化が進む

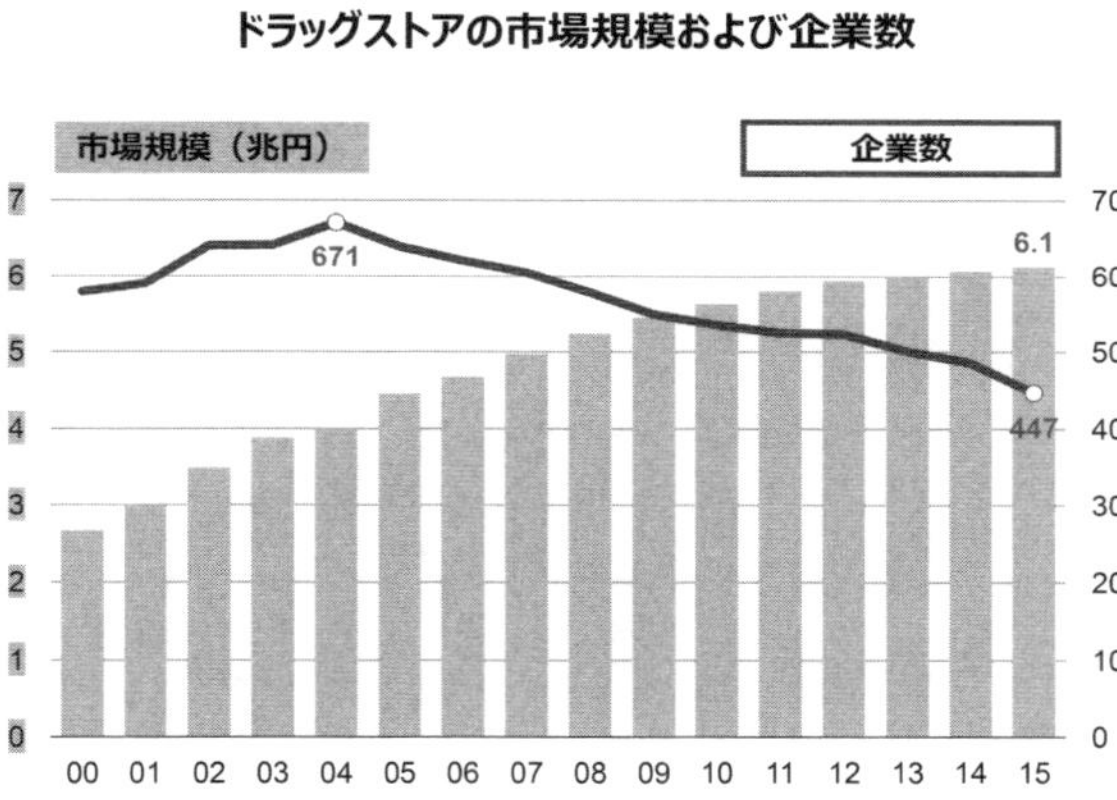

資料: 日本チェーンドラッグストア協会「日本のドラッグストア実態調査 2015年度」よりBBT大学総研作成

図―4　年々業界再編が進み上位集中度が高まっている

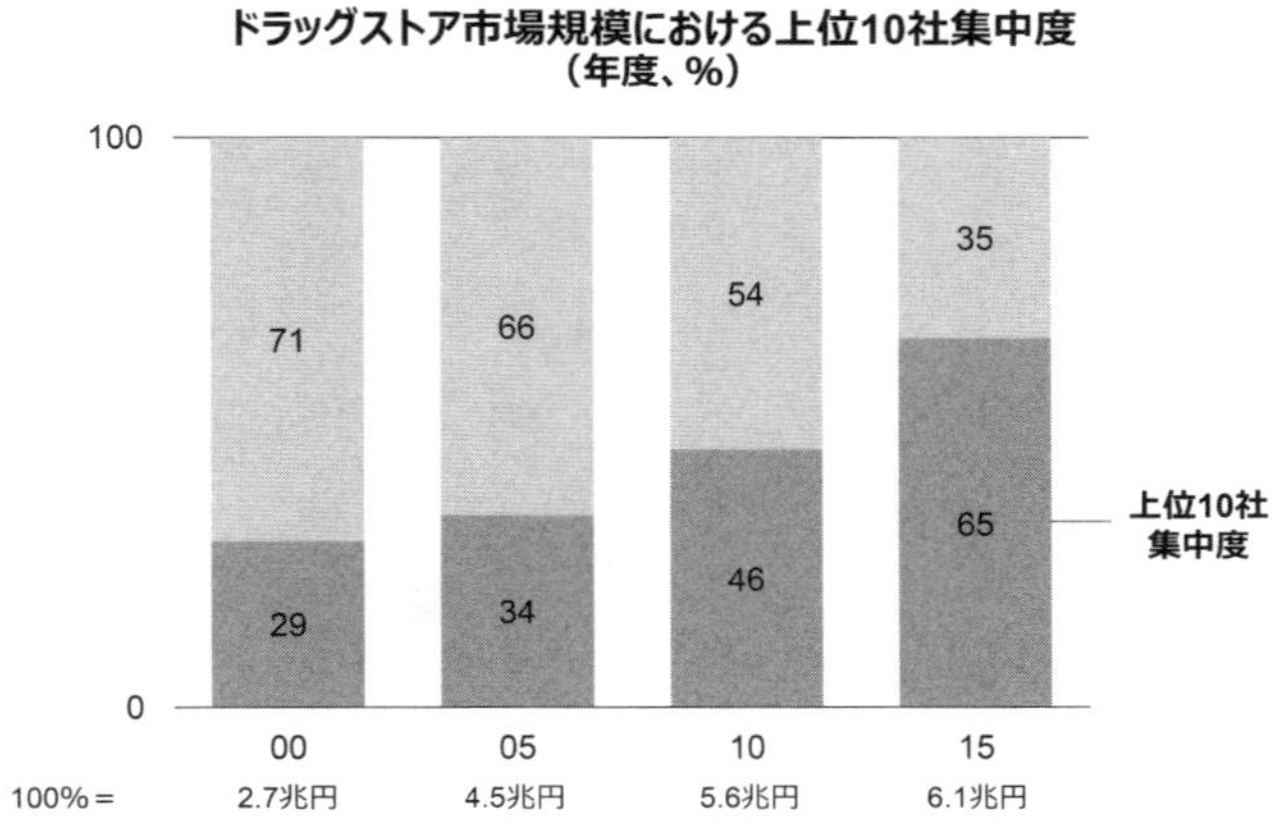

資料: 日本チェーンドラッグストア協会「日本のドラッグストア実態調査 2015年度」、日経MJ「日本の専門店調査」、
各社決算資料よりBBT大学総研算出

ドラッグストア業界の主要企業グループ3つ

現在、ドラッグストア業界で最大の企業グループはイオングループです。先述したように、業界2位のウエルシアHDと3位のツルハHDにそれぞれ51%、13%出資しています。そのほかにもメディカル一光、ウェルパーク、ザグザグ、クスリのアオキに資本参加しており、これらの資本関係を軸に共同購買グループ「ハピコム」を形成しています。2016年2月時点では31社が加盟し、総店舗数は4744店舗、総売上規模は非公表ですが、少なくとも1兆円を超えています。イオン自体、歴史的には地域スーパーの共同仕入れグループであるJUSCO（Japan United Stores COmpany）が発展して国内最大の流通グループとなった経緯があります。GMS業態が低迷し、コンビニ業態でも大手3社の後塵を拝するイオンは、ドラッグストア業態に注力、グループを拡大し業界トップを狙っています（図－6）。

イオン系のハピコムに次いで大きな企業グループを形成しているのがマツモトキヨシグループです。マツモトキヨシHDは2000年代以降、地方の中堅ドラッグストアを買収してグループ拡大を図ってきました。買収した企業は全国7つのエリアに区分し、地域の実情に合わせた最適なマーチャンダイジングと店舗運営の効率化を進めているのが特徴です（図－7）。

そのほかにも、業界7位のココカラファインやコクミンなどが参加する共同購買グループが加盟10社、総売上規模5153億円の「WINグループ」を形成しています（2016年3月末時点）。業界4位で首都

図—5　一般に小売業は規模の経済が働くため、寡占を進めていくことが課題となる

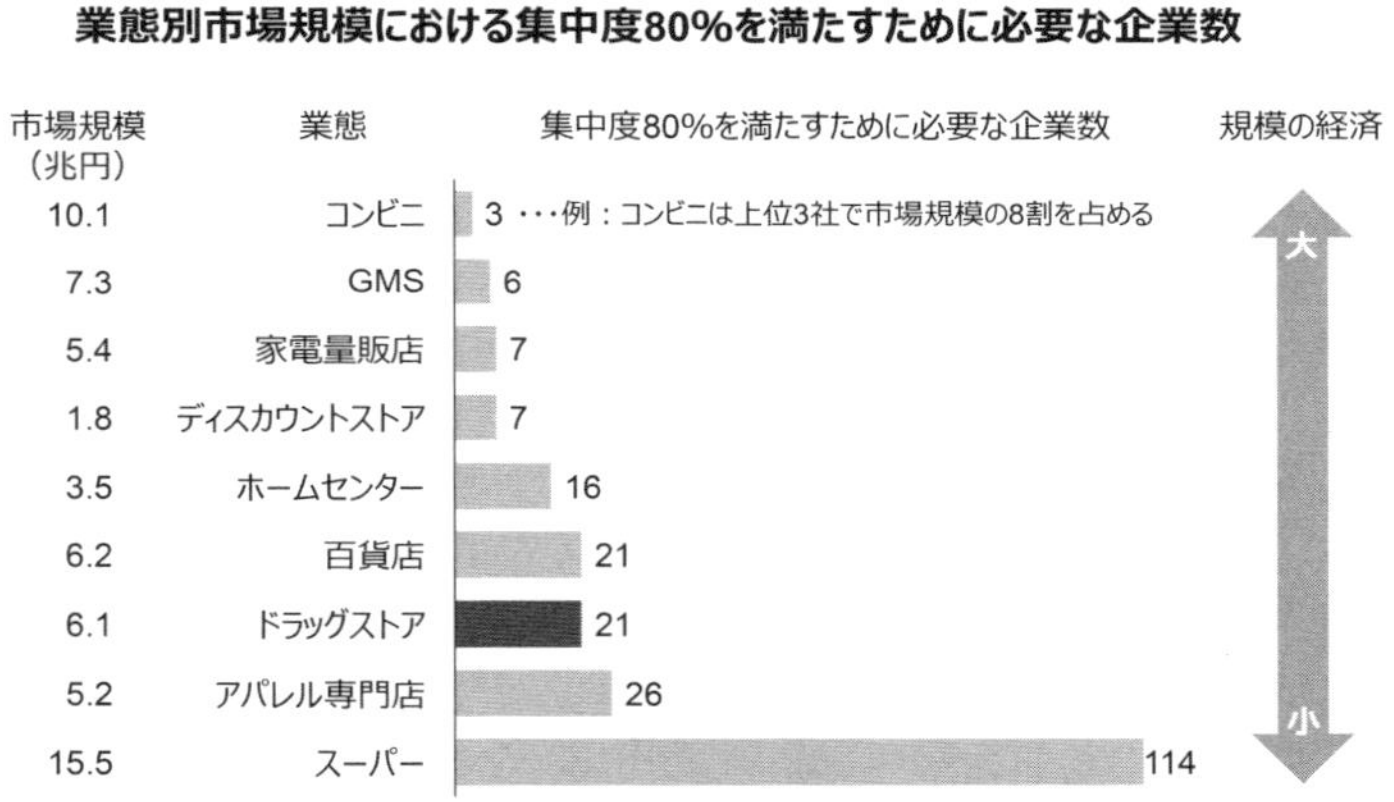

※ ドラッグストアは日本チェーンドラッグストア協会の数字でBBT大学総研が算出、他はダイヤモンド・チェーンストア誌の推計

資料: ダイヤモンド・チェーンストア「日本の小売業1000社ランキング」2016年9月15日号よりBBT大学総研作成

図—6　イオンは共同購買グループ「ハピコム」を形成、グループ総売上は1兆円を超える

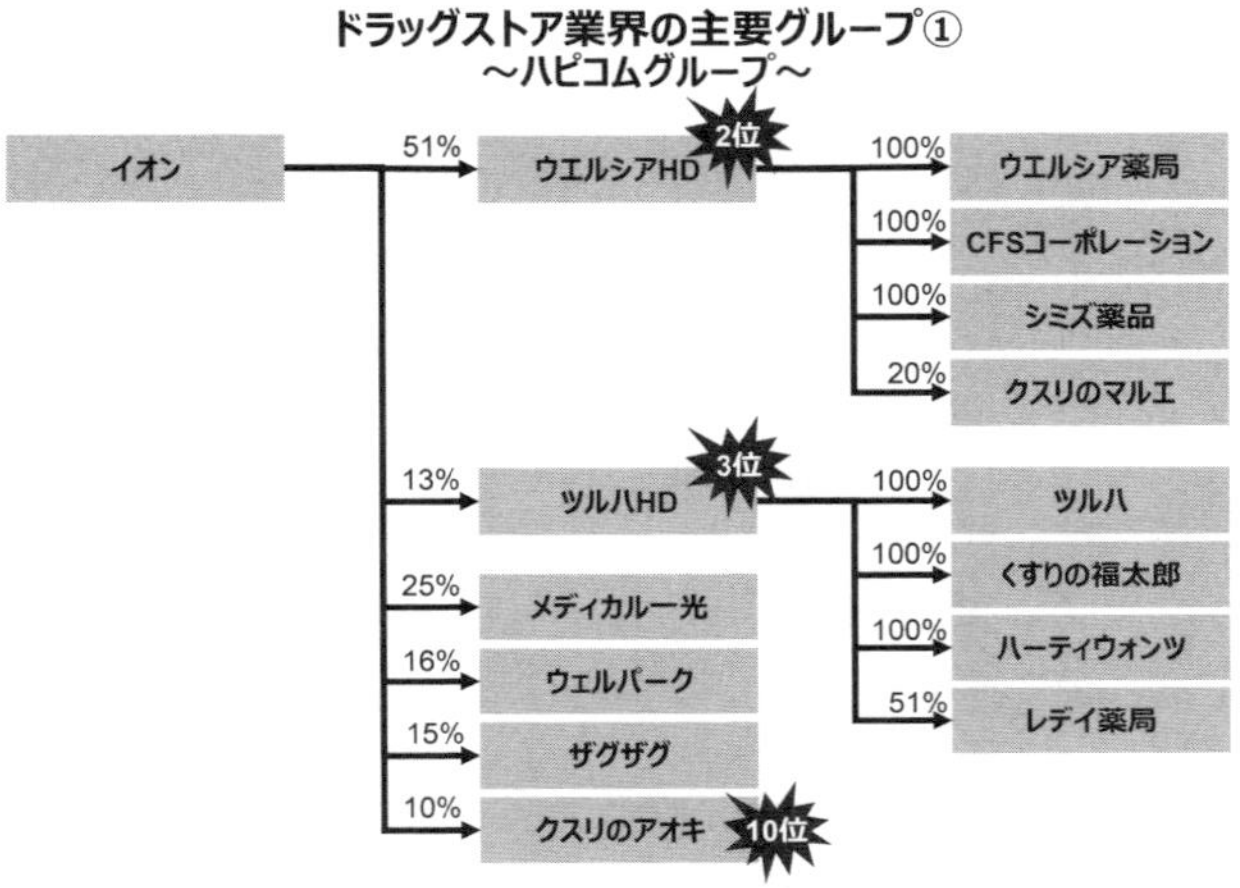

資料: 各社決算資料、ダイヤモンド・ドラッグストア「ドラッグストアマーケットブック2016」2016年8月号、
日本ホームセンター研究所（HCI）「ドラッグストア経営統計2017」等よりBBT大学総研作成

圏に地盤を置くサンドラッグは、ディスカウントストア業態3位で九州に地盤を持つダイレックスを買収し、地方展開を強化しています。業界11位の富士薬品は富山での配置薬販売業を祖業とし、医薬品製造も手がける企業で、1995年にドラッグストアに参入して全国約1200店舗を展開する富士薬品ドラッグストアグループを形成しています（図－8）。

各業態の〝いいとこどり〟が成長要因に

地域により異なる商品戦略、出店戦略

ここまで業界全体の動向について見てきましたが、次に競合大手の商品戦略や出店戦略を比較し、その特徴を分析していきます。

業界団体である日本チェーンドラッグストア協会は、公的な定義ではないとしつつも、ドラッグストアを「医薬品と化粧品、そして、日用家庭用品、文房具、フィルム、食品等の日用雑貨を取り扱うお店」と定義しています。そして取り扱う商品を「医薬品」「化粧品」「日用品」「食品・その他」の4つに分類して統計をとっています。2015年度における業界全体の商品別売上高構成比は「医薬品」32・1％、「化粧品」21・2％、「日用品」21・5％、「食品・その他」25・2％となっています。

図ー7 マツモトキヨシも中堅ドラッグストアのM&Aを進めた

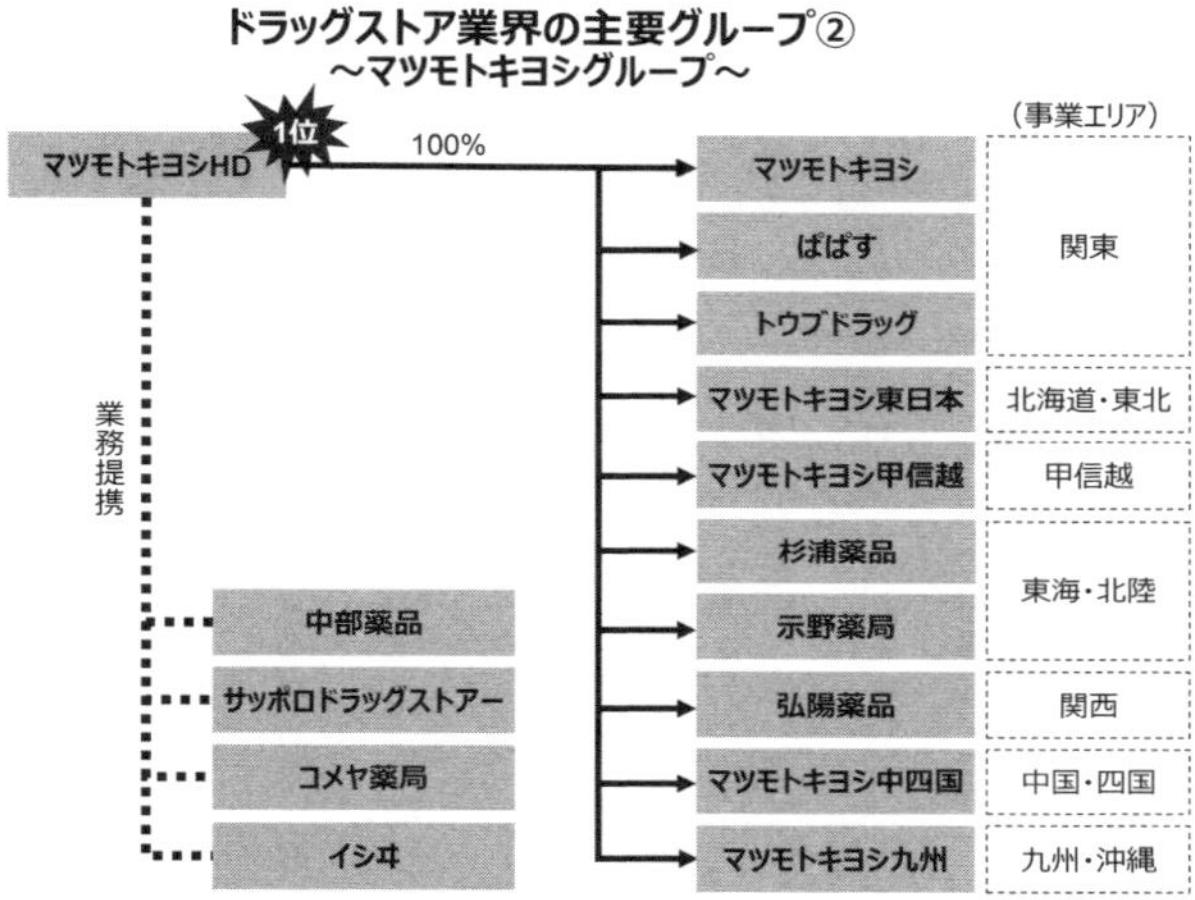

資料：各社決算資料、ダイヤモンド・ドラッグストア「ドラッグストアマーケットブック2016」2016年8月号、日本ホームセンター研究所（HCI）「ドラッグストア経営統計2017」等よりBBT大学総研作成

図ー8 大手を中心にグループ化が進展

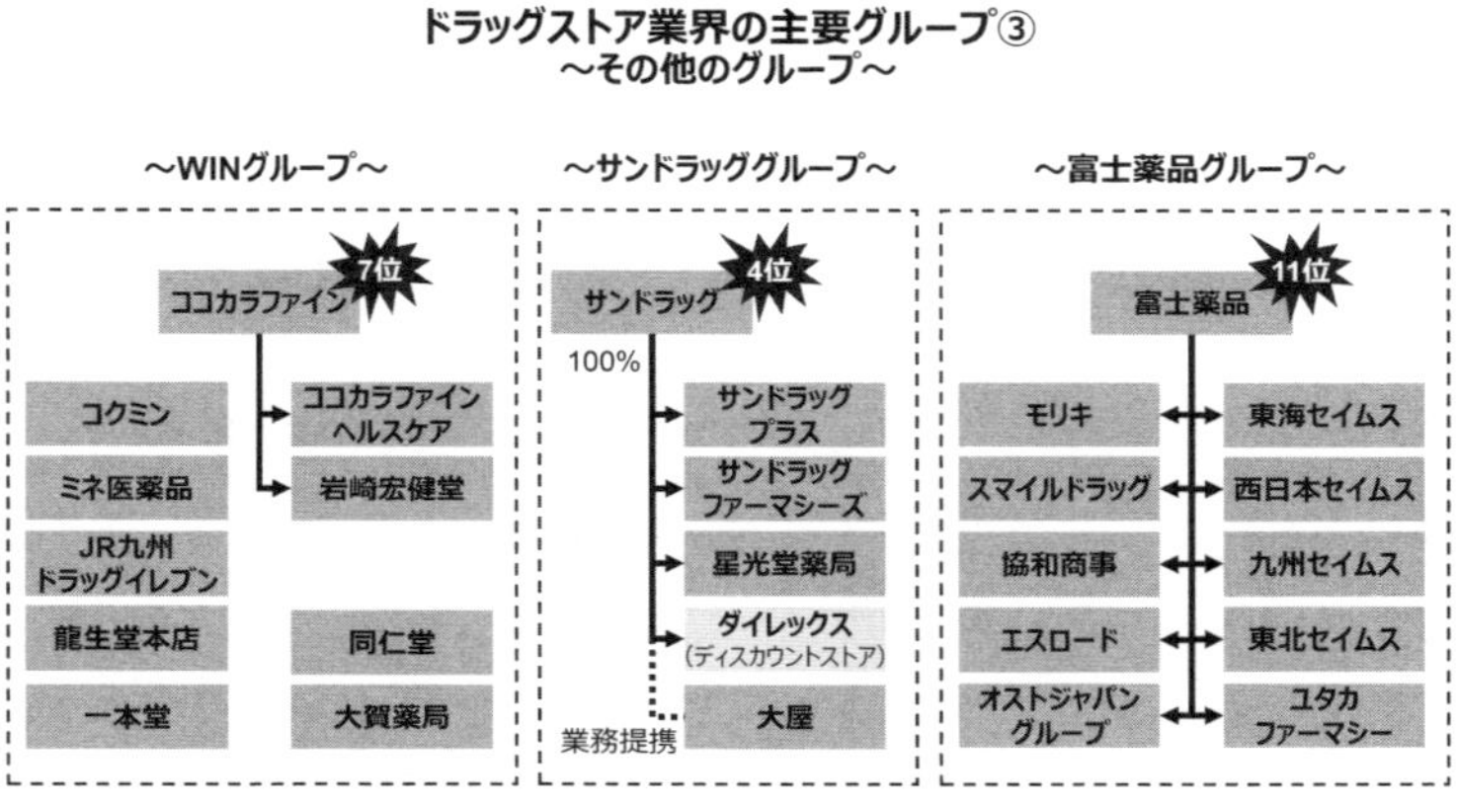

資料：各社決算資料、ダイヤモンド・ドラッグストア「ドラッグストアマーケットブック2016」2016年8月号、日本ホームセンター研究所（HCI）「ドラッグストア経営統計2017」等よりBBT大学総研作成

上場ドラッグストア各社の商品別売上構成を比較したものが図－9です。

これを見ると、大都市に地盤を持つ企業は化粧品と医薬品の販売割合が多く、地方都市に地盤を持つ企業は食品や日用品の販売割合が多くなっていることが分かります。そもそも医薬品自体はそれほど購入頻度の高い商品ではありません。そのためドラッグストア各社は、医薬品のほかに毎日の生活に欠かせない商品を揃えることで顧客の来店頻度を高める戦略をとっています。女性の就業率の高い都市部においては化粧品のニーズが高く、逆に専業主婦の多い地方では食品や日用品のニーズが高いということです。首都圏都市部を中心に展開してきたマツモトキヨシＨＤは、化粧品が全体の4割弱を占め、医薬品が約3割、日用品や食品は少なめです。地方に地盤を置くコスモス薬品やゲンキー、カワチ薬品は食品が主力で、7割以上を食品と日用品が占めており、化粧品は1割前後にとどまります。

大手ドラッグストアの出店地域を詳しく見ると、マツモトキヨシＨＤは首都圏に5割弱の店舗が集中しています（図－10）。関東・甲信越に14％、九州・沖縄に11％ありますが、他の地域の割合は10％以下です。化粧品を中心とした都市型店舗で成長してきたといえるでしょう。

業態を超えた競争が激化

ドラッグストアは、一言で表すなら「医薬品・美容・日用品・食品に特化した生活エリアに近いディスカウントストア」といえるでしょう。スーパー、コンビニ、ディスカウントストア、ホームセンターなど

図−9 マツモトキヨシHDは都市型店舗に特徴、働く女性をターゲットに化粧品を充実

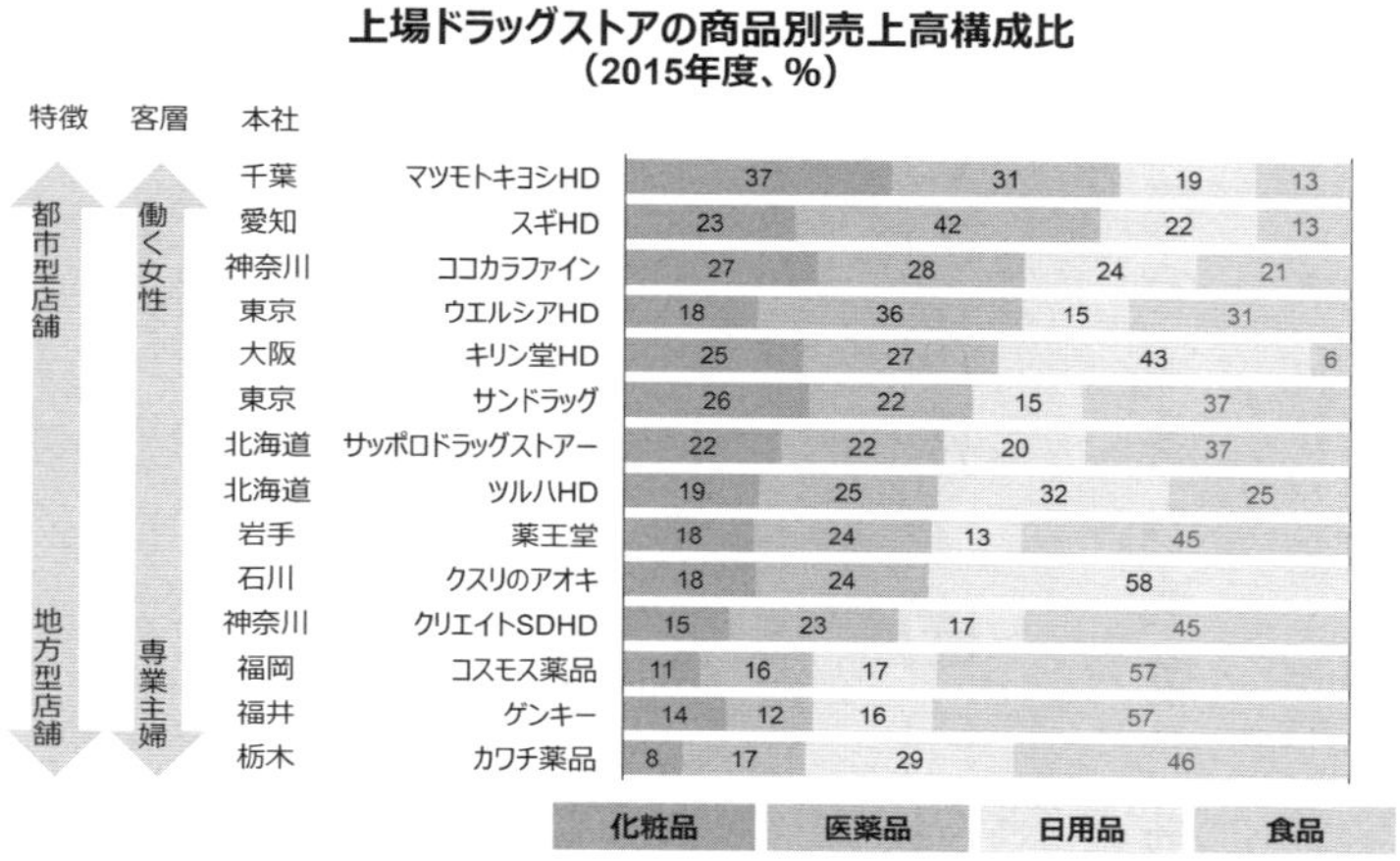

※小数点以下、四捨五入のため合計は100%とならない
資料: 各社決算資料よりBBT大学総研作成

図−10 マツモトキヨシHDは店舗の5割弱を首都圏で展開

大手ドラッグストアの地域別店舗展開割合
(2015年度、%)

	マツキヨ	ウエルシア	サンドラッグ	ツルハ	スギ	コスモス	ココカラ
北海道・東北	6	2	10	46	–	–	3
関東・甲信越	14	22	11	5	4	–	6
首都圏	48	39	33	19	21	–	27
北陸	3	3	–	–	–	–	–
東海	6	17	7	–	41	1	16
近畿	8	16	9	3	35	9	28
中国・四国	4	–	6	27	–	26	11
九州・沖縄	11	–	24	–	–	64	7
100%＝	1,539店	1,469店	974店	1,667店	987店	738店	1,307店

資料: 各社決算資料よりBBT大学総研作成

と部分的に競合しつつも、医薬品・美容・日用品・食品に絞って品揃えを強化したという点でスーパーやディスカウントストアとは異なり、ディスカウントしているのでコンビニとも違い、ホームセンターに比べて生活エリアに近接している、という特徴があります。すなわち、各業態の〝いいとこどり〟をした業態がドラッグストアであり、それが業界の成長要因だったといえます。

しかし、ドラッグストア市場の成長は鈍化しており、さらなる成長を模索するためにはスーパーやコンビニなど他業態が得意とする分野により深く踏み込んでいく必要があります。また、他業態から医薬品分野への進出を図る動きも進んでおり、業態を超えた競争が激しくなっています。したがって、ドラッグストアとしては調剤薬局などの機能を付加して専門分野を強化し、他業態と差別化を図ることが必要となります（図―11）。

他社との提携で国内外の市場強化を

課題は規模の経済の追求と他業態との差別化

ここでマツモトキヨシＨＤの現状と課題を整理しましょう。

ドラッグストアの「市場」について見ると、ドラッグストアは小売市場における成長業態でコンビニや

図ー11 スーパーやコンビニとの競争を避けるため、専門性を高めた差別化が課題

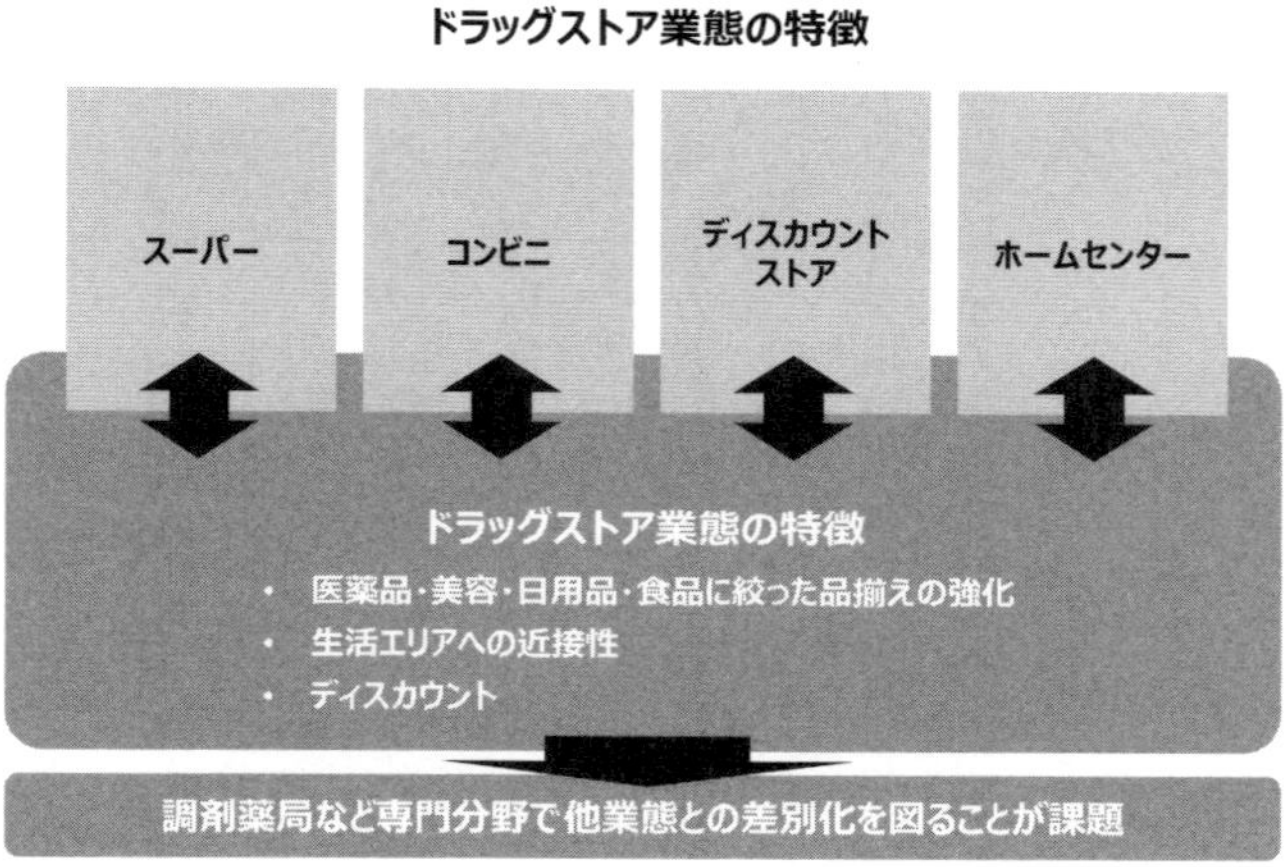

資料: 各種文献よりBBT大学総研作成

通販とともに市場を牽引してきましたが、近年は6兆円前後で市場の成長が鈍化しています。また、コンビニやGMSなどの業態と比べると、上位企業による市場寡占度はまだ低いといえます。

「競合」に関しては、マツモトキヨシHDは業界トップの座にあるものの、上位グループが拮抗しており、とくに2位のウエルシアHD、3位のツルハHDとはほとんど差がありません。上位企業による共同購買グループへの集約も進んでいます。一方で、スーパー、コンビニ、ディスカウントストア、ホームセンターとは業態を超えた競争が激しくなってきています。

「自社」については、首都圏展開に強みがあり、都市型店舗が中心です。働く女性をターゲットとし、化粧品や医薬品の品揃えを充実させているという特徴があります。

このような現状においては、「M&Aによる規模の経済追求」と「専門性の追求による他業態との差別化」が課題となります（図－12）。

M&Aまたは共同購買グループの形成が第一

戦略を1つずつ見ていきましょう（図－13）。

まず「M&Aによる規模の経済追求」についてです。M&A、それが難しいのであれば、まずは共同購買グループの拡大を集中的に行います。これにより相互にメリットが出てきますので、それを軸にM&Aを進めることもできるでしょう。先ほど紹介したように、マツモトキヨシHDは首都圏に集中して出店しており、その反面、地方展開には強くありませんので、そうした面において相性のよい企業と手を組むべきです。都市部においては自社と似たポートフォリオの企業がベストです。地方においては、食品や日用品に強い会社のM&Aを狙い、地域によるニーズの違いに対応していくべきです。また、地方の中堅食品スーパーをフランチャイズ化し、スーパーの売り場の一角や隣接地に出店するのもよいでしょう。

グループ規模が大きくなれば、メーカーとの交渉力を強化でき、よい商品をより安く販売できる体制となるはずです。メーカーとの交渉に強くなれば、プライベートブランド商品の開発もしやすくなります。この商品は一般商品よりも利益率が高いため、取り扱い比率を高めて収益性の強化を狙います。

図－12　M&Aによる規模の経済追求、専門性の追求による他業態との差別化が課題

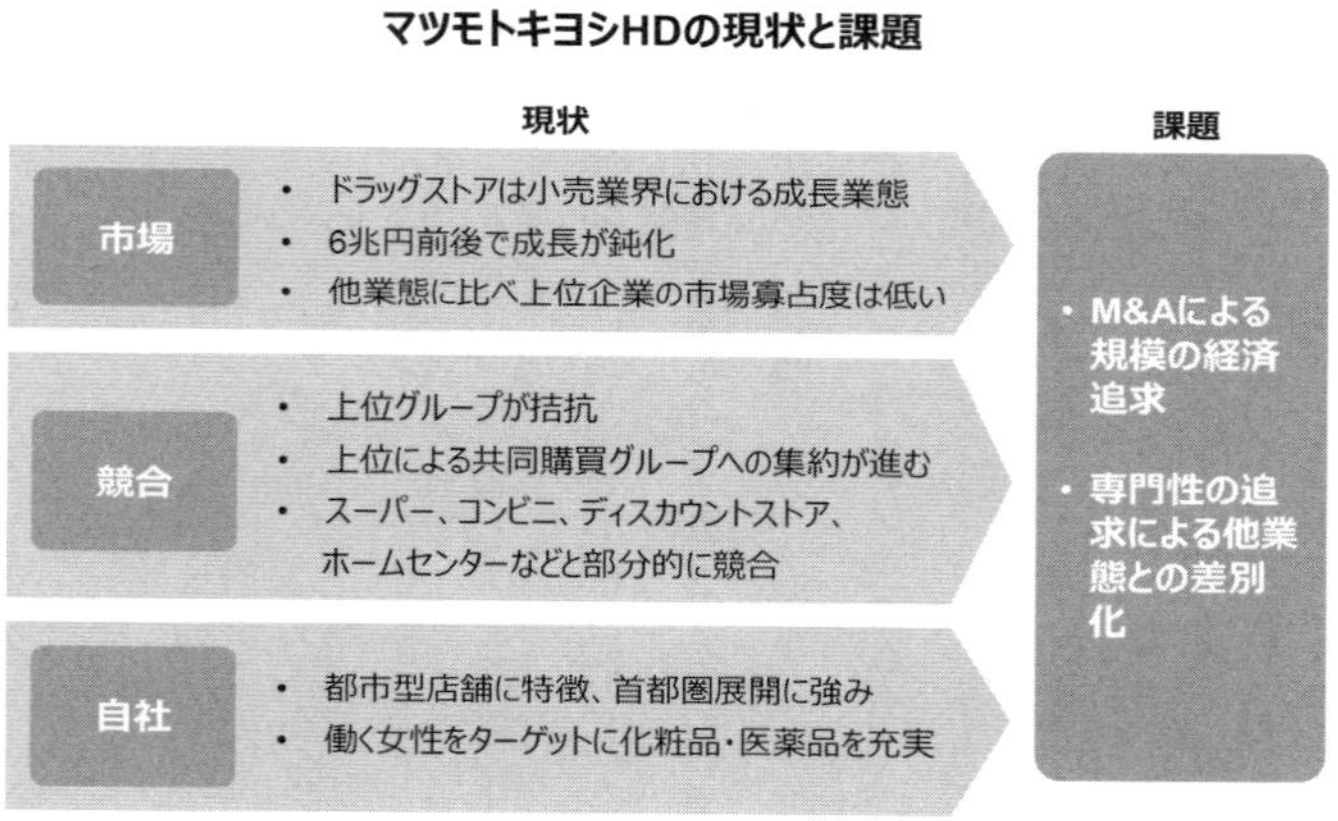

資料: BBT大学総研作成

図－13　共同購買グループを軸にしたM&A、調剤薬局大手との提携・M&Aの検討

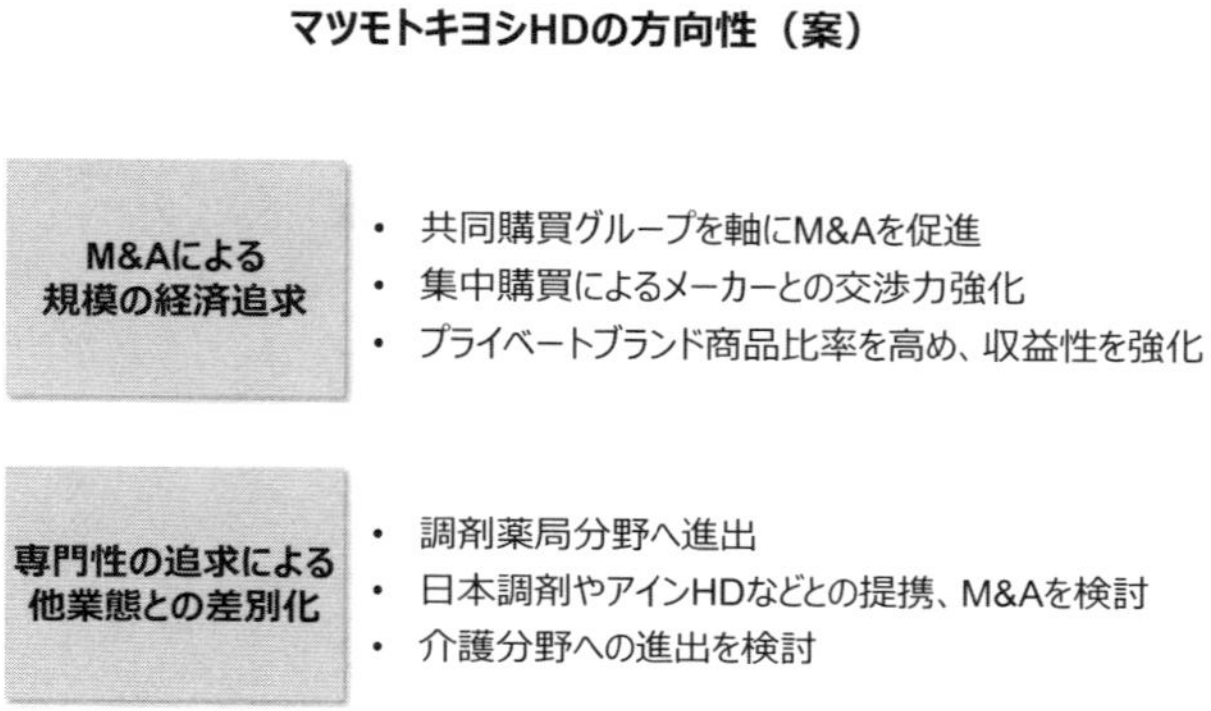

マツモトキヨシHDの方向性（案）

M&Aによる規模の経済追求	・共同購買グループを軸にM&Aを促進 ・集中購買によるメーカーとの交渉力強化 ・プライベートブランド商品比率を高め、収益性を強化
専門性の追求による他業態との差別化	・調剤薬局分野へ進出 ・日本調剤やアインHDなどとの提携、M&Aを検討 ・介護分野への進出を検討

資料: BBT大学総研作成

調剤薬局との提携やM&Aで専門性を追求

もう一方の「専門性の追求による他業態との差別化」は、調剤薬局分野への進出が戦略の1つとなります。競争の激しい小売業において、他業態と差をつけるには専門性を高めることが一案として考えられますが、医薬品を扱うドラッグストアなら調剤薬局の機能を付加することが最も有効な選択肢でしょう。

ドラッグストアで販売されている医薬品は一般用（OTC）医薬品と呼ばれ、基本的に誰でも購入することができますが、調剤薬局で扱うのは医療用医薬品で、医師の処方箋に基づき薬剤師が準備しなければなりません。この調剤薬局の市場規模は約7兆2000億円とドラッグストア業界より大きく、また、業界首位のアインHDですらシェアが2・9％と集約化が進んでいません。こうした調剤機能を持つためには、調剤薬局と手を組む必要があるので、チェーン大手の日本調剤やアインHDなどとの提携またはM&Aを検討します。そして、こうした戦略が全て生きてくる介護分野への進出も視野に入れるべきでしょう。

いかに仕入れ価格を抑えるかを重視した戦略は、メーカーにとっては〝地獄〟のような話ですが、ドラッグストアにとっては死活問題です。同じ小売業でもコンビニは定価販売が基本であり価格で競う業態ではありません。コンビニは小スペースをいかに効率よく活用するかを追求した業態であり、店舗レイアウトや入店からレジに至る動線が綿密に計算されており、POS情報に基づく商品管理やそれを支える物流網など、いわばシステムで勝負しています。それに対し、ドラッグストアが生き残り、成長するには安く仕入れて安く売ることが非常に重要なのです。

そのためにM&Aが必要なのですが、それが難しいのであれば、共同購買グループの形成・拡大が第一です。かつてダイエーは大規模なグループを形成し〝オレンジ帝国〟とも称されましたが、マツモトキヨシHDも同じように、自社売上高の4倍、つまり2兆円規模のグループを目指すべきです。イオンはすでに1兆円規模のグループを実現しているので、早急な対応が必要です。成長は鈍化しているものの、ドラッグストアの市場規模はいまだ6兆円ほどありますので、まだ十分に可能性はあると思います。

業界2位、3位とはいえイオングループは実質的には首位にあり、マツモトキヨシHDが凋落するのも時間の問題です。他企業とのM&A、それが困難であればイオングループよりも大規模な共同購買グループを形成して規模の経済を追求し、その一方で専門性を追求して他業態との差別化を図り、双方向からの成長を目指す。これが私の考える、マツモトキヨシHDのとるべき戦略です。

まとめ

☑ 規模の経済を追求するため、共同購買グループを形成し、それを軸にM&Aを促進する。これにより集中購買を実現してメーカーとの交渉力を強化。同時にプライベートブランド商品の比率を高め、収益性を向上させる。

☑ 他業態との差別化を図るため、専門性を追求。日本調剤やアインHDなどとの提携、またはM&Aにより、調剤薬局分野への進出を狙う。併せて介護分野への進出も検討する。

大前の総括

市場成長はすでに鈍化。さらなる成長のためには、他業態の得意分野への挑戦を

スーパー、コンビニ、ディスカウントストアとの業態を超えた競争が激化。求められるのは「規模の経済追求」と「差別化できる専門性の追求」という二方向の成長戦略。どちらも提携やM&Aを軸に考えて、双方向からの成長を目指せ。

CaseStudy

5

MonotaRO

デジタル時代の「プラットフォーム」戦略

あなたがMonotaROの社長ならば、Amazonなどが関連商品の販売を拡大しているなか今後どのような戦略をとるか?

※2016年2月に実施したケーススタディを基に編集・収録

正式名	株式会社MonotaRO
設立年	2000年
代表者	代表執行役社長　鈴木 雅哉
本社所在地	兵庫県尼崎市
業種	小売業
事業内容	事業者向け工場・工事用間接資材の販売
資本金	19億745万円（2015年12月期）
売上高	575億6,376万3,000円（2015年12月期）
従業員	1,105名（アルバイト・派遣社員を含む）（2015年12月）

「ロングテール」を強みに年率72%で成長

住友商事と米MRO大手グレンジャーの合弁として設立

MonotaROはMROのBtoB通販事業を展開する会社です。2000年に兵庫県尼崎市で創業し、2015年12月期の売上高は576億円です。MROは企業が購入・調達する備品や消耗品を指し、MonotaROは製造業や建設業、自動車整備業で使われる工具、部品、消耗品を中心に取り扱っています。

MonotaROは当初、住友商事とMROの大手販売会社である米グレンジャーの合弁により、「住商グレンジャー」として設立されました（図-1）。2006年2月に社名をMonotaROに変更した後、個人消費者向け通販サイトを開設、同年12月には東証マザーズに上場しています。その後、2009年9月に米グレンジャーのTOBにより同社の連結子会社となり、東証1部に市場変更しました。最近では農業資材・厨房用品、医療・介護用品にも参入しています。なお現在、住友商事との資本関係はありません。

黒字に転換した後、ほぼ増収増益が続く

2015年末時点におけるMonotaROの会員口座数は178万口座、取扱商品点数は900万点と非常

図−1 住友商事と米MRO大手グレンジャーの合弁として設立、現在グレンジャーの連結子会社

MonotaROの沿革

2000年10月	**住友商事と米グレンジャーの合弁により住商グレンジャー設立**
2001年11月	MROのインターネット通販事業を開始
2006年2月	**社名をMonotaROに変更**
6月	個人消費者向け通販サイトを開設
12月	東証マザーズ上場
2008年5月	自動車補修用品に参入
2009年9月	**米グレンジャーのTOBにより、同社の連結子会社化**
12月	東証1部に市場変更
2014年5月	農業資材・厨房用品に参入
2015年5月	医療・介護用品に参入

※ 現在、住友商事との資本関係はない

資料: MonotaRO（沿革）よりBBT大学総研作成

図−2 会員口座数178万口座、取扱商品点数900万点（2015年12月末時点）

MonotaROの会員口座数および取扱商品点数

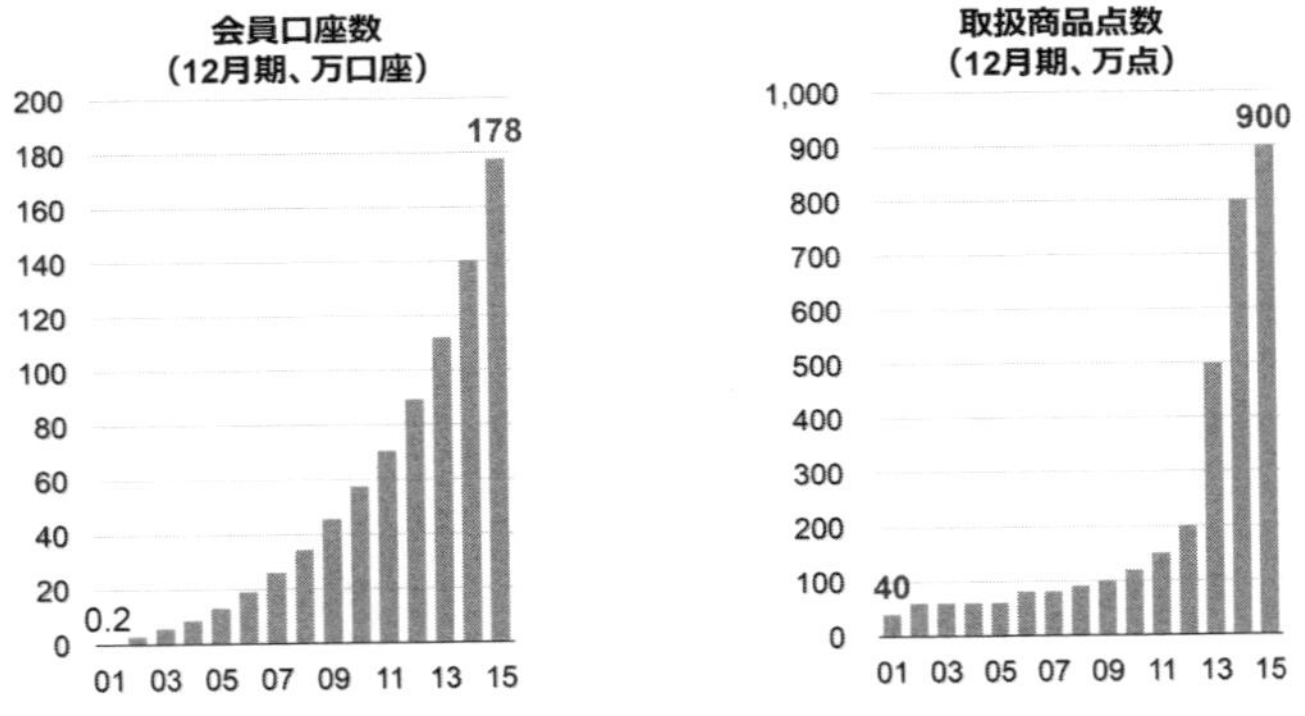

資料: 決算説明会資料、各種報道よりBBT大学総研作成

に多くの商品を取り扱っています（図−2）。いわゆる「ロングテール」で、売れ筋の商品だけでなく、販売頻度の低いニッチな商品も幅広く取りそろえることで機会損失を防ぎ、全体の売上高を伸ばすという販売手法をとっています。たとえニッチなものであっても、MonotaROの通販サイトを見ると必ず商品が見つかることで、顧客から信頼を得ているのです。まさに、ロングテールがMonotaROの強みといえるでしょう。

次に、業績の推移を見てみましょう（図−3）。売上高は年平均成長率72％もの高さで成長しています。創業から5年目までは営業利益、純利益ともに毎年赤字でしたが、２００５年にはいずれも黒字に転換。それ以降はほぼ増収増益が続いており、２０１５年の純利益は44億円にのぼりました。

MonotaROの主な顧客は中小企業です。［図−４／MonotaROの顧客の従業員規模分布］にあるように、顧客企業の8割超が従業員１００人以下の企業であり、また6割超が30人以下の企業です。

大企業向けのＭＲＯ流通では商材ごとに専門商社から一定量をまとめ買いします。商品単価は購入量に応じてその都度変動しますが、一般的に購入量が多いほど割引率が高くなります。しかし、中小零細企業ではボリュームディスカウントが働くほどのニーズはなく、不足したものをその都度買い足すという購買パターンが主流です。このような中小零細企業にとって、必要な時に必要な量だけをワンストップ・ワンプライスで購入できるMonotaROは大変利便性が高いのです。このようにMonotaROは中小零細企業のニーズを捉えることで、順調に売上高を伸ばしてきました。

図—3　売上は年率72%で成長、創業5年目で黒字に転換、以降はほぼ増収増益が続く

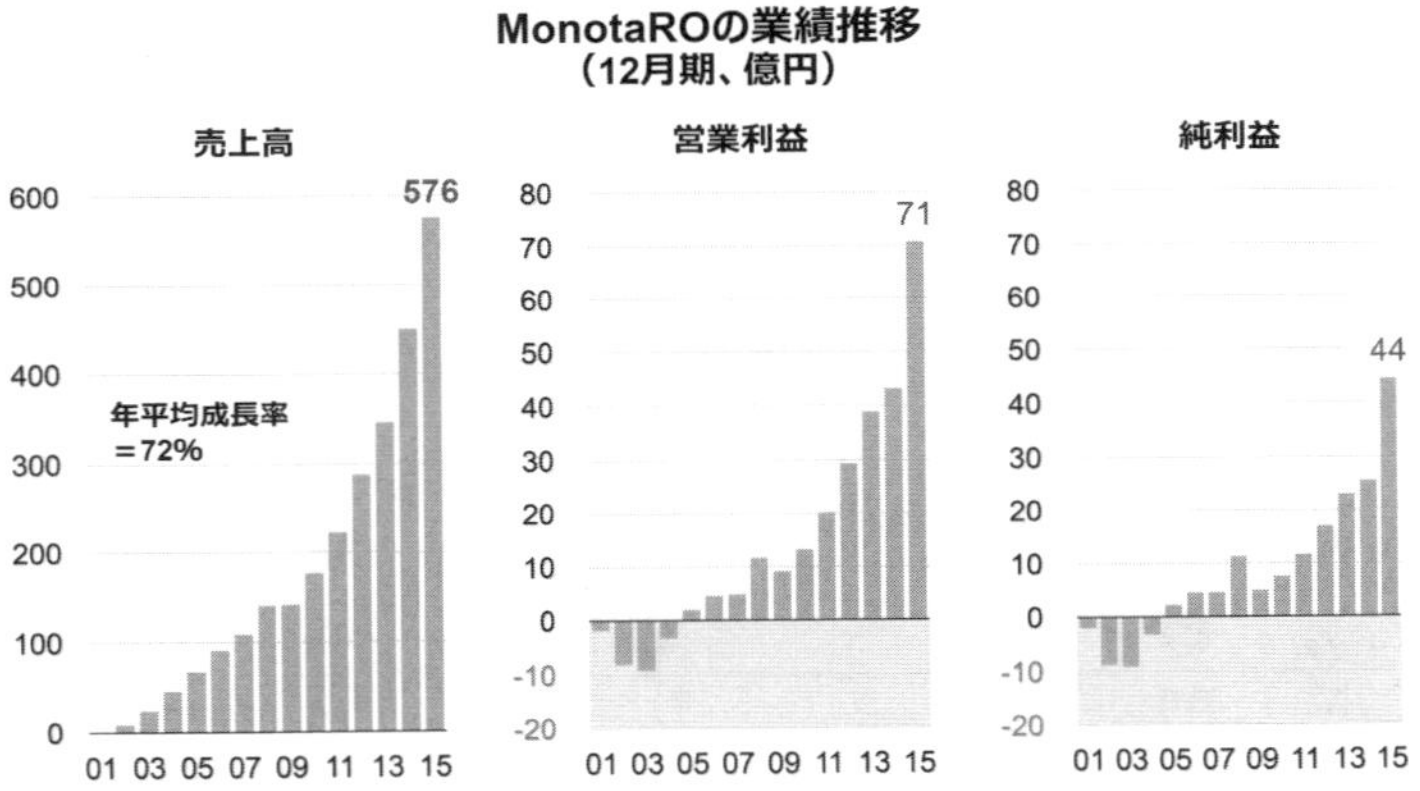

※ 2010年12月期までは単体、2011年12月期以降は連結

資料: 決算説明会資料、SPEEDAよりBBT大学総研作成

図—4　MonotaROは中小零細企業向けにワンストップ・ワンプライスのサービスで差別化してきた

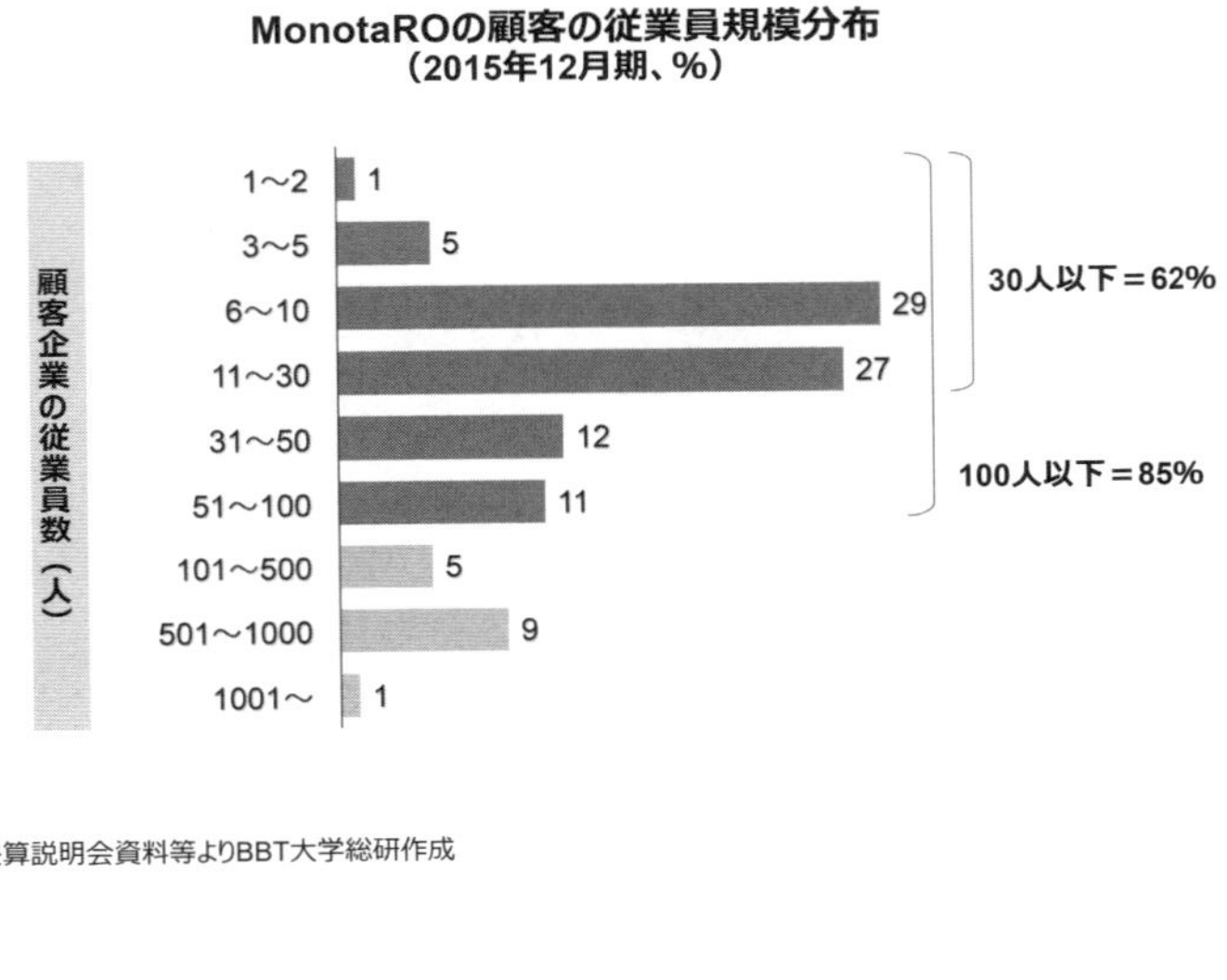

資料: 決算説明会資料等よりBBT大学総研作成

大手が売上高のほとんどを占め、成長余地が大きいＭＲＯ市場

市場規模は大きく、ＭＲＯ通販の潜在ニーズは高い

ＭＲＯの市場規模は実はとても大きく、同社の試算によると市場規模は少なく見積もって5兆円、業界別に市場規模を積み上げて試算すると10兆円になると見ています（図－5）。

しかし、そのほとんどは大手の専門商社を中心とした対面販売ですので、代替チャネルとしての通販の成長余地は大きいといえます。

ＢｔｏＢ通販の現状を見てみましょう（図－6）。通販全体の1位はオフィス用品のアスクルです。ＭＲＯに特化した企業だけで見れば、1位はミスミグループ本社で、MonotaROは2位に位置しています。しかしミスミグループ本社の売上高は２０８６億円で、５７６億円のMonotaROとは大きな差があります。

ＭＲＯ市場を仲介する専門商社の役割

MonotaROの主力事業は事業者向けのＭＲＯ通販事業ですが、このＭＲＯ業界には個人向けの商材を扱う通販事業者が参入してくるという事例はありませんでした。というのも、ＭＲＯは各種製造業、建築・

図ー5　市場規模が大きく、対面販売の代替チャネルとしての通販の成長余地は大きい

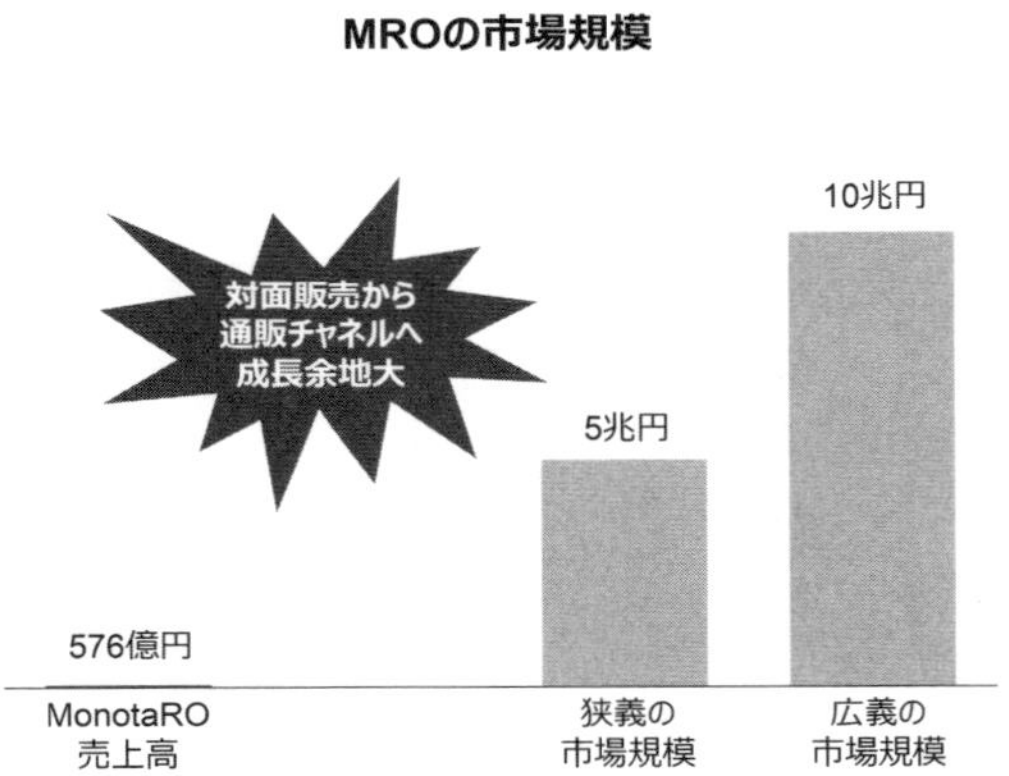

※ MonotaRO推計

資料: 決算説明会資料等よりBBT大学総研作成

図ー6　B to BのMRO通販ではミスミグループ本社が最大手、MonotaROは2位

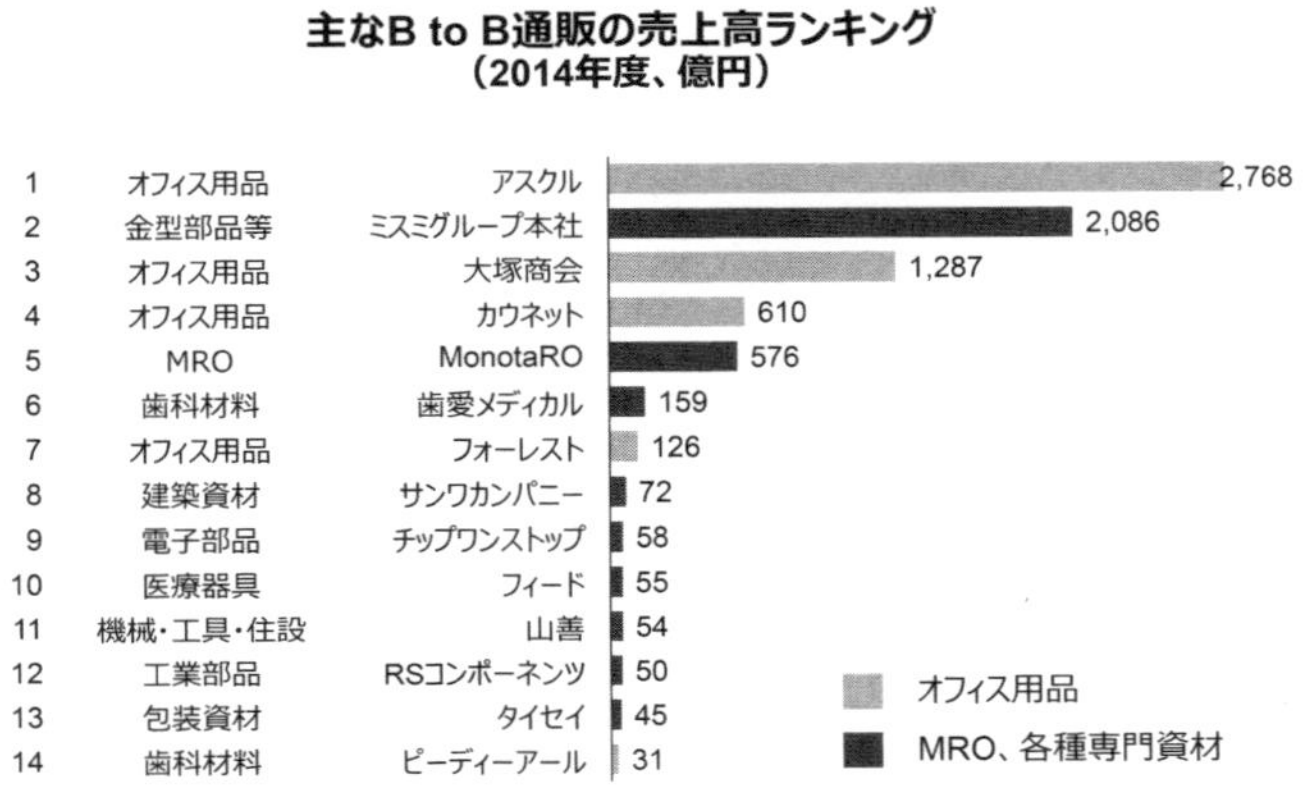

※ MonotaROのみ2015年12月期の数値を使用

資料: 株式会社通販新聞社『第65回 通販・通教売上高ランキング』2016/1/7 よりBBT大学総研作成

土木と業界が多岐にわたり、さらに商品ごとにサプライヤーが異なるため、専門商社でないと扱えないという事情があります（図－7）。

ＭＲＯはある意味、特殊な商品ですし、アイテム数も多い。このような事情から、ＭＲＯ市場には個人消費者向けの通販事業者は容易に参入できないのです。

現在、ＭＲＯ市場において売上高の多くを占めるのは対面取引を主体とする大手専門商社です。

図－８を見ると分かりますが、ＭＲＯ業界トップのユアサ商事、２位の山善は売上高が４０００億円を超え、５７６億円のMonotaROの７倍以上です。その後、３位にミスミグループ本社、４位にトラスコ中山が続きます。ユアサ商事、山善、トラスコ中山は対面取引主体の専門商社です。

ボリュームディスカウントを武器にできるこれら大手専門商社が大企業と独自の購買ネットワークを構築し、大きな売上高を達成しています。

ＭＲＯ通販への参入状況

専門商社のなかには通販への取り組みを強化している事業者もいます。ミスミグループ本社は早くから中間流通の電子化を進め、中小企業から大企業まで幅広くカバーするＥＣプラットフォームを構築しています（図－９）。顧客の中心は大企業でしたが、中小企業にも使ってもらいやすいよう、通販サイトの商品のデータベースを整備しました。コールセンターも設置し、顧客向けのサービスにも力を入れています。

図−7　MRO市場は多種多様なニーズと商品ごとに異なるサプライヤーをつなぐ専門商社の役割が大きく、個人消費者向け通販事業者が容易に参入できない

資料: ミスミグループ通信（IR情報）、MonotaRO決算説明会資料等よりBBT大学総研作成

図−8　大企業向けは大手専門商社がボリュームディスカウントを武器にネットワークを構築

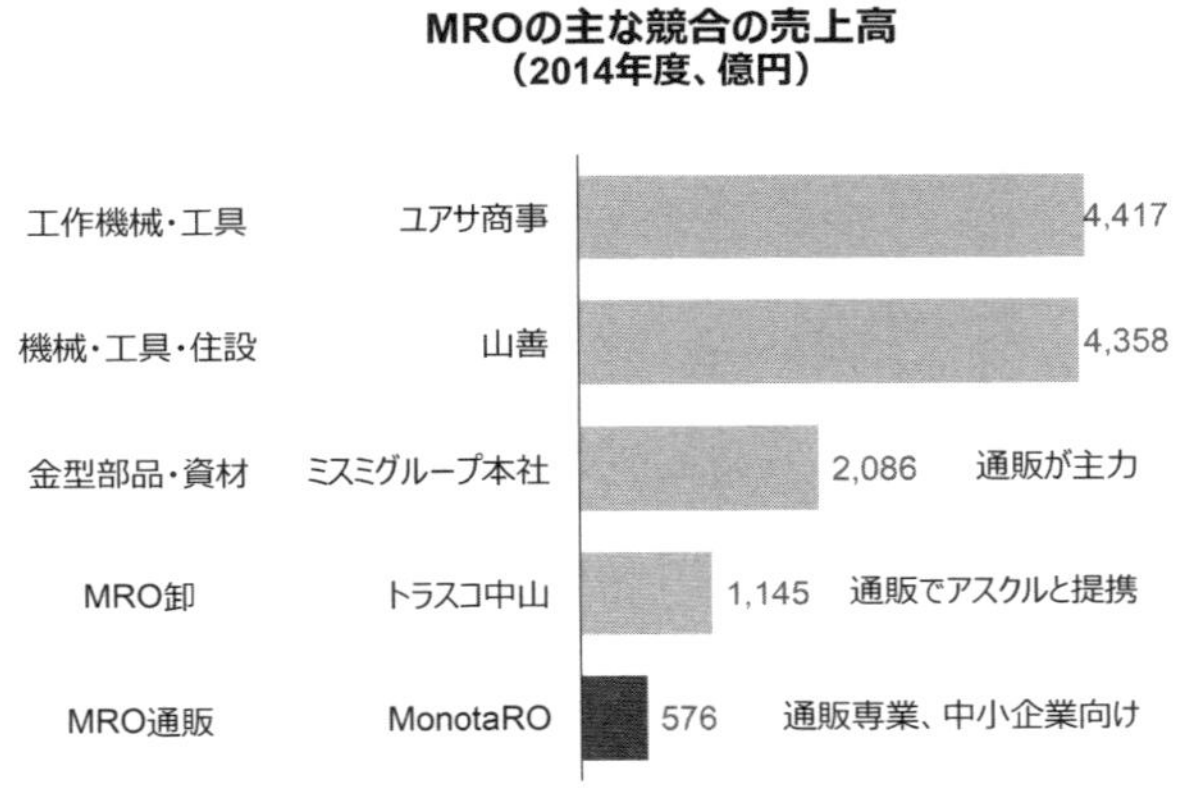

資料: 各社決算資料よりBBT大学総研作成

対面取引を主体とする大手専門商社のなかで、ミスミグループ本社は通販主体で大手の一角に位置しています。そして最近では、他業界からの参入が困難とされてきたＭＲＯ市場にも異業種からの参入が起きています（図－10）。法人向け通販最大手でオフィス用品を扱うアスクルはＭＲＯ大手のトラスコ中山と提携し、ＭＲＯ市場への参入を強化しています。トラスコ中山はアスクルの通販プラットフォームを利用して中小企業にまで販路を拡大でき、アスクルは企業向けの商品点数を拡大できる補完的な提携となっています。

さらに、国内通販最大手のAmazonはＭＲＯを扱う「産業・研究開発用品ストア」を開設し、２０１５年から本格的に展開しています。これまでAmazonは本やＤＶＤの取り扱いから始まり、家電、ＰＣ・オフィス用品、日用品、家具、ファッション、食料品など、当時は通販になじまないと思われていた領域にも勢力を拡大してきた実績とノウハウがあります。

しかし、Amazonを利用する一般個人の顧客層とＭＲＯの顧客層は重なりません。個人消費者向け通販では圧倒的な知名度と利便性を誇るAmazonですが、法人の購買ネットワークに入り込んでいくには高い障壁があると思われます。「サイトを開設しましたので買ってください」という受身の姿勢では法人顧客を開拓していくのは難しいでしょう。

図―9　ミスミは早くから中間流通の電子化を進め、中小零細から大企業までカバーしている

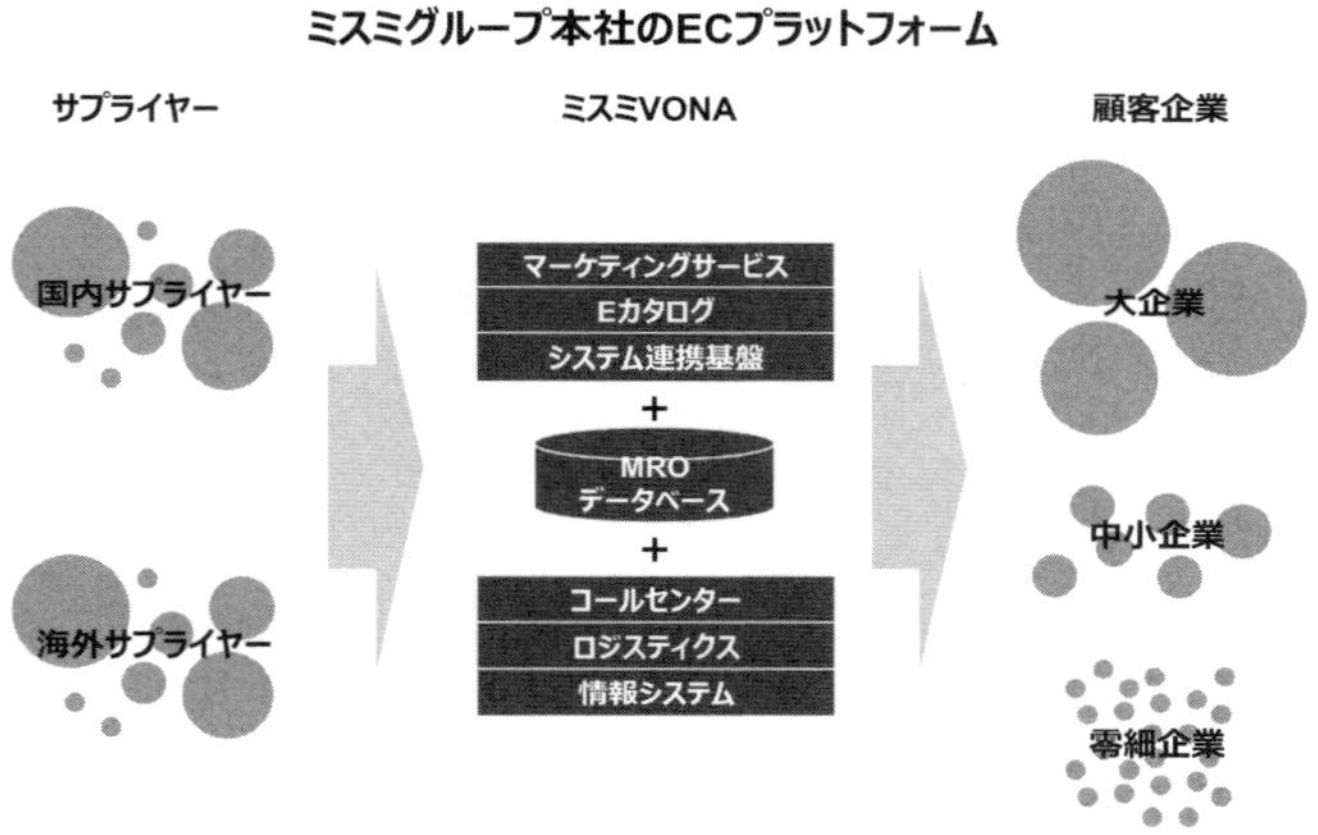

資料: ミスミグループ通信（IR情報）よりBBT大学総研作成

図―10　異業種の通販大手がMRO市場への参入を強化している

MRO通販市場への参入状況

	概要・特徴	MRO参入の取り組み
アスクル	・法人向け ・オフィス用品通販最大手	・MRO大手のトラスコ中山と提携 ・アスクルは自社サイトにおける企業向けの商品点数を拡充 ・トラスコ中山はアスクルを通じて中小企業に販路拡大
Amazon	・個人向け総合 ・国内通販最大手	・MRO専門ストアを開設、2015年より本格展開 ・過去、様々なジャンルで通販参入を成し遂げてきたノウハウが強み

資料: BBT大学総研作成

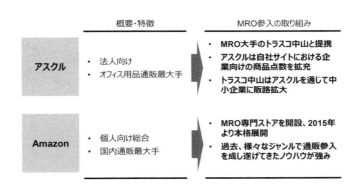

プラットフォーマーとしての地位の確立を

大企業の購買ネットワークに入り込みつつ、競合他社との差別化を図ることが課題

MonotaROの現状と課題を整理しましょう（図－11）。創業以来、年率72％もの高い成長を続け、ワンストップ・ワンプライスでのＭＲＯ通販という強みを活かして主に中小企業を顧客として順調に伸びてきました。ＭＲＯ全体の市場規模は５兆～10兆円と大きいものの、MonotaROは大企業などの需要を取り込めておらず、売上高は５００億円台にとどまっています。しかし現在は対面販売から通販チャネルへの移行期であるため、成長の余地は大きいでしょう。

伝統的商社が大企業の購買ネットワークをすでに確保し、ミスミグループ本社などが通販チャネルを拡充、アスクルなどが専門商社と提携して通販を拡充してきています。このような状況のなか、MonotaROがいかに大企業の購買ネットワークに入り込み、競合他社との差別化を図っていくかが課題です。

遅れている専門商社のＥＣ（電子商取引）化を支援し、プラットフォームを提供

戦略は２つ考えられます（図－12）。第１に、大企業向け、例えばユアサ商事、山善などの大手ＭＲＯ商

図−11　いかに大企業の購買ネットワークに入り込みつつ、競合他社との差別化を図っていくかが課題

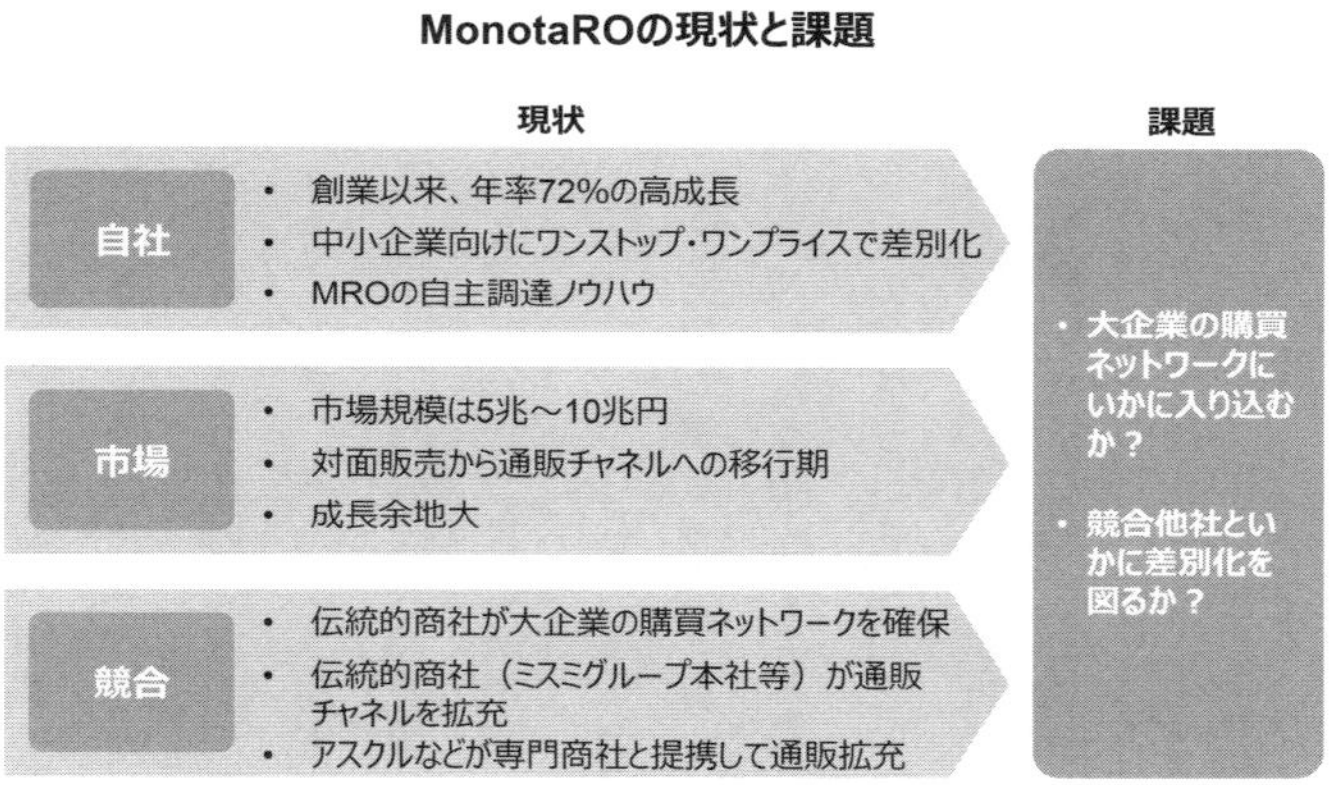

資料: BBT大学総研作成

図−12　EC化の遅れている専門商社のEC化を支援し、ECプラットフォームを提供

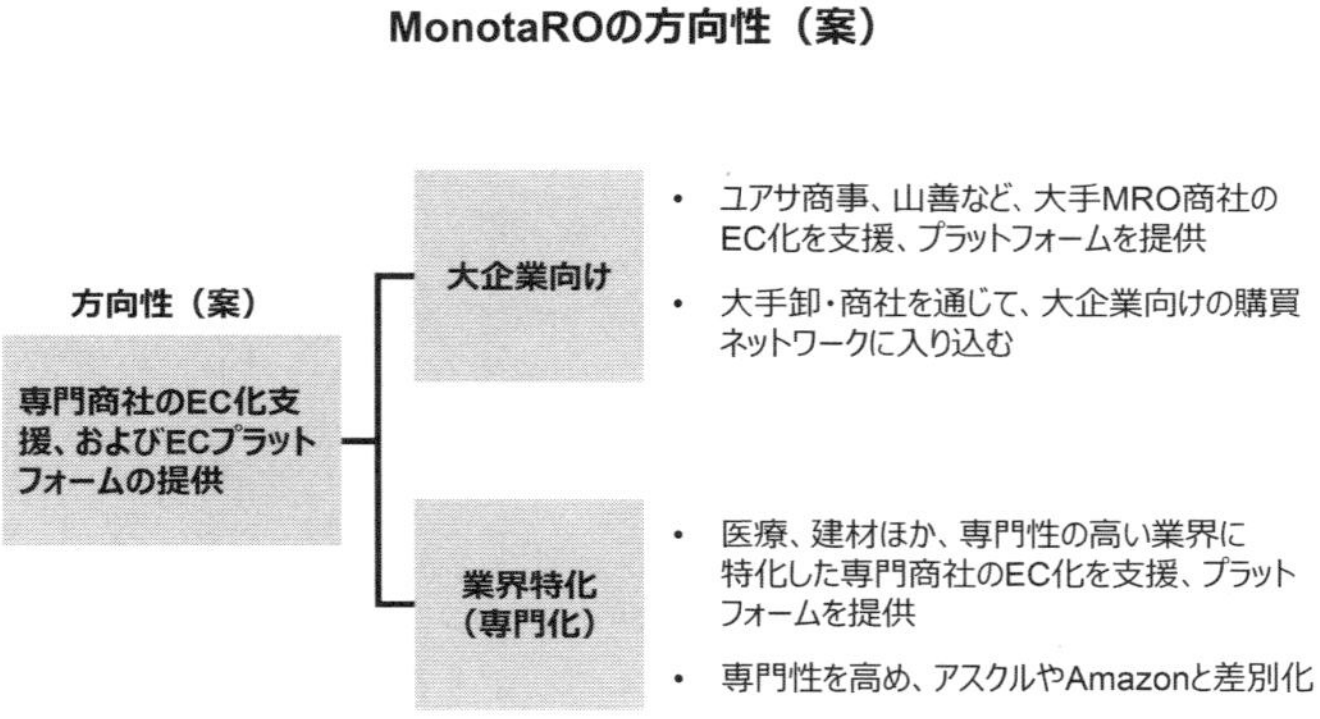

資料: BBT大学総研作成

社のＥＣ化を支援します。具体的にはミスミグループ本社が行った電子化とネットワーク化をMonotaROが支援し、顧客企業はMonotaROの専用サイトを通じてユアサ商事や山善などと取引を行います。これにより、ユアサ商事や山善は営業コストの大幅な削減を実現し、その一方で、MonotaROは課題であった大企業の購買ネットワークに入り込むことが可能となります。第2に、医療、建材など専門性の高い領域に特化した商社もありますので、そのような専門商社のＥＣ化を支援し、MonotaROのＥＣプラットフォームを提供します。MonotaRO取締役会長の瀬戸欣哉氏は２０１６年、住宅設備大手ＬＩＸＩＬの社長に就任しましたが、これは建材分野でＥＣ化が進んでいることの表れでしょう。また専門商社を支援することで自身の専門性も高まり、アスクルやAmazonとの差別化にもつながります。

まとめると、MonotaROがプラットフォーマーとしての地位を確立することが重要になります。今までは自社で商品を調達し、それを販売することに集中してきましたが、今後はプラットフォームを提供し、間接的に数パーセントのマージンを得るという戦略をとれば、大手卸・商社との競争も回避できます。

MonotaROは９００万点もの商品を管理し、その仕組みとなるプラットフォームをすでに持っていますので、この強みに特化するべきです。この強みを活かして商社のＥＣ化を支援し、プラットフォーマーとしての地位を確立する。これが私の考えるMonotaROのとるべき戦略です。

まとめ

- 「ロングテールを管理する仕組み」「通販という形態でMROを販売する仕組み」を活かして大手商社のEC化を支援し、プラットフォーマーとしての地位を確立する。大手卸・商社を通じて、大企業向けの購買ネットワークに入り込む。
- 医療・建材ほか、専門性の高い業界に特化した専門商社にECプラットフォームを提供し、異分野に参入する。専門性を高め、アスクルやAmazonとの差別化を図る。

大前の総括

EC化の遅れている業態・業界。プラットフォーム提供のビジネスモデルで競合を仲間に

成長余地の大きいMRO市場。大企業顧客を取り込み、さらに成長するためには、大手卸・商社と正面からぶつかるのではなく、業界内外の競合に自社のEC化ノウハウを提供し、プラットフォーマーとしての地位を確立することが重要。自社の強みを最も活かした戦略を選択せよ。

CaseStudy

6

グローバルダイニング

「リピーター」を呼ぶ仕掛けを作る

あなたが**グローバルダイニング**の社長ならば、
売上減少が続くなか、いかに業績を反転させ
再び輝きを取り戻すか?

※2016年9月に実施したケーススタディを基に編集・収録

正式名	株式会社グローバルダイニング
設立年	1973年
代表者	代表取締役社長　長谷川 耕造
本社所在地	東京都港区
業種	飲食業
事業内容	レストラン経営による飲食事業
資本金	14億7,357万円(2015年12月期)
売上高	95億3,700万円(2015年12月期)
従業員	243名(従業員数には臨時従業員を含まない)(2015年12月末)

「エンターテインメントとしての食事」をコンセプトに急成長

日米首脳会談が行われ、一躍有名に

グローバルダイニングは、都内中心にイタリアン、和食、東南アジア料理などのレストランを展開する外食企業です。２０１５年末時点で、国内に46店舗、米国に2店舗を展開しています。資本金は15億円弱で、２０１５年12月期の売上高は95億円超です。

グローバルダイニングが手がけるレストランの最大の特徴は「空間＋サービス＋料理」による「エンターテインメントとしての食事」というコンセプトです（図－1）。

ただ料理や飲み物を提供するだけでなく、劇場や舞台のような空間創りにこだわり、高度なエンターテインメント性を持たせています。現在ではこうしたレストランが増えていますが、同社の店舗拡大が軌道に乗り始めた１９８０年代にはとても斬新で急成長しました。２００２年には、運営するレストランの１つ、西麻布にある創作和食店「権八」が、小泉純一郎元首相とジョージ・W・ブッシュ米元大統領との会談の舞台に選ばれたことで一躍有名になりました。

〝ブロードウェイの舞台〟のような空間創り

グローバルダイニングは「エンターテインメントとしての食事」を実現するため、各店舗の空間創りに非常にこだわっています。カジュアル・イタリアンの「ラ・ボエム」では中世イタリアのインテリアを再現、テキサスメキシコ料理の「ゼストキャンティーナ」はウエスタン映画のような雰囲気、創作和食の「権八」では蔵や長屋が立ち並ぶ城下町をイメージした内装となっています。

同社がうたうように、どれもまるで〝ブロードウェイの舞台〟のような空間となっており、その非日常性で客を引きつけています。

急成長が一転して衰退に、大幅な客離れが要因

2007年以降は赤字が慢性化

次に、グローバルダイニングの業績を見てみましょう。1990年代から続く出店攻勢により売上高も増加、2006年には160億円を超えましたが、翌2007年には減少に転じ、2015年は100億円を切っています（図－2）。

図—1　「空間＋サービス＋料理」による「エンターテインメントとしての食事」がコンセプト

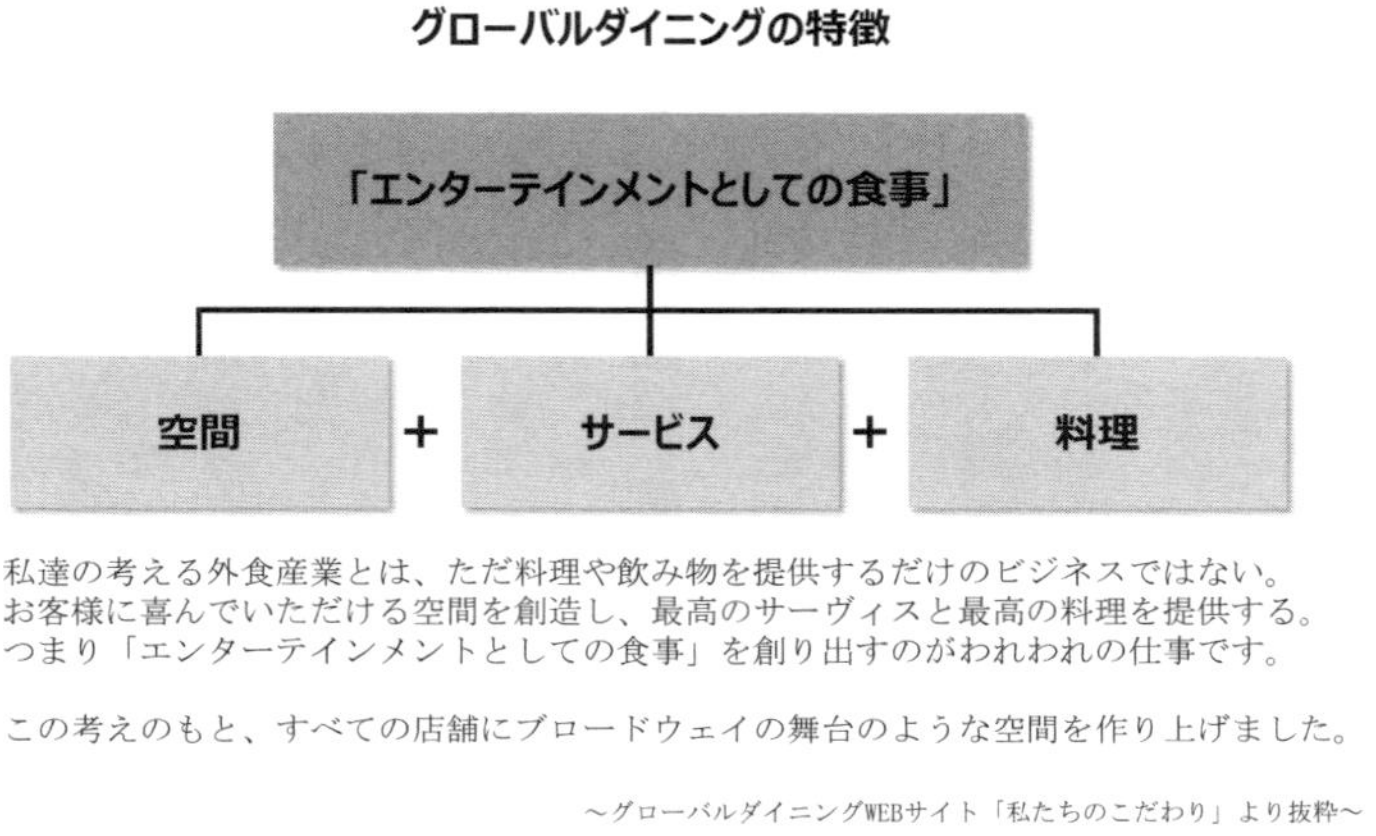
グローバルダイニングの特徴
「エンターテインメントとしての食事」
空間
＋
サービス
＋
料理
私達の考える外食産業とは、ただ料理や飲み物を提供するだけのビジネスではない。
お客様に喜んでいただける空間を創造し、最高のサーヴィスと最高の料理を提供する。
つまり「エンターテインメントとしての食事」を創り出すのがわれわれの仕事です。
この考えのもと、すべての店舗にブロードウェイの舞台のような空間を作り上げました。
～グローバルダイニングWEBサイト「私たちのこだわり」より抜粋～

資料: グローバルダイニングWEBサイトよりBBT大学総研作成

図—2　1店舗あたりの売上高は2000年代初期から悪化

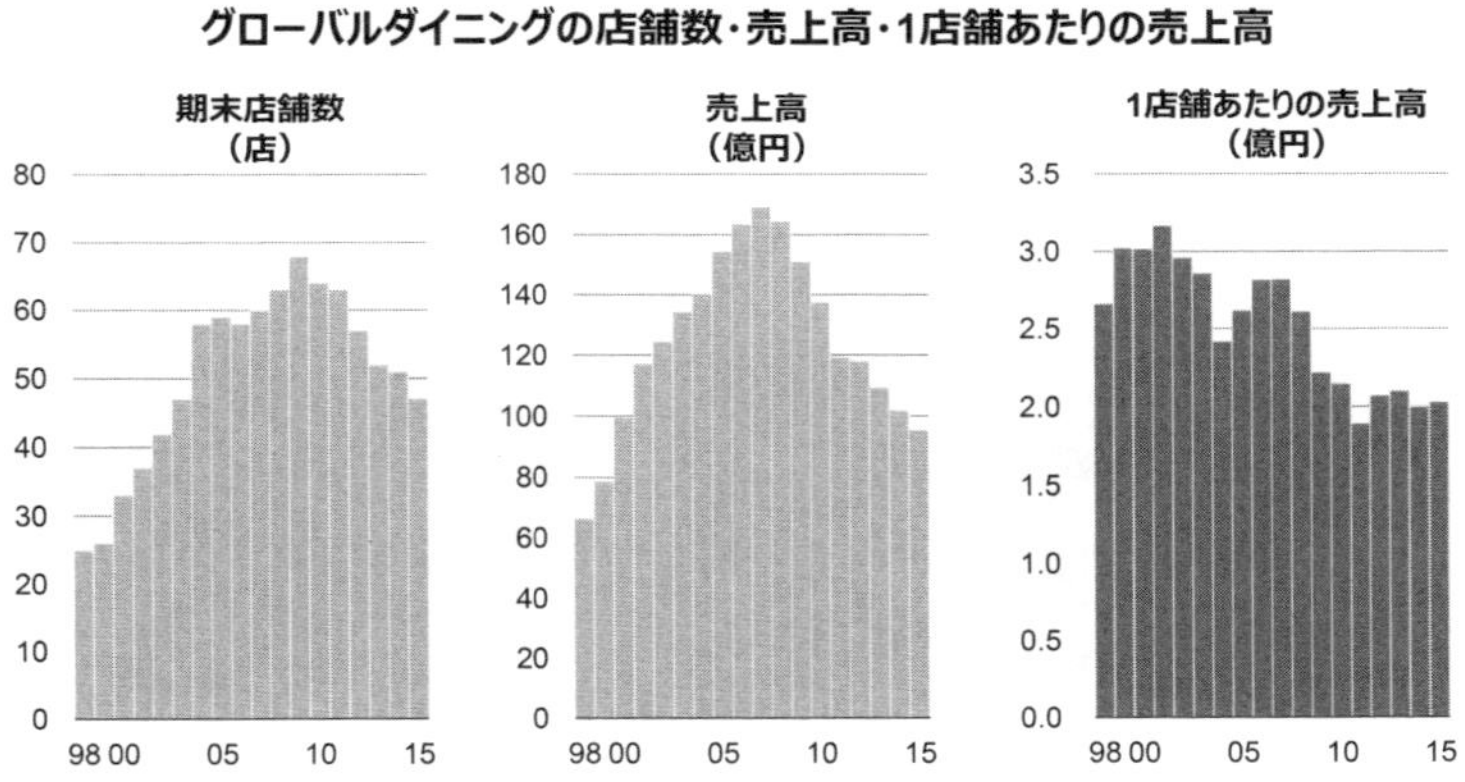
グローバルダイニングの店舗数・売上高・1店舗あたりの売上高
期末店舗数
(店)
売上高
(億円)
1店舗あたりの売上高
(億円)
98 00 05 10 15

※ 12月期決算

資料: 有価証券報告書、決算説明会資料よりBBT大学総研作成

これを1店舗あたりの売上高で見てみると、減少傾向はすでに２０００年代初期から顕著になっていることが分かります。

２０００年代は出店を進める一方で不採算店舗が増加する状況に陥っていました。

したがって、２０１０年から店舗の整理を進めており、２００９年に70店舗近くあったのが、２０１５年には50店舗を下回りました。この店舗整理がさらに総売上高の減少を加速させました。営業利益は1店舗あたりの売上高のトレンドとほぼ連動して２０００年代に入ってから減少の一途をたどり、営業利益も純利益も赤字傾向が続いています（図－3）。

業績悪化の原因は客離れ

ここまで業績が悪化してしまったのは、大幅な客離れが原因です。

図－4を見ると分かるように、客数減少がほぼ常態化しています。

２０１２年度は、東日本大震災で大きく客足が落ちた反動で大きく伸びていますが、ほぼ15年にわたって前年同月比はマイナスが続いています。この客離れが業績悪化の直接的な原因です。

図－3　営業利益は2000年代以降悪化、純利益は2007年以降赤字が慢性化

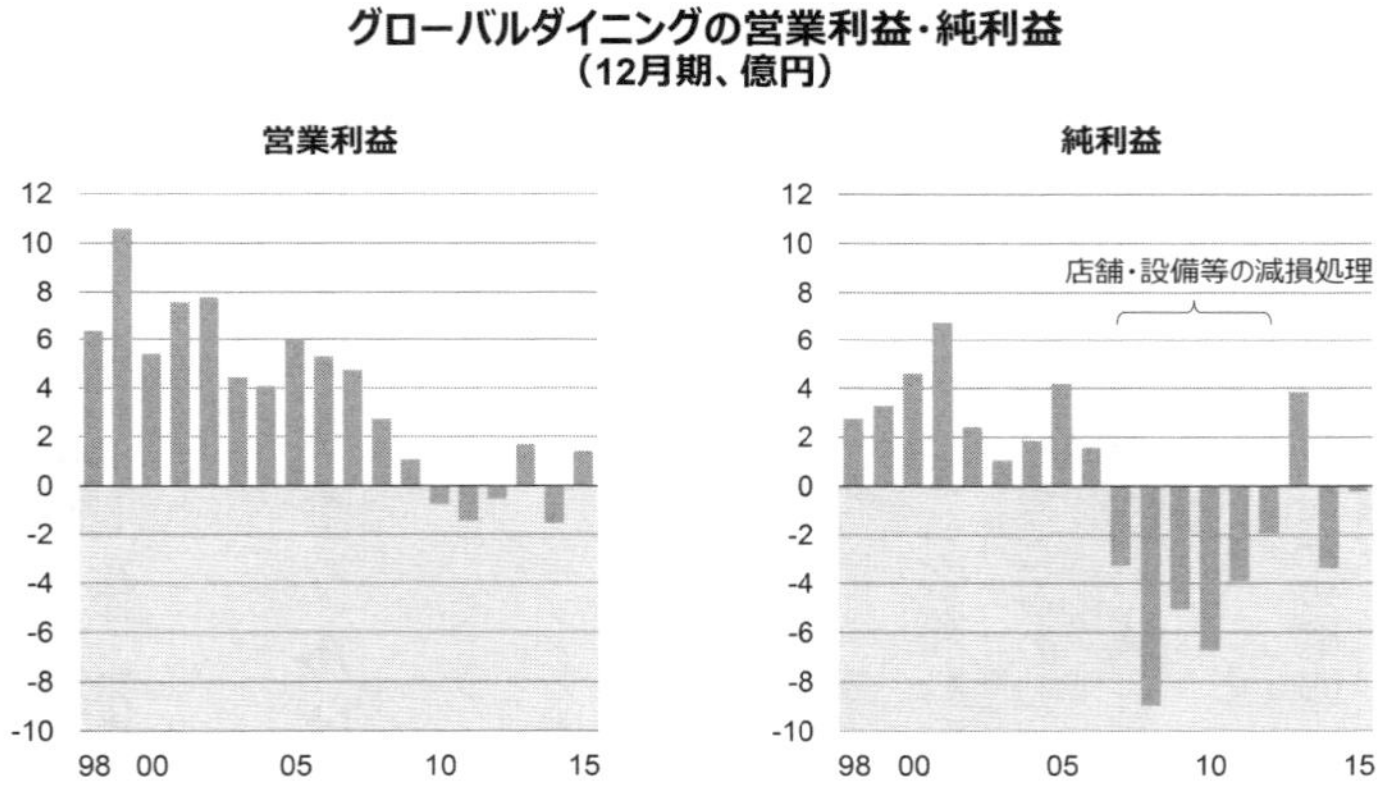

資料: 有価証券報告書、決算説明会資料よりBBT大学総研作成

図－4　客離れが業績悪化の要因

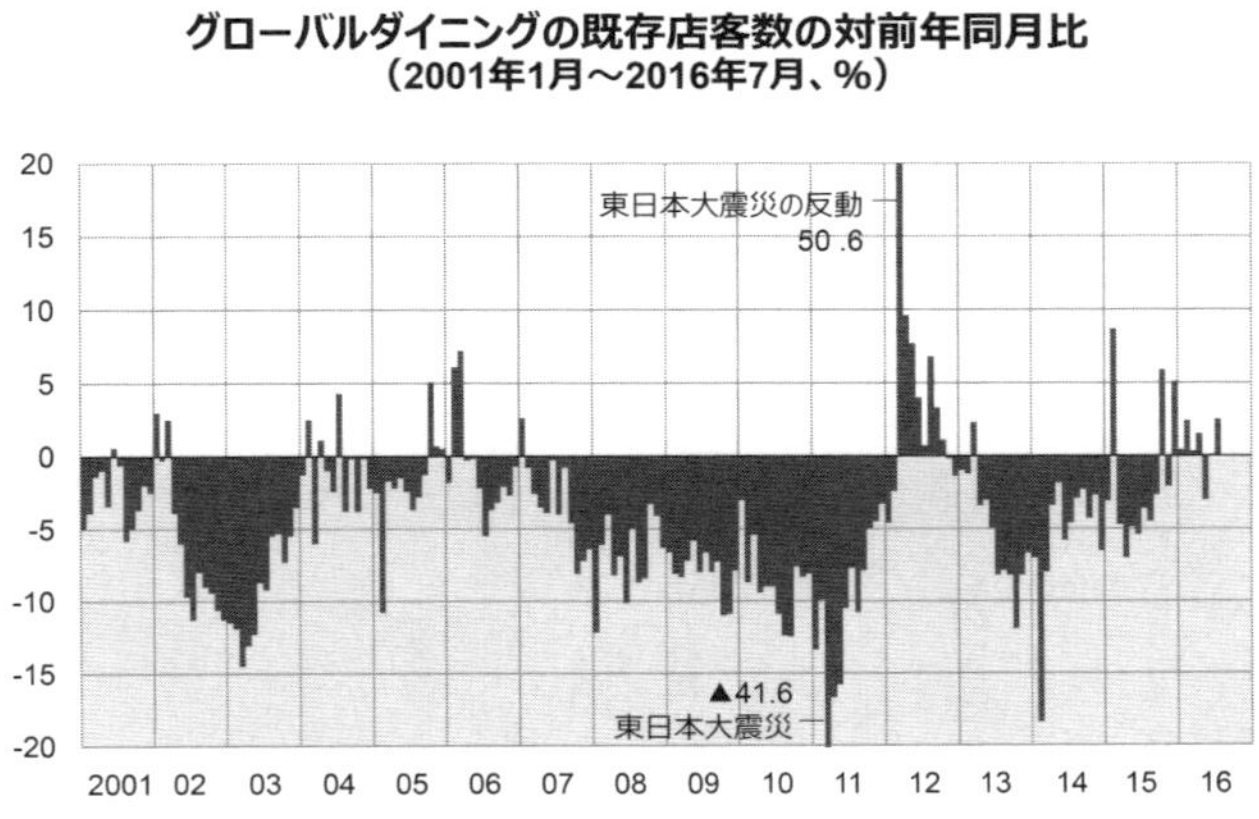

資料: 決算説明会資料、月次データよりBBT大学総研作成

リピーター確保戦略の粗略さが客離れを招く

飲食業のライフサイクルは2〜3年

客離れの詳しい原因を見てみましょう。

飲食業では1つの業態のライフサイクルは2〜3年と言われています（図－5）。新店舗オープン時には、もの珍しさやキャンペーンなどで多くの一見客が集まりますが、2〜3年目には新店効果も消え、その業態の真価が明確となります。すなわち3年目の集客数がその業態の実力であり、以降は何も対策をしなければ客が集まらなくなってしまうのです。

この業態ライフサイクルによる客離れを防ぐために飲食業界では「新業態開発」「新キャンペーン」「新メニュー開発」といった戦略をとるのが一般的です（図－6）。「新キャンペーン」や「新メニュー」は、いかに1つの業態を顧客に飽きられずに継続していくかに主眼を置いています。それでも1つの業態が新規オープン時の勢いを持続していくことはほぼ不可能です。そこで、2〜3年目に訪れるライフサイクルの成熟期から衰退期に合わせて「新業態」を投入します。このように多業態を展開していくことにより、旧業態の衰退リスクを新業態によりカバーし、会社全体としてはライフサイクルを平均化するのです。

図－5　飲食業では一つの業態のライフサイクルは2〜3年と言われている

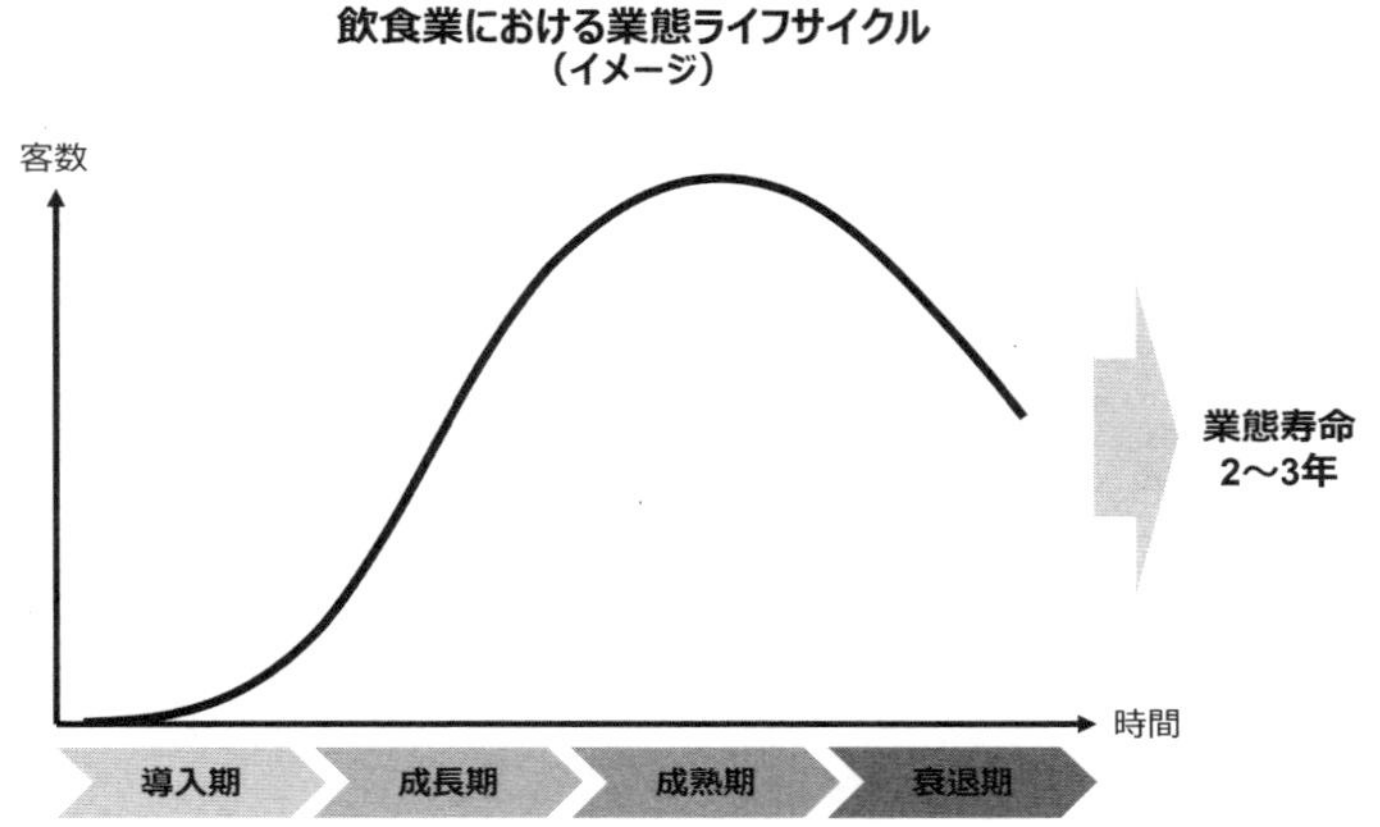

資料: BBT大学総研作成

図－6　飲食業界では客数減を避けるため「新業態開発」「新キャンペーン」「新メニュー開発」が課題

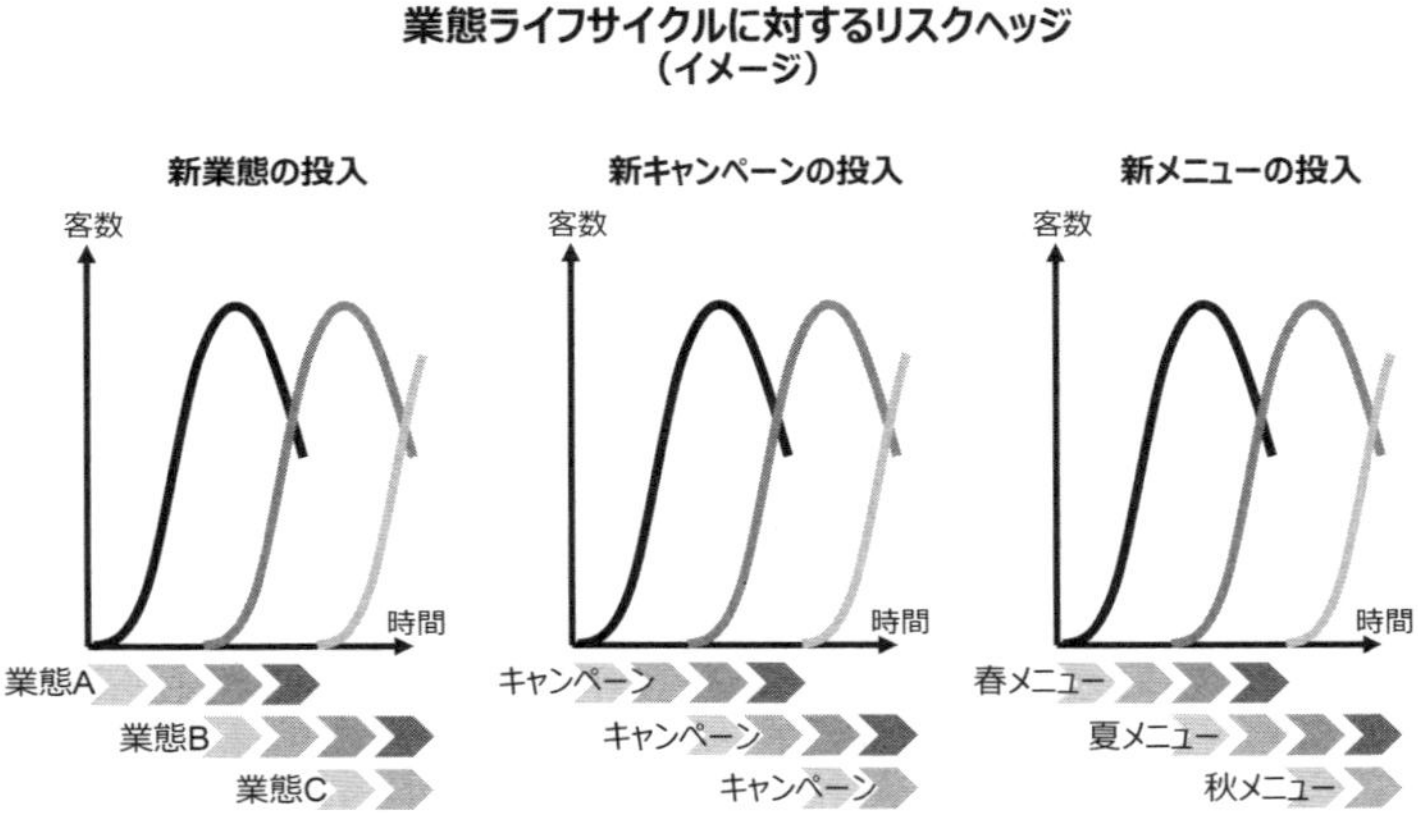

資料: BBT大学総研作成

有力な新業態が投入できず

飲食業である以上、グローバルダイニングも業態ライフサイクルの衰退リスクを避けることはできません。すなわち、同社の客離れは業態の衰退リスクに対して効果的な戦略をとることができなかったことが原因です（図−7）。

同社の業態別売上構成を見てみましょう（図−8）。主力の2業態は、東南アジア料理の「モンスーンカフェ」とカジュアル・イタリアンの「ラ・ボエム」です。同社のなかでは最も古い業態で、主力業態の1つであったテキサスメキシコ料理の「ゼストキャンティーナ」は米国のBSE問題から衰退を余儀なくされ、現在では売上高の4％に過ぎません。この「ゼストキャンティーナ」に代わり主力業態となったのが2000年に新業態として投入された創作和食の「権八」ですが、これ以降、実は有力な新業態が投入できていません。

グローバルダイニングは「非日常的な空間」を集客の要としていますが、この〝ハコモノ〟に依存するあまり、集客キャンペーンなどが疎かになってしまっています。

例えばテーマパークはハコモノ自体を集客の要としていますが、顧客を飽きさせないためにアトラクションを常に更新していかなければなりません。実際には、ほとんどのテーマパークは頻繁なアトラクションの更新や設備投資は困難であり、国内ではオリエンタルランド（東京ディズニーリゾート）だけが例外と

図―7　業態ライフサイクルに対し有効な戦略がとれていないことが「客離れ」の要因

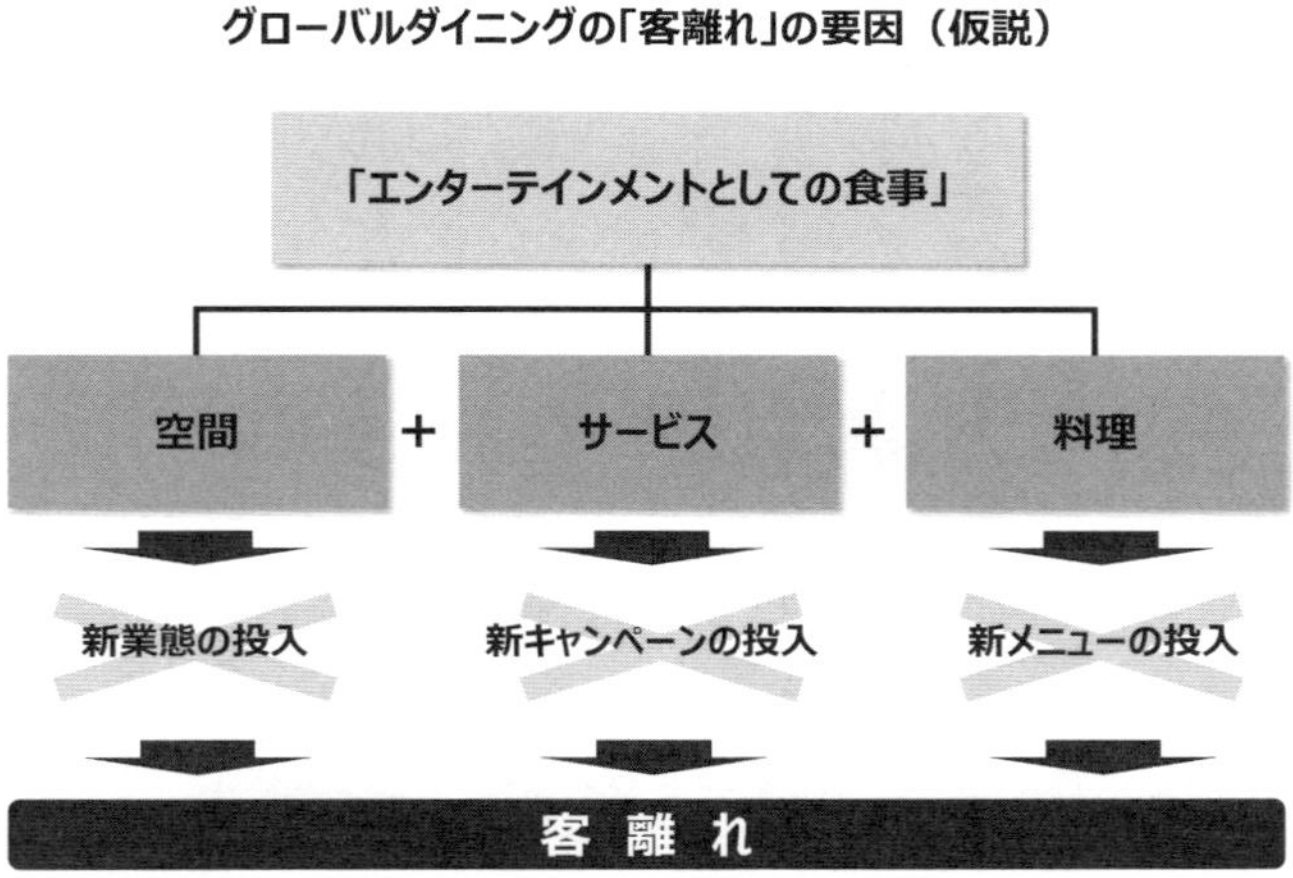

資料: BBT大学総研作成

図―8　権八（創作和食）の投入以降、有力な新業態の投入ができていない

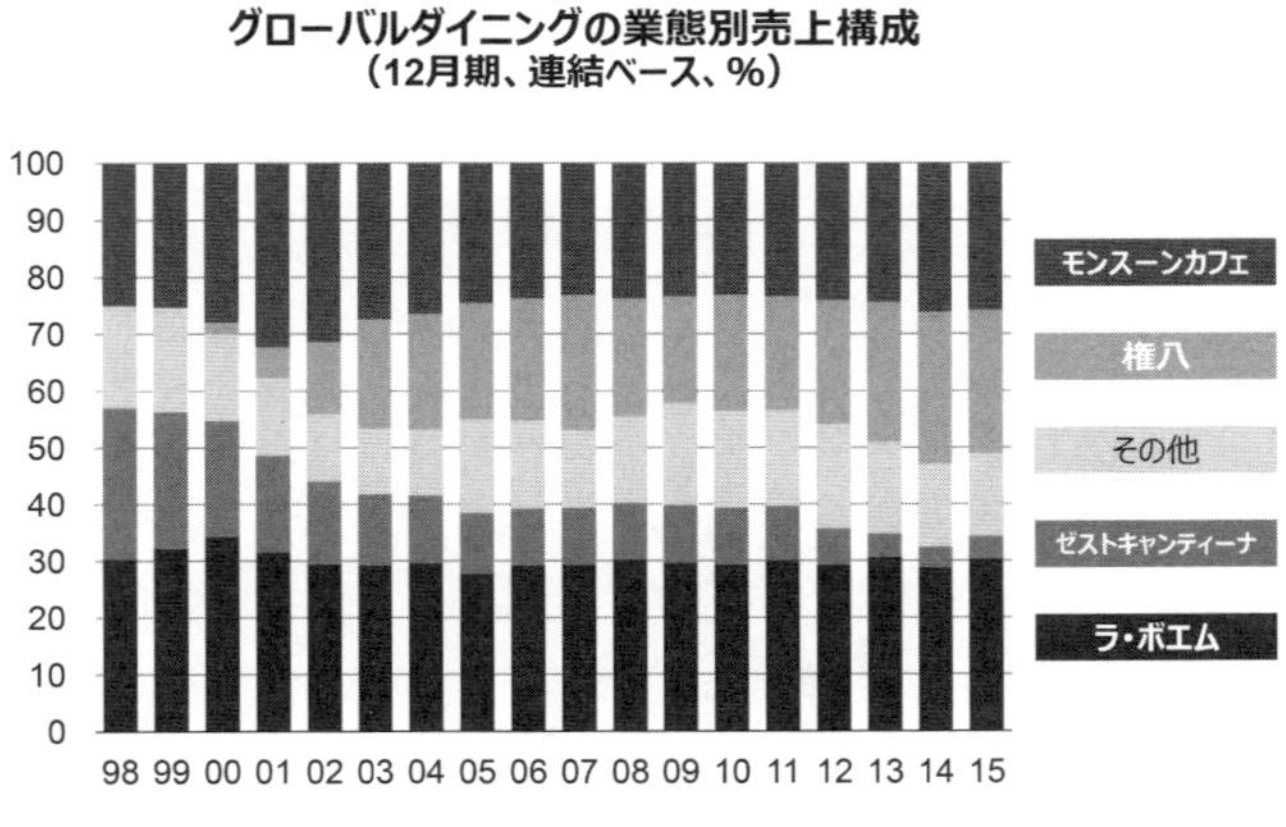

※ ラ・ボエム（カジュアル・イタリアン）、ゼストキャンティーナ（テキサスメキシコ料理）、権八（創作和食）、モンスーンカフェ（東南アジア料理）
※ その他＝タブローズなど高単価のディナー系レストラン、フードコートなど

資料: 有価証券報告書よりBBT大学総研作成

いう状況です。非日常的空間を集客の要とするのであれば、ディズニーの戦略を踏襲する必要があるのですが、レストランを頻繁に改装するというのは荒唐無稽な話です。

したがって、ハコモノに頼らない集客キャンペーンやイベントを打っていくことがより重要となるのですが、ここが疎かになっていたのです（図－9）。

カジュアルレストランでは「料理」が集客に結び付かない

そもそもレストランの本質は「料理」です。もちろん空間もサービスもよいに越したことはありませんが、客がレストランに行く最大の目的は食事をすることです。そこで客を飽きさせないためには新メニューの開発・投入が不可欠です。

料亭・高級レストランの一流シェフは個人としても有名であり、新メニューを自ら開発できるだけの実力を持っています。このようなシェフによる新メニューを定期的に投入していくことで、料亭や高級レストランは集客力を維持できるのです。

しかし、グローバルダイニングが経営するようなカジュアルレストランの調理師は、レシピどおりの料理を作るレベルにとどまり、新メニューを開発できるだけの力がありません。そのため、「料理」に何度もリピートするほどの吸引力がなく、集客に結び付かないのです（図－10）。

図—9　集客は非日常的空間（ハコモノ）に依存、集客キャンペーンなどは疎かに

資料: BBT大学総研作成

図—10　低単価のカジュアルレストランでは新メニュー開発を担う一流シェフの育成が困難

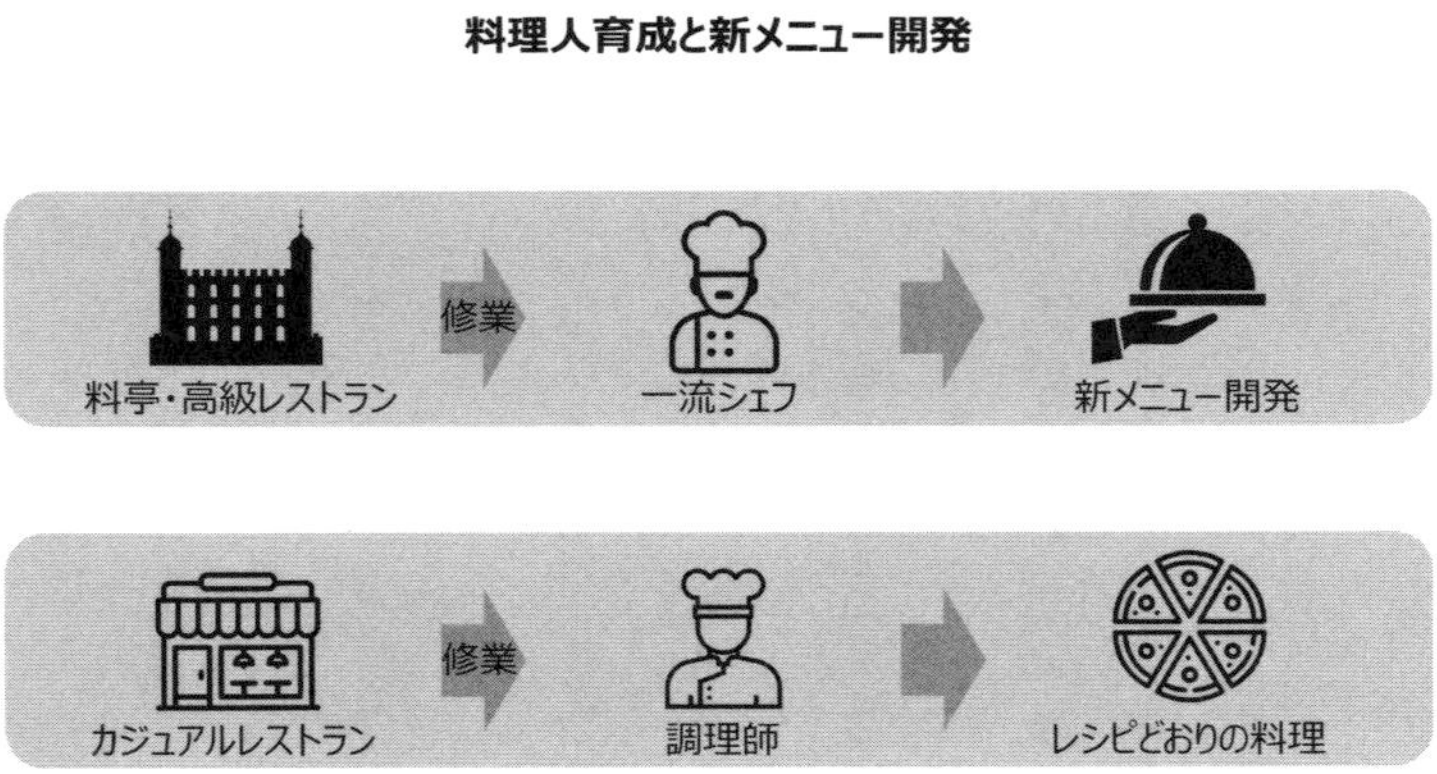

資料: BBT大学総研作成

人材マネジメント以外で「リピーターを呼ぶ仕掛け」を考えよ

グローバルダイニングの本質的問題

ここでグローバルダイニングの本質的問題をもう少し掘り下げてみましょう。

同社の業績悪化の原因は客離れであり、客離れを起こした原因は業態の衰退リスクに対して新業態、新キャンペーン、新メニューを効果的に投入できなかったことです。では、なぜ必要な戦略を実行できなかったのでしょうか。それは、「これらの戦略を担える人材がいなかった」ためです。

グローバルダイニングの本質的問題は、経営者の長谷川耕造氏に代わって経営や監修を担える人材がいないことと言ってよいでしょう（図－11）。長谷川氏は優れた経営者であり、かつ優れたプロデューサーでもあるのですが、業態開発、キャンペーン、メニュー開発において一人の人間が常に新しいものを生み出していくには限界があります。事業が拡大するにしたがい、長谷川氏の業務を補佐、分担できる人材が必要となります。この問題を解決するためには、人材マネジメントに取り組み、長谷川氏に代わる有能な人材を育てることが課題となります（図－12）。

しかしここで、新たな問題が生じます。カジュアルレストランであるグローバルダイニングでは、有能

図ー11　経営・監修を担う人材が育たず、人材マネジメントがより本質的問題となっている

グローバルダイニングの本質的問題

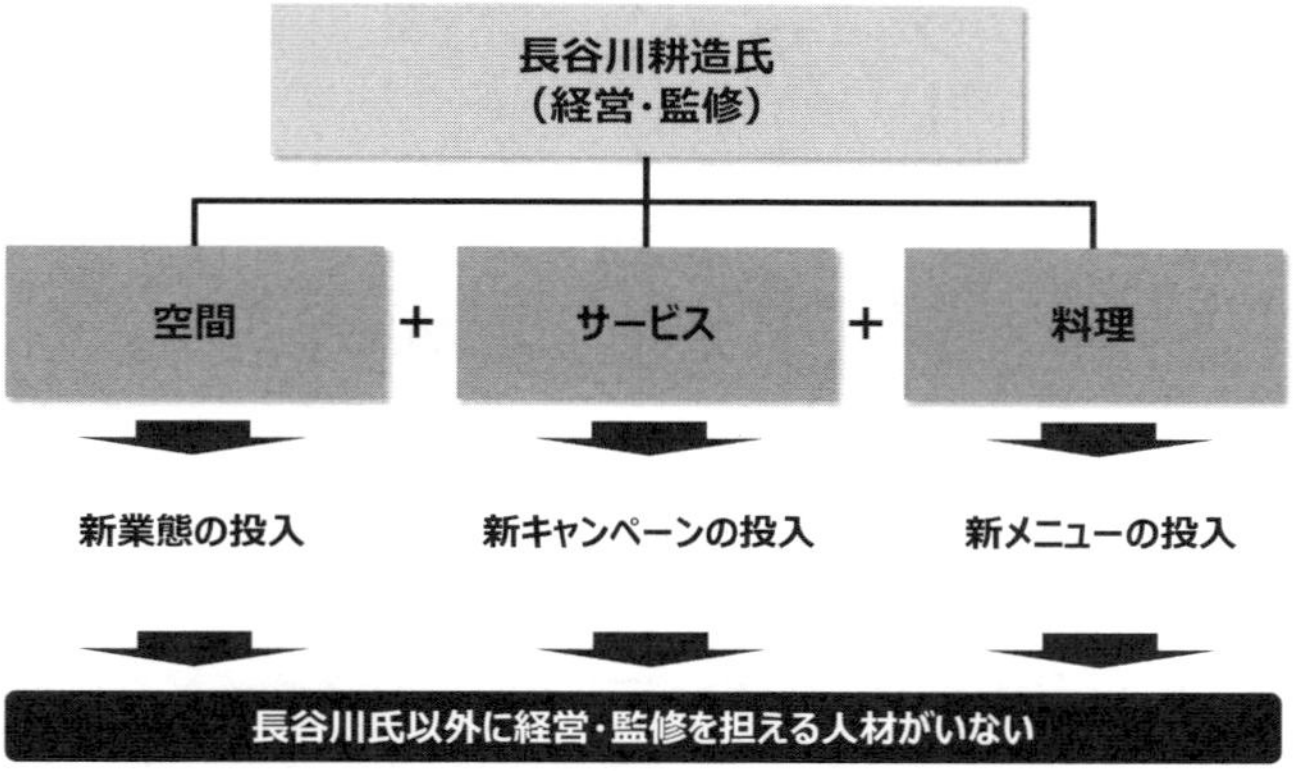

資料: BBT大学総研作成

図ー12　人材マネジメント以外の方法による「リピーターを呼ぶ仕掛け」を考える

グローバルダイニングの方向性（仮）

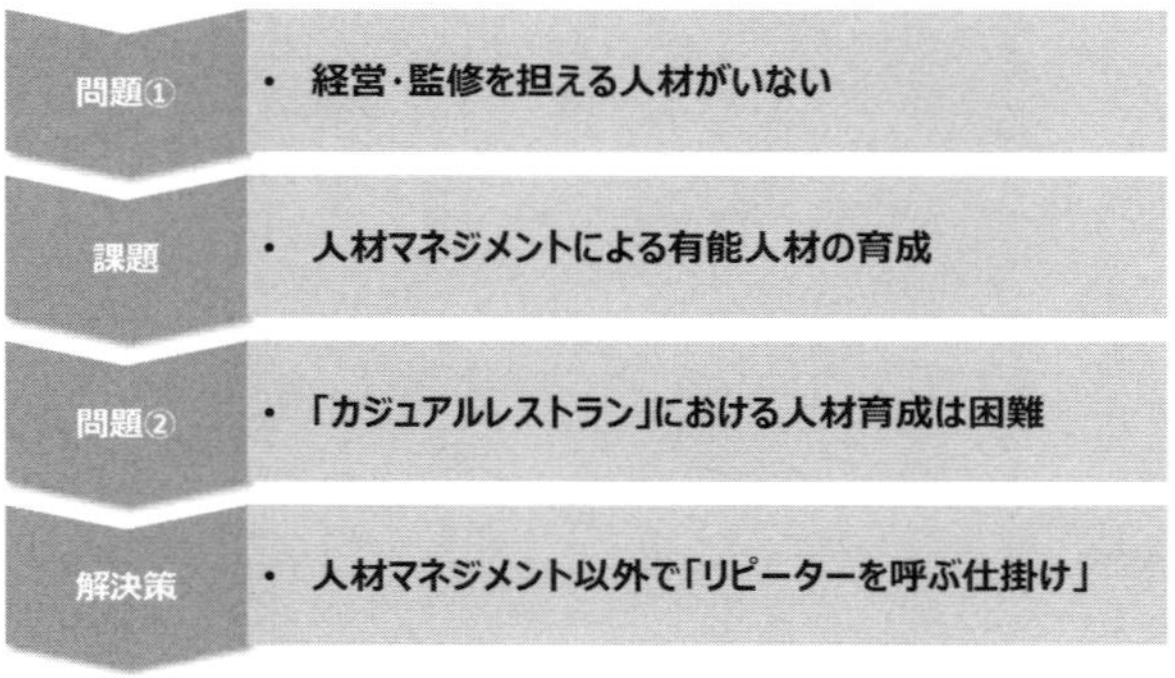

問題①	・ 経営・監修を担える人材がいない
課題	・ 人材マネジメントによる有能人材の育成
問題②	・ 「カジュアルレストラン」における人材育成は困難
解決策	・ 人材マネジメント以外で「リピーターを呼ぶ仕掛け」

資料: BBT大学総研作成

な人材の育成は簡単ではありません。新メニュー開発1つとってみてもカジュアルレストランから一流シェフを育てることは困難です。また、店長に権限を委譲したとしても、空間創りを強みとするグローバルダイニングは、店舗の内装や雰囲気がすでに決まっているため、店長にできることは限られてしまいます。

したがって、グローバルダイニングは、人材マネジメント以外の方法で「リピーターを呼ぶ仕掛け」を考えるべきです。もう少し具体的に言えば、代わり映えしない空間であっても、とくにキャンペーンを打たなくても、画一的なメニューであっても、リピーターが来る仕掛けを考えるということです。

リピーター獲得は「ファストフード」と「ファミレス」に学べ

ファストフードに学ぶ「集中出店」

まずは、代わり映えのしない空間と画一的なメニューの代表格とも言えるファストフード店がどのようにリピーターを獲得しているのかを考えてみましょう。

ファストフード店は駅前や繁華街、オフィス街など日常的に人の集まるエリアに競合同士が集中して出店しています。こうすることで、ハンバーガーや牛丼といった画一的なメニューであったとしてもエリア

図―13　画一的なメニューでも競合同士の集中出店で多様性を確保、週1回のリピーターを狙う

ファストフードのリピーター確保戦略
【参考事例①】

月曜は弁当
火曜はラーメン
水曜はうどん
木曜は牛丼
?

資料: BBT大学総研作成

全体としてメニューの多様性を確保できます（図―13）。同じエリアに多様なファストフード店があれば、客が自ら店舗を選び、同じエリア内でローテーションできます。これにより、週1回のリピーターを狙うことが可能になるのです。

もう1つ、スペインにあるサン・セバスチャンの美食街も参考になります。ここでは定番メニューを持つ200店もの飲食店が集まってグルメ街を形成することで、世界中から観光客を集めています。各店舗のメニューは固定化しており、美食街を訪れる人は複数の飲食店をハシゴしながら自分の好きなものを食べ歩きます。200店舗もあるため飽きることなく、何度でも楽しめます。

「メニュー開発」と「常連客へのサービス」

もう1つ参考になる事例は、ファミリーレスト

ラン（ファミレス）のメニュー開発です。ファミレスの調理場に一流シェフはいませんが、月に数品のペースで新メニューが投入されています。ファミレスの新メニュー開発には「顧客モニター制度」が取り入れられています。新メニューの素案は本社のメニュー開発室が行いますが、さらに顧客モニターを募集し試食してもらい、感想をメニュー開発に反映していきます。顧客モニターに応募してくる人たちは当然このファミレスの固定ファンです。モニターは無料で食事を楽しんだうえに、お礼として店舗で利用できる金券や割引券まで受け取ることができます。

すなわち、顧客モニター制度は新メニュー開発であると同時に、常連客へのサービスにもなっているのです（図－14）。

このファミレスの手法は、グローバルダイニングのメニュー開発とリピーターの獲得にも有効だと考えられます。

4つのリピーター獲得戦略と最後の手段

数を絞り込み、丁寧な戦略を

以上の事例を参考に、グローバルダイニングがリピーターを確保するための具体的な戦略を考えていき

図ー14　ファミレスは顧客モニター制度により「メニュー開発」と「常連客へのサービス」を両立

ファミリーレストランのメニュー開発
【参考事例②】

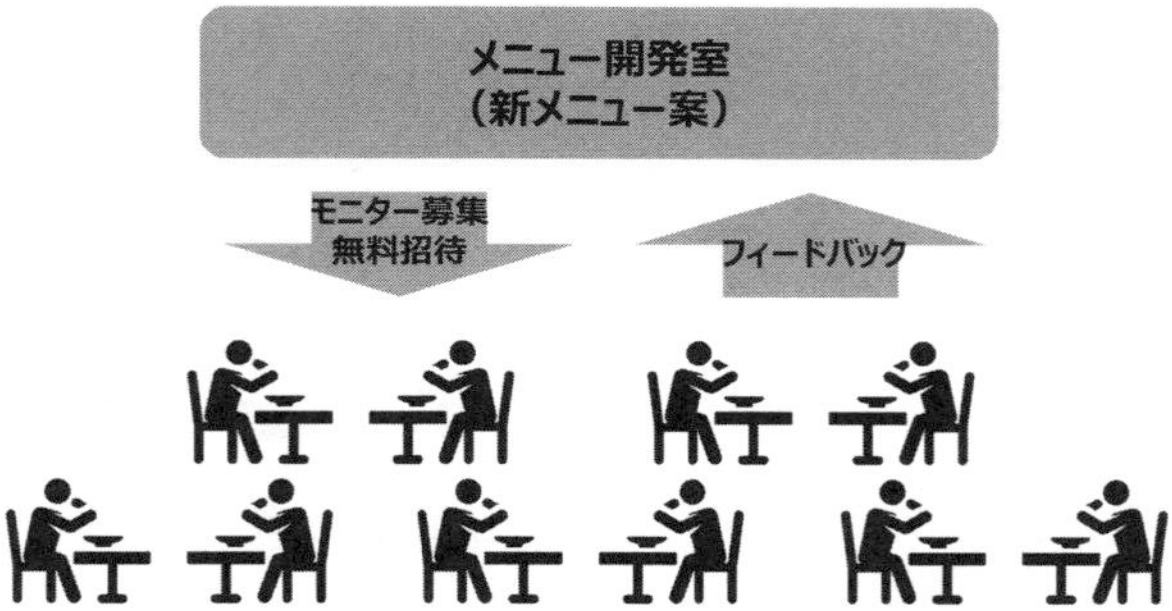

資料: BBT大学総研作成

図ー15　「ロケーション戦略」「新たな空間創り」「屋台村化」「顧客モニター制」などでリピーターを確保

グローバルダイニングの戦略（案）

ロケーション戦略の見直し	• 駅から遠い非日常的空間という立地の見直し • 人の流動性の高い場所（オフィス街、駅前、繁華街等）への出店
複数業態による新たな空間創り	• エリア全体で集客する仕掛けの構築（飲食以外の事業者との協業など） • 複数業態のドミナント出店による新たな生活空間創り
屋台村化	• 「権八」の屋台村化 • 寿司、焼き鳥、蕎麦、天ぷら、鉄板焼きなど
顧客モニター制度の導入	• 顧客モニター制度を導入 • 月に一度、常連客を無料招待し、新メニュー発表会を開催
売却または再開発	• 中国系ディベロッパーに売却 • 中国人観光客向けに再開発

資料: BBT大学総研作成

ましょう（図－15）。

第1に考えるべきは、「ロケーション戦略の見直し」です。同社はこれまで「駅から遠い非日常的空間」という立地戦略をとってきました。これを見直し、オフィス街、駅前、繁華街など、人の流動性の高い場所に出店してファストフード型のリピーター獲得戦略を踏襲します。同社の主力3業態は「モンスーンカフェ」「ラ・ボエム」「権八」ですが、最も新しく投入された「権八」ですらすでに15年以上が経過しており、空間としてのエンターテインメント性はかなり薄まっています。この主力3業態をオフィス街や駅前などの日常的に人が行き交うエリアに展開していきます。カフェ業態としては、スターバックスやルノアールなどと競合しますが、「モンスーンカフェ」も「ラ・ボエム」もスターバックスより料理が豊富で、ルノアールより断然ハイセンスです。リピーターは立地の特性上、自然にやってきます。

同社は現在、主力3業態の低迷を払拭するために、やや高単価のディナー系レストランを順次投入しています。これまでの主力業態と異なる点は1ブランド1店舗という点です。「エンターテインメントとしての食事」というコンセプトはこれらの新しいディナー系レストランに継承させていけばよいでしょう。

第2に「複数業態による新たな空間創り」を考えます。これはサン・セバスチャンの美食街のように、エリア全体で集客する仕掛けを構築します。同社はこれまでにも、銀座やお台場で複数業態をドミナント出店させることにより集客の相乗効果を高めるという手法をとってきました。ただし、サン・セバスチャンのようにハシゴして食べ歩くという形態ではありません。「ラ・ボエム」で食事をした人がすぐに隣の「モンスーンカフェ」で食事をするといったことはありません。この点に新たな空間創りのヒントがあると考えられます。

第3は上記のコンセプトを具体化した「屋台村化」です。「権八」の大型店舗を活用し、そのハコモノの中に寿司、焼き鳥、蕎麦、天ぷら、鉄板焼きなどの屋台村を形成します。アクセントとなる定番メニュー、リピートしたくなるような料理を出す屋台が競い合い、客がハシゴしながら食べ歩くというサン・セバスチャンのような空間を創り出します。

第4に「顧客モニター制度の導入」。月に一度、常連客を無料で招待し、新メニュー発表会を開催します。こうして新メニューの投入頻度を高めつつ、ファンの獲得と常連客の定着化を図ります。

以上の4つが正攻法のリピーター獲得戦略となりますが、最後の手段として中国系ディベロッパーに「売却」という選択肢もあるでしょう。東南アジア料理の「モンスーンカフェ」のような雰囲気の店舗は、中国人観光客に好まれます。また、「権八」のように空間も含めて日本を味わえるという店舗もニーズはあるでしょう。中国系のディベロッパーに売却する、または、中国系ディベロッパーと共同で再開発することで、増え続ける訪日観光客を取り込んでいくという案です。中国人観光客の旅行プランに、「モンスーンカフェ」や「権八」の来店を組み込んでもよいでしょう。

これが私の考える、グローバルダイニングがとるべき戦略です。

まとめ

☑ 駅から遠い非日常的な空間という立地戦略を転換し、「モンスーンカフェ」など主力３業態を、オフィス街や駅前、繁華街などに展開し、リピーターを獲得。

☑ 複数業態のドミナント出店による新たな生活空間を創り出し、エリア全体で集客する仕掛けを構築。

☑ 大きなハコモノ店舗を、寿司や焼き鳥、蕎麦、天ぷら、鉄板焼きなど複数の屋台で屋台村化。ハシゴしながら食べ歩く空間を創り出す。

大前の総括

新奇さだけでは客離れは免れず。画一性のなかでリピーターを呼び込む仕掛けを作れ

業態のライフサイクルが短い業界のなかで客離れを回避するためには、画一的な業態を展開している同業他社がどのようにリピーターを獲得しているかが大いに参考になる。ファストフード、ファミレスを参考に、他社とあえて競合するような集中出店戦略、リピーターを呼び込むメニュー開発等、学ぶべき点は多いはずだ。

CaseStudy

7

燦ホールディングス

「低価格競争」に飛び込むか否か

あなたが**燦ホールディングス**の社長ならば件数増加と単価下落が同時に進行する葬儀市場においてどのような成長戦略を描くか?

※2016年5月に実施したケーススタディを基に編集・収録

正式名	燦ホールディングス株式会社
設立年	1944年（創業1932年）
代表者	代表取締役社長　野呂 裕一
本社所在地	東京本社:東京都港区、大阪本社:大阪府大阪市
業種	サービス業
事業内容	葬祭事業および付随する商品・サービスの提供
資本金	25億6,815万円（2016年3月期）
売上高	185億円（2016年3月期）
グループ会社	㈱公益社、㈱葬仙、㈱タルイ、エクセル・サポート・サービス㈱

国内最大手の葬儀専門会社

4つの子会社を抱え、首都圏・近畿圏を中心に事業を展開

燦《さん》ホールディングスは、1932年に大阪で創業した公益社を前身とする葬儀専門会社グループです。燦ホールディングス自体は持株会社で、葬儀会館などの不動産を子会社に賃貸していますが、その傘下には首都圏・近畿圏で葬儀事業を展開する業界最大手の公益社、鳥取県と島根県の葬仙、兵庫県のタルイ、および葬儀関連サービスを提供するエクセル・サポート・サービスの4社を抱えています（図－1）。

燦ホールディングスの業績推移（図－2）にあるように、経営はほぼ順調で、この20年間は増収増益傾向にあります。伸び幅は小さいものの売上高は毎年微増し2016年3月期は185億円、営業利益も増減は見られますが全体的には増収傾向にあり、純利益も2006年3月期の特損計上を除けば毎年プラスとなっています。

この業績は他の葬儀専門会社に大差をつけています。2014年度の葬儀業者の売上高上位10社を比較すると、燦ホールディングスの184億円は業界トップ、2位に位置するティアの93億円とは約2倍の開きがあります（図－3）。

図—1　葬儀事業および葬儀関連サービスを行う連結子会社4社から構成される

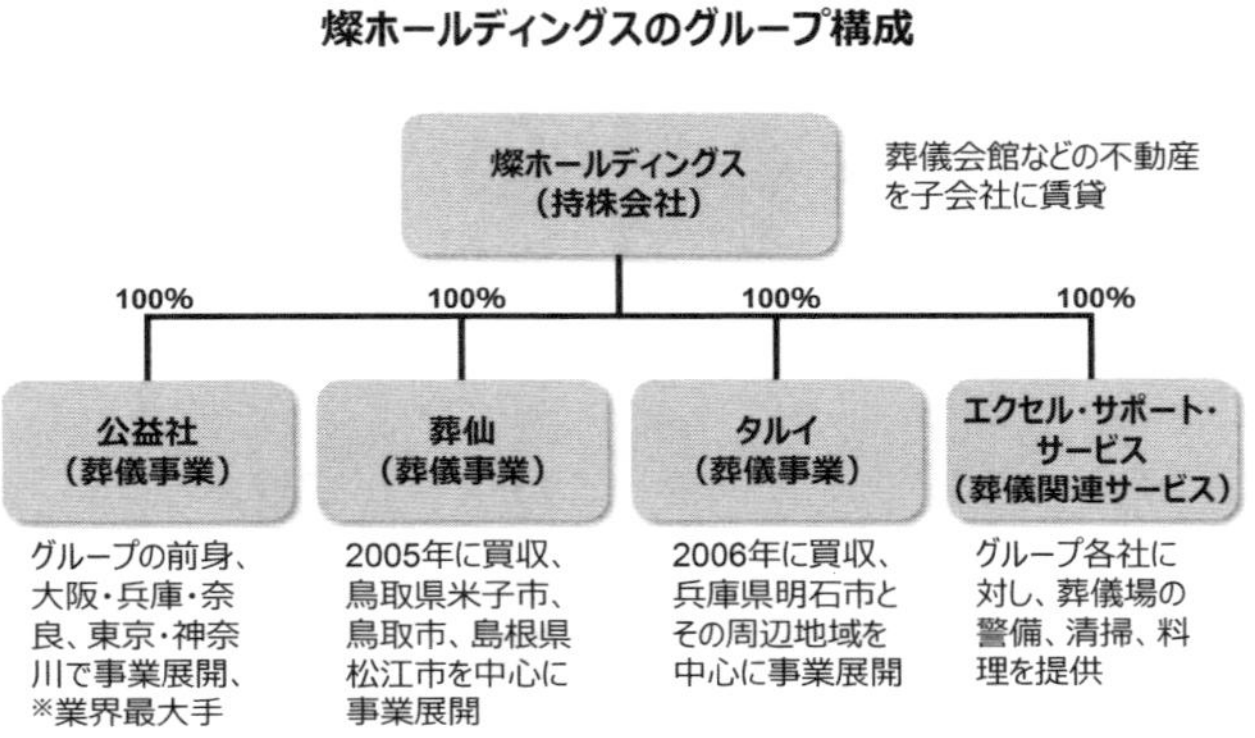

※互助会系を除く、葬儀専門会社における業界最大手

資料: 有価証券報告書よりBBT大学総研作成

図—2　概ね増収増益傾向

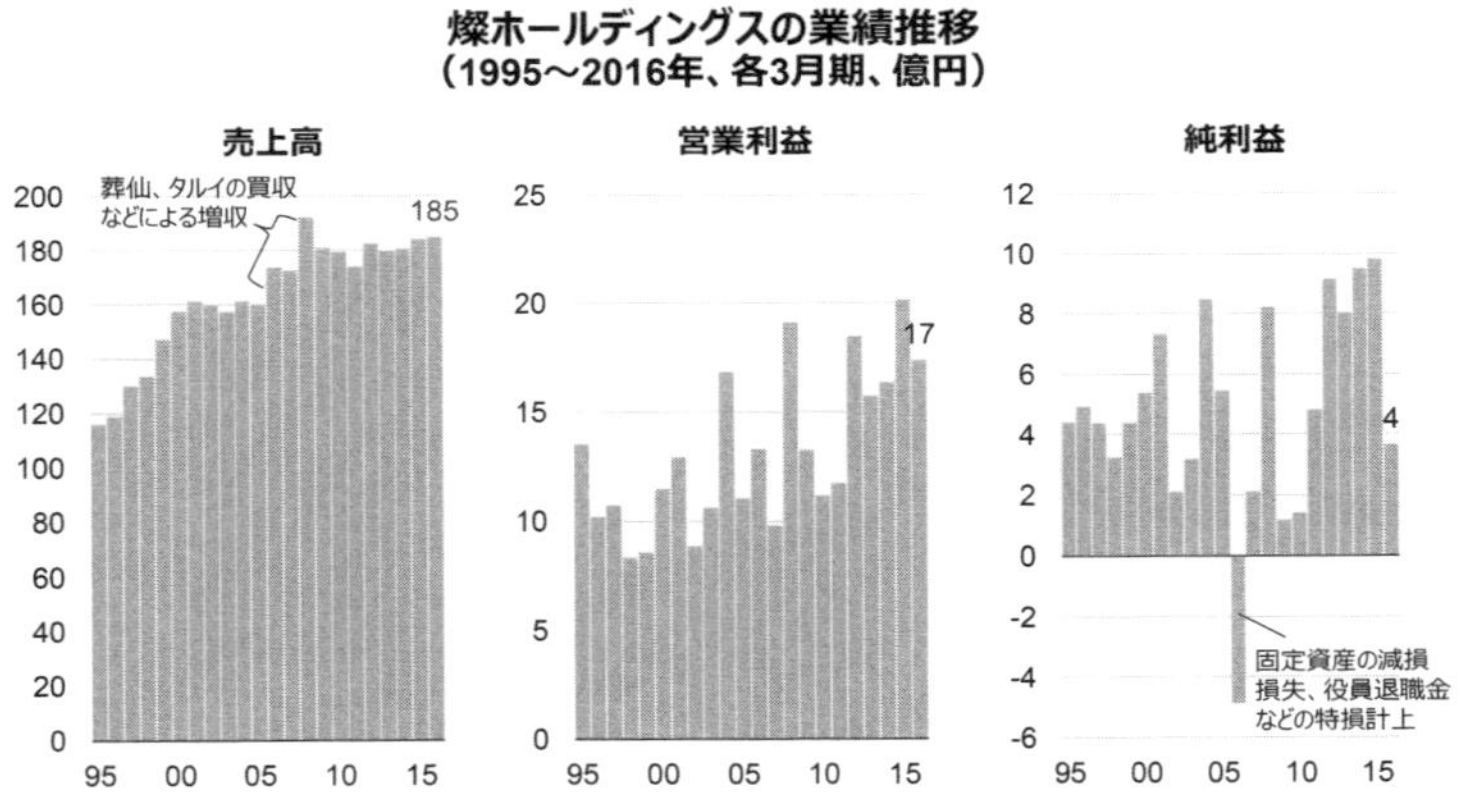

※ 2005年葬仙買収、2006年タルイ買収

資料: 有価証券報告書、燦ホールディングスホームページ（株主・投資家情報 決算短信）よりBBT大学総研作成

一般に葬儀は、費用の高い方から順に「社葬・大規模葬儀」「一般葬儀」、後ほど紹介する直葬《ちょくそう》や家族葬などの「簡易葬儀」の3つに大別されます。燦ホールディングスが得意とするのは、このうち社葬・大規模葬儀、および高価格帯の一般葬儀です（図－4）。

葬儀単価の下落で苦境に立つ葬儀業界

市場シェアの6割超は互助会系が占め、専門会社は小さな市場で争う

葬儀業者は燦ホールディングスのような専門会社のほかに、毎月会費を積み立てることで結婚式や葬儀などのサービスが利用できる互助会系、農業協同組合（JA）の葬儀事業などがあります。事業者数は専門会社が全体の6割と最も多く、互助会系が3割弱、残りがJA系などです。しかし、売上高のシェアは少数派の互助会系が6割超を占めており、多数派の専門会社が3割未満のシェアを奪い合っています（図－5）。

こうした状況は、葬儀業者の売上高順位にも表れています。図－3のように、専門会社だけの比較であれば燦ホールディングスはトップに位置していますが、全事業者のランキングでは燦ホールディングスは3位に転落し、1位の日本セレモニー、2位のメモリードとともに互助会系が占めています（図－6）。

図−3　葬儀専門会社で最大手

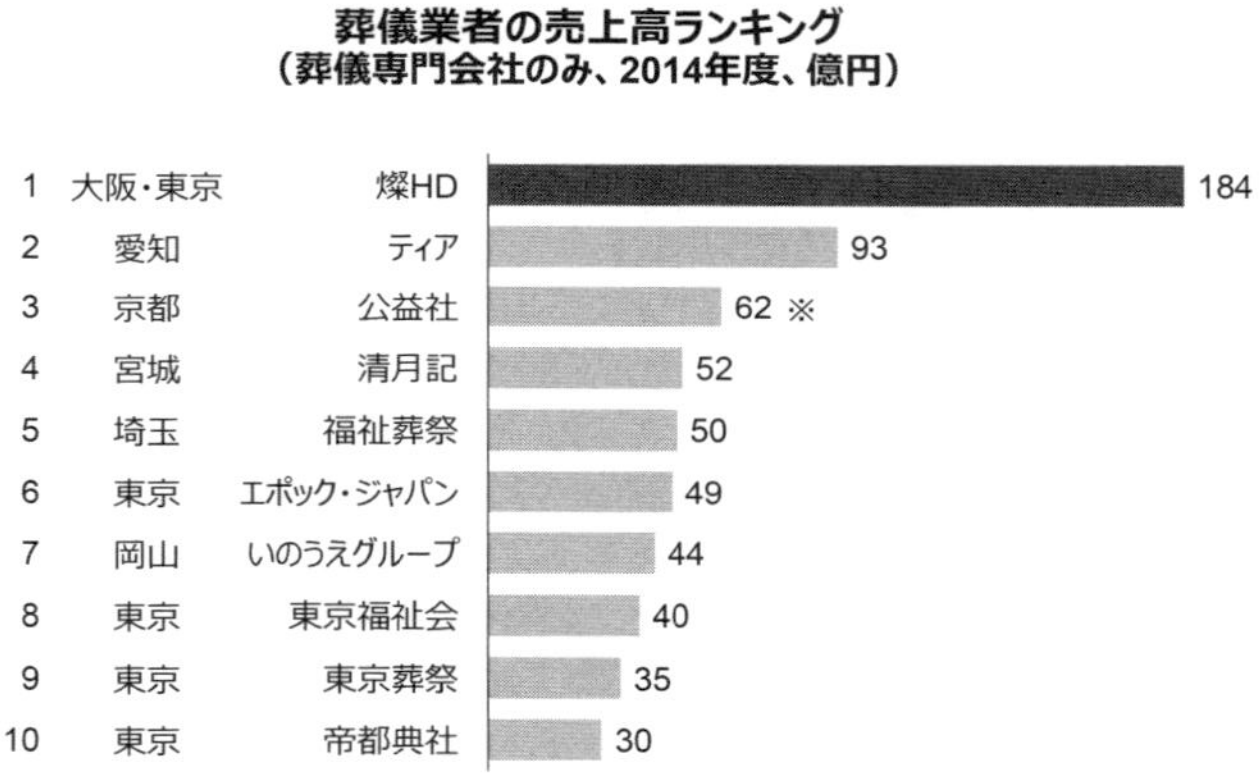

※公益社（京都）は燦HDとは別会社

資料: 綜合ユニコム『月刊フューネラルビジネス』2015年10月号よりBBT大学総研作成

図−4　社葬・大規模葬儀および高価格帯の一般葬儀に強みを持つ

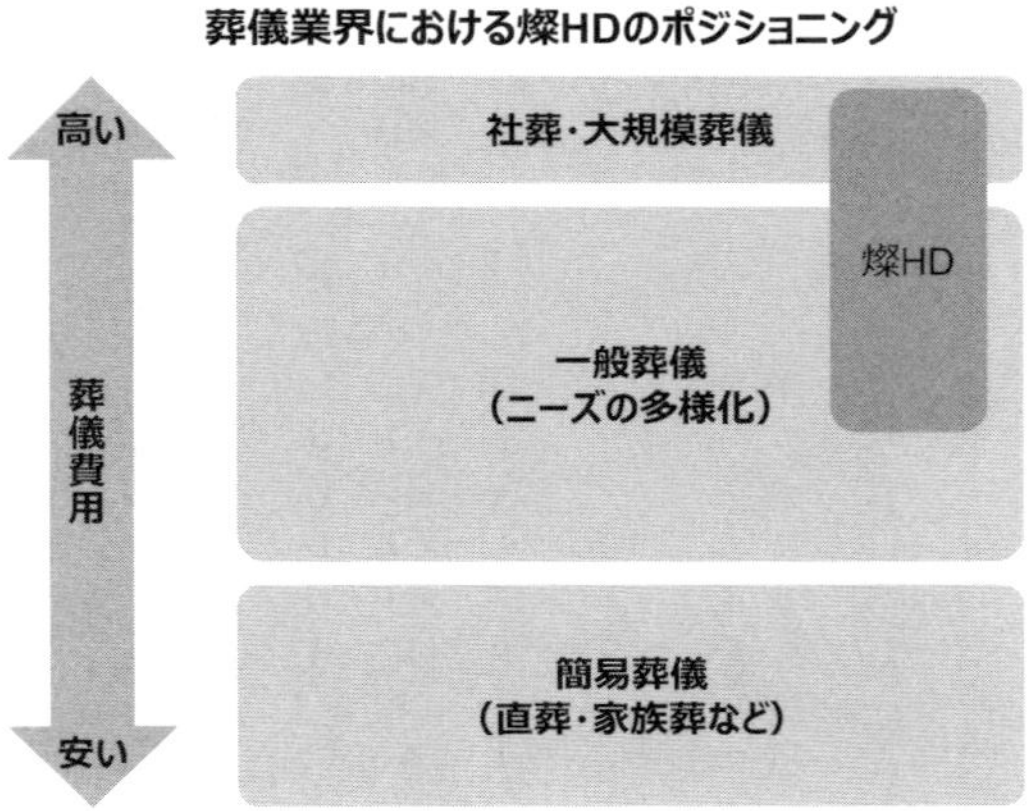

資料: BBT大学総研作成

拡大が見込まれる葬儀市場、ただし単価は下落傾向

多くの高齢者を抱える現在の日本では、葬儀事業は成長産業と見込まれています。国内死亡者数の将来推計（図－7）が示す通り、今後20年間は毎年死亡者数が増加し、２０３９年には１６７万人と、２０１５年の約１・３倍になると考えられています。それにしたがい、葬儀需要もしばらくは伸び続けるでしょう。

その一方で、葬儀単価は下落傾向にあります。死亡者数の増加により市場規模は２０００年の約１・４兆円から漸増、２０１５年には１・８兆円を超えました。しかし葬儀単価は２００６年の約１５２万円をピークに下がり続け、２０１２年には１４０万円近くにまで落ち込みました。２０１５年は１４４万円ほどまで回復したものの、以前と同じレベルには戻っていません（図－8）。

葬儀単価を下げる3つの要因

市場規模は拡大しているのに、なぜ葬儀単価は下落が続いているのか。それには3つの要因があります。

1つ目は「葬儀の簡素化」です。時代の流れから、通夜や告別式を行わない直葬や、身内や親族だけで行う家族葬などが増えています。こうしたタイプの葬儀では、大きな会場や豪華な祭壇は用いず儀式は必要最低限、弔問客も少なく食事をふるまう必要がないため、一般的な葬儀よりも単価が低くなります。最近ではこのような葬儀を専門に行う新興事業者も台頭し、価格低下に拍車をかけています。

図—5　事業者数で3割弱の互助会系が売上高シェアの6割超を占め、専門会社は小さな市場を奪い合っている

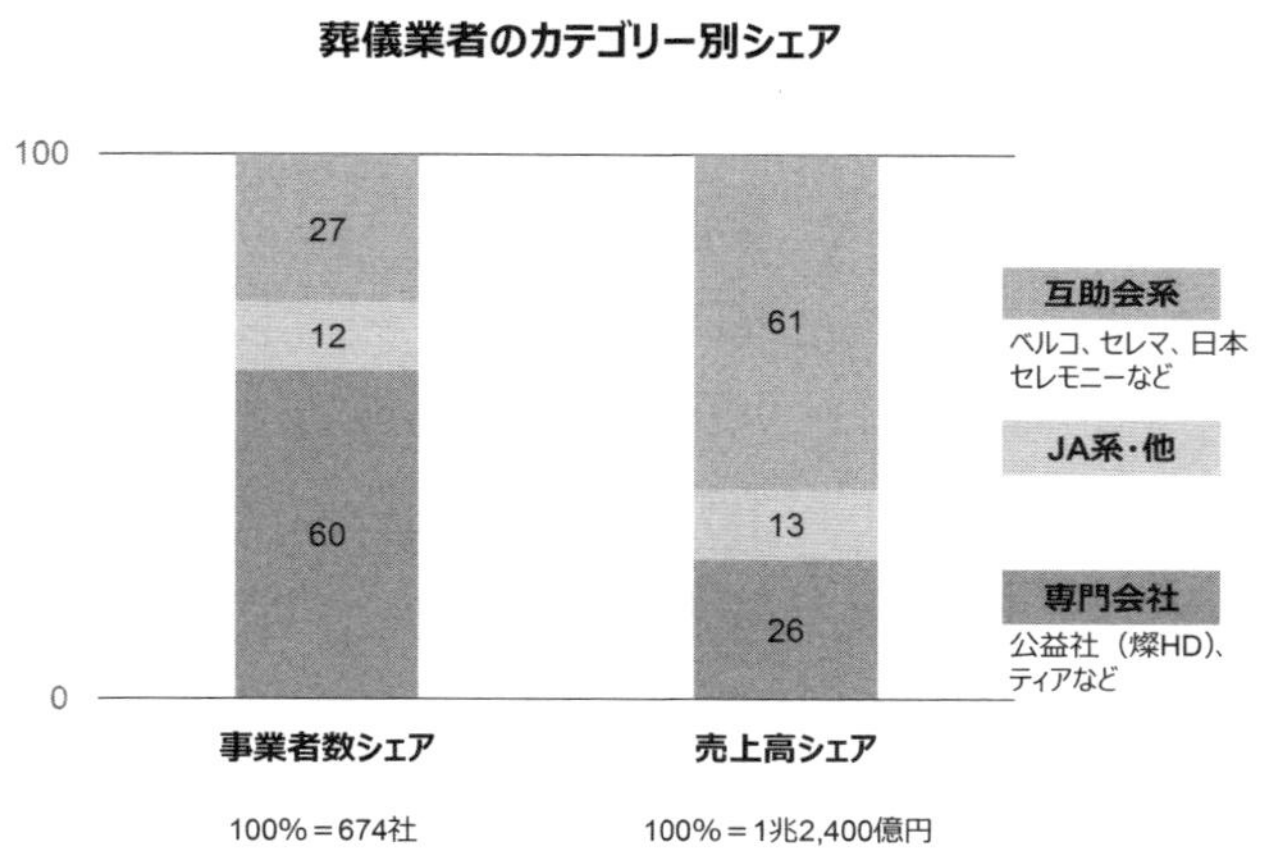

資料: 綜合ユニコム『月刊フューネラルビジネス』2015年10月号よりBBT大学総研作成

図—6　互助会系を含むランキングでは3位

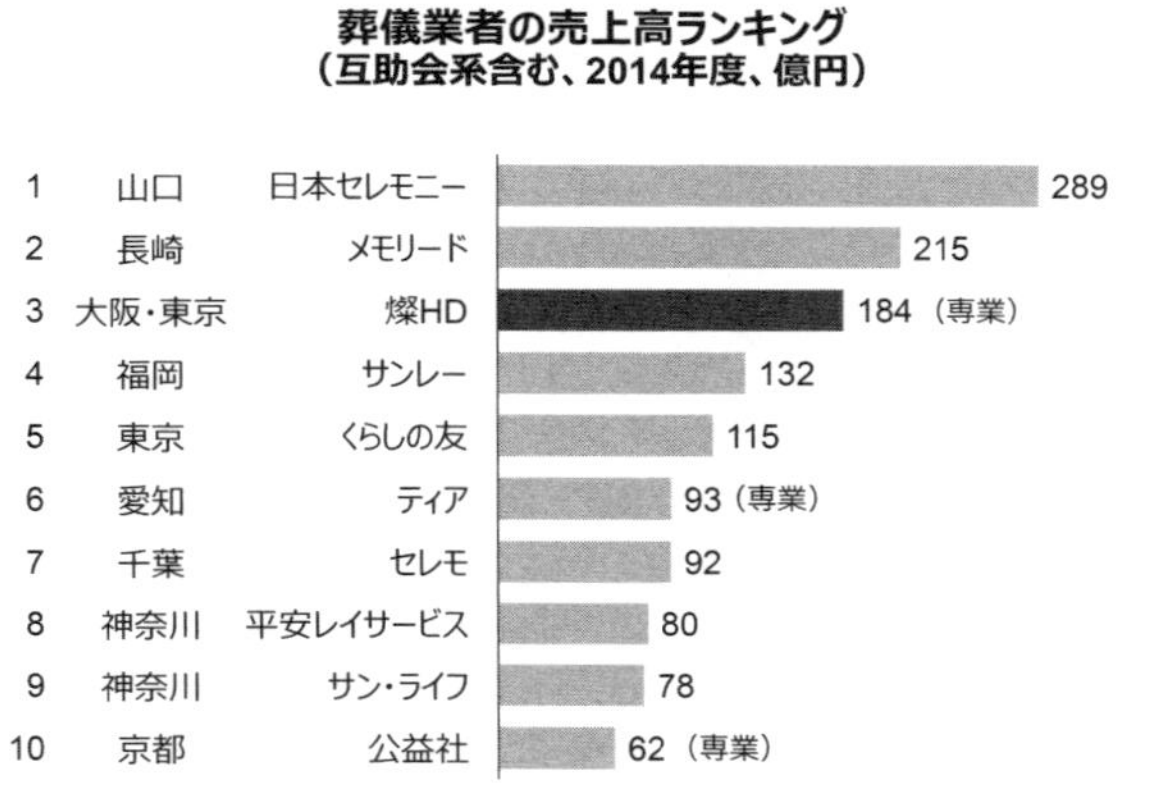

※公益社（京都）は燦HDとは別会社

資料: 日本経済新聞社『日経MJ 第33回 サービス業総合調査』（2015/11/4）よりBBT大学総研作成

また「価格の明瞭化」も大きな要因です。

従来、葬儀は「一式価格」とされ、事前に見積書を出すことも一般的ではありませんでした。葬儀という神聖な儀式を価格で評価することはタブー視されていたため、こうしたスタイルが長年続いていたのです。しかし新興事業者を中心に費用の詳細を明示する葬儀社が増え、またネット仲介や比較サイトなどが出現し、価格の低下につながりました。さらに「異業種からの参入」の影響も多大です。葬儀市場は参入障壁が低いため、近年、生花・仏具など比較的近い業界からの参入のほか、利便性の高い場所に多くの不動産を持つ鉄道系や流通系など、これまで接点の少なかった業界からも新規参入が進んでいます。それにより価格競争が進み、低価格化が一層激化しているのです（図－9）。

低価格競争を回避し、顧客の囲い込みを目指す

課題は葬儀の簡素化、多様化、低価格化への対応

ここまでを踏まえ、燦ホールディングスの現状と課題を整理しましょう（図－10）。燦ホールディングスは葬儀専門会社の国内最大手で、首都圏・近畿圏を中心に事業を展開、社葬・大規模葬儀および高価格帯の一般葬儀を主としています。

図－7　葬儀業界は今後20年以上の市場拡大が見込まれる

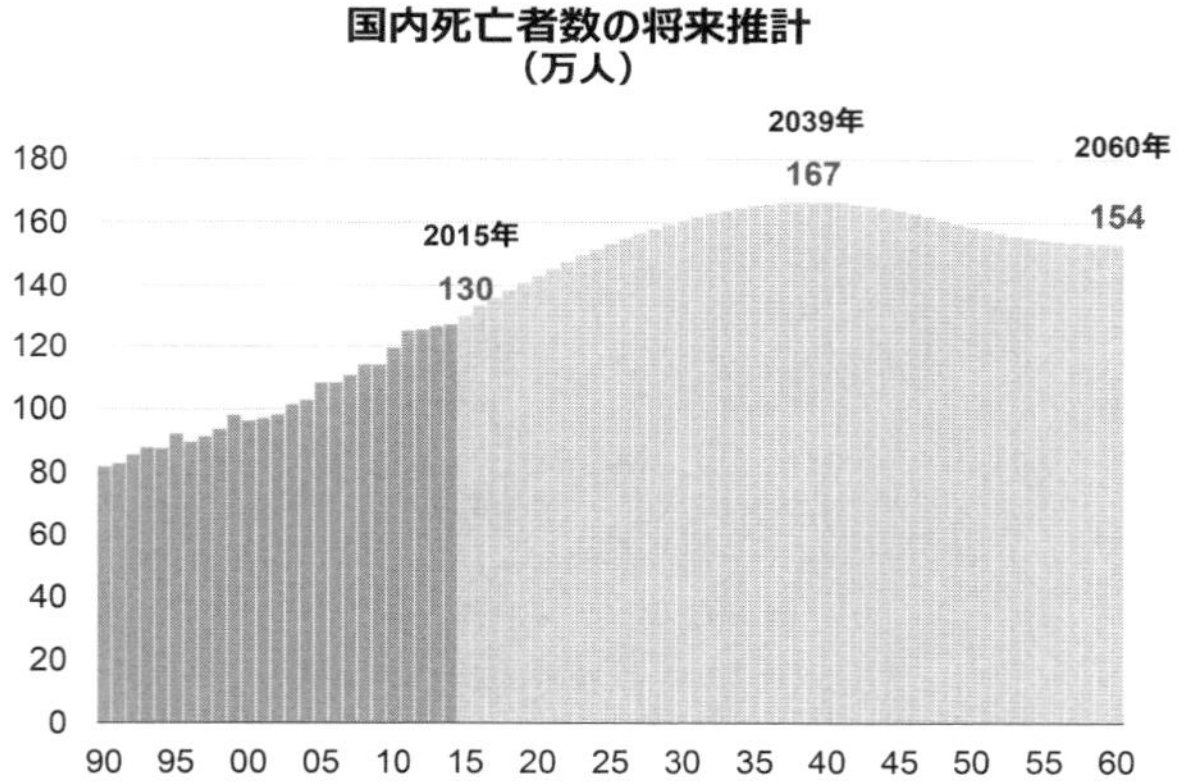

※2015年までは厚生労働省「人口動態調査」（2014年までは実績、2015年は推計）、
2016年以降は国立社会保障・人口問題研究所「日本の将来推計人口」

資料: 厚生労働省『人口動態調査』、国立社会保障・人口問題研究所『日本の将来推計人口』よりBBT大学総研作成

図－8　市場規模は拡大する一方で葬儀単価は低下傾向

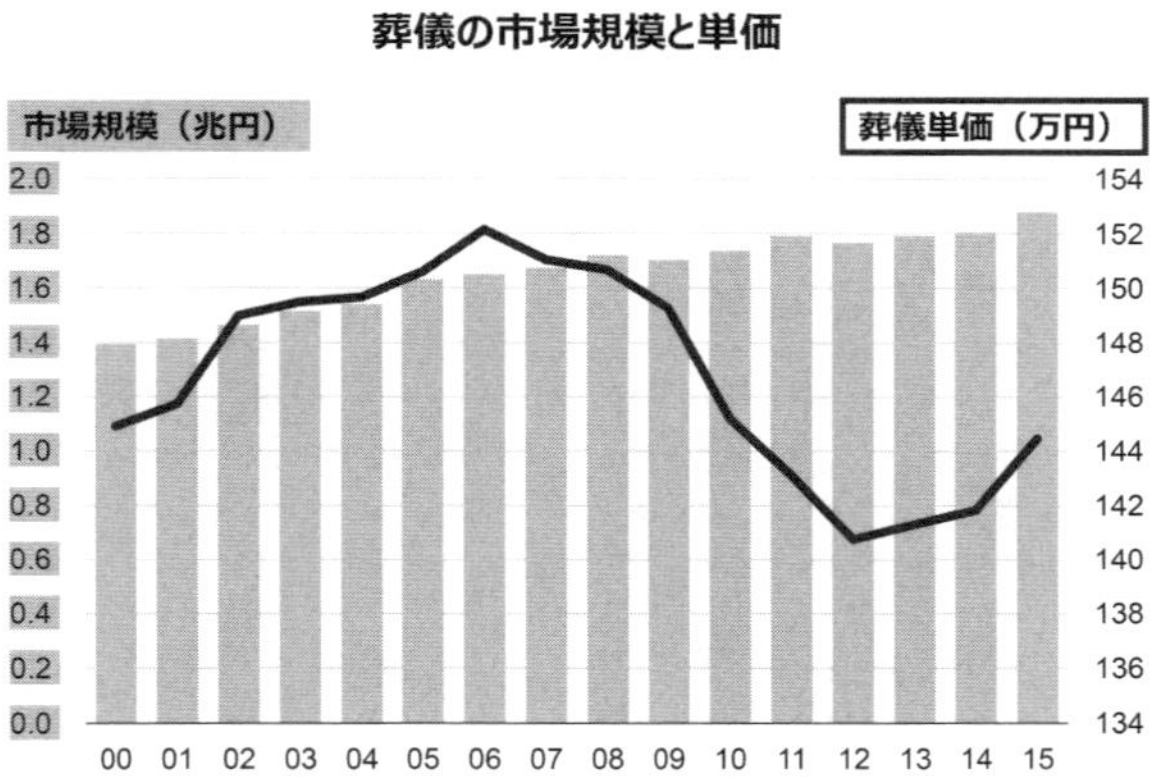

※市場規模＝死亡数×葬儀単価で推計、葬儀単価＝葬儀業売上高÷取扱件数で推計

資料: 経済産業省『特定サービス産業動態統計調査』、厚生労働省『人口動態調査』よりBBT大学総研作成

市場に目を向けると、死亡者数の増加により今後20年間は市場が拡大し続けると予想されますが、葬儀の簡素化・多様化・低価格化が進んでいます。競争も年々激化しており、事業者数では劣る互助会系が売上シェアの6割超を占めているうえ、異業種からの参入も増加、ネット仲介・比較サイトの出現による価格の明瞭化など、燦ホールディングスを取り巻く環境は厳しさを増す一方です。

こうした状況において燦ホールディングスが取り組むべき課題は、葬儀の簡素化、多様化、低価格化への対応です。その戦略について、詳しく見ていきましょう。

生前から葬儀後の供養まで事業領域を拡大する

課題に対応するには、低価格競争に飛び込む、もしくは競争を回避するという2つの方向性がありますが、燦ホールディングスは価格面で競り合うべきではありません。大規模葬儀向け葬儀場などの資産を保有しているため低価格競争には非常に不利ですし、葬儀の専門会社なので会場を葬儀以外に使用して稼働率を上げることもできません。

残る戦略は低価格競争を避けるという道ですが、それには現在メインとしている事業領域の幅を広げるというのが1つの案として考えられます。それは、葬儀ビジネスのバリューチェーンを拡大し、生前から葬儀後の供養までトータルにサポートすることで顧客の囲い込みを図るという方法です（図－11）。

［図－12／エンディング市場のバリューチェーン］をご覧ください。老年期以降のステージは、老後から

図—9　葬儀の簡素化、価格の明瞭化、異業種からの参入が葬儀単価の下落要因

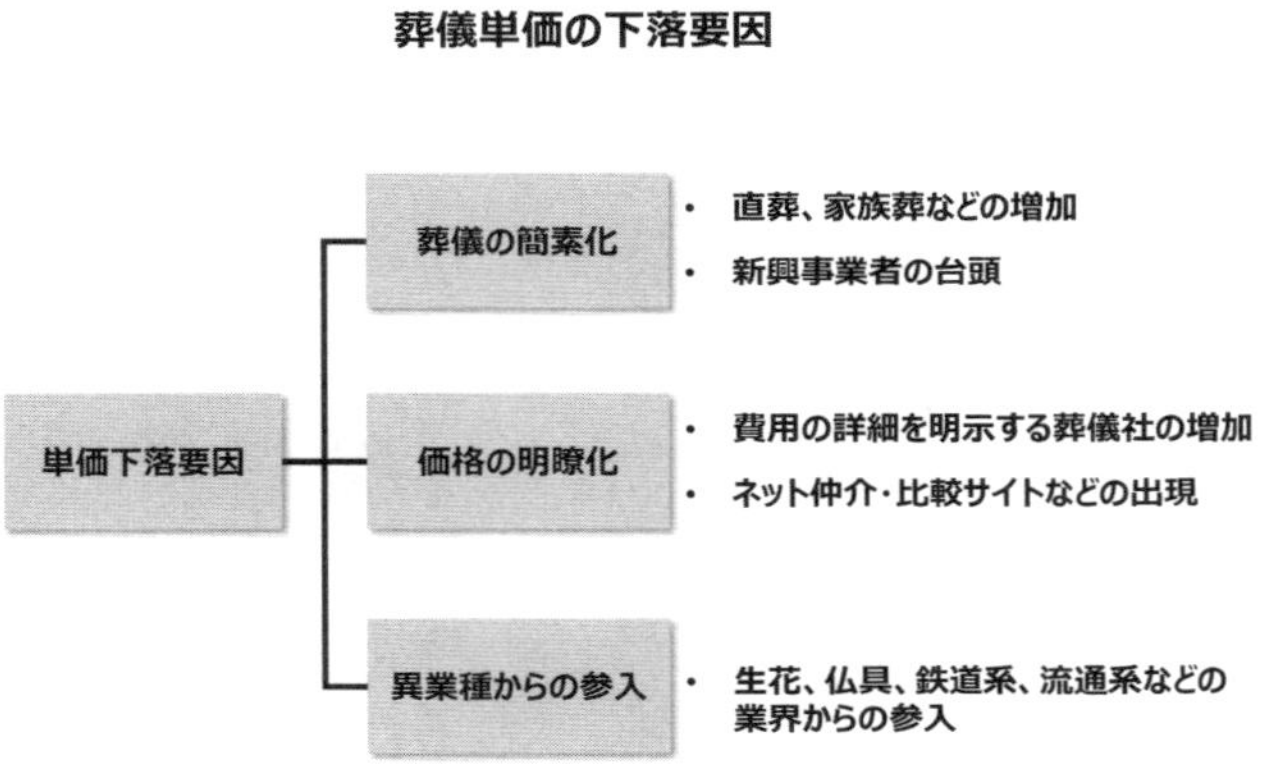

資料: 吉川美津子『図解入門業界研究 最新 葬儀業界の動向とカラクリがよーくわかる本』2010
ほか各種報道等よりBBT大学総研作成

図—10　葬儀の簡素化、多様化、低価格化が高価格帯に強みを持つ燦HDの成長阻害要因

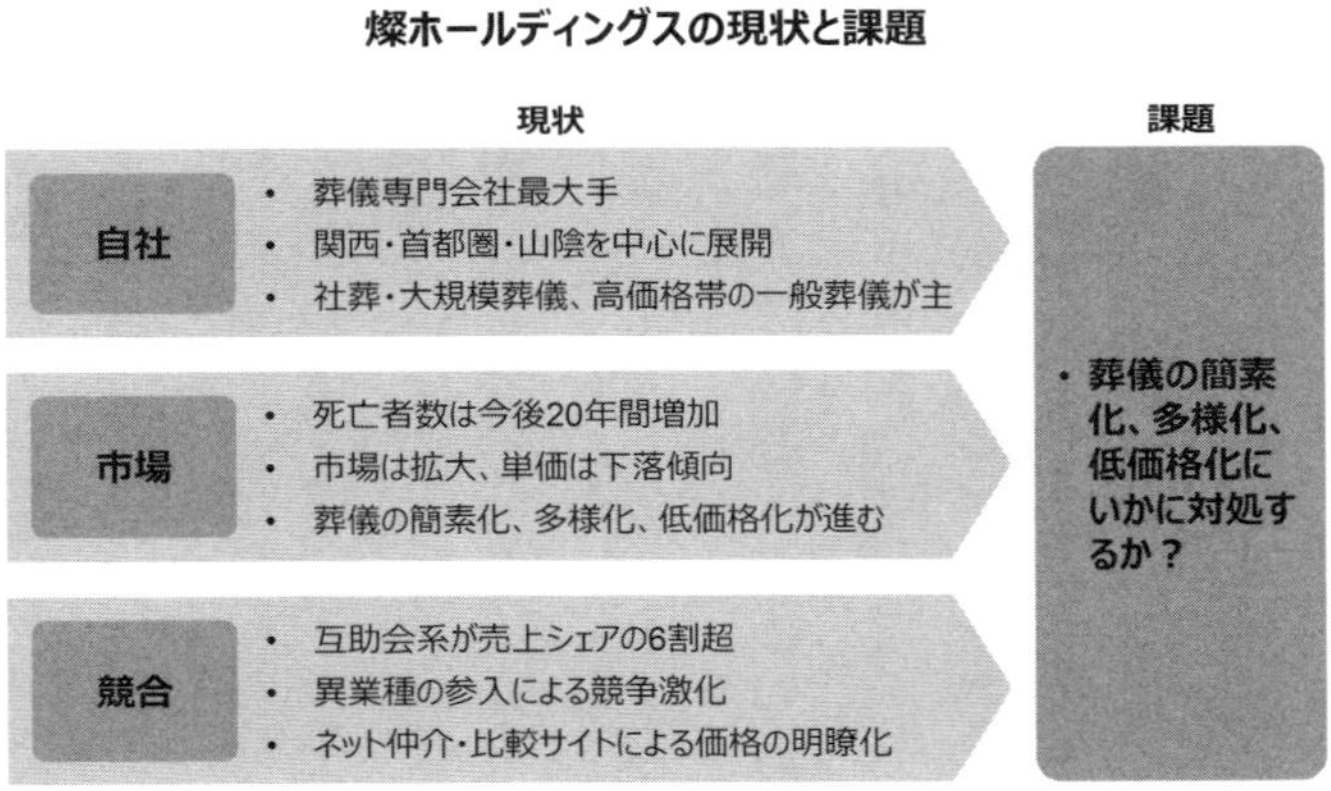

資料: BBT大学総研作成

死去、葬儀、供養までの段階に分けられますが、葬儀業者が取り扱うのは顧客の死去から火葬までです。しかし、これまで手を伸ばしてこなかった墓や供養、また顧客の生前にもサービスを展開する余地があります。低価格競争を避けつつ成長を図るには、他の葬儀業者が手を付けていないこれらのステージにも積極的に進出し、他社と重ならない領域に事業を展開すべきでしょう。

その内容について具体的に川上から見ていくと（図－13）、まず老後は生命保険を担保とした終活サービスが考えられます。具体的には生前葬や、自分史・遺言の作成、生前記録のデータベース化などです。顧客のところへスタッフを派遣して顧客の過去を聞き取り、写真を整理しながら自分史としてまとめ、生前葬でお世話になった方へ配ります。死去後は、葬儀はもちろん、その後に必要になる墓石や霊園の斡旋、仏壇・仏具の提供、七回忌までの年忌法要をサポートします。

また、パソコンのブラウザやスマートフォンのアプリ上でお墓参りができる「サイバー墓参り」もニーズがあると考えます。アプリを立ち上げると、故人の遺影やお墓が映し出され、一連の儀式を行います。例えば、現在、イスラム教徒はスマートフォンのアプリを使うことで、メッカの方向と正確な礼拝時間を知り、礼拝を行うことができるようになっています。同じようなイメージでスマートフォンに映し出された遺影を実際にお墓のある方向に設置し、お墓参りを行えばよいでしょう。さらに、実際のお墓には墓苑の管理者などに掃除や献花などを代行してもらい、実際に行っている場面を写真やネット中継で確認したうえで代金を支払ってもらうといった「墓参り代行」も可能です。現在の事業領域では顧客の死亡時とい

図ー11　低価格競争を避け事業領域を川上・川下に拡大、生前から葬儀後の供養までサポートし顧客の囲い込みを図る

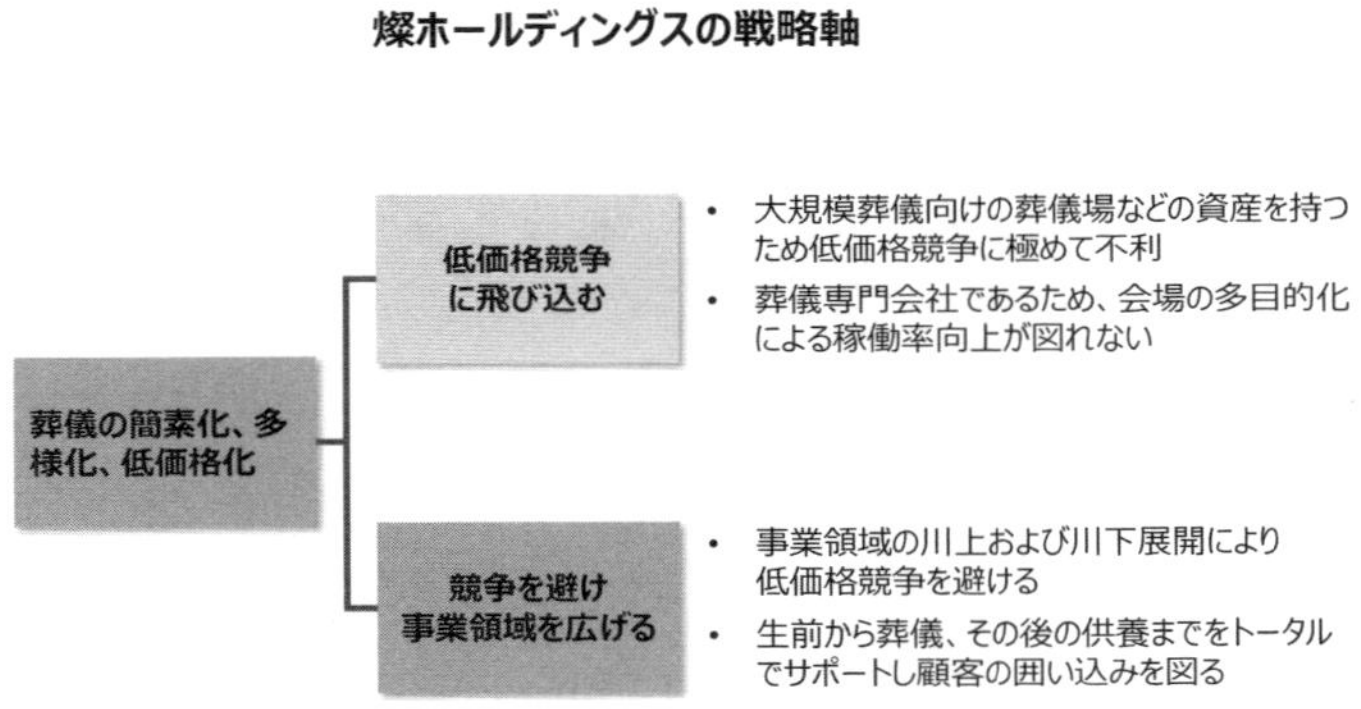
燦ホールディングスの戦略軸
葬儀の簡素化、多様化、低価格化
低価格競争に飛び込む
・大規模葬儀向けの葬儀場などの資産を持つため低価格競争に極めて不利
・葬儀専門会社であるため、会場の多目的化による稼働率向上が図れない
競争を避け事業領域を広げる
・事業領域の川上および川下展開により低価格競争を避ける
・生前から葬儀、その後の供養までをトータルでサポートし顧客の囲い込みを図る

資料: BBT大学総研作成

図ー12　葬儀業界の低価格競争を避け、エンディング市場の川上・川下領域に事業展開

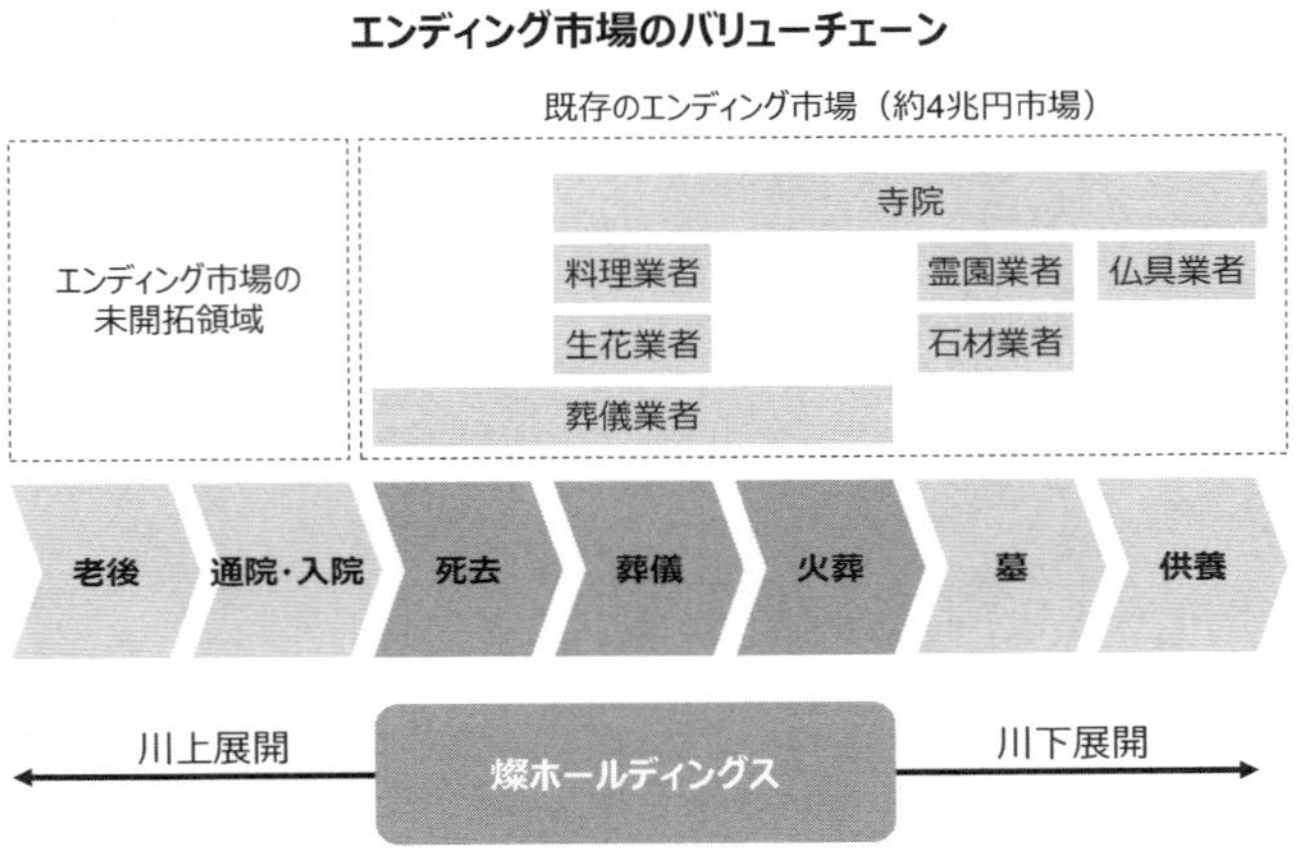
エンディング市場のバリューチェーン
既存のエンディング市場（約4兆円市場）
エンディング市場の未開拓領域
寺院
料理業者
生花業者
霊園業者
仏具業者
石材業者
葬儀業者
老後
通院・入院
死去
葬儀
火葬
墓
供養
川上展開
燦ホールディングス
川下展開

資料: BBT大学総研作成

図－13　葬儀業界の低価格競争を避け、エンディング市場の川上・川下領域に事業展開

燦ホールディングスの方向性（案）

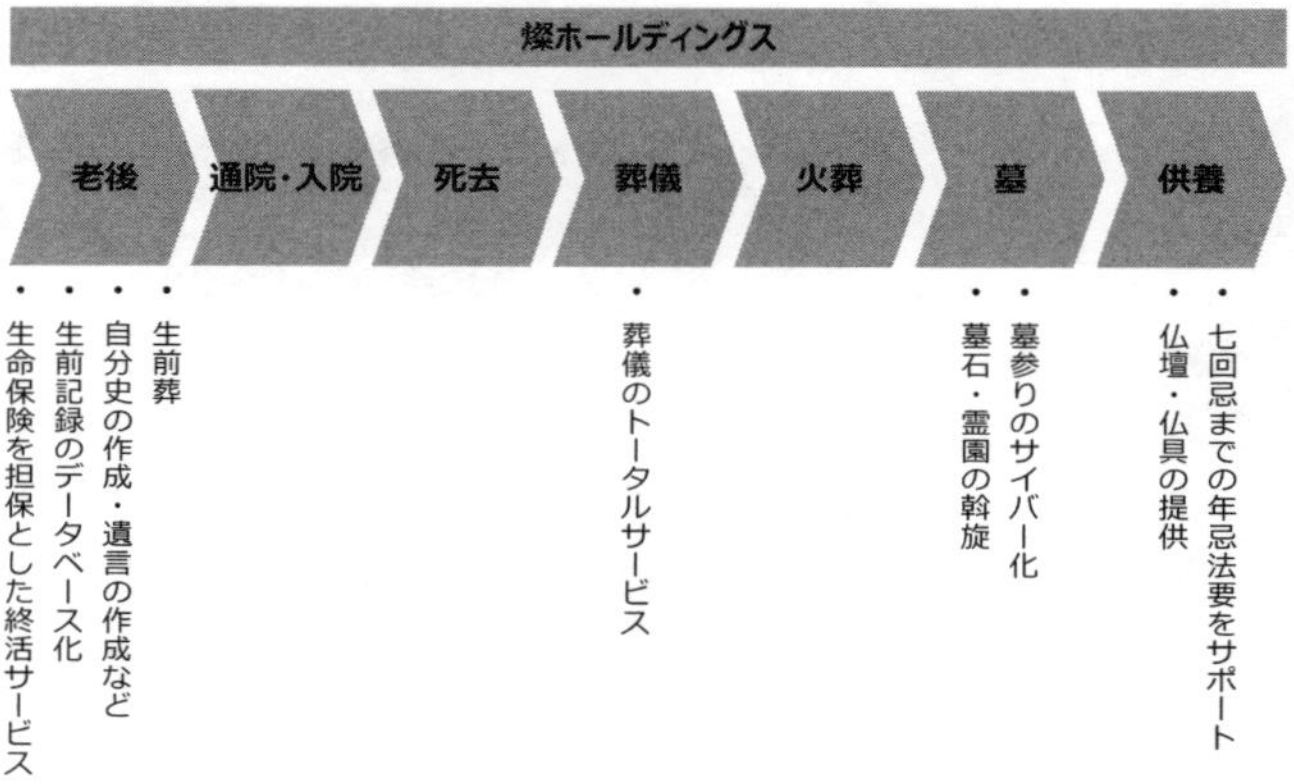

資料：BBT大学総研作成

う一時点しか扱えませんが、生前から供養までのバリューチェーンを全てサポートすることでビジネスチャンスは大きく広がります。またサービスにかかる費用は生命保険を担保にすれば、遺族の負担も最小限で済むでしょう。

燦ホールディングスは葬儀専門会社としてはトップ、全体でも3位に位置していますし、業績も増収増益傾向にはあります。しかし大規模で高価格の葬儀を得意分野としているだけに、今後、低価格化が進めば経営は行き詰まります。それを回避して成長を続けるために、葬儀だけでなく、顧客の生前から葬儀後の供養まで一貫した包括的なサービスを提供し、価格競争を繰り広げる他社とは異なる領域で事業を展開する、これが私の考える燦ホールディングスが取り組むべき戦略です。

まとめ

☑ 葬儀費用の低価格競争を回避し、葬儀だけでなく、自分史の作成や生前葬、墓石・霊園の斡旋、年忌法要のサポートなど、生前から葬儀後の供養まで事業領域を拡大して幅広いサービスを提供する。

大前の総括

低価格競争は避け高付加価値化。バリューチェーンの見直しで、顧客囲い込みを目指せ

成長産業にもかかわらず単価が下落傾向にある市場。この状況では低価格競争を回避することが求められる。現在提供しているサービスをより長期のバリューチェーンとして捉えなおし、市場領域の川上・川下へ発想を拡大することでビジネスチャンスは広がる。

CaseStudy

8

DMM.com

「成長」を導く インセンティブ設定

あなたがDMM.comの会長ならば
日本のユニコーン企業とも言われるほど売上を
伸ばしている今
今後の成長戦略をどう考えるか?

※2016年4月に実施したケーススタディを基に編集・収録

正式名	株式会社DMM.com
設立年	1999年
創業者	現DMM.com会長　亀山 敬司
代表者	代表取締役　松栄 立也
本社所在地	東京都渋谷区
業種	サービス業
事業内容	デジタルコンテンツ配信、DVD販売、レンタルなど
資本金	9,000万円(グループ合計)
売上高	1,358億円(グループ合計、2016年2月期)
従業員	1,650名(グループ合計)

「枠組み」のない事業展開で急成長を遂げる

レンタルビデオ店からスタートし、アダルトビデオ事業で国内最大手に成長

DMM.comグループは、オンラインプラットフォーム「DMM.com」を中心とした企業グループです（図−1、2）。グループを率いる亀山敬司氏は、20代前半で出身地の石川県加賀市で雀荘とバーを経営し、1986年にレンタルビデオ店を開業しました。ある日、近未来を描いた映画を見たことがきっかけで、映像コンテンツはいずれ電子配信に置き換わると直感、レンタルビデオ業界の将来性を悲観した亀山氏は、コンテンツメーカーになることで生き残りを図り、1990年にアダルトビデオ（AV）制作に参入しました。AV事業はやがて国内最大手に成長、DMM.comグループを資金面で支えています。

1999年には動画配信や通販事業への本格展開を狙い「デジタルメディアマート」（現・DMM.com）を設立、積極的なテレビCMにより知名度を上げつつ、次々と新規事業への投資を進めていきました。2009年にはFX事業会社（現・DMM.com証券）を買収したことで、グループのオンラインプラットフォーム事業の成長は急加速しました。

思いついたことはすぐに検討・実行

DMM. comグループの手がけるサービスを見ると、何をやっている会社なのか、何を目指している会社なのか、ということがよく分かりません。動画配信、電子書籍、オンラインゲーム、レンタル、通販、英会話、FX、会食・合コンのマッチング（肉会）、ソーラーパネル、3Dプリンター、ロボットといったように、事業に一貫性や方向性がまったく見えません（図－3）。

DMM. comグループのホームページには、「事業紹介」として次のように書いてあります。

「あたらしい」を、続々と。

動画配信、通販、レンタル、オンラインゲーム、英会話、ソーラーパネル、3Dプリンター。

私たちの事業には、枠組みというものがありません。「オモシロい」と思ったら、すぐに検討。「可能性がある」と思ったらすぐに実行。

成功した事業の裏には、だから、たくさんの失敗もある。むしろ、失敗することより、チャレンジしないことのほうが怖い。

新しいことをつくり出す力と、つくり出したい気持ちと、なんにでも目をつける好奇心を、ここで発揮しませんか？


（DMM. com採用情報より、太字は著者編集）

図—1 DMM.comグループは亀山敬司氏が手がける企業グループ

DMM.comグループ概要

概要	オンラインプラットフォーム「DMM.com」を中心とする企業グループ
創業	1986年、石川県加賀市のレンタルビデオ店からスタート
創業者	亀山敬司（かめやま けいし）、1961年生まれ
資本金	9,000万円（グループ合計）
売上高	1,358億円（グループ合計、2016年2月期）
従業員数	1,650名（グループ合計）
グループ会社	㈱DMM.com Base （グループ本社機能、AVコンテンツ物流） ㈱DMM.com（オンラインプラットフォーム、配信・通販等） ㈱DMM.comラボ（システム開発等） ㈱DMM.com証券（FX・CFD） ㈱DMM.com OVERRIDE（オンラインゲーム、アプリ）

資料：DMM.comホームページ、採用ページ等よりBBT大学総研作成

図—2 アダルトビデオ事業で国内最大手に成長、その利益で様々な新規事業に参入

亀山敬司氏およびDMM.comグループの沿革

1961	石川県加賀市生まれ
1979	高校卒業、税理士を目指すが専門学校を中退
1980	19歳で六本木の外国人露天商に師事、蓄えた資金で海外放浪
1983	加賀市に帰郷、姉夫婦経営の飲食店の2階で雀荘、バーを経営
1986	レンタルビデオ店を開業（将来レンタルビデオはなくなると直感、コンテンツメーカーを標榜）
1990	「北都」（現DMM.com Base）を設立、アダルトビデオ制作に参入（最大手に成長）
1999	「デジタルメディアマート」（現DMM.com）を設立、動画配信、各種通販を本格化
2000	「ドーガ」（現DMM.comラボ）を設立、配信・課金などグループのシステムを開発
2006	テレビCMを開始
2009	「SVC証券」（現DMM.com証券）を買収、FXに参入
2011	「亀山直属プロジェクト（亀チョク）」を設置、若手起業家のアイデアに亀山氏が資金提供 オンラインゲーム、オンライン英会話、3Dプリント事業、格安スマホ事業などに相次ぎ参入

資料：週刊東洋経済『異形の企業集団率いる謎の経営者亀山敬司』2015/5/2ほか各種報道よりBBT大学総研作成

驚くべきことに、「事業に枠組みがなく、思いついたことはすぐに検討・実行する」、これがDMM.comグループの事業戦略であると明記してあります。普通の事業会社であれば、目的・理念があり、その会社が社会に提供する価値、すなわち事業領域（枠組み）が明確です。そして、目的・理念を達成するために事業戦略があり、その戦略に沿って限られた経営資源を配分していきます。しかし、DMM.comグループは新規事業を作り出すこと自体を目的としているため、決まった事業の枠組みを持たず、新規事業を創出することに全ての経営資源を配分することが事業戦略となっているのです。

なぜ、このような経営が可能なのかを次に見ていきましょう。

安定を支えるアダルト事業、成長を牽引する新規事業

アダルト関連事業の利益で様々な新規事業に参入

DMM.comグループの事業は多岐にわたりますが、大きく「アダルト関連事業群」と「新規事業群」に分類できます。グループ会社の資本関係をまとめたのがDMM.comグループの全体像（図－4）です。アダルト関連事業群が安定したキャッシュを生んでいます。このキャッシュを新規事業に投資し、これらの新規事業をオンラインプラットフォームのDMM.comを通じて展開しています。

図ー3　オンラインプラットフォームの「DMM.com」を通じて様々なサービスを展開

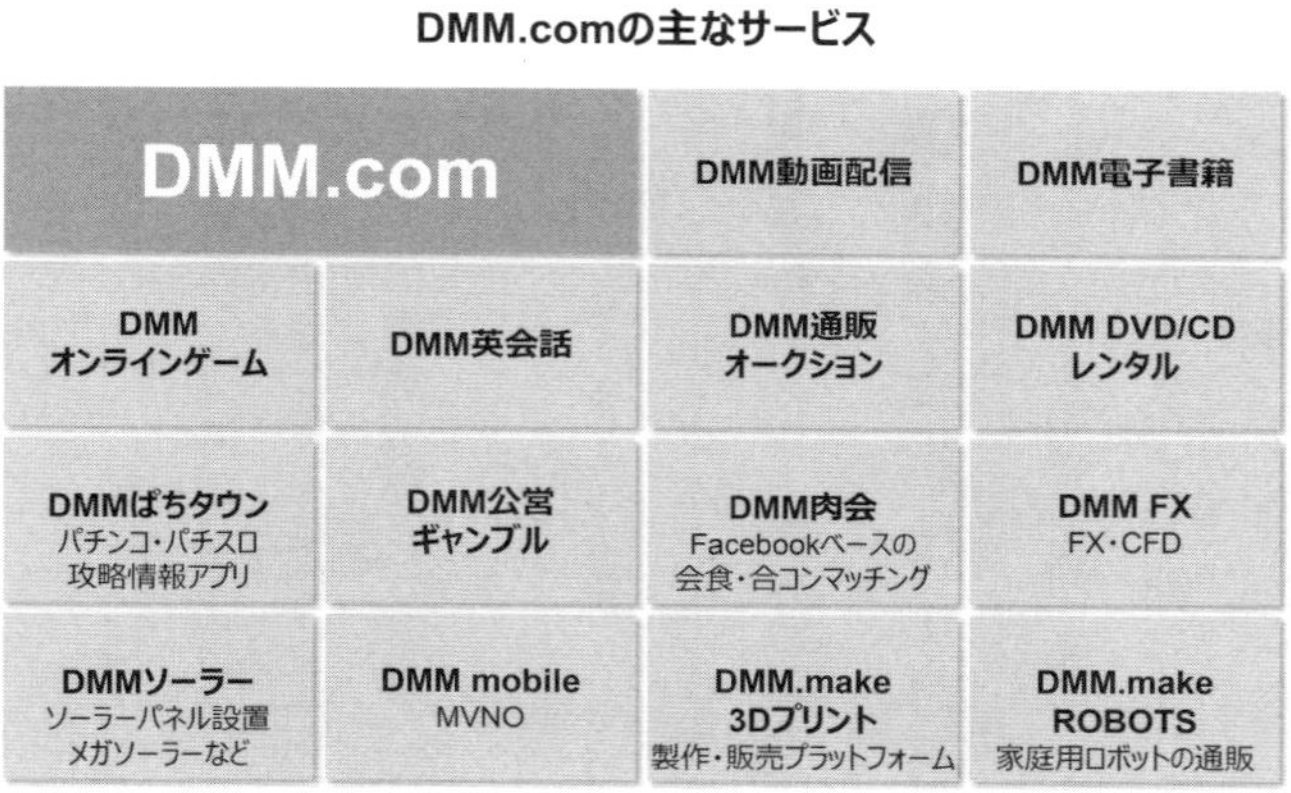

DMM.com	DMM動画配信	DMM電子書籍
DMMオンラインゲーム	DMM英会話	DMM通販オークション	DMM DVD/CDレンタル
DMMぱちタウン パチンコ・パチスロ 攻略情報アプリ	DMM公営ギャンブル	DMM肉会 Facebookベースの 会食・合コンマッチング	DMM FX FX・CFD
DMMソーラー ソーラーパネル設置 メガソーラーなど	DMM mobile MVNO	DMM.make 3Dプリント 製作・販売プラットフォーム	DMM.make ROBOTS 家庭用ロボットの通販

資料: DMM.com採用情報よりBBT大学総研作成

図ー4　アダルト関連事業が生み出すキャッシュフローを新規事業に投資

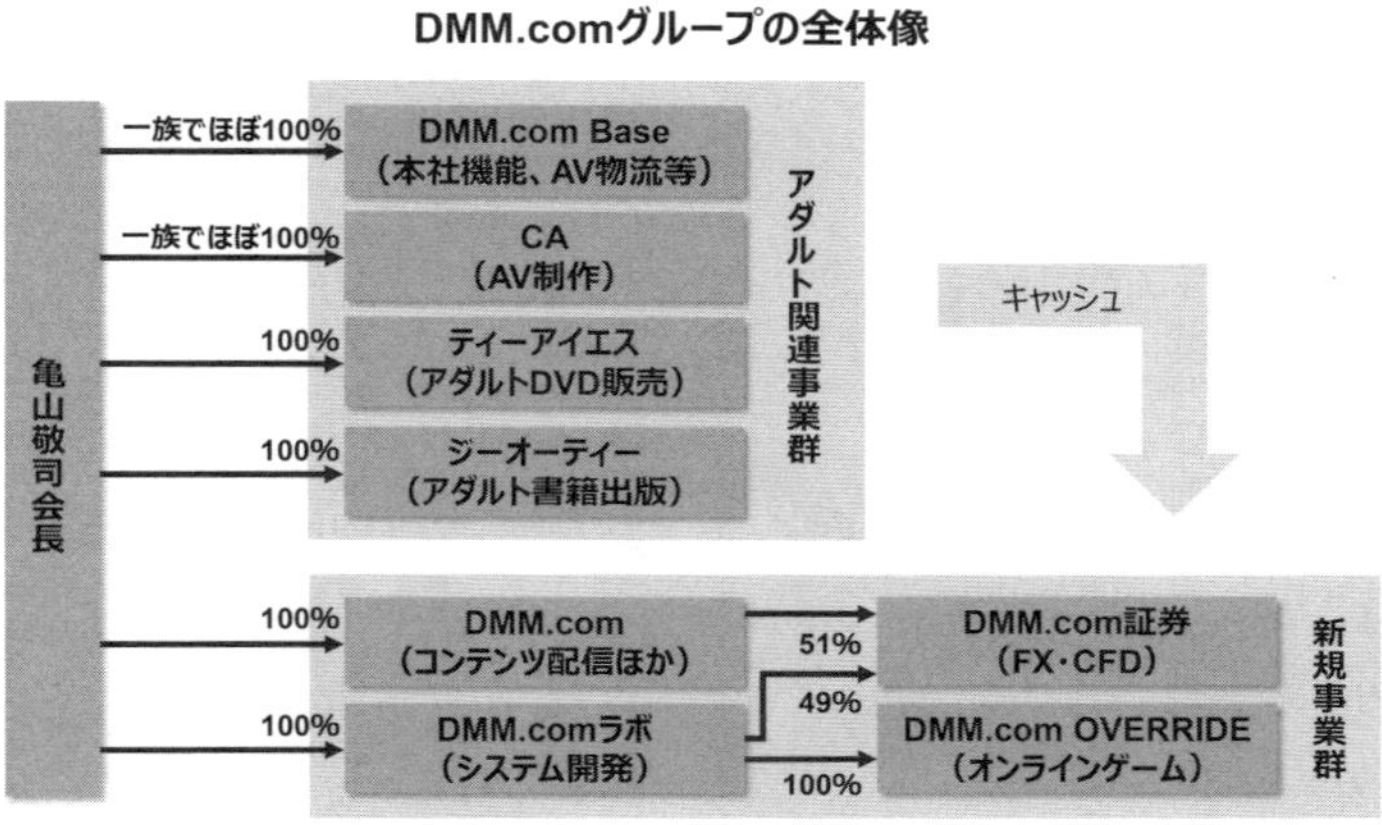

資料: 東京商工リサーチ（日経テレコン)、日本経済新聞電子版『日本経済新聞』2014/6/27よりBBT大学総研作成

独自の〝ピンクオーシャン市場〟で安定したキャッシュフローを生む

アダルト関連事業がなぜ、安定した利益を生み出しているのか。それは亀山氏が〝ピンクオーシャン市場〟と呼ぶアダルト業界の特徴が関係しています。まず、この業界には社会的体裁を気にする大企業が参入してこないという、独特な参入障壁によって守られています。そして、この業界は人間の三大欲求の1つに根ざしているため、非常に底堅い需要に支えられており、これが安定したキャッシュフローを生み出すのです（図－5）。

DMM. comグループはアダルト業界という〝ピンクオーシャン市場〟において国内最大手というポジションを確立しています。アダルト関連事業が生み出すキャッシュがグループの安定を支え、それを原資に創出された新規事業群がグループの成長を牽引する独特な事業モデルを構築しているのです。

グループ連結売上高は１３５８億円、年率26％の上昇

DMM. comグループの連結売上高（図－6）が示すように、グループの連結売上高は直近5年で年率26％も伸びており、２０１6年2月期は１３５8億円に達しています。連結業績の詳細は非公表であるため、会社ごとの単体売上高ではDMM. com、単体純利益ではDMM. com証券が成長を牽引していることが分かります（図－7、8）。

図ー5　アダルト業界は大企業の参入がなく、底堅い需要から安定したキャッシュフローを生む

DMM.comグループの市場戦略の特徴

	レッドオーシャン市場	ブルーオーシャン市場	ピンクオーシャン市場（アダルト業界）
競合環境	競合多数	競合なし	社会的体裁から大企業の参入がない
市場環境	規模は大きいが成熟	規模は小さいが急成長	大きくはないが底堅い需要
自社の成長性	低価格競争により低利益率	価格決定権を持ち高利益率	安定したキャッシュフロー
戦略の要	コスト削減・シェア拡大	市場支配力強化	目立たずひっそり

※ ピンクオーシャン市場は亀山氏の造語

資料: 各種報道よりBBT大学総研作成

図ー6　グループ連結売上は1,358億円、利益の4割はアダルト関連コンテンツと言われている

DMM.comグループの連結売上高
（2月期、億円）

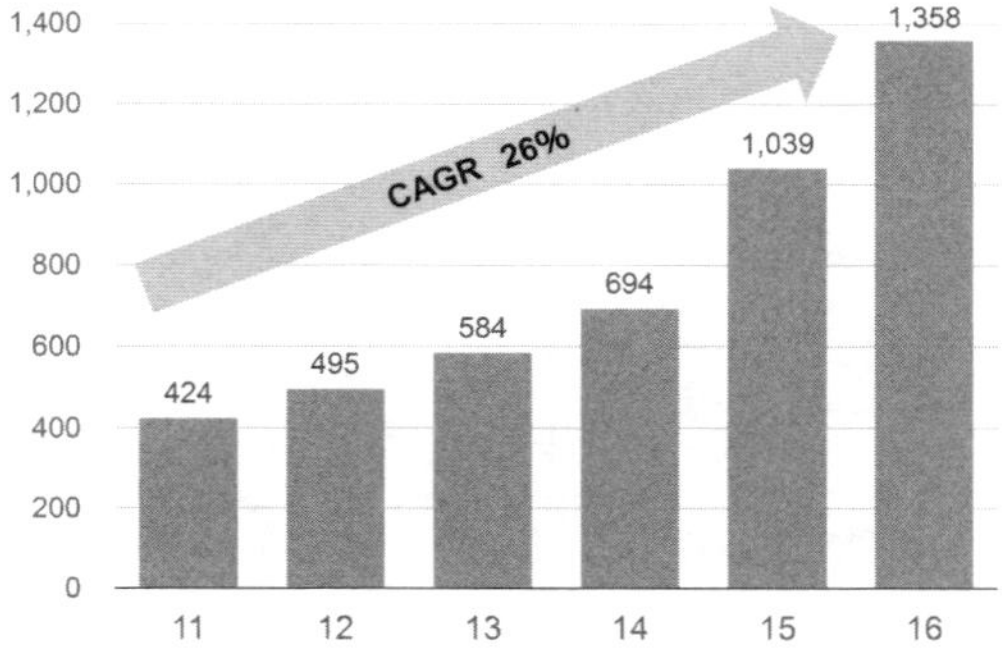

※ DMM.com、DMM.comラボ、DMM.com証券、DMM.com OVERRIDE、DMM.com Baseほか連結
※ 利益の4割はアダルト関連コンテンツ（日経ビジネス 亀山氏インタビュー記事より）

資料: DMM.comコーポレートサイト、日経ビジネス『エロマネーが支える愉快ナル理想工場』2016/1/11よりBBT大学総研作成

さらなる成長のため、インセンティブのあるオープンなモデル構築を

外部起業家との業務委託契約で新事業を育成

DMM.comグループの今後の成長は、新規事業をどれだけ創出できるかにかかっています。新規事業を開発する仕組みとして、2011年に亀山直属プロジェクト、通称「亀チョク」を設置しました(図－9)。これは、社内外から事業アイデアを募って亀山氏が直接審査し、事業資金を提供する仕組みです。事業アイデアを持ち込んだ起業家と業務委託契約を結び、事業資金と実働部隊を提供します。半年以内に新規事業の成果が見られなければ契約打ち切りというルールです。これはいわば亀山氏がベンチャーキャピタリストとして事業資金を提供するというものです。

この仕組みでは投資リスクは全て亀山氏が負うため、起業家が返済リスクなどを負うことはありません。一般的なベンチャーキャピタルでは最終的に上場やM&Aによって、保有株式を売却することにより投資資金を回収します。しかし、DMM.comグループのこれまでの実績を見ると、株式上場や事業譲渡により投資資金を回収したことはありません。亀山氏が出資した新規事業は亀山氏やDMM.comグループが全ての株式を保有したまま事業を続けています。これは、DMM.comグループがアダルトコンテンツを

図―7　プラットフォーム事業の「DMM.com」が成長を牽引、アダルト事業がグループを下支え

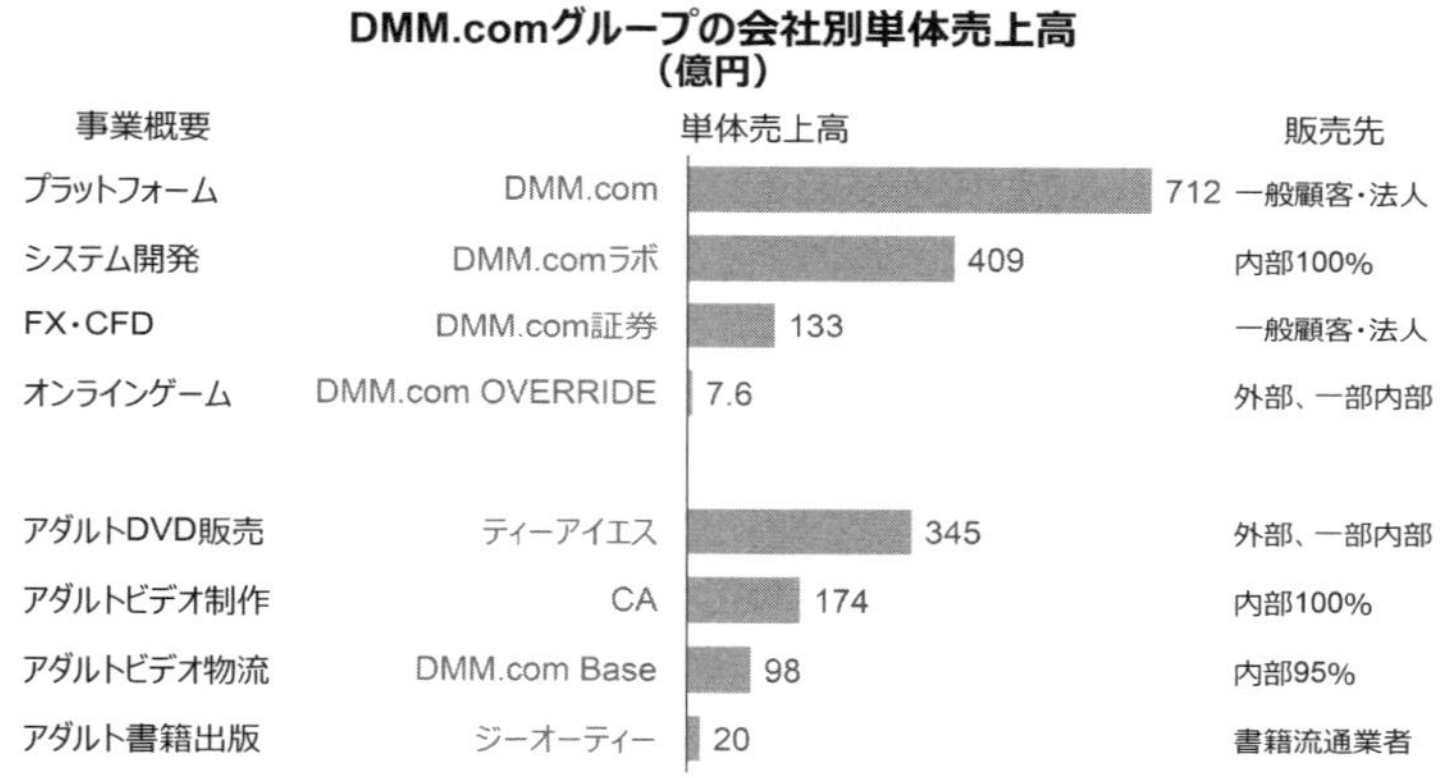

※ グループ内部売上を含むため合計値は連結売上高と一致しない
※ DMM.com証券は2015年3月期、ティーアイエス、CA、DMM.com Baseは2015年7月期、それ以外は2015年2月期

資料: 東京商工リサーチ（日経テレコン）よりBBT大学総研作成

図―8　利益ベースではDMM.com証券が大きく貢献

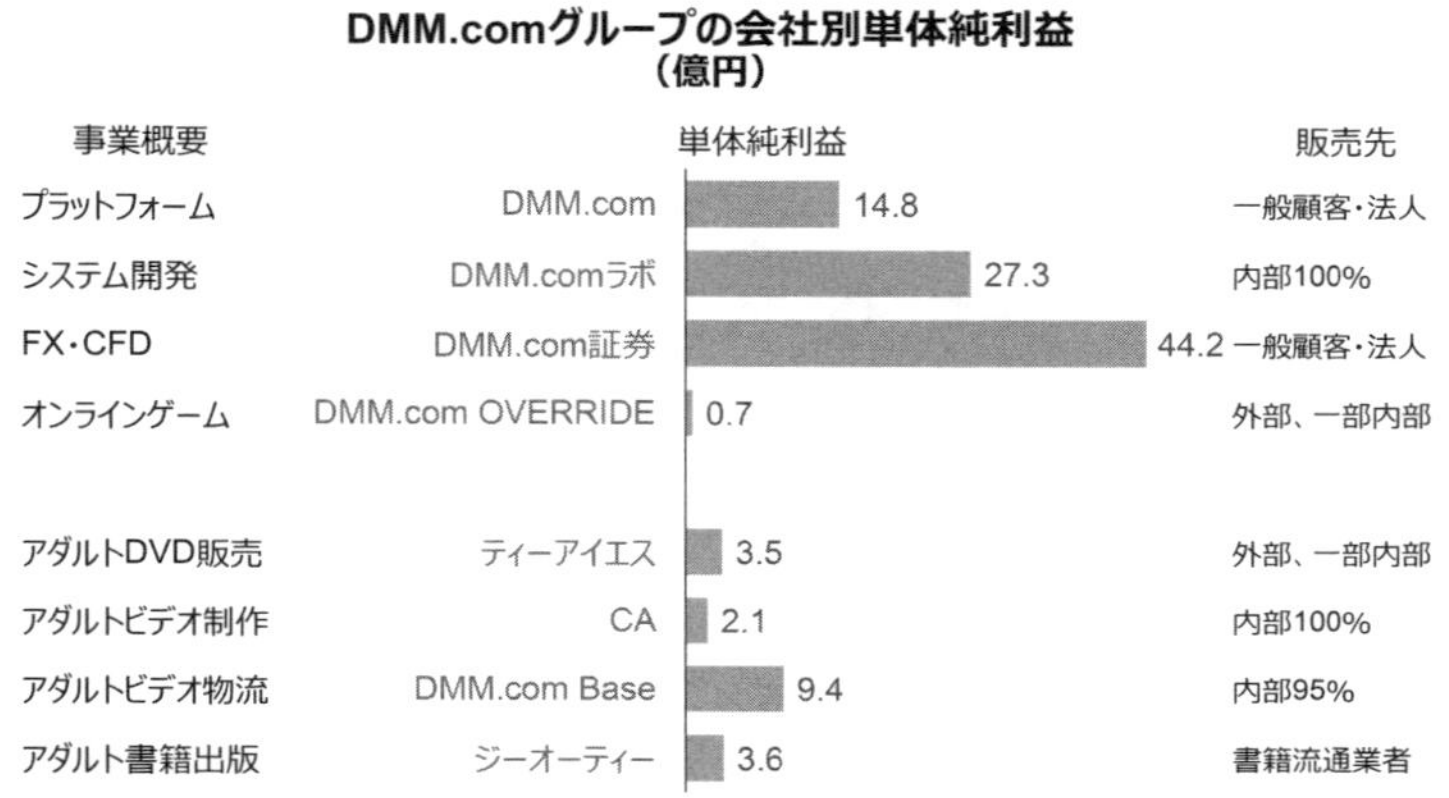

※ グループ間取引消去前の数値のため、合計値に意味はない
※ DMM.com証券は2015年3月期、ティーアイエス、CA、DMM.com Baseは2015年7月期、それ以外は2015年2月期

資料: 東京商工リサーチ（日経テレコン）よりBBT大学総研作成

事業の中核としているため、社会通念上、倫理上の問題から株式公開が困難という事情があります。

このことは、新規事業を持ち込む起業家にとっては、株式公開というインセンティブが働かないということであり、DMM. comグループにとっては、小粒な起業家やアイデアしか集まらず、新規事業開発による成長戦略の阻害要因となります。

成長戦略のカギは、株式公開と起業家へのインセンティブ

現在は新規事業の開発に勢いがありますが、いずれはスローダウンしていくことになるでしょう。では、どうすればよいか。1つは、インキュベーション専門の別会社、もしくはベンチャーキャピタルを設立して、株式公開を前提とした事業アイデアを募集すること。もう1つは、起業家にストックオプションを付与するなど、起業家にきちんとインセンティブを与えることです。こうした体制は、リクルートの例が参考になるでしょう。リクルートには、かつて「38歳定年制」と呼ばれた人事制度があり、38歳で退職すると受け取る退職金が最大になりました。退職後に起業するケースではリクルートがその事業に投資する場合もあり、起業家と企業の双方がメリットを得られるというビジネスモデルを実行しています。

こうしたモデルを研究し、亀山氏やDMM. comグループが全ての株式を握るのではなく、自分たちも起業家も儲けられる仕組みにすることが必要です。それによってより大きなアイデアや野心のある起業家が集まり、DMM. comグループ自身のさらなる成長につながるのではないでしょうか（図-10）。

図—9　亀山氏が外部の起業家らと業務委託契約、事業資金と実働部隊を提供し新事業を育成

DMM.comグループの新規事業開発の仕組み

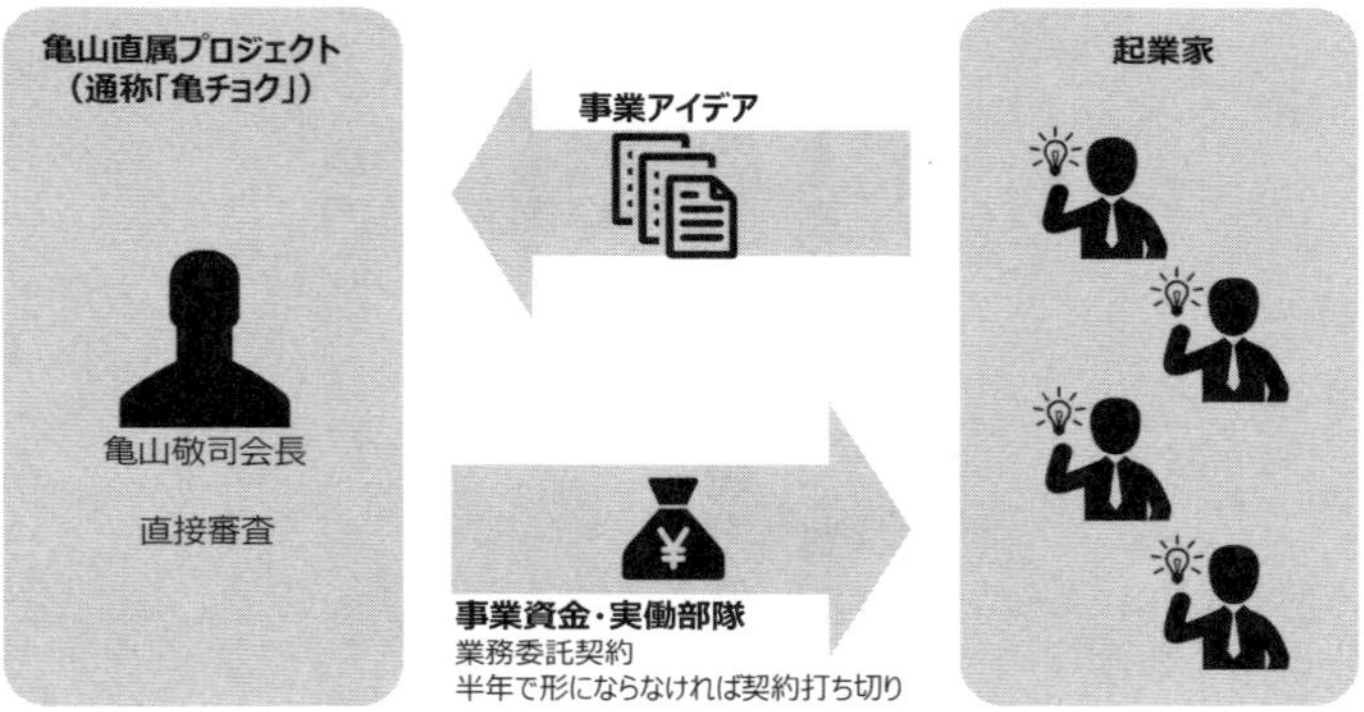

資料: 日経ビジネス『エロマネーが支える愉快ナル理想工場』2016/1/11、週刊東洋経済『異形の企業集団率いる謎の経営者亀山敬司』2015/5/2ほか各種報道よりBBT大学総研作成

図—10　インキュベーション専門の別会社を設立、株式公開を目標とする新規事業を募集、起業家にストックオプションを付与しインセンティブを高める

DMM.comグループの方向性

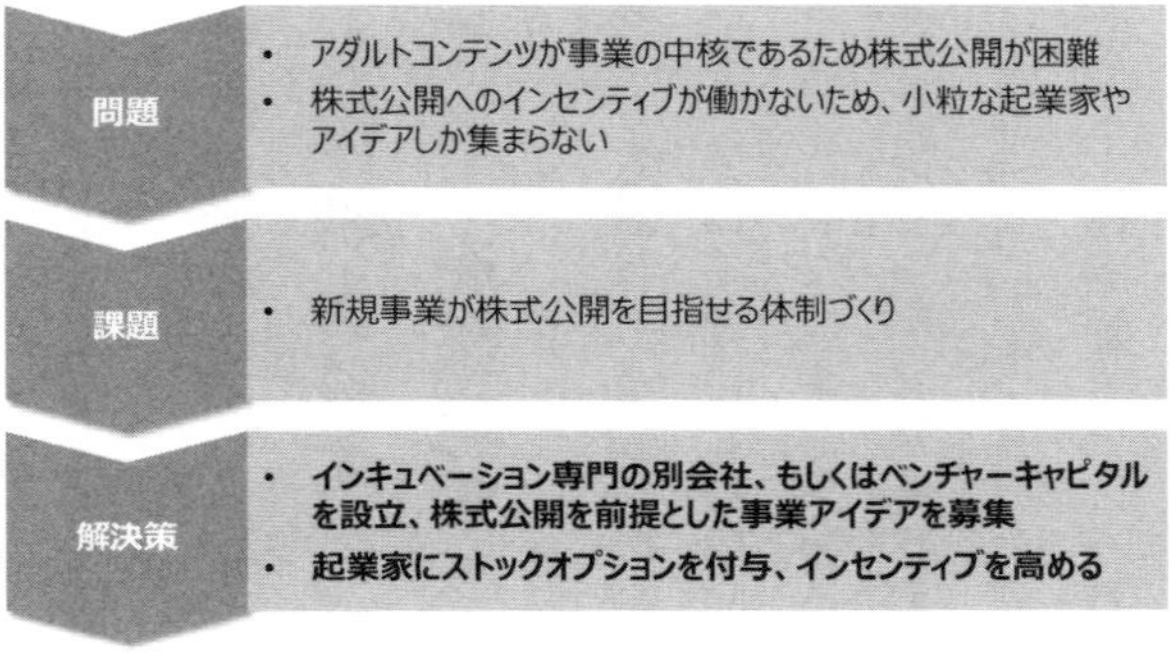

資料: 各種報道よりBBT大学総研作成

まとめ

☑ インキュベーション専門の別会社、もしくはベンチャーキャピタルを設立し、株式公開を前提とした事業アイデアを募集。

☑ 起業家にストックオプションを付与するなど、インセンティブを高めることで有力な起業家やアイデアを集め、さらなる成長を目指す。

大前の総括

潤沢な資金の使途をどうするか。上場可能な体制を整え、起業家マインドを鼓舞すべし

ピンクオーシャンと呼ばれる独自の市場で安定したキャッシュフローを生むＤＭＭ。新規事業開発によって大きな成長を求めるのであれば、起業家にインセンティブを与える仕組みを提供し、アイデアや野心を惹きつけよう。株式公開も含めて、起業家も儲けられるゴールイメージがなければ、小粒な起業家しか集まらない。

CaseStudy

9

ナガセ

「少子化時代」にどう立ち向かうか

あなたが**ナガセ**の社長ならば
少子化が進むなか、教育産業をどのように
デザインし、いかに成長させ続けていくか?

※2016年3月に実施したケーススタディを基に編集・収録

正式名	株式会社ナガセ
設立年	1976年
代表者	社長　永瀬 昭幸
本社所在地	東京都武蔵野市
業種	サービス業
事業内容	高校生向け予備校、小・中学生向け学習塾、スイミングスクール、出版事業など
資本金	21億3,800万円(2016年3月期)
売上高	457億4,200万円(2016年3月期)
従業員	1,185名(連結、正社員のみ)(2016年3月末現在)

大学受験予備校の大手、小・中学生および社会人教育により多角化

売上の約6割が大学受験の予備校、映像授業の自立学習型で全国展開

ナガセは多くのカリスマ講師を抱える大学受験予備校・東進ハイスクールなどを運営する教育サービス企業です。東進ハイスクールは高校生を対象に1985年に創設、その後、1992年に衛星授業「サテライブ」を配信する東進衛星予備校を開設して全国にフランチャイズ展開をスタートしました。さらに2006年には中学受験の有名塾・四谷大塚、2008年にはイトマンスイミングスクールを買収してグループ会社化するなど、既存事業の強化と多角化を図っています。

売上高は457億円超と業界トップクラスで、その内訳は図－1の通りです。主力事業は大学受験予備校・塾の高校生部門で、東進ハイスクール、東進衛星予備校、早稲田塾を合わせて売上高の62・9％を占めています。四谷大塚を中心とした中学・高校受験の塾は合わせて売上高の16・4％、スイミングスクールは15・4％、そのほかに、社会人向けのビジネススクールや出版事業などが5・3％となっています。

主力事業である東進ハイスクールおよび東進衛星予備校の特徴は、「映像授業・自立学習型」というスタイルを採っている点です（図－2）。著名講師の講義を映像化し、生徒は学習レベルに応じた講義映像を

図ー1　高校生部門が約6割、M&Aにより小・中学生部門を強化、スイミングスクールなど多角化

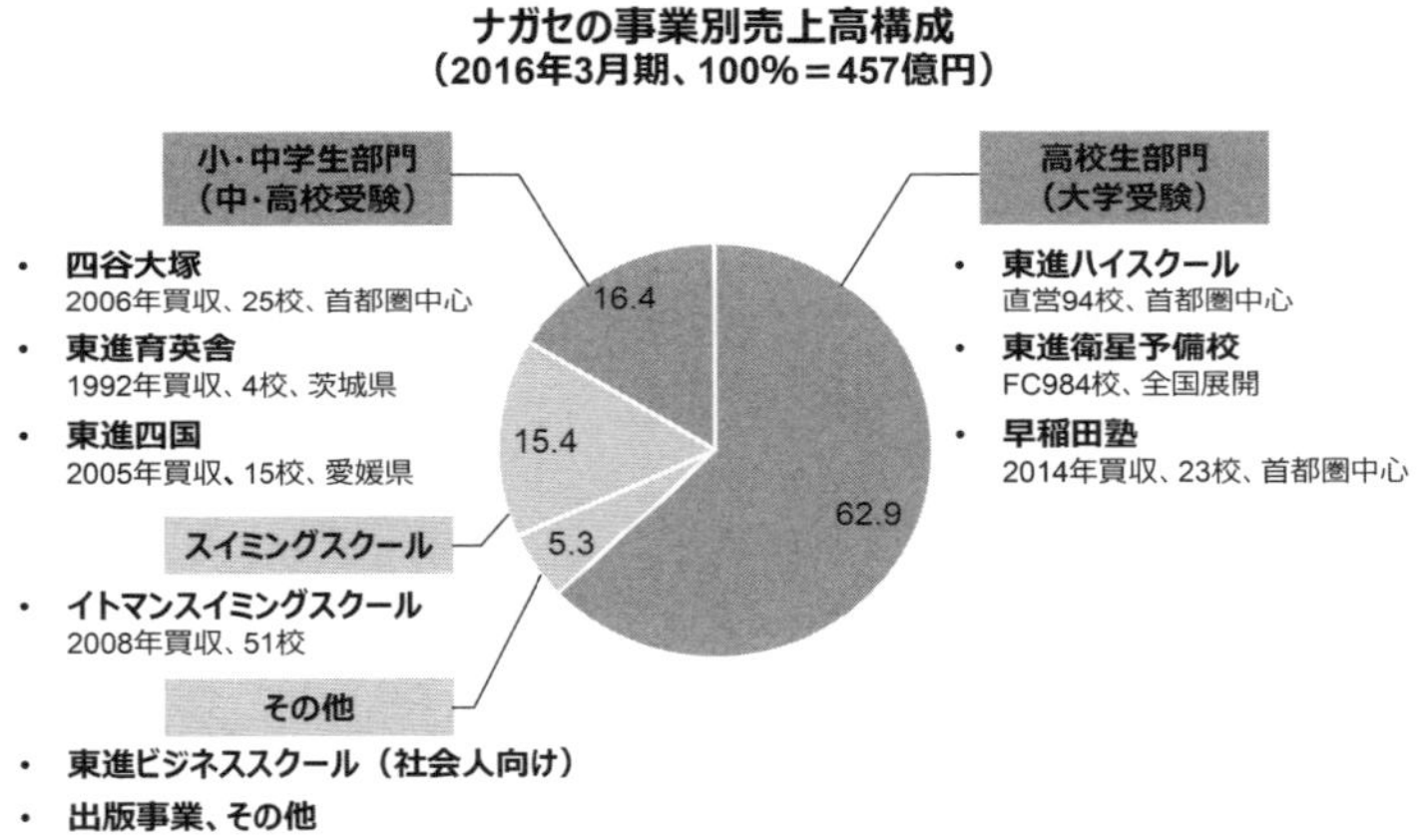

資料: 有価証券報告書よりBBT大学総研作成

図ー2　著名講師の講義を映像化、「映像授業・自立学習型」の予備校として全国展開

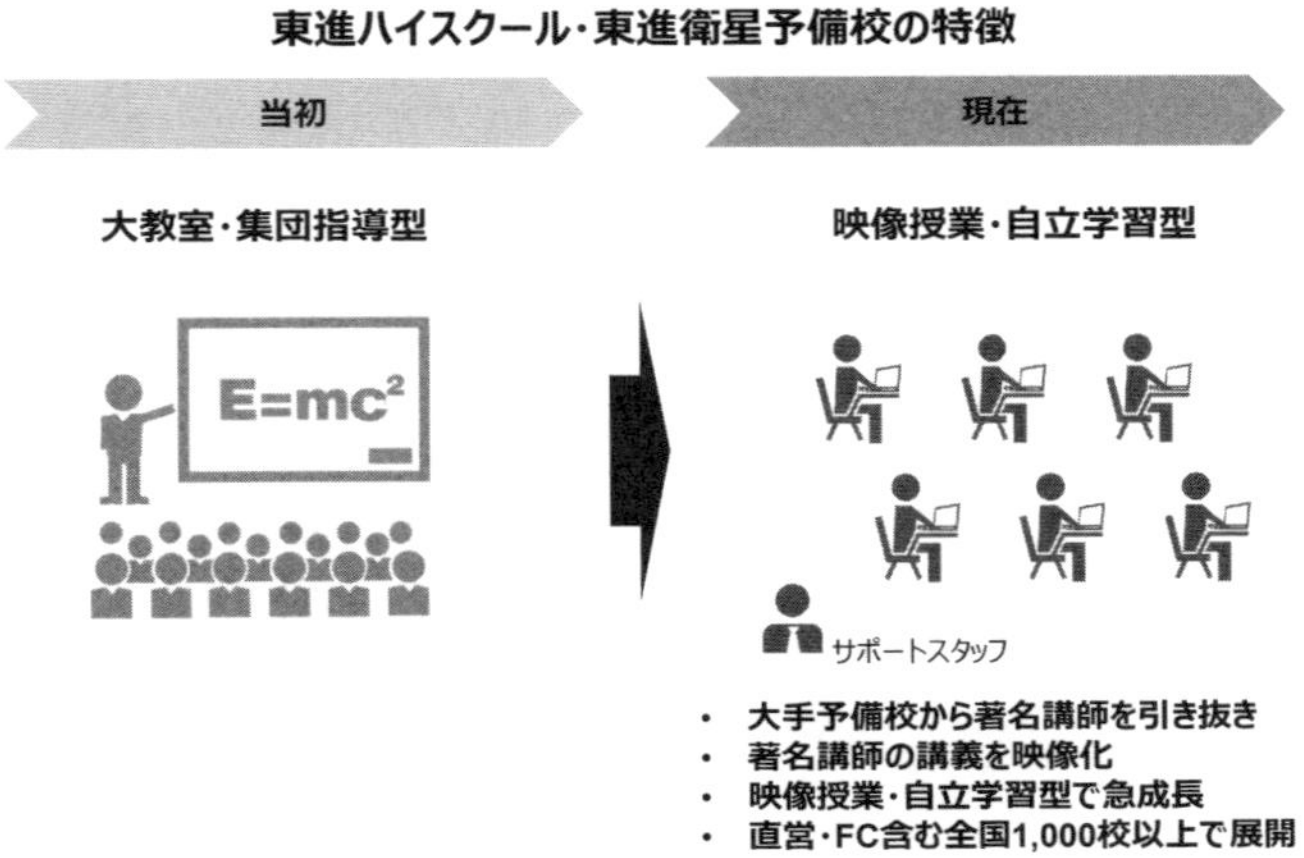

資料: ホームページ、各種報道等よりBBT大学総研作成

個別の学習スペースで視聴します。進学相談などはサポートスタッフが対応するというシステムです。

従来の予備校では主に浪人生を対象に大教室で集団指導を行うというスタイルが一般的でしたが、少子化に加え、現役志向の高まりや経済的問題により、現在は浪人生が激減しており、昼間から大教室で授業を受ける生徒は少なくなっています。そのため、大学受験生の大半を占める現役生に向けて、個々の学力やニーズに合わせて講義を映像で受講する自立学習型が主流となりました。自宅でなく予備校に来ることである程度の規律が守られ、効率的に学習できるという効果があるようです。講義を行うのは大手予備校から引き抜いた著名講師で、ナガセは従来の大教室・集団指導型から映像授業・自立学習型に転換することで急成長してきました。現在ではフランチャイズ校もあり、全国で1000校以上を展開しています。

いち早く映像授業化を推進して市場ニーズに対応

大手競合を抑え、映像授業市場で7割超のシェア

少子化の影響で生徒数が減少し、大手予備校も苦戦する現在、多くの予備校が映像授業を強化していますが、そのなかで東進ハイスクール・東進衛星予備校は71・8%のシェアを占め、大きく他を引き離しています(図−3)。講座数は約1200講座と大変充実しており、校舎数も直営94校、フランチャイズ98

図−3　大手予備校も映像授業を強化するも、ナガセ（東進）は7割超のシェア

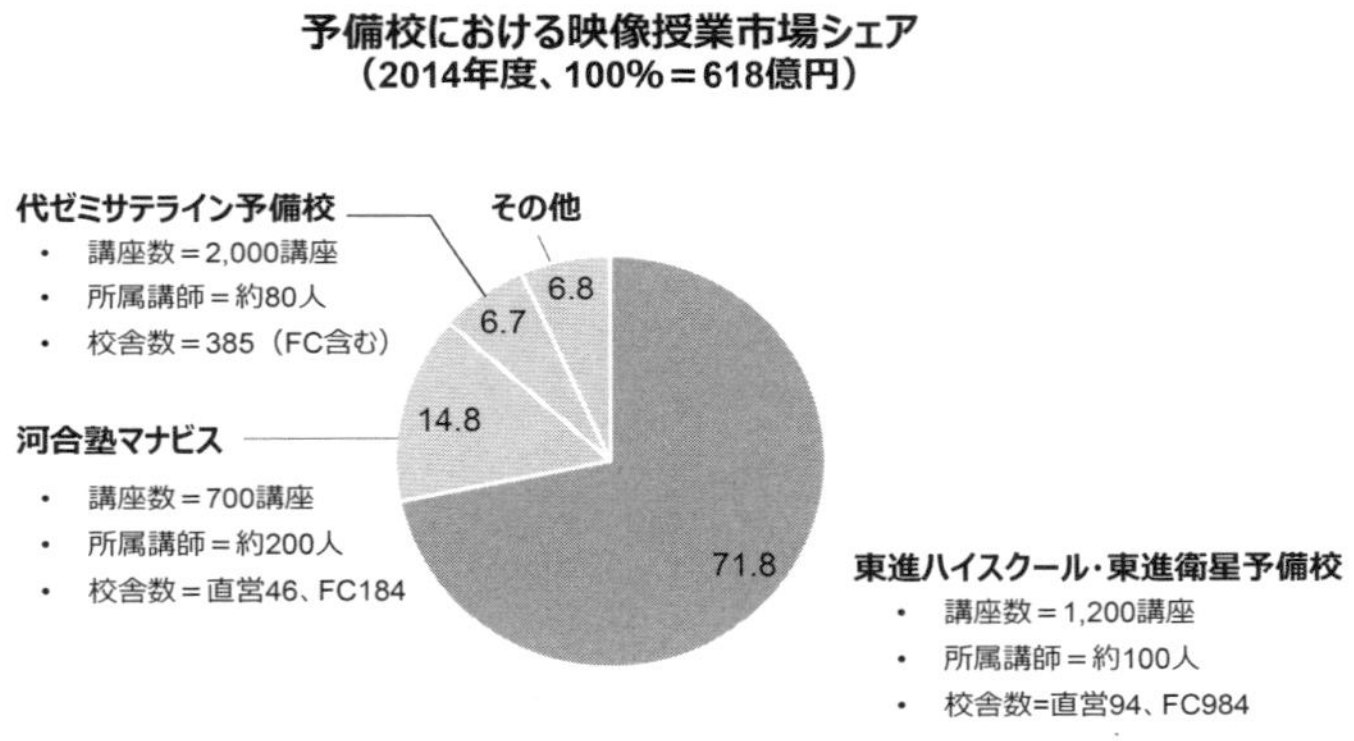

資料: 週刊ダイヤモンド『特集 塾・予備校』2016/3/5よりBBT大学総研作成

図−4　映像授業化とカリスマ講師による積極的なプロモーションで高校生部門が成長、M&Aで小・中学生部門の強化や多角化を図る

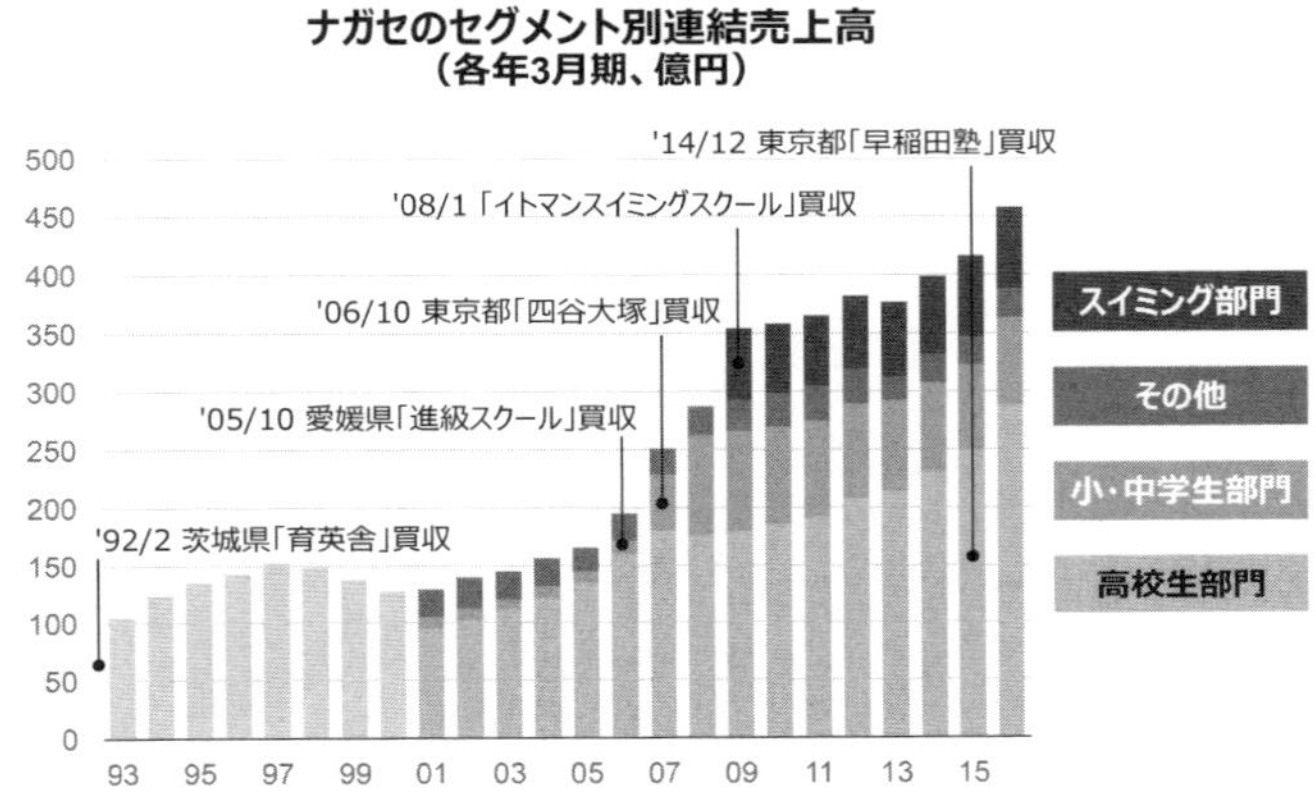

※ 2000年以前は各セグメントの合計値、イトマンスイミングスクールの連結決算への計上は2009年３月期から

資料: 有価証券報告書よりBBT大学総研作成

4校と圧倒的な数を誇ります。大きく水をあけられて、河合塾マナビスが14・8%、代ゼミサテライン予備校が6・7%と続いています。

河合塾マナビスは1校舎につき10人前後のアドバイザーを配置して手厚くサポートし、代ゼミサテライン予備校は約2000の豊富な講座数で幅広い学習レベルをカバーするなど、大手予備校はそれぞれの特徴を押し出して競い合っています。なかでも浪人生の減少、現役志向の高まりという市場の変化に対し、いち早く映像授業・自立学習型へと転換を図った東進ハイスクール・東進衛星予備校は圧倒的なシェアを誇り、現時点では、最も成功したといえるでしょう。

このようにナガセの経営は順調で、年々、売上高を伸ばしています(図-4)。2000年代に入ってからはほぼ右肩上がりに売上高が推移しており、2016年3月期は連結売上高が457億4200万円にのぼりました。事業セグメント別に見ると、主力事業である高校生部門が堅調に伸びています。これは映像授業・自立学習型への早期転換と、カリスマ講師による積極的なプロモーションによる影響が大きいといえるでしょう。また、四谷大塚などの買収により小・中学生部門を強化し、さらにスイミングスクール買収による多角化も行い、売上高は堅調に推移しています。

ナガセの業績推移を見てみましょう(図-5)。1996年から2004年頃は構造転換期で、集団指導から映像授業へと講義形式を変更し、ターゲットを浪人生から現役生へと転換した時期です。売上高、営業利益、純利益のいずれもこの時期は業績が悪化していますが、競合他社に先駆けていち早く映像授業化

図—5 ナガセはいち早く映像授業化を推進、現役生へとターゲットを移し躍進

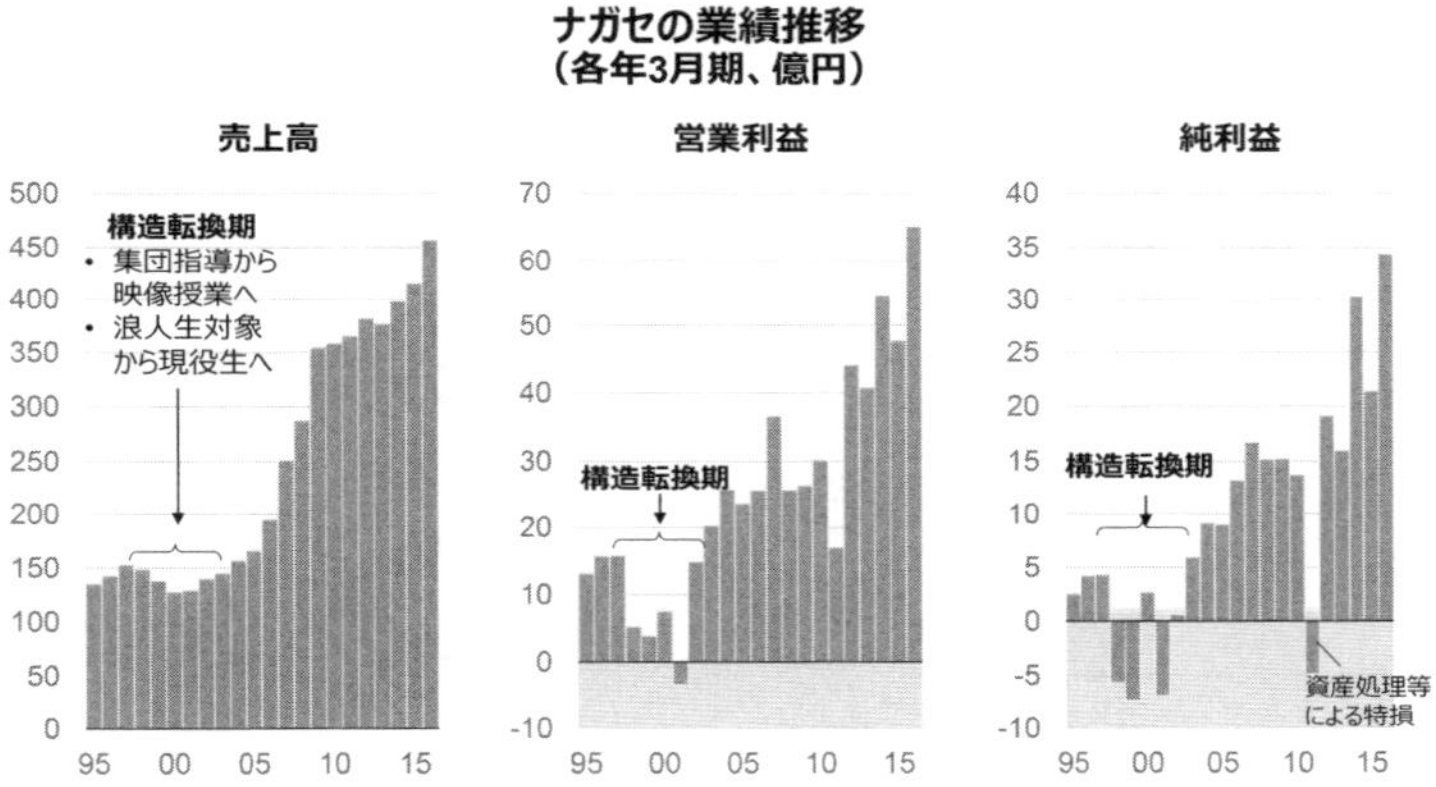

資料: 有価証券報告書よりBBT大学総研作成

図—6 小・中・高の在学生はピーク時から約900万人減少、今後も少子化トレンドは続く

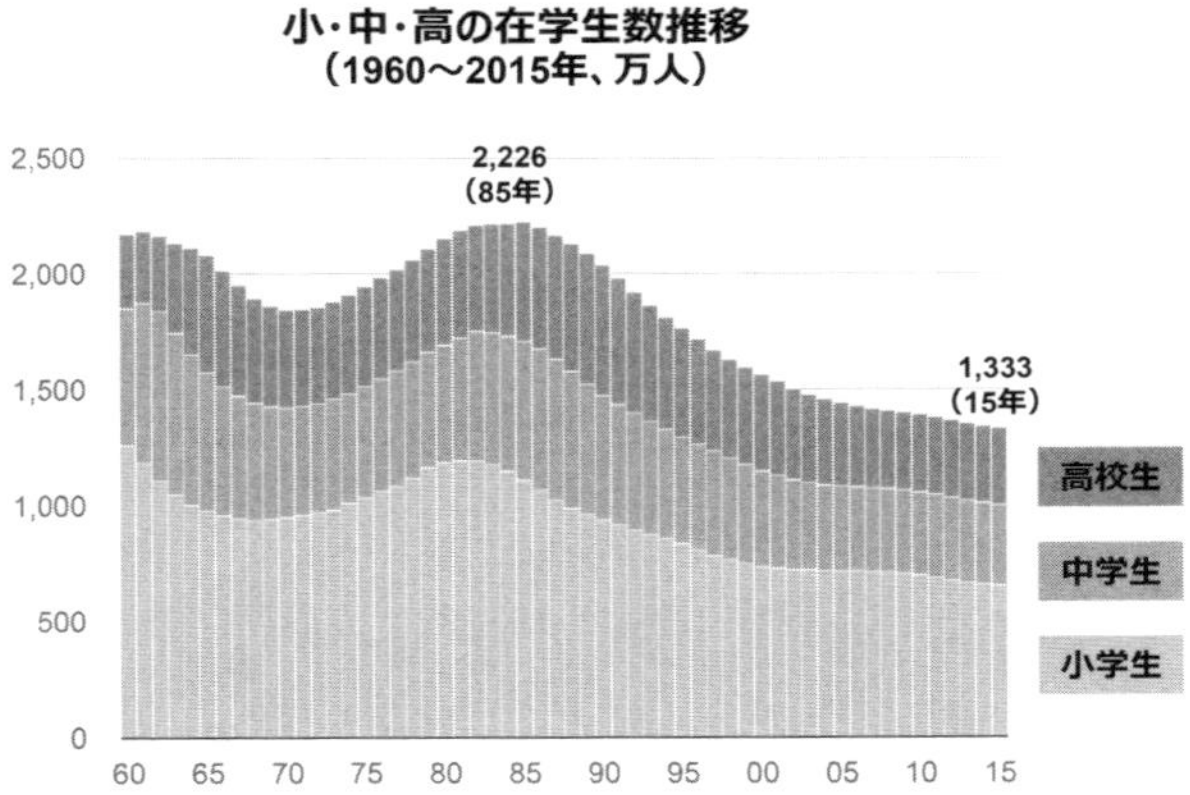

資料: 文部科学省『学校基本調査』よりBBT大学総研作成

を推進し、ターゲットを現役生に移したことでめざましく躍進、現在もその状況は続いています。

大手による再編・系列化が進む教育サービス業界

少子化トレンドのなか、単価の上昇により市場規模は変わらず

少子高齢社会を迎えた日本では、年々、少子化が進行しています。1985年のピーク時には2226万人いた小・中・高の在学生が、2015年は1333万人と30年間で約900万人も減少しています（図－6）。

在学生数が減少する一方で、学習塾・予備校の市場規模を見ると、1995年以降あまり大きな変化はありません（図－7）。その理由としては、塾へ通うことが一般的になり通塾率が高まったことと、また少子化により在学生数は減ったものの一人ひとりにかけるお金は増加していること、つまり顧客単価が上がっていることが挙げられます。その結果、市場規模はこの20年間変わらず9000億円台を維持しています。

図—7　市場規模は通塾率の高まりや顧客単価の上昇により9,000億円台を維持

学習塾・予備校の市場規模推移
（年度、億円）

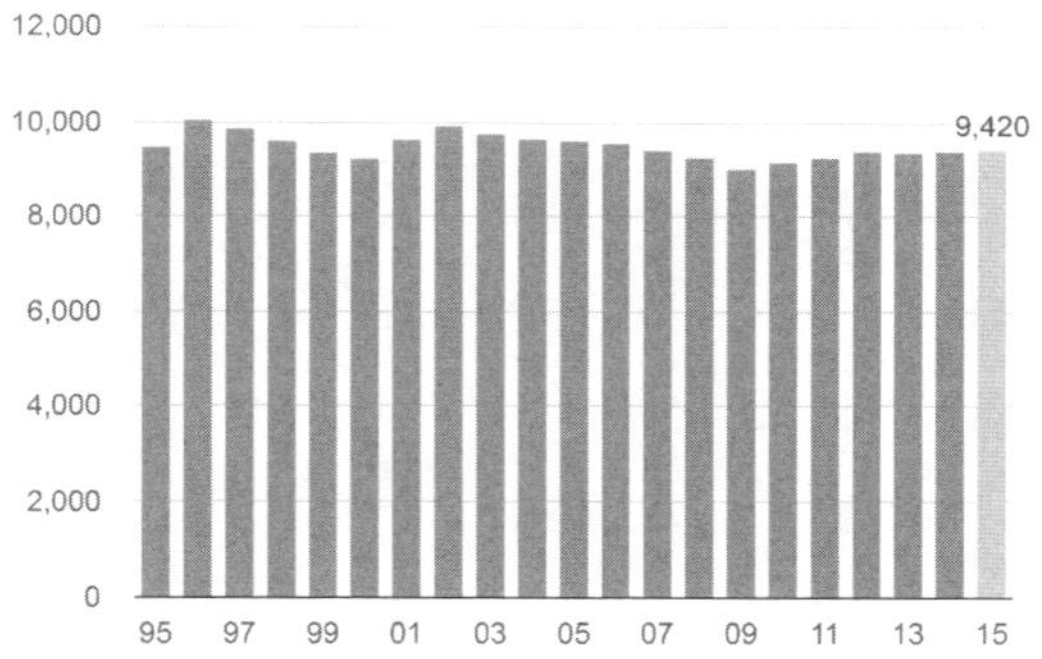

資料: 矢野経済研究所『教育産業白書 2015』よりBBT大学総研作成

図—8　学生向け教育サービス業界では売上5位

教育サービス業界の売上高ランキング
（2014年度、億円）

順位	種別		売上高	サービスブランド
1	通信教育系	ベネッセ	4,632	進研ゼミ、東京個別指導学院
2	学習塾系	公文教育研究会	905	KUMON
3	出版系	増進会出版社	611	Z会、栄光ゼミナール
4	予備校系	河合塾グループ	485	河合塾
5	予備校系	ナガセ	416	東進ハイスクール、四谷大塚
6	学習塾系	やる気スイッチグループ	284	スクールIE
7	出版系	学研塾ホールディングス	274	学研教室
8	学習塾系	自分未来きょういく（NOVA）	265	ITTO個別指導学院
9	学習塾系	早稲田アカデミー	194	早稲田アカデミー
10	学習塾系	リソー教育	188	TOMAS
11	学習塾系	明光ネットワークジャパン	188	明光義塾
12	予備校系	市進ホールディングス	168	市進学院、市進予備校
13	総合系	ワオ・コーポレーション	155	能開センター
14	学習塾系	日本入試センター	153	SAPIX
15	予備校系	さなる	153	佐鳴予備校

※ 学習塾（小・中学生向け）、予備校（高校生向け）、総合（小・中・高・資格）

資料: 全国私塾情報センター『学習塾白書 2015』、週刊ダイヤモンド『特集 塾・予備校』2016/3/5、各社決算資料よりBBT大学総研作成

大手の予備校・通信教育企業・出版社が買収を繰り返す

図－8は競合他社の順位をまとめています。1位は「進研ゼミ」「東京個別指導学院」などを抱えるベネッセで、他を大きく引き離して4632億円の売上高となっています。以下、2位が「KUMON」の公文教育研究会で905億円、3位が「Z会」「栄光ゼミナール」の増進会出版社で611億円、4位が「河合塾」を展開する河合塾グループで485億円の売上高です。ナガセは5位にランクインしており、6位以下は150億～200億円程度の企業が続いています。

教育サービス業界では、現在、大手予備校による同業他社や小・中学生向け学習塾との提携や買収、さらに通信教育・出版大手による塾・予備校の買収など、活発な再編が進んでいます（図－9）。

ナガセは早稲田塾や四谷大塚の買収以外にも、秀英予備校、早稲田アカデミー、成学社などに出資しており、さらなるM&Aを狙っています。代々木ゼミナールの母体である高宮学園はSAPIXの日本入試センターを買収、駿河台学園は浜学園と、河合塾は日能研とそれぞれ提携しています。

通信教育・出版大手によるM&Aはさらに活発です。Z会を運営する増進会出版社は、学習塾大手の栄光ホールディングスを買収しています。学研ホールディングスは、自社で学研教室を運営するほか多くの学習塾を傘下に収め、さらに予備校中堅の市進ホールディングスの筆頭株主となっています。ベネッセホールディングスも同様に、学習塾大手の東京個別指導学院をはじめ多くの買収を行っています。この再編の

図ー9 大手予備校が小・中学生向け学習塾を系列化、さらに通信教育・出版大手による業界再編が進む

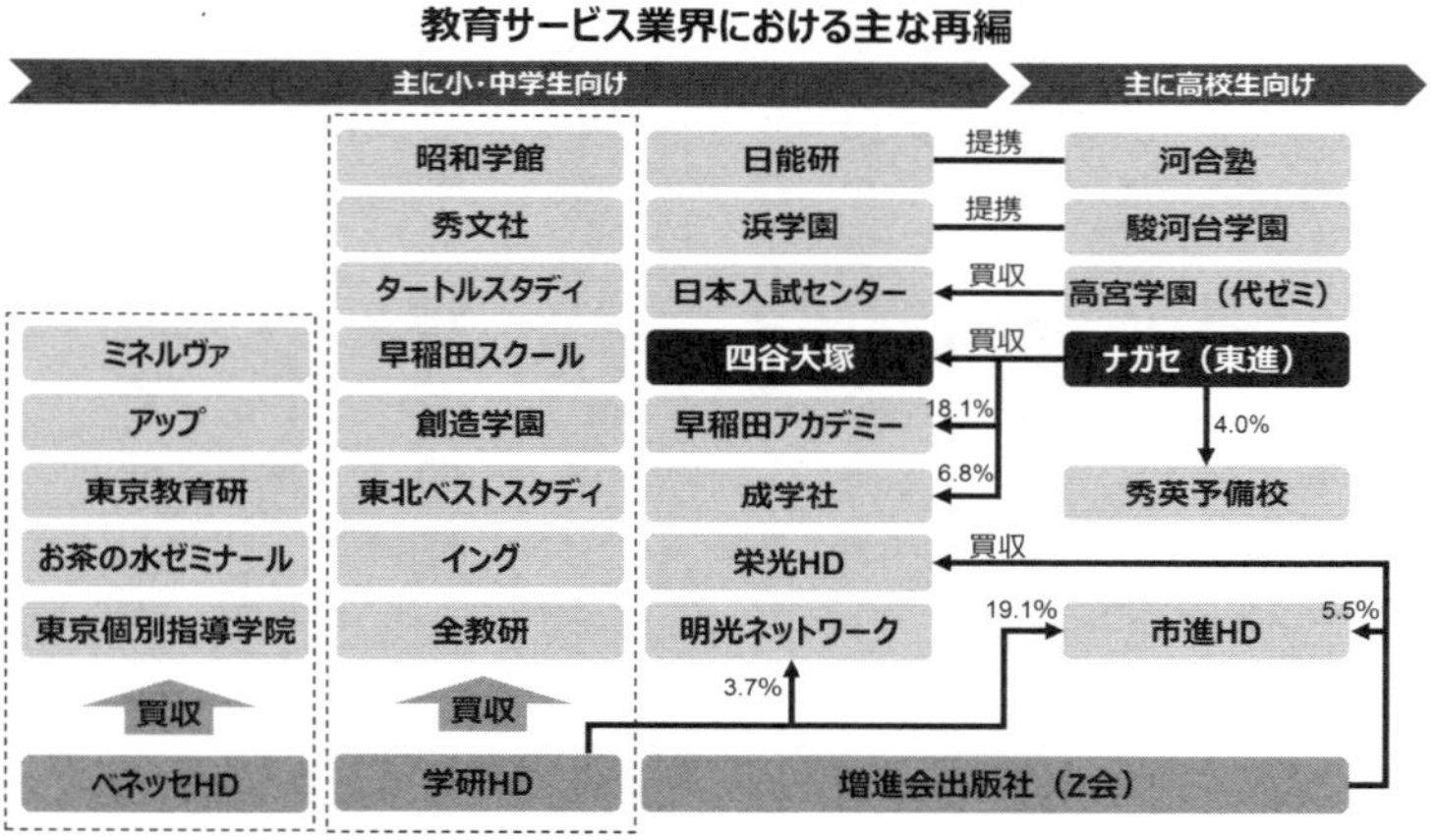

資料: 全国私塾情報センター『学習塾白書 2015』、週刊ダイヤモンド『特集 塾・予備校』（2016/3/5）よりBBT大学総研作成

図ー10 大学、社会人向け教育サービスへの参入、海外展開、小・中学生向け学習塾の強化が課題

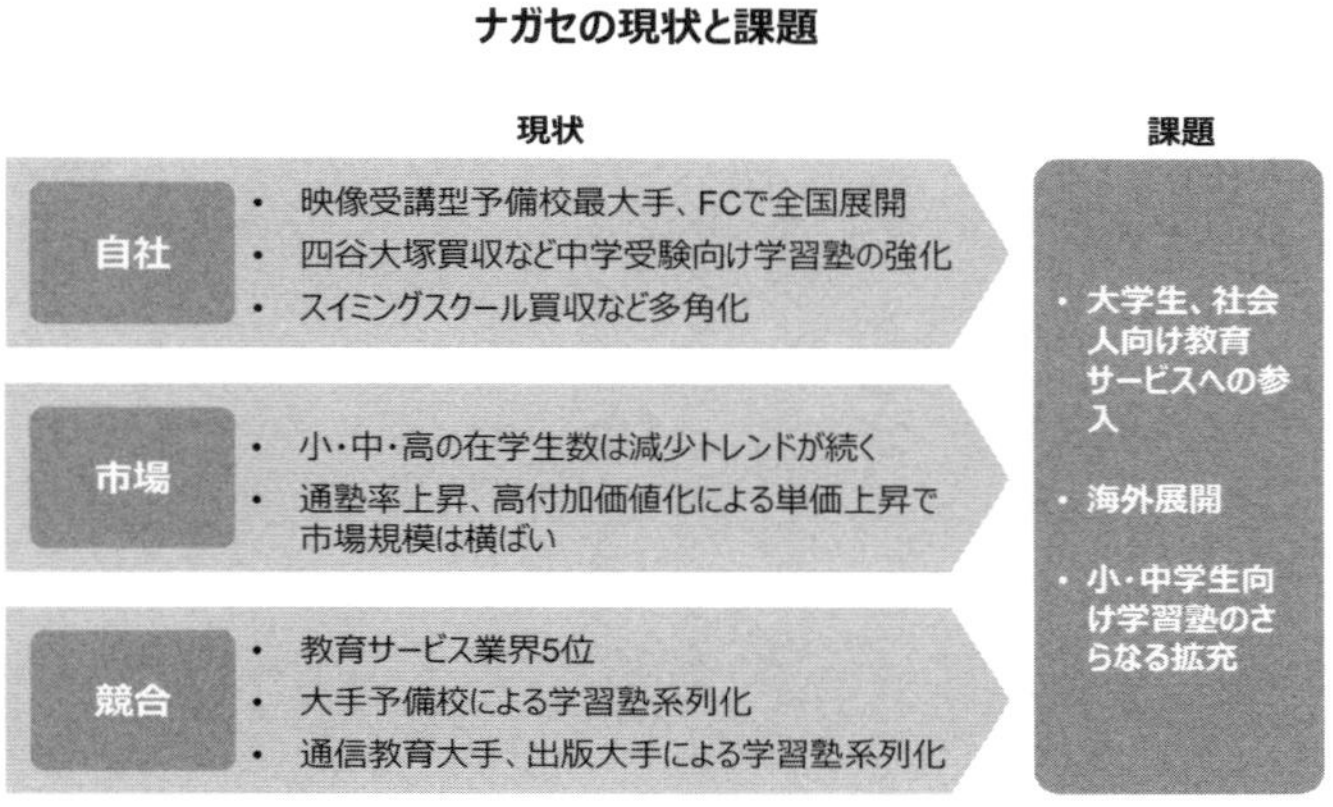

資料: BBT大学総研作成

流れは今後も続くと考えられます。

未参入分野での展開とサービス拡充であらゆる世代をカバーせよ

課題は未参入領域の開拓

ナガセの現状と課題をまとめてみましょう（図－10）。

現在、ナガセは高校生向け大学受験予備校の東進ハイスクール、東進衛星予備校などを展開し、映像授業型予備校の最大手としてフランチャイズで全国展開しています。さらに四谷大塚の買収などにより中学受験向けの学習塾を強化、スイミングスクールの買収により多角化も図っています。市場環境は、少子化が進み、小・中・高の在学生数の減少トレンドは続いていますが、通塾率の上昇や高付加価値化による単価の上昇などにより、市場規模はここ20年、横ばい状態となっています。

現在、教育サービス業界で売上高第5位に位置していますが、大手予備校および通信教育大手、出版大手による再編が活発化しています。

こうした現状を踏まえた今後の課題としては、大学受験後の大学生や社会人向け教育サービスへの参入、すでに競合他社で成功事例がある海外への展開、小・中学生向けの学習塾のさらなる拡充の3つの方向が考えられます。

全世代をカバーする総合教育コンテンツプロバイダーを目指す

これらの3つの方向性から、ナガセは今後、どのように展開すべきでしょうか。

まず大学生・社会人向け教育サービスへの参入については、大学を買収して学校法人化することも一案です。また、卒業生の就職をサポートしたり、すでに社会人として働いている場合は社会人教育や管理職教育を行ったりするという道もあるでしょう。

このように、大学生や社会人まで対象を広げ、あらゆる世代をカバーする総合教育コンテンツプロバイダーを目指します。

また、積極的に海外展開も進めていくべきでしょう。具体的には、海外赴任前や赴任中の日本人に向けて、教育コンテンツを提供します。インターネット配信による映像授業型とすることで、世界のどこからでも受講することが可能になります。

さらに、小・中学生向け学習塾市場の拡大を図ります。中学受験を得意とする四谷大塚を軸として映像学習コンテンツを提供し、フランチャイズによる全国展開を強化していきます。

これら3つの方向性を実現するには、受講生および卒業生のネットワーク作りとアフターサポート体制の構築が重要になります。そのためには卒業生のデータベースを管理することが不可欠ですので、そうし

図－11　あらゆる世代をカバーする総合教育コンテンツプロバイダーを目指す

ナガセの方向性（案）

大学・社会人向け教育サービスへの参入	・大学の買収、学校法人化 ・社会人・法人向け研修サービス、大学生の就職指導 ・あらゆる世代をカバーする総合教育コンテンツプロバイダーを目指す
海外展開	・海外赴任前・赴任中の日本人向け教育コンテンツを提供 ・インターネット配信による映像授業型
小・中学生向け学習塾市場の拡大	・現状路線の強化 ・四谷大塚を軸として映像学習コンテンツを提供 ・FCによる全国展開の強化

資料: BBT大学総研作成

た業務に対応できる企業と提携・買収することも必要になってくるかもしれません。

現在、ナガセがカバーするのは大学受験までですが、今後、社会人に対する生涯教育のニーズはますます高くなっていくと考えられますし、その市場は青天井といえるでしょう。就学前児童から、小・中・高、大学、そして社会人に至るまで、人生のあらゆる段階に応じて教育サービスを提供できる総合教育コンテンツプロバイダーとなることが、大きな差別化につながります。競合他社がまだ手を付けていない青天井のマーケットに参入するのは、今のタイミングではないでしょうか（図－11）。

まとめ

☑ 大学の買収や学校法人化を視野に入れ、既存サービスと連携。あらゆる世代をカバーする総合教育コンテンツプロバイダーを目指す。

☑ 海外赴任前や赴任中の日本人向けに映像授業型の教育コンテンツを提供し、積極的な海外展開を進める。

☑ 四谷大塚を軸に小・中学生にも映像学習コンテンツを提供し、フランチャイズによる全国展開の強化を図る。

大前の総括

再編の進んだ業界。いったん視点を外して未参入領域を開拓せよ

再編が進む教育業界。さらなる買収標的を拡大することで成長を狙おう。世代・地域ともに展開領域を拡大することで、青天井のマーケットが見えてくる。今は手を付けていない大学・社会人への教育の提供、インターネットを活用した海外展開などが考えられる。目指すは総合教育コンテンツプロバイダーだ。

CaseStudy 10

メルカリ

「スタートアップ企業」のさらなる成長戦略

あなたが**メルカリ**の会長ならば、
日本で3番目のユニコーン企業の仲間入りを果たした今、いかにさらなる業績拡大を図るか?

※2016年12月に実施したケーススタディを基に編集・収録

正式名	株式会社メルカリ
設立年	2013年
代表者	代表取締役会長兼CEO　山田 進太郎
本社所在地	東京都港区
業種	情報通信業
事業内容	フリーマーケットアプリの開発、提供
資本金	125億5,020万円(資本準備金含む)
売上高	122億5,600万円(2016年6月期)
備考	国内最大のフリマアプリ、国内4,000万DL、米国2,000万DL　※DL数は2016年12月時点

米国市場でも強さを見せる国内最大のフリマアプリ

個人間（CtoC）EC（電子商取引）のマーケットプレイスを提供

メルカリは国内最大のフリーマーケット（フリマ）アプリの提供で知られるITベンチャーです。創業は2013年2月の若い企業ですが、マネタイズ（収益事業化）が難しいとされるネットビジネスにおいて、4期目にして黒字化を達成しました（図－1）。

同社の企業評価額は1000億円を超え、〝ユニコーン企業（評価額が10億ドル以上の未上場企業）〟の仲間入りを果たしています。日本のユニコーン企業にはほかにLINE（ライン）とDMM.comがありましたが、LINEは2016年7月15日に上場しました。

アプリとしてのメルカリは、国内で4000万ダウンロード、米国で2000万ダウンロードを達成しており、米国での強さも特徴の1つです。

EC市場は3つに大別されます（図－2）。BtoB（企業間）とBtoC（企業と個人）、そしてCtoC（個人間）です。メルカリが扱っている領域はCtoCで、ネット上の自由参加市場、いわゆるマーケットプレイスを展開しており、これはさらにオークション形式とフリーマーケット形式の2つに分けられます。

前者の代表はヤフオク！やモバオクなどで、後者の代表がこのメルカリです。

個人間取引に第三者預託（エスクロー）機能を提供し安全を担保

メルカリを利用したネットフリーマーケットの仕組みを確認しておきましょう（図－3）。

基本的にスマートフォンを利用して全ての手続きが完結するようにシステムが設計されています。自分の持っているものを売りたい、つまり出品する側は、商品を撮影して必要な情報を入力し、自ら価格を設定します。売り手が価格を決めるというところがオークションとは異なる点です。購入する側はメルカリのスマホアプリ上でほしい商品を探し、「その値段だったら買ってもいい」となれば支払いをして購入する、という流れです。

ここで、購入者が支払った代金は、いったんメルカリが預かっておくことになります。メルカリは出品者と購入者の取引プラットフォームを提供しているのですが、このように、商取引において、第三者の仲介によって取引の安全を担保する仕組みを第三者預託（エスクロー）と言います。出品者から購入者に商品が届いて、「これで納得した、問題ない」ということをメルカリが確認してから、代金から10％を差し引いた額が出品者へと支払われます。これが一連の取引です。

図ー1　創業から4期目で黒字化達成

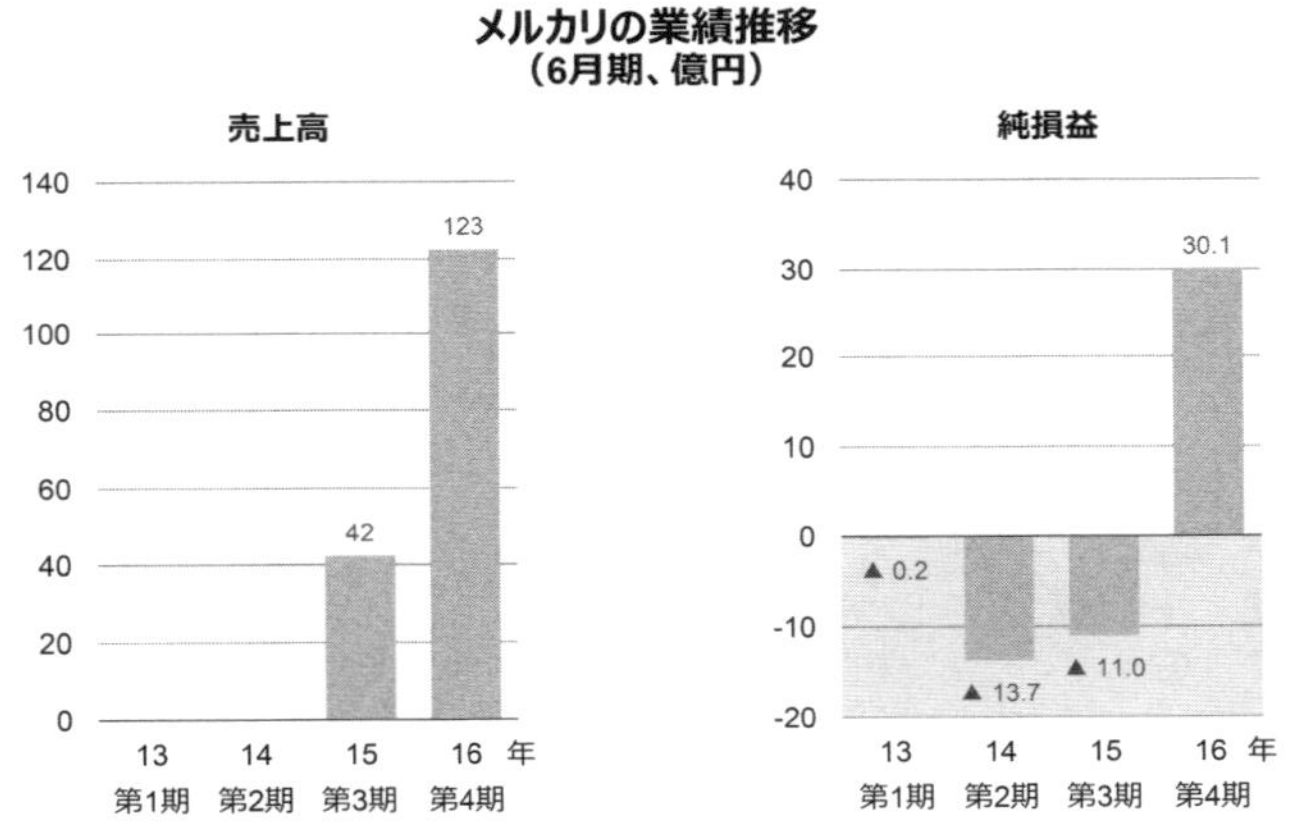

資料:「官報決算公告」『帝国データバンク会社年鑑』よりBBT大学総研作成

図ー2　メルカリは個人間(CtoC)ECのマーケットプレイスを提供

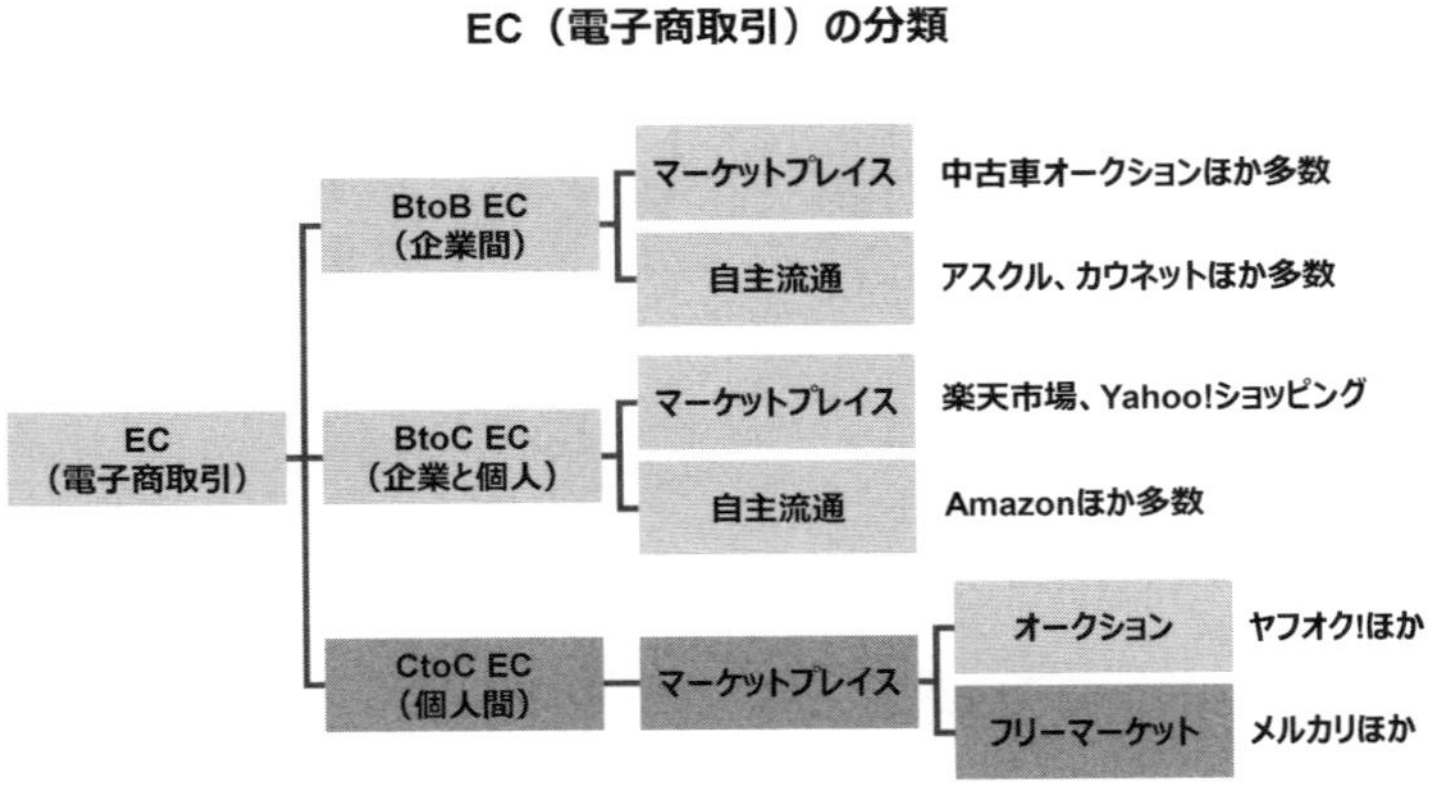

資料: BBT大学総研作成

プレゼンスは絶大、成長可能性大の市場でいかに主導していくか

ヤフオク！との最大の違いは業者の厳しい排除傾向

メルカリとヤフオク！との違いをまとめました（図－4）。まずは前述の通り、価格を出品者が決めるか、入札によって決めるかの違いがあります。またヤフオク！では出品手数料として月額の固定料金を支払わなければなりませんが、メルカリでは出品手数料は無料で売りたい時に自由に出品できます。成約手数料はメルカリの10％に対しヤフオク！は8・64％と若干低くなっていますが、出品手数料の有無との兼ね合いを勘案する必要があるでしょう。決済は両者ともエスクロー方式を採用していますが、ヤフオク！では当事者間の直接決済も併用。虚偽の出品といった不正防止などの面からもエスクロー方式は必要でしょう。

ユーザー層について見ると、メルカリは若い女性が中心ですが、ヤフオク！は男女ともにそして幅広い年齢層に利用されています。ユーザーの使用デバイスは、メルカリはスマホ中心ですが、ヤフオク！はPC中心です。ヤフオク！はスマホアプリも提供していますが、スマホの登場以前からサービスを開始していたという歴史的な経緯が背景にあります。出品者の特徴としては、ヤフオク！では古物商や転売屋も多

図—3　とくにスマートフォンで完結する個人間(CtoC)ECプラットフォームを提供

メルカリの仕組み

資料: BBT大学総研作成

図—4　ヤフオク!に比べより手軽な出品・売買が可能、また、業者を厳しく排除している

「メルカリ」と「ヤフオク！」の違い

メルカリ（2013年7月開始）		ヤフオク！（1999年9月開始）
出品者が定価を決定	価格決定	入札により決定
無料	出品手数料	月額498円
売買価格の10%	成約手数料	落札価格の8.64%
無期限	出品期間	入札期間を設定
エスクロー方式	決済手段	エスクロー方式・直接取引
若い女性中心	ユーザー層	男・女幅広い年齢層
スマートフォン中心	使用デバイス	PC中心
古物商・転売屋を排除	出品者の特徴	古物商・転売屋が多い

資料:『日経PC21』2017年1月号、『日経トレンディ』2016年10月号、ほか記事よりBBT大学総研作成

く見られるのに対し、メルカリではそうした業者を排除しています。

フリマアプリは乱立、競合の淘汰が進む

フリマアプリに限らず、アプリ市場は参入障壁が低く、有望市場には個人事業主から大手企業まで多くのディベロッパーが群がります。フリマアプリも2012年以降多くのサービスが乱立、そしてわずか数年のうちに淘汰が進み、撤退する企業が相次ぎました（図－5）。撤退した企業にはヤフーやLINEなどの大手も含まれます。そのような状況のなか、メルカリはやや遅れて参入したにもかかわらず、今やユニコーン企業となるまでに躍進を遂げました。同社がいかにしてフリマアプリで圧倒的な地位を築いていったのかを次に見ていきましょう。

ダウンロード数は第2位の約6倍と圧倒的

メルカリの国内アプリダウンロード数の推移を見てみましょう（図－6）。2013年7月からサービスを開始し、その年の12月時点では100万ダウンロードでした。それから丸3年で国内4000万ダウンロードを達成し、日米合わせて6000万ダウンロードにもなっています。主要フリマアプリの国内ダウンロード数を見ると（図－7）、メルカリの4000万という数字は断トツで圧倒的です。minne（ミンネ）やFril（フリル）などの先行サービスは1000万ダウンロードにさえ達しておらず、文字通り桁違

図－5　2012年以降フリマアプリが乱立、すでに競合の淘汰が始まっている

主要フリマアプリのサービス開始年月

フリマアプリ	サービス開始年月	運営会社	ジャンル
minne	12/1	GMOペパボ	ハンドメイド作品
Fril	12/7	Fablic（楽天が買収）	ファッション
SHOPPIES	12/12	スターダストコミュニケーションズ	女性向けファッション
ガレージセール	13/3	ウェブシャーク	総合
チケットキャンプ	13/4	フンザ（mixi子会社）	チケット
メルカリ	13/7	メルカリ	総合
セルバイ	13/9	ガプスモバイル	釣具用品
オタマート	14/3	jig.jp	オタクグッズ
ラクマ	14/11	楽天	総合
Dealing	14/11	日本エンタープライズ	総合
ゴルフポット	15/1	ギークス	ゴルフ用品
フリマノ	15/6	カカクコム	総合
ライド	15/11	Fablic（楽天が買収）	オートバイ・用品
ZOZOフリマ	15/12	スタートトゥデイ	ファッション
ママモール	13/8～15/10 終了	デジタルアイデンティティ	子供服・用品
STULIO	13/10～16/1 終了	STULIO	ファッション
ClooShe	13/11～15/4 終了	ヤフー	女性向けファッション
LINE MALL	13/12～16/5 終了	LINE	総合
kiteco	14/2～15/2 終了	GMOペパボ	ファッション

資料: 各社WEBサイト、プレスリリース、各種報道等よりBBT大学総研作成

図－6　2016年12月時点で国内4,000万ダウンロードを突破

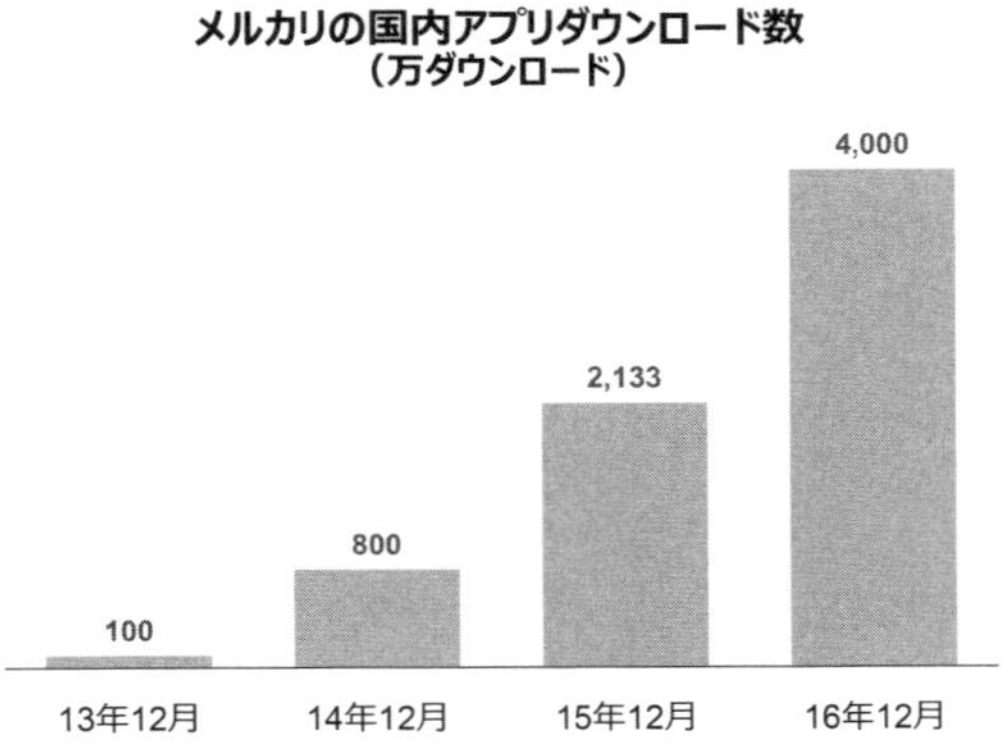

※ 2013年7月サービス開始、2016年12月時点の日米通算は6,000万ダウンロード

資料: メルカリ発表資料よりBBT大学総研作成

いの強さを見せています。

積極的なテレビCMと手数料無料で大躍進

メルカリ躍進の要因を分析してみましょう（図－8）。参入障壁が低く差別化が困難なスマホアプリ市場では、その分野でいち早くユーザーを囲い込んで固定化させたサービスが一人勝ちする傾向があります。メルカリが顧客獲得のために戦略的に展開したのは、なんといっても多数のテレビCM投下です。特定の商品やユーザーにターゲットを絞らず、全ての消費者をターゲットにしていくようなマーケティングの場合、テレビというのはいまだに非常に効率よくマスのユーザーに訴求することができるメディアだということが分かります。これは、かつてLINEが集中的なテレビCMで認知度を高め、乱立する無料通話アプリのなかで圧倒的なポジションを築いた手法と同じです。また、メルカリはサービス開始当初、現在では10％の成約手数料が無料だったため、これも利用者数の増大につながりました。アプリのユーザーインターフェイスがシンプルで使いやすかったということも人気の一因でしょう。こうしたことが相まって、フリマアプリの利用率では79・6％とほぼ独占的なまでに顧客を固定化しています。

フリマ市場はまだまだ成長可能性大

メルカリとヤフオク！の流通総額を比較してみると（図－9）メルカリの1200億円に対してヤフオ

図ー7　ダウンロード数では競合他社を圧倒

※ 数値が入手できたアプリのみを集計

資料: 各社発表資料、各社WEBサイト、iTunes、Google Play、ほか各種報道等よりBBT大学総研作成

図ー8　市場黎明期に積極的なテレビCMと手数料無料で一気に顧客を固定化

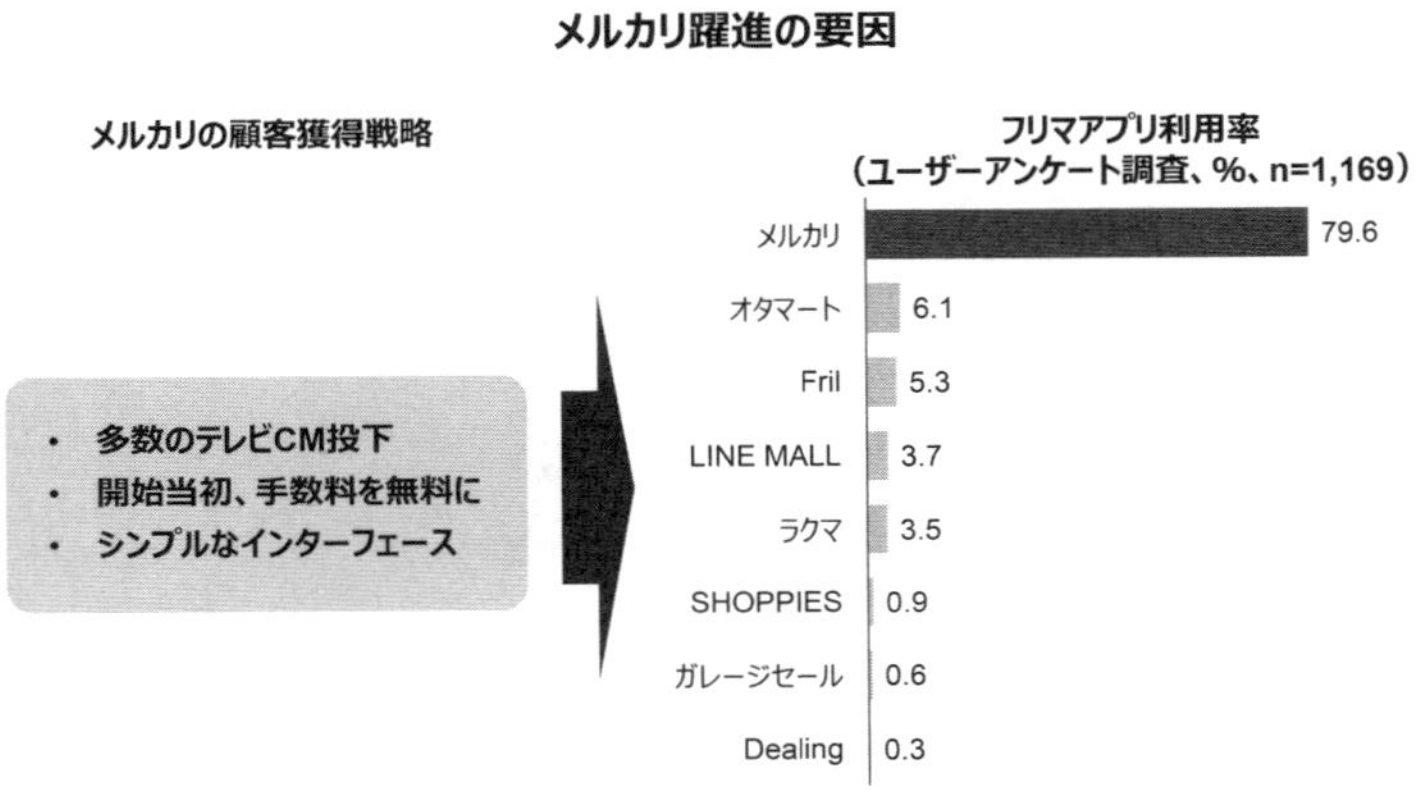

※ LINE MALLは2016年5月サービス停止

資料: MMD研究所「2016年1月フリマアプリに関する利用実態調査」よりBBT大学総研作成

ク！は8667億円と7倍以上の規模となっています。前述の通りヤフオク！には業者による出品が数多く入っていますので、純粋なＣｔｏＣ取引の流通総額とは言えませんが、サービス開始から15年以上の実績を持つヤフオク！の流通総額はＣｔｏＣ ＥＣの潜在的な市場規模の1つの目安となります。メルカリはサービス開始からまだ5年目ということを考慮すれば、今後もフリマ市場のさらなる成長が期待できると考えます。

インターネットサービス大手は自社サービス内への囲い込みを狙う

ヤフオク！を運営するヤフーも含め、インターネットサービス大手の動向を追ってみましょう（図－10）。楽天は2016年10月31日にオークションのサービスを終了し、ＣｔｏＣ ＥＣはフリマアプリのラクマに集中しました。さらに、女性向けのファッション・雑貨に強みを持つフリマアプリのＦｒｉｌを運営するFablicを買収し拡大を図っています。これらのフリマサービスをＢｔｏＣ ＥＣのマーケットプレイスとして国内最大である楽天市場や楽天トラベルと連携させることで差別化しています。例えば、楽天市場で新品を購入し、不要になったものをラクマで売り、さらにこれらを楽天スーパーポイントでつなぐことでユーザーのネット上における行動を楽天のサービス内で完結させることを狙っています。

ヤフーは楽天とは反対にフリマアプリから撤退、国内最大のＣｔｏＣマーケットプレイスであるヤフオク！に集中しました。さらにヤフオク！の機能にフリマモードという出品者が値付けをし、入札をせずに

図—9 ヤフオク!の流通総額はメルカリの7倍超、フリマ市場のさらなる成長が期待できる

「メルカリ」と「ヤフオク!」の流通総額
（2015年度、億円）

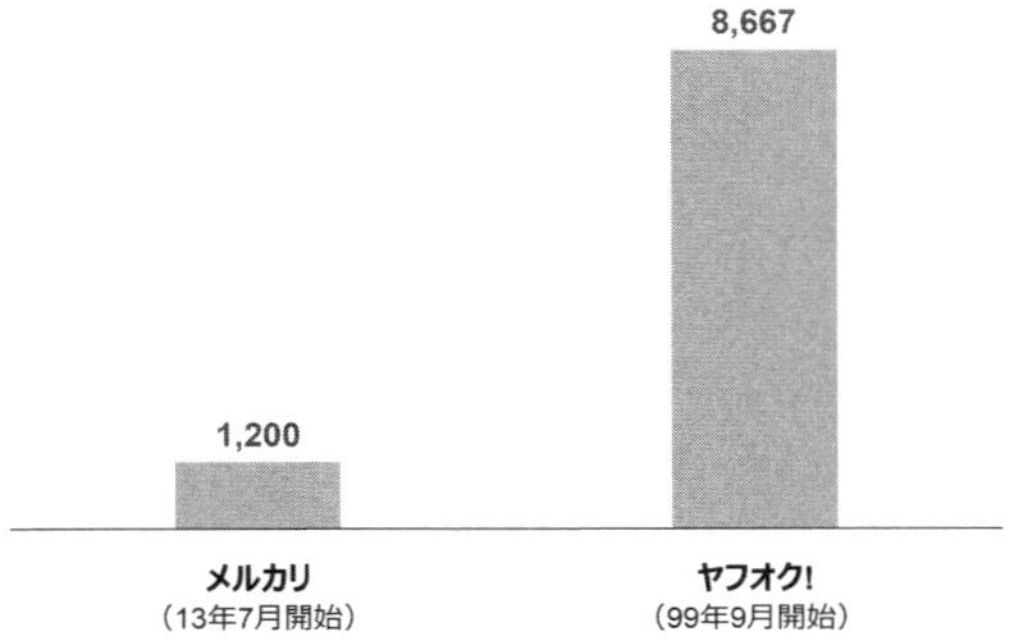

※ プラットフォームを通じて取引された総額、メルカリは売上高の10倍として推計

資料:「官報決算公告」、ヤフー「決算説明会資料」よりBBT大学総研作成

図—10 楽天、ヤフー、スタートトゥデイは自社サービス内で一次流通と二次流通の完結化を狙う

インターネットサービス大手の動向

楽天	• 楽天オークションを廃止、フリマアプリに集中、Fablic（Fril）を買収 • 楽天市場、楽天トラベルなどとの連携で差別化を図る
ヤフー	• フリマアプリは撤退、ヤフオク！に集中（ヤフオク！にフリマ機能付加） • Yahoo!ショッピング（モール）、ロハコ（アスクルの個人向け通販）と連携
スタートトゥデイ	• ZOZOTOWN（ファッション通販）、WEAR（ファッションSNS）、ZOZOフリマ（ファッション二次流通）の連携で差別化を図る
Amazon	• 自主通販、モール、個人出品を1つのプラットフォームで提供
Facebook	• 2016年10月より米でフリマ機能を提供
LINE	• 2013年12月にフリマ参入、2016年5月に撤退

資料: 各種報道等よりBBT大学総研作成

即購入できる機能を付けることで、1つのプラットフォームでオークションとフリーマーケットが可能となっています。またYahoo!ショッピングがアスクルの個人向け通販ロハコと連携、さらにはソフトバンクグループがTポイントを導入することで、グループ内のあらゆるサービスがポイントで連携できるようになっています。

ZOZOTOWN（ゾゾタウン）を運営するスタートトゥデイは、ファッションコーディネートでつながるSNSのWEARとファッション通販のZOZOTOWN、そしてZOZOフリマの三者連携で差別化を図っています。

これらの動向はいずれも、商品を見つけて購入し、不要になれば売るという商取引のサイクルを、自社のサービス内に囲い込む戦略であるといえます。すなわち、一次流通（新品・サービスの購入）と二次流通（中古品取引）の連携という動きです。スタートトゥデイの場合はこれが非常にはっきりしていて、WEARに掲載したコーディネートで使われているアイテムをZOZOTOWNやZOZOフリマで購入し、不要になればZOZOフリマで売ればよい、出品用の写真もZOZOTOWNの購入履歴から選べる、とあって、完全にユーザーの行動が自社サービス内で完結しています。Amazonも、モールでの販売も古書店などによる通販も、そして個人出品も1つのプラットフォームに統合して提供しています。

ネット大手に先んじて自社サービスへの囲い込みを狙え

一次流通と二次流通とをつなげる仕掛けを考えよ

メルカリの現状と課題を整理しましょう（図－11）。自社の状況は、フリマアプリのサービスとしては国内最大手であり、国内で4000万ダウンロードという圧倒的な数を誇るばかりか米国でも強さを見せています。業者を排除した個人間ECを目指しているのが特徴です。競合に目を向けると、国内では一強状態で他社はほとんど相手になりませんが、ネット大手の動向では一次流通と二次流通の連携促進が見られます。市場を見れば、CtoC ECの老舗といえるヤフオク！の流通総額が8600億円を超えていることを考慮すれば、サービス5年目のメルカリが牽引するフリマ市場は伸びしろが大きいと考えられます。

これらを踏まえて、今後のメルカリの成長戦略を考えると、今押さえている中古品取引という二次流通から、新品購入の一次流通にうまくつなぎ込み、事業を広げる仕掛けが課題となると思います。

エスクローで預かった商品代金を新たな購買へつなげよ

メルカリ利用者の商取引の流れを確認しましょう（図－12）。ユーザーはどこかから商品を購入して、不要になったものをメルカリで販売、メルカリで稼いだお金は別の商品やサービスの購入にあてています。そこで、ユーザーがメルカリで稼いだお金を、メルカリを通じて新たな商品購入へとつなげるビジネスモデルを構築すべし、というのが私の提案です（図―13）。

前述の通りメルカリは決済にエスクロー方式を採用しています。購入者が支払ったお金が、出品者に渡る前にいったんメルカリにプールされます。これを使ってメルカリで買い物すれば割引等の特典がつくようにするなど、インセンティブ付与を工夫してみるのがよいでしょう。「メルカリで稼いでメルカリで使う！　そうすればこんなにお得！」という具合です。

メルカリがそのお得なサービスを提供するためには、一次流通の側で様々な交渉をしなければなりません。メルカリでさっぱりとクローゼットの棚ざらえをした後は、この商品を3割引で、半額で、あるいは○○旅行があたる、新作映画にご招待、等々――このように魅力的な商品やサービスをスポンサードしてもらうために、各種メーカーや企業とのタイアップを募る営業努力が必要となってきます。しかし、一次流通側にとってメルカリに商品やサービスを提供するメリットがなければなかなか困難でしょう。

シナジーを発揮できる最もよい提携相手はヨドバシカメラ

したがって、通販大手の1つのみと提携するのが現実的と考えます。メルカリで稼いだ利用者が必ず1つのサイトで購入してくれるならば一次流通側にもメリットがあります。提携相手にはできるだけ多くの

図−11　メルカリの二次流通市場を一次流通市場につなげる仕掛けをいかに構築するかが課題

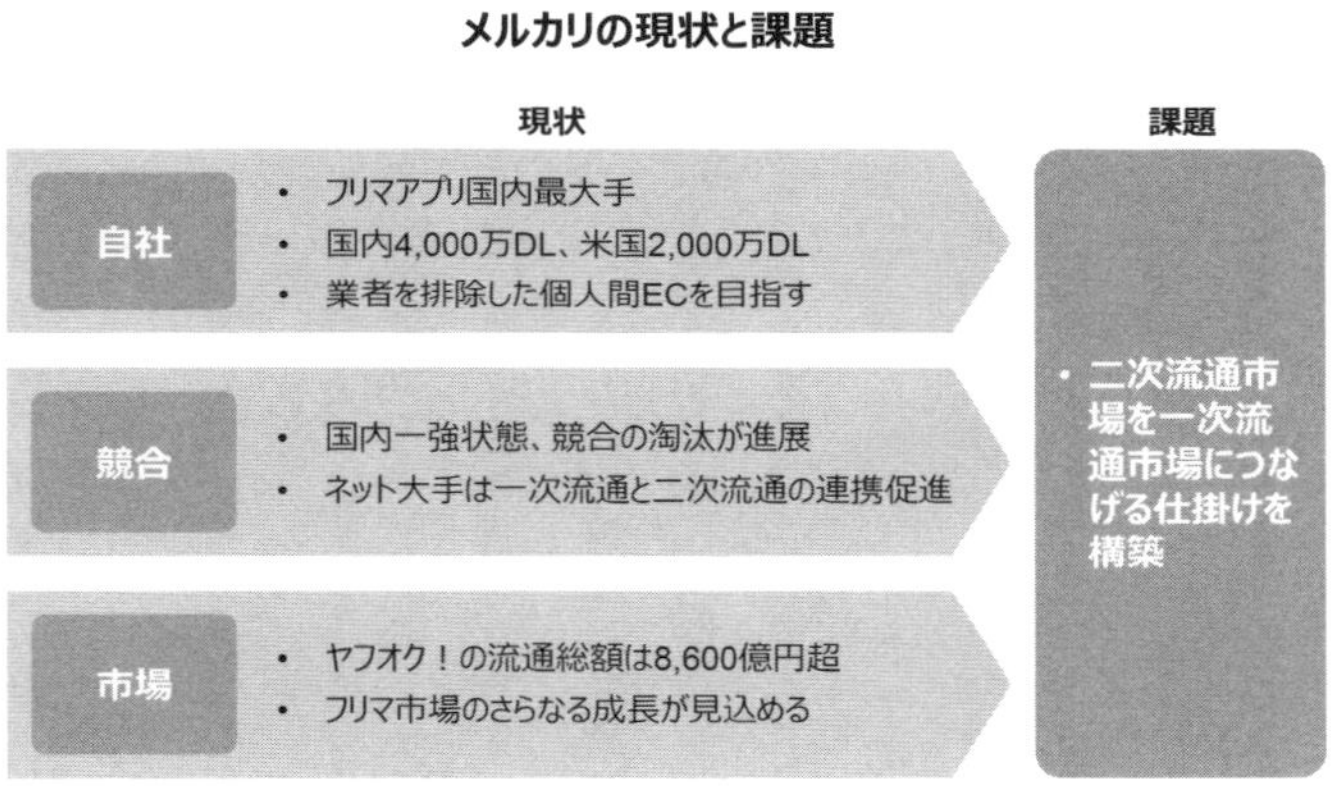

資料: BBT大学総研作成

図−12　ユーザーはメルカリで稼いだお金を別のサービス購入にあてている

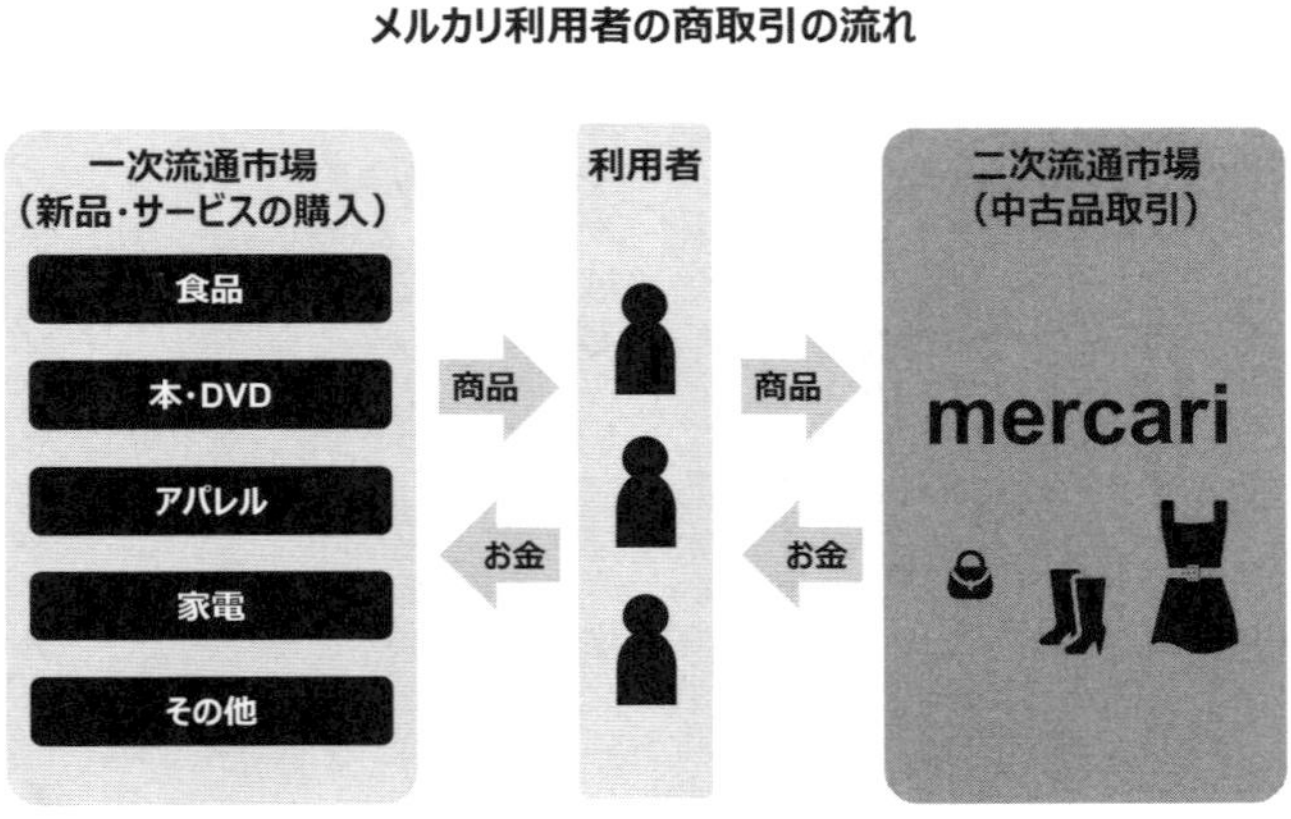

資料: BBT大学総研作成

商品アイテムを持っている事業者が理想的です。候補としては、総合通販最大手のAmazon、テレビ通販最大手のジャパネットたかた、カタログ通販大手ではニッセン、千趣会、ディノス・セシール、ベルーナなどがあります。しかし、Amazonは二次流通まで全て自前で完結しています。また、テレビ通販やカタログ通販ではスマホアプリのメルカリとはシナジーが発揮できません。私が最もよい提携相手と考えるのはヨドバシカメラです（図－14）。

ヨドバシカメラは家電量販店ですが、実は通販事業が大きく伸びており、2015年度の通販売上は992億円とBtoC向け通販では国内で上位10社のなかに入っています。ヨドバシカメラの主力商品は言うまでもなく家電です。そして、家電は二次流通市場で大きなジャンルを形成しています。例えば、新しいデジカメを購入しようとする時、古いデジカメを売却して、それを購入資金にあてるという消費者行動はよくあることです。メルカリで売ってヨドバシで買うという流れができるならば、ヨドバシ側としてもメリットは大きいでしょう。また、ヨドバシの通販は日用品のラインナップも豊富なため、ユーザーにとっても利便性が高いと思われます。さらに、ヨドバシがよい点はポイント制度を持っていることです。ユーザーを囲い込むためにはポイント制度が大きな効力を持ちます。ヨドバシの一次流通とメルカリの二次流通をヨドバシポイントで連携すれば、お互いの弱点を補完でき、楽天やヤフーに対抗できる第三の勢力として確固たる地位を築くことができるでしょう。これが私の考えるメルカリの戦略です。

図－13　メルカリが一次流通市場と二次流通市場を仲介するモデルを構築（メルカリで稼いでメルカリで使う!）

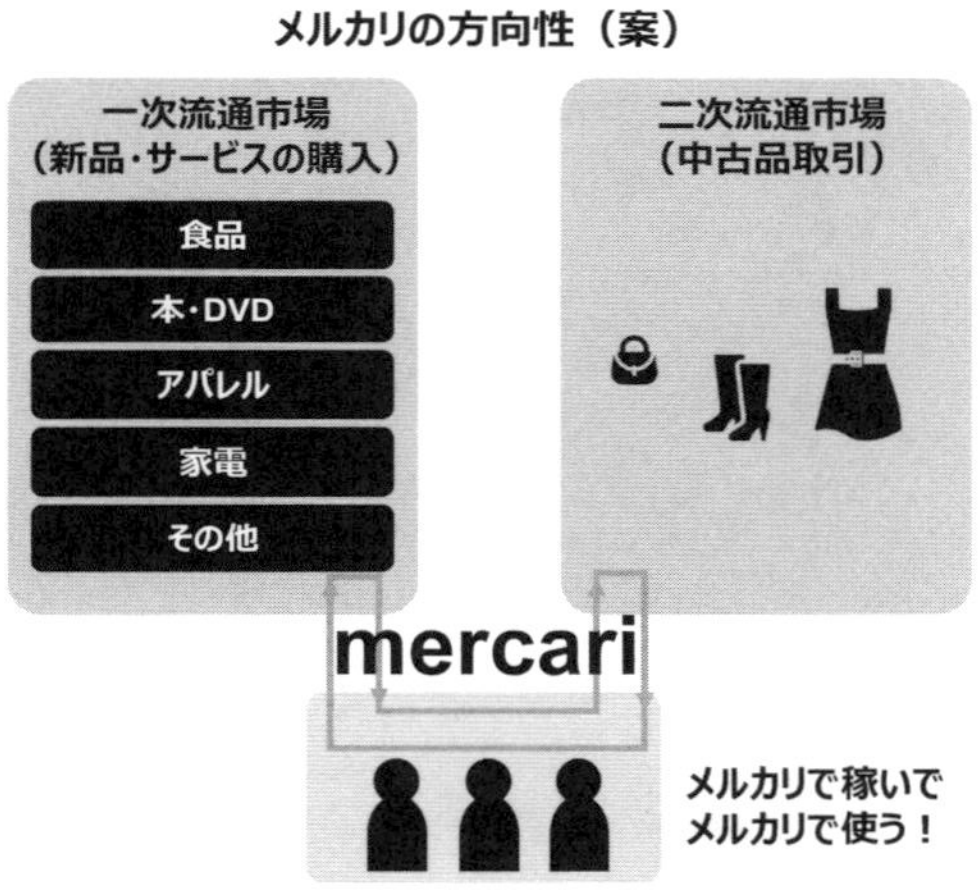

資料: BBT大学総研作成

図－14　ヨドバシカメラの一次流通とメルカリの二次流通を連携させて、楽天、ヤフーに対抗

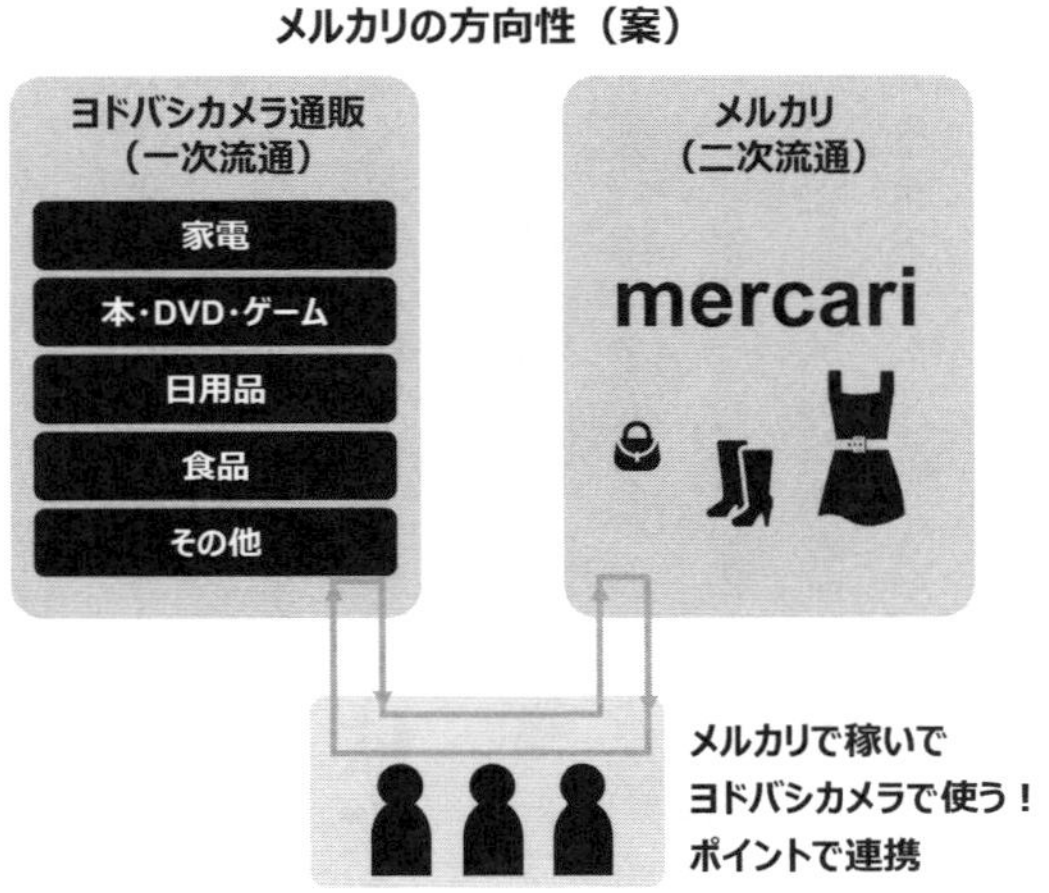

資料: BBT大学総研作成

まとめ

☑ ヨドバシカメラとの提携により、一次流通（新品・サービスの購入）と二次流通（中古品取引）との連携を図り、楽天、ヤフーに対抗する。

大前の総括

成長可能性大の市場で覇権を握り、今後を主導するには、他社との提携による業態拡大を

さらなる成長が期待されるフリマ市場。一強として押さえた中古品取引から、新品購入の一次取引へと事業をつなげることが成長戦略になる。ネット大手に対抗するには、シナジーを発揮できる通販大手と組んで、ポイント制度他の優待によるユーザー囲い込みを狙うべきだろう。

CaseStudy

11

イオンエンターテイメント

「空き」をビジネスにする経営戦略

あなたが**イオンエンターテイメント**の社長ならば、
映画館の観客動員数が伸び悩むなか、
どのように業績を伸ばしていくか？

※2016年9月に実施したケーススタディを基に編集・収録

正式名	イオンエンターテイメント株式会社
設立年	1991年
代表者	代表取締役社長　牧 和男
本社所在地	東京都港区
業種	サービス業
事業内容	マルチプレックス方式による映画、演劇、音楽その他各種イベントの興行、映画館に付属する各種遊戯施設、飲食店、売店などの営業等
資本金	10億円
売上高	460億円（2016年2月期）

劇場数、スクリーン数で国内トップのシネコン

日本初のシネコン「ワーナー・マイカル」の合併により成立

イオンエンターテイメントは、その名の通りイオングループの映画興行会社です。前身は『ジュラシック・パーク』が大ヒットした日本初のシネマコンプレックス（以下、シネコン）（同一組織が同一所在地に5スクリーン以上集積して運営している映画館）運営会社、ワーナー・マイカルです。同社は映画製作・配給の米Warner Bros. Entertainment（ワーナー・ブラザース・エンターテイメント、タイム・ワーナーグループ）と国内流通大手マイカルの折半出資会社として1991年に設立されましたが、2001年に一方の親会社であるマイカルの経営破綻によりイオンがスポンサーとなり経営再建にあたっていました。2011年にはイオンがマイカルを吸収合併、2013年には米Warner Bros. Entertainmentが撤退し、ワーナー・マイカルはイオンの完全子会社となりました。さらにイオンシネマズと統合し、イオンエンターテイメントに改称して現在に至っています。

前身のワーナー・マイカル時代から、毎年1施設以上、多い時には10施設以上と次々に劇場数を増やしてきました。売上高も年々伸びており、2015年度には460億円に達しました（図－1）。

図—1　劇場数の増加とともに売上高も堅調に推移

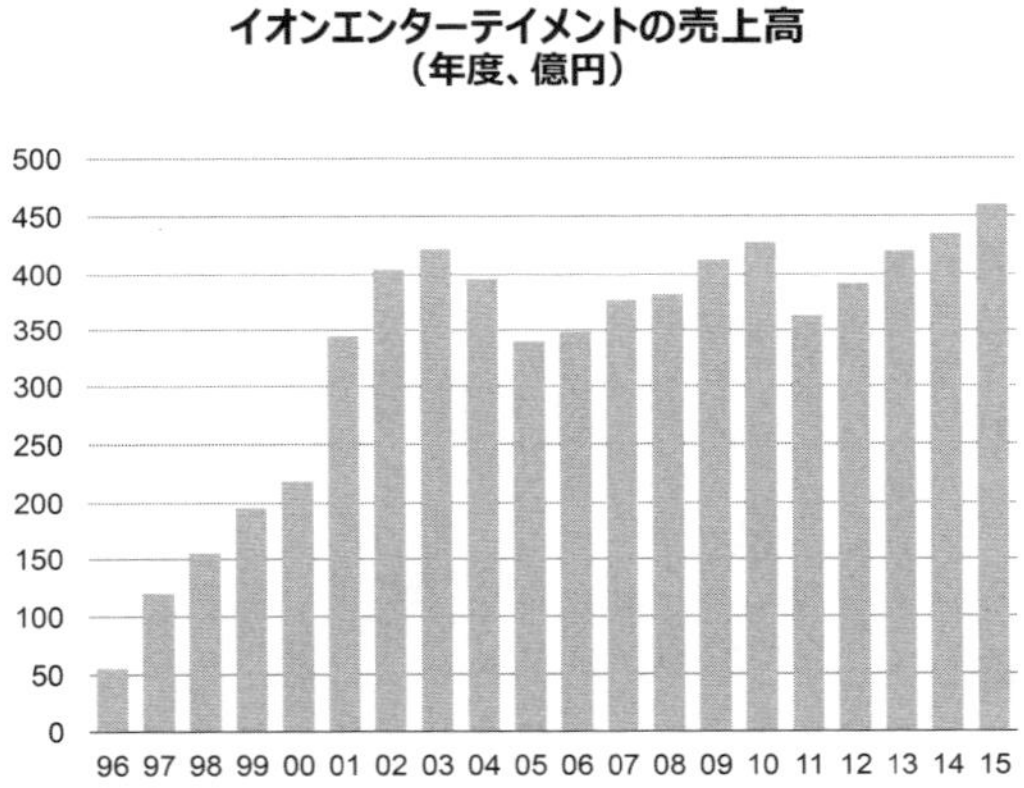

※ 決算期は翌2月期

資料: 日本経済新聞「サービス業調査」、帝国データバンクよりBBT大学総研作成

図—2　劇場数、スクリーン数で国内トップ、売上高は国内2位

映画館・シネコンの売上高ランキング
（2015年度、億円）

	親会社		売上高	劇場数	スクリーン数
1	東宝	TOHOシネマズ	732	69	644
2	イオン	イオンエンターテイメント	460	84	709
3	松竹	松竹マルチプレックス	318	24	223
4	ローソン	ローソンHMV	250	38	340
5	東映	ティ・ジョイ	183	22	211
6	東急電鉄	東急レクリエーション	171	19	175

※ 劇場数、スクリーン数は2016年9月2日時点でBBT大学総研が集計

資料: 日本経済新聞「サービス業調査」、富士グローバルネットワーク「サービス産業要覧」、
帝国データバンクよりBBT大学総研作成

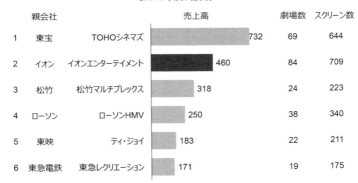

売上高2位、施設数は国内最多

国内の主な映画館事業者の売上高を比較すると、トップはTOHOシネマズの732億円、2位にイオンエンターテイメントの460億円、その後に松竹マルチプレックスシアターズ、ローソンHMVエンタテイメント、東映系のティ・ジョイ、東急レクリエーションが続きます（図－2）。一方、劇場数およびスクリーン数はイオンエンターテイメントがそれぞれ84施設、709スクリーンと順位が逆転しトップとなっています。2015年度の国内映画館興行収入は2171億円で、上位5社が全体の約9割を占める寡占状態にあります（図－3）。なかでも1位のTOHOシネマズと2位のイオンエンターテイメントの2社だけで全体の半分以上を占めています。

映画業界はシネコンの登場で低迷から脱却

テレビの普及で観客動員数はピーク時の10分の1に

イオンエンターテイメントの売上高は伸びていますが、映画館業界全体の状況は明るいものではありません。かつて映画は日本人にとって大きな娯楽であり、1958年には年間の観客動員数が11億人を超え

図ー3　国内映画館は上位5社の寡占

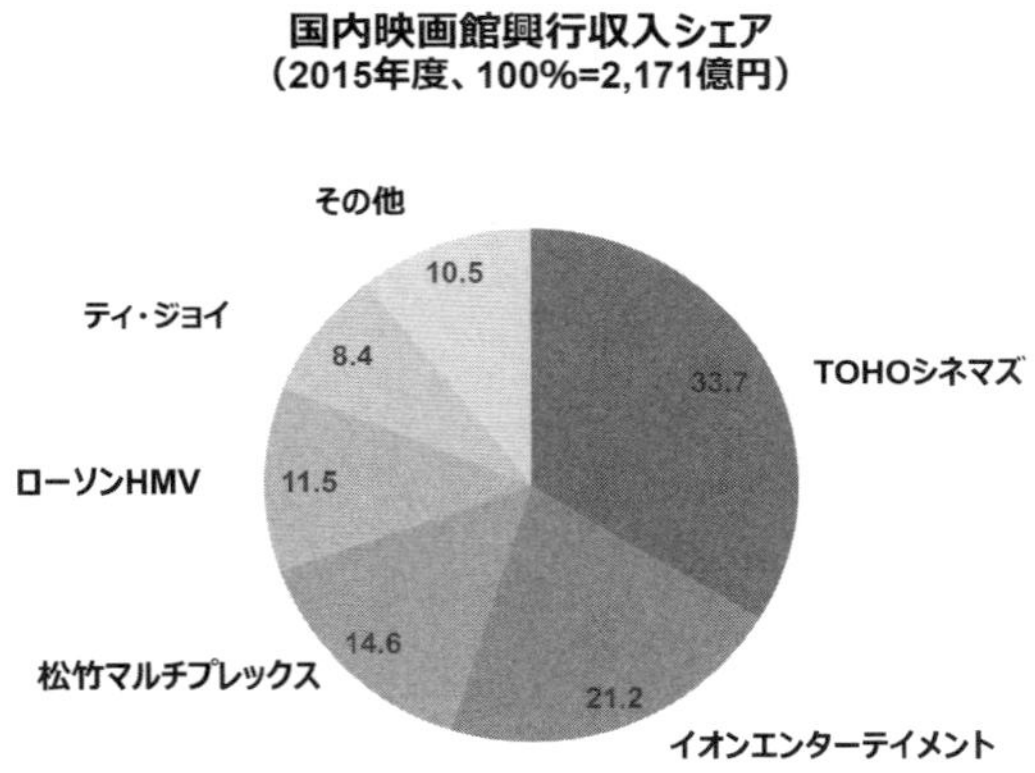

資料: 日本経済新聞「サービス業調査」、帝国データバンク、日本映画製作者連盟「日本映画産業統計」よりBBT大学総研作成

図ー4　テレビの普及により映画館の観客動員数は激減

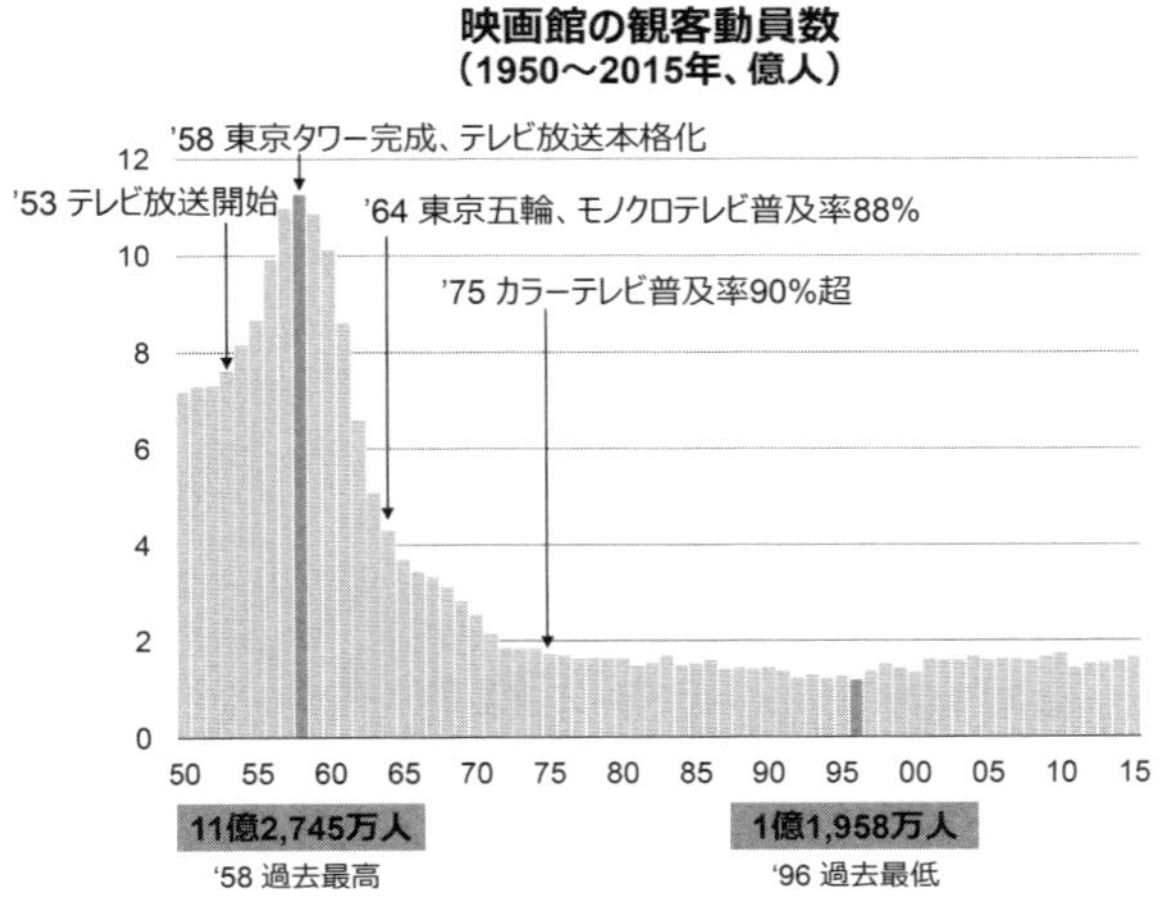

資料: 日本映画製作者連盟「日本映画産業統計」よりBBT大学総研作成

ました。しかしその後、東京オリンピックをきっかけに一般家庭にテレビが急速に普及し、それとともに観客動員数は急激に減少。過去最低を記録した1996年には1億2000万人弱と、ピーク時のおよそ10分の1にまで落ち込み、映画館自体も減っていきました（図－4）。

シネコンの登場により回復傾向に

ところが底を打った1996年以降、シネコンの登場によりスクリーン数は回復してきています。図－5にある通り、一般の映画館の数は年々減少していますが、シネコンは反対に数を増やしています。その先駆けとなったのが、イオンエンターテイメントの前身であるワーナー・マイカルでした。

スクリーン数だけでなく観客動員数も微増ながら回復傾向にあり、2015年は1億6663万人と、1996年から5000万人ほど増えました（図－6）。

シネコンの3つのメリット

映画館業界の低迷が続くなかで、なぜシネコンはスクリーン数と観客動員数を増やすことができたのか。それにはシネコンの3つの特徴が関係しています（図－7）。

1つ目は「興行リスクの軽減」です。シネコンは1つの劇場に5つ以上、たいていは10前後のスクリーンを持っており、作品の人気度に応じて弾力的な上映編成を行うことができます。例えば多くの観客動員

図—5　シネコンの登場によりスクリーン数は復調、スクリーン数の9割弱がシネコン

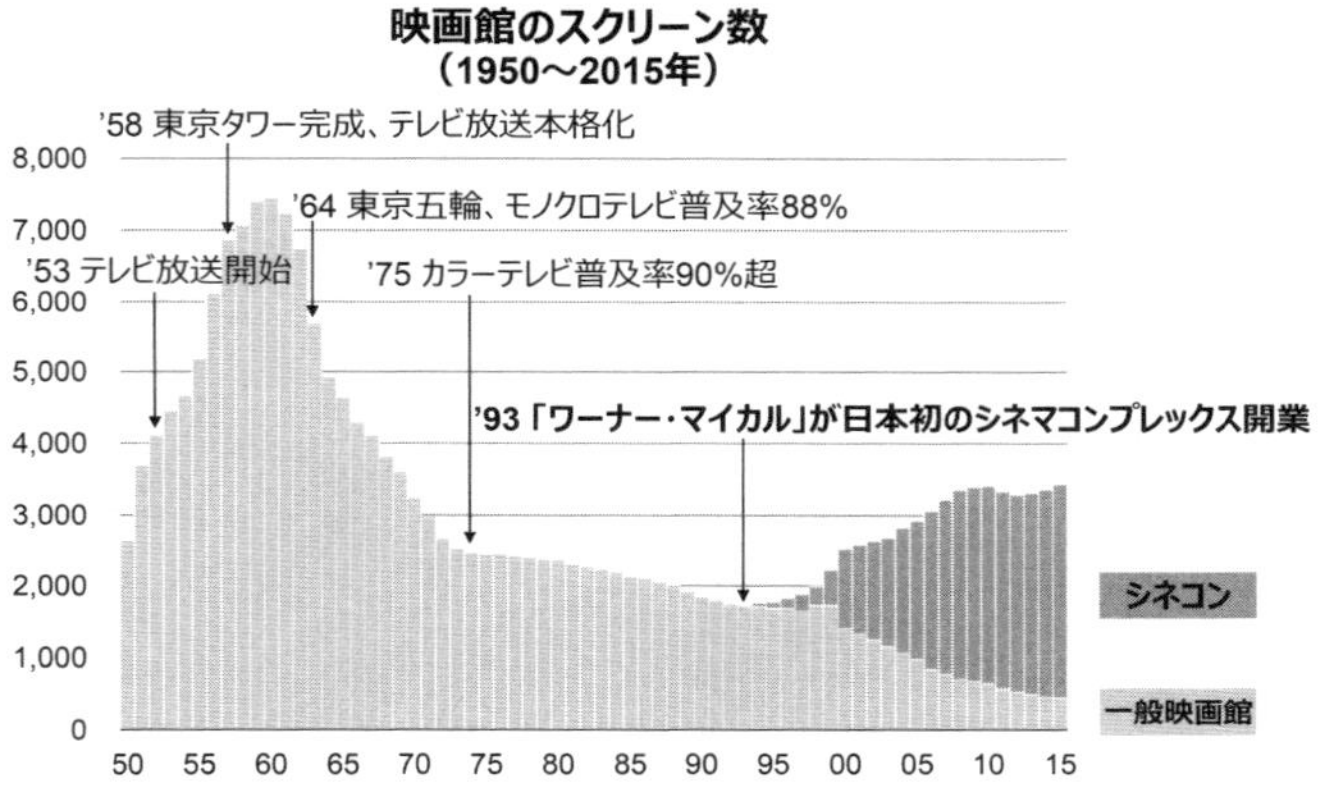

資料: 日本映画製作者連盟「日本映画産業統計」よりBBT大学総研作成

図—6　シネコンの登場により観客動員数は約5,000万人回復

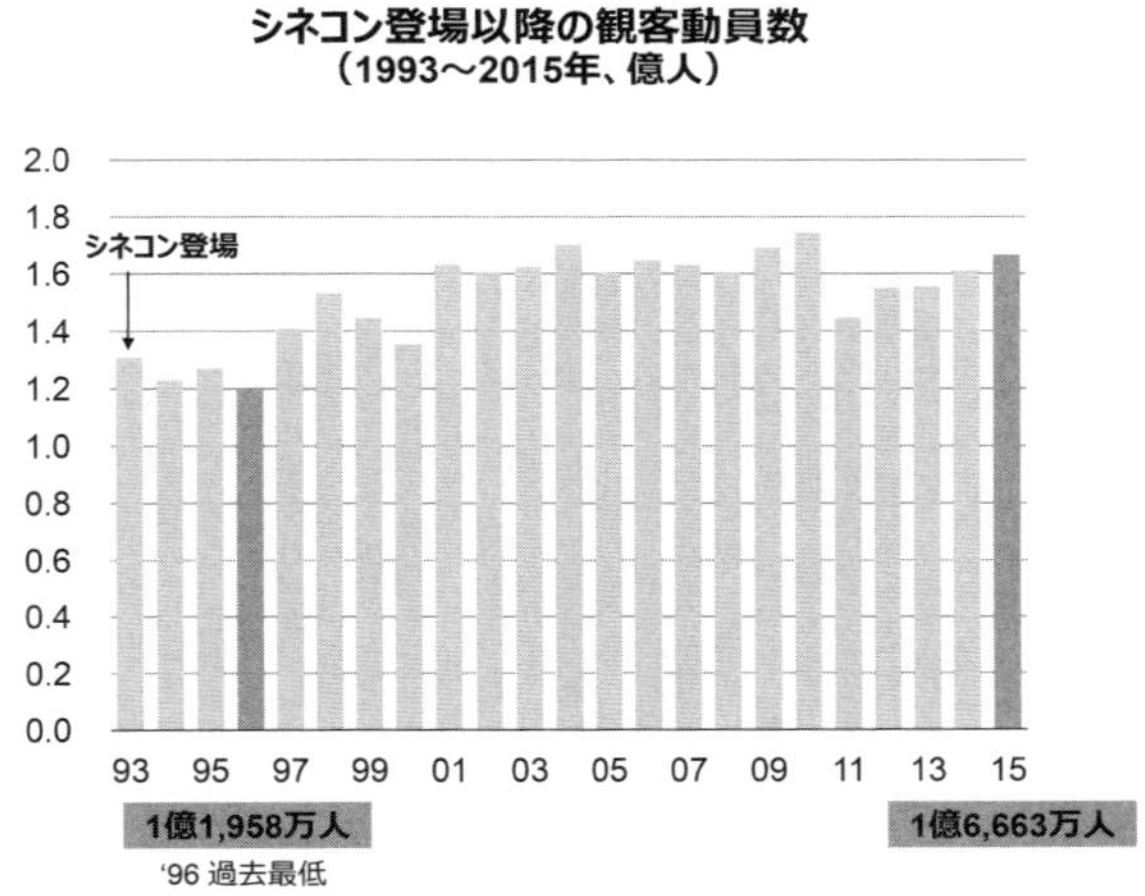

資料: 日本映画製作者連盟「日本映画産業統計」よりBBT大学総研作成

が見込めるヒット作では観客数に応じて複数のスクリーンで上映したり、また、スクリーンごとに上映時間をずらしたりすることで待ち時間の解消や混雑の緩和を図りつつ、多くの観客をさばくことができます。そのため機会損失を最小限に抑えることができ、興行リスクの軽減につながります。

2つ目は「諸経費の軽減」です。チケット売り場や売店、映写室を集中管理することで、諸経費の削減が可能になります。

3つ目はイオンエンターテイメントのように、シネコンはショッピングモールの中に立地していることが多いため、複合商業施設を構成することになり、「集客の相乗効果」が図れることです。

従来の1劇場1スクリーンの映画館に比べ、効率のよいビジネスモデルとなり、シネコンは一般の映画館よりも損益分岐点が大幅に低くなっています。2009年以降、一般映画館は損益分岐点比率が100%を超える赤字続きですが、シネコンは80%超、2015年には70%台となっています（図－8）。

施設稼働率の向上が課題、8割の「空き」をどう埋めるか

年間平均座席利用率は約20%

一見、順調なシネコンですが、問題も抱えています。最も大きな問題は稼働率の低さです。年間平均

図ー7　「興行リスクの軽減」「諸経費の軽減」「集客の相乗効果」を図ることができる

シネマコンプレックスの特徴

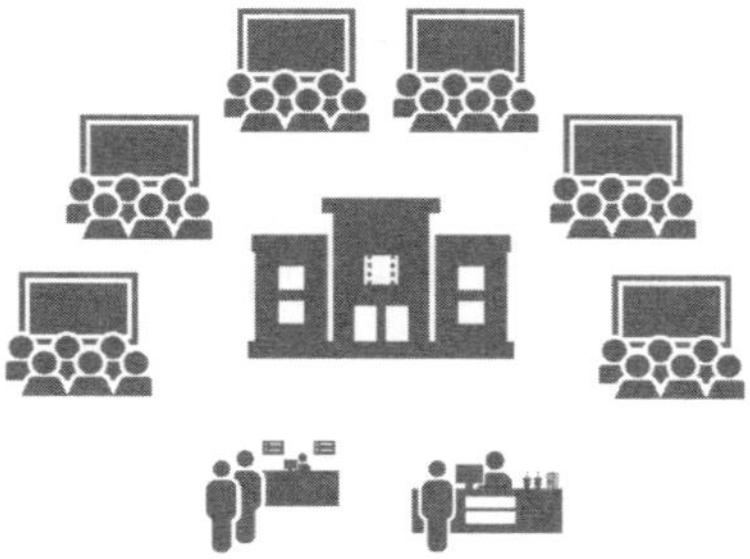

- 1つの劇場に5つ以上のスクリーン
- 作品の人気度に応じた弾力的な上映編成で、機会損失など興行リスクを軽減
- チケット売り場、売店、映写室などを集中管理し諸経費を削減
- ショッピングモールの中に立地して複合商業施設を構成し、集客で相乗効果

資料: 日本映画製作者連盟、東宝採用情報「映画業界について」ほかよりBBT大学総研作成

図ー8　シネコンは一般の映画館に比べ損益分岐点が大幅に低下

映画館業界の損益分岐点比率（調査年数は不連続、%）

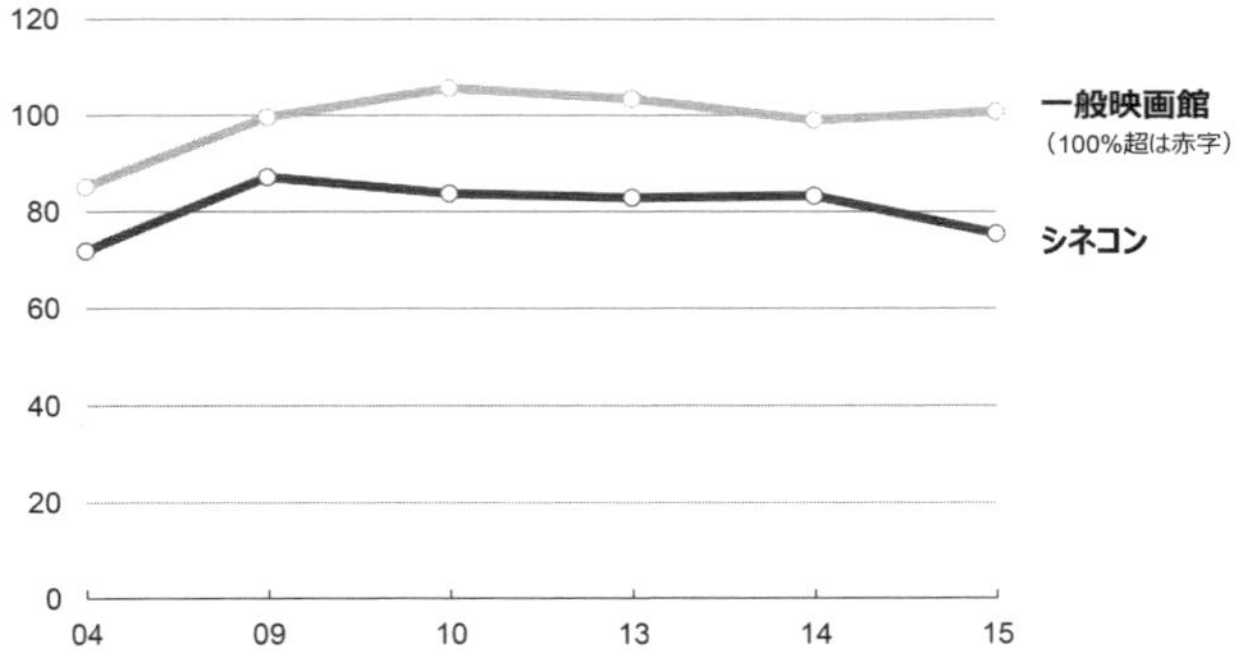

※損益分岐点比率＝損益分岐点売上高÷売上高×100
※経済産業省「特定サービス産業実態調査」の映画館の財務数値よりBBT大学総研が試算

資料: 経済産業省「特定サービス産業実態調査」よりBBT大学総研作成

座席利用率は20％前後に過ぎません。一般映画館は15％ほどですので、それよりは少し高いのですが、それでも8割が空いてしまっているという状況です（図－9）。

したがって、イオンエンターテイメントが取り組むべき課題は「施設稼働率の向上」なのですが、そのための解決策として私は「映画以外のあらゆるイベントを取り込むこと」が必要だと考えます（図－10）。

「映画館」ではなく「イベント会場」として施設稼働率を向上

配信プラットフォーム化してイベント会場に

施設稼働率を上げるには、映画以外の各種イベント会場として用途拡大を図ることが重要です。そのポイントは、「映画館を映画館として考えない」ことです。

実は映画館は急速にデジタル化が進んでおり、デジタル対応スクリーンの割合は２００６年には3％に過ぎませんでしたが、２０１４年には97％となっています（図－11）。

このデジタル対応スクリーンを使えば、コンサートや演劇、スポーツ、国際会議、発表会、記者会見など多種多様なイベントをインターネットや衛星で中継することが可能です。つまり、映画館を配信プラットフォーム化するという考えです（図－12）。

図−9 シネコンの年間平均座席利用率は20%前後、利用率向上が業界の課題

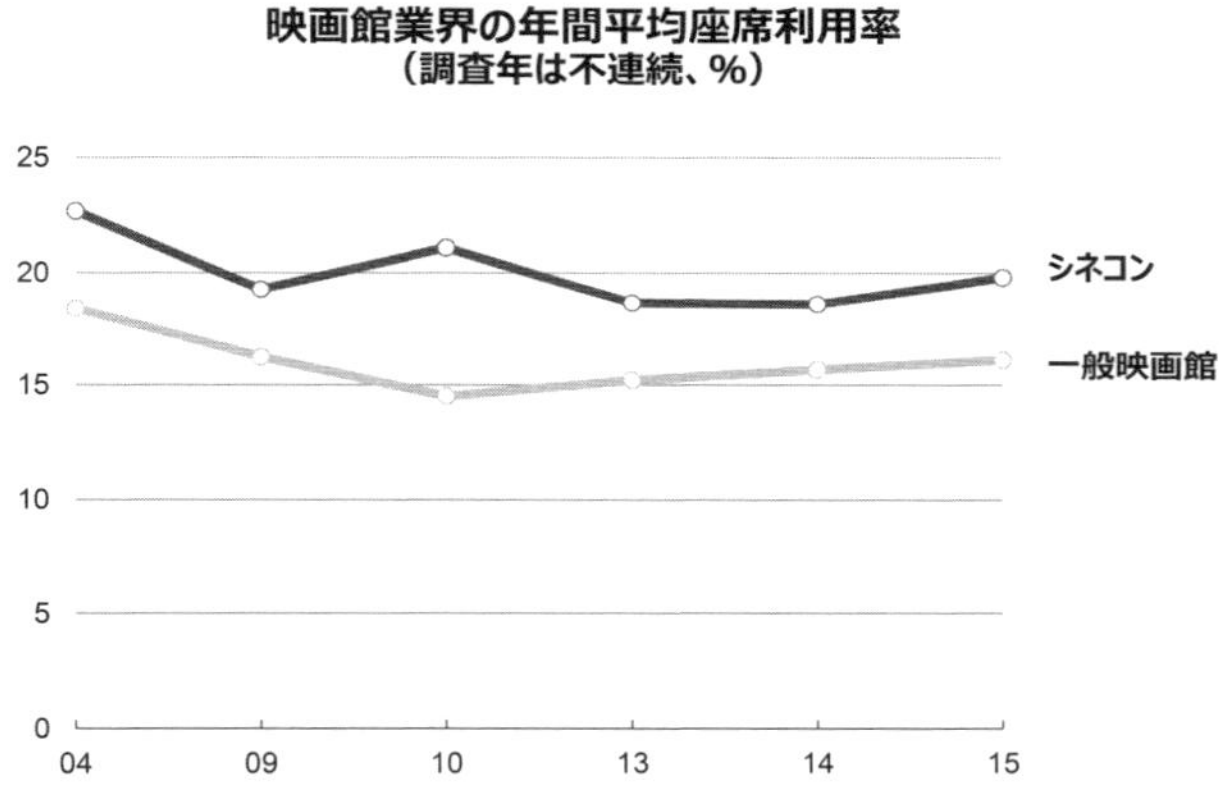

※年間平均座席利用率＝年間入場者数÷年間座席提供数×100
※年間座席提供数＝座席数×4回転×365日

資料: 経済産業省「特定サービス産業実態調査」よりBBT大学総研作成

図−10 施設稼働率の向上が課題

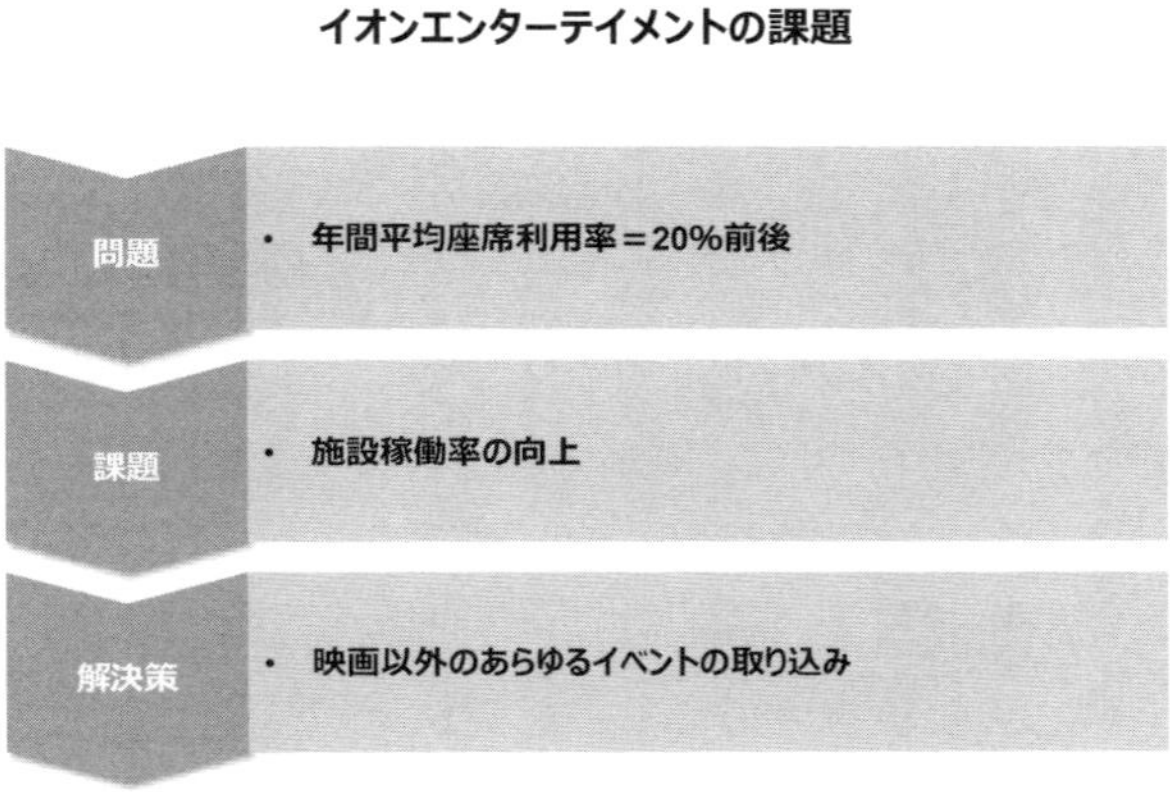

資料: BBT大学総研作成

例えばコンサートや演劇なら、ある会場で開催されている様子を全国80カ所以上あるイオンエンターテイメントの映画館に配信して、お客さんにそこで見てもらう。スポーツも、大きな試合があると学校や公民館などに集まってテレビで見る場合があるのですが、もっと居心地のいい映画館に場所を移してもらうこともできます。

国際会議や記者会見も、わざわざ開催地まで行く必要はありません。映画館で中継を見て、質問がある場合もそこから発言できるでしょう。

法人相手にもチャンスがあります。企業では「○周年記念式典」のような行事が行われることがありますが、そのようなイベントの会場として映画館を使ってもらうのです。本社で行っている式典を全国の映画館に配信し、社員は全国各地の営業所から一番近い映画館に行って式典に参加します。

ホテルチェーンとの協業も視野に

飲食スペースを併設することでイベント用途はさらに拡大を図ることができます。そのためには、ホテルチェーンと協業することを考えます。大規模なホテルはどこも多くの宴会場を抱えていますが、いずれも稼働率の向上が課題となっています。こうしたホテルと手を組めば、先ほど挙げたようなイベントだけでなく、冠婚葬祭などの行事も取り込むことが可能になります。

ホテルと複合施設を構成し、映画館を会場として冠婚葬祭イベントを行います。イオンエンターテイメ

図—11　映画館のデジタル化が急速に進展

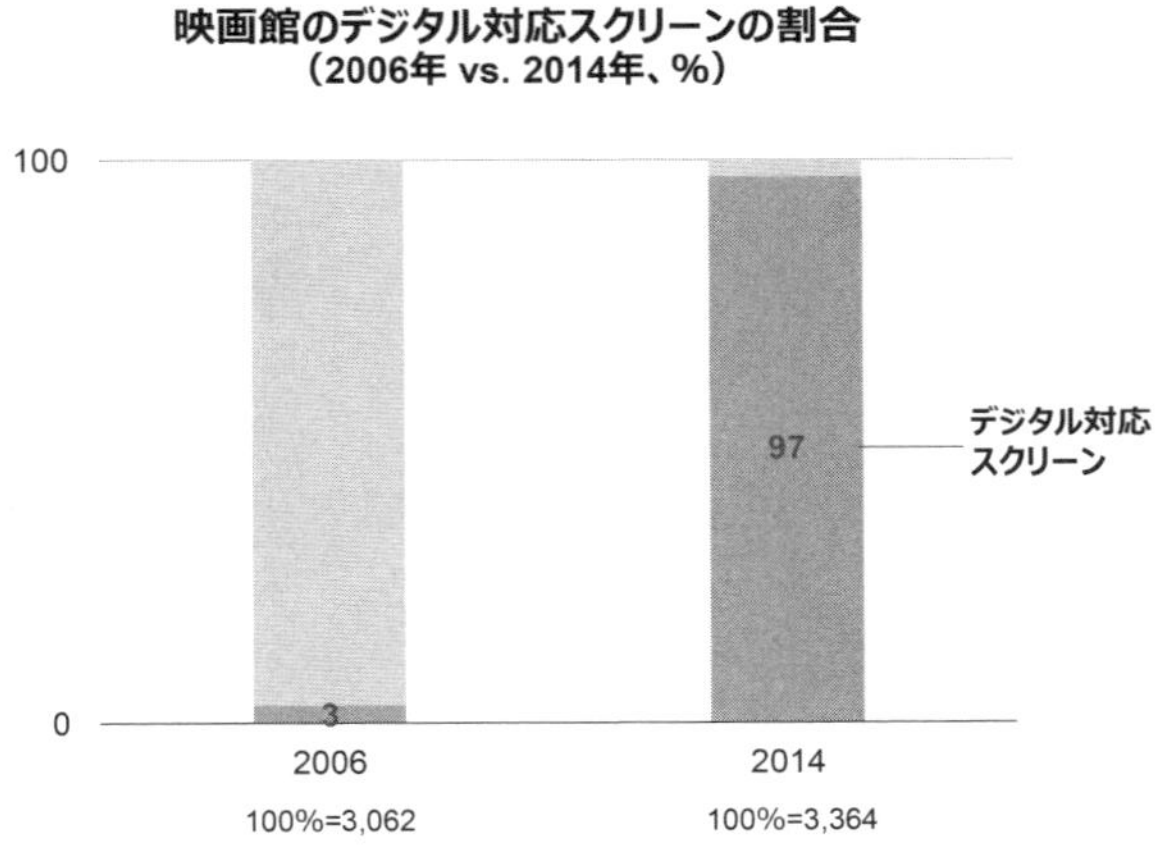

資料: 日本映画製作者連盟「日本映画産業統計」、時事映画通信社「映画年鑑」よりBBT大学総研作成

図—12　映画以外の各種イベント会場としての用途拡大を図り施設稼働率を向上させる

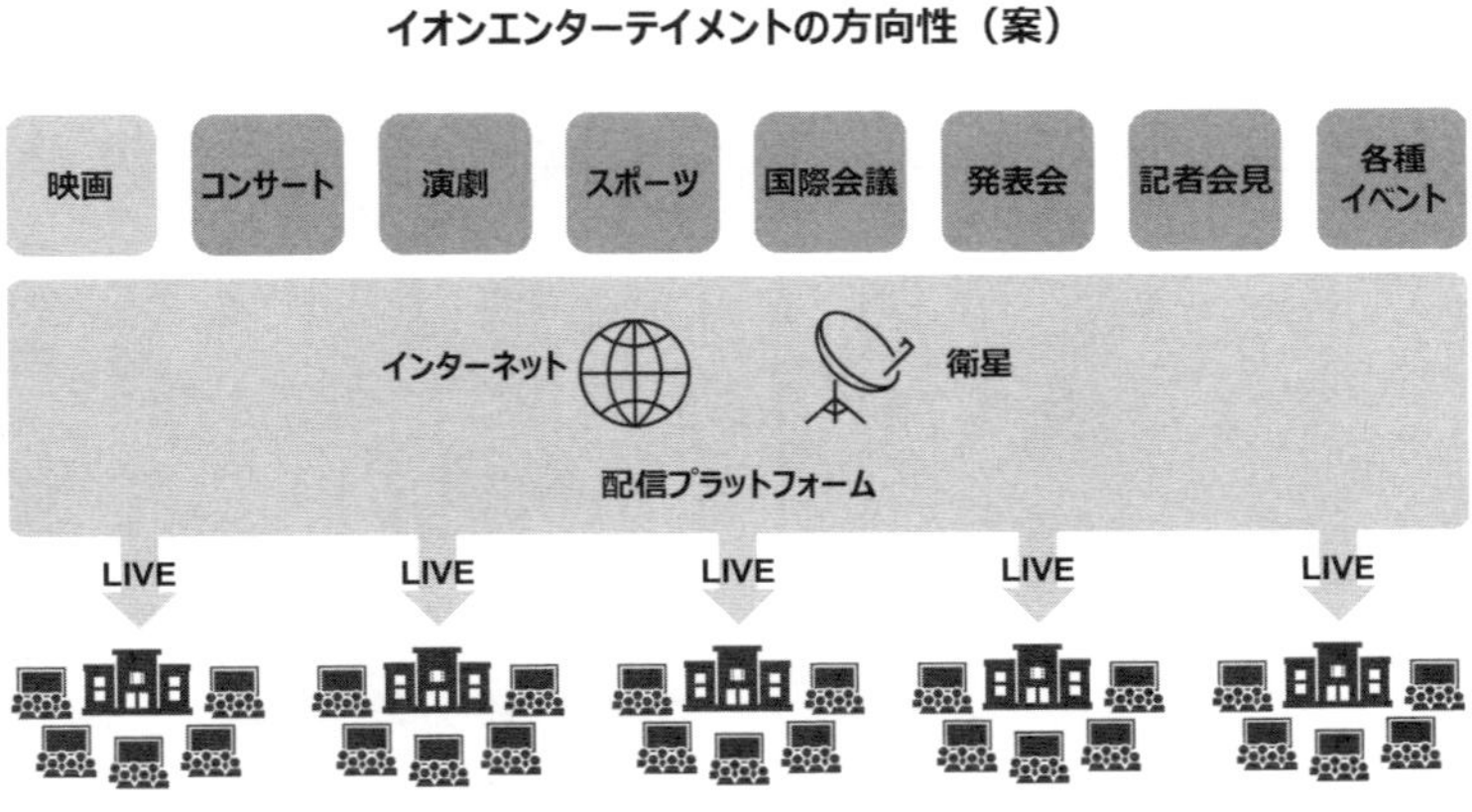

資料: BBT大学総研作成

ントはイベントを配信し、ホテルは食事などを提供し、イベント会場としての用途の拡大を図ります。

映画館としての用途だけであれば、顧客単価はチケット代のみですが、上記のようなイベントを取り込むことができれば、顧客単価は数万円を見込むこともできるでしょう。このようにあらゆるイベントや行事に対応できる複合施設を開発・展開していくという道もあります。

現在のシネコンの年間平均座席利用率は20％前後ですが、それを向上させるポイントは施設を「映画館」だと思わないことです。映画館ではなく「イベント会場」として捉え、どう使えばよいのかを考えるべきでしょう。

全国84カ所で、７０９ものデジタル対応スクリーンを持っているというのは大きな強みです。その武器を活かして、映画館を映画以外のイベントや行事の会場にする、場合によってはホテルチェーンと手を組んで複合施設を展開する。これが私の考える、イオンエンターテイメントが取り組むべき戦略です。

まとめ

☑ デジタル対応スクリーンを活かして映画館を配信プラットフォーム化し、あらゆるイベントや行事の会場として用途拡大を図る。

☑ ホテルチェーンと協業し、イベント配信だけでなく食事の提供などにも対応できる複合施設の開発・展開も視野に入れる。

大前の総括

映画館ではない見方を考えよう。今の業態に囚われず、展開に発想の転換を

ハコモノ行政がうまくいかないように、施設稼働率の低さが構造的・慢性的にあり、コンテンツに魅力があっても改善は難しい。映画館としてではないハコの捉え方で、映画以外のあらゆるイベントの取り込みを考えよう。本当の課題の前提条件に囚われていては、課題は解決できない。柔軟な発想の転換が重要だ。

CaseStudy

12

NTT（日本電信電話）

いかに新たな「顧客価値」を創造するか

あなたがNTT（日本電信電話）の社長ならば
不振が続く国内事業に対して
どのような抜本策を打ち立てるか？

※2015年3月に実施したケーススタディを基に編集・収録

正式名	日本電信電話株式会社 NIPPON TELEGRAPH AND TELEPHONE CORPORATION
設立年	1985年4月
代表者	代表取締役社長　鵜浦 博夫
本社所在地	東京都千代田区
業種	情報・通信業
事業内容	NTTグループの統括・調整 基礎的研究開発
資本金	9,380億円（2015年3月期）
従業員	2,850名（2015年3月期）

グループ連結指標（2015年3月期）

2,850名（2015年3月期） 営業収益11兆953億円 従業員数24万1,593人 連結子会社数917社

固定から携帯へシフト、固定通信網の独占性が失われたNTT

ナンセンスな分割再編

1985年の電気通信市場の自由化を受け、NTTはかつての公社から民営化、さらに1999年には持株会社へ移行、東・西地域会社および長距離・国際会社に分割再編されました。

図－1を見ると、欧州主要キャリアが一体的な事業形態であるのに対し、NTTの事業形態は、米国のAT&Tに非常に近いことが分かります。これはAT&Tの分割民営化方式にならいNTTの分割再編が進められたためです。しかし、もともと1つの通信ネットワークを距離や地域で分けるという発想が疑問でしたし、また、インターネット時代では「距離」という概念自体がナンセンスであるため、当時、このNTTの分割再編に私は大反対でした。

NTTがこのような分割再編の歩みを進めるなかで、国内の通信サービスは携帯電話の登場により固定通信から移動通信へ急速にシフトしました。図－2はNTTの持っていた「固定通信網」の独占性が実質的に失われたということを示唆しています。固定電話の契約数は97年度をピークに減少に転じ、もはや増加に転じることは期待できません。

有用性の低下した「固定通信網」の更新・維持・管理コストが足かせに

携帯電話の普及により「固定通信網」がその有用性を失い契約減少が続く状況において、NTTは設備の更新・維持・管理に巨額の費用を投じ続けなければなりません。図－3には国内通信大手の設備投資費・減価償却費、ROA（Return On Asset、和訳は総資産利益率。企業に投下された総資産〈総資本〉が利益獲得のためにどれほど効率的に利用されているか＝事業の効率性・収益性を表す）を示していますが、巨大な「固定通信網」を抱えるNTTは毎年2兆円規模の設備投資費を必要とし、ほぼ同額の減価償却費が利益を圧迫、結果的にROAは3％前後と競合2社に比べ低迷しています。

さらには「NTT法（日本電信電話株式会社等に関する法律）」によりユニバーサルサービスを義務付けられているNTT東・西はこの非効率な固定回線網の縮小・撤退を機動的に行えないため、非効率経営を余儀なくされているのです。

図－4を見ると、NTTは「固定通信（地域・長距離・国際）」が45％で「移動通信」の39％より大きい。対して、KDDIやソフトバンクの後発参入組は固定通信の比率が低く、成長性・収益性の高い移動通信が主力事業です。すなわち、成長が見込めず維持・管理コストだけがかさむ固定通信事業を持つNTTよりも、〝収益性の高い移動体事業〟を〝稼げる場所だけ〟で機動的に展開できるNCC（1985年の通信自由化によって参入した「第一種電気通信事業者」の総称で、新興電信電話会社を略して「新電電」とも呼ばれる）の方

図ー1　NTTは米国の分割民営化方式にならい再編が進められた

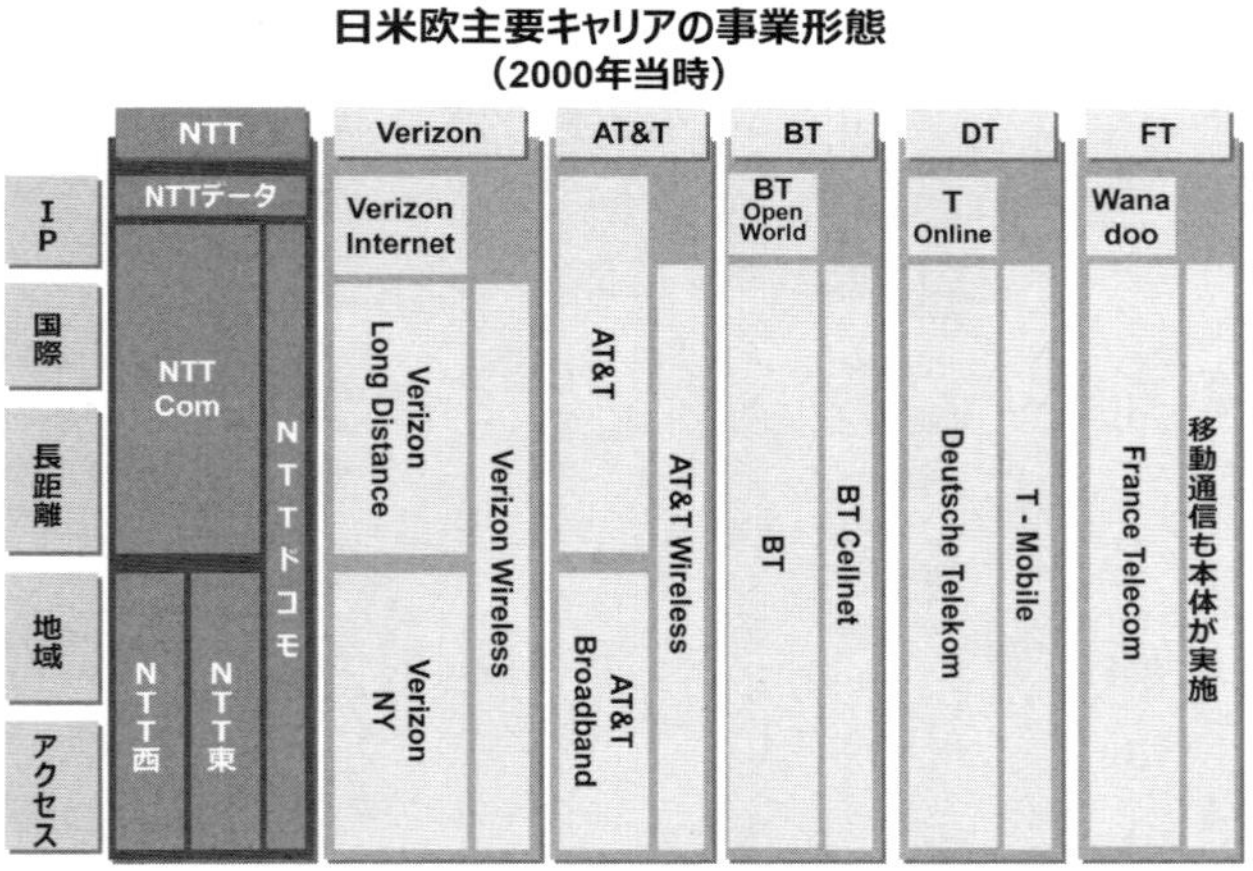

資料：NTT西日本資料『電気通信産業と規制緩和について』よりBBT大学総研作成

図ー2　通信サービスが固定電話から携帯電話へシフトするに伴い、「固定通信網」の独占性は自ずと失われた

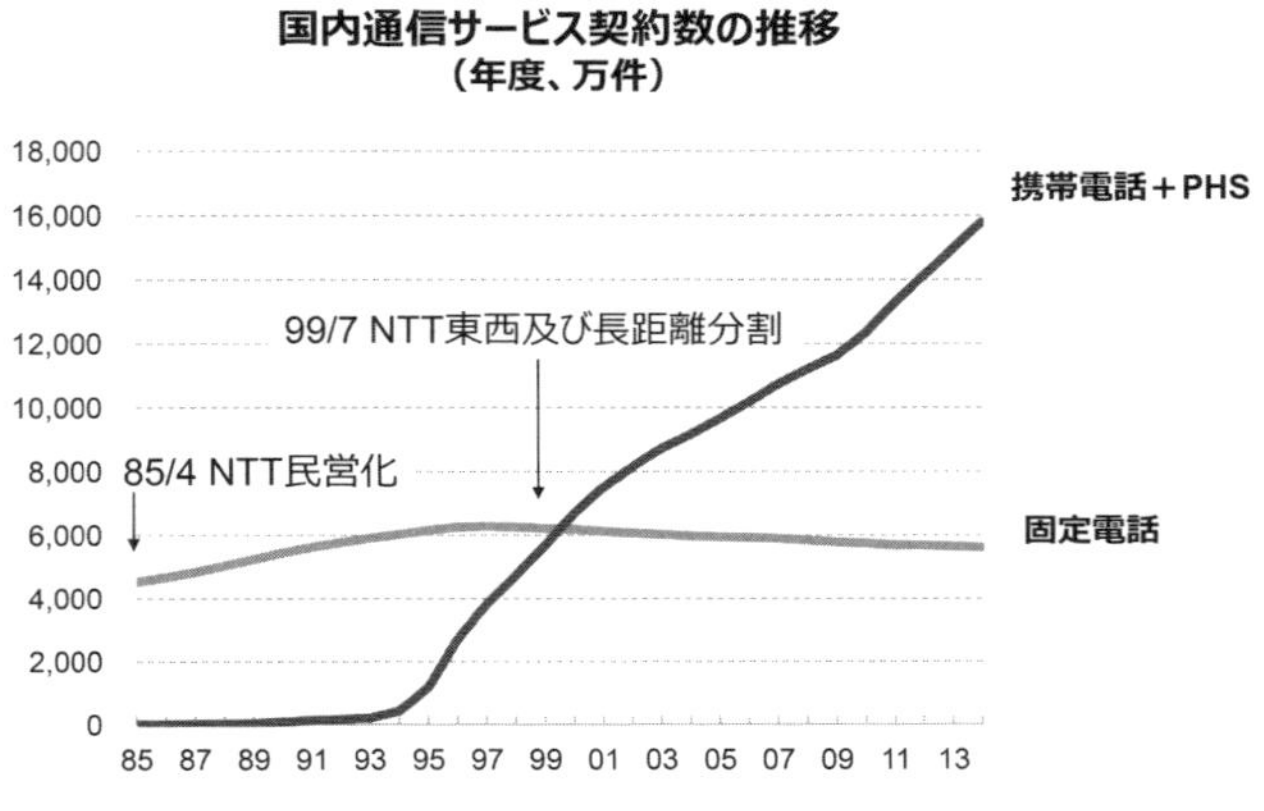

資料：総務省『電気通信サービスの契約数及びシェアに関する四半期データ』『情報通信白書』、
TCA『電気通信事業者協会（TCA）統計』よりBBT大学総研作成

が有利だといえるのです。

競争環境の変化とARPUの減少による成長の鈍化

伸び悩む売上・営業利益

固定通信が停滞するなか、1991年8月にスタートした移動体通信事業のNTTドコモが1990年代のNTTの成長を牽引してきました。しかし2000年代以降の成長は横ばいで、2014年度のグループ連結売上高は約11兆円といったところです（図－5）。

事業別の営業利益では、稼ぎ頭である携帯事業が直近で大きく減益、比較的高い利益率をキープしていますがここ数年悪化傾向です。長距離、SI、地域事業はいずれも5％程度にとどまります（図－6）。これら売上および利益の伸び悩みの背景には、主要サービスにおける一契約あたりの月間平均収入＝ARPU（Average Revenue Per User）の減少があります。固定電話、携帯電話、ブロードバンド（FTTH：Fiber To The Homeの略で、光ファイバーによる家庭向けのデータ通信サービス）全てで減少傾向にあり、とくに携帯電話においては7000円弱から4000円強まで下がっています（図－7）。

図—3　有用性が低下した「固定通信網」を持つNTTは非効率経営を余儀なくされている

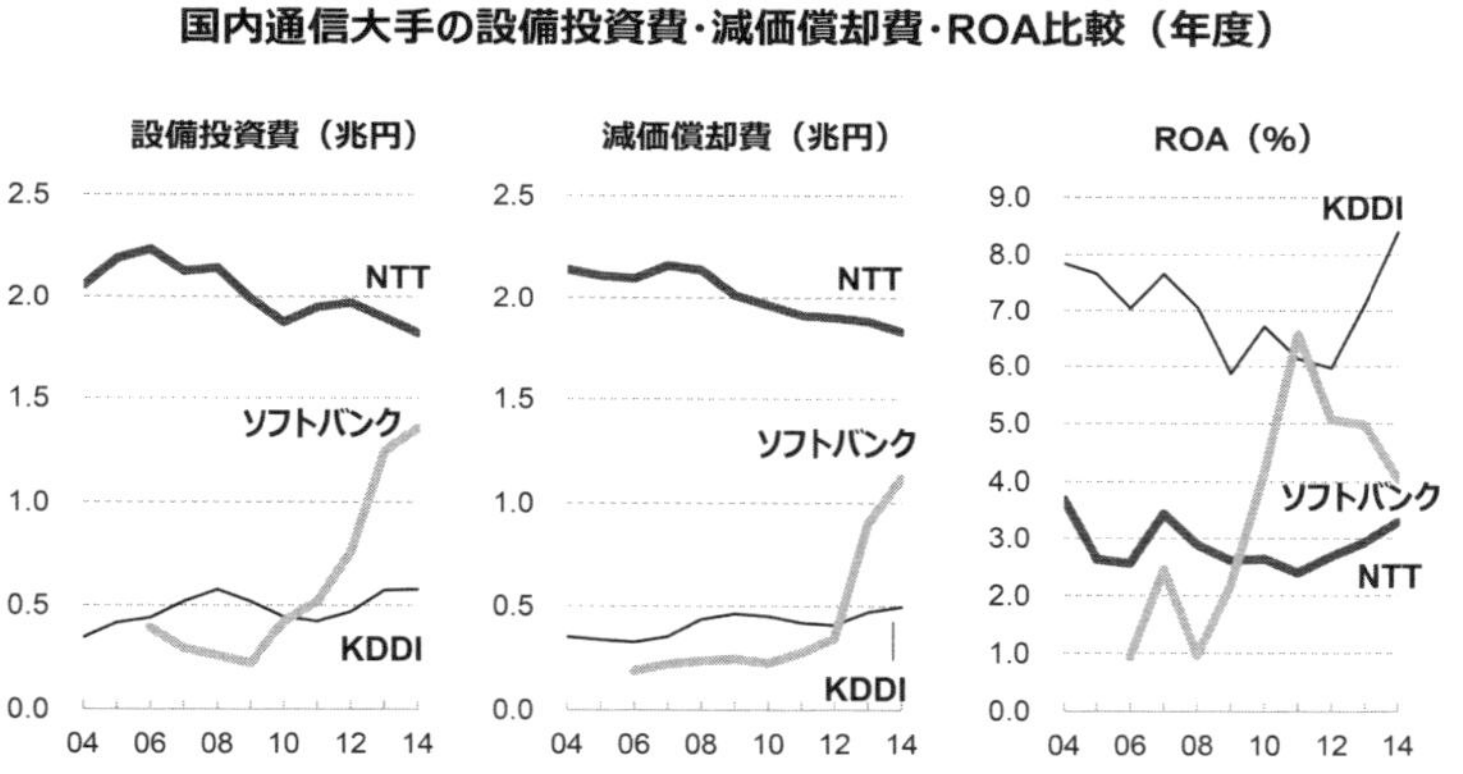

※ソフトバンクは2006年に英ボーダフォンの日本事業（旧J-フォン）を買収、13年度以降は米スプリント含む

資料: 各社決算資料よりBBT大学総研作成

図—4　「収益性の高い事業」を「稼げる場所だけ」で展開できるNCCの方が有利

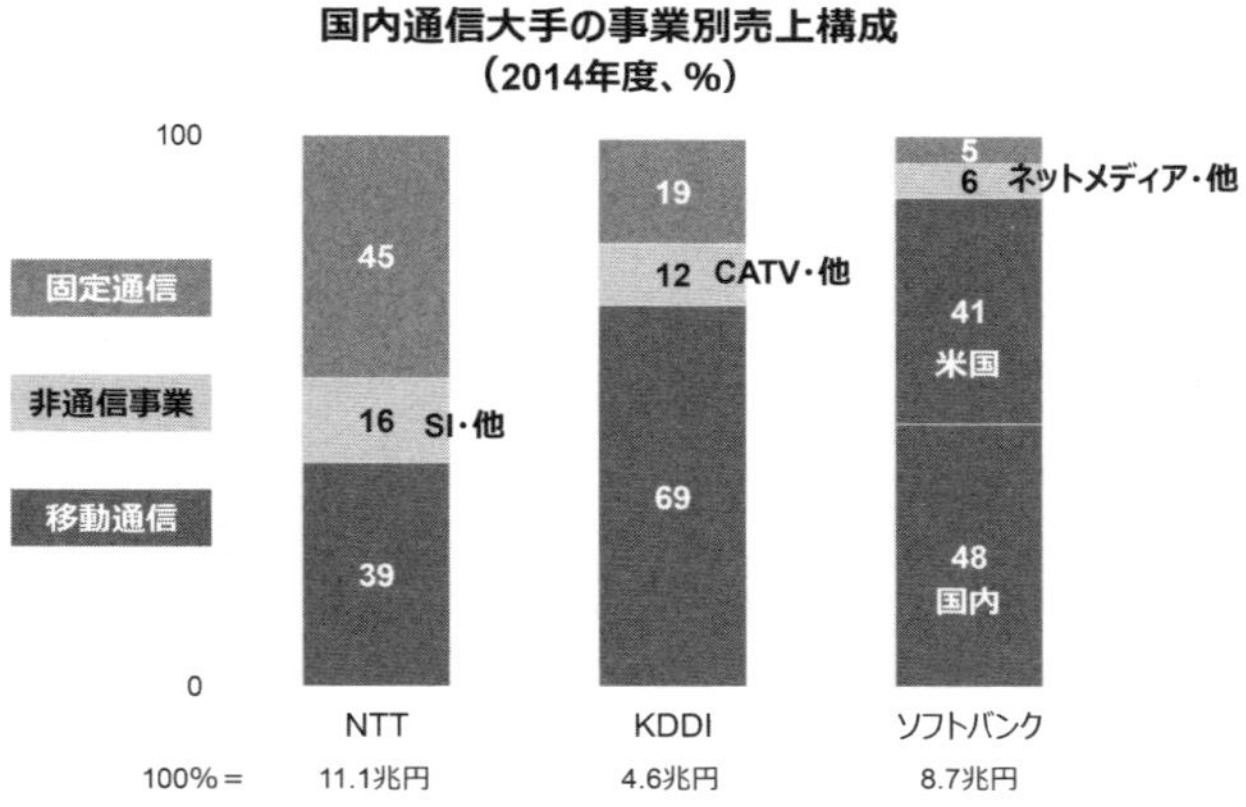

※構成比はBBT大学総研で再編集、KDDIの「CATV事業」は「固定通信セグメント」に含まれるが、ここでは「非通信事業」とした

資料: 各社決算資料よりBBT大学総研作成

ARPU減少はサービス間競争や事業者間競争の激化が背景

国内の通信インフラ市場そのものは、どう推移しているのでしょうか。

固定電話の契約数は1997年度をピークに徐々に減少し続け、さらにNTTは他社にシェアを奪われています。

携帯電話市場については、市場全体が成長しているためNTTドコモの契約数も伸び続けています。ただし、事業者別シェア（図−8）を見ると、かつて約6割を占めていたNTTドコモはシェアを失い続け2014年度末には44％まで落ちています。

また、固定ブロードバンド回線についてもトップシェアをNTTが守り続けていますが、すでに市場自体の成長が鈍化しつつあります（図−9）。

法規制がNTT売上低迷の要因に

長期停滞・低効率経営を強いられる「NTT法」

NTTの現状と、国内の通信インフラ市場を踏まえたうえで、改めてなぜNTTが売上低迷するに至っ

図－5　1990年代は「移動通信事業」が成長を牽引したが2000年代以降横ばい

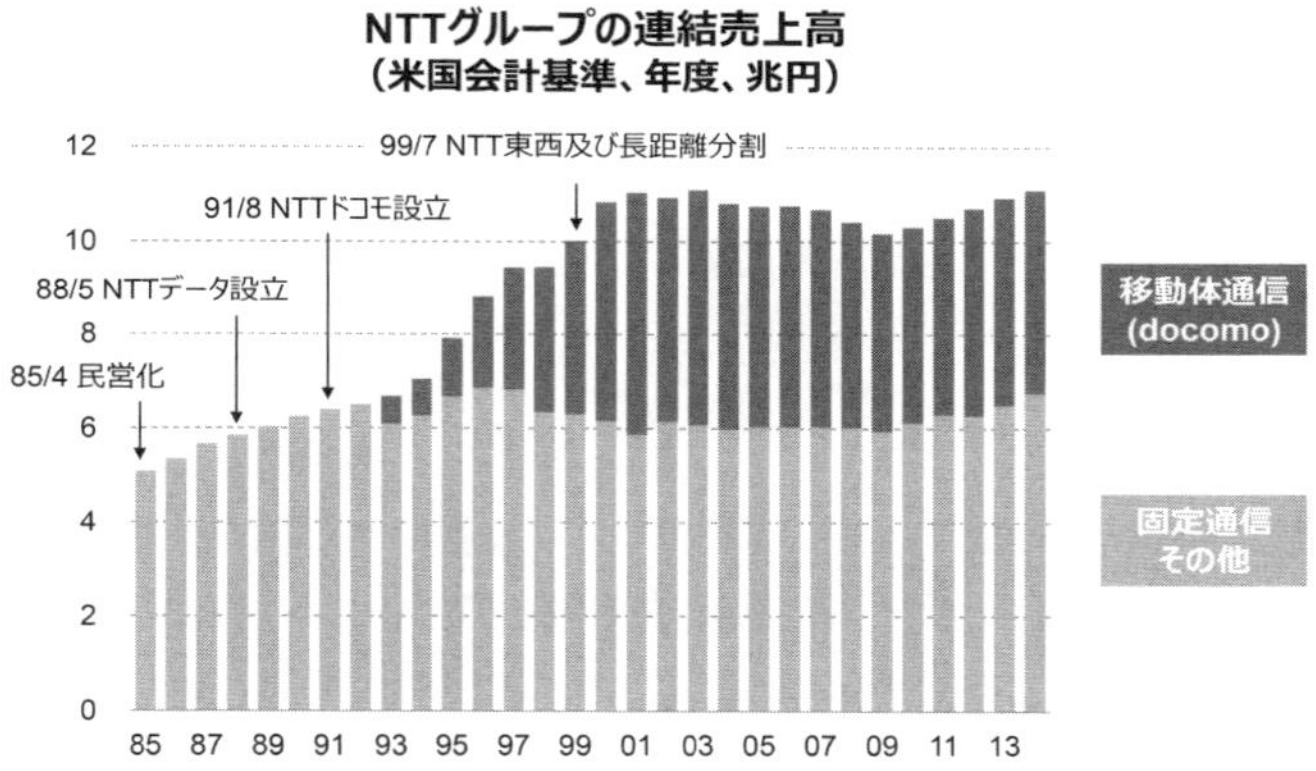

※1992年度以前は「固定通信・その他」に「移動体通信」を含む

資料: NTT『Annual Report』、NTTラーニングシステムズ『NTTの10年1985-1995』、
情報通信総合研究所『NTTグループ社史1995-2005』よりBBT大学総研作成

図－6　稼ぎ頭である携帯事業は前期大きく減益となった

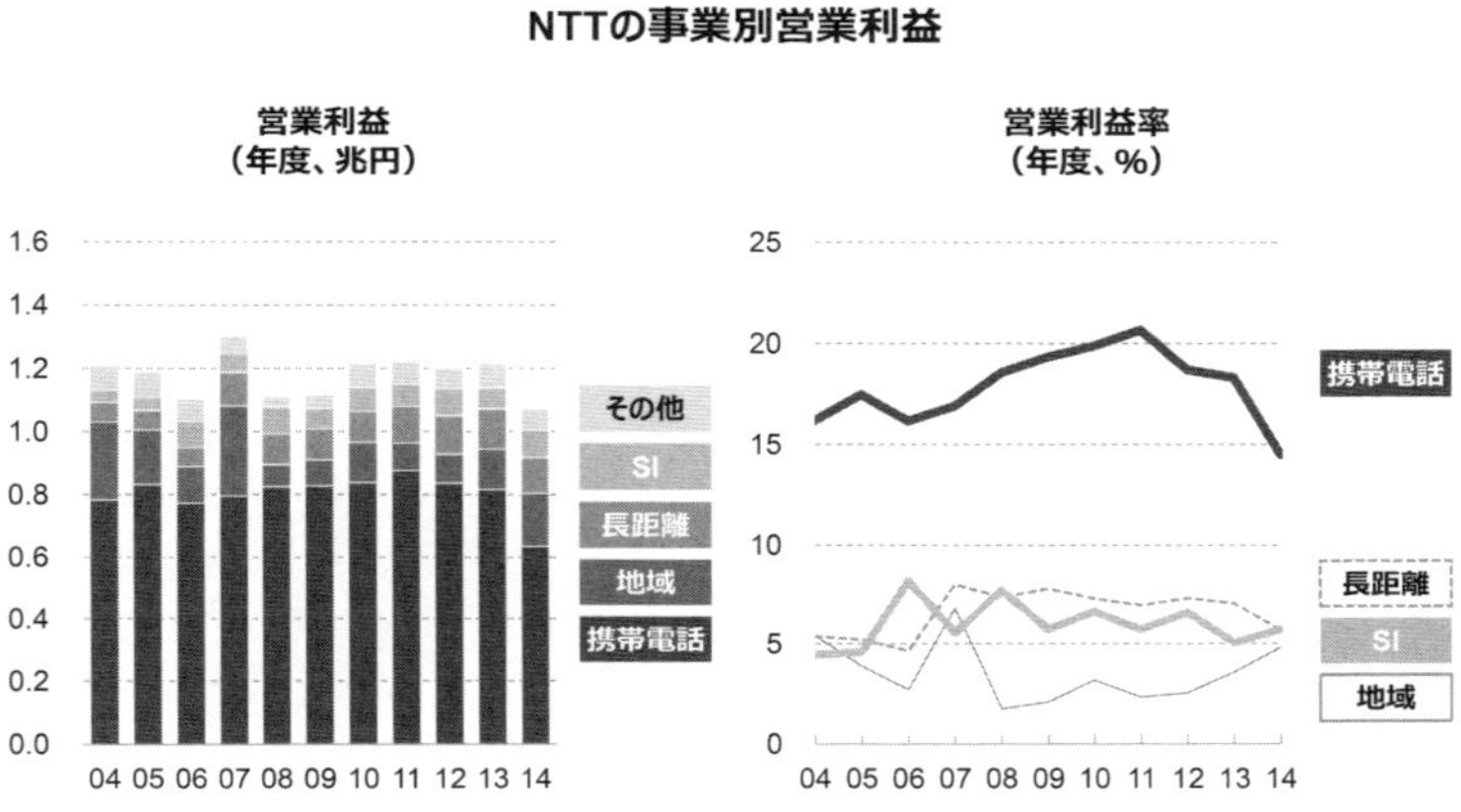

資料: NTT決算資料よりBBT大学総研作成

たかを整理してみましょう（図－10）。固定電話に関しては、先述したように独占のメリットが薄れ、逆に設備の更新・維持・管理コストというデメリットが大きく、契約数やARPUの減少も響いています。携帯電話は契約数が伸びているものの、他社との競争によりシェアが低下し、ARPUも大幅に減少しています。ブロードバンド（FTTH）は契約数が鈍化しており、ARPUも減少トレンドに転じています。つまり、通信インフラ事業には大幅な市場拡大が見込めず、長期停滞・低効率経営にならざるを得ないということです。

さてここで、NTTの戦略を考える前に避けて通れない法規制の問題があります。それはNTTの戦略的自由度を著しく制限する「NTT法」と「電気通信事業法」です。

「NTT法」は旧電電公社が民営化されNTTとして発足するにあたって、その設立意図や事業目的を定めた根拠法ですが、この法律は持株会社であるNTTと東・西地域会社に対し、「業務規制」「ユニバーサルサービス義務」「資本規制」を定めています。「NTT法」により東・西地域会社の業務は域内における固定通信事業に限定され、ユニバーサルサービス義務により過疎地などの不採算地域でもサービス提供を義務付けられています。東・西地域会社は現在インターネットサービスを提供していますが、これも「NTT法」の改正が必要でした。

また、通信業界の基本法制である「電気通信事業法」には支配的事業者に対する禁止事項規制があり、支配的事業者とされる東・西地域会社とドコモは他の通信事業者に対し優先的または不利な取り扱いをす

図ー7　NTT主要サービスの一契約あたりの月間平均収入（ARPU）も減少トレンド

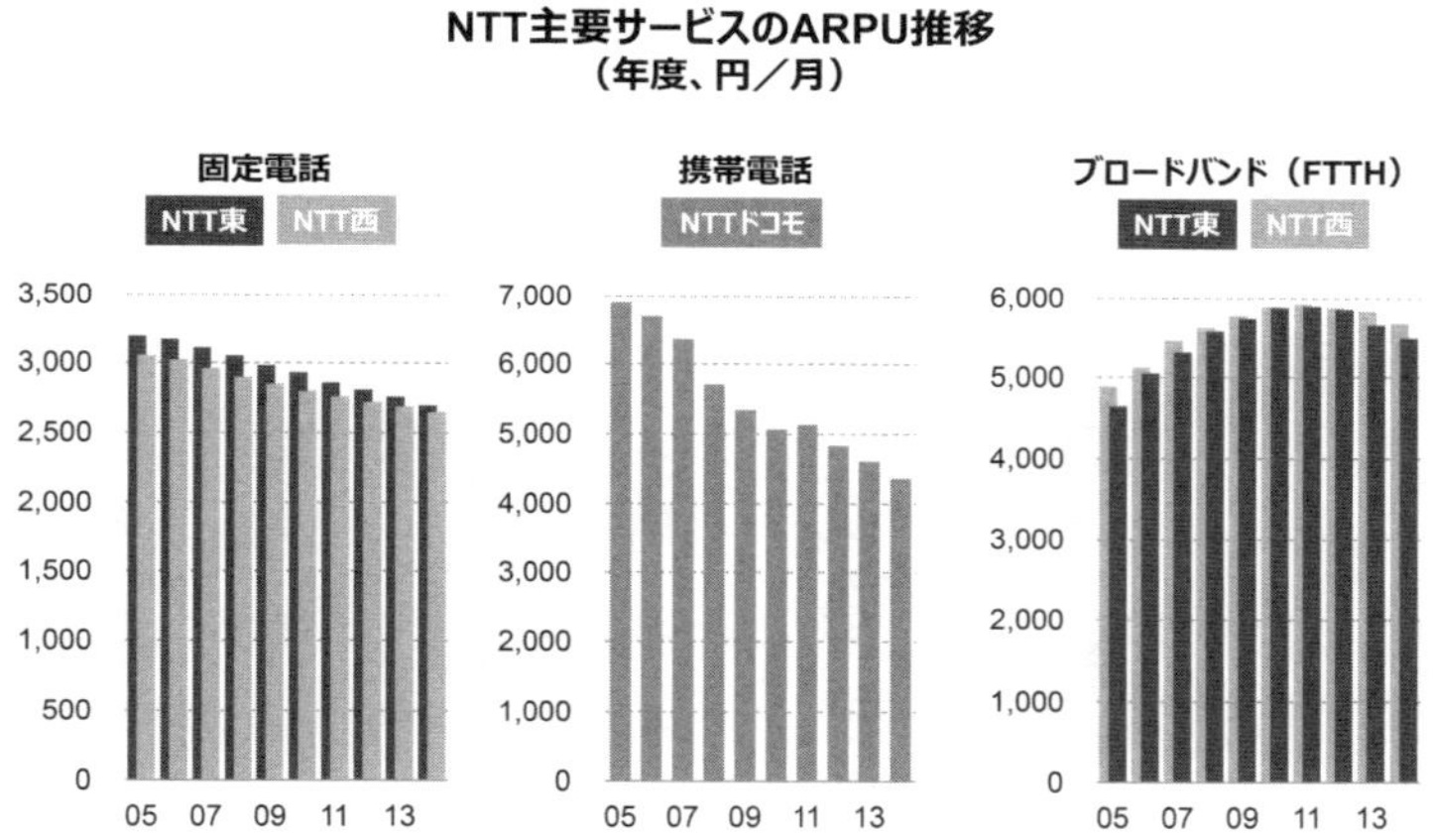

資料: NTT『Annual Report』、NTTドコモ決算資料よりBBT大学総研作成

図ー8　NTTドコモのシェアは減少の一途

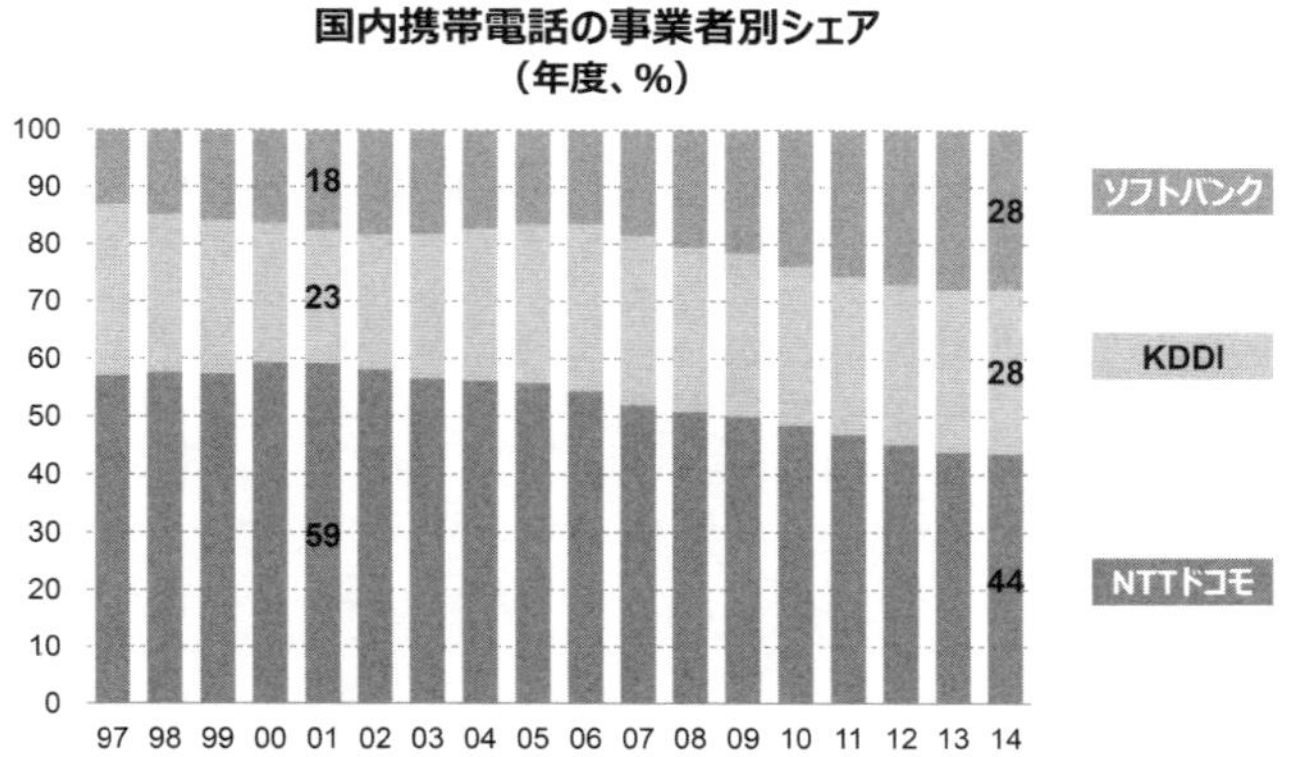

※「KDDI」…「旧IDO」「旧セルラー」「旧ツーカー」を継承、遡って合算
※「ソフトバンク」…「旧デジタルホン」「旧デジタルツーカー」「旧J-フォン」「旧ボーダフォン」「旧e-mobile」を継承、遡って合算

資料: TCA『電気通信事業者協会（TCA）統計』、
総務省『電気通信サービスの契約数及びシェアに関する四半期データ』よりBBT大学総研作成

ることが禁じられています。これはNTTグループ内の企業にも適用されるため、NTTは競合と差別化を図るような一体的なサービスを提供することが禁じられているのです。

しかし、携帯電話へのシフトに伴い、固定通信網におけるNTTの独占性は実質的に消失しており、固定インフラを持たないNCCの方がむしろ競争優位になりました。自由化と競争促進のための法規制ではありましたが、国民が利便性の高い一体的な通信サービスを享受できないという社会的損失も生んでいます。これらの諸規制により、NTTは1つの会社として一体的な成長戦略を描いていくことができないのです。したがって、NTTは何よりもまず国民（顧客）に対し明確な価値を提示し、これら時代遅れとなった諸規制の緩和・撤廃を強く要請していくことが重要です。

NTTの成長戦略を3つの方向性で考える

国内、海外、コンテンツ事業はいずれも困難

NTTの成長戦略については、国内シェアの拡大、営業エリアの拡大（海外展開）、事業分野の拡大と、大きく3つの方向性が考えられます（図－11）。それぞれの方向性を検証していきましょう。

「国内シェアの拡大」については、市場がすでに飽和し寡占が進んでいる状況において、限られたパイを

図—9　固定ブロードバンド回線は早くも成長が鈍化しつつある

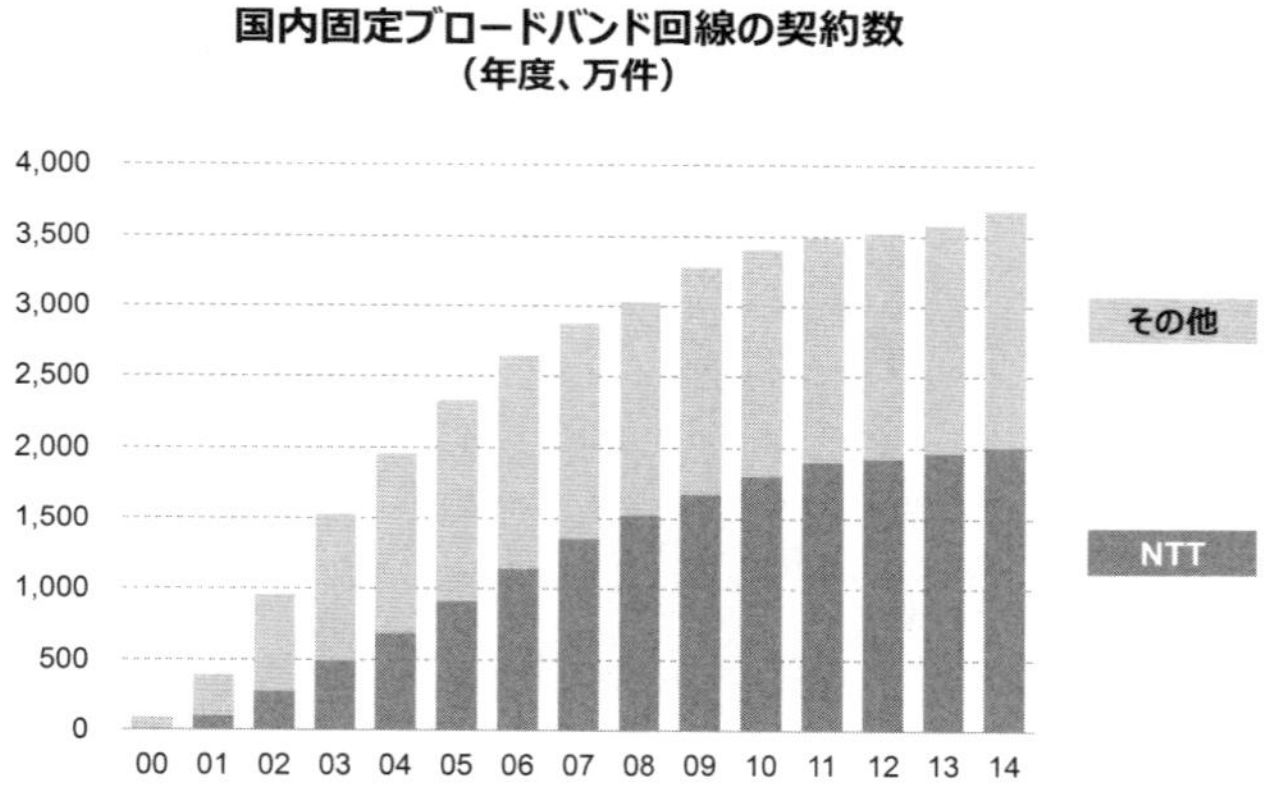

資料: 総務省『電気通信サービスの契約数及びシェアに関する四半期データ』『情報通信白書』よりBBT大学総研作成

図—10　「通信インフラ事業」は大幅な市場拡大は見込めず、長期停滞・低効率経営を強いられる

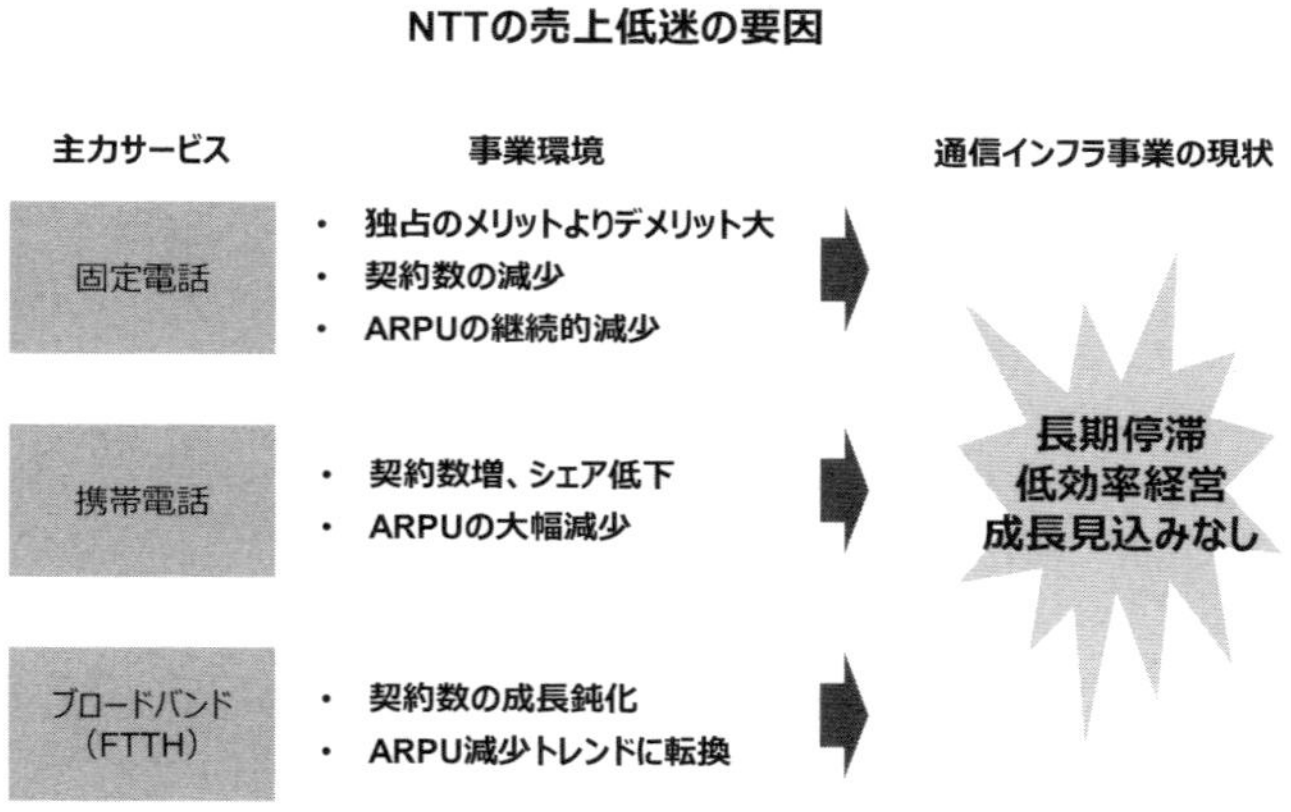

資料: BBT大学総研作成

奪うための有効な手段は値下げしかなく、これは売上減少と利益率の悪化を招くリスクが大きいです。

次に「営業エリアの拡大（海外展開）」については、過去、NTTドコモが幾度となく挑戦してきましたが、いずれも売却・撤退を繰り返してきました（図－12）。そもそも通信キャリアのクロスボーダーM&Aは、各国の通信法制上、トップ企業の買収はほぼ不可能で、逆に買収可能な企業となるとシェアの低い不振企業ばかりとなりリスクが高いのです。通信キャリアの海外展開成功パターンを見ると、「旧植民地・宗主国展開型」「欧州統合市場・近隣展開型」「新興国近隣展開型」の3タイプに整理でき、日系キャリアであるNTTにはいずれも困難なのです（図－13）。

したがって、NTTが優先すべき成長戦略は「事業分野の拡大」であり、具体的には通信を介して提供される様々な「コンテンツ」の強化と、それらコンテンツサービスの入り口となる「プラットフォーム（顧客管理・決済）機能」の強化です。しかし、コンテンツに関しては本来あらゆるプラットフォームに提供されるべきもので、NTTが顧客の囲い込みを狙って限定コンテンツを揃えるために経営資源を割くのはあまりよい判断とは思えません。例えばドコモでしか利用できないなどというコンテンツはユーザーにとっては利便性が低いうえに不満を増幅させるだけです。

NTT-Payでオープンプラットフォームに発展進化

NTTは電話料金の徴収を通じて決済機能と膨大な顧客の信用情報（支払い能力）を握っています。し

図−11　成長戦略の基本的な方向性は「国内シェア拡大」「海外展開」「事業分野の拡大」の3つ

NTTの成長戦略における現状と課題

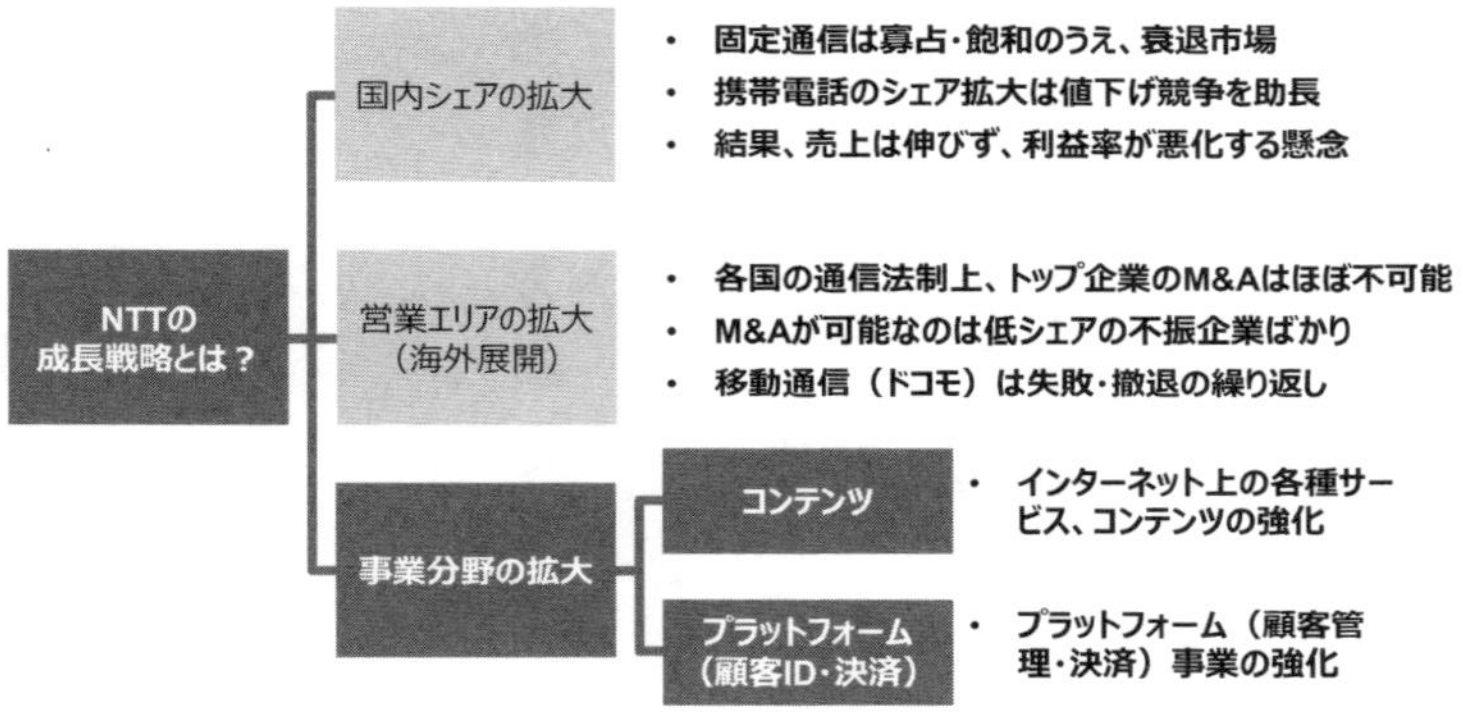
NTTの成長戦略とは？
国内シェアの拡大
・固定通信は寡占・飽和のうえ、衰退市場
・携帯電話のシェア拡大は値下げ競争を助長
・結果、売上は伸びず、利益率が悪化する懸念
営業エリアの拡大（海外展開）
・各国の通信法制上、トップ企業のM&Aはほぼ不可能
・M&Aが可能なのは低シェアの不振企業ばかり
・移動通信（ドコモ）は失敗・撤退の繰り返し
事業分野の拡大
コンテンツ
・インターネット上の各種サービス、コンテンツの強化
プラットフォーム（顧客ID・決済）
・プラットフォーム（顧客管理・決済）事業の強化

資料: BBT大学総研作成

図−12　移動通信事業で海外展開を図ったが巨額の損失とともに撤退を繰り返してきた

NTTドコモの主な海外展開の経緯

進出年	国・地域	出資企業	出資額（億円）	現状
2000年	オランダ	KPN Mobile	5,000	2005年　売却・撤退
2000年	英国	Hutchison 3G UK	1,900	2005年　売却・撤退
2000年	米国	AT&T Wireless	11,000	2004年　売却・撤退
2000年	台湾	KG Telecom munications	600	出資継続中
2005年	韓国	KTF	655	出資継続中
2008年	インド	TATA Teleservices	2,600	2014年　売却・撤退

資料: 日本経済新聞社『日本経済新聞』2014/4/26よりBBT大学総研作成

たがって、その強みを活かしてプラットフォームの強化に注力するべきだと考えます。プラットフォームに着目すると、NTTはすでに子会社を通じ、グループの請求業務を一元化しています。そもそもNTTに対する法規制は「通信インフラ（回線サービス）」に対する規制であり、プラットフォームサービスには適用されません。まずはここを突破口に将来的なグループの一体的サービスを図っていくべきだと思います（図－14）。

最強の決済業務&新たなポイントプログラムで勝負

現在、NTTドコモの携帯電話にも「ドコモ ケータイ払い」という決済サービスがあります。電話料金合算払い、ドコモ口座払い、DCMX（クレジットカード）など様々な決済手段を利用できますが、利用は一部提携サイト・サービスに限られます。そこでNTTが銀行を運営することで、公共料金、税金、家賃、リアルショップもオンラインショップも……あらゆるシーンとデバイスで決済サービスを提供する。そもそも、この決済機能はNTTが通信サービスを提供するうえでもともと有している機能です。電話料金払い、口座支払い、クレジット、電子マネーなど全て取り込めば、おそらく日本で最強の決済専業銀行になると思います（図－15）。

さらに、この決済プラットフォームをベースに、ポイント制度も実施しましょう。すでに他社の共通ポイントプログラム（共通ポイントプログラム：Tポイント・ジャパンの「Tポイント」、楽天の「楽天スーパーポイント」、

図ー13 海外展開モデルは「旧植民地・宗主国展開型」「欧州統合市場・近隣展開型」「新興国近隣展開型」の3タイプ…（日系通信キャリアにはいずれのモデルも困難）

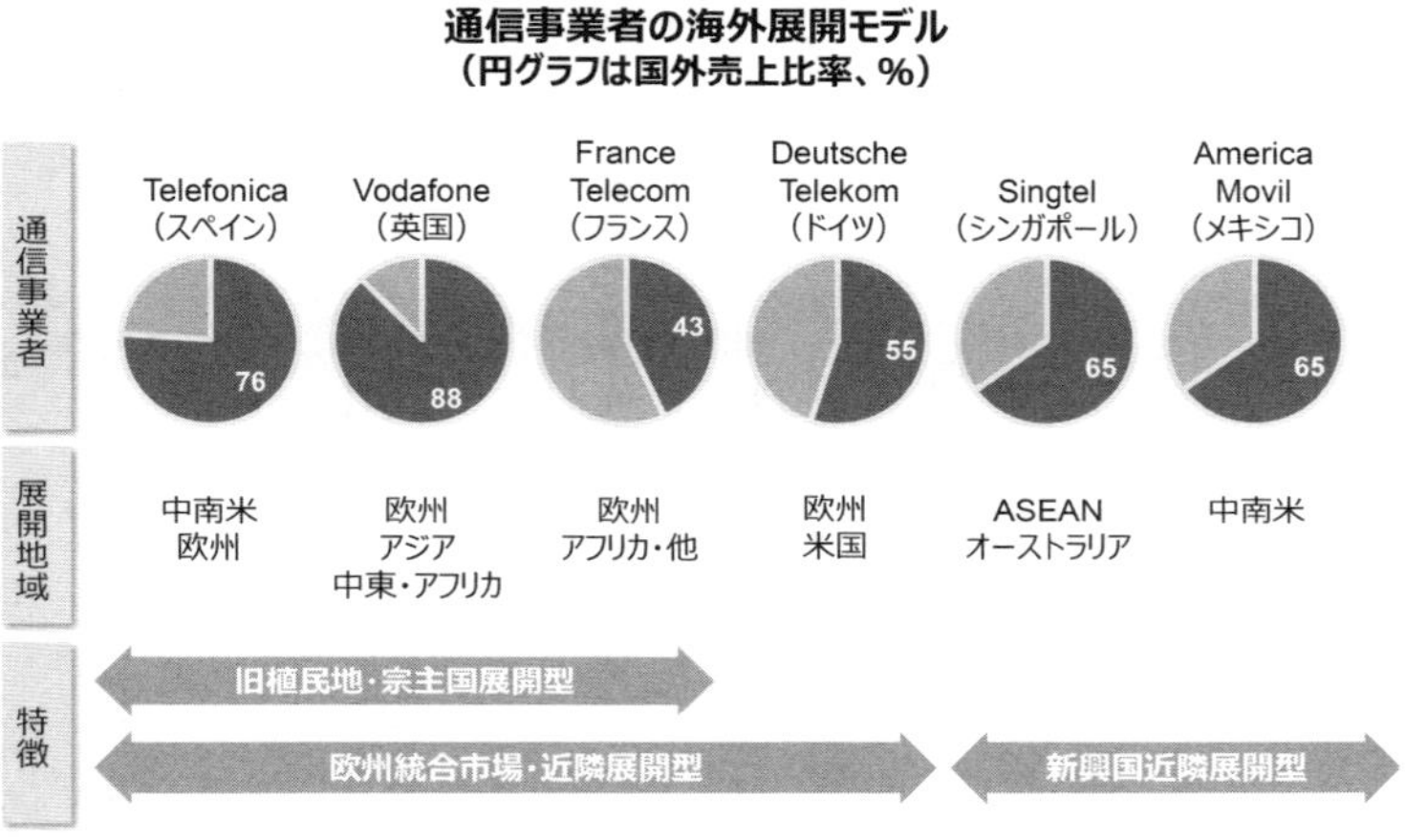

資料: 総務省『情報通信白書』2013よりBBT大学総研作成

図ー14 「プラットフォーム」の強化を軸に将来的なグループの一体的サービスを図る

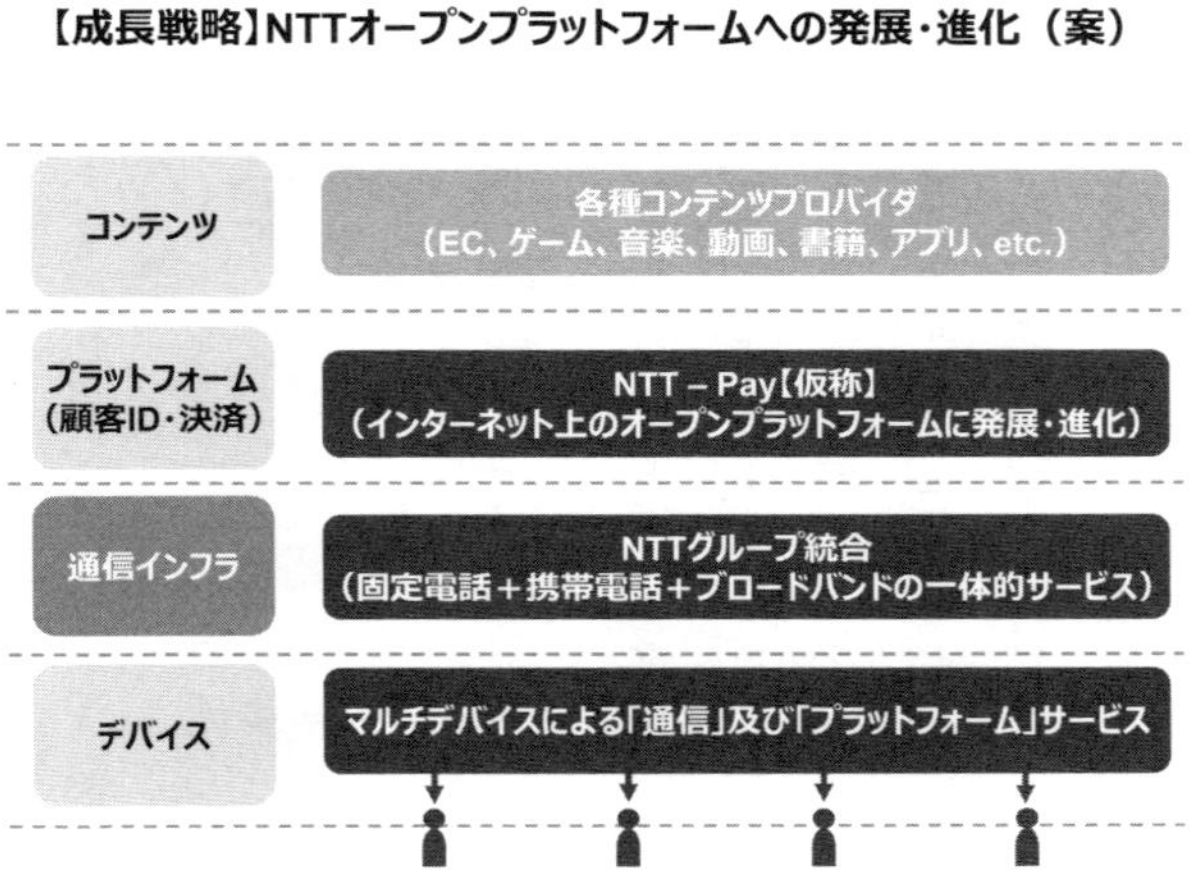

資料: BBT大学総研作成

ロイヤリティ マーケティングの「Pontaポイント」が国内の3大共通ポイントプログラム）は様々ありますが、それらに取り込まれるのではなく、あらゆる生活シーンで利用できる共通ポイントプログラムをNTT独自で作れば、新たなポイント経済圏を形成でき、プラットフォーム機能のさらなる強化につながります（図－16）。

遺物化した固定電話の進化系を提案

固定電話番号を各自の携帯電話でキャッチし、機能も共有

次に通信サービスの一体化を考えます。まず、前時代の遺物として「置物化」している固定電話について考え直します。私は固定電話を1カ月以上使っていません。多くの家庭がおそらく、滅多にかかってこないけれど長く使っているし、番号も捨てられない、という状況ではないでしょうか。

今はもう、一人1台以上の通信デバイスを持っている時代ですから、固定電話は撤去して、受話器もプッシュフォンも不要なタブレット型端末に置き換え、これまで使用してきた固定電話の電話番号を〝家族の代表番号〟として継承させるようにします。その代表番号にかかってきた電話は、各自の携帯端末でキャッチできるようにする。そして、電話帳、着信・発信履歴、留守電といったデータはサーバーで共有して、家族のどの携帯端末からでも確認可能にする。固定回線の長期契約者には、タブレットを無料、あるいは

図−15　あらゆるシーン、あらゆるデバイスで利用可能な決済プラットフォームを提供

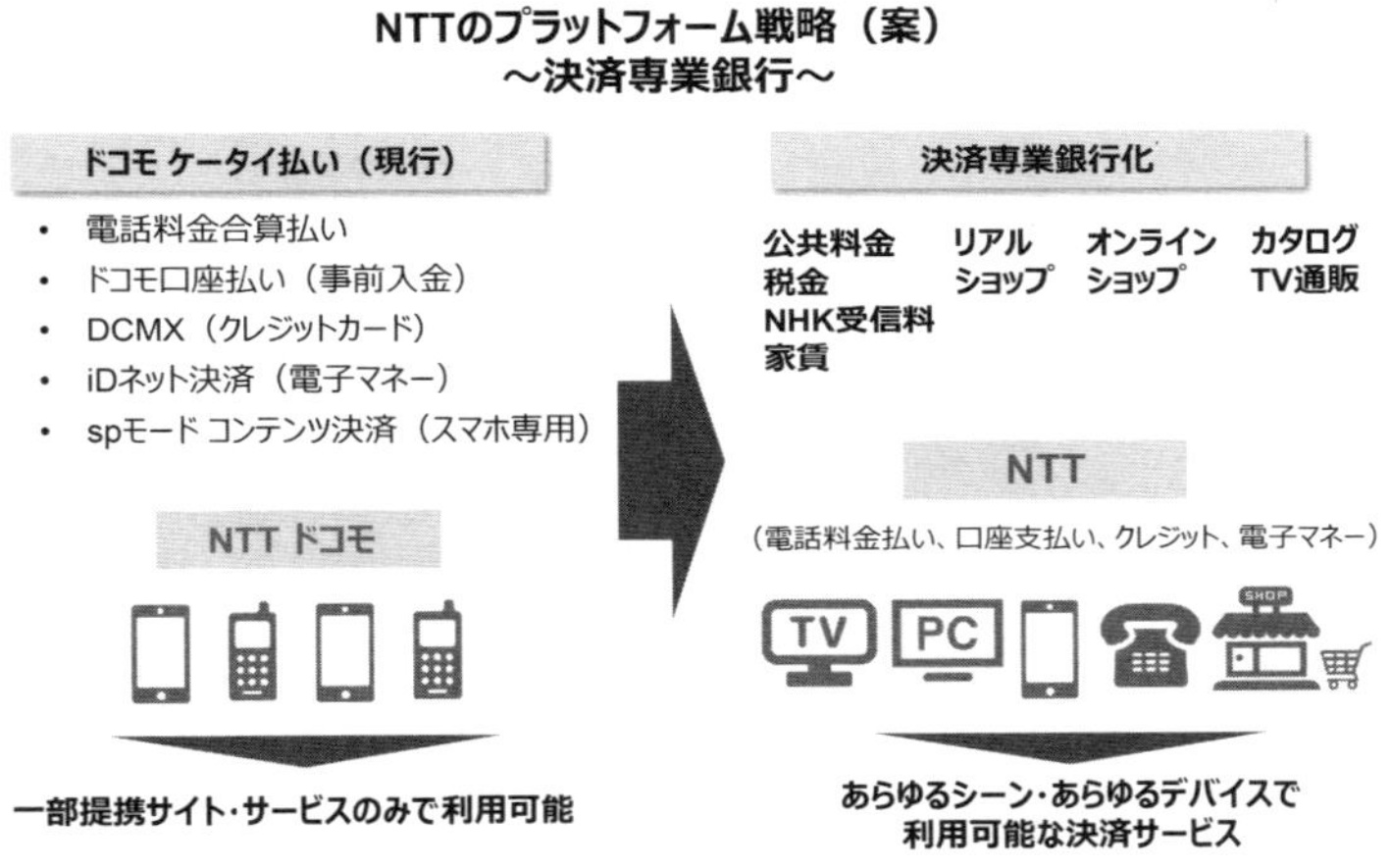

資料: BBT大学総研作成

図−16　決済プラットフォームをベースに共通ポイントプログラムによるポイント経済圏の形成を図る

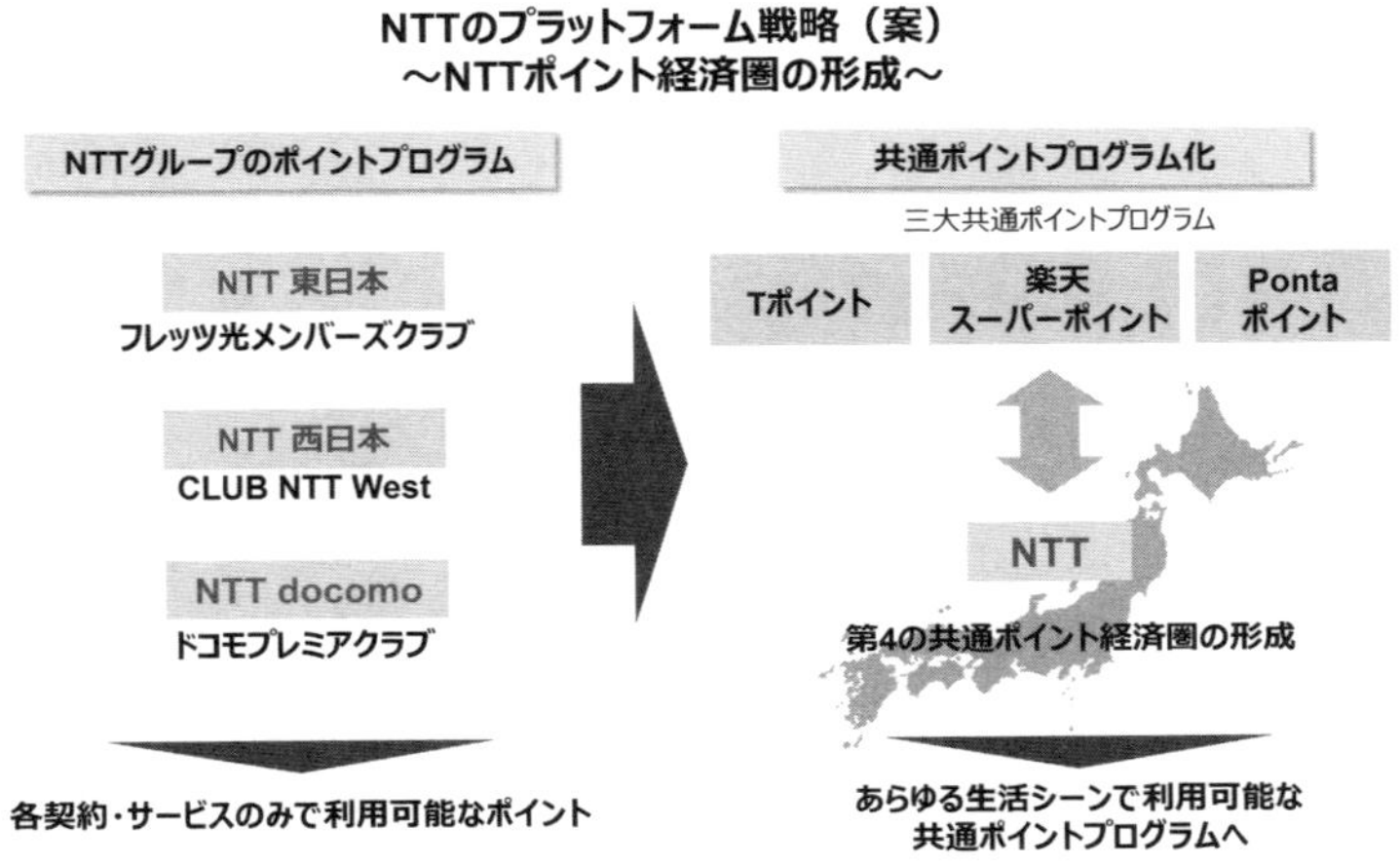

資料: BBT大学総研作成

低価格で提供してもいいと思います（図－17）。

このサービスで料金を一元化してしまえば、NTT東とNTT西を分ける必要も、長距離通信事業の必要もなくなります。プラットフォーム戦略としての決済サービス、共通ポイントプログラム、そして固定と携帯の一体化案……これでNTTは圧倒的に強くなります（図－18）。

さらに、私がNTT社長ならもっとアグレッシブに、銀行を1つ買収して、ここまで述べてきたことをすぐに実行できるようにします。海外展開で1兆円も使うくらいなら、数百億円で銀行を買う。それくらいのことはできます。これが「もしNTTの社長だったらどうするか?」への私の回答です。みなさんはいかがでしょうか。

図−17　物理的な固定電話を撤去、電話番号のみ残しタブレット型のデバイスに変更

通信サービスの一体化（案）
〜「固定電話」と「携帯電話」の一体化サービス〜

- 固定電話はタブレット型の通信デバイスに置き換え（受話器もプッシュボタンも不要に）
- これまで使用してきた電話番号のみ継承、家族の代表番号として使用
- 代表番号にかかってきた電話は各自の携帯端末でキャッチできるようにする
- 電話帳、着信・発信履歴、留守電はサーバーで共有、どのデバイスからも確認可能
- 固定回線長期契約者にはタブレットを無料または、低価格で提供

資料: BBT大学総研作成

図−18　「マルチデバイスにおけるプラットフォームサービス」「固定電話・携帯電話・ブロードバンドサービスの一体化」で成長を図る

NTTの成長戦略（案）

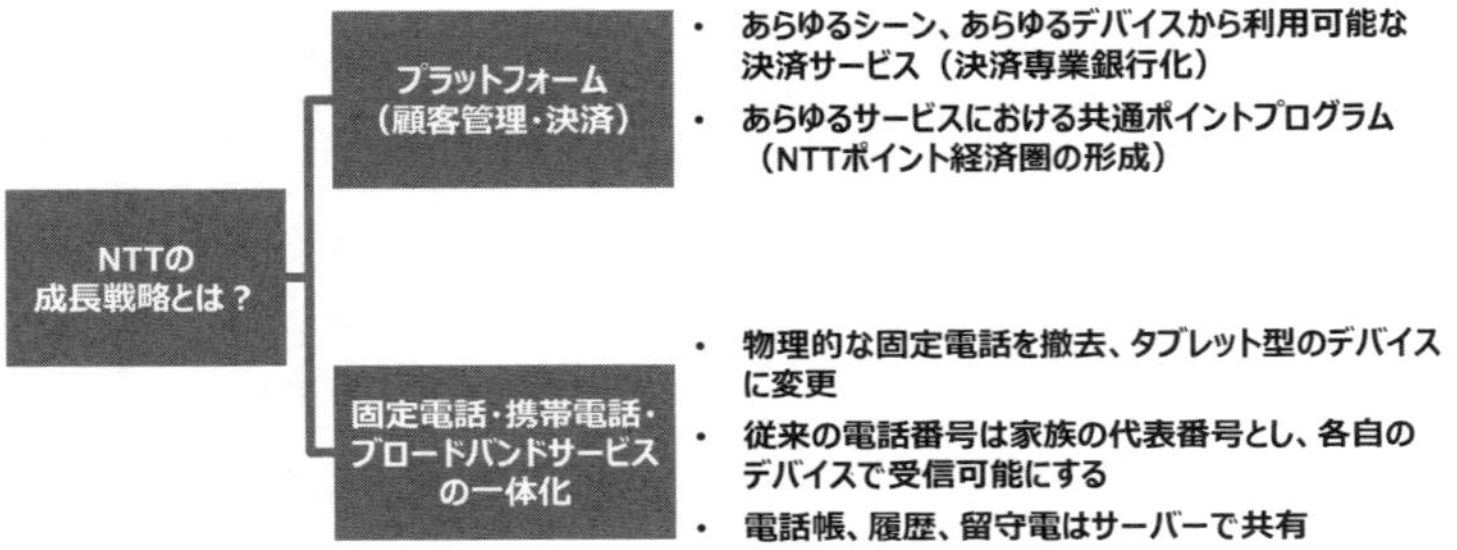

資料: BBT大学総研作成

まとめ

☑ NTTの強みであるプラットフォーム機能の強化を軸に、将来的にはグループの一体的サービスを図る。

☑ あらゆるシーンとデバイスで利用できる決済サービスを提供する（NTT-Pay）。

☑ 共通ポイントプログラムを提供し、プラットフォーム機能の強化を図る。またこれらのプラットフォームサービスを提供するために銀行を買収する。

☑ 固定電話はタブレット型端末に置き換え、通信サービスは携帯と一体化する。

大前の総括

顧客の信用情報は経営資源。決済システムやポイント経済圏などの構築基盤とせよ

インフラを担うという社会的意義ゆえに法規制による制限がやむを得ないところで展開・成長してきたビジネスモデル。今日的な状況に合わせた成長戦略を考えるにはプラットフォーム化への発展・進化しかあり得ない。

CaseStudy

13

安川電機

「成長分野」での守りと攻めの戦略

あなたが**安川電機**の社長ならば、
サービス用ロボットの市場拡大が予測されるなか、産業用ロボットで培った技術を活かし
ロボット事業の成長戦略をいかに考えるか?

※2016年8月に実施したケーススタディを基に編集・収録

正式名	株式会社安川電機
設立年	1915年
代表者	代表取締役社長　小笠原 浩
本社所在地	福岡県北九州市
業種	電気機器
事業内容	ACサーボモータ、インバータ、ロボットの開発・製造・販売
資本金	306億円(2016年3月期)
売上高	4,113億円(連結)(2016年3月期決算)
従業員	1万4,319名(連結)(2016年3月20日現在)

製造業のアジアシフトで産業用ロボットの市場が拡大

産業用ロボットの導入台数は新興国で急増中

安川電機は1915年に北九州市で創業した歴史のある会社です。北九州市でほぼ同時期に興された会社にTOTOがあります。サーボモータ（電子制御により回転角や回転速度を制御するモータ）、インバータ（モータの電源周波数を自在に変えることでモータの回転数を制御する装置）に強く世界一のシェアを占めており、またこれらによる駆動や制御でロボットの製作を手がけています。産業用ロボットの出荷台数では累積で世界一という会社です。事業別売上高構成を見ると、モーションコントロール事業（ACサーボモータ・制御装置やインバータの開発・製造・販売）と産業用ロボット事業の2つが主力事業です（図－1）。

世界の産業用ロボット導入台数はうなぎのぼりに急増中で、2015年では25・4万台に達しています（図－2）。産業用ロボットの主たる導入目的は労働力の代替ですので、低廉な労働力が豊富な状況では使われず、賃金上昇と労働力不足が顕著になってくると導入が進む傾向にあります。したがって、製造業が低賃金国（新興国）へシフトしていく過程で、産業用ロボットは先進国を中心に導入が進んできました。

近年、新興国でも賃金上昇と労働力不足が顕著となってきたことにより、新興国で産業用ロボットの導

図ー1　モーションコントロールおよび産業用ロボットが主力事業

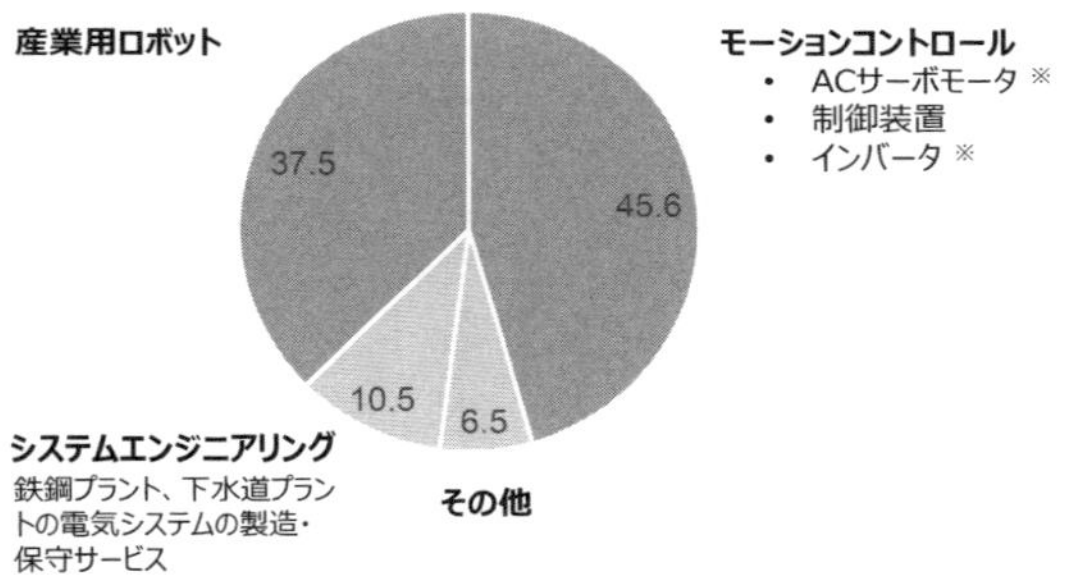

※ サーボモータ：電子制御により回転角や回転速度を制御するモータ
※ インバータ：モータの電源周波数を自在に変えることでモータの回転数を制御する装置

資料：安川電機IR資料よりBBT大学総研作成

図ー2　産業用ロボットの世界導入台数は2011年以降急成長、25.4万台に達している

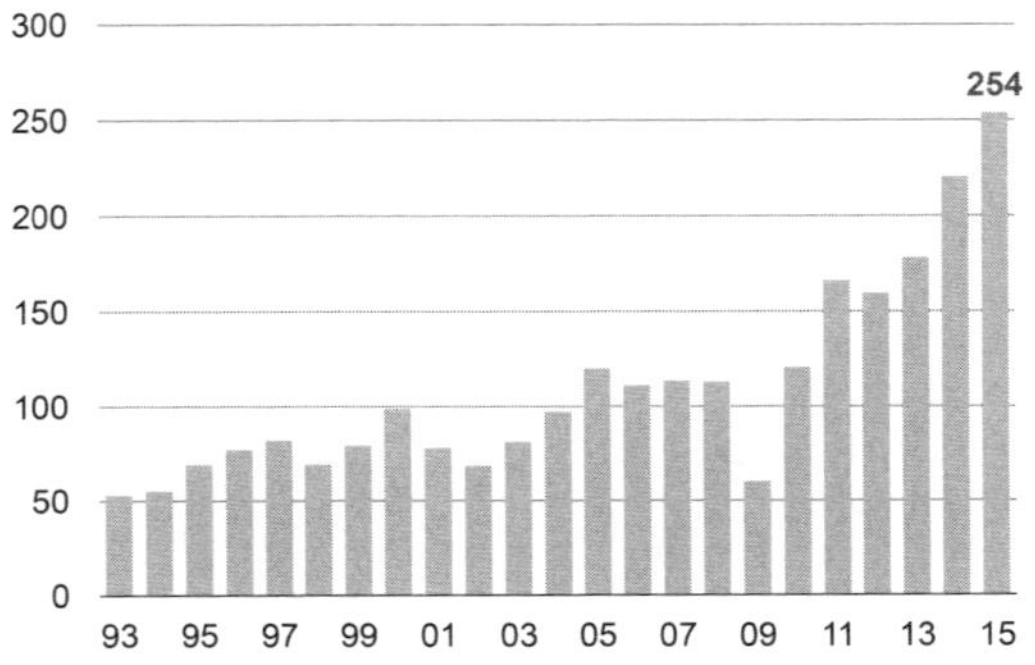

資料：国際ロボット連盟（IFR）「World Robotics」、プレスリリースよりBBT大学総研作成

入が急速に進んでいます（図－3）。

とくに中国主要都市における賃金上昇は顕著であり、今や一般工の最低賃金はタイ、マレーシア、インドネシア、ベトナムなど周辺新興国の最低賃金を上回っています（ジェトロ「第26回 アジア・オセアニア主要都市・地域の投資関連コスト比較」より）。現在、中国では賃金上昇と労働力不足による製造業の国外流出を防止し、同時に製造業の高度化を推進することが課題となっています。そのため、中国政府は２０１０年以降、製造業の高度化を図る産業政策を矢継ぎ早に発表しており、産業用ロボットの導入が急速に進んでいます（図－4）。

中国の産業用ロボット市場では地場系企業が台頭

最大市場である中国の産業用ロボット導入企業の内訳を見ると（図－5）、かつてはほぼ外資系ロボットメーカーの製品しか導入されていなかったのが、近年は中国系ロボットメーカーが台頭し、２０１５年では全体の3分の1近くを中国系ロボットメーカーが占めています。これら中国系ロボットメーカーはローエンドのエントリー機に強く、世界的な価格競争を促進し、安川電機など先進国メーカーの強力なライバルとなっています。

図－3　新興国におけるロボット導入台数が急増

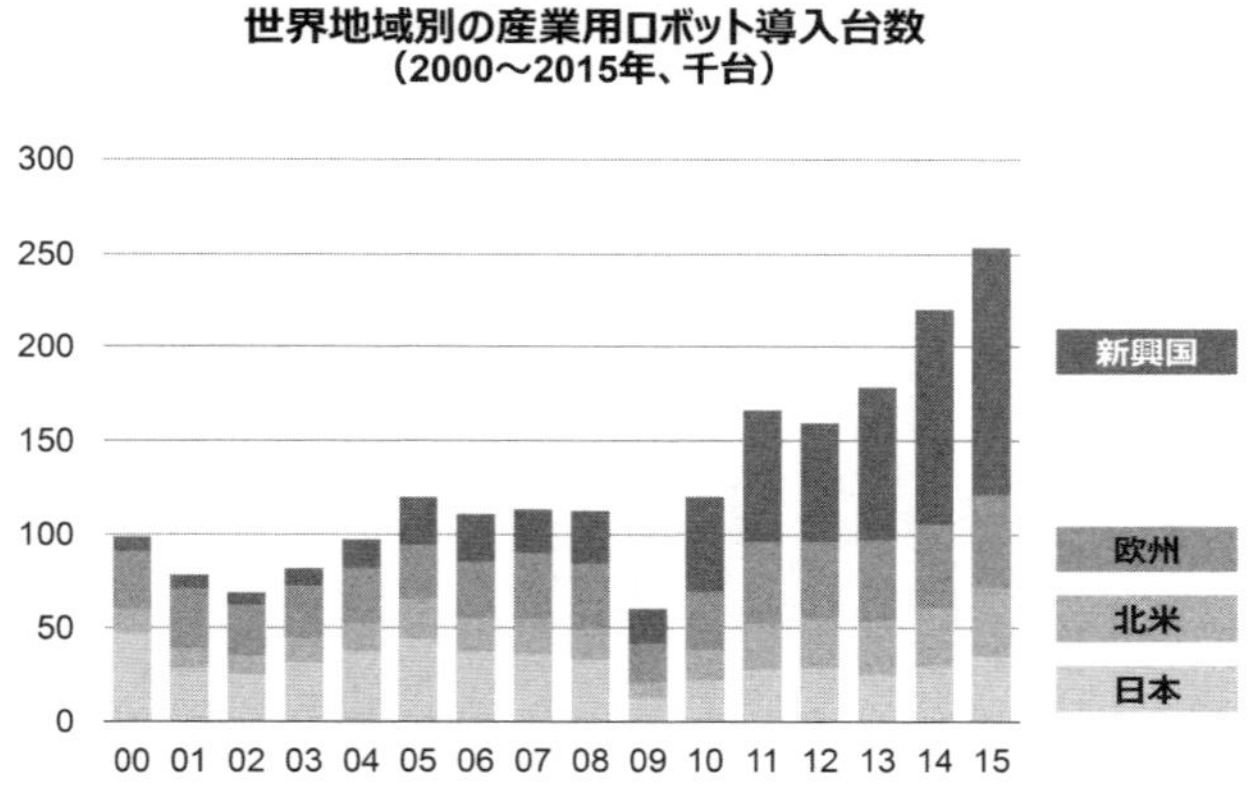

資料：国際ロボット連盟（IFR）「World Robotics」、プレスリリースよりBBT大学総研作成

図－4　中国、韓国を中心にアジア地域へのロボット導入が急速に進んでいる

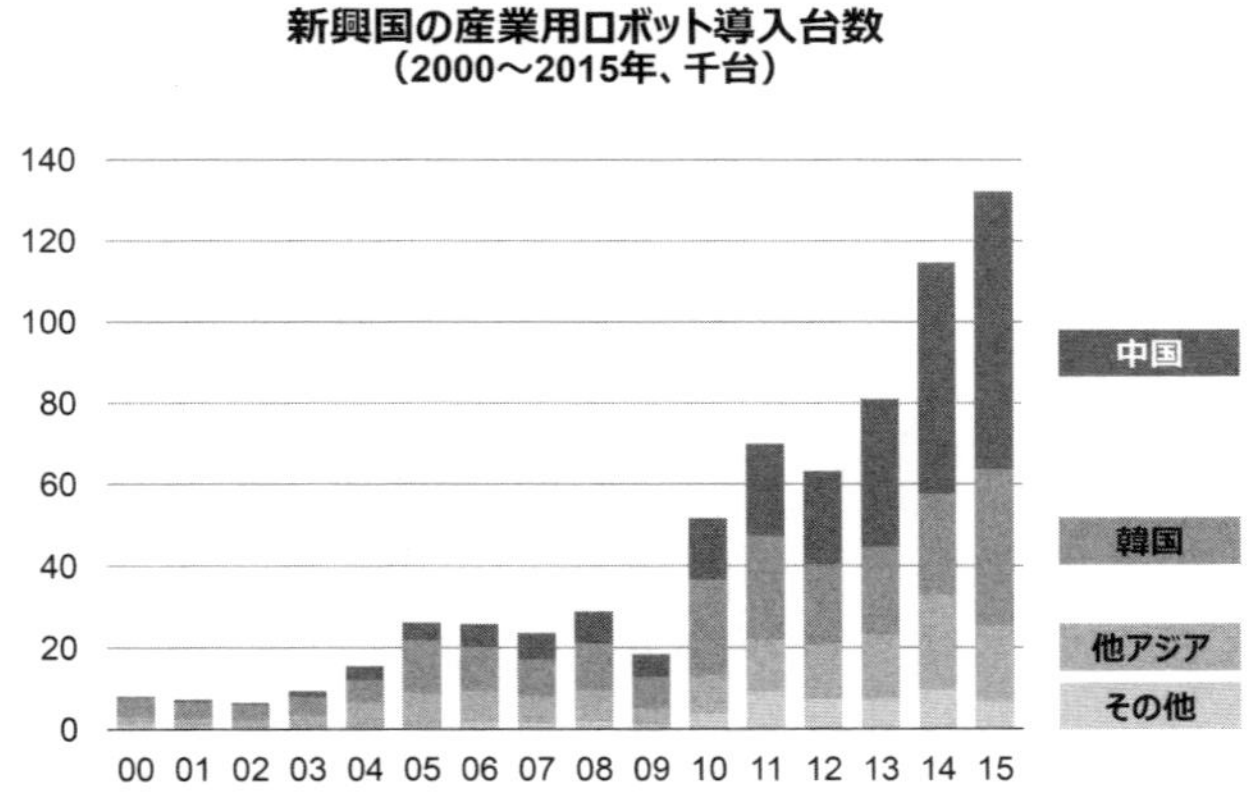

資料：国際ロボット連盟（IFR）「World Robotics」、プレスリリースよりBBT大学総研作成

一見堅調な成長の陰にある懸念と期待

輸出は伸びているものの単価の下落に苦悩

日本の産業用ロボットメーカーの出荷台数を見ると、国内出荷台数は1990年をピークに減少傾向にある一方、輸出が業界全体を牽引しています。金額ベースでも、2010年以降は輸出が全体の3分の2以上を占めています（図－6）。輸出先は先述の通り新興国が多く、世界の製造業の生産拠点がアジアにシフトしてきたことが背景にあります。一方で、出荷単価に目を向ければ（図－7）、とくに輸出向け単価が大きく下落してきています。新興国市場を巡る競争が激しいうえに、中国系ロボットメーカーなどが台頭してきたことが要因です。国内向け単価もここ5年で下落してきており、総単価は輸出単価の水準に近づいていています。安川電機など国内メーカーの苦しい事情がうかがい知れます。

ロボット市場の将来予測では産業用よりサービス用が優位

世界のロボット市場の将来予測は、急成長が見込まれています（図－8）。しかし、内訳を見ると、実は産業用ロボットの市場はそこそこの伸びで、むしろ大きく伸びると期待されているのはサービス用ロボッ

図ー5　最大市場である中国では地場系ロボットメーカーが台頭しつつある

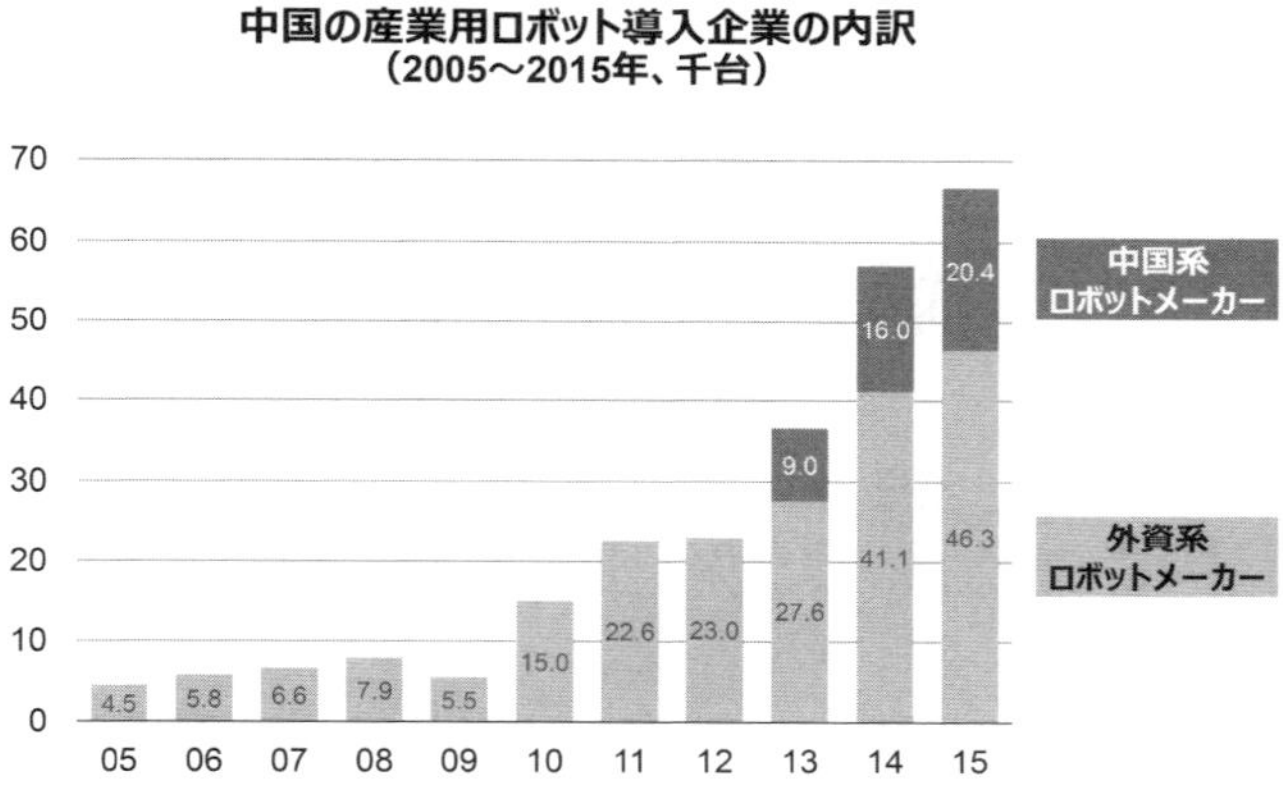

資料：国際ロボット連盟（IFR）「World Robotics」、プレスリリースよりBBT大学総研作成

図ー6　製造業のアジアシフトにより、日系ロボットメーカーの国内出荷は減少、輸出が伸びている

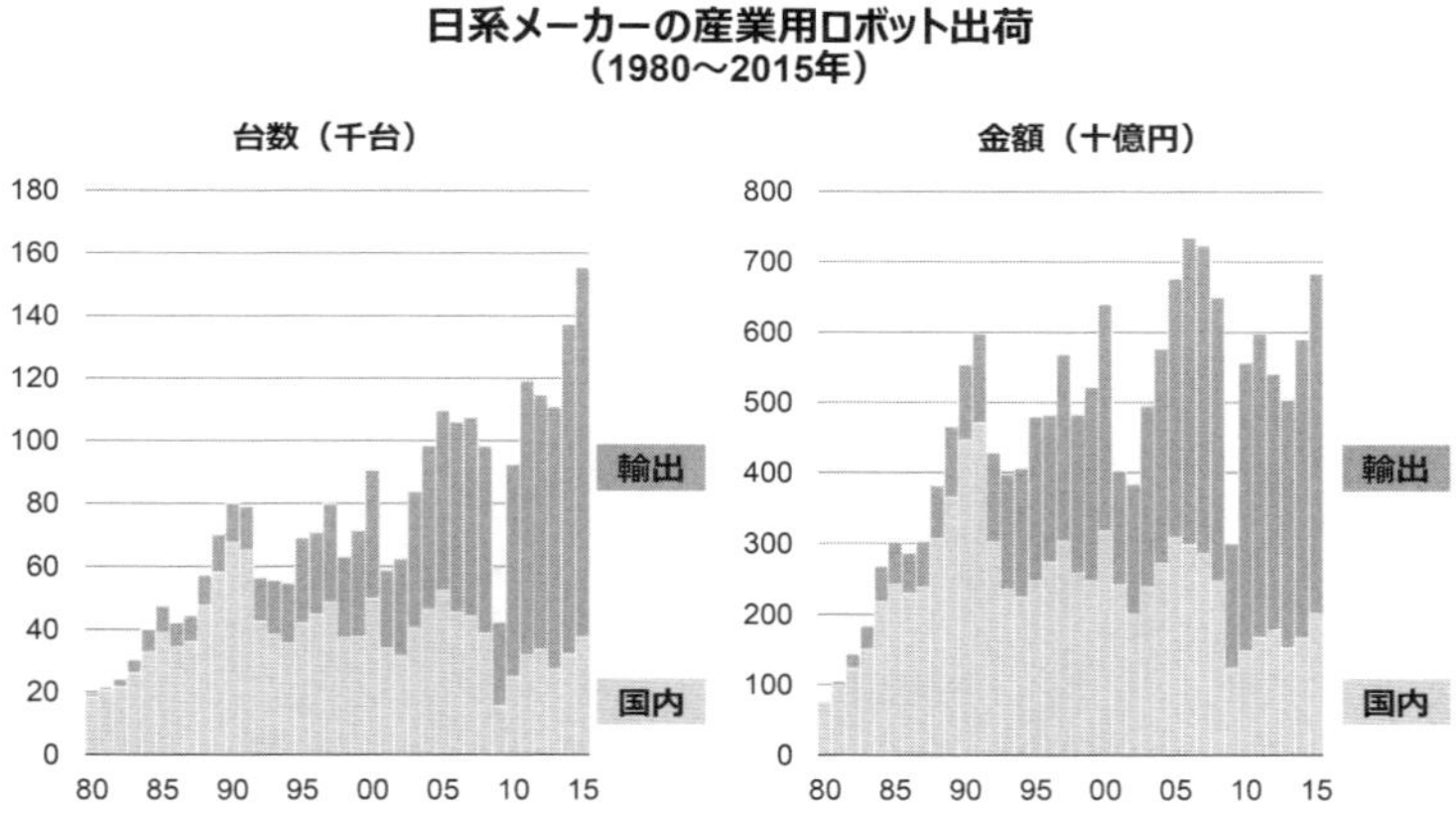

資料：日本ロボット工業会よりBBT大学総研作成

トの市場なのです。医療・介護・福祉、業務・インフラ、物流倉庫などで移動を手伝うといったモビリティ分野、家事・生活支援、災害復興、等々の用途でロボットの活躍が期待され、市場の成長が予測されています。

圧倒的な海外売上高の一方、脆弱な収益体質

安川電機の地域別売上高推移を見ると、海外売上高が持続的に伸びており、現在は国内売上高の2倍ほどになっています（図－9）。かつては国内工場をロボット化するというプロセスで安川電機が活躍してきましたが、現在は産業用ロボットの主力市場が中国などの新興国になってきているというのが理由です。

産業用ロボットなどの生産用設備は周期的な更新サイクルがあるため、営業利益および純利益を見ると需要変動の影響を強く受け、赤字と黒字を周期的に繰り返しています（図－10）。

シェア再編を狙うならタイミングは今

実は産業用ロボットに大変強い日本企業

産業用ロボットのメーカー別シェア（図－11）ですが、国内の金額シェアではトップがパナソニック、

図－7　輸出向けの単価が急速に下落、価格競争に拍車

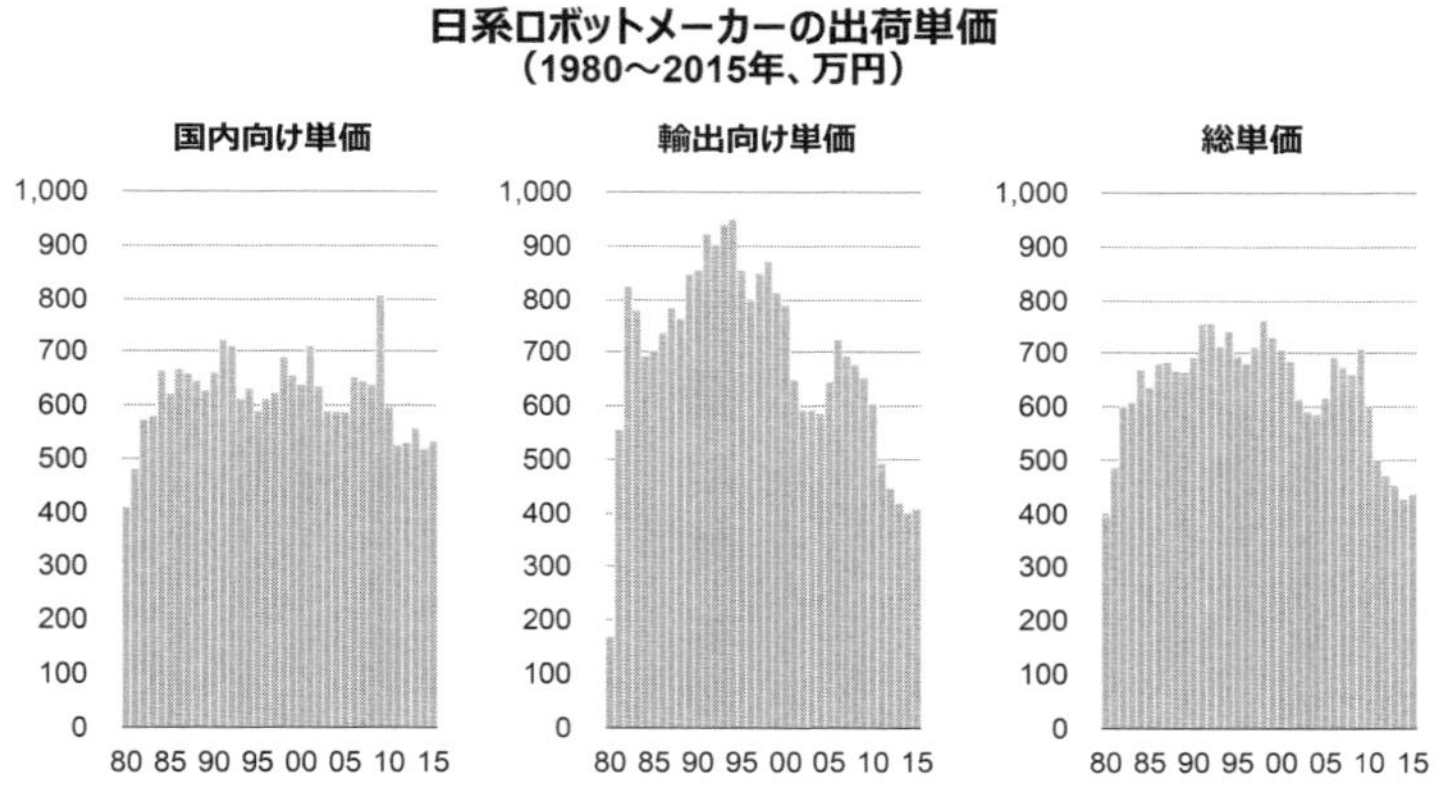

資料：日本ロボット工業会よりBBT大学総研作成

図－8　世界のロボット市場は今後、サービス用ロボット市場が急成長すると予測されている

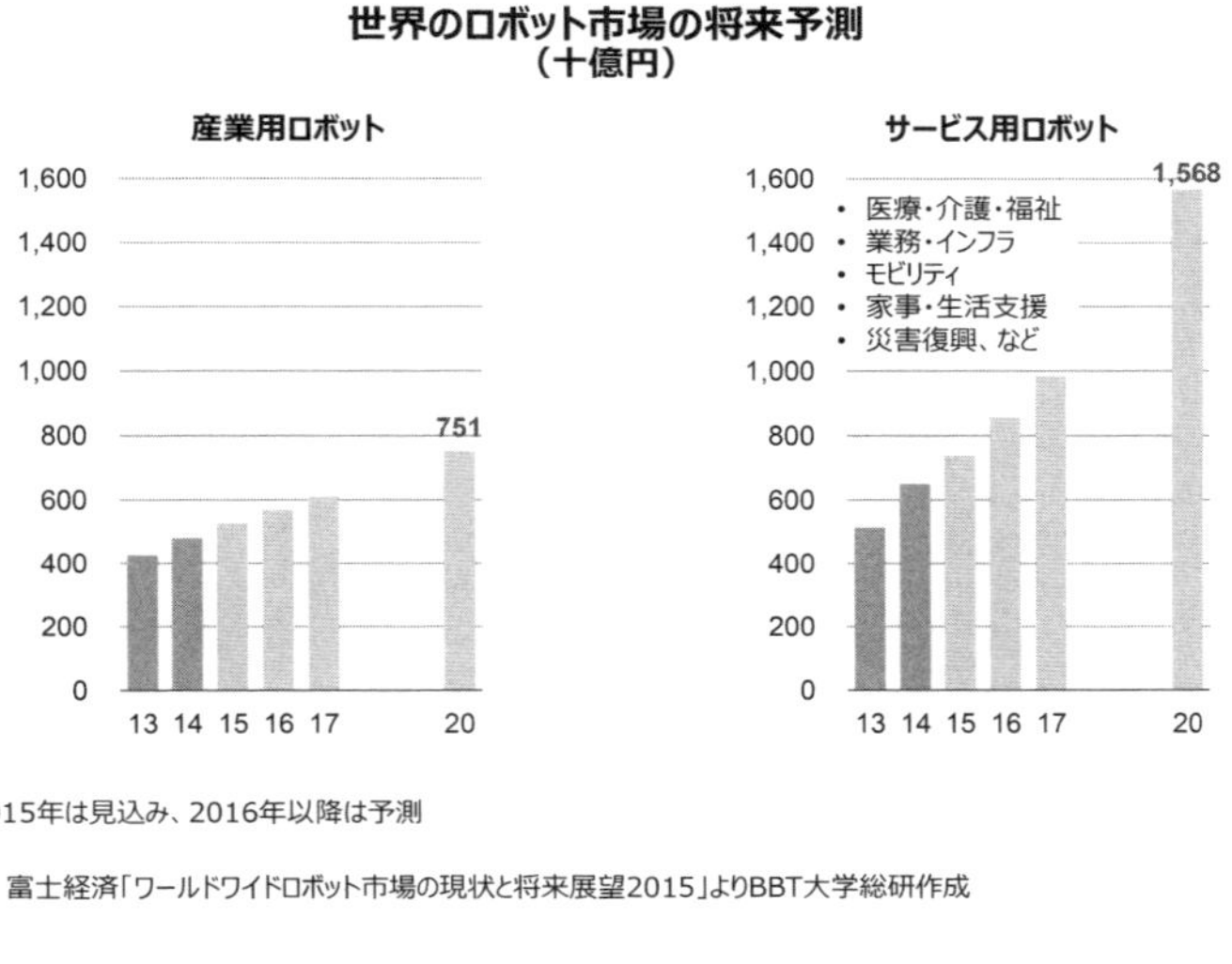

※ 2015年は見込み、2016年以降は予測

資料：富士経済「ワールドワイドロボット市場の現状と将来展望2015」よりBBT大学総研作成

以下安川電機、川崎重工業、ファナック、不二越と続きます。世界の台数シェアではファナックが1位、2位はKUKAというドイツの会社で、スイスのABB、安川電機、川崎重工業という順です。

パナソニックが得意としているのはプリント基板に電子部品を自動配置していく実装機（チップマウンター）です。安川電機はアーク溶接ロボットに強みを持ち、同社が日本で初めて開発した全電動式産業用ロボットMOTOMANシリーズは自動車産業をはじめ電気・電子産業など幅広く利用されています。ファナックは工作機械用のNC（Numerical Control：数値制御）装置に強く、その技術の発展系として産業用ロボットを展開、自動車向けスポット溶接ロボットに強みを持っています。

〝伝統的〟な産業用ロボットでは会社を大きくできない

世界四大ロボットメーカーの売上高とEBITDA（減価償却前営業利益）、時価総額を比較してみましょう（図－12）。ABBは電力設備と産業用ロボットを手がける巨大企業です。ファナックは世界シェア5割を握るNC装置を持ち、売上高に対するEBITDA比率が38％という超高収益企業で、時価総額は3兆円を超えています。安川電機もACサーボモータなど世界シェア首位の製品を持っているものの技術的な差別化が困難であり、また産業用ロボットも中国メーカーとの価格競争に巻き込まれるため、ファナックのような高収益は望めず、時価総額はファナックの9分の1ほどです。これはKUKAについても同じことが言えます。

図―9　安川電機の売上高は海外売上高が牽引

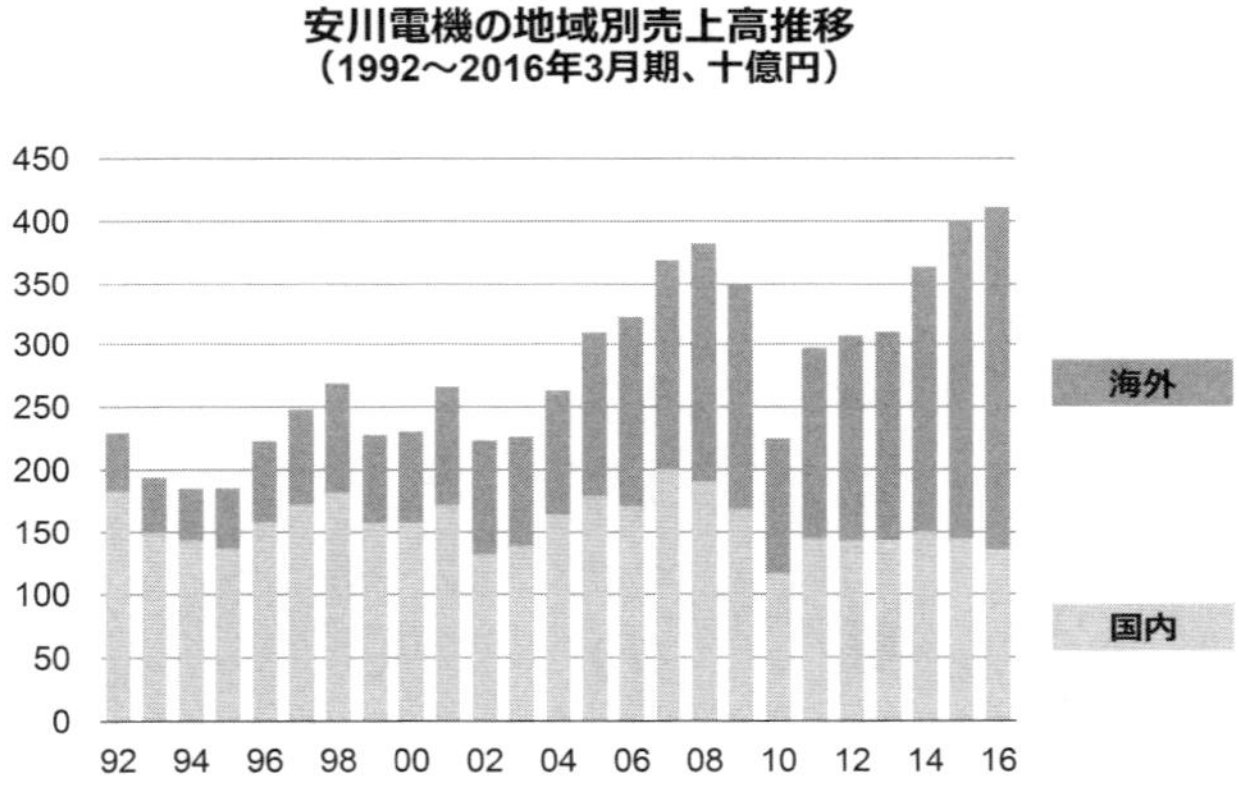

資料：安川電機IR資料よりBBT大学総研作成

図―10　需要変動に大きく左右される収益体質

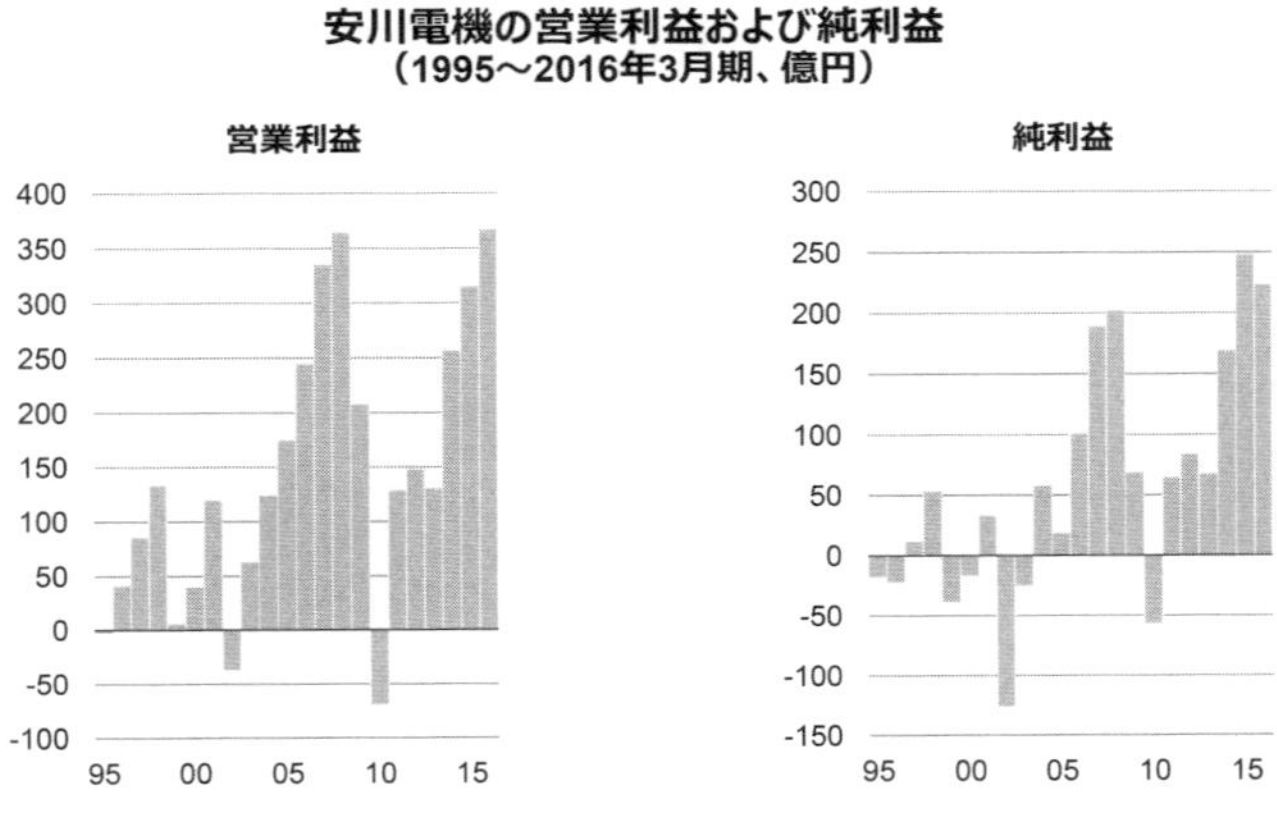

資料：安川電機IR資料よりBBT大学総研作成

中国メーカーのKUKA買収を受けどう動くべきか

2016年6月、KUKAは中国大手家電メーカーの美的（Midea）集団の買収提案を受け入れました。美的集団は東芝の家電部門を買収したことでも知られています。KUKAと事業規模や時価総額が同等の安川電機も、中国メーカーの買収ターゲットになる可能性があります。KUKAが中国企業の傘下になったことで業界の低価格化は一段と進むと考えられ、安川電機としてはシェアを拡大しつつ、価格競争を自ら主導していくだけのコスト競争力を早急に整えていかなければなりません。

〝守り〟と〝攻め〟の2方向で成長戦略を考えよ

産業用ロボット市場の拡大、サービス用ロボット市場の開発

安川電機の現状と課題を整理しましょう（図−13）。市場に目を向ければ、産業用ロボットは新興国向けを中心に成長しており、とくに中国が官民挙げて産業用ロボットの導入と育成に注力しています。

一方、世界のロボット市場全体においては、産業用ロボット市場よりもサービス用ロボット市場の方が高い成長性を予測されています。競合の面では、中国など新興国メーカーの台頭があり、価格競争が激化

図―11　安川電機の産業用ロボットは国内金額シェア2位、世界台数シェア4位

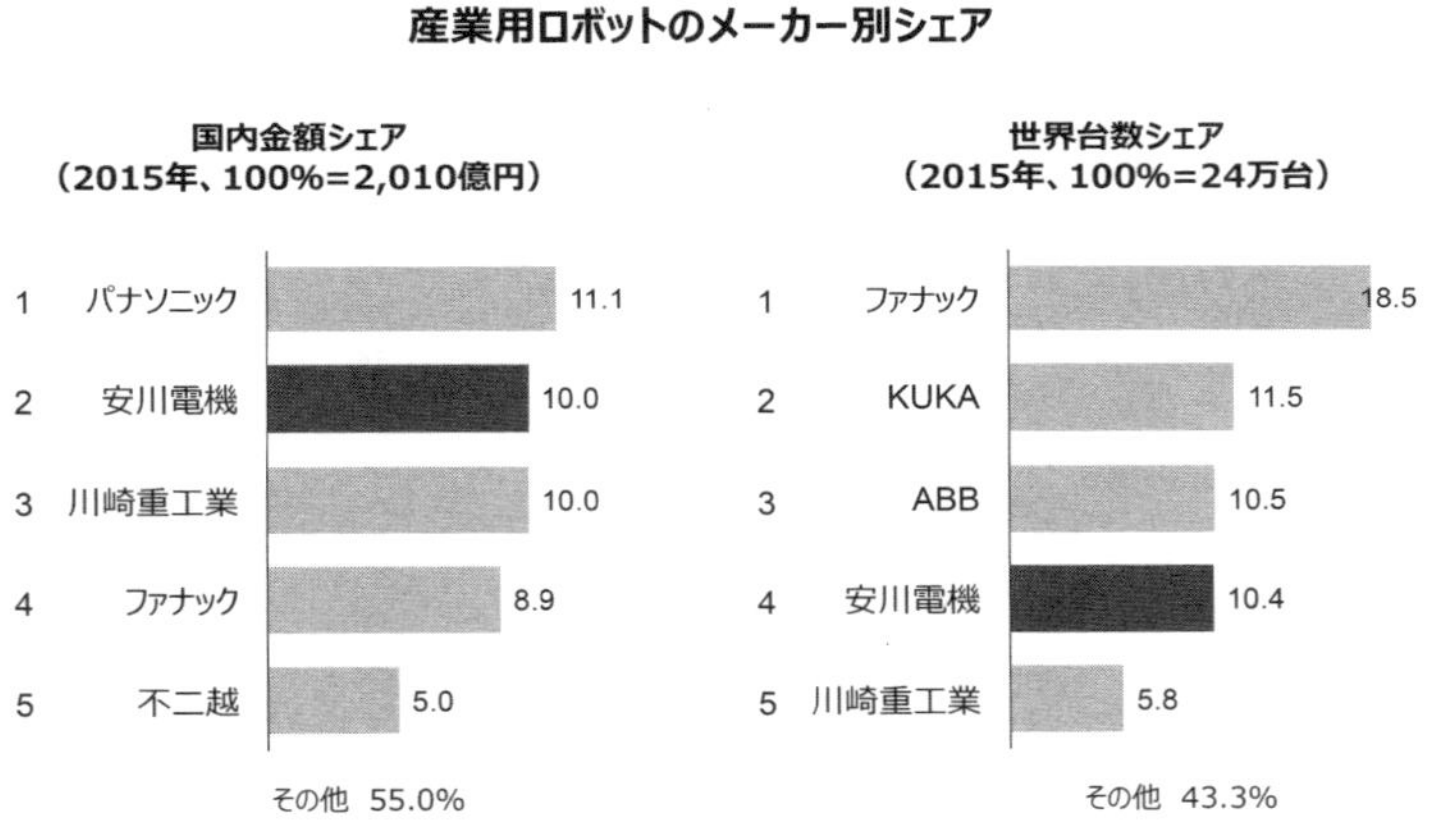

資料：日経産業新聞「国内シェア102品目調査」2016/7/25、「世界シェア55品目調査」2016/7/4よりBBT大学総研作成

図―12　安川は独KUKAと規模が同等、KUKAは中国メーカーの買収標的となっている

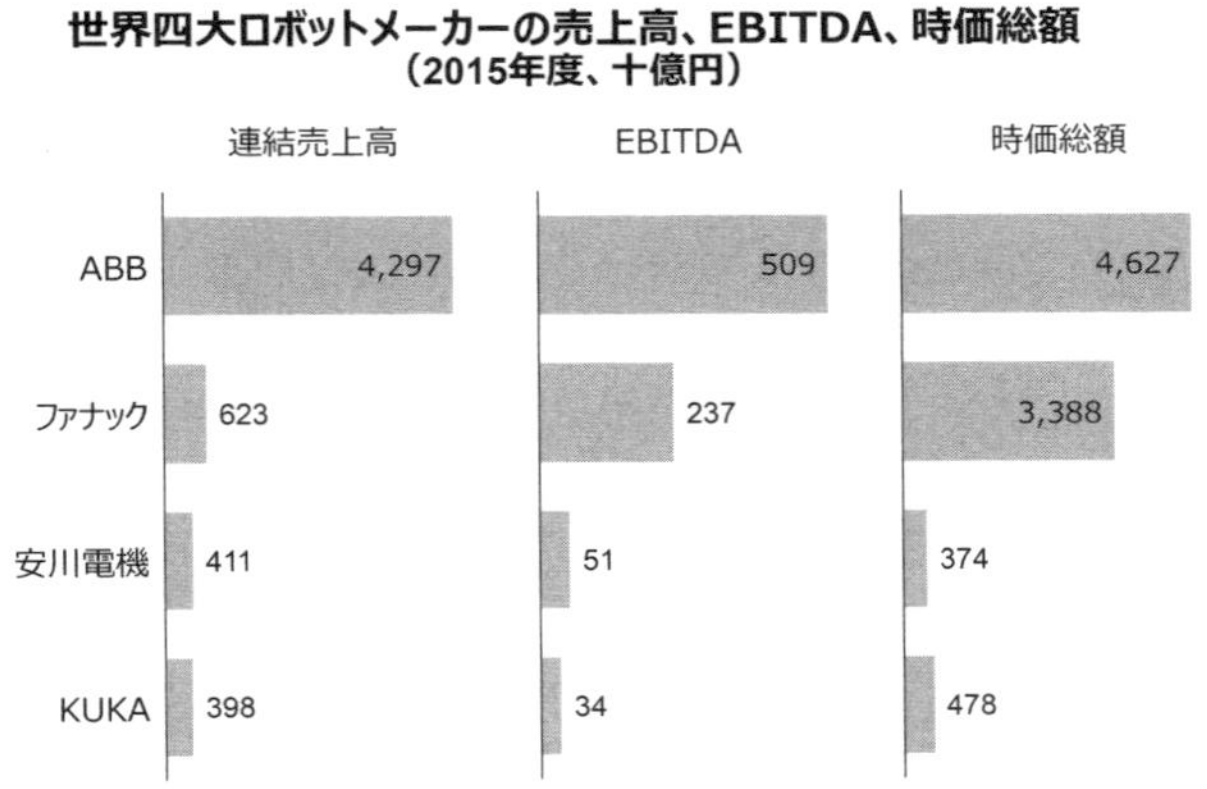

※ KUKAは中国の美的集団による買収提案を受け時価総額が上昇

資料：各社決算資料、SPEEDAよりBBT大学総研作成

し、先進国メーカーが買収標的にされているという現状があります。自社の状況は、海外売上高が総売上高を牽引している格好ですが、需要変動に大きく左右される収益体質です。

それでは、安川電機の方向性はどのように考えられるでしょうか（図－14）。

まず1つには産業用ロボットのコスト競争力の強化およびシェア拡大です。これは言い換えれば〝守りの戦略〟です。それには脱日本が必要です。生産拠点の低賃金国シフトを加速し、自ら価格競争を主導できるだけのコスト競争力を身につける必要があります。これは精密小型モータ業界のように技術的な差別化が困難で低価格化が避けられない業界において、日本電産やマブチモーターが脱日本を進めながら業界トップを堅持し続けた戦略を踏襲するものです。

もう1つは、〝攻めの戦略〟です。

これは、より大きな成長が見込まれるサービス用ロボットの市場に製品を投入するというものです。先に述べた通り、「医療・介護・福祉」「業務・インフラ」「モビリティ」「家事・生活支援」「災害復興」といった数多くの分野において、ロボットの潜在的ニーズは極めて高いものがあります。ここへ注力した商品開発を行うという攻めの方向性です。

〝3K仕事〟をサービス用ロボットに任せ、超高齢社会を救え

サービス用ロボットのなかでもとくに期待されるのは、人間の単純労働に負うところが大きい分野です。

図−13　産業用ロボット市場におけるコスト競争力強化とシェア拡大、成長分野のサービス用ロボット市場への製品投入が課題

安川電機の現状と課題

	現状	課題
市場	・産業用ロボットは新興国向けを中心に成長 ・特に中国が産業用ロボットの導入と育成に注力 ・サービス用ロボット市場の成長性高い	・産業用ロボットにおけるコスト競争力強化およびシェア拡大 ・成長分野のサービス用ロボット市場への製品投入
競合	・新興国メーカーの台頭、価格競争が激化 ・先進国メーカーの技術は成熟化、差別化困難 ・先進国メーカーが買収標的に	
自社	・海外売上高が総売上高を牽引 ・需要変動に左右される収益体質	

資料：BBT大学総研作成

図−14　産業用ロボット事業は自ら価格競争と寡占化を主導、サービス用ロボットへの注力で成長を目指す

安川電機の方向性（案）

産業用ロボット コスト競争力強化・ シェア拡大 （守りの戦略）	・脱日本（日本電産やマブチモーターの戦略を踏襲） ・生産拠点の低賃金国シフトを加速、価格競争を主導 ・コスト競争力を高めた上でM&Aによりシェア拡大を狙う
サービス用ロボット 市場への製品投入 （攻めの戦略）	・「医療・介護・福祉」「業務・インフラ」「モビリティ」「家事・生活支援」「災害復興」などの各分野に進出 ・特に清掃・メンテナンス、警備・セキュリティ、災害向けなどに注力 ・各業界のトップと提携、製品開発を進める

資料：BBT大学総研作成

医療などは技術的にもまだまだ非常に難しいと思いますが、例えばごみ収集などは比較的容易ではないでしょうか。今は人の手でごみの回収を行っていますが、ごみ収集車にロボットを取り付けて、集積場にあるごみを全部回収していくというような作業は、ごみの出し方を少し工夫すれば、産業用ロボットの技術のほんの入り口程度のもので実現可能だと思います。

実際、オーストラリアではすでに実現しています。ごみ収集車の横にロボットのアームがついていて、道路脇に置かれたごみ箱をつかんで収集車の上に開け、ごみだけを回収していきます。運転手一人だけの完全自動化です。

そのほか、やはりいわゆる〝3K仕事〟と呼ばれるような類のものは、どんどんロボットで代替するようにした方がよいでしょう。

消防も、消防士が危険な現場に自ら行かなくてもロボットで消火活動や人命救助ができるようになれば、人間の負担は大きく軽減されます。また、2016年7月にはテキサス州ダラスで警官ばかりを12人も狙った銃撃事件が起こりましたが、この時には犯人の制圧に爆弾ロボットが導入されたことが議論を呼びました。犯人爆殺の是非はさておいても、人命に関わるほどの危険な仕事にロボットを導入することは1つの合理的選択だといえるでしょう。

日本の人口動態を見れば総人口はすでに減少が進んでおり、2048年にはついに1億人を割り9913万人になることが分かっています。一方で65歳以上の人口は2042年まで増え続け、その頃には15歳から64歳の生産年齢人口は53％になっているという推計が出ています。

３Ｋ仕事のロボット化は、決して雇用を奪うようなものではなく、むしろ「今後やり手が減ってしまうけれど、どうしても絶対に必要な仕事をいったいどうするのか」という非常に逼迫した問題に対する、極めて現実的な解決法なのです。この分野は相当に大きな市場となることが予想されますし、しかも外国の企業と競争しなくても済みます。少子高齢化による生産年齢人口の減少は日本特有のデモグラフィーだからです。超高齢社会を住みよくするという大きな社会的意義を持った仕事に取り組む。これが私の考える安川電機の将来像です。

まとめ

☑ 生産拠点の脱日本、低賃金国シフトを加速してコスト競争力を強化し、価格競争を自ら主導。競争から脱落したメーカーをM&Aで吸収し、シェア拡大を目指す。精密小型モーター業界の日本電産やマブチモーターの世界戦略を踏襲する。

☑ 「清掃・メンテナンス」「警備・セキュリティ」「災害向け」のサービス用ロボットの市場に製品を投入する。人間の代わりに作業を行うロボットの開発に注力し、日本の超高齢社会でシェアを開拓する。

大前の総括

成長が期待され、社会的意義も大きい業界。攻めと守りで挑戦を

市場の急成長が見込まれる業界だが強力なライバルあり。シェア再編を狙うなら今だが、開発製品の特性上、高収益が見込めず会社を大きくできない。成長分野への製品投入と得意分野のコスト競争力強化の二本立て、攻めと守りで行くべし。

CaseStudy

14

VAIO

「停滞する市場」で活路を見出す

あなたがVAIOの社長ならば
東芝、富士通との事業統合構想が白紙となった今
どのような戦略を描くべきか?

※2016年2月に実施したケーススタディを基に編集・収録

正式名	VAIO株式会社
設立年	2014年
代表者	代表取締役　大田 義実
本社所在地	長野県安曇野市
業種	電気機器
事業内容	パソコン、パソコン関連製品およびサービス / 他の企画、設計、開発、製造および販売
資本金	10億2,600万円（資本金および資本準備金）
出資比率	VJホールディングス(92.6%)、ソニー(4.9%)、経営陣(2.5%)
売上高	73億1,900万円（2015年5月期）
従業員	約240名（2014年7月1日現在）

世界的に失速するパソコン市場での再出発

東芝、富士通との事業統合構想が白紙に

かつてソニーから販売されていたパソコンブランドのＶＡＩＯは、その高いデザイン性で人気を集め一時代を築きました。しかし、パソコン市場は、コモディティ化による低価格競争とスマートフォン（以下、スマホ）などの代替機普及による販売減少を背景に、国内メーカーは撤退・再編を余儀なくされています。２００７年には日立製作所、２０１０年にはシャープがパソコン事業から撤退、２０１１年にはＮＥＣが中国Lenovoとの合弁体制に移行しました。このような流れのなか、２０１４年7月、ソニーのパソコン事業もＰＥファンドの日本産業パートナーズ（以下、ＪＩＰ）に売却され、ＶＡＩＯ株式会社として分離独立しました。

出資比率はＪＩＰが全額出資するＶＪホールディングスが92・6%、ソニーが4・9%、経営陣が2・5%となっています。長野県安曇野市に本社と工場を置き、ソニー時代に１０００人以上いた従業員を約4分の１に縮小し、２４０人での再スタートとなりました。ソニーとは販売業務を委託するという形で関係が維持されています。

2015年12月には、不正会計問題で経営再建を余儀なくされた東芝（2015年に発覚した組織的な利益水増し問題。2008年より複数事業において不適切な会計処理が行われてきた結果、過大計上された利益の総額は約1500億円にのぼるとされている）、および富士通とのパソコン事業統合構想が持ち上がりました。VAIOを存続会社とし、3社のブランドを維持しつつ、海外生産から撤退し国内工場に集約化するという構想で、単純合算すると国内シェア3割超のトップに立ち、規模の経済性によりコスト競争力を強化していく構想でした。

私たちがVAIOのケーススタディに取り組んだのは2016年2月でしたので、まさにこの統合構想が交渉されている最中でしたが、私は以下の3つの理由により絶対にこの統合構想を受け入れてはならないと判断しました。1つ目の理由は、資産と人員を大幅に削減し贅肉を落とし切ったVAIOに再び余計な贅肉をつけては再建が成り立たないということ。2つ目は、3ブランドを維持するために経営資源を分散させる余裕はないということ。3つ目は、そもそも統合構想に何のシナジーも見出せないということです。これは誰の目から見ても明らかだったと思います。その後、2016年4月、この構想は白紙撤回されることとなりましたが、VAIO経営陣としては当然の判断であったと思います（図－1）。

パソコンはピークアウト、世界の出荷台数は減少トレンドに

3社統合構想が白紙となった今、VAIOは新たにどのような成長戦略を描いてゆけばよいのか。それ

を考えるにあたり、まずは現在の市場動向を見ていきましょう。

世界のパソコン出荷台数は2011年に3億6500万台でピークを迎えています。その後は減少する一方で、2015年には2億8900万台にまで落ち込みました。減少の直接的な原因はスマホの急激な普及です。パソコン、スマホ、タブレットなどの主な情報通信機器の世界出荷台数を見ると、スマホがここ数年で急増しており、2015年の出荷台数はパソコンの2億8900万台に対し、スマホはおよそ5倍の14億3000万台です。さらにタブレットも約2億台出荷されており、パソコンの需要を奪っています（図－2）。

国内ではパソコンが失速

続いて日本の動向です。

国内では、世界的に出荷台数のピークを迎えた2011年前後に1500万台前後を推移していましたが、2015年には1017万台まで激減しました。単年度での急減の理由としては、円安によるパソコン本体の値上げ、店頭における光回線とのセット割引の大幅減少、Windows10の無償提供による買い替え需要の減少などが挙げられます。スマホ、タブレットを含めた出荷台数の動向を見ると、ここ数年のスマホの出荷台数はパソコンの約2倍で推移、タブレットは2015年にパソコンと並びました。世界の動向と照らして見る限り、今後、国内のパソコン需要が伸びることは考えにくいでしょう（図－3）。

図—1　VAIO、東芝、富士通のパソコン事業統合構想は白紙撤回となった

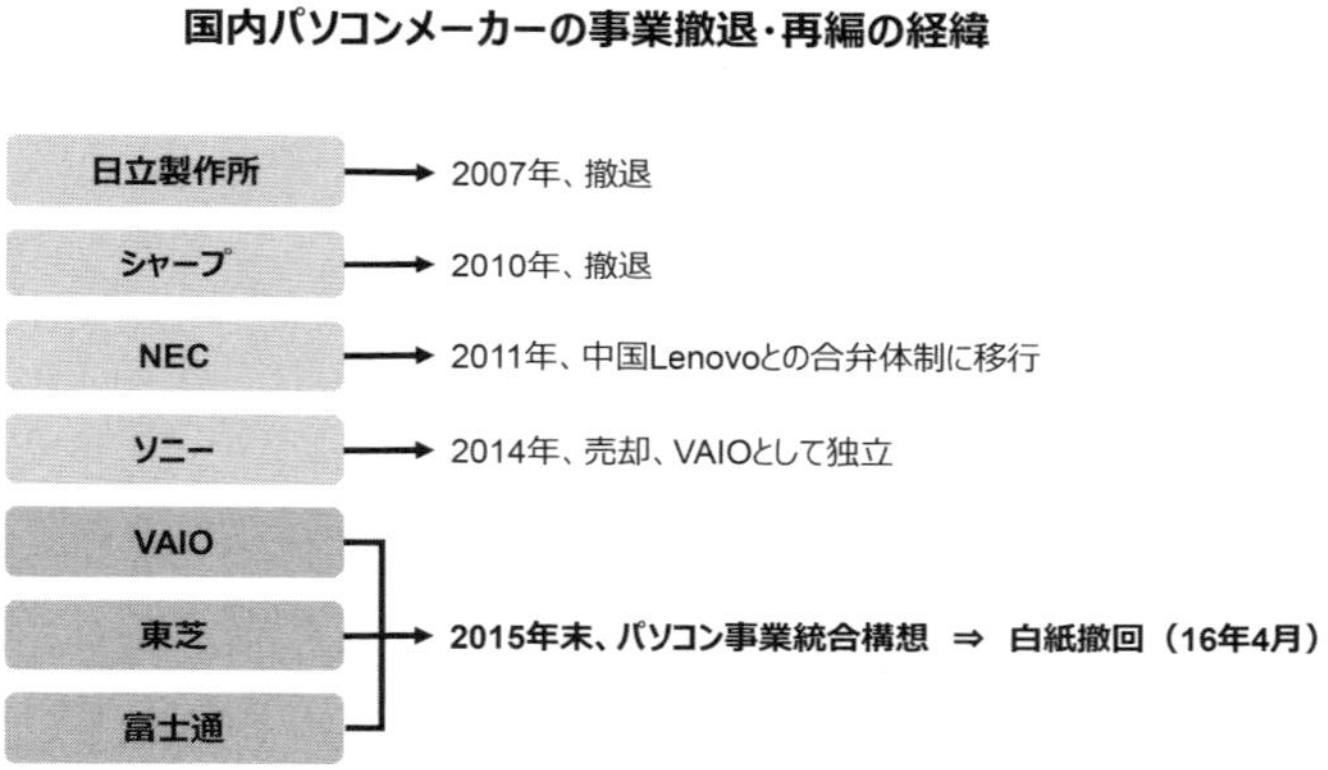

資料: 日本経済新聞社『日本経済新聞』2016/4/15、各種報道よりBBT大学総研作成

図—2　世界のパソコン出荷台数は2011年をピークに減少、スマホやタブレットが需要を侵食

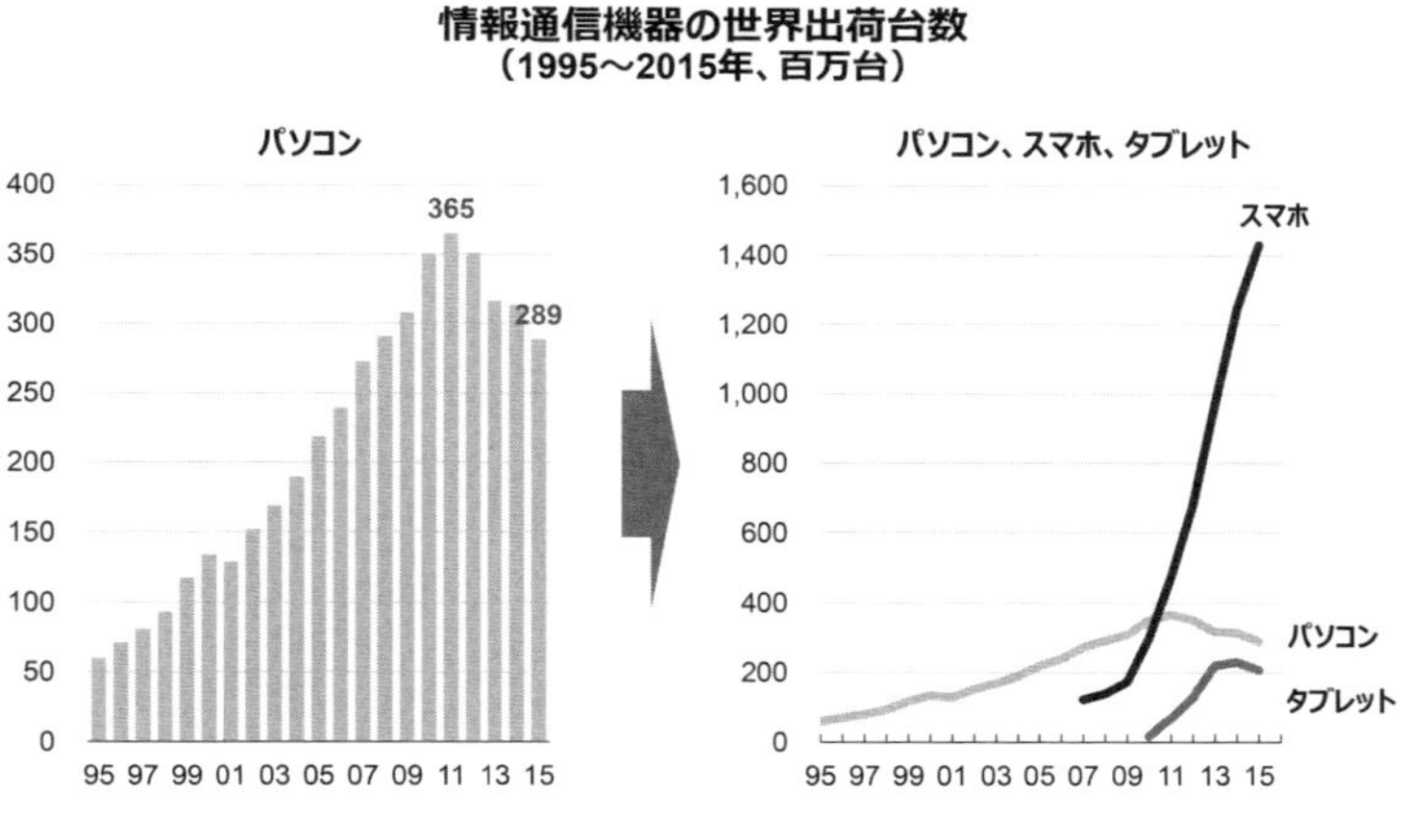

資料: Gartner『プレスリリース』よりBBT大学総研作成

このように国内外でパソコン需要が減少する現在、ＶＡＩＯの出荷台数シェアは国内で１・８％、世界ではわずか０・０４％に過ぎず、大変厳しい状況です（図－４）。

デザイン性の高さで差別化を図るも顧客はニッチ層

パナソニックがノートパソコン満足度の上位をキープ

数あるノートパソコンのなかで、ＶＡＩＯはユーザーにとってどのような魅力があるのでしょうか。

国内ノートパソコン総合満足度ランキング（図－５）を見ると、１位がパナソニック（Let's note）、２位がソニー（ＶＡＩＯ）、３位が東芝（dynabook）という結果です。東芝とともに統合構想を進めていた富士通（ＦＭＶ）は６位で、５位の台湾メーカー・ＡＳＵＳ（エイスース。台北市〈台湾〉に本社を置く総合エレクトロニクスメーカーで、マザーボードおよびノートパソコンの世界シェアはトップクラス）に僅差ながら負ける結果となりました。

続いて国内メーカーのノートパソコン総合満足度ランキング推移（図－６）を見ると、パナソニックが満足度トップを数年間にわたりキープしているのが分かります。

図ー3　国内のパソコン出荷台数は1,500万台前後を推移していたが2015年に急減、スマホやタブレットがパソコンの需要を侵食

情報通信機器の国内出荷台数
（1995〜2015年、万台）

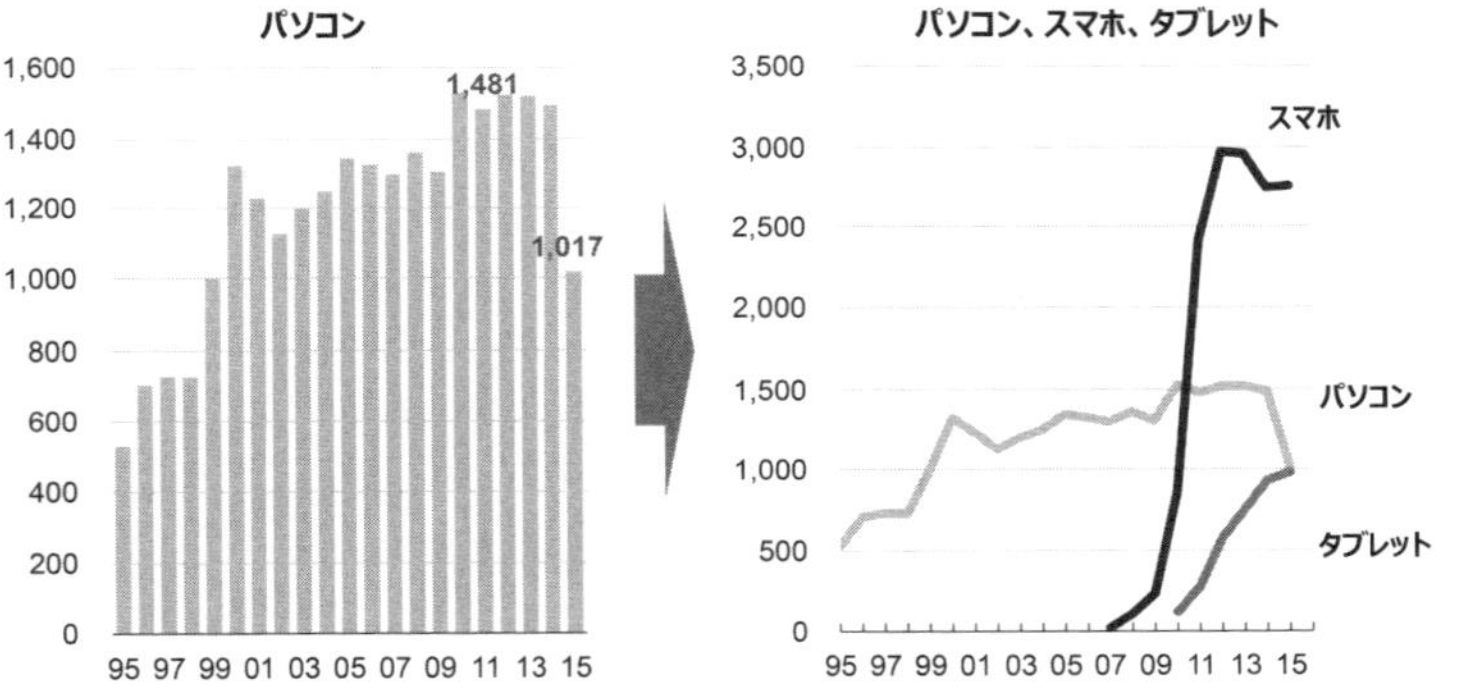

※2015年の主な減少要因
①円安によるパソコン本体の値上げ、②店頭における光回線とのセット割引きの大幅減少、③Windows10の無償提供による買い替え需要の減少

資料：MM総研『M&D Report』、MM総研『ニュースリリース』2016/2/18よりBBT大学総研作成

図ー4　VAIOの国内シェアは1.8%、世界シェアは0.04%に過ぎない

国内および世界のパソコン出荷台数シェア

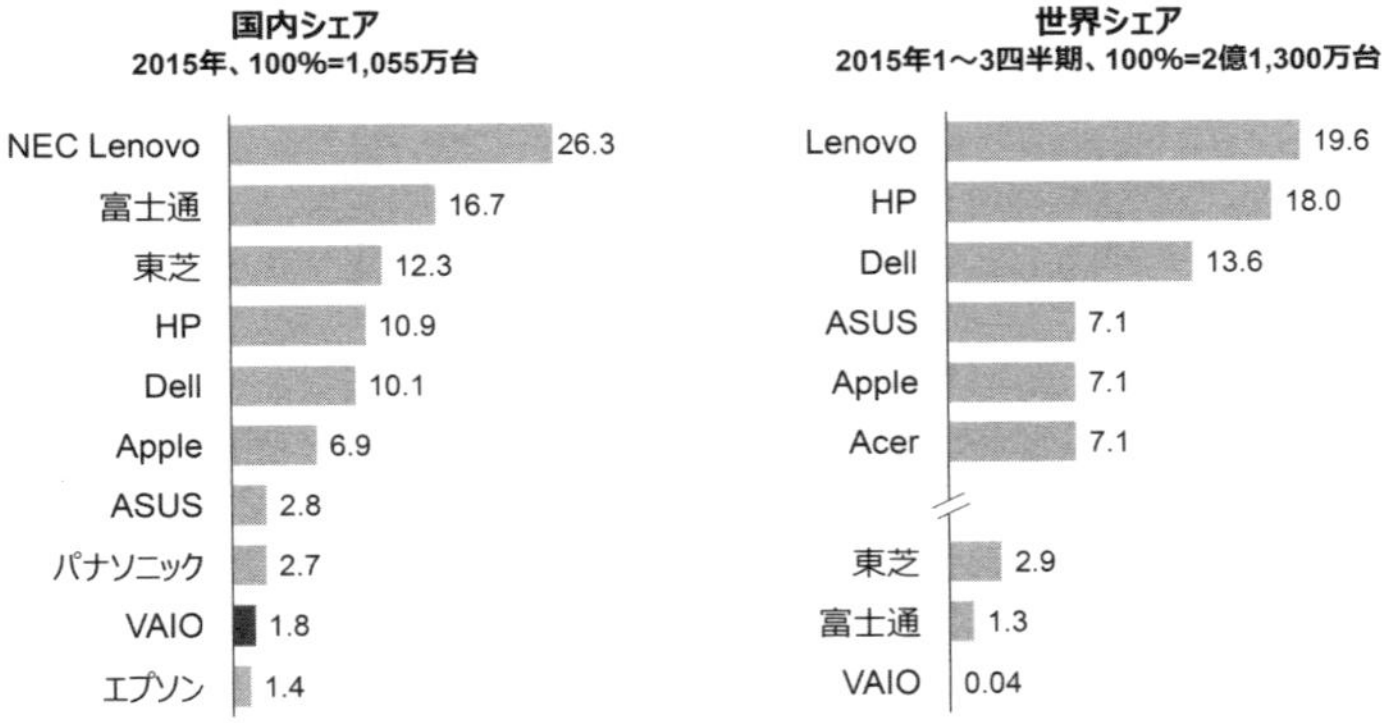

資料：IDC Japan『プレスリリース』2016/2/18、Gartner『プレスリリース』、日本経済新聞社『日本経済新聞』2015/12/4よりBBT大学総研作成

パナソニックの強さは優れたモバイル性能

パナソニック（Let's note）の満足度の高さは、圧倒的なモバイル性能の高さにあります（図－7）。サイズ・重量、バッテリー駆動時間ともにパナソニックが2位に大差をつけて圧勝しています。ソニーが2位にランクインしていますが、モバイル性能ではパナソニックのほぼ独り勝ちの状況です。

余談ですが、東海道新幹線の車両にまだ電源コンセントが整備されていなかった当時、東京～新大阪間の移動時間にバッテリーのみで使用できたノートパソコンはLet's noteだけでした。出張先や電源のない場所で使う場合、バッテリー寿命や重量といったモバイル性能の良し悪しは非常に重要なスペックです。モバイル性能の高さによりビジネスニーズにおける信頼を得たことが、満足度の高さに直結しています。

コストパフォーマンス満足度は海外勢の圧勝

続いてコストパフォーマンスはどうでしょうか。

図－8を見ると明らかで、海外メーカーの満足度の高さが目立ちます。1位はＡＳＵＳ、2位はＡｃｅｒ（エイサー）でともに台湾メーカー、3位は中国Lenovo（レノボ）、4位のヒューレット・パッカード（以下、ＨＰ）と5位のＤｅｌｌはともに米国メーカーです。国内メーカーはコストパフォーマンスに弱く、ソニーは8位、総合満足度トップのパナソニックは10位です。

図—5　国内におけるノートパソコンの満足度でソニー(VAIO)は2位

国内ノートパソコン総合満足度ランキング
(2014年、日経パソコン調べ、ポイント)

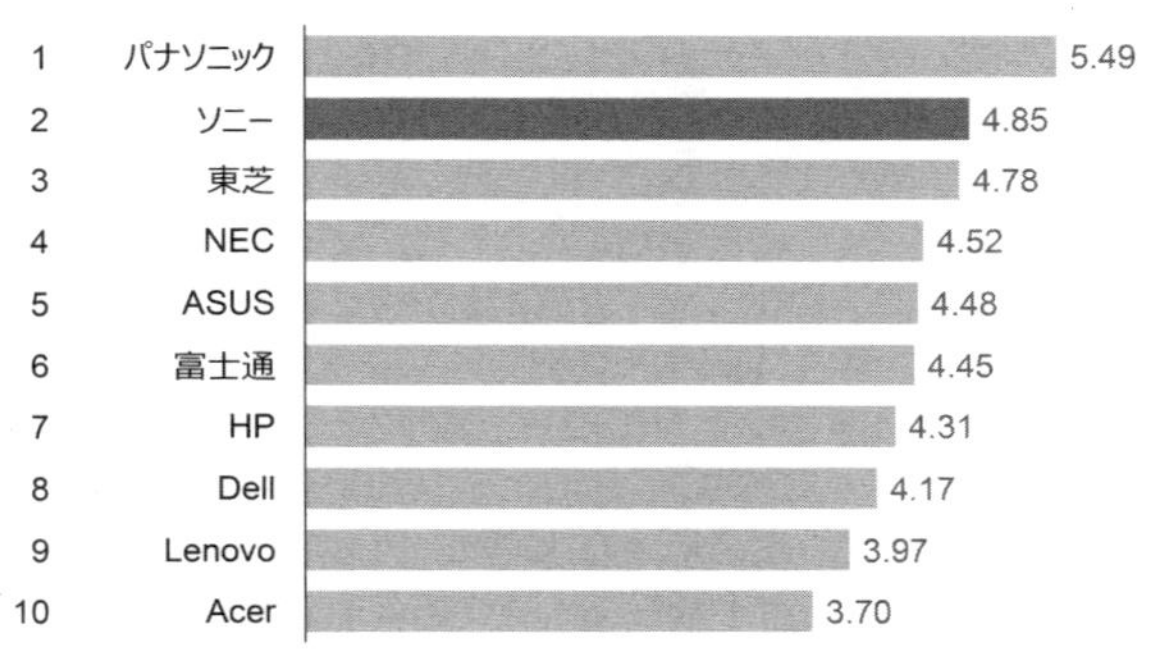

※ 調査はWindows機のみ

資料: 日経BP社『日経パソコン』2014/9/8よりBBT大学総研作成

図—6　パナソニック(Let's note)が満足度トップをキープ

国内メーカーのノートパソコン総合満足度ランキング推移
(2008〜2014年、日経パソコン調べ、順位)

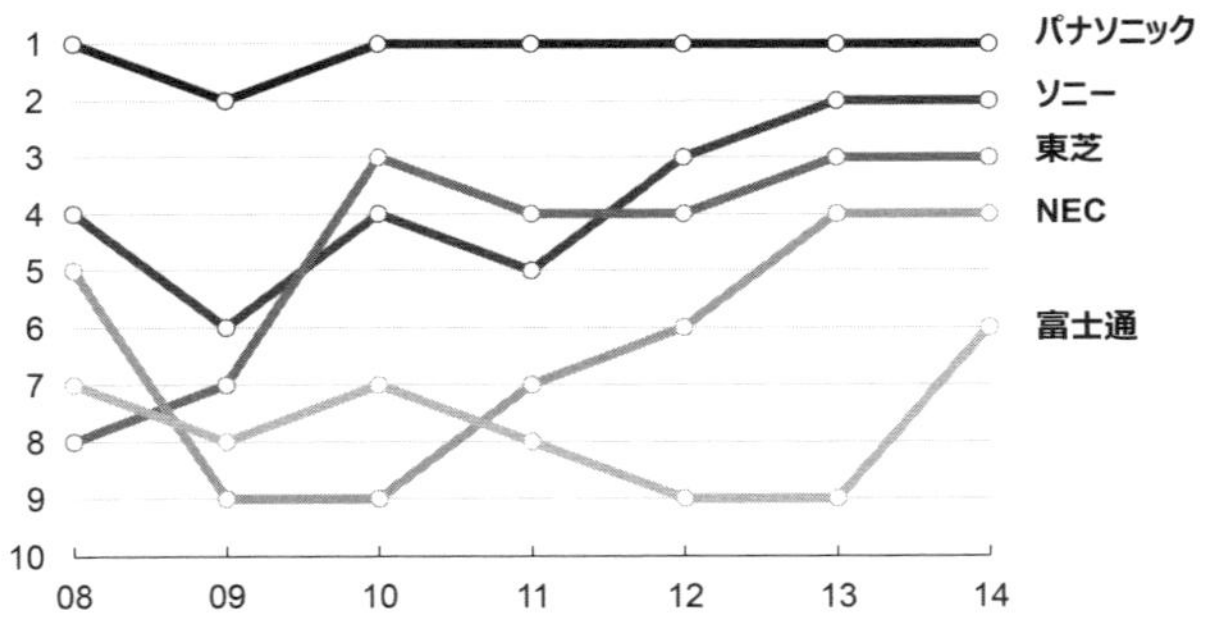

※ 調査はWindows機のみ

資料: 日経BP社『日経パソコン』2014/9/8よりBBT大学総研作成

デザイン性で支持を得るも、次期購入意向は低評価

では、ＶＡＩＯユーザーはどのような点に魅力を感じているのでしょうか。

図−９でも明らかな通り、ＶＡＩＯはデザイン性の満足度で２位以下に大差をつけてトップとなっています。これは別の見方をすると、外出先でパソコンを使用する際に周囲の視線を意識するようなユーザーが、デザイン性の高いＶＡＩＯを選択する傾向があることを意味しています。

ところが、図−10の「次に購入したいパソコンメーカー」となると、ＶＡＩＯの購入意向は４・３％の７位にとどまっています。

現にＶＡＩＯの２０１５年の国内出荷台数シェアは１・８％であり、また、独立前の２０１３年時点でさえ４・７％(IDC Japan調査）です。それを踏まえて考えれば、デザイン性の高さにコストをかけてもよいというユーザーは少数派であり、ＶＡＩＯはそのようなニッチ層を顧客ターゲットにしてきたということです。

図—7　とくにモバイル性能でパナソニックが他社を圧倒、ソニー（VAIO）は2位

国内ノートパソコンのモバイル性能満足度
（2014年、日経パソコン調べ、ポイント）

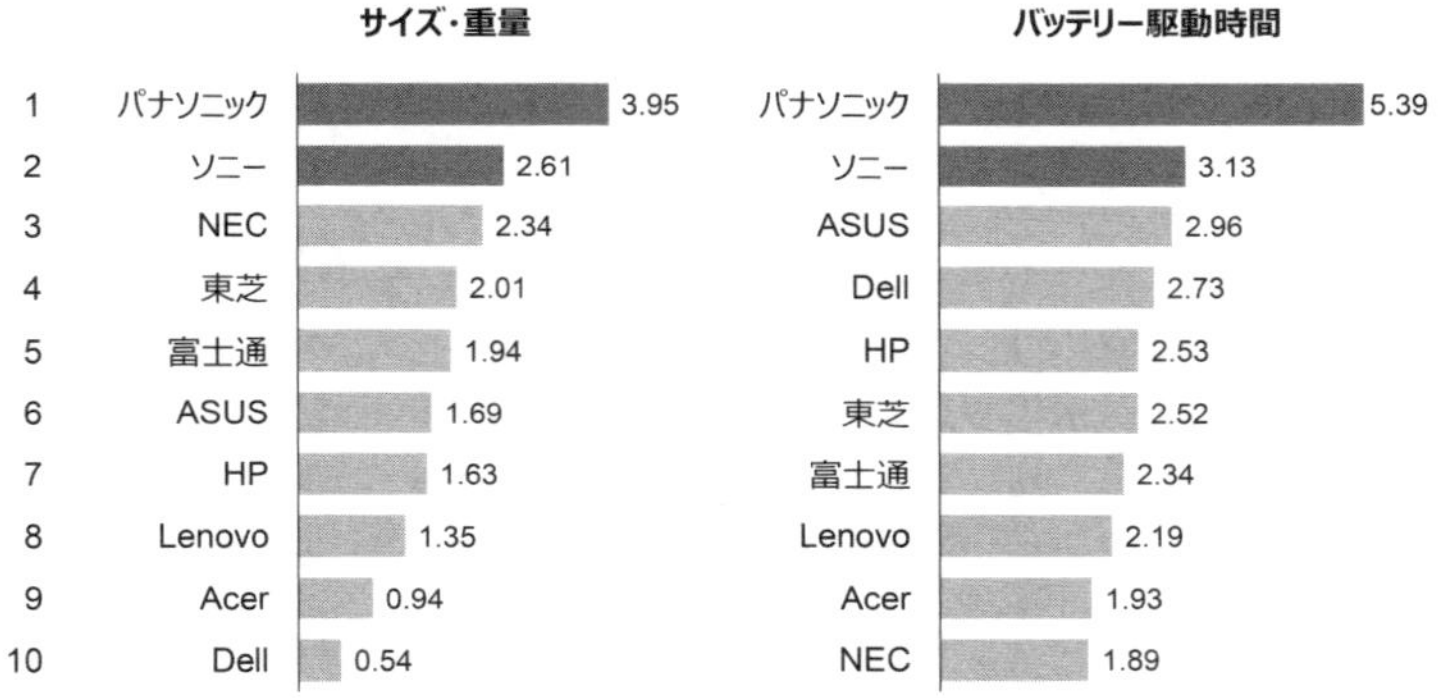

※ 調査はWindows機のみ

資料: 日経BP社『日経パソコン』2014/9/8よりBBT大学総研作成

図—8　コストパフォーマンスでは台湾、中国メーカーが圧倒、ソニーやパナソニックは高価格帯を狙う

国内ノートパソコンのコストパフォーマンス満足度
（2014年、日経パソコン調べ、ポイント）

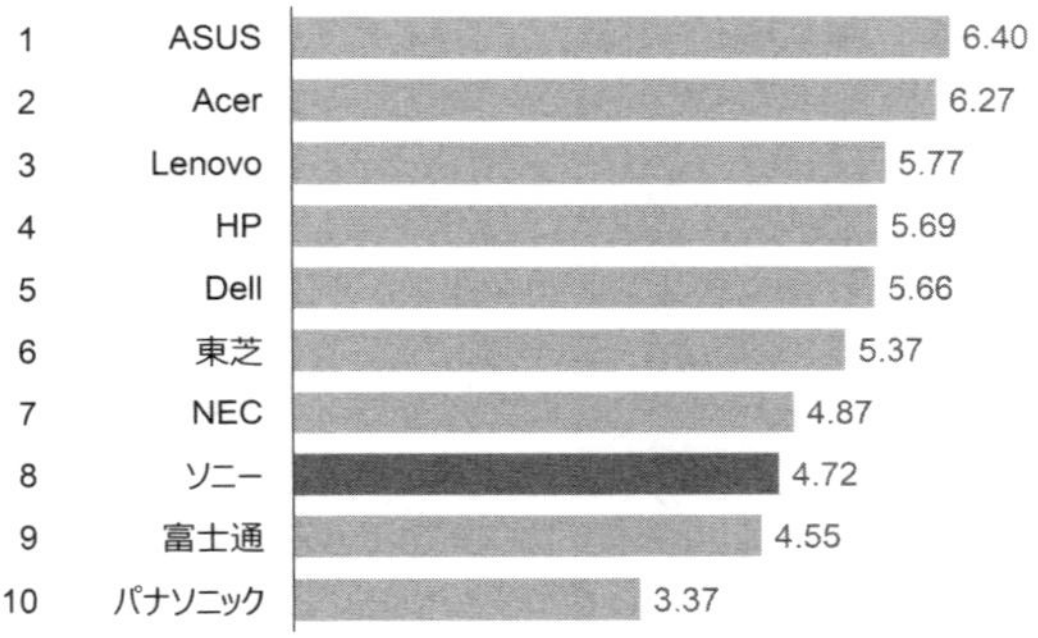

※ 調査はWindows機のみ

資料: 日経BP社『日経パソコン』2014/9/8よりBBT大学総研作成

Ａｐｐｌｅと競合するＶＡＩＯの生き残り戦略

かつてのＶＡＩＯターゲットはタブレットへ移行

ここまで見てきたように、ソニー時代からＶＡＩＯはデザイン性で差別化を図りつつ、Windows機において個人向けの高価格帯セグメントを担ってきました（図－11）。

しかし、このセグメントはＡｐｐｌｅと競合するポジションにあり、デザイン性やオリジナリティで勝負するには厳しいポジションといえます。

それでは、Ａｐｐｌｅとの競争を避けてボリュームゾーンである個人・法人の低価格帯セグメントへ向かうことができるかといえば、非常に厳しいでしょう。２４０人の従業員で、長野県の工場で製造されているＶＡＩＯが、ＡＳＵＳやＨＰやＤｅｌｌなどの対抗馬になるのはとうてい無理です（図－12）。

では、法人向けの高価格帯を狙えるかといえば、モバイル性能や堅牢性ですでに支持を固めているパナソニックの牙城を崩すのも至難の業です（図－13）。

そもそもＶＡＩＯの付加価値はデザイン性にあり、法人がデザイン性を重視して購入することはほぼ望めません。

図―9　ソニー（VAIO）はデザイン性での満足度が高い

国内ノートパソコンデザイン満足度
（2014年、日経パソコン調べ、ポイント）

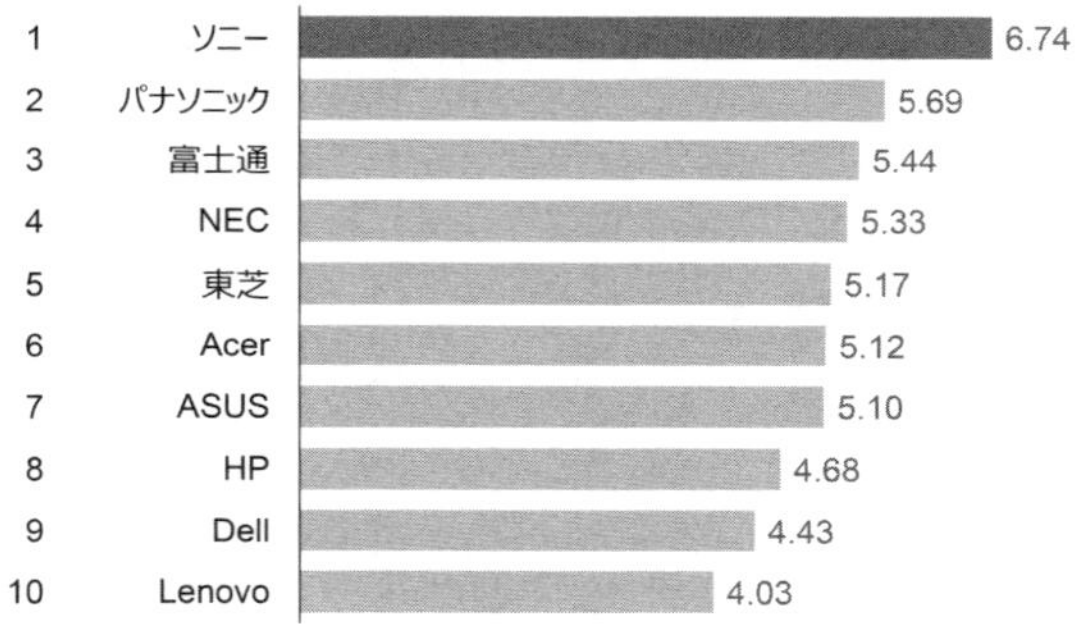

※ 調査はWindows機のみ

資料: 日経BP社『日経パソコン』2014/9/8よりBBT大学総研作成

図―10　次期購入意向では、Appleが首位、VAIOの所有意欲は低下

次に購入したいパソコンメーカー
（2014年、日経パソコン調べ、N=1万5,739人、%）

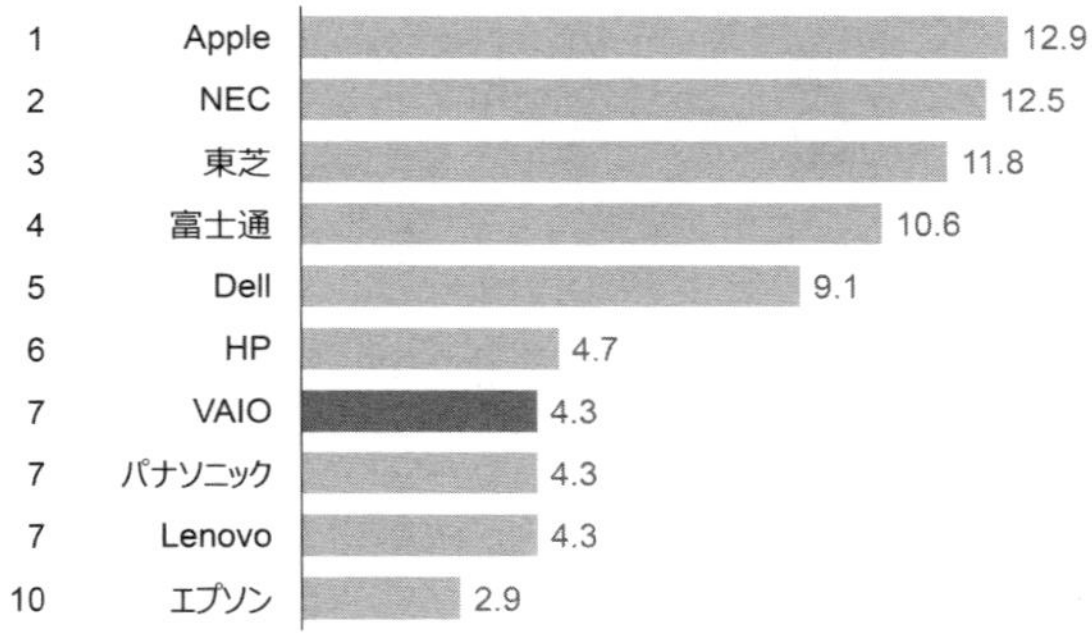

資料: 日経BP社『日経パソコン』2014/9/8よりBBT大学総研作成

量産・低価格帯は問題外、他のセグメントで戦略を

ＶＡＩＯの現状を整理します。自社の状況としては、ソニーブランド離脱で販売が低迷しつつも、デザイン性を強みに個人向け高価格帯で一定のブランド力を確保しています。市場の状況としては、スマホやタブレットがパソコン需要を侵食し、市場は国内外で急速に縮小しています。競合の状況としては、個人向け高価格帯でＡｐｐｌｅと競合、低価格帯では中国・台湾・米国メーカーに量産性で太刀打ちできず、法人向け高価格帯ではパナソニックが非常に強く、ＶＡＩＯのデザイン性は強みとはなりません。

したがって、従来の個人向け高価格帯セグメントで商品力とブランド力を強化していくのが、ＶＡＩＯの唯一の道といえるでしょう（図－14）。

Ｍａｃの「Ｏｆｆｉｃｅ問題」から導くＡｐｐｌｅ提携案

以上のことから、「ＶＡＩＯをＡｐｐｌｅに買収してもらう」というのが私の結論です。

実は私自身はＭａｃを使いません。Microsoft Officeとの互換性の問題が大きな理由です。ＭａｃにMicrosoft Officeを搭載することは可能ですが、以前よりも改善されたとはいえ、レイアウトのズレや文字化け、ファイル開封の不具合などの事態を考えると、出張先や旅行先で原稿の締め切りを抱える私にとっ

図—11　VAIOは個人向けの高価格帯セグメントに展開、Appleと競合するポジション

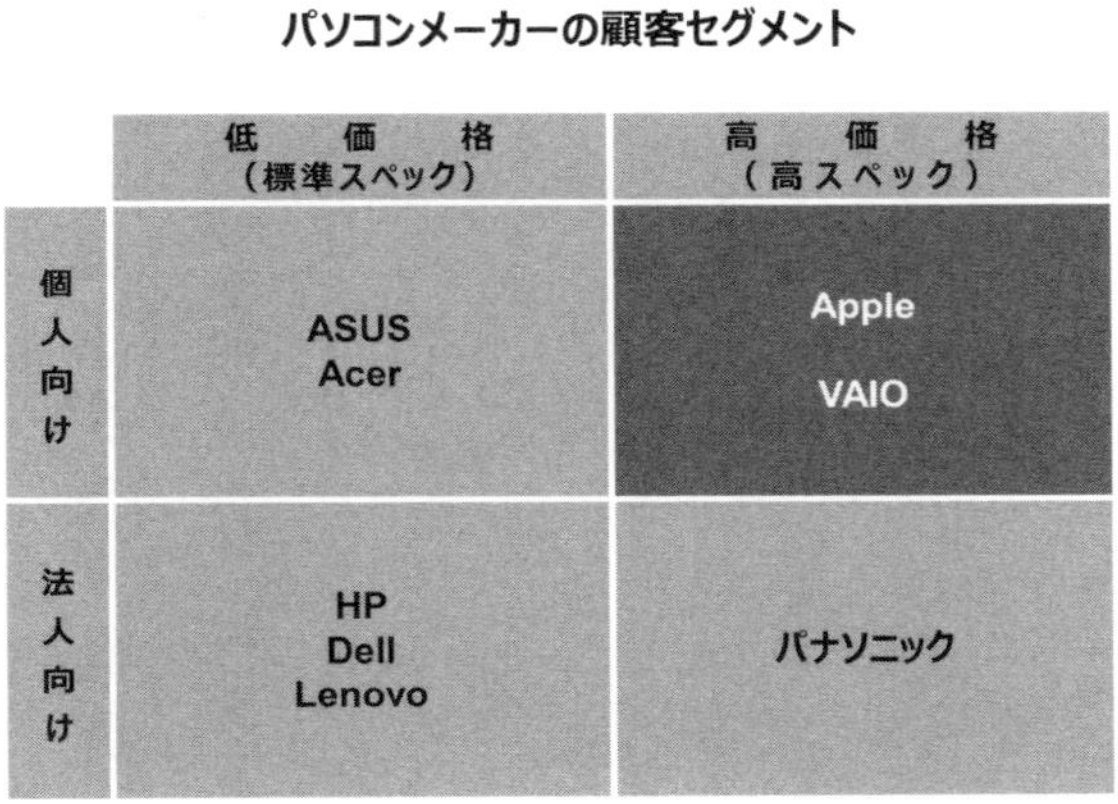

パソコンメーカーの顧客セグメント

	低価格 （標準スペック）	高価格 （高スペック）
個人向け	ASUS Acer	Apple VAIO
法人向け	HP Dell Lenovo	パナソニック

資料: BBT大学総研作成

図—12　量産やコストパフォーマンスが重視されるセグメントへの参入は困難

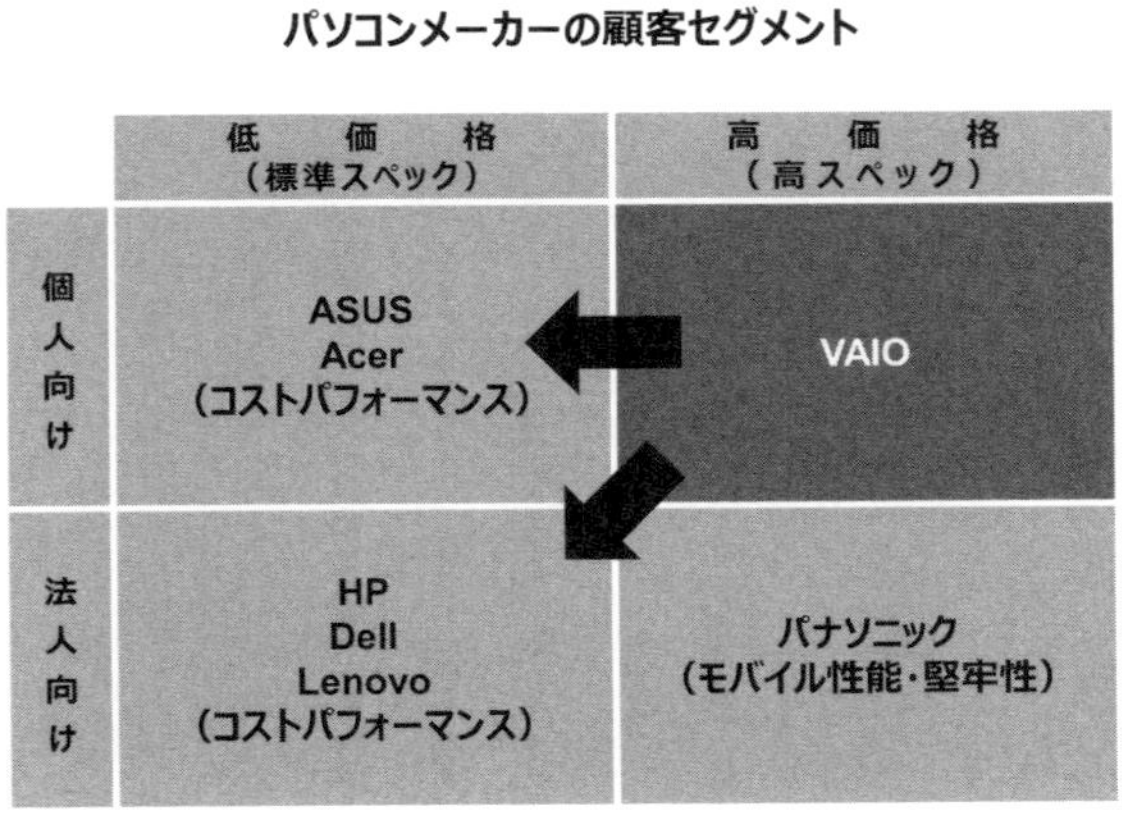

パソコンメーカーの顧客セグメント

	低価格 （標準スペック）	高価格 （高スペック）
個人向け	ASUS Acer （コストパフォーマンス）	VAIO
法人向け	HP Dell Lenovo （コストパフォーマンス）	パナソニック （モバイル性能・堅牢性）

資料: BBT大学総研作成

ては、Windowsの方が信用できるからです。裏を返せばそれは、Windowsが廃れない理由でもあります。この「Office問題」を考えると、結局のところOffice suite製品はMicrosoftの独壇場なのです。

Ａｐｐｌｅとのシナジーを狙うのが最善の道

ではなぜ、Ａｐｐｌｅによる買収が有効な施策となるのか。

Ａｐｐｌｅはこれまで ＯＳ Ｘ（Ａｐｐｌｅの製品に搭載されているＡｐｐｌｅ独自のＯＳ）にこだわってきましたが、遠くない未来、Windows ＯＳとの互換性の高い製品を出さざるを得なくなると考えられます。そこでＶＡＩＯがＡｐｐｌｅのサブブランドとしてWindows機を担当することを考えてはいかがでしょうか。

ＡｐｐｌｅもＶＡＩＯも個人向けハイエンド同士ですから、そのセグメントに対して「Windows側からＯＳ Ｘを使えるように、ＯＳ Ｘ側からもWindowsを使えるように」と手を組んで開発していくのです。約60兆円の時価総額を持つＡｐｐｌｅにとってみれば、ＶＡＩＯの買収は〝朝飯前のさらに前〟という程度の金額です。

もちろん、このような買収にＡｐｐｌｅが〝Ｙｅｓ〟と答える可能性は5％もないと思います。ただ、もしＡｐｐｌｅが本気でMicrosoft Office、つまり法人向け市場に参入していこうと考えているのなら、現在のＡｐｐｌｅでは無理でしょう。その場合のテコ入れとしてＶＡＩＯを買収するというのは、可能性と

図－13　法人向け高価格帯を狙いたいが、パナソニックの牙城は高い

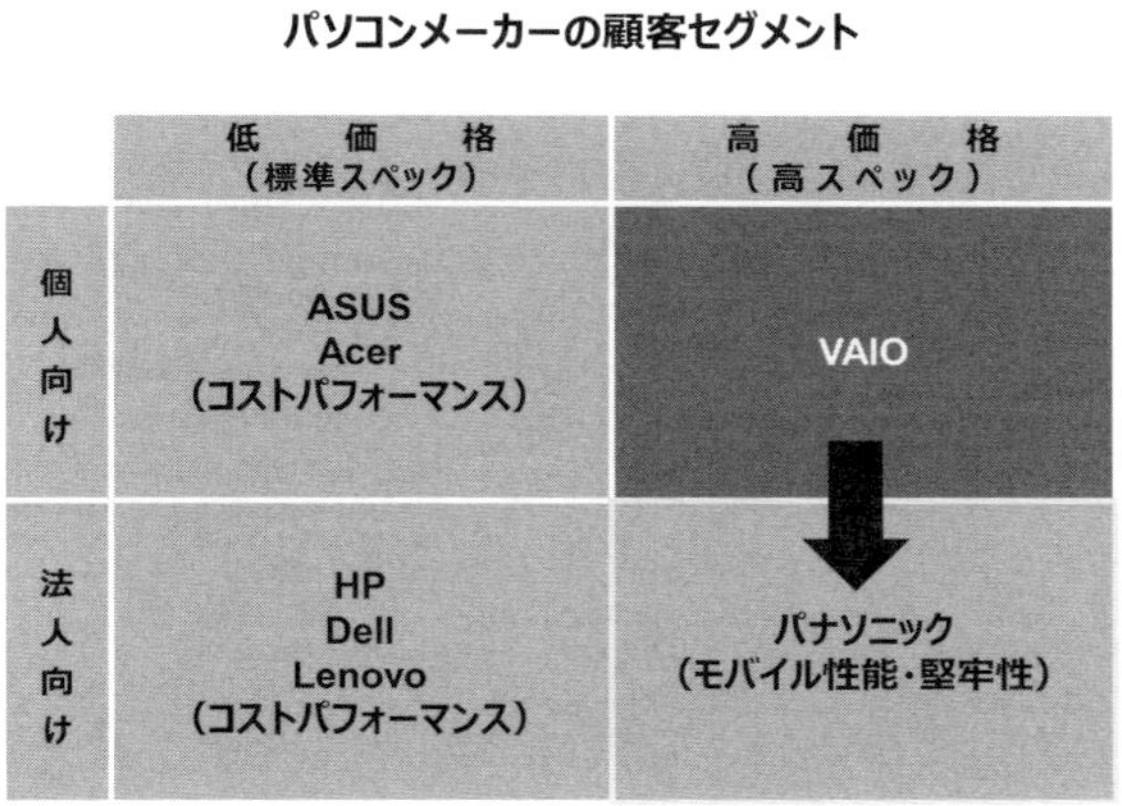

資料: BBT大学総研作成

図－14　従来の個人向け高価格帯セグメントで商品力とブランド力を強化

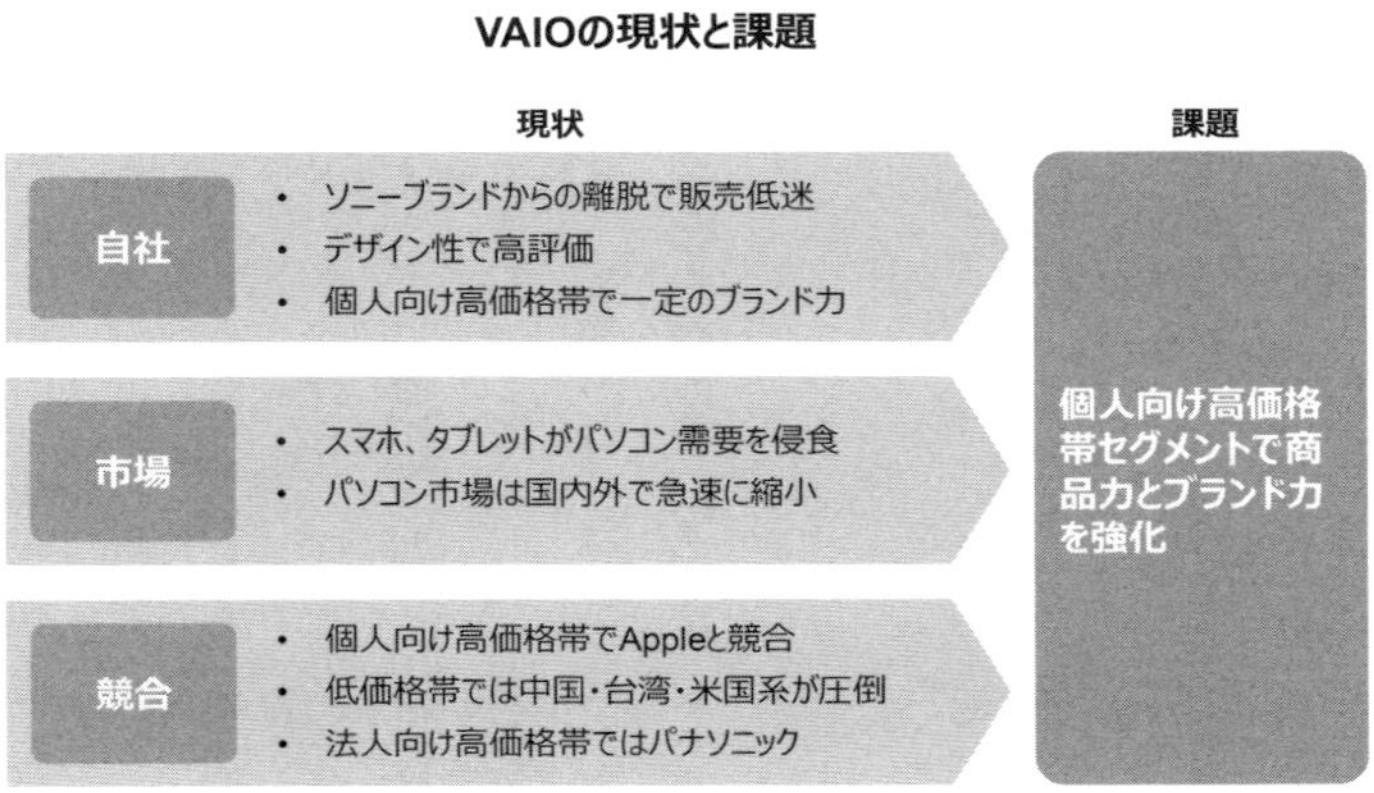

資料: BBT大学総研作成

図－15　Appleとの提携・傘下入りを交渉、サブブランドとしてWindows機を提供、Microsoft Officeとの互換性を高め、将来的にAppleの法人向け市場への参入をVAIOが担う

VAIOの方向性（案）

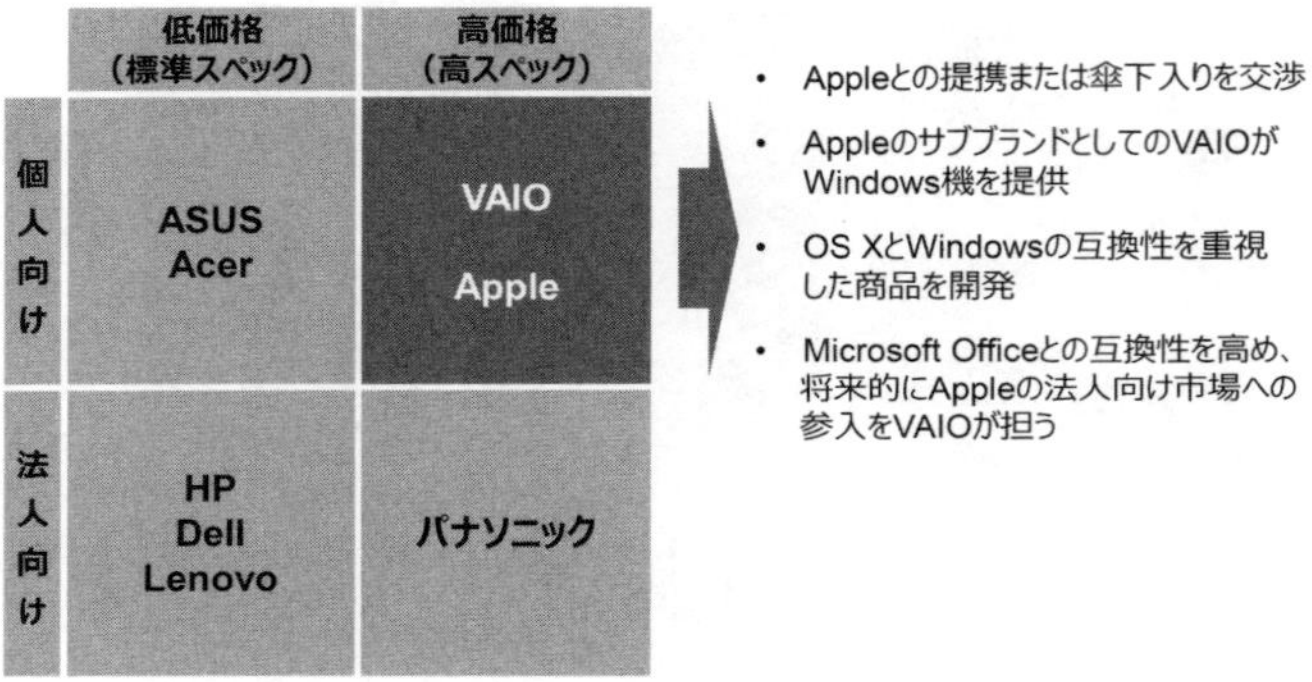

	低価格 （標準スペック）	高価格 （高スペック）
個人向け	ASUS Acer	VAIO Apple
法人向け	HP Dell Lenovo	パナソニック

資料: BBT大学総研作成

してゼロではないはずです。

ですから私がＶＡＩＯの社長なら、ほんの５％未満でも可能性があれば交渉に挑戦します。

今となってはWindows機のパソコンは機能での差別化が難しく、コストパフォーマンス重視の方向に流れています。低価格帯向けの方向性が閉ざされているＶＡＩＯとしては、Ａｐｐｌｅとのシナジーを狙って、提携もしくは傘下入りを目指すのが、生き残るための最善の道ではないかと思います（図－15）。

まとめ

☑ Appleとの提携、もしくは傘下入りを交渉、Appleのサブブランドとして OS Xと互換性の高いWindows機を提供し、個人向け高価格帯を強化。将来的にAppleの法人向け市場参入を担う。

大前の総括

いかに確率が低くとも提案。可能性がゼロでなければ挑戦。それが経営

自社の強みはどこにあるのか、どのような質の付加価値か、対象となる顧客層は——。これらを総合して考えた場合、競合する他社に自社を買ってもらうという選択も起こり得る。実現の確度がいかに低くともまずは挑戦だ。

CaseStudy

15

富士通

相次ぐ「異業種参入」で主導権を握る

あなたが**富士通**の社長ならば、
農業クラウド技術でいかに日本版スマートアグリ
戦略を構想し、農業界の未来に貢献するか?

※2016年2月に実施したケーススタディを基に編集・収録

正式名	富士通株式会社(FUJITSU LIMITED)
設立年	1935年
代表者	代表取締役社長　田中 達也
本社所在地	東京都港区
業種	電気機器
事業内容	通信システム、情報処理システムおよび電子デバイスの製造・販売ならびにこれらに関するサービスの提供
資本金	3,246億円(2016年3月末現在)
売上高	2兆68億3,000万円(単独) 4兆7,392億4,000万円(連結)(2015年度)
従業員	15万6,000名(2016年3月末現在)

ビッグデータと人工知能を活用した新しい農業の形

農業×IT＝スマートアグリ

今回のケースで取り上げるのは、富士通が取り組んでいるスマートアグリ構想です。

スマートアグリとは、農業における生産・流通管理にIT技術を活用することで生産性および品質の向上を図る取り組みです（図－1）。農業の生産・加工・流通の各過程において、様々な業界がビジネスチャンスを狙ってスマートアグリへの参入を図っています。

スマートアグリは農業経営全般に関する業務支援を行うソフトウエアと、生産・加工・流通のオートメーション化を実現する各種ハードウエアから成り立っています。業務支援ソフトはクラウドコンピューティングにより提供されるため、これを「農業クラウド」と呼び、富士通をはじめ、様々なシステムベンダーが参入しています。またハードウエアについては、GPS自動操舵で農地整備・種まき・収穫を行う農機、施設園芸・植物工場などの生産設備、栽培環境を常時モニタリングするセンサーや制御装置、収穫や加工を行うロボットなどがあり、伝統的な農機メーカーだけでなく、電機、通信、機械、建設など様々な業界から参入が図られています。

農業クラウドのポイントは、実はクラウドコンピューティングであるということよりも蓄積されたデータベースそのものにあります。農業の各プロセスに関する情報をビッグデータとして集めて、その解析結果を営農のベストプラクティスとして提供していきます。売上高や収穫高の目標値を決め、それを達成するために種をまく時期や量、草刈りや水やりなどの作業を全てコンピューターで管理して、より適切な農業へと導きます。つまり、従来は農業従事者の経験則や知識に基づいて行われてきた農業を、ビッグデータと人工知能を使って実現していくというものです。

富士通の農業クラウドで〝企業的な〟農業経営を支援

では、富士通が進めている農業クラウド「Akisai（秋彩）」について見てみましょう（図―2）。Akisaiでは、ソフトウエアとして「経営支援ソリューション」「生産支援ソリューション」「販売支援ソリューション」、および施設園芸や環境制御装置などのハードウエアを提供しています。

現在手がけている領域は、施設園芸、米・野菜、果樹、畜産の4分野です。経営、生産、販売に関する様々なソフトウエアが提供されており、それによって企業的な農業経営を支援するというものになっています。

例えば「農業生産管理SaaS 生産マネジメント」という商品では、生産計画から出荷までをサポートします。まず栽培したい農産物に関して作業目安時期などをソフトウエアに登録すると、自動的に計画が策

図―1　従来の農業にIT技術を活用することにより生産性および品質の向上を実現する

スマートアグリ（農業）の概要

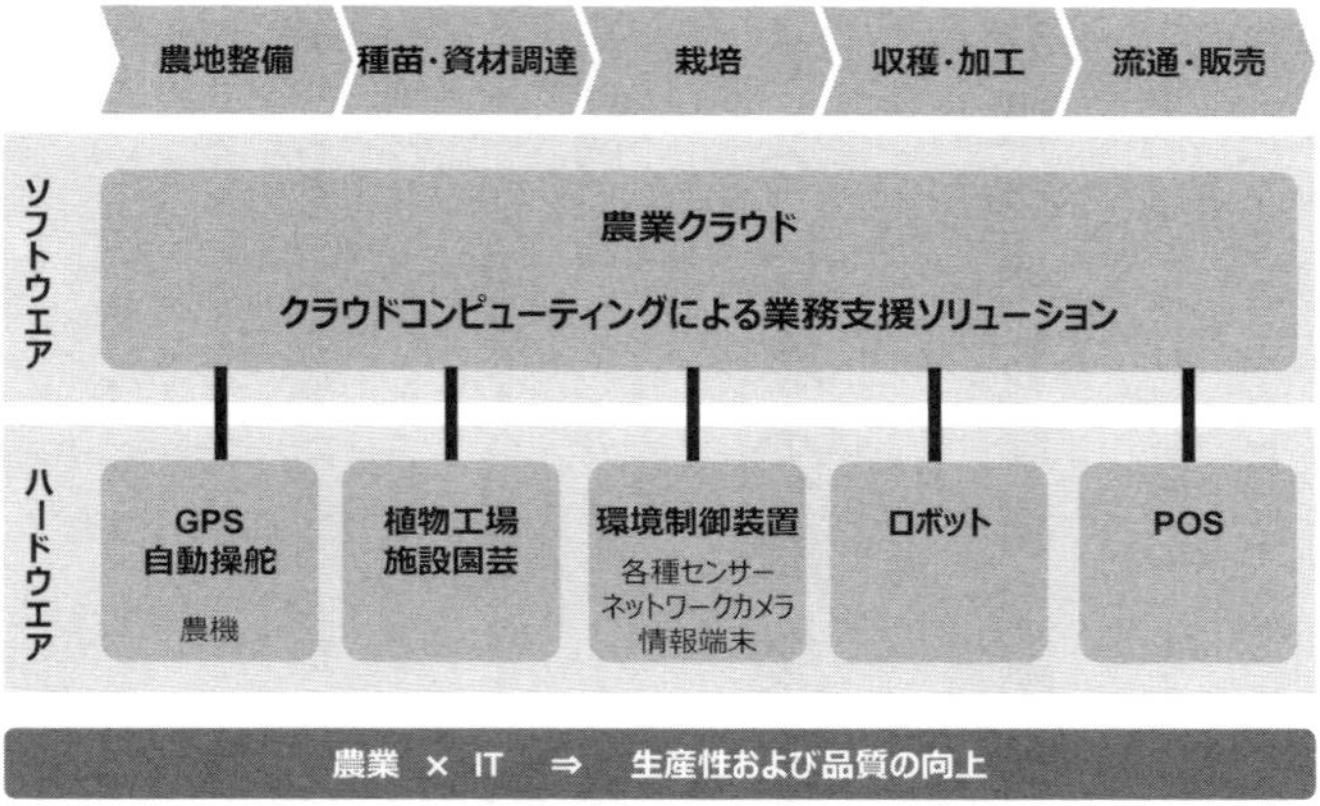

資料：矢野経済研究所プレスリリース「2015年版 期待高まるスマート農業の現状と将来展望」、シード・プランニングプレスリリース「農業ITレポート 2016」ほか、各種報道よりBBT大学総研作成

図―2　クラウドによる経営・生産・販売ソリューション、および施設園芸・環境制御なども提供

富士通の農業クラウド「Akisai（秋彩）」の概要

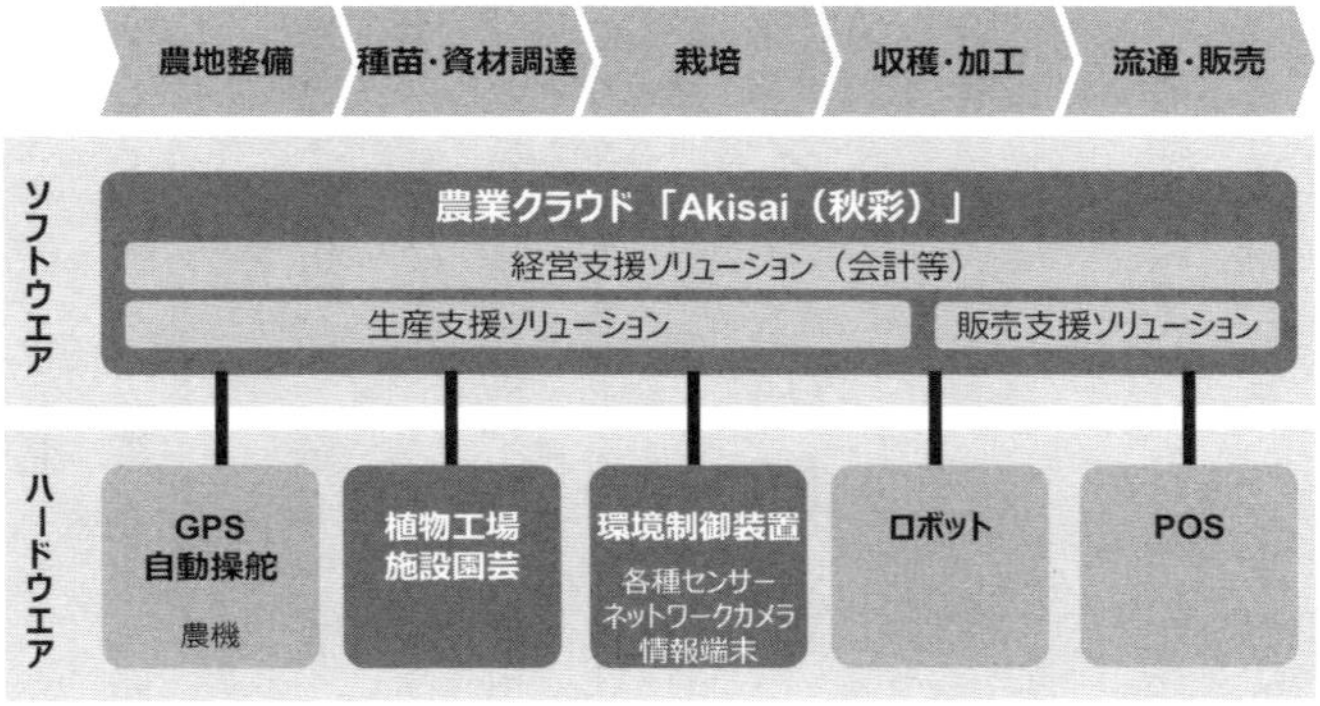

資料：矢野経済研究所プレスリリース「2015年版 期待高まるスマート農業の現状と将来展望」、シード・プランニングプレスリリース「農業ITレポート 2016」ほか、各種報道よりBBT大学総研作成

定されます。その計画と収穫高や販売高の目標値から作付時期・面積を決定し、実際の作業はパソコンやスマートフォンで管理して進めます。進捗状況や達成度を評価してフィードバックすることで、よりよい栽培へとつなげていくことを目指します。このようにして農業にＰＤＣＡサイクルを導入し、〝企業的な〟農業経営を支援するというものです。

これらを実現するための背景にあるのが、膨大なデータの収集と蓄積・分析です。全てのソリューション・ソフトウエアのもととなっており、これを活用することで生産性と品質の向上へとつなげています。また、ソフトウエアを提供するだけでなく、実際に農機具などのハードウエアを動かすことも可能です。これはクボタや井関農機、ヤンマーといった農機メーカーなどと協同するのがよいかと思います。

凋落する日本の農業と、スマートアグリへの期待

高齢化し減少する農業従事者

日本の農業従事者は減少と高齢化の一途をたどっています。１９７０年には７００万人を超えていましたが２０１５年には１７５万人にまで落ち込み、平均年齢は67歳とかなり高齢化しています（図－３）。とくに米農家の場合、年金受給額の方が農業収入よりもはるかに多いというほど高齢化が進んでいます。

図－3　農業従事者は減少の一途、平均年齢は67歳に達している

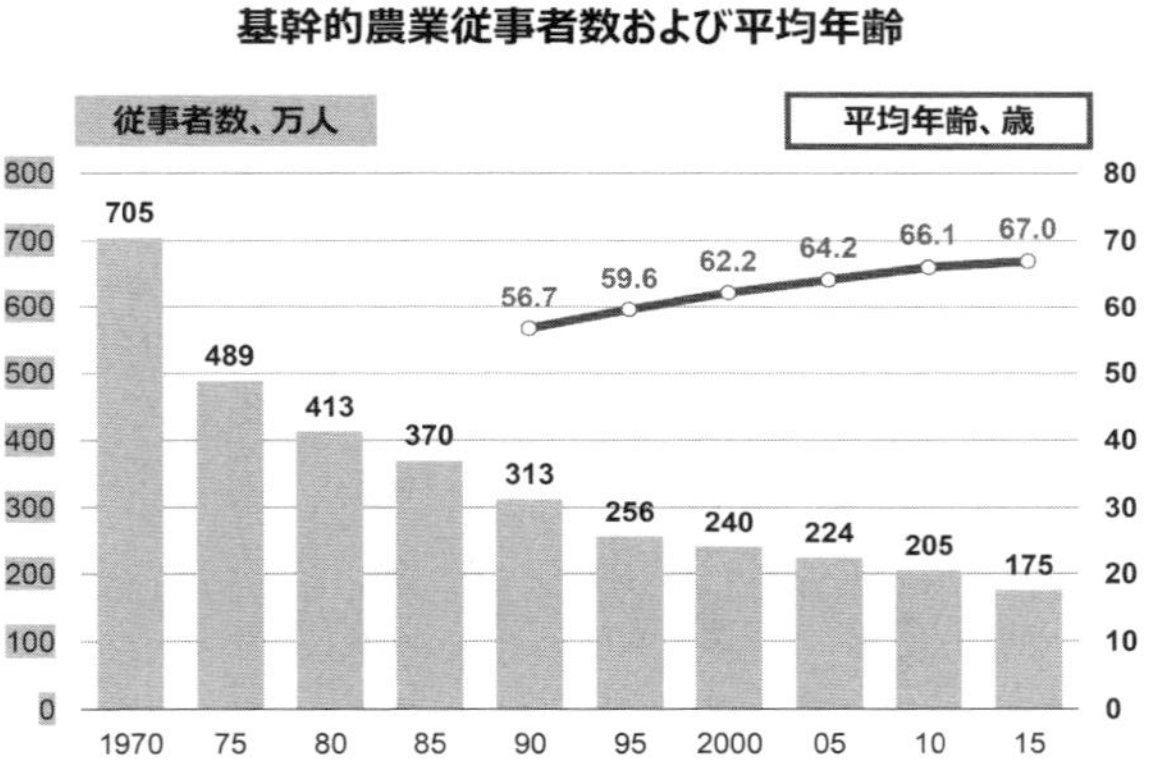

資料：農林水産省「農林業センサス」「農業構造動態調査」、総務省「日本の長期統計系列」よりBBT大学総研作成

農業従事者の減少と高齢化、私はこの問題は2つの形で克服するしかないと思います。1つは、農業を継続する方向で農家を支援するのではなく、高齢者ばかりの農家はいわゆる資本家として生産労働から解放し、その代わりに若年者または外国人を雇い、農業クラウドを使ったシステムの支援の下に農業経営を進めるという形です。

もう1つは、企業の参入を積極的に受け入れていくことです。2015年の農地法改正により、法人の農業進出に関する規制が大きく緩和されました。これにより、Akisaiが提案している通りの〝企業的農業経営〟が可能となりました。新規参入企業はもともと農家ではないので農業の経験がありませんが、その点については農業クラウドでサポートすればよいのです。

注目を集めるスマートアグリ市場

スマートアグリ市場はどう成長していくか、予測を見てみましょう（図－4）。ソフトウエア分野のみでは2020年で300億円ぐらい、ハードウエア分野まで入れると700億円超の規模と予測されています。対象品目が増えれば、もっと大きくなる可能性があります。

幅広い業界からの参入が続く

十分な成長可能性が見込めるスマートアグリ市場ですが、それだけに多くの企業が富士通と同様の構想を持っています（図－5）。情報、通信、電機、機械など幅広い業界からの参入が相次いでおり、その内容は様々ですが、いずれもクラウドサービスとして提供されています。

農協に代わるポジションを構築せよ

スマートアグリ推進の課題は〝農家が慣れていない〟こと

期待が寄せられるスマートアグリですが、普及・推進させるためにはどのような課題があるのかを［図

図－4 農業人口減少を背景に効率性向上を図るためスマートアグリ市場が注目されている

**スマートアグリの市場予測
（2014～2020年、億円）**

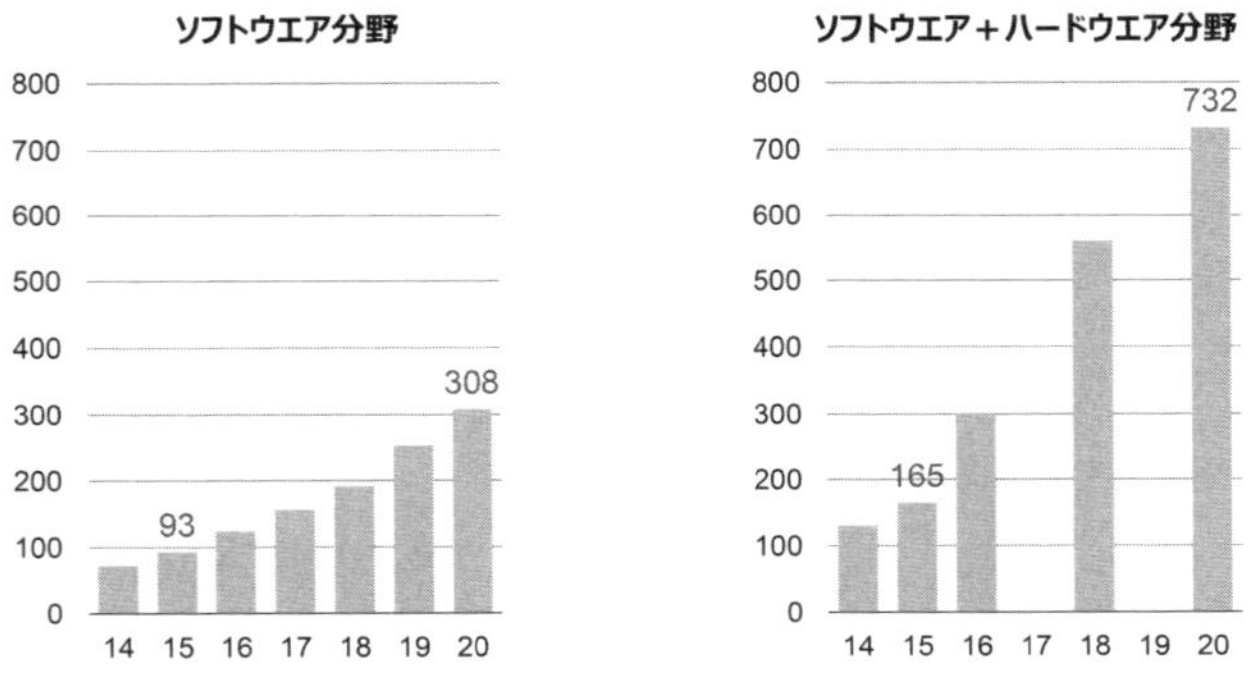

※矢野経済研究所「スマート農業に関する調査結果 2015」
一部ハードウエアを含む

※シード・プランニング「農業IT化・スマート農業の現状と将来展望」

資料：矢野経済研究所プレスリリース「2015年版 期待高まるスマート農業の現状と将来展望」、
シード・プランニングプレスリリース「農業ITレポート 2016」よりBBT大学総研作成

図－5 情報、通信、電機、機械など各業界が特技を活かして農業分野に参入

農業クラウドサービスの参入状況

企業名	サービス名	概要
富士通	Akisai（秋彩）	経営・生産・販売まで総合的支援
NEC	農業ICTソリューション	経営・生産・販売まで総合的支援
トヨタ自動車	豊作計画	「カイゼン」手法の農業への応用
デンソー	Profarm	工場制御技術の農業への応用
NTTドコモ	クラウド型水田管理システム	稲作向けモニタリングシステム
日立ソリューションズ東日本	AgriSUITE	農作物の需給バランスシステム
クボタ	KSAS	米収穫時の自動品質測定システム
PSソリューションズ	e-kakashi	農作物の栽培データの可視化
ファームノート	Farmnote	酪農・畜産向け牛群管理システム

資料：東レ経営研究所「期待が集まるスマート農業の新展開」ほか、各種記事よりBBT大学総研作成

―6／スマートアグリ普及のための現状と課題」にまとめました。

スマートアグリが必要となる背景は、農業従事者の減少と高齢化です。もともと日本の農業は生産性の低さが問題視されてきました。家族経営の小規模農家が多く、大規模な機械設備を導入できないため、農地が狭小なわりに人手がかかってしまうことが生産性の低さの主な原因です。このような状況のなか、農業従事者の減少と高齢化という問題に対し、スマートアグリの普及・推進により生産性を向上させていくことが期待されています。しかし、普及には主に3つの問題と課題があると考えます。

1つ目の問題は新規参入者の農業知識や経験が不足していることです。農作物の栽培・育成・品種などの知識に関しては、各農家の経験や勘に基づく暗黙知の部分が多く、異業種や若者の参入障壁となっています。この問題に対しては、農業に関するあらゆるデータを収集・蓄積・共有化し、経験や勘に基づく暗黙知を誰もが利用できる形式知に置き換え、新規参入を促進することがスマートアグリ（とくに農業クラウド）普及の課題といえます。

2つ目の問題は農家の経営力の低さです。一般に農業経営においては、種苗や肥料、各種資材の調達、これらを調達するための資金の工面などが必要となります。さらに農作物の流通管理や販売先の確保も必要です。各農家に対するこれらの営農支援は農業協同組合（JA）が担ってきましたが、昨今、JAが仲介するとかえって高コストになるというケースが多々指摘されています。しかし、自ら調達・流通ルートを確保できない農家はJAに頼らざるを得ません。この問題に対しては、JAの機能を代替するプラット

図―6 新規参入の促進、農家の経営力強化、農家のITスキル向上が課題となっている

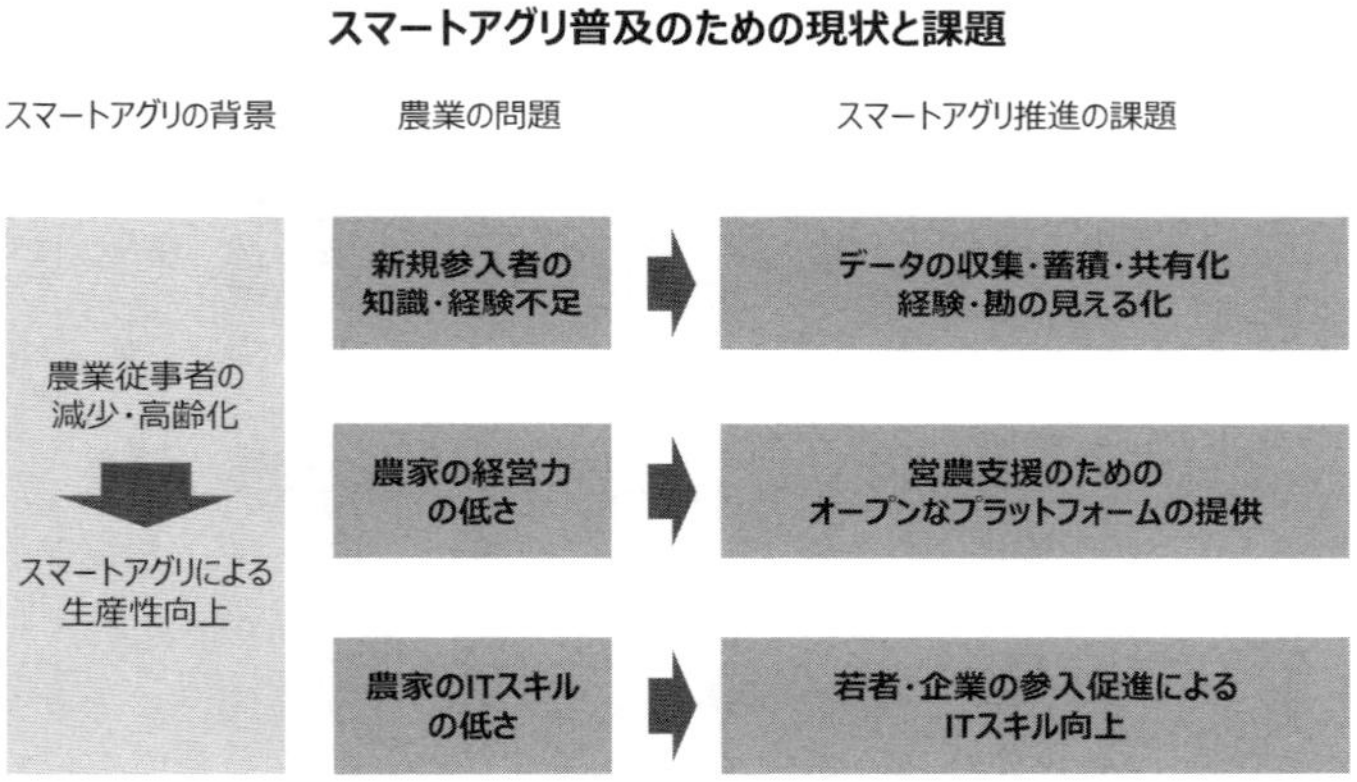

資料: BBT大学総研作成

フォームの構築がスマートアグリ（農業クラウド）普及の課題となるでしょう。

３つ目の問題は農家のＩＴスキルの低さです。農業従事者の平均年齢が67歳に達した現状では、これらの農家に新たなＩＴツールを習得させることは困難でしょう。この問題に対しては、ＩＴスキルの高い若者や異業種の参入を促進し、世代交代を早めていくことが課題となるでしょう。

また、ＪＡの存在自体がスマートアグリの普及・推進にとって大きな障壁となる可能性もあります。日本の農業界において、全国農業協同組合連合会（ＪＡ全農）はいわば〝最大の農業商社〟のような存在です。ＪＡ全農の収益源は農家に対する様々な仲介の手数料ですので、調達や流通コストが高いほど手数料収入が増えるという構造になっています。スマートアグリ（農業クラウド）の

普及・推進は調達や流通の中間コストを削減する効果が見込めます。これは、ＪＡ全農が人的能力で担ってきた機能をクラウドコンピューティングに置き換えていくことを意味するため、場合によってはＪＡ全農がスマートアグリ普及の抵抗勢力となる可能性が考えられます。

しかし現在、政府は農協改革の一環としてＪＡ全農を株式会社化することを促すとしていますので、株式会社化したＪＡ全農とともに農業クラウドを提供するのも１つの方法です。

富士通のとるべき戦略は３つ

こうした状況にあって、富士通がスマートアグリ市場で主導権を握るにはどうすればよいでしょうか。先ほど挙げた３つの課題について、それぞれ戦略の方向性を見てみましょう（図－７）。

まず「データの収集・蓄積・共有化」については大学や各農業関連機関などと連携し、保有するデータを収集・蓄積していくことが必要です。さらに各農家が暗黙知として蓄積している情報については富士通の社員が自ら手を動かして情報収集し、データベース化していくことも重要だと思います。そして、これら収集されたデータをクラウド上で広く共有化していくためには、データ形式の標準化が不可欠です。

次の「営農支援のためのオープンなプラットフォームの提供」、これはＪＡ全農を代替する調達・流通のプラットフォームを提供し、各農業経営体の〝六次産業化〟を支援していきます。整備・調達・生産・流通・販売の一連の流れを一元管理できるプラットフォームを提供します。

図―7　データ標準化戦略、オープンプラットフォーム戦略、農業の新規参入促進により成長を目指す

富士通の方向性（案）

スマートアグリ推進の課題	方向性（案）
データの収集・蓄積・共有化（経験・勘の見える化）	・大学・農業試験場、単位農協などと連携してデータを収集・蓄積 ・データ形式の業界標準化、蓄積データの共有化により農業への参入障壁を下げる
営農支援のためのオープンなプラットフォームの提供	・六次産業化支援プラットフォームの提供（資材調達、取引市場プラットフォームなど） ・農地集約化プラットフォームの提供（分散農地をシステム上で集約管理）
若者・企業の参入促進によるITスキル向上	・意欲のある若者、企業を支援 ・旧勢力（高齢農家）は自然淘汰を待つ

資料: BBT大学総研作成

3つ目の「若者・企業の参入促進によるITスキル向上」は、ひとえにやる気・意欲の問題です。意欲のある若者・企業を率先して支援する。クラウドサービスの利用と同時にITスキルを身につけられるようなオプションを考えるのも一案です。

データの収集・蓄積・共有化

3つの方向性それぞれについてさらに詳しく見てみましょう。まずは「データの収集・蓄積・共有化」についてですが、これまで農業に関連する諸機関が蓄積してきた情報、また各農家が暗黙知として蓄積してきた情報、これらは各所バラバラな形式で膨大に存在しています。これらを広範にわたって効率よく収集し、統合し、ビッグデータを構築していくことが肝要です（図―8）。

農林水産省や気象庁、各大学、研究機関、単位農協、農家などにある農業のノウハウを全て取り込んでいく必要があります。一方で、農業クラウドに参入する各社がそれぞれ独自の形式でデータベースを構築していくのは大変非効率です。これは富士通が率先して農水省を巻き込み、国家レベルで業界標準化を進めていく必要があるでしょう。こうして標準化された汎用性の高いデータベースはスマートアグリを推進していく基盤となります。そして富士通はこの国策システムの受注を狙うべきです。そのためにもまずは競合に先駆けてデータを収集し事実上の業界標準（デファクトスタンダード）を握り、それを公的な業界標準へとスライドさせていくことが重要と思われます。

六次産業化支援プラットフォームの提供

2つ目の「営農支援のためのオープンなプラットフォームの提供」については、先述の通り、現在の農業界においてはＪＡ全農が〝最大の農業商社〟のような存在となっていますので、その機能を代替する調達・販売のオープンプラットフォームを提供していくことを考えます。これまでＪＡ全農が仲介してきた中間流通をクラウドベースのプラットフォームに置き換えていくことで、中間コストを削減し、各農業経営体の自立と六次産業化を支援していくことを目指します（図－9）。

富士通が提供すべき調達・販売プラットフォームのイメージを［図－10／富士通の方向性（案）～調達・販売プラットフォームの提供～］に示しました。資材調達プラットフォームについては、国内外の資材メー

図—8　知識・経験データを収集・蓄積・共有化し、農業への参入障壁を下げ、新規参入を促進

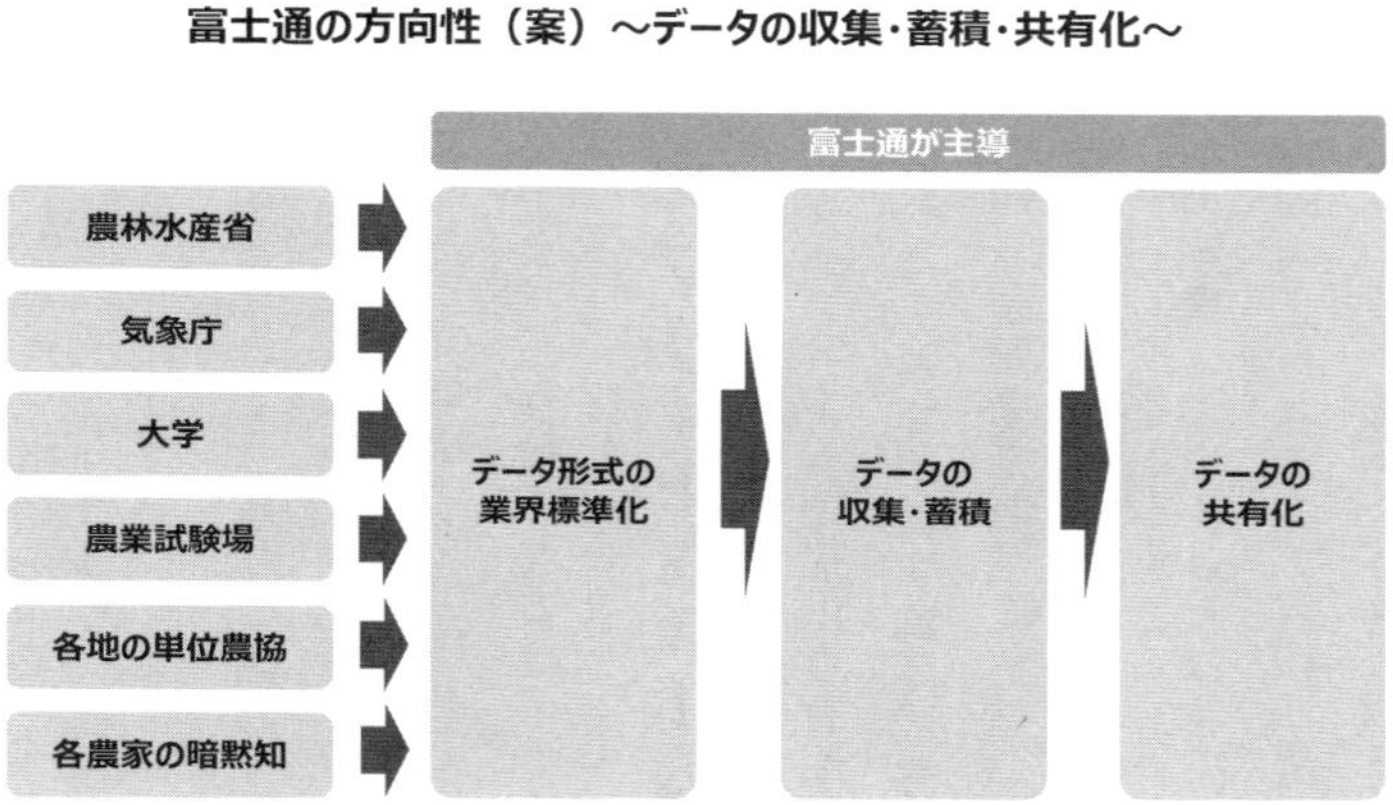

資料: BBT大学総研作成

図—9　農協に代わる調達・販売のオープンプラットフォームの提供により六次産業化を支援①

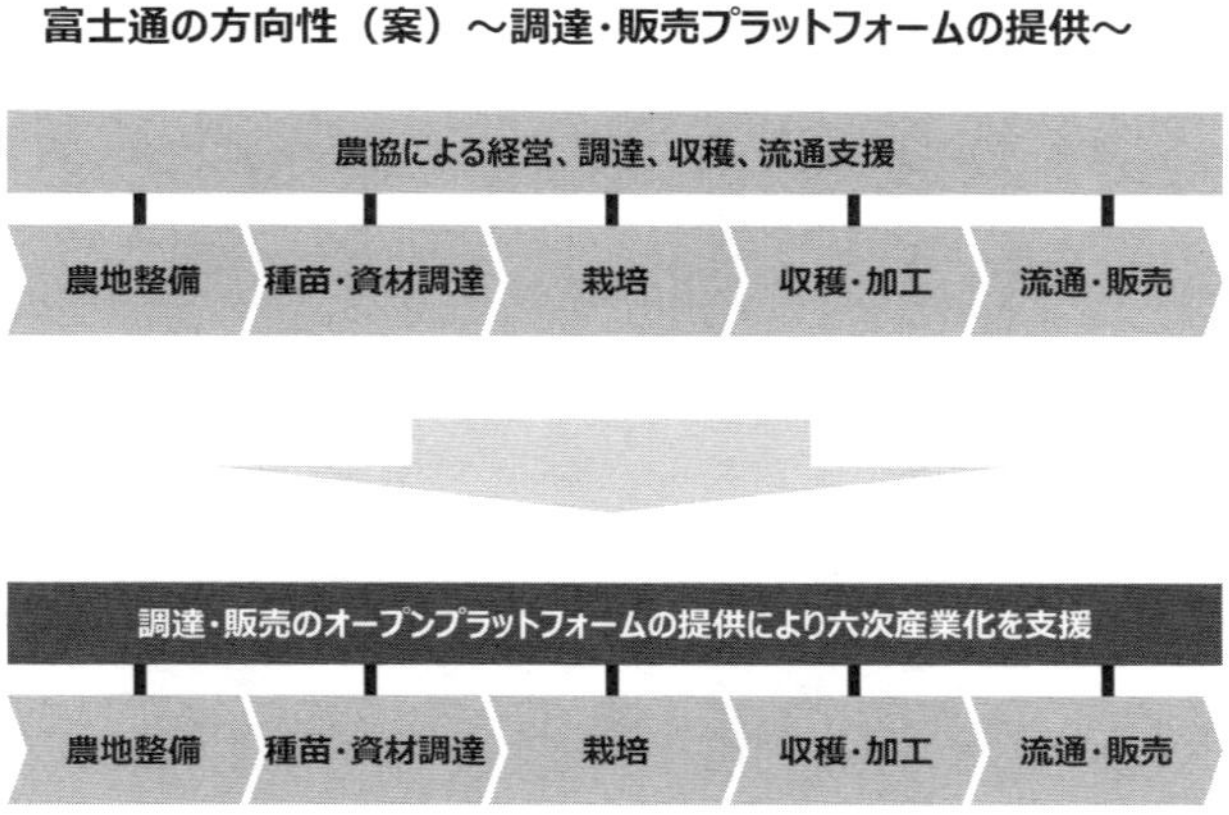

資料: BBT大学総研作成

カー、農機メーカー、卸商社、ホームセンターなどが自由に参入でき、各農家はJAを介さず、多くの選択肢のなかから最適なものを直接購入することで諸経費の削減を実現します。また、販売プラットフォームについては各農家と消費者などが直接取引を行う取引市場プラットフォームを構築し、各農家の利益の最大化を実現します。このようにしてJAを代替する機能を農業クラウドで展開し、農家の六次産業化を支援していきます。このような形で農業クラウドを推進していけば、JAも自ら改革を進めようという意識が高まり、農家にとって最適な支援体制を本気で考えるようになり、農協改革は一気に進むと期待され、ひいては農業界の未来への貢献になるはずです。

農地集約化プラットフォームの提供

農地集約化プラットフォームの提供も有用でしょう。日本国内には遊休農地がたくさんあります。これらをクラウド上のシステムで集約すれば、分散型の大規模農場として運営することが可能です(図−11)。物理的には離れた別々の農場であってもバーチャルでは1つの農場と見なして運営するのです。ITを活用してこうした農場経営を支援していくのも、富士通のスマートアグリ戦略として大いに考えられます。

また、現在日本の農機メーカー3社は全て無人化の方向に進んでいます。こうしたところでもクラウドサービスとの連携が考えられます。現状、農機具の稼働率は低いのですが、クラウド上で「いつどの農機具を使うか」ということを管理し、複数の農地で農機具をうまく共有・利用して稼働率を上げる。そうす

図－10　農協に代わる調達・販売のオープンプラットフォームの提供により六次産業化を支援②

富士通の方向性（案）～調達・販売プラットフォームの提供～
（イメージ図）

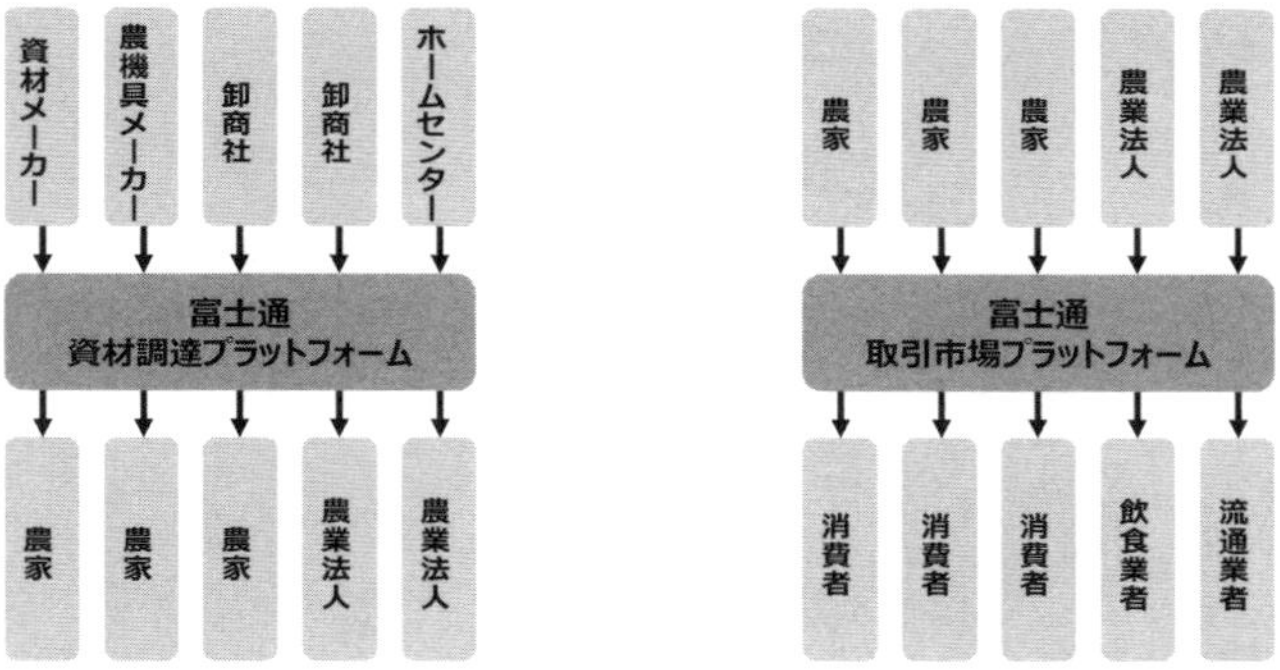

資料: BBT大学総研作成

図－11　物理的に集約不可能な農地をシステム上で集約化、分散型の大規模農場経営を支援

富士通の方向性（案）～農地集約化プラットフォーム～

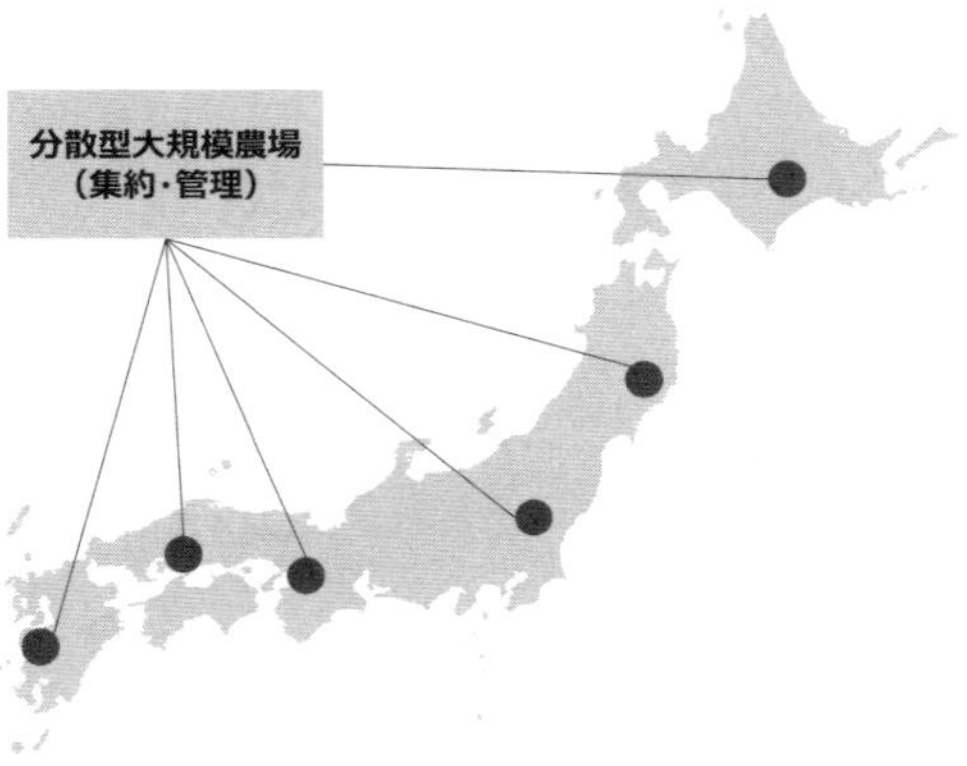

資料: BBT大学総研作成

図−12　若者・企業の新規参入を支援することにより、高齢農家の自然淘汰を待ち、ITスキルの向上を果たす

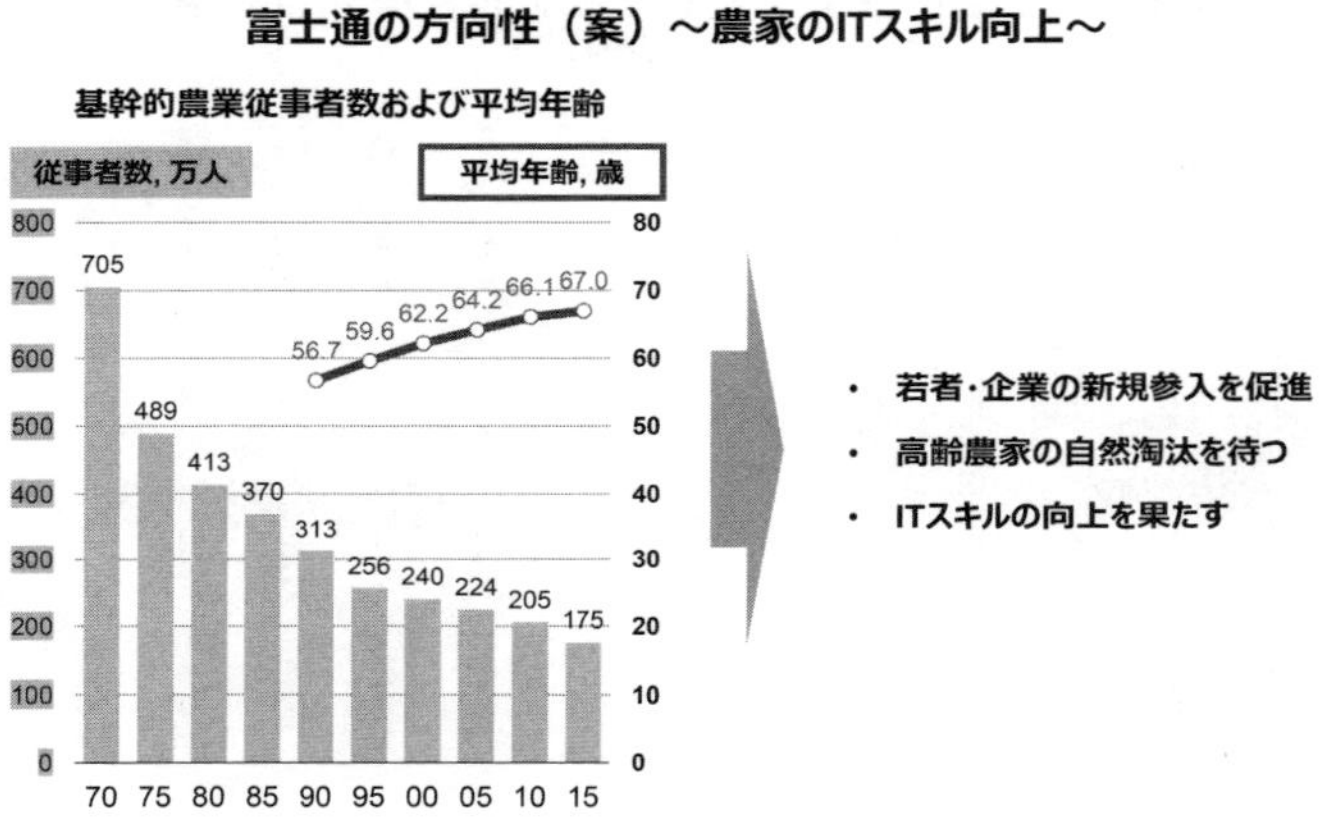

資料: BBT大学総研作成

ることで広い作付面積を少ない農機具でカバーし、収益性を向上させる。農機メーカーとしては不満かもしれませんが、今後はその方向に行かざるを得ないと思います。この点からも農地の集約はスマートアグリ戦略において重要となるでしょう。

農家のＩＴスキル向上

農業従事者は減少と高齢化が進み（図−12）、若者や企業の農業への参入を支援しなければ日本の農業は廃れるばかりです。しかし経験のない若者や企業が農業へ参入するのは決して簡単なことではありません。そこを補うのが、農業クラウドの重要な役割です。一方、スマートアグリ推進には農家のＩＴスキルが欠かせません。意欲のある若者や企業をサポートすることで世代交代による農家のＩＴスキル向上を図ることも必要でしょう。

まとめ

- 農林水産省や気象庁、大学、研究機関、農協、農家など農業関連諸機関のデータを幅広く収集・蓄積・共有化。データ形式の公的標準化を進め、スマートアグリ推進のための基盤を構築する。
- JA全農の役割を代替する機能をクラウド上で実現する。資材調達や農産物取引市場のプラットフォームを提供し、中間流通コストの削減と利益の最大化を図り、農家の六次産業化を支援する。また、分散農地をシステム上で集約管理できる農地集約化プラットフォームを提供し、生産性の向上を目指す。
- 高齢農家のITスキルを上げるため、意欲のある若者や企業の参入を支援し、世代交代を通じて農業界全体のスキル向上を図る。

大前の総括

旧体制を打破するためには他社との競争のなか、あえて連携する必要もある

将来性の高い市場だが、アンシャンレジームの支配が強く、大きな障壁として立ちふさがっている領域。代替の新体制としてのプラットフォーム構築が課題。あえて参入障壁を下げてプレーヤーを育てるオープン化に期待。

CaseStudy 16

メディアテック

「中国市場の減速」への対応策

あなたが**メディアテック**(Media Tek)の会長ならば、大幅な減益に直面した今、いかなる戦略によってこの難局を乗り切るか?

※2016年2月に実施したケーススタディを基に編集・収録

正式名	Media Tek Inc.(聯發科技)
設立年	1997年
代表者	董事長 蔡明介, Chairman: Ming-Kai Tsai(会長兼CEO)副董事長兼総経理 謝清江, Vice-Chairman and President: Ching-Jiang Hsieh(副会長兼社長)
本社所在地	台湾新竹市(新竹科学工業園区内)
業種	精密機器
事業内容	携帯電話、デジタルテレビ、光ディスク用の半導体設計
資本金	157億1,600万台湾ドル(539億円、2015年12月期)
売上高	2,132億5,500万台湾ドル(7,308億円、2015年12月期)
従業員	1万5,204人(2015年)

「100ドルスマホ」市場を創出・牽引してきたビジネスモデル

世界3位のスマートフォン向けアプリケーションプロセッサー

「台湾のシリコンバレー」と呼ばれ、IT産業が集積する新竹市。ここで、1997年に創業したMedia Tek（以下、メディアテック）は、携帯電話、デジタルテレビ、光ディスク用の半導体設計を手がける会社です。2015年12月期は売上高が7300億円を超え、主力のスマートフォン向けアプリケーションプロセッサー（AP）では、Qualcomm（クアルコム）、Appleと覇を競いながら、世界3位の規模となっています（図－1）。

メディアテックは年々シェアを伸ばしてきましたが、その背景には高い技術に裏打ちされた独自のビジネスモデルがあります。スマートフォンの設計図と、自社製のAPの両方を提供できることが同社の強みとなり、スマートフォン市場に参入したいメーカーや受託生産をする会社を顧客として成長してきました。

メディアテックのビジネスモデルは設計技術を持たない会社でもスマートフォン市場に参入できる状況を作り出し、多くの中小企業の参入を可能にしました。これらの企業の多くは「100ドルスマホ」と言われるような低価格帯商品を発売し、一定のシェアを占めるようになりました。

また、提供する設計図には自社製ＡＰを組み込むため、設計受注の拡大は、自社製ＡＰ売上の拡大につながります。Ａｐｐｌｅが自社製端末に自社製ＡＰを組み込み自社ブランドで販売するのに対し、メディアテックは自社設計端末に自社製ＡＰを組み込み他社ブランド向けに提供しています。ＡＰベンダーの競合としては、ＡｐｐｌｅやQualcommなどがありますがＡｐｐｌｅは自社端末向けのみであり、Qualcommは高価格スマホに強みを持っています。一方、メディアテックは中国系格安スマホメーカーへの提供を得意として拡大してきました。

なお、スマートフォンの設計にはＡＰ以外の部品も必要となります。設計図にはその全てが書き込まれます。その設計図の採用者は、設計図に指定されたメーカーの部品を必然的に使うことになるため、部品メーカーにとっては設計図に採用されることが売上に影響します。すなわち、部品メーカーにとってはメディアテックが営業先となるため、メディアテックにとって優位な取引関係が結びやすく、高品質な部品を低価格で手に入れることができました。

中国におけるＡＰの出荷数シェアの変遷を見ると、２０１１年から２０１２年にかけて、Qualcommが急激にシェアを減らし、その時期にメディアテックがシェアを伸ばしています（図－２）。また、近年では中国政府系の半導体大手である紫光集団傘下のSpreadtrum（スプレッドトラム）が勢力を伸ばしています。紫光集団は技術獲得のために台湾系半導体メーカーへの資本参加を狙っており、メディアテックへの出資にも意欲を示していると報じられています。ただし、台湾は安全保障の観点から半導体産業への中国資本

図−1　スマートフォン向けアプリケーションプロセッサー（AP）で世界3位

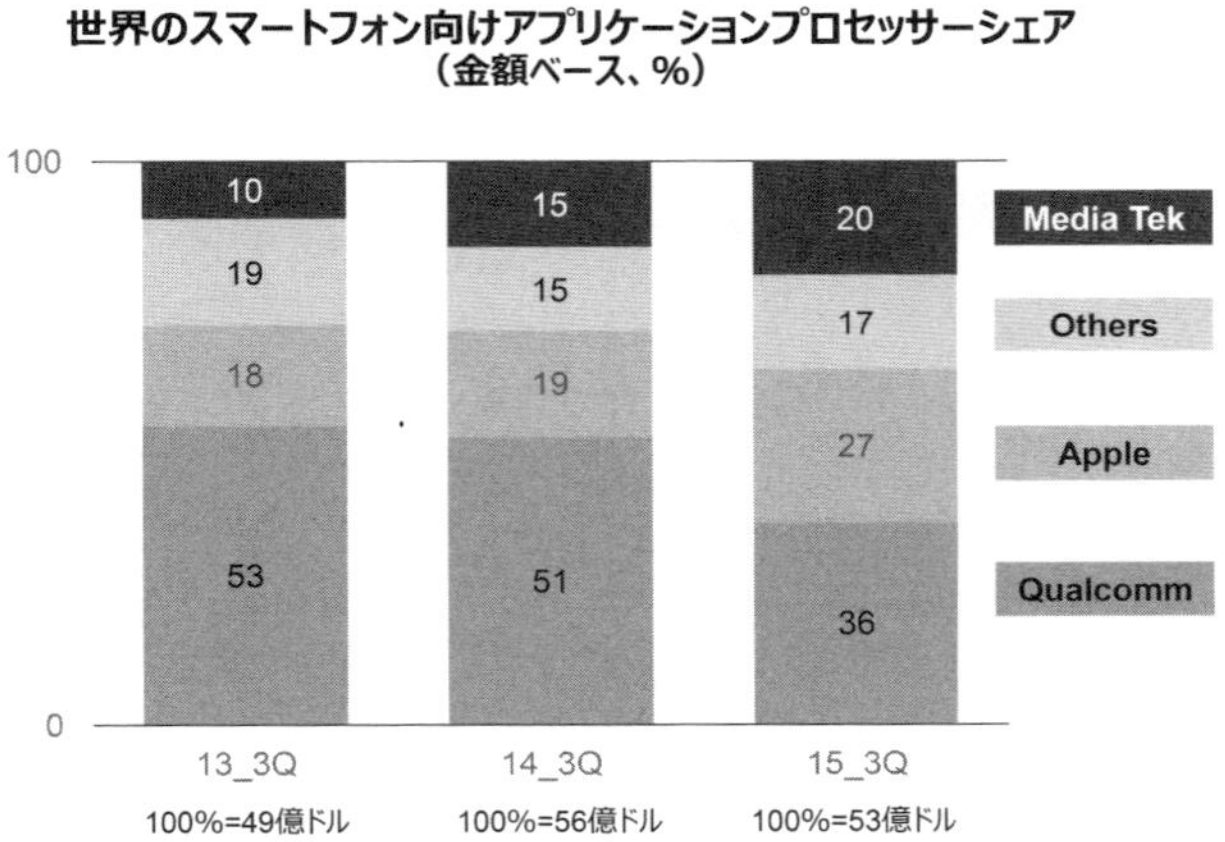

資料: Strategy Analytics Press Releases
https://www.strategyanalytics.com/strategy-analytics/news/strategy-analytics-press-releases
よりBBT大学総研作成

図−2　中国市場におけるスマートフォンAPでトップシェア

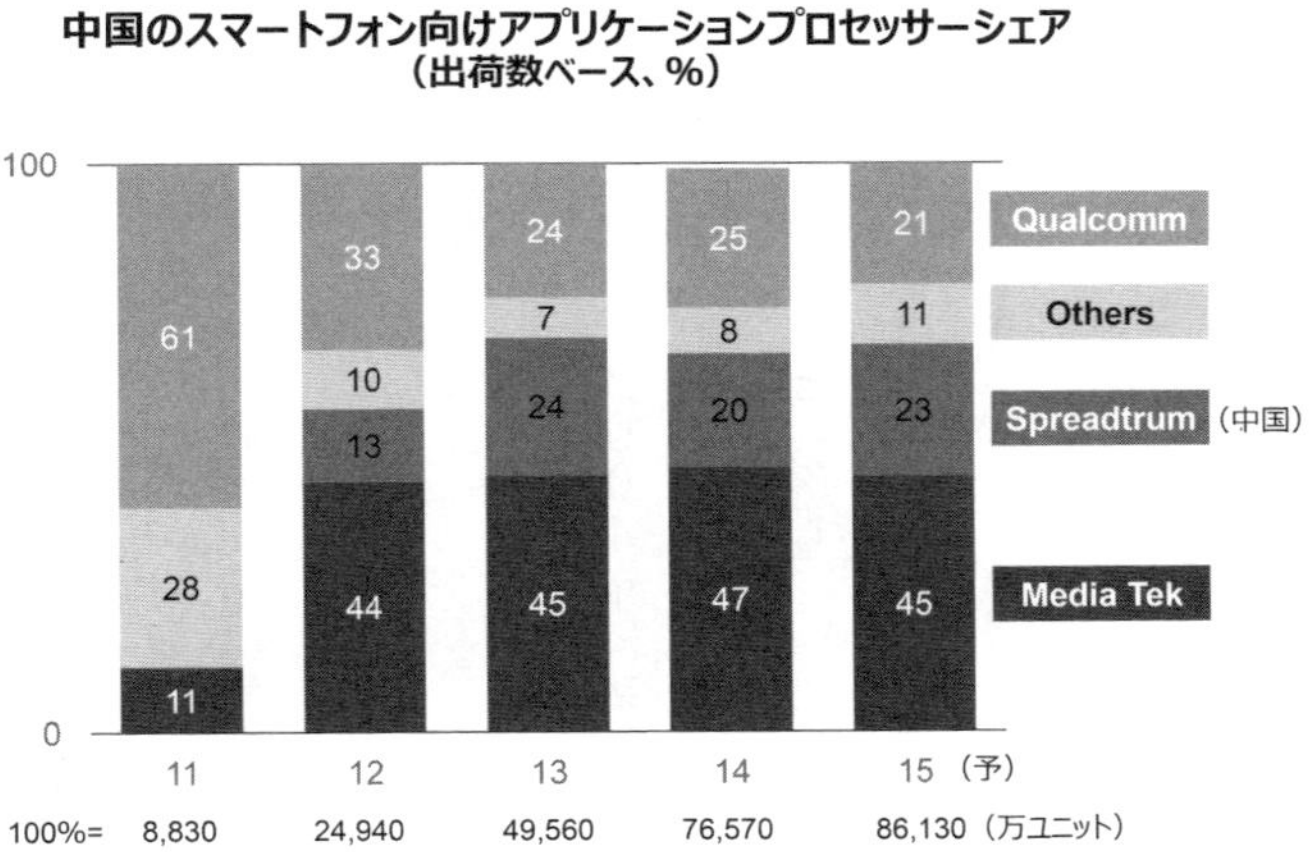

資料: Credit Suisse "China Smartphones Sector" 5-Jan-2016よりBBT大学総研作成

の出資を禁じているため、現時点では実現困難であると思われます。

そのなかで、メディアテックの顧客別出荷数の内訳を見ると、9割以上が中国のスマートフォンメーカー向けです（図－3）。なかでも2015年ではLenovo（レノボ）やHuawei（ファーウェイ）のようなTier1（一次サプライヤー）メーカー向けは1億4600万ユニットですが、そのほかのTier2（二次サプライヤー）メーカー向けは2億1600万ユニットと、主力領域になっています。一方、中国以外のメーカーは2500万ユニットとごくわずかな割合を占めるにすぎません。

設計・組み込みを併せ持つ強みによる事業拡大

メディアテックはCD－ROM用の半導体を扱うところから事業を開始し、2004年にフィーチャーフォン、2005年にデジタルテレビ、2011年にスマートフォン市場へと参入をしてきました。デジタルテレビ分野では、2014年に台湾の半導体大手MStar（エムスター）と合併し、一定量の売上を占めています（図－4）。

一方、2007年以降現在に至るまで、主力の売上はフィーチャーフォンやスマートフォンなどの携帯電話向けの集積回路（IC）でした。

設計図の提供というビジネスは、仮想移動体通信事業者（MVNO）からの要望に応えて始まりました。各社独自の携帯電話を作りたいという声に応え、設計を請け負うと同時に、内部のAPまで提供したこと

図ー3　Media Tekのスマートフォン APの9割以上は中国スマホメーカー向け

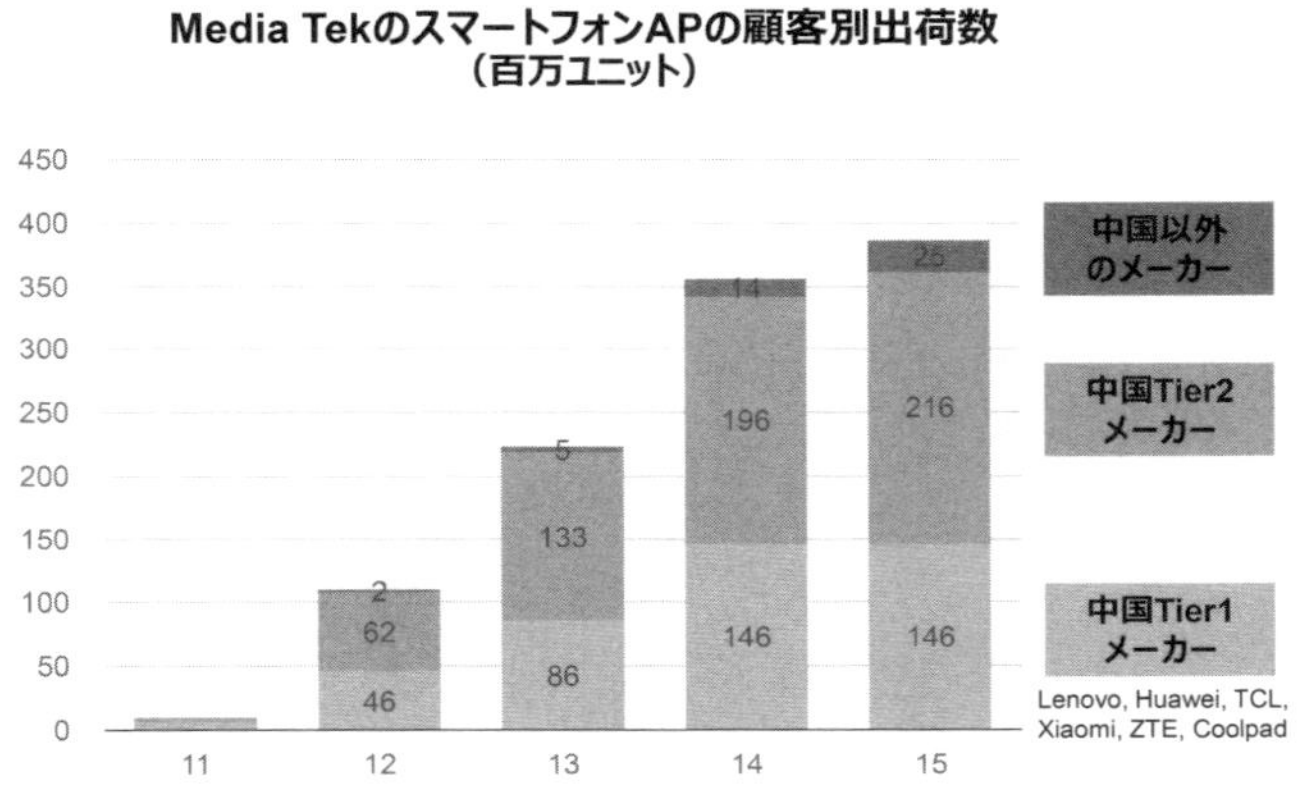

資料: Credit Suisse " China Smartphones Sector" 5-Jan-2016よりBBT大学総研作成

図ー4　携帯電話向けICが売上を牽引、2014年にデジタルテレビ向け半導体大手と合併

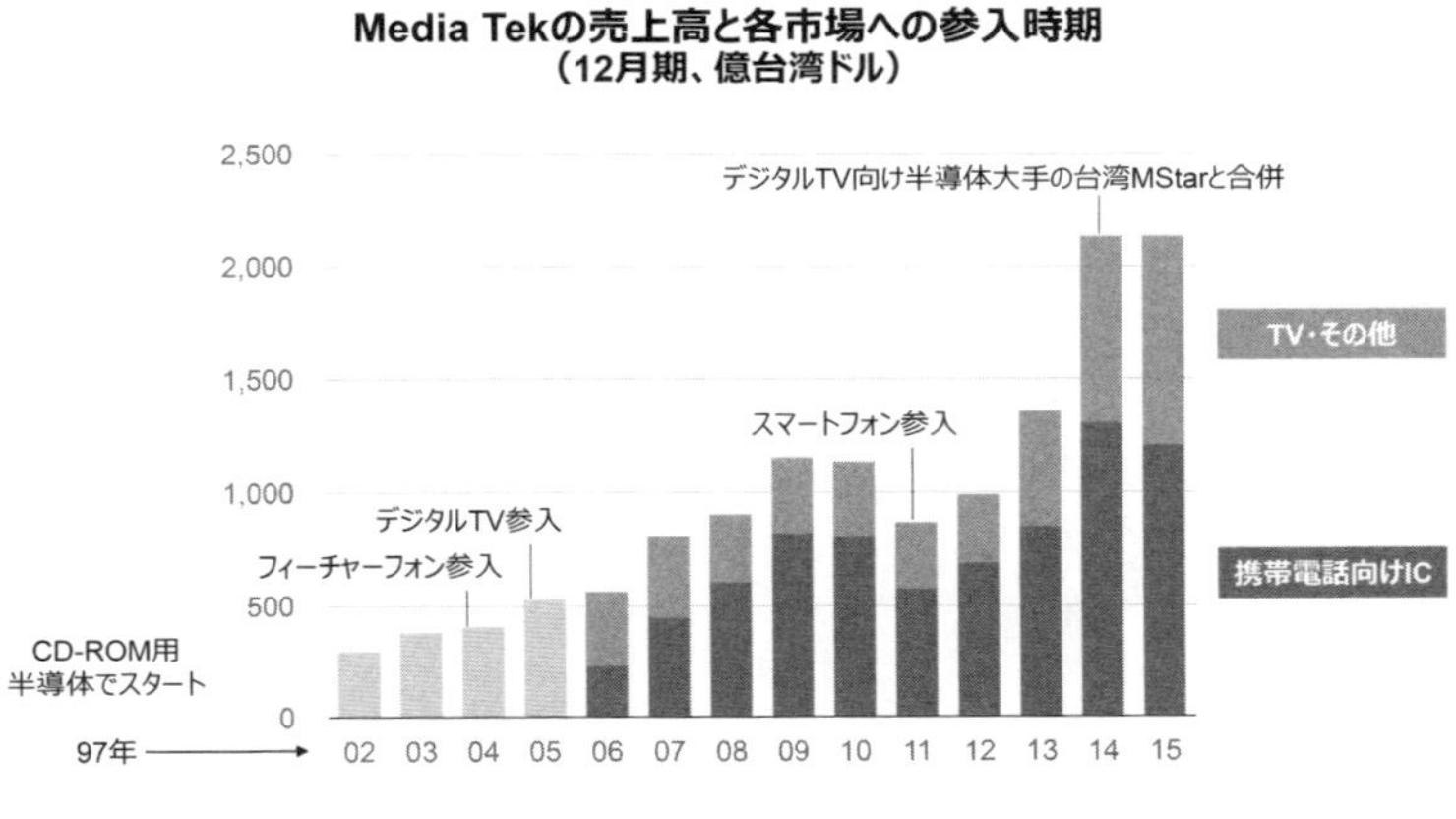

資料: Annual Report, Quarterly Report, "Daiwa Capital Markets 30-Oct.-2015"
http://asiaresearch.daiwacm.com/eg/cgi-bin/files/20151030tw_MediaTek.pdf
よりBBT大学総研作成

で、ビジネスモデルの礎ができました。フィーチャーフォン時代に始まったそのサービスは、スマートフォン市場に移行するなかで急成長の原動力となり、現在の主力商品となっています（図－5）。

激しい価格競争が起こる中国のスマートフォン市場

他社の台頭と価格競争の激化により利益率が悪化

中国のスマートフォン出荷台数は2011年以降に急成長、2011年第1四半期に1732万台であった出荷台数は、2013年の第2四半期には1億1564万台となりました。しかし、早くも市場は飽和状態となり、2014年は減少、2015年以降はやや回復しますが、概ね横ばいという状況です（図－6）。

スマートフォン市場の拡大とともに急成長したメディアテックですが、2015年12月期の連結決算では純利益が257億台湾ドル、およそ925億円となり、前期比45％の減少となりました。図－7は売上高、営業利益、純利益の四半期ごとの推移をとったグラフですが、2014年第4四半期以降急速に利益率が悪化しています。

その背景には、市場の減速のなかで生じている激しい価格競争があります。とくに、主たる顧客層であ

図−5　中国のスマホメーカーに対し、自ら設計した格安スマホに自社製APを組み込み急成長している

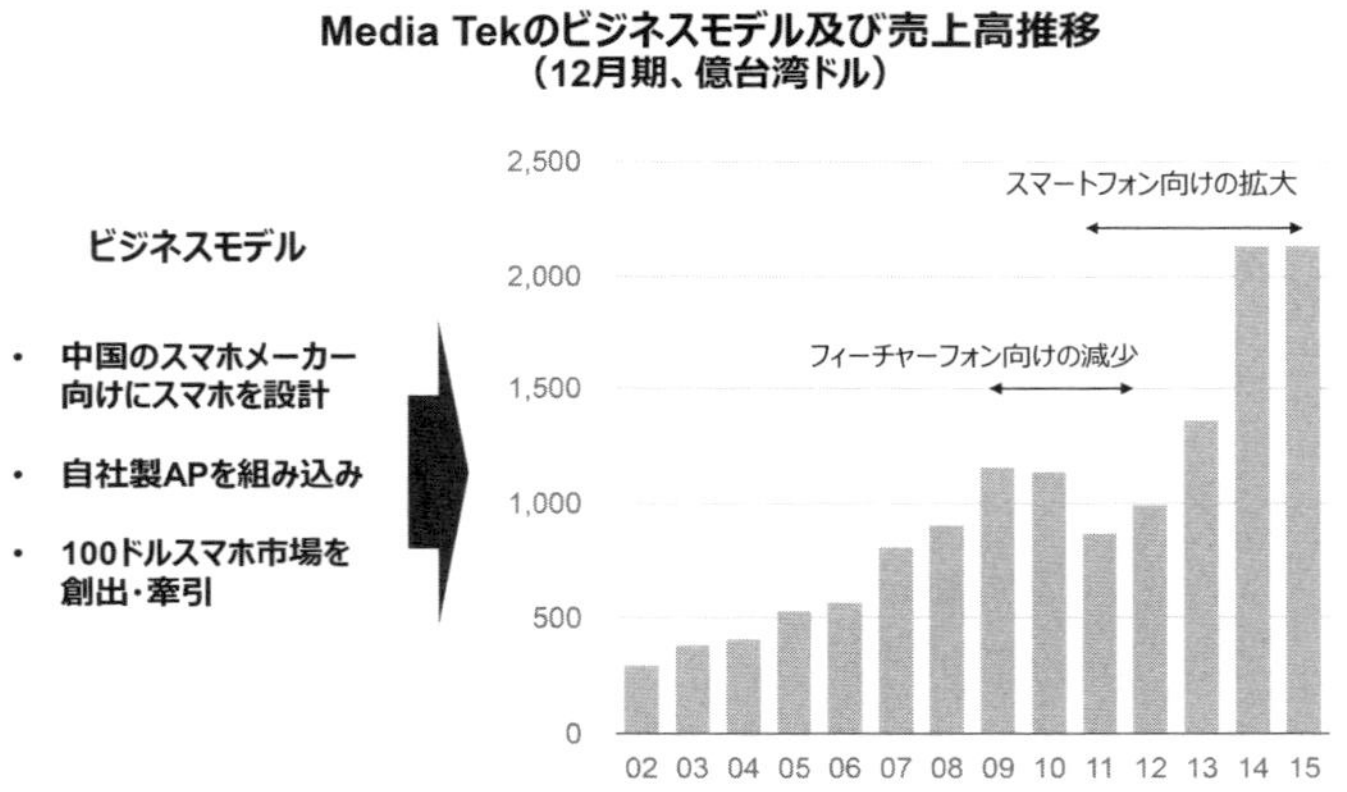

資料: MediaTek, Annual Report, Quarterly ReportよりBBT大学総研作成

図−6　中国のスマートフォン市場は2011年以降急成長、2013年以降は横ばいとなった

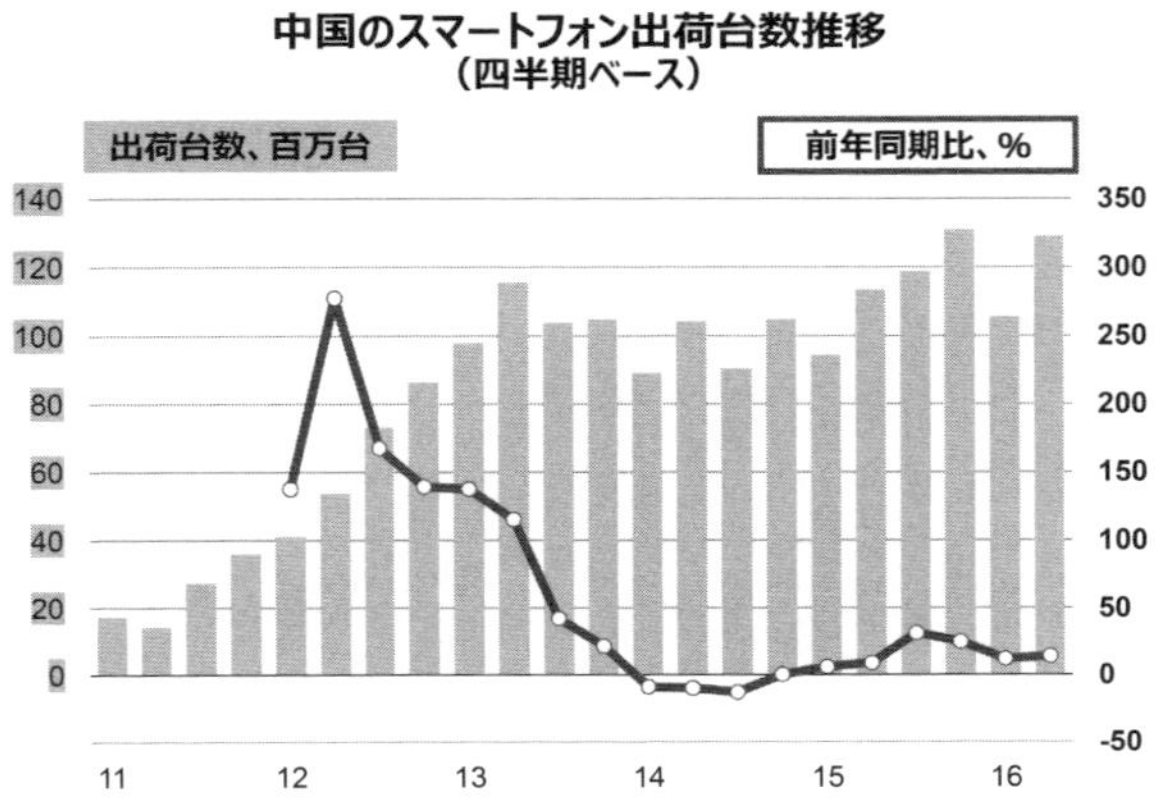

資料: 中国信息通信研究院 (CAICT)「国内手机市場運行分析報告」よりBBT大学総研作成

る中小規模の携帯電話メーカーは価格競争に巻き込まれやすく、メディアテックの提供価格にも影響が出ています。

また設計図と一体でＡＰを販売する手法に追随する競合他社も出てきたことで、これまでのビジネスモデルの優位性にも変化が生じてきました。

既存顧客、既存市場以外への顧客拡大が課題

メディアテックと市場・競合の現状について改めて確認しましょう（図−8）。

中国系格安スマートフォンメーカーを顧客とし、端末設計図とＡＰの組み込みを得意として急成長したメディアテックはスマートフォン向けＡＰでQualcomm、Ａｐｐｌｅに続く世界3位のシェアを誇り、中国市場では45％のトップシェアを占めています。

しかし、中国市場の減速、他社の台頭のなかで、２０１５年には急速に利益率が悪化しました。Spreadtrumなどの競合チップメーカーも台頭してきています。

これまで展開してきた中国市場に限界が見える今、外に目を向けて中国メーカー以外へのＩＣチップ提供といった道をどう作るかが課題となります。

図−7　中国市場の減速によりMedia Tekの利益率が急速に悪化している

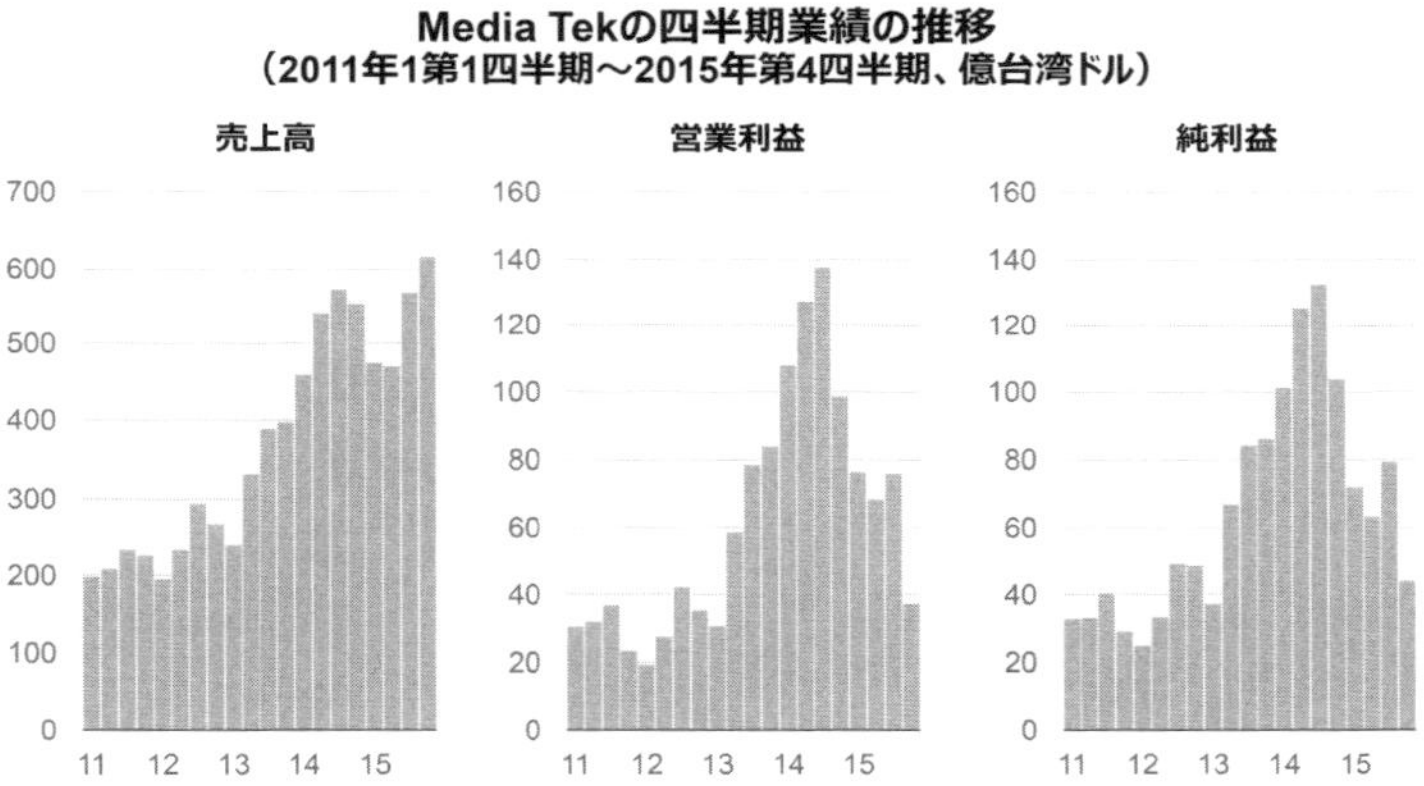

資料：MediaTek, Annual Report, Quarterly ReportよりBBT大学総研作成

図−8　中国メーカー以外へのチップ提供、スマートフォン向け以外の半導体拡充

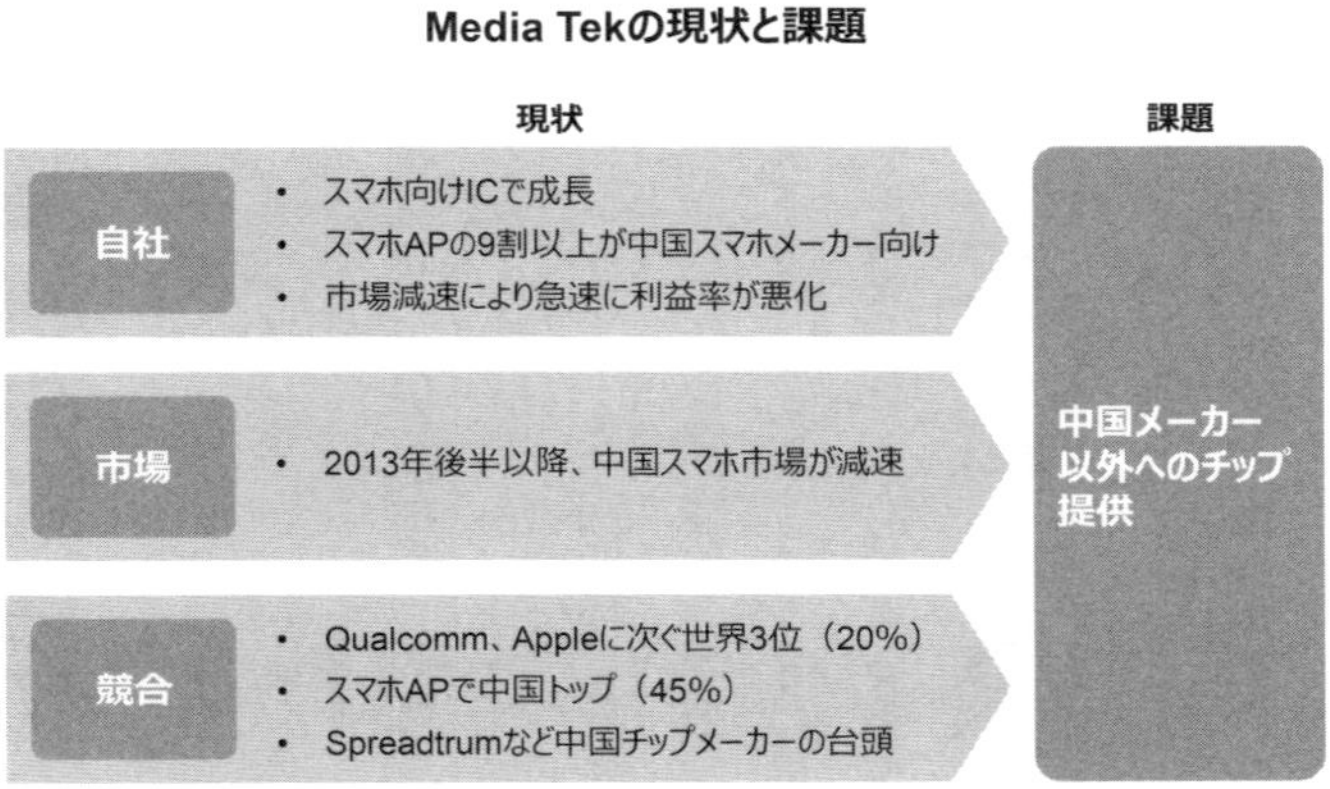

資料：BBT大学総研作成

他国市場への拡大と戦略的な資本提携先の開拓

Googleからの資本受け入れによる提携も1つの手

メディアテックの今後の方向性としては、「インドメーカーとの提携強化」「Googleからの資本受け入れによる提携」「中国半導体メーカーのM&A」の3つが考えられます（図－9）。

まず中国以外の市場への拡大ですが、インドに注目したいと思います。インドも中国同様、地場系格安スマートフォンメーカーが台頭しています。インドにはMicromax（マイクロマックス、インド2位）、Intex（インテックス、同3位）、Lava（ラバ、同4位）という携帯端末メーカーがあり、チップの提供を中心に各メーカーとの提携を強めることができるでしょう。Googleからの資本受け入れによる提携は、突破口になる1つのアイデアです。政治的な難しさもありますが、スマートフォンのOSが実質的にはiOSかAndroidとなっている現在、Androidを設計基盤に採用しているメディアテックにとってGoogleとの関係強化は強みとなります。Android仕様を共同で世界に広める戦略のなかで、例えばナイジェリア向け、インド向けなど、国別の仕様を作りながら新興国市場での展開を担い、強みを発揮できそうです。

最後に中国の半導体メーカーとの提携についてです。勢力を伸ばしている同業の中国企業からM&Aを

図―9　インドメーカーとの提携、Googleとの提携で中国メーカー以外へのチップ提供を強化、さらに中国競合との合併によりシェアの寡占化を図る

Media Tekの方向性（案）

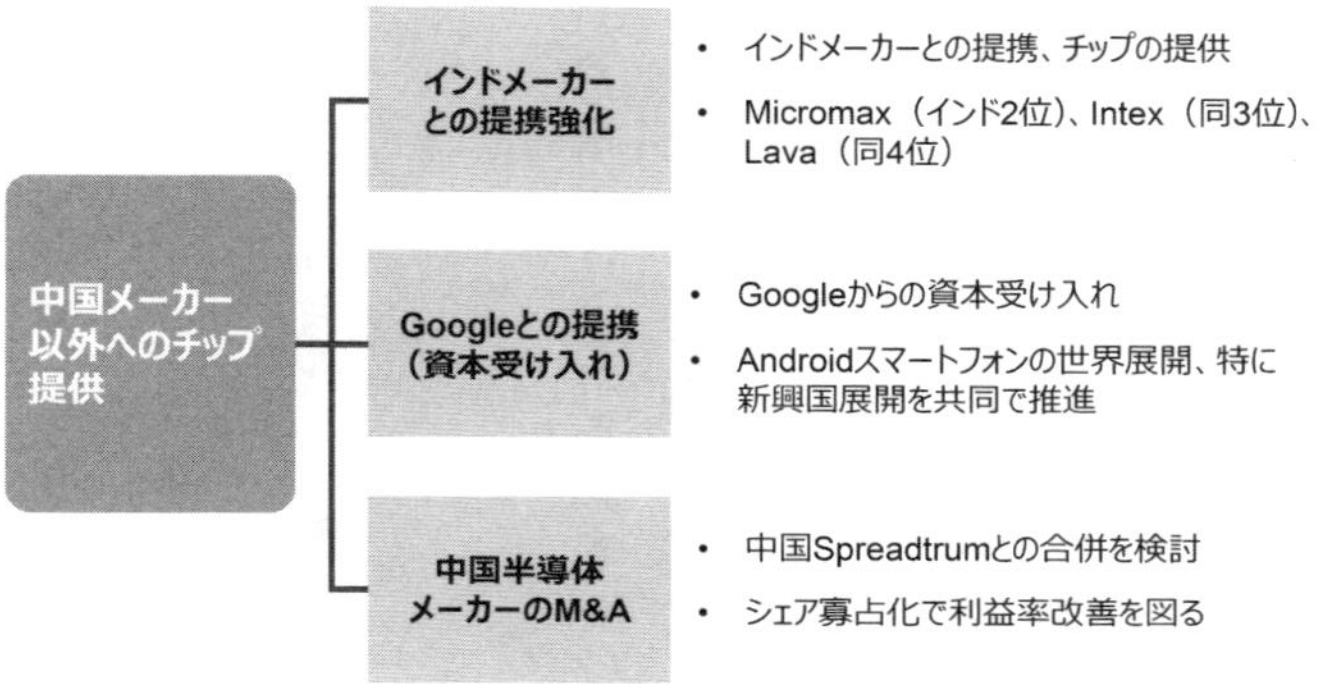
中国メーカー以外へのチップ提供
インドメーカーとの提携強化
・インドメーカーとの提携、チップの提供
・Micromax（インド2位）、Intex（同3位）、Lava（同4位）
Googleとの提携（資本受け入れ）
・Googleからの資本受け入れ
・Androidスマートフォンの世界展開、特に新興国展開を共同で推進
中国半導体メーカーのM&A
・中国Spreadtrumとの合併を検討
・シェア寡占化で利益率改善を図る

資料：BBT大学総研作成

される可能性が報じられていましたが、逆にメディアテックから積極的に、中国の同業企業をM&Aしていくことも考えるべきでしょう。前述のSpreadtrumはその対象として考えられます。

ただし、利益率が悪化している現時点で3番目の選択肢には慎重になりたいと思いますので、2番目、すなわちGoogleからの資本受け入れによる提携が最も効果的ではないでしょうか。メディアテックは技術レベルが非常に高いことが強みで、世界中の新興国を対象にテーラーメイドのサービスをしていくことは、Googleにとっても魅力的に映りそうです。将来的に自動車産業にも参入すると言われるGoogleですが、メディアテックの設計技術とAPをスマートフォンに搭載し、さらに自動車に内蔵することもできるでしょう。これが私の考えるメディアテックがとるべき戦略です。

まとめ

- ☑ インドメーカーとの提携を強化し、新市場を広げる。
- ☑ Googleからの資本受け入れを働きかけ、Androidスマートフォンの新興国展開を共同展開する。
- ☑ 中国半導体メーカーとのM&Aによるシェアの寡占化を目指す。

大前の総括

スマホ設計図と自社製AP。強みとなる技術力を活かして中国以外への展開提携を強化

高い技術力に裏打ちされた独自のビジネスモデルを確立するも中国市場はすでに飽和。Googleからの資本受け入れなど戦略的な資本提携で中国メーカー以外へのチップ提供による市場拡大が必要だ。

CaseStudy

17

エスビー食品

出遅れた「海外展開」で逆転を狙う

あなたが**エスビー食品**の社長ならば
どのような成長戦略で
減収減益からの逆転を図るか?

※2015年11月に実施したケーススタディを基に編集・収録

正式名	エスビー食品株式会社
創業年	1923年
代表者	代表取締役社長 山崎 雅也
本社所在地	東京都中央区
業種	食料品
事業内容	カレー、コショー、ガーリック等香辛料とチューブ入り香辛料等の香辛調味料、即席ルウ(カレー、シチュー等)、レトルト食品、無菌包装米飯、チルド食品、生ハーブおよびハーブ関連商品他各種食品の製造販売
資本金	17億4,400万円(2014年度)
連結売上高	1,218億6,600万円(2014年度)
主な子会社	エスビーガーリック食品株式会社、ヱスビースパイス工業株式会社、株式会社ヱスビー興産、株式会社ヱスビーサンキョーフーズ、株式会社大伸、株式会社ヒガシヤデリカ、S&B INTERNATIONAL CORPORATION

スパイスの国内シェア1位、エスビー食品の課題

カレー粉で創業、総合香辛料メーカーのエスビー食品

エスビー食品はカレー粉の製造を創業事業とし、スパイス類においては国内最大手の香辛料メーカーです。事業内容は主に香辛料関連（和洋中の香辛料およびカレー・シチューなどの即席ルウ）と加工食品関連（レトルト・調理済食品）の2つから構成されます。

売上構成をさらに詳細に見ると、香辛料関連では、洋系スパイス・ハーブが約18％、和系・中華系の香辛調味料が約24％、即席ルウが約25％、そして、加工食品関連ではレトルト食品が約25％、その他の調理済食品が約9％となっています（図－1）。

即席カレールウやレトルトカレーは市場規模が大きい

エスビー食品が手がける各事業の市場規模はどの程度でしょうか。図－2の調味料・レトルト食品の商品別市場規模概観をご覧ください。

まず、香辛料を含む調味料全体の国内市場規模は約1兆4700億円あり、そのうち、醤油・みそ・う

図ー1　和洋中の香辛料、調味料、即席ルウ、レトルト食品などを手がける

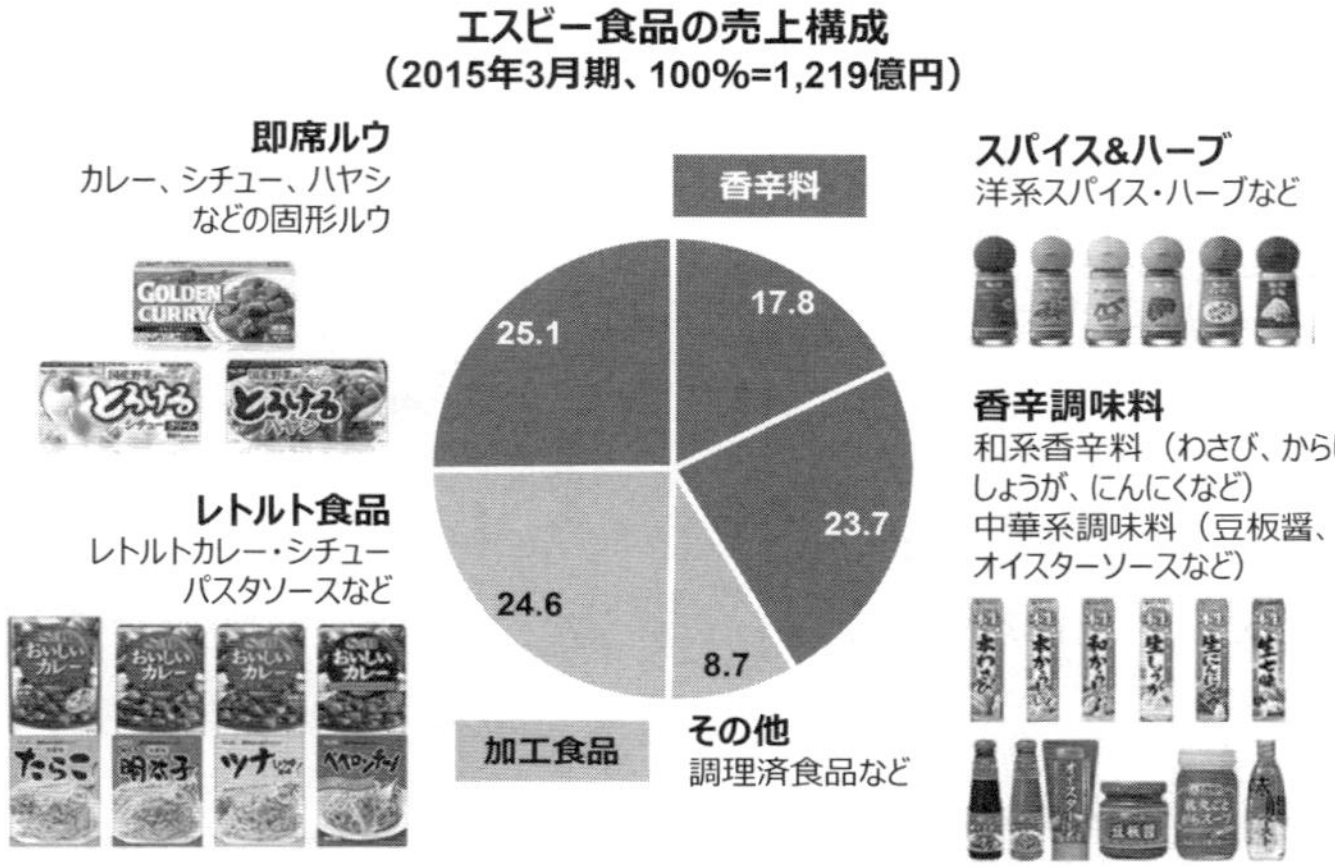

資料: エスビー食品決算資料よりBBT大学総研作成
出典: 商品写真はエスビー食品HP商品情報より

図ー2　「即席ルウ」や「レトルトカレー」市場は「スパイス」市場より規模が大きい

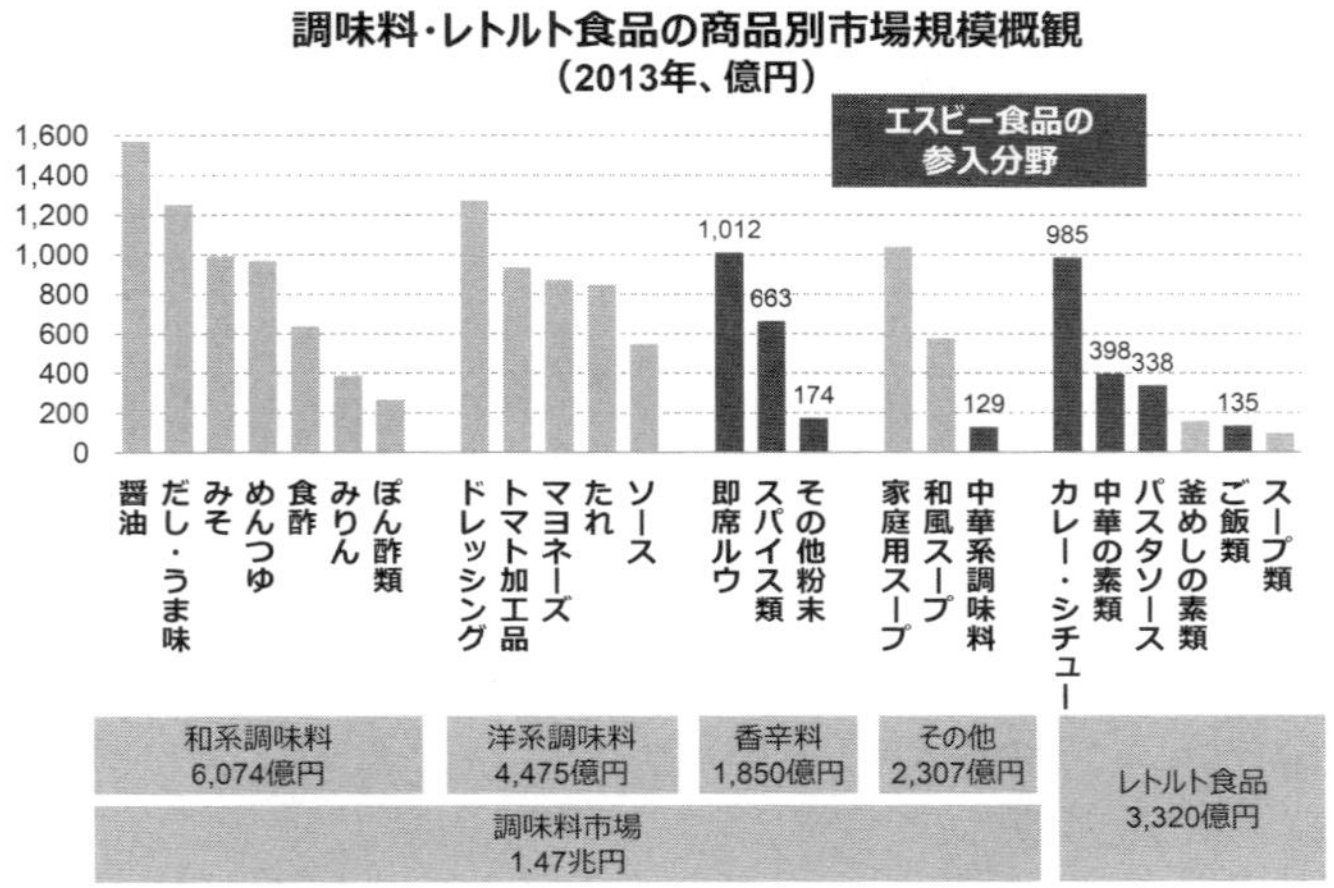

資料: 日刊経済通信社『酒類食品統計年報2014-2015』よりBBT大学総研作成

ま味（アミノ酸系）などの和系調味料市場が約6100億円、マヨネーズ・ドレッシング・トマト加工品（ケチャップ）などの洋系調味料市場が約4500億円、そして、エスビー食品が手がける香辛料市場は約1850億円です。また、レトルトカレーやパスタソースなどを含むレトルト食品の市場規模は約3300億円となっています。香辛料市場においては、カレーやシチューなどの即席ルウの市場が最も大きく約1000億円、スパイス類は約660億円となっています。また、レトルト食品市場においてもカレーやシチューの市場が最も大きく、約1000億円となっています。

エスビー食品が手がける事業では、即席ルウやレトルトカレーの市場が、スパイス市場よりも規模が大きいことが分かります。

エスビー食品の市場シェアでカレーは惨敗、スパイスは圧勝

では、各分野における、エスビー食品のシェアを確認していきます。

まず、即席カレールウを見てみましょう（図－3）。ハウス食品（1913年創業。即席カレーの製造販売で知名度を上げ、「バーモントカレー」の大ヒットなどで、日本の即席カレー最大手の地位を確立している）が約60％のシェアを占めています。対するエスビー食品は約28％と、半分以下にとどまります。また、レトルトカレーにおいても、トップシェアはハウス食品です。エスビー食品も2位と健闘していますが、そのシェアは16％ほどです。3位には、「ボンカレー」が有名な大塚食品が入っています。

図−3 「即席カレールウ」「レトルトカレー」ではハウスが首位

国内即席カレー及びレトルトカレーのシェア主要5社

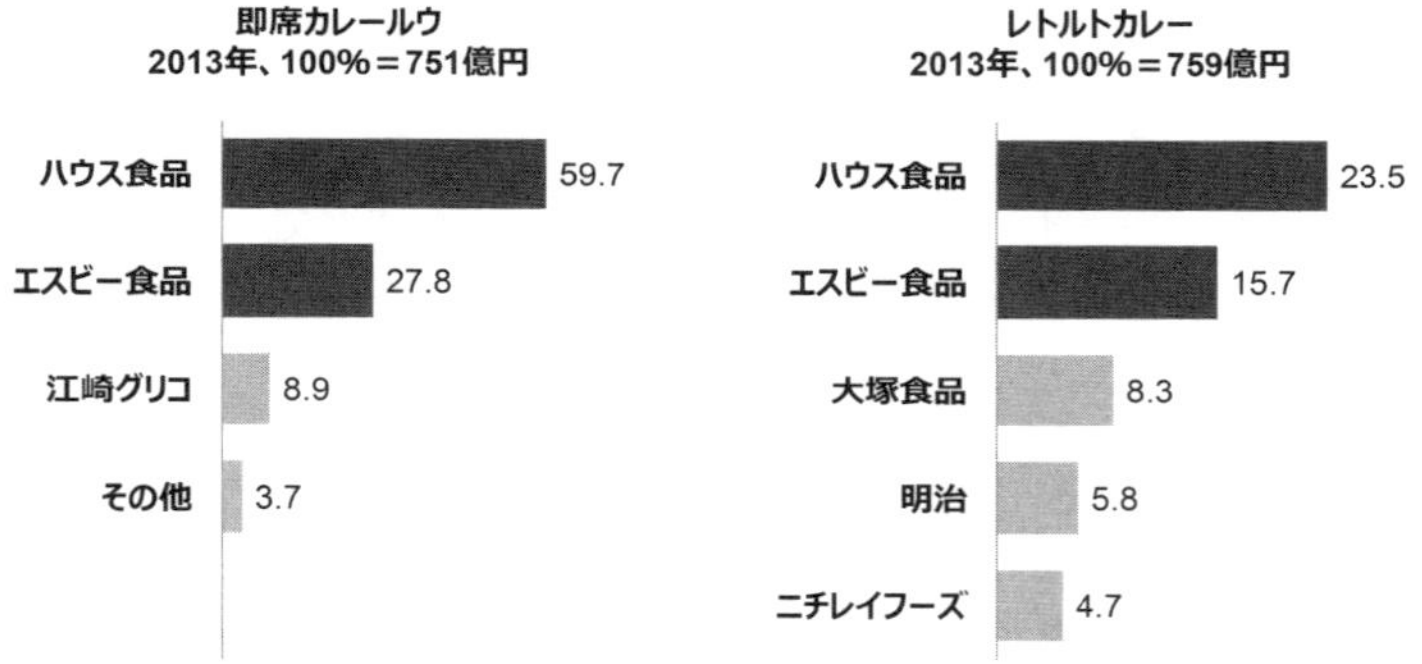

資料: 富士経済『2015年 食品マーケティング便覧』よりBBT大学総研作成

図−4 スパイス類ではエスビー食品が圧倒的なトップメーカー

国内スパイス類のメーカーシェア主要5社

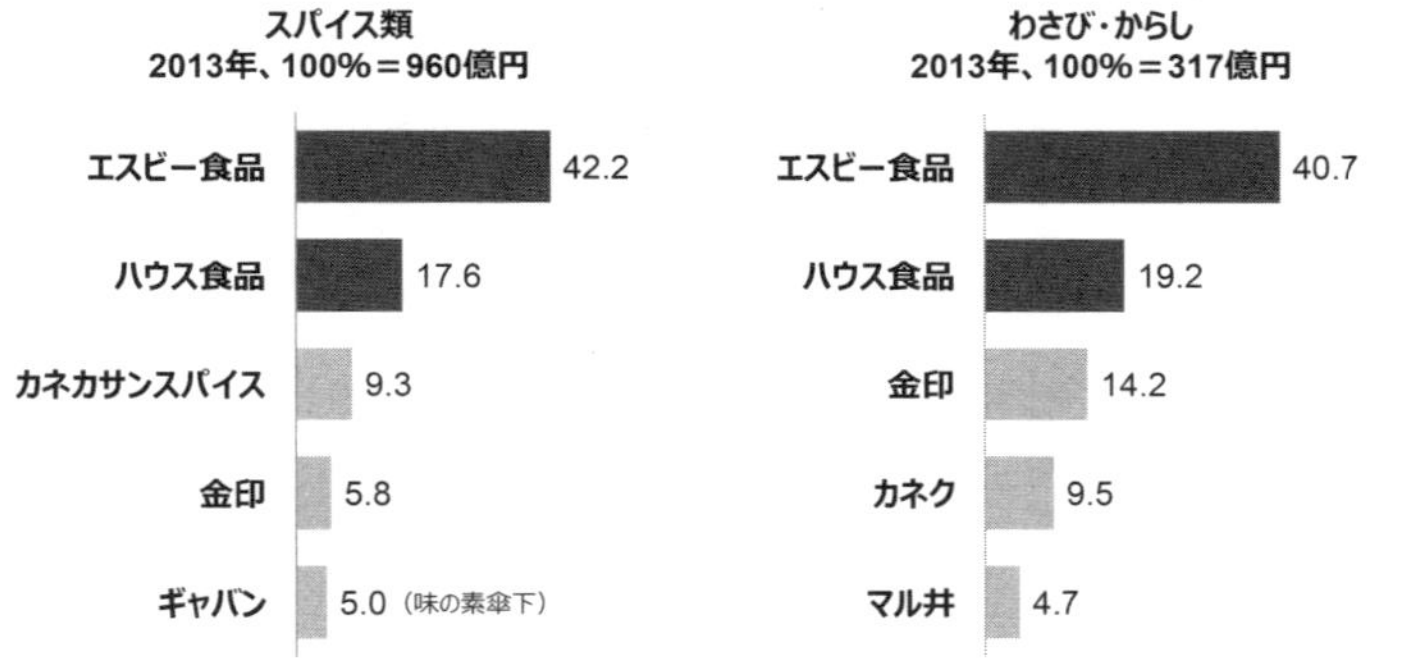

※調査範囲の違いにより、前掲のスパイス類の市場規模と異なる

※スパイス類のうち、「わさび・からし」のみ

資料: 富士経済『2015年 食品マーケティング便覧』よりBBT大学総研作成

続いて、国内スパイス類のメーカーシェアです（図－4）。

スパイス類全体では、エスビー食品がおよそ40％を占めており、続くハウス食品は18％ほどです。スパイス類のうちとくに和系のわさび・からしを見ると、やはりエスビー食品が40％以上のシェアを誇り、ハウス食品が20％弱となっています。

エスビー食品は、スパイス類では圧倒的な国内トップメーカーですが、即席カレールウやレトルトカレーにおいてはハウス食品の後塵を拝しています。

中華系などで健闘するもマーケットそのものが小規模

その他の調味料、食品分野を見ておきましょう。

エスビー食品は中華系調味料において、香港の食品メーカーである「李錦記《リキンキ》（1888年、オイスターソースを発明した李錦裳が創業した、香港の食品メーカー）」と提携しています（図－5）。オイスターソースで4位、豆板醤で2位、具入りラー油で2位と、決して悪くはありません。ただし、各調味料の市場自体が100億円に満たない小さな規模であることも頭に入れておく必要があるでしょう。

エスビー食品がシェアを持つそのほかの製品では、パスタソースで日清フーズ、キユーピーとともに三強を形成しています。また意外なところでは「おでんの素」で5割弱のシェアを持ち、2位の紀文食品に大きく差をつけています（図－6）。ただし、こちらも中華系調味料と同様に、市場自体が32億円と小さい

図—5　香港の「李錦記《リキンキ》」と提携し、中華系調味料を展開

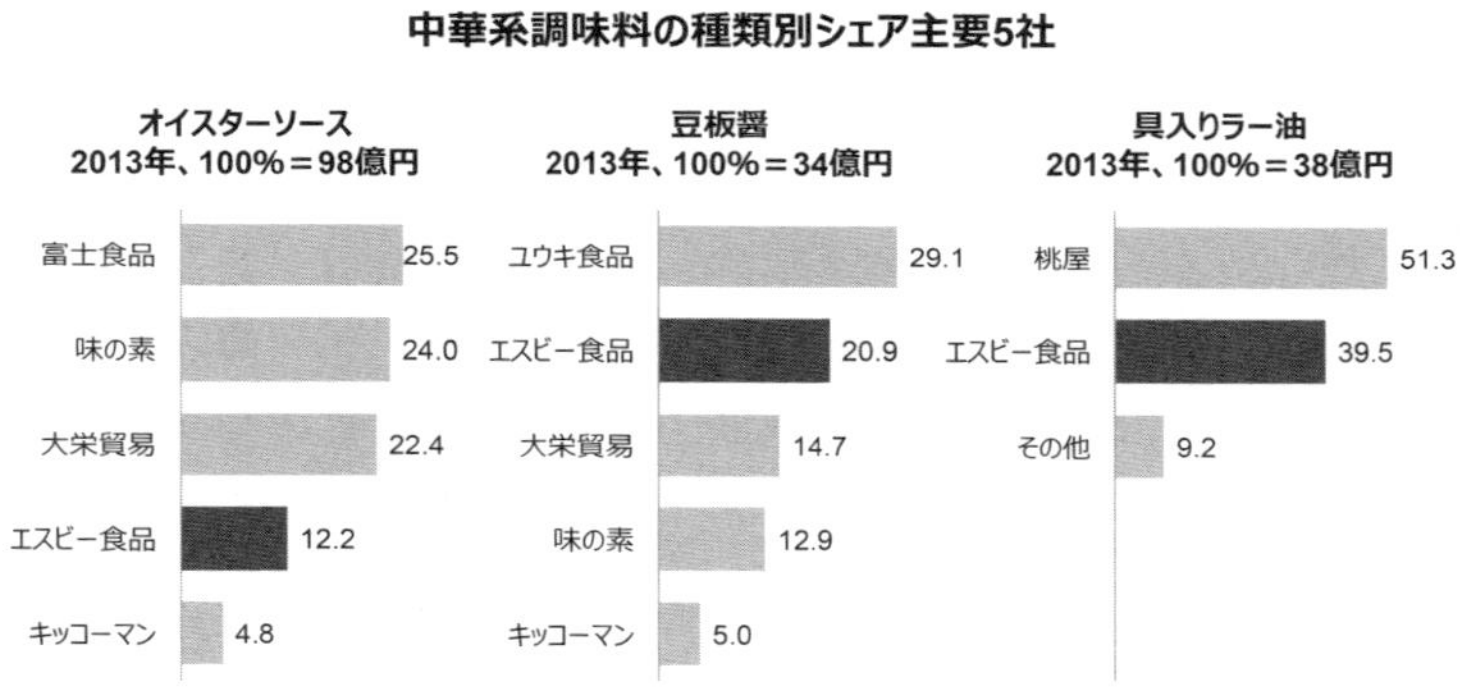

※李錦記（https://www.sbfoods.co.jp/lkk/）

資料: 富士経済『2015年 食品マーケティング便覧』よりBBT大学総研作成

図—6　「パスタソース」や「おでんの素」などでシェアを持つ

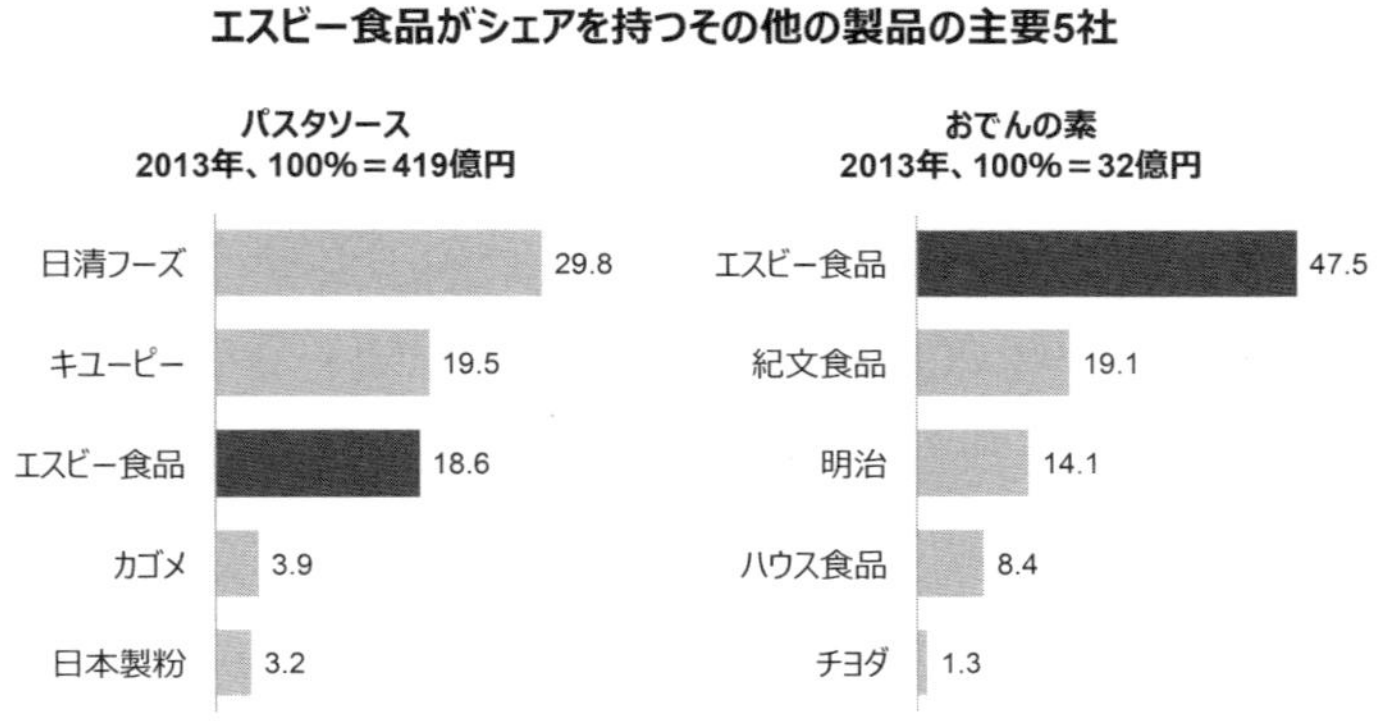

資料: 日刊経済新聞社『酒類食品統計月報2015年2月号』
富士経済『2015年 食品マーケティング便覧』よりBBT大学総研作成

ので、大きな売上にはなっていないのが現状です。

エスビー食品の失速と出遅れた海外展開

伸びしろのない国内市場

日本の食卓事情の変遷とともに、食品市場も変わってきています。

図－7のエスビー食品が取り扱う商品の市場規模推移をご覧ください。シチューやハヤシライスを含むレトルトカレー類は伸びています。反対に、即席ルウの方は失速しているのが分かります。

また、パスタソースは増加傾向にあり、スパイスは微増程度でほぼフラット、中華系調味料も横ばいです。図を見ると、若干の増加傾向があるとしても、どの商品も大きな成長の余地があるとは考えにくく、国内市場の今後の大きな成長は見込めないと言ってよいでしょう。

破られた増収増益、エスビー食品失速の要因とは？

では、このような市場推移のなかで、エスビー食品の業績はどのように推移してきたのでしょうか。エスビー食品は、長期的には概ね増収増益傾向を保ってきました（図－8）。ところが、ここ3～4年の間に

図―7　レトルトカレー、パスタソースは増加傾向、スパイスは微増、中華系横ばい、即席カレー失速

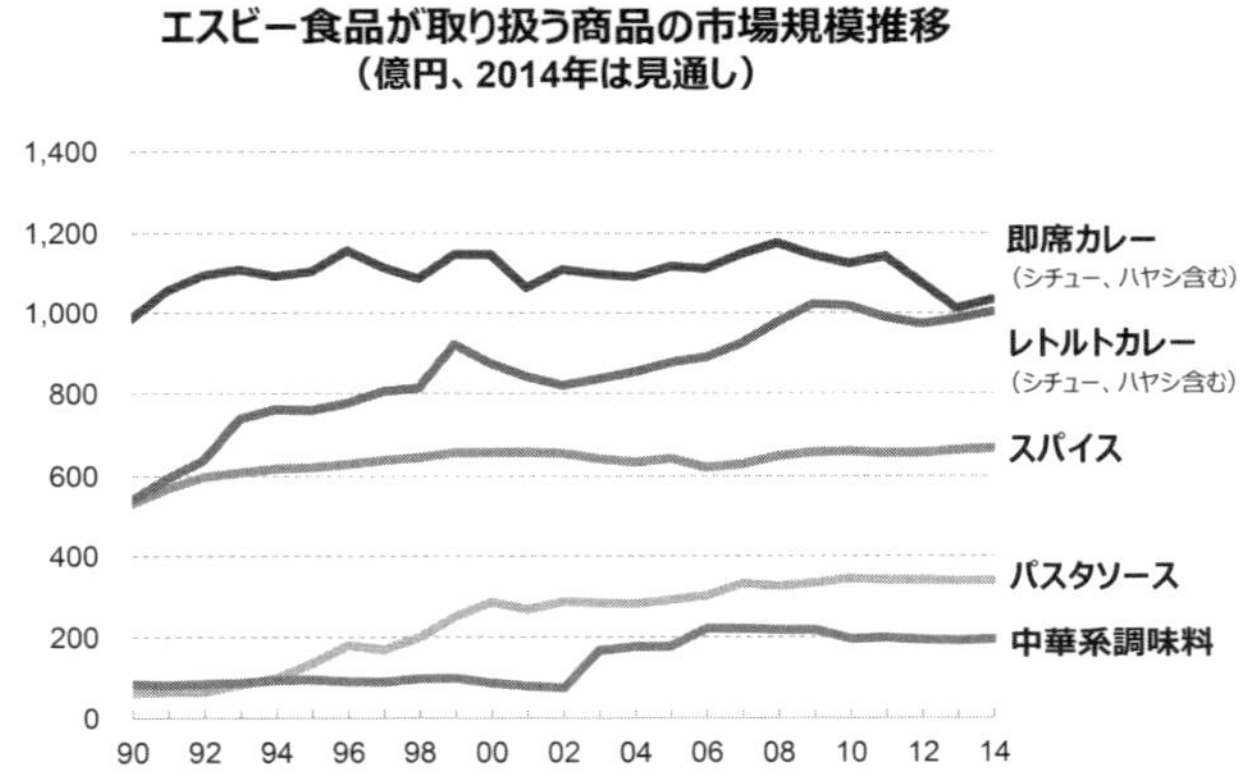

※中華系調味料は中華系の粉末調味料を合算

資料: 日刊経済通信社『酒類食品統計年報』各年版よりBBT大学総研作成

図―8　長期的には増収増益傾向だったが、近年失速している

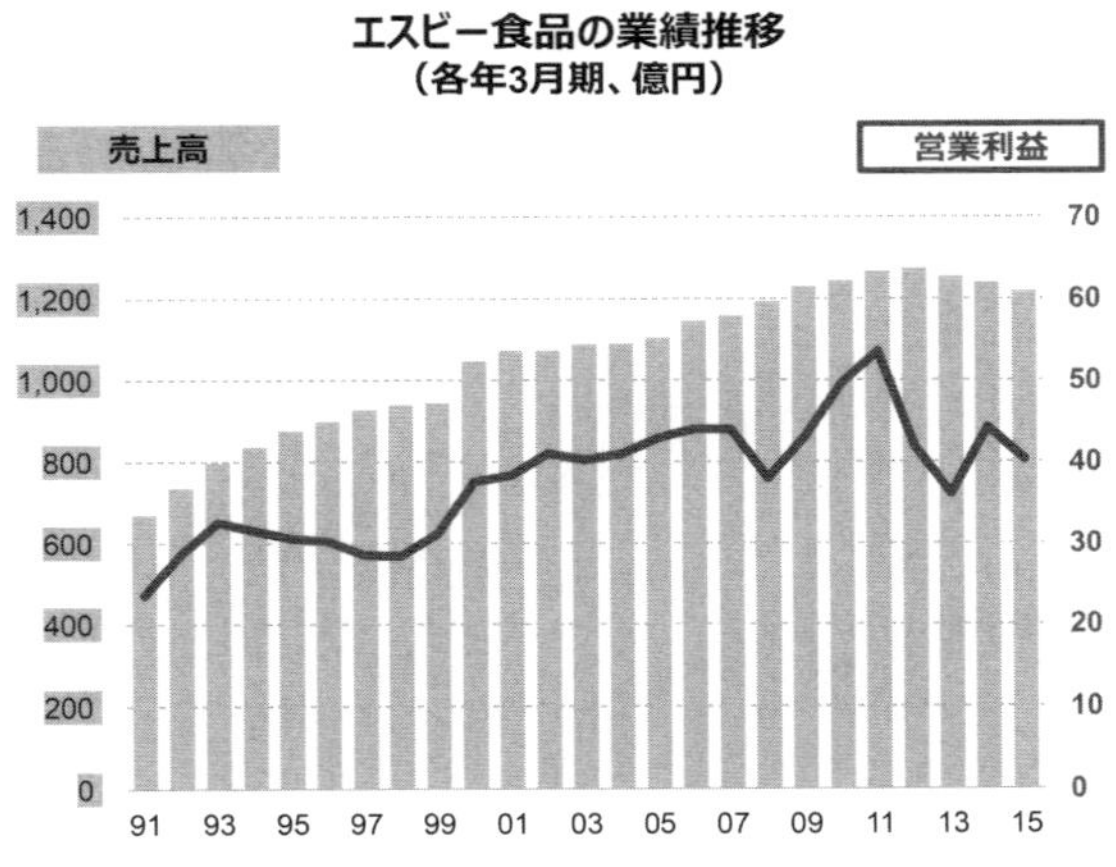

資料: エスビー食品決算資料よりBBT大学総研作成

失速しています。

売上高は2012年3月期がピークで1270億円を超えました。しかし、その後は年々落ち込み続けています。それに伴うような形で営業利益も下降気味となり、2015年3月期の営業利益はおよそ40億円となっています。

長期的に増収増益を保持してきたエスビー食品は、なぜここにきて失速することになったのでしょうか。

エスビー食品の製品別売上高（図－9）を見ると、その要因は明らかです。まず、即席ルウの売上高が落ち込んでいます。前述したように即席ルウは市場規模もシュリンク傾向にあり、エスビー食品の失速要因の1つとして、この即席ルウの落ち込みは大きいでしょう。

他製品について見ると、スパイス&ハーブは売上を伸ばしていますが、香辛調味料、レトルト・その他の売上高はほとんど横ばい、もしくは落ち込んでいる状態です。

ライバルのハウス食品は海外展開を強化

国内市場が伸び悩むなか、競合のハウス食品は海外展開に舵を切っています。

そもそも、カレーを含むスパイスの多くは海外からの輸入品であり、エスビー食品やハウス食品は海外産のスパイスを国内で販売することがビジネスモデルでした。しかし、ハウス食品はあえて日本式カレーでの海外展開を狙っています（図－10）。

図―9　即席ルウの失速が大きな要因

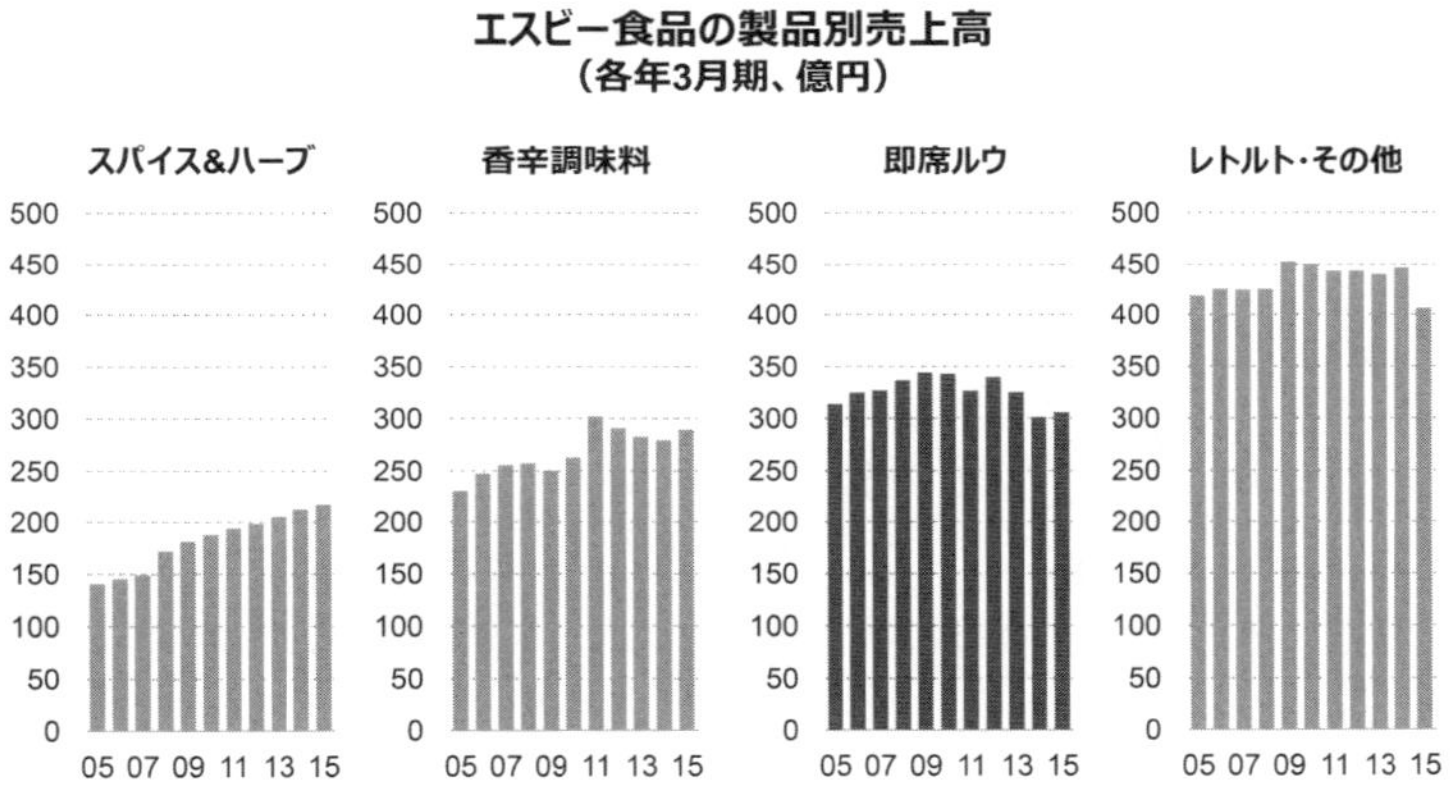

資料: エスビー食品決算資料よりBBT大学総研作成

図―10　ハウス食品は壱番屋の買収を通じて、日本式カレー普及を促進、自社製品の海外展開を狙う

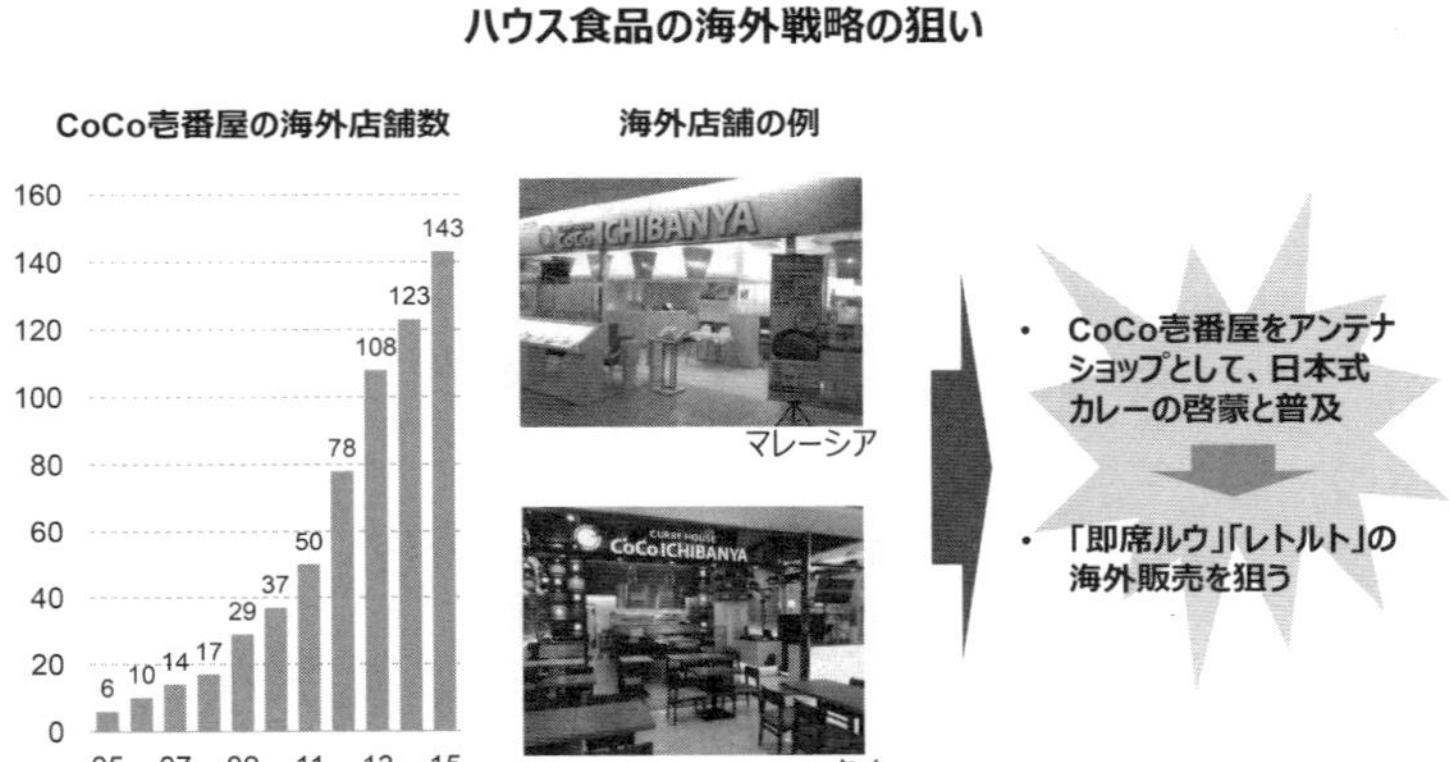

資料: 各種報道よりBBT大学総研作成
出典: 店舗写真は壱番屋平成27年5月期決算説明会資料より

その展開の足がかりとして、ハウス食品は資本業務提携関係にあるカレー専門店チェーン「ＣｏＣｏ壱番屋（株式会社壱番屋が展開するカレー専門店。１９７８年に1号店をオープンし、２０１５年11月時点で国内外合わせて１４２１店舗を有する）」を運営する壱番屋とともに、主にアジアを中心に海外での出店を共同展開してきました。目的は、ＣｏＣｏ壱番屋をアンテナショップとして各地域に日本式カレーを普及させることで、自社が手がける即席ルウやレトルト商品の海外販売を促進させることです。２０１５年10月には壱番屋を買収し、さらなる進展を狙っています。

調味料各社も海外へ、一方で目立った展開のないエスビー食品

さらに、調味料メーカー各社も海外展開を進めています。

国内調味料メーカーの海外売上比率（図－11）を見てみましょう。味の素は、世界で約40億人が属し、5兆ドル（約600兆円超）規模とされるＢＯＰ（低所得層）市場において地道な普及活動（味の素はアフリカ、アジア、中東などの途上国に現地法人を置き、貧困層の食卓事情に寄り添った商品訴求で「味の素」を浸透させてきた）を続けてきた結果、現在（２０１４年度データ）では売上の半分以上を海外が占めています。キッコーマンも、醤油を使った現地料理の開発などに注力し、すでに海外売上が国内売上を上回っています。

ミツカンは、海外の食酢メーカーや米国のパスタソースブランド「ラグー（ユニリーバの子会社が保有していたパスタソースの米国トップブランド）」などを買収することで、海外売上が56％に達しました。主に業務用

図ー11　和系調味料メーカー3社が最も海外展開が進む…洋系調味料を海外展開するのは困難…ハウス食品の海外展開も、北米における豆腐（和系食材）事業

国内調味料メーカーの海外売上比率
（2014年度、%）

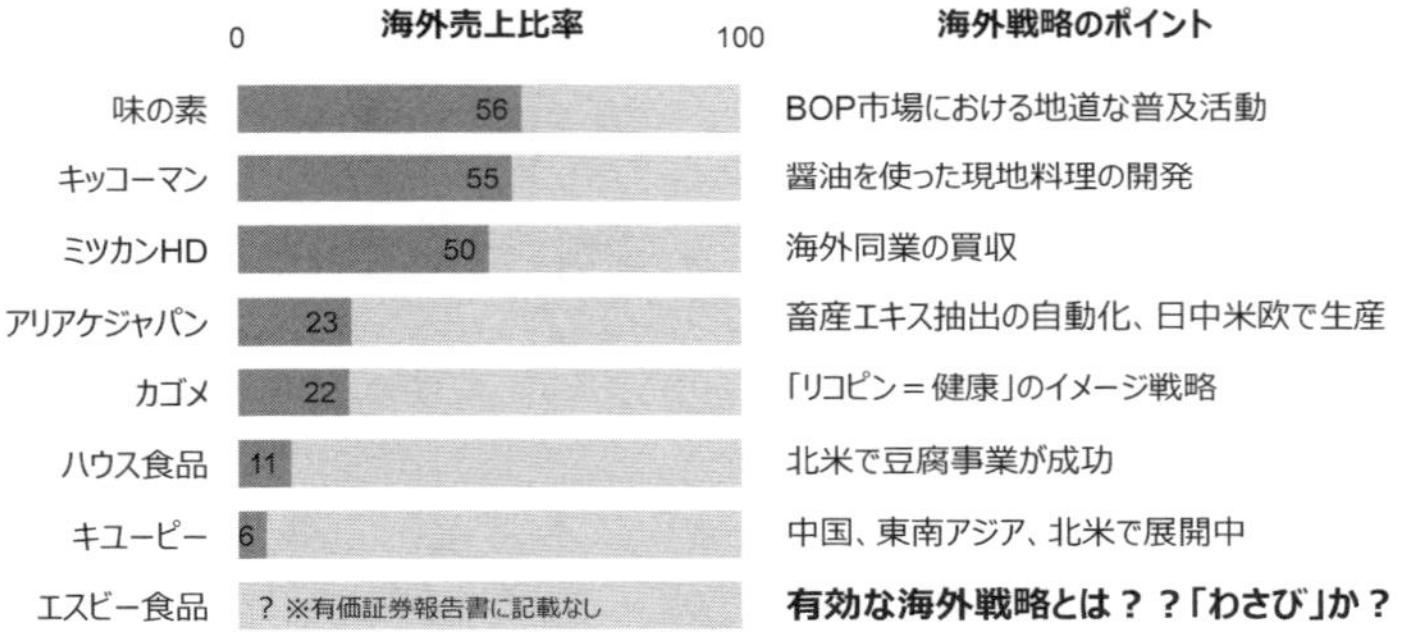

資料: 各社決算資料よりBBT大学総研作成

調味料、畜産由来の天然調味料などで国内トップクラスのシェアを誇るアリアケジャパン（チキン・ポーク・ビーフなどを原料とする畜産系天然調味料のリーディングカンパニーとして、外食産業向けのソースベースやスープストック、即席麺のスープベースなどを製造・販売。日本以外に中国、米国、欧州にも製造拠点を持つ）は、畜産エキス抽出の自動化により、海外生産を進めるなどして、海外売上比率を25％まで伸ばしています。

そのほか、カゴメはトマトに含まれるリコピンの健康イメージを戦略的に訴えることで22％、ハウス食品は北米で豆腐事業を成功させて11％、キユーピーは中国や東南アジア、北米における事業展開で7％と、各社が海外展開を進めています。

国内調味料メーカーの海外展開動向を概観すると、醤油、うま味調味料、食酢などの和系調味料

メーカーの海外進出が先行しており、マヨネーズ、ケチャップなど洋系調味料メーカーの海外展開が遅れていることが分かります。

さて、各社が海外展開を進めるなか、エスビー食品はいまだに海外展開の実態が不明で、有価証券報告書にも記載がなく、海外事業についてコメントできないのが現状です。つまり、報告するほどの海外戦略が描けていないとも言えます。

世界的スパイスメーカーとエスビーの差

スパイス世界1位のマコーミックとは?

国内スパイス市場ではエスビー食品が圧倒的ですが、海外を視野に入れた場合、世界的にはどのようなメーカーが展開しているのでしょうか。

世界最大のスパイスメーカーは、米国のMcCormick(以下、マコーミック)です。マコーミックはこの25年間に世界各地で同業他社を買収しながら業績を拡大し、スパイス世界1位までのぼり詰めました。25年前に2000億円に届かなかった売上高が、今では5000億円を超えています。売上の65%を占めるのが北米・南米で、そのほか欧州・中東・アフリカ、アジア・太平洋までを網羅しています。

図−12 スパイス世界1位の米McCormickは世界各地で同業買収により業績を拡大させた

日米スパイスメーカーの売上高推移
（年度、億円）

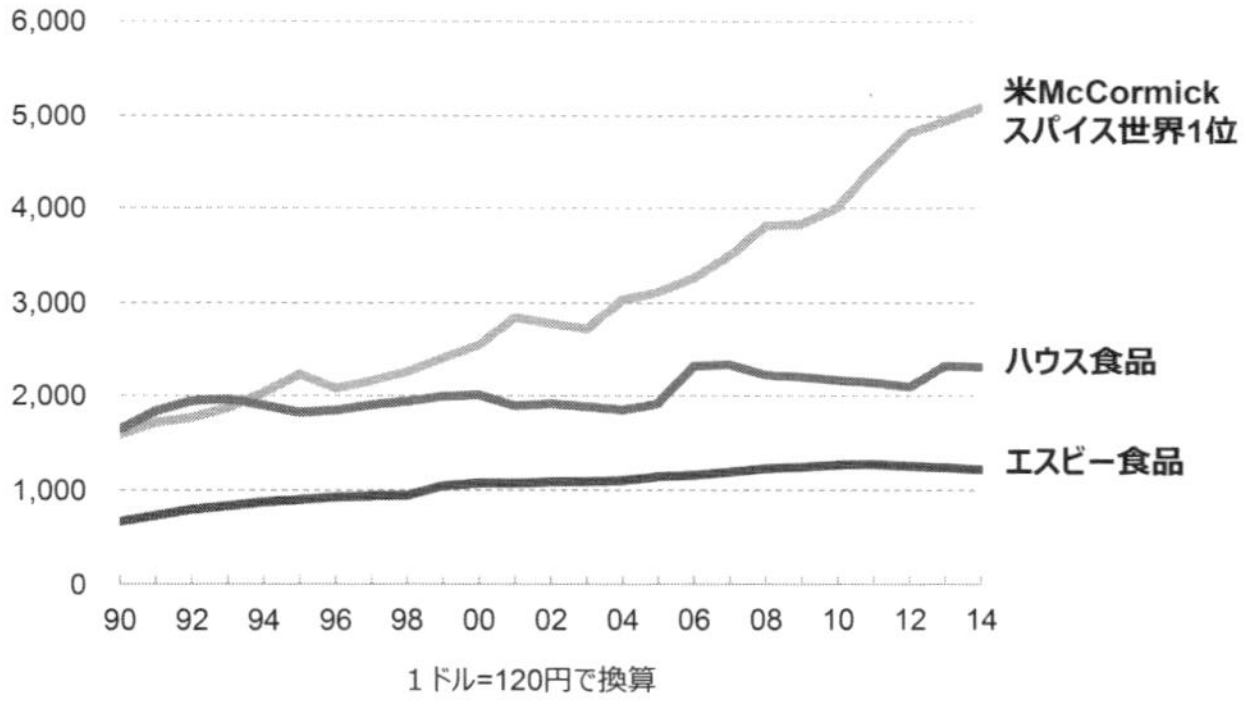

資料: 各社決算資料よりBBT大学総研作成

図−13 世界20カ国超で40以上の工場を保有、約1万種類の製品ラインナップを展開

米McCormickの世界展開の事例

地域別売上構成
（2014年11月期、100%=4,243百万ドル）

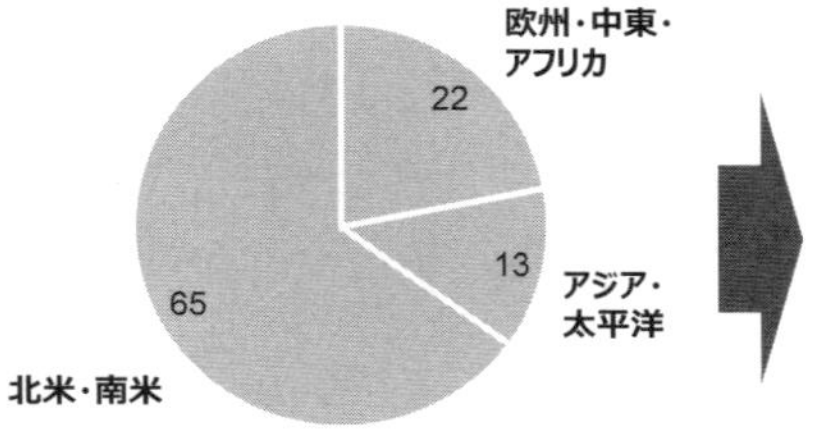

世界展開の状況

- 世界20カ国以上で40余りの工場
- 約1万種類の製品ラインナップ
- スパイス・ハーブを中心に、バーベキューソース、ドレッシング、パスタソースなど各種調味料を展開
- 日本ではユウキ食品（中華系調味料）と提携

資料: McCormick Annual Reports、各種報道、ユウキ食品ホームページよりBBT大学総研作成

世界20カ国以上に40余りの工場を保有し、製品ラインナップは1万種類です。スパイス&ハーブにとどまらず、バーベキューソース、ドレッシング、パスタソースなど各種調味料にも参入しています。日本ではユウキ食品と提携し、スパイスをはじめ、ドレッシングやフライドオニオン・ガーリックなどを展開しています（図－12、13）。

エスビー食品は営業利益率が低く時価総額も低下

図－14はスパイス世界1位のマコーミックと、国内主要調味料メーカーの売上高、営業利益率を示しています。マコーミックの売上高は5092億円で、国内2位のキユーピー（5534億円）と同規模です。国内1位は売上高1兆66億円の味の素。エスビー食品は1219億円で7位です。スパイスでは国内最大手でありますが、調味料メーカーとしては中堅という程度です。

また、営業利益率を見ると、国内1位の味の素が7・4%であるのに対し、マコーミックは14・2%と、非常に高いことが分かります。エスビー食品は3・3%の営業利益率です。売上高、営業利益率ともに比較をすると、エスビー食品はスパイス国内最大手ではあっても、世界最大手との差はあまりにも大きいと言わざるをえません。当然のことながら、収益力の高さは時価総額の高さとして表れます（図－15）。味の素は1兆66億円の売上高で、時価総額は1兆6387億円、マコーミックは売上高5092億円に対して、時価総額が1兆2946億円にもなります。一方でエスビー食品は、売上高が1219億円ありながらも、

図ー14　スパイスでは国内最大手であるが、調味料メーカーとしては中堅、利益率は低い

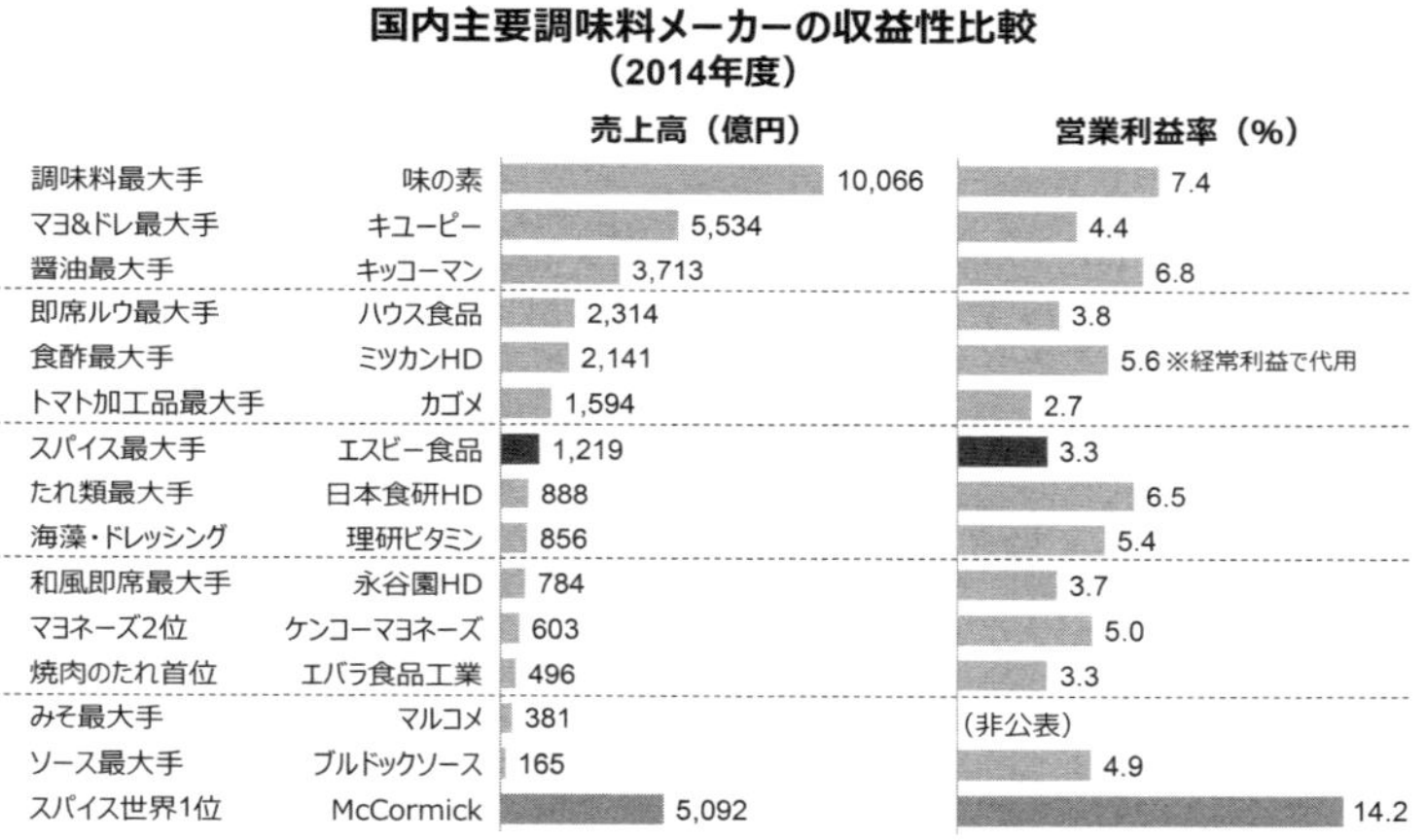

資料：各社決算資料よりBBT大学総研作成

図ー15　収益力の低さから、時価総額は低くなっている

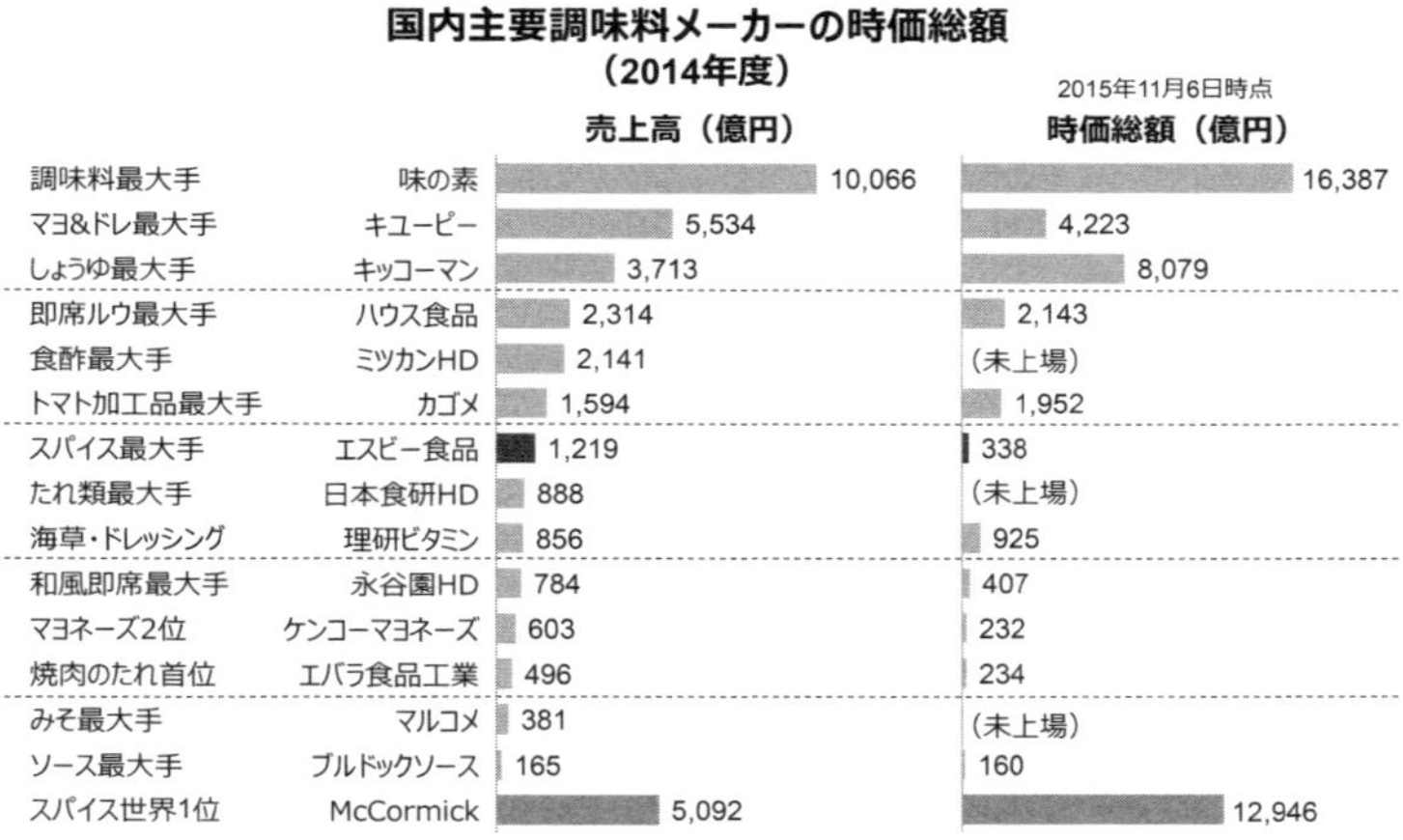

資料：各社決算資料よりBBT大学総研作成

収益力の低さから時価総額は338億円まで下がります。

巻き返しを図るために取り組むべき3つの課題

「収益力の強化」「ラインナップの強化」「海外展開の強化」がカギ

以上のことから、エスビー食品の課題を導き出していきます（図-16）。

前述の通り、エスビー食品はスパイスの国内シェア1位でありながら収益力が低く時価総額も低い。また、参入分野の国内市場が全体的にはすでに成熟・衰退市場となり、大きな成長が見込めないなか、海外展開に無策であるのも問題です。競合は海外展開を進めており、即席ルウやレトルトカレーはすでにハウス食品が優位となっています。和系調味料メーカーも味の素のようなメーカーが先行しています。また、国内調味料業界の特徴として、各分野で小～中規模のトップブランドが乱立している状況があります。これらの現状を踏まえるとエスビー食品は、「収益力の強化」「ラインナップの強化」「海外展開の強化」と、大きく3つの課題をクリアしていく必要があるのではないかと考えられます（図-17）。

図―16　「収益力の強化」「ラインナップの強化」「海外展開の強化」が課題

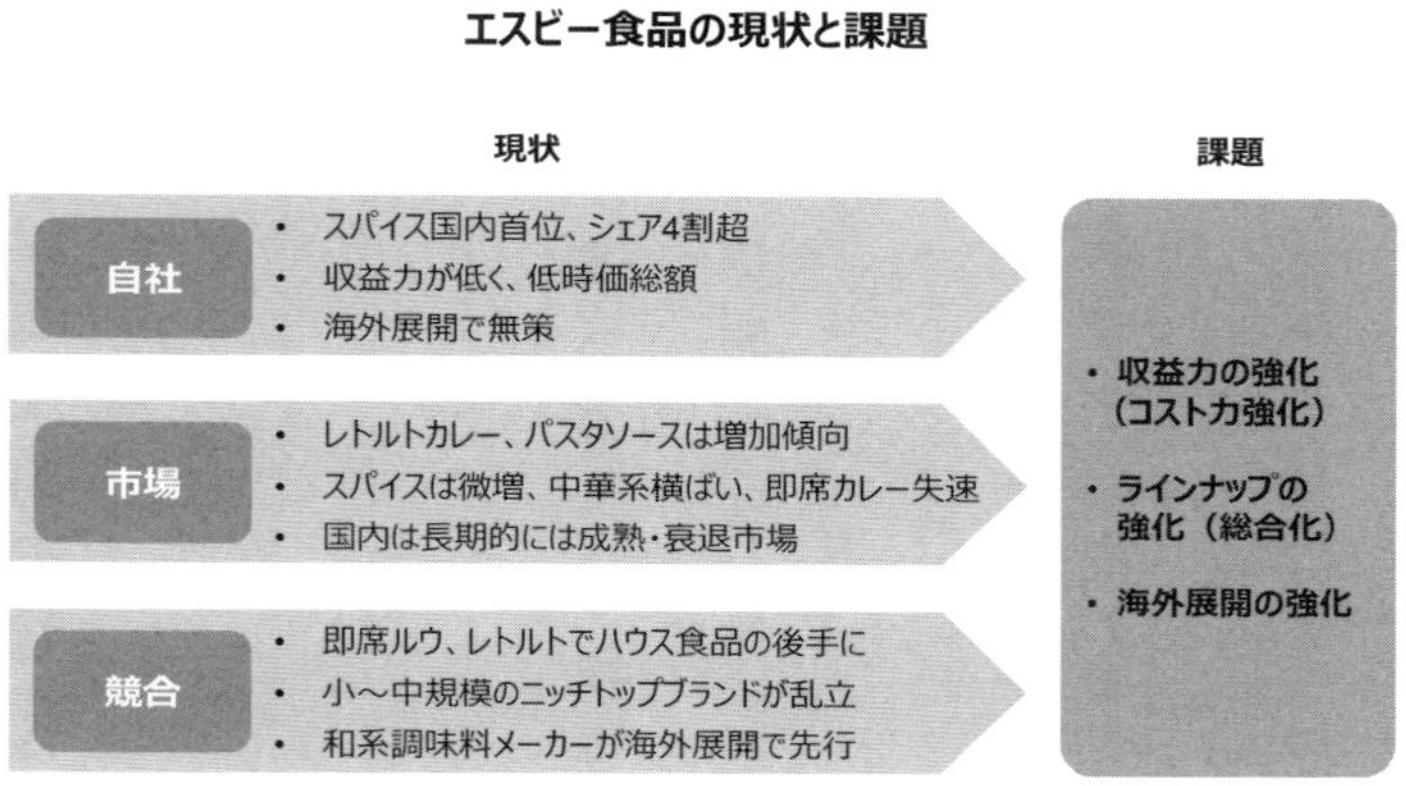
エスビー食品の現状と課題
現状
課題
自社
• スパイス国内首位、シェア4割超
• 収益力が低く、低時価総額
• 海外展開で無策
市場
• レトルトカレー、パスタソースは増加傾向
• スパイスは微増、中華系横ばい、即席カレー失速
• 国内は長期的には成熟・衰退市場
競合
• 即席ルウ、レトルトでハウス食品の後手に
• 小～中規模のニッチトップブランドが乱立
• 和系調味料メーカーが海外展開で先行
• 収益力の強化（コスト力強化）
• ラインナップの強化（総合化）
• 海外展開の強化

資料: BBT大学総研作成

図―17　エスビー食品の戦略（案）

収益力の強化（コスト力強化）	• グローバルな調達、生産体制の見直し • 生産工場の海外移転など、世界で最適地調達&最適地生産実践 • 営業利益率10%台を目指す
ラインナップの強化	• 国内で製品別に分散しているトップメーカー各社の統合を主導 • 各分野で国内トップ製品を揃える総合調味料メーカーの実現を模索
海外展開の強化	• 和系調味料を軸に海外展開を図る（わさびなど） • 米マコーミックとの資本業務提携を検討 • ミツカンとの合併を検討（商品補完性高い、既存の海外販路を活用）

資料: BBT大学総研作成

喫緊の課題は収益力の強化

まずは何よりも、収益力の強化が急務です。コスト戦略として、グローバルな調達、生産体制の見直しを行います。生産工場の海外移転も視野に入れて、最適地調達・最適地生産を実践し、営業利益率を10％まで伸ばす努力をしなければなりません。また、ラインナップの強化としては、国内で製品別に分散しているトップメーカー各社の統合を主導していくことも1つの手です。

「わさび」が海外事業の救世主となるか？

海外展開の強化では、和系調味料を軸に展開を図ることがよいのではないかと思います。世界的に和食への注目が高まる昨今、エスビー食品はわさびの国内トップシェアメーカーでもありますので、キッコーマンが醤油で成功したように、海外戦略の1つの手としてわさびは有効でしょう。

わさびで展開していくには、マコーミックのようなところと資本業務提携することも考えられます。つまり、すでに世界市場で基盤のあるメーカーの傘下に入り、わさびを売っていくということです。

ただ、日本の食卓でポピュラーなチューブ入りのわさびは、冷蔵庫での保管が必要で、常温保存のスパイス類と並べて置いておけるようになっていません。マコーミックがあらゆるスパイスを常備薬のように陳列して使用できるようにしている点をヒントに、わさびもキッチンでスパイスの1つとして並べておけるようになると、より浸透していくのではないかと思います。

ミツカンとの合併で海外展開の強化も

また、海外展開の強化では、ミツカンとの合併も一考の価値がありそうです。なぜなら、ミツカンは食酢のトップメーカーであり、国内市場ではエスビー食品と真正面から競合しません。ミツカンはラグーなどの買収で海外売上を1000億円まで伸ばしていますから、海外展開を図っていくうえで頼もしい存在です。さらに国内におけるラインナップ強化という側面においても、この合併は有効ではないでしょうか。

従来のファミリービジネスを続けていても、時価総額約300億円では、大きな飛躍も期待できませんし、海外展開するだけの資本が確保できません。マコーミックなどの傘下に入る、あるいはミツカンと合併するなど、様々な道を模索して、とにかく今の状況から抜け出すことを始めなければ、失速は止められないのではないでしょうか。

エスビー食品は今、そのような時期に来ていると、私は思います。

まとめ

☑ 営業利益率10%台を目標に、グローバルで最適地調達・最適地生産を実践し、収益力（コスト競争力）を強化する。

☑ 国内のトップメーカー各社の統合を主導。各分野で国内トップ製品を揃える「総合調味料メーカー」となり、ラインナップ強化を図る。

☑ わさびをはじめとする和系調味料を軸に海外展開を強化。世界最大手の傘下に入る、またはミツカン等との合併も視野に入れる。

大前の総括

国内市場は長期的には成熟衰退。海外展開が無策のところから大手傘下に飛び込み巻き返しへ

得意分野以外の事業ではどの分野においても出遅れ感が強いなか、成長のためにはまず本業の収益力強化と、事業領域の拡大、海外展開しか道がない。失速から抜け出すにはグローバルレベルで目立った数字を作るための大きな施策が必要だ。

CaseStudy

18

雪印メグミルク

「ガラパゴス」からの脱却と世界最適化

あなたが**雪印メグミルク**の社長ならば
過去最高益を更新する見込みの今
いかに今後の成長戦略を描くか?

※2015年12月に実施したケーススタディを基に編集・収録

正式名	雪印メグミルク株式会社
設立年	2009年
代表者	代表取締役社長　西尾 啓治
本社所在地	登記上本店:北海道札幌市　本社:東京都新宿区
業種	食料品
事業内容	牛乳、乳製品および食品の製造・販売等
資本金	200億円
連結売上高	5,498億1,600万円
連結従業員	4,875名(2015年3月末)

食中毒事件を機に解体・再統合を経て誕生

戦後最大の食中毒事件により国内乳業トップメーカーが解体

雪印メグミルクは、かつて国内乳業トップメーカーの雪印乳業が食中毒事件や子会社の食肉偽装事件をきっかけに事業分離・再編・再統合を経て、2009年10月に誕生した乳業メーカーです。この食中毒事件は、2000年6月、雪印乳業の大阪工場で製造された低脂肪乳などによって発生しました。さかのぼって同年3月、北海道の大樹工場で停電事故が起こり、脱脂乳が冷却されず黄色ブドウ球菌に汚染されましたが、そのまま脱脂粉乳の製造に使用されたことが原因と見られています。黄色ブドウ球菌からは、毒素であるエンテロトキシンが産生され、これが腸管内に吸収されると胃腸炎を発症します。汚染された脱脂粉乳は、大阪工場に送られて低脂肪乳やドリンクヨーグルトの原料として用いられたため、被害者数は約1万4000名という、戦後最大の食中毒事件を引き起こしました。

さらには2002年1月に子会社の雪印食品が牛肉偽装事件を起こしたことにより、雪印乳業に対する消費者の信頼は大きく揺らぎ、経営再建にあたって事業分離・解体を余儀なくされました（図－1）。2001年には冷凍食品事業、2002年には医薬品事業とアイス事業が分離し、それぞれアクリフーズ（現・

図—1 食中毒事件をきっかけに事業分離と再編により現・雪印メグミルクが誕生

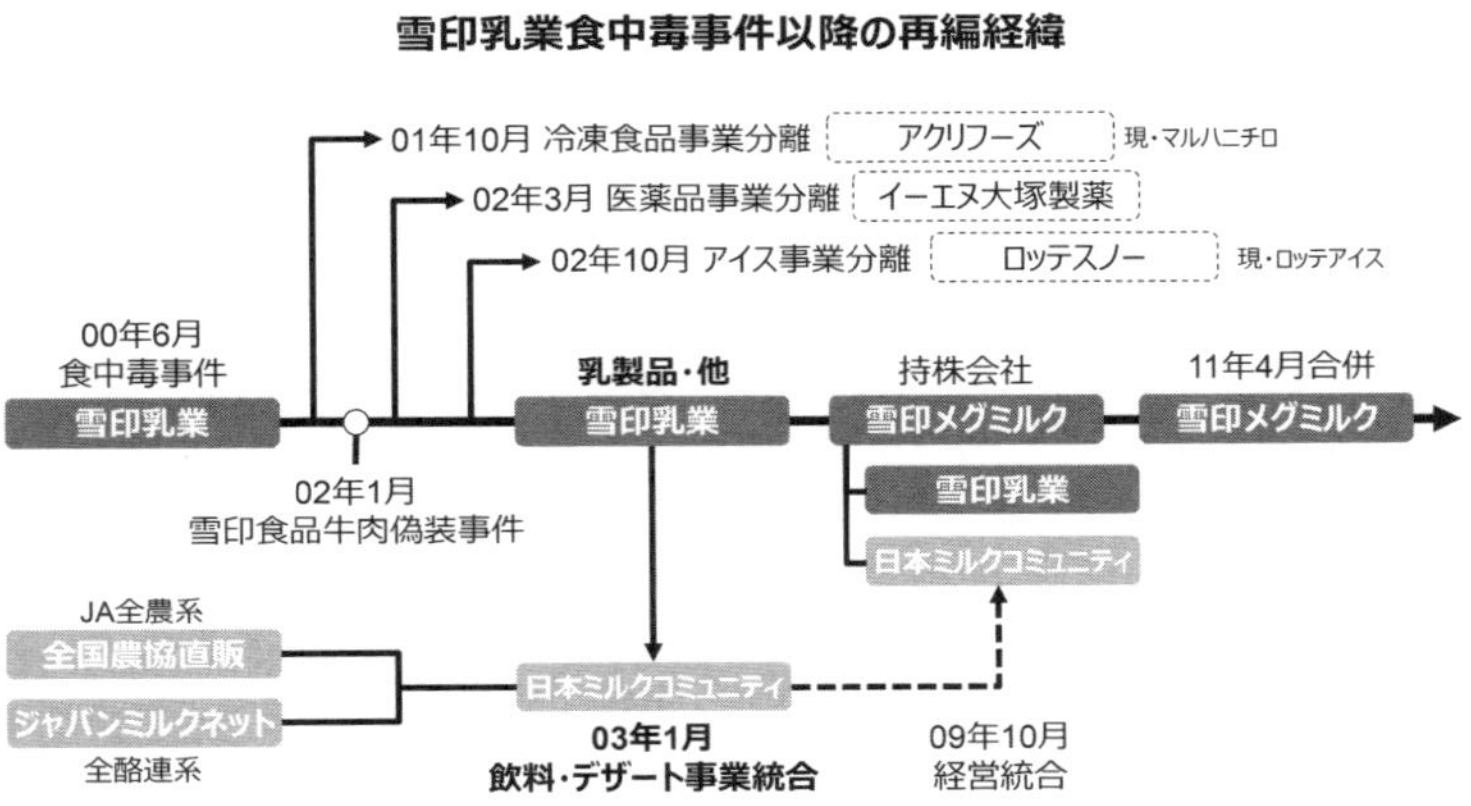

資料: 雪印メグミルク『個人投資家向け会社説明会資料』ほか、各種報道よりBBT大学総研作成

図—2 かつて1兆円を超え国内最大であった雪印は業界3位に転落

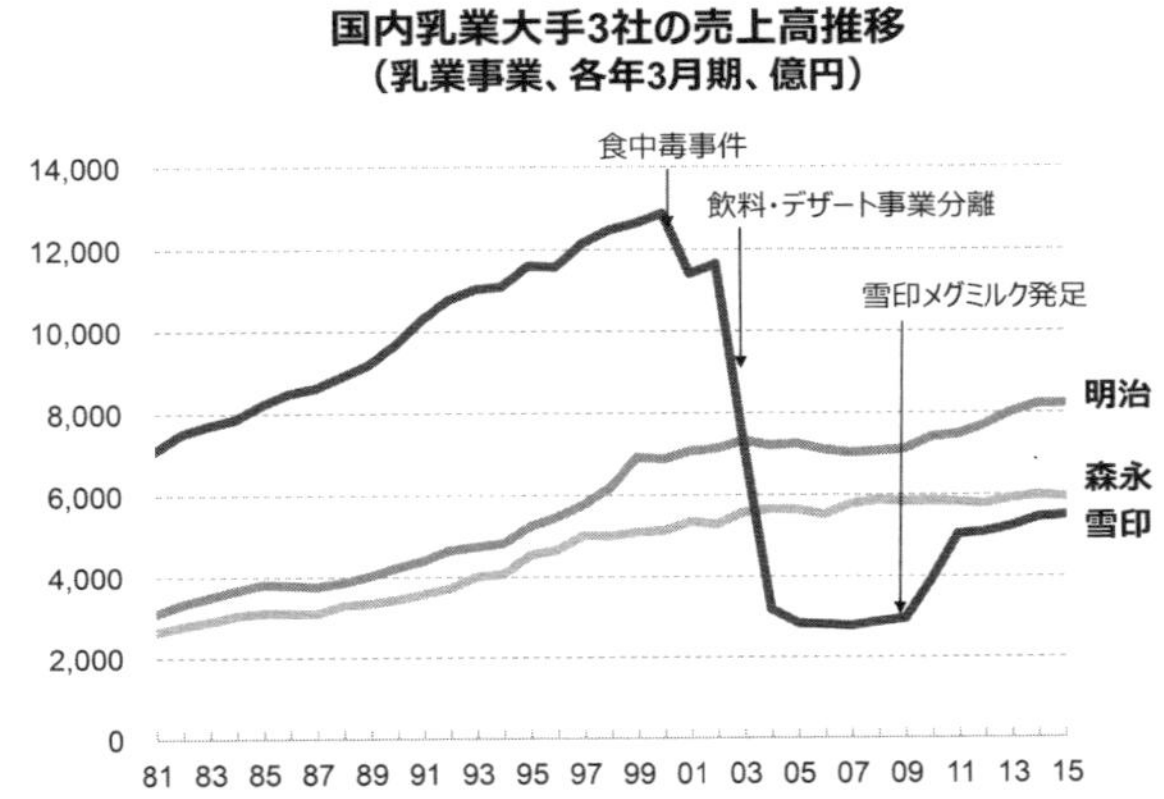

※雪印＝2009年3月期までは雪印乳業連結、2010年3月期以降は雪印メグミルク連結
※明治＝2009年3月期までは明治乳業連結、2010年3月期以降は明治HDの乳業・その他事業、14～15年はBBT大学総研推計
※森永＝森永乳業連結

資料: 各社決算資料よりBBT大学総研作成

マルハニチロ)、イーエヌ大塚製薬、ロッテスノー(現・ロッテアイス)となりました。さらに2003年には市乳事業を分離し、全国農業協同組合系の全国農協直販、全国酪農業協同組合連合会系のジャパンミルクネットと飲料・デザート事業を統合して日本ミルクコミュニティを設立、本体の雪印乳業は乳製品事業に集中して再建を図りました。その後、2009年10月に雪印乳業と日本ミルクコミュニティが持株会社のもとに統合し雪印メグミルクが発足、2011年4月、3社が合併して事業会社の雪印メグミルクとなりました。

食中毒事件後、売上規模は半分以下、トップから3位へ転落

国内乳業大手3社の売上高推移(図−2)から、2000年の食中毒事件が雪印にとっていかに大きな衝撃をもたらしたかが分かります。それまで雪印は国内乳業メーカー最大手として圧倒的な売上高を誇り、食中毒事件直前の2000年3月期には約1兆3000億円と他のメーカーの2倍以上にもなりましたが、事件後は急落しています。冷凍食品、医薬品、アイス、飲料・デザート事業を分離したこともあり、2004年の売上高は約3000億円とピーク時の約4分の1に低下しました。2009年の再統合以降は回復傾向にありますが、2015年3月期の時点でも売上高は約5500億円とピーク時の半分以下にとどまり、業界1位は明治、2位は森永乳業で、雪印メグミルクは3位となっています。

売上高の急落とともに、利益も半減しました(図−3)。以前は約200億円あった営業利益は、食中毒

図－3　食中毒事件前と比べ、売上高は半分以下、営業利益は半減

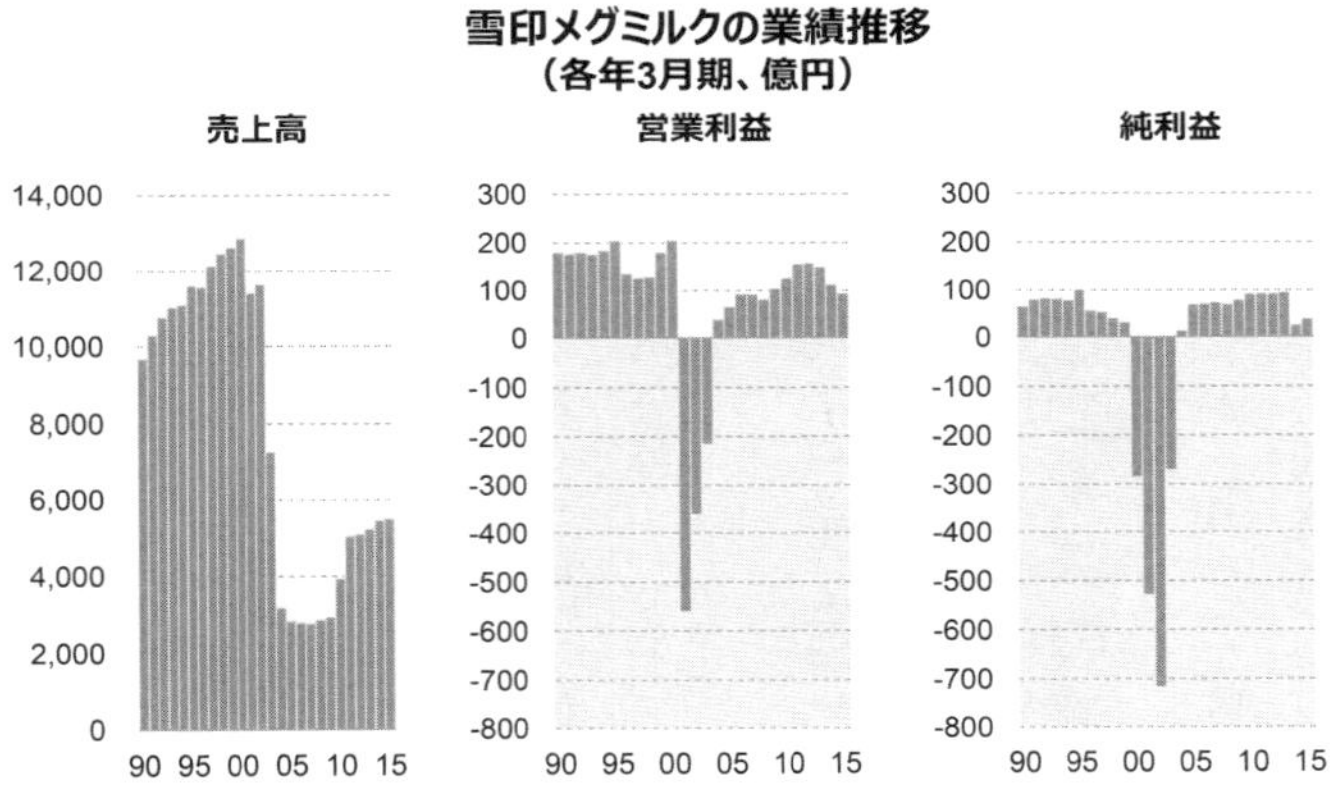

※2009年3月期までは雪印乳業連結、2010年3月期以降は雪印メグミルク連結

資料: 雪印メグミルク決算資料よりBBT大学総研作成

図－4　乳飲料で大きくシェアを喪失

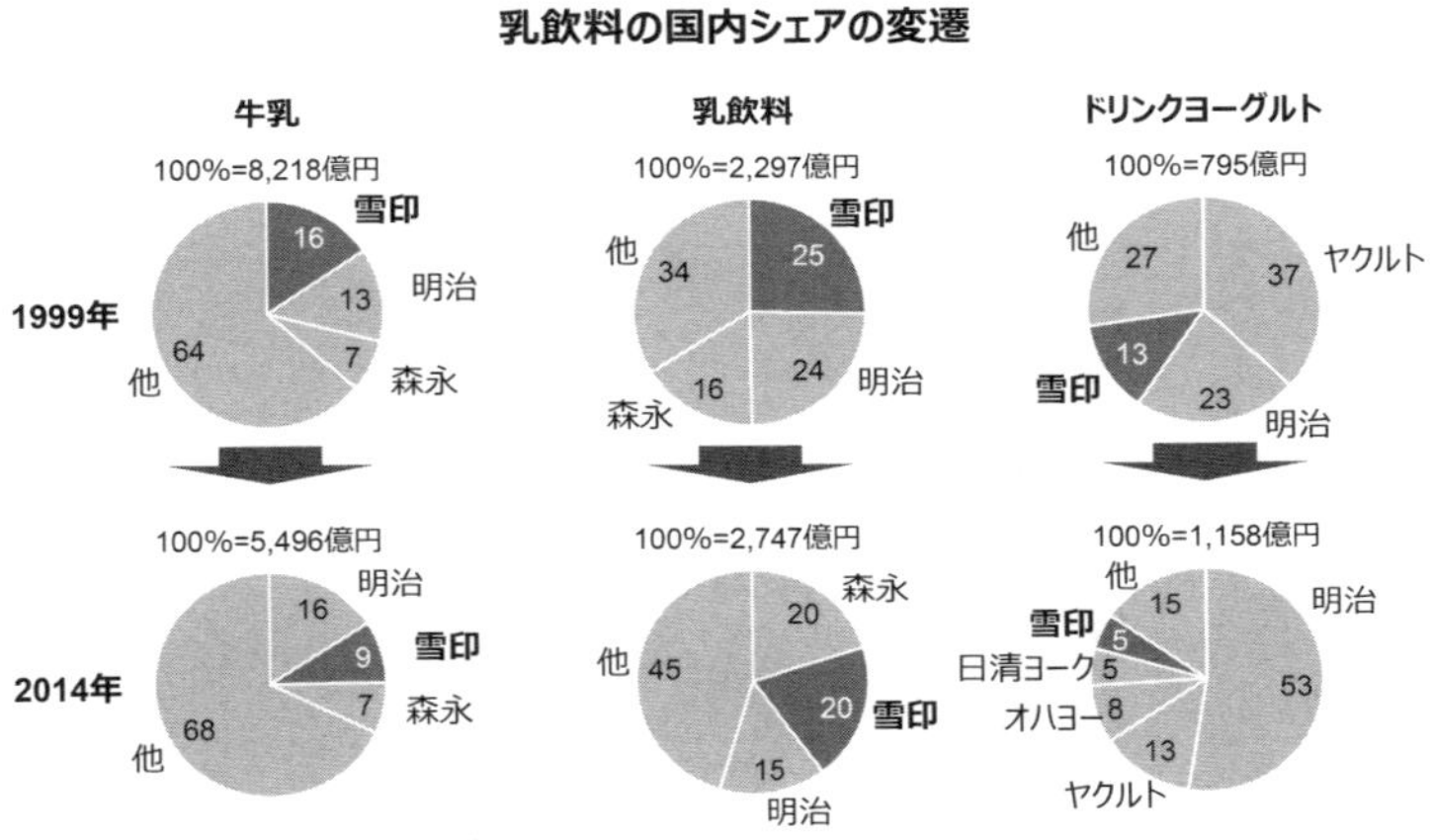

※ 小数点以下、四捨五入により合計が必ずしも100とならない

資料: 富士経済『食品マーケティング便覧』各年版よりBBT大学総研作成

事件により大きな赤字を出した後、直近は１００億円前後を推移しています。

業績低迷の原因の１つは、乳飲料のシェアが大幅に低下したことです。食中毒事件前の１９９９年、各乳飲料における雪印のシェアは、牛乳が16％、乳飲料が25％と１つのメーカーとしては最大の割合を占め、ドリンクヨーグルトでも3位に位置していました。事件後はそれぞれのシェアが後退し、なかでも食中毒の原因となった牛乳は９％、ドリンクヨーグルトは５％に落ち込みました（図－４）。

その一方で、バターやチーズなどの乳製品のシェアは乳飲料ほどの影響は受けていません。プロセスチーズ、ナチュラルチーズはそれぞれ43％から31％へ、22％から20％へと低下しましたが、バターは33％から36％へと微増し、いずれの分野でもトップのシェアを維持しています（図－５）。

閉鎖的な流通構造に苦しむ日本の乳業メーカー

酪農家の廃業とニーズの減少により生乳生産量は減少傾向

酪農家の乳牛から生産される乳は「生乳」と呼ばれ、食品衛生法によりそのまま販売することは禁止されています。営業許可を得た乳業工場で殺菌・滅菌処理を受けることで「牛乳」が生産され、他の成分が加えられて「乳飲料」となり、また分離した乳脂肪から生クリームやバター、発酵によってヨーグルトや

図—5　乳製品はトップシェアを堅持

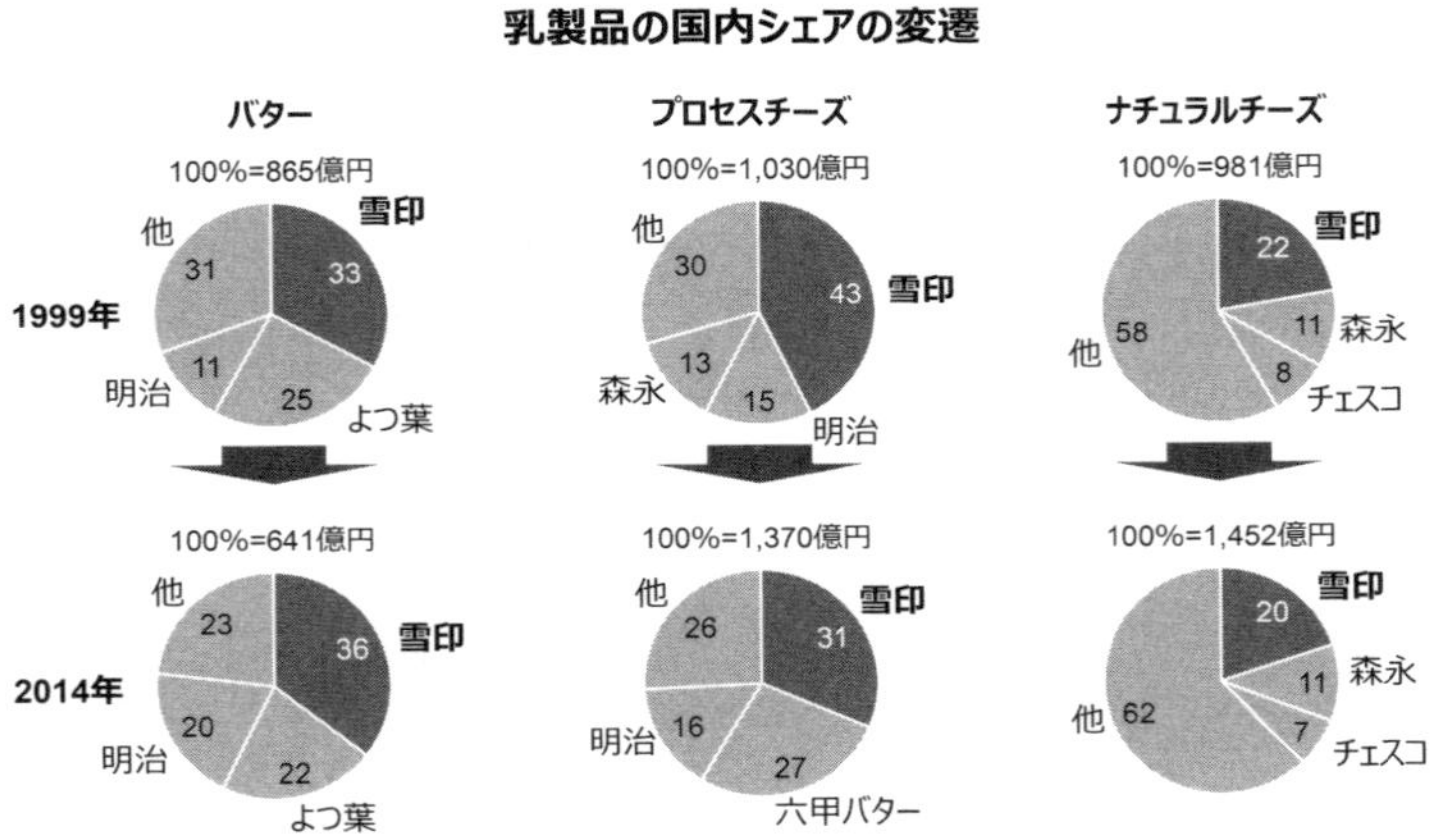

※ 小数点以下、四捨五入により合計が必ずしも100とならない

資料: 富士経済『食品マーケティング便覧』各年版よりBBT大学総研作成

図—6　国内生乳生産量は減少トレンド

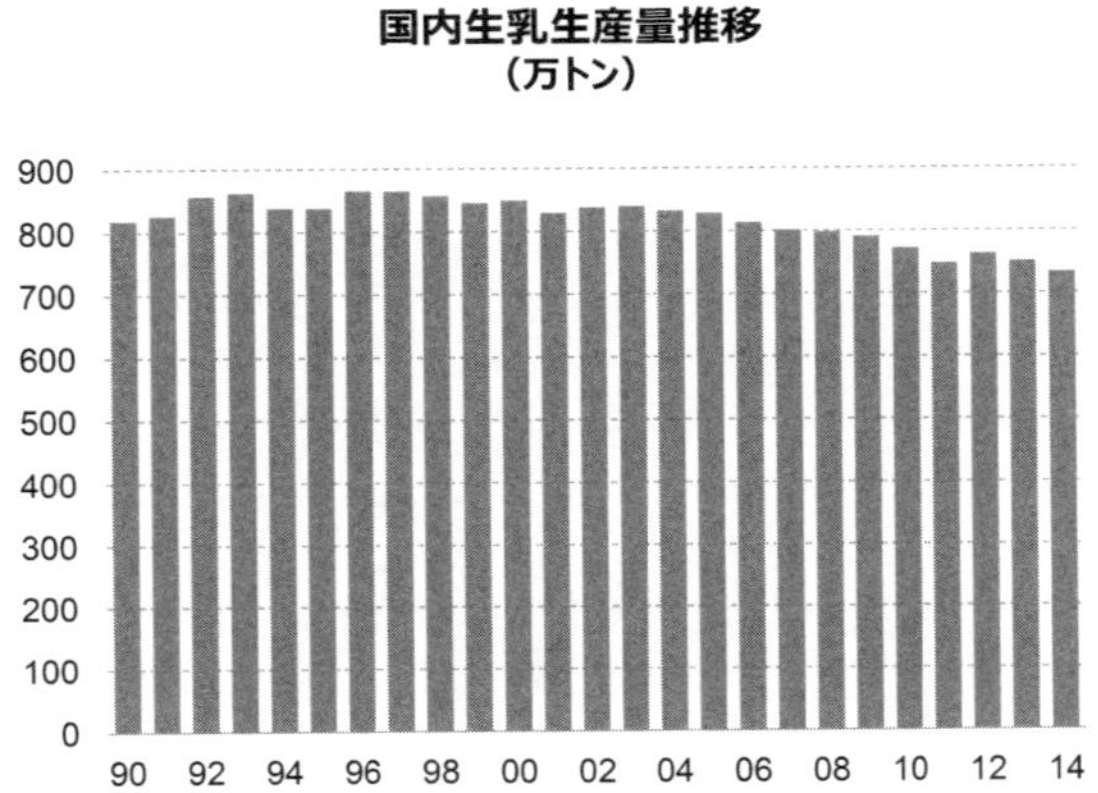

※生乳＝しぼったままの無加工状態のもの、牛乳・乳飲料・乳製品の原料となる

資料: 農林水産省『牛乳乳製品統計調査』よりBBT大学総研作成

チーズなどの「乳製品」ができあがります。

国内の乳業全体の現状を見ると、食生活の変化や少子化による需要の減少、および後継者不足や飼料価格の高騰による酪農家の廃業を要因として、原料となる生乳の生産量は減少傾向にあります（図－6）。

図－7は製品別の生産量を表したもので、飲用牛乳とバターは大幅に減少していることが分かります。一方、それ以外の製品は、食生活や嗜好の変化などにより、年々増加しています。

メーカーの営業利益率は2％前後、業界全体が低利益体質

図－8は、国内トップ3社の営業利益率です。雪印の食中毒事件後の赤字を除けば、いずれのメーカーも長年にわたり2％前後の低水準で推移しています。業界全体が低利益体質といえるでしょう。

指定団体による流通独占、国内酪農の高コスト体質

乳業業界の低利益体質の原因の1つは、生乳の流通構造にあります。酪農家の多くは農協や酪連などに属しており、都道府県ごとに地域農協・酪農業協同組合連合会（酪連）を形成しています。国内酪農家の保護を名目に指定生乳生産者団体制度のもと、生産された生乳は全国10地域（北海道、東北、北陸、関東、東海、近畿、中国、四国、九州、沖縄）の指定団体がほぼ独占的に取り扱い、乳業メーカーとの生乳価格交渉を一律的に行っています。国がこの指定団体を通じて酪農家に補助金を給付する仕組みとなっているため、

図−7　飲用牛乳の生産量は大きく低下、バター生産量も減少傾向

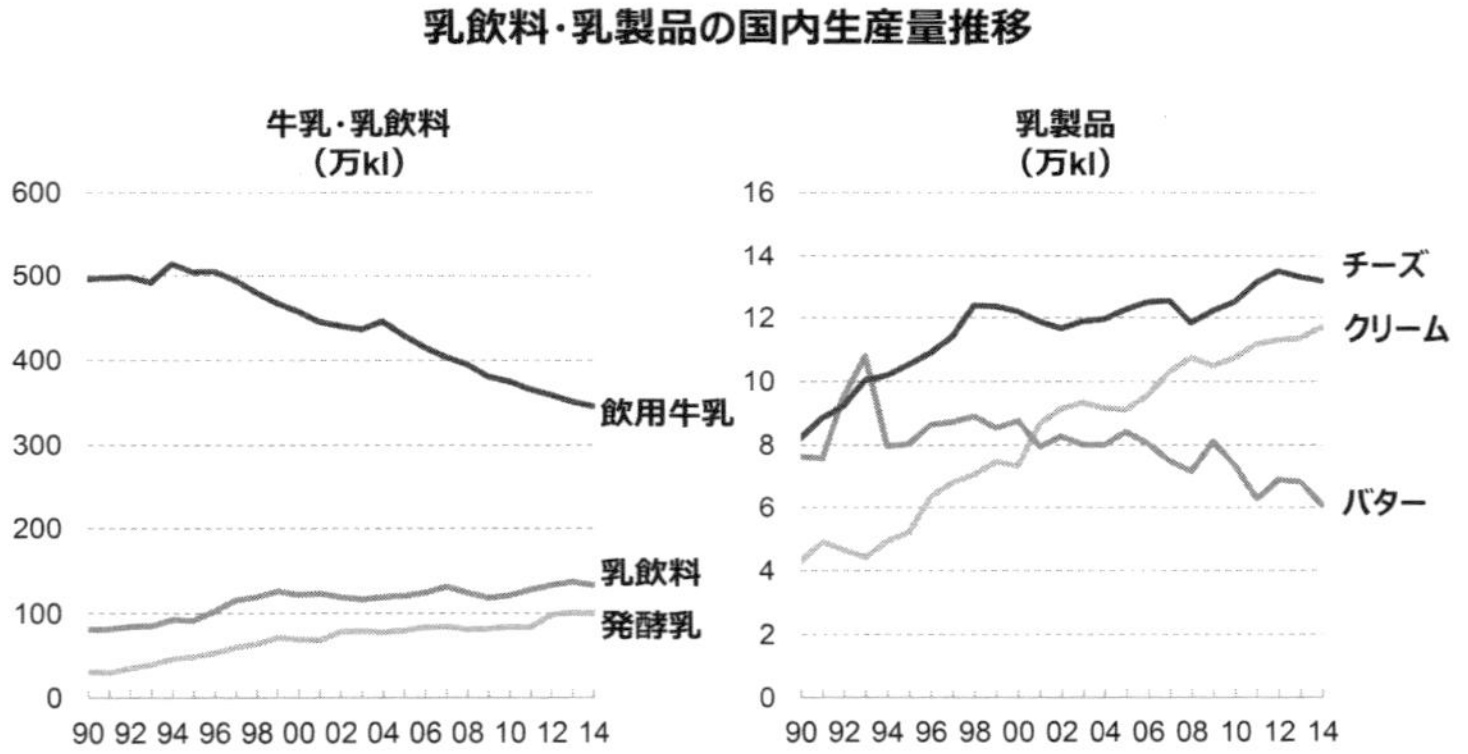

資料: 農林水産省『牛乳乳製品統計調査』よりBBT大学総研作成

図−8　乳業大手3社の営業利益率は2%前後で推移、業界全体が低利益体質

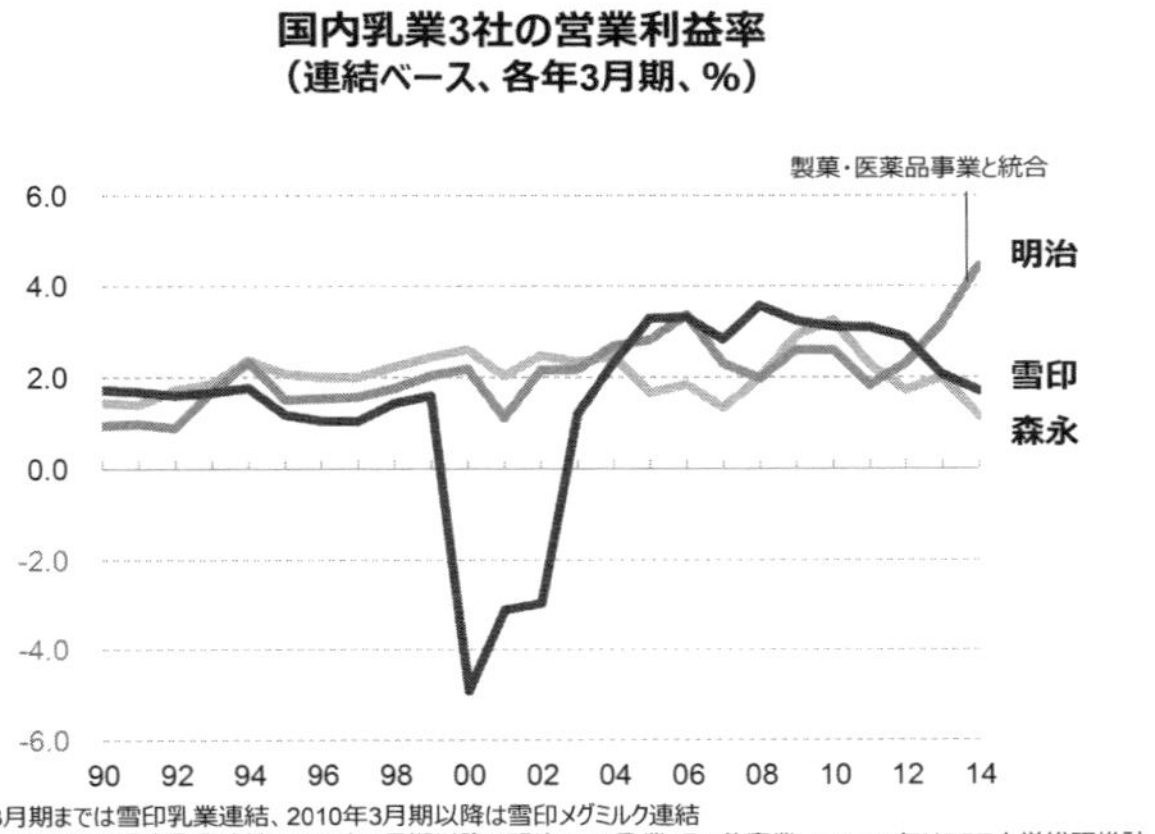

※雪印＝2009年3月期までは雪印乳業連結、2010年3月期以降は雪印メグミルク連結
※明治＝2009年3月期までは明治乳業連結、2010年3月期以降は明治HDの乳業・その他事業、14〜15年はBBT大学総研推計
※森永＝森永乳業連結

資料: 各社決算資料よりBBT大学総研作成

指定団体は国内の生乳流通をほぼ独占できる構造となっています（図－9）。酪農家から乳業メーカーに直接販売される場合もありますが、全体の5％未満です。

このような経路で生乳が流通しているため、国内乳業メーカーは指定団体から一律の価格で原料を購入せざるを得ず、雪印をはじめとする競合他社も含め、みな同様の高コスト体質となっています。

また乳業メーカーの低利益体質のより直接的な原因は、生乳価格が高いことにあります。国内の酪農形態のほとんどが牛舎で乳牛を飼養するもので、放牧に比べ多くの人員を要し、さらに配合飼料や輸入乾草価格の高騰により生産コストが高まるという構造的な問題を抱えているためです。そこに先述した生乳流通の独占のため指定団体の価格交渉力が強まり、日本での生乳価格は諸外国よりもはるかに高価です。図－10の通り、2013年の100kgあたりの生乳価格は日本では9100円ですが、ニュージーランドは6000円台、米国や欧州、豪州では4000円台で、とくに米国は4349円と日本の半分以下です。

このように、国内乳業メーカーが諸外国の2倍の高値で原料を購入せざるを得ない状況にあることは、今後、雪印メグミルクが収益力強化を図るうえでも、さらには海外進出を目指すうえでも大きな問題です。

農協を母体とする乳業メーカー

ここで雪印の沿革について触れておきましょう。1895年、札幌付近の酪農家により「札幌牛乳搾取業組合」が設立され、この販売部門として1925年に誕生した「北海道製酪販売組合」が雪印乳業の前

図—9　全国指定10団体が生乳取扱量の95%以上を仲介、乳業メーカーの調達手段は限定的

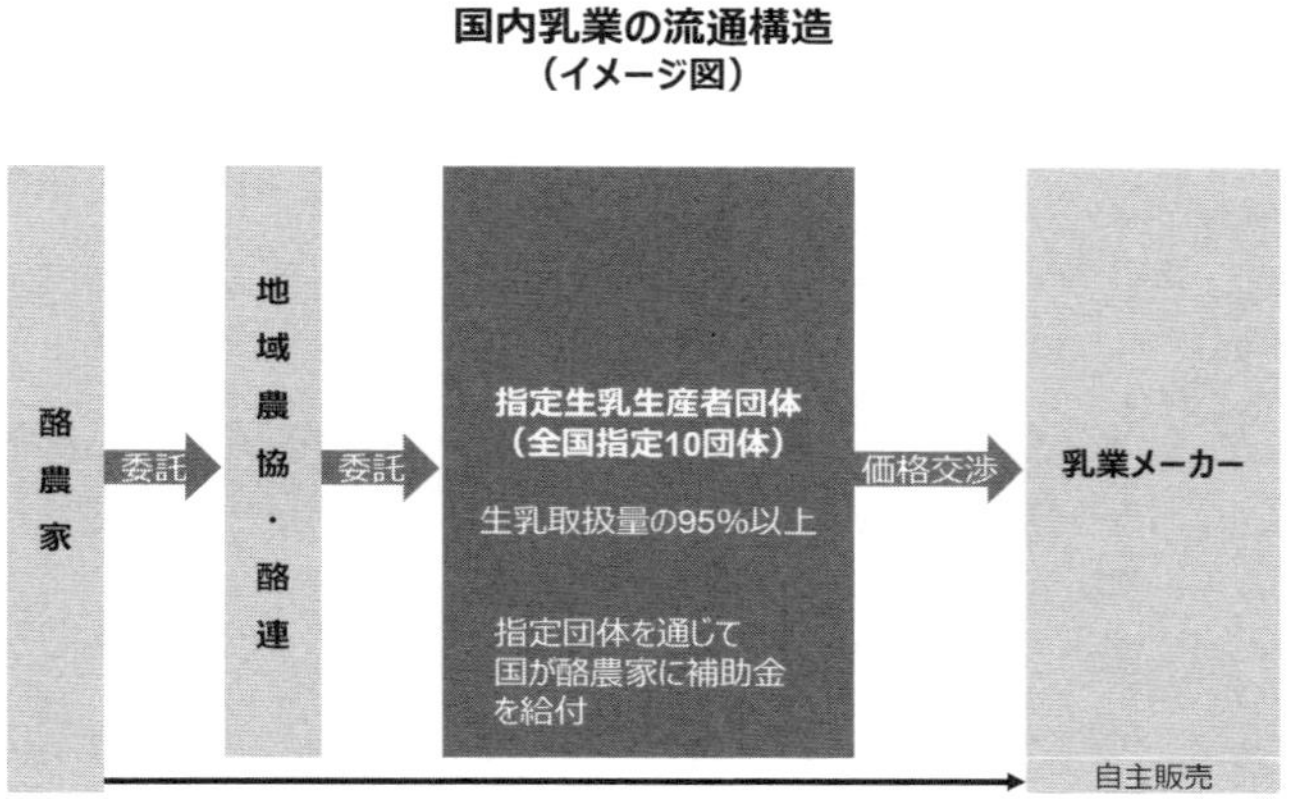

資料: 農畜産業振興機構、農林水産省資料よりBBT大学総研作成

図—10　国内乳業メーカーは高価な生乳を購入せざるを得ず、業界全体が薄利となっている

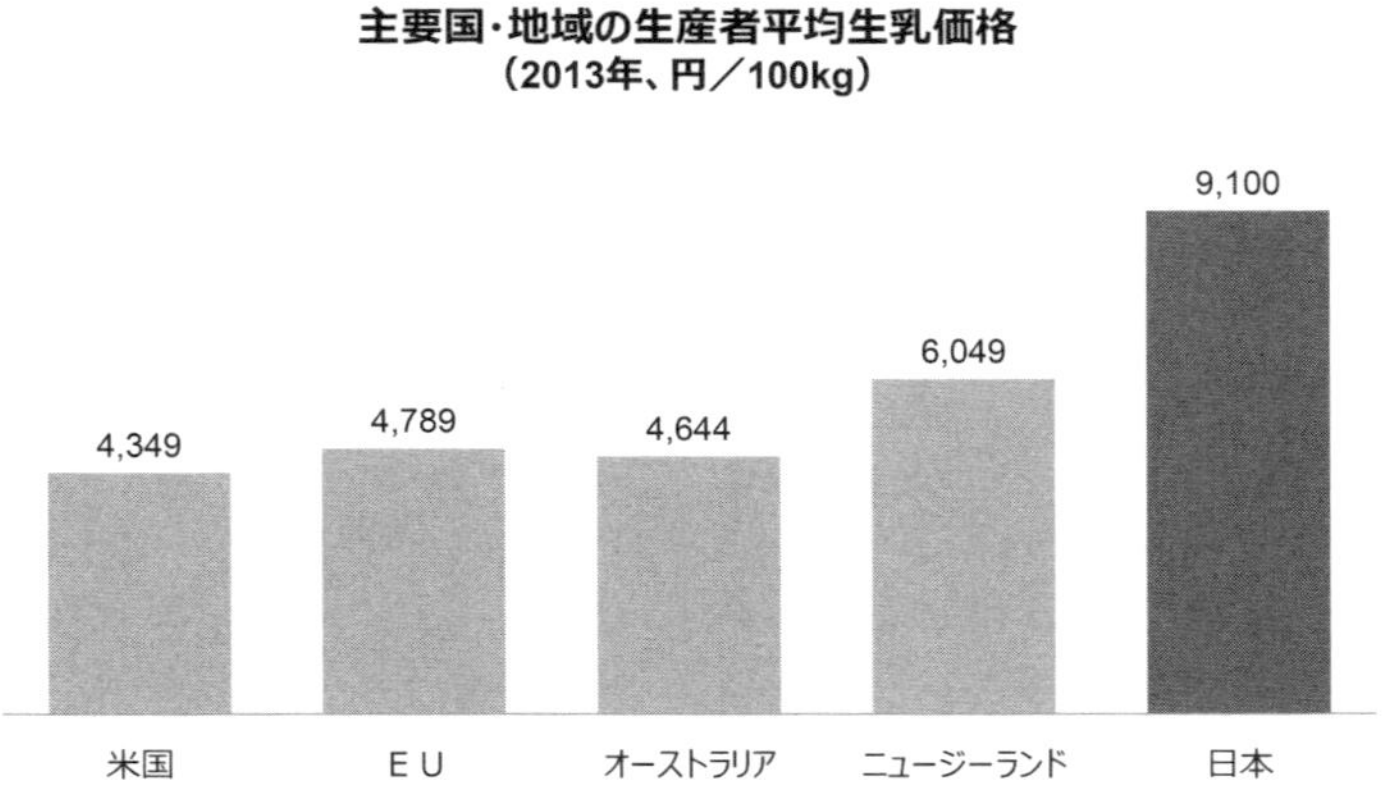

資料: Jミルク統計『酪農乳業に関する情報』よりBBT大学総研作成

身です。母体の「札幌牛乳搾取業組合」は現在も「サツラク農業協同組合」として活動を続けています。

1925年の設立以降、戦時統制経済を経て、戦後の過度経済力集中排除法の適用により1950年に「雪印乳業」と「北海道バター」が設立されましたが、1958年に両社が合併します。その後は先述した通り、2000年の食中毒事件に端を発した事業分離、全農・全酪連系市乳事業の統合を経て、現在の雪印メグミルクとなっています。

このような経緯から分かる通り、雪印メグミルクは農協を母体とする乳業メーカーであり、分離・再統合においても全農が深く関わっています。現在、雪印メグミルクの大株主は全農（筆頭株主）、農林中金（2位）、ホクレン（10位）といったJA系が占めているため、同社が生産、調達を含めたサプライチェーンを改革していくうえで、JAの意向、ひいては国内酪農家の意向を無視できない事情にあります。

国内業界からの脱却と世界最適化を目指す

〝ガラパゴス化〟した日本の乳業業界

ここまでを踏まえ、国内乳業メーカーの現状と課題を整理しましょう。日本の酪農は諸外国に比べ小規模なうえに人手を要し、さらに飼料価格の高騰もあり、世界的に見ても高コスト体質です。そのうえ、生乳は全国の指定団体によって流通を独占されているため、調達手段が限定されていることから、乳業メーカーは高い生乳を買わざるを得ず、乳業業界全体がいわば〝ガラパゴス化〟した状態にあります。2016年2月、政府は環太平洋経済連携協定（TPP）に署名しました。近い将来、国内に安価な海外製品が押し寄せることが予想され、日本の乳業メーカーはこれらの製品と競合しなければならないでしょう。しかしこうした現状においては、国際的な競争力を持ち得ません（図－11）。世界で戦うためには、生乳生産、調達を含めガラパゴス化した日本の乳業業界からの脱却が必要です。

世界市場での位置付けを見ると、国内メーカーは上位には位置していません（図－12）。世界トップはスイスのNestlé（ネスレ）で2014年の売上高は278億ドル、それにフランスのLactalis（ラクタリス）とDanone（ダノン）が続き、いずれも売上高は200億ドル弱にのぼります。一方、日本のメーカーでは明治が56億ドルで17位と健闘しているものの、森永と雪印は売上高が50億ドルを下回り、上位20位にはランクインしていません。さらに現在、欧米やニュージーランドを中心に、海外メーカーは巨大化と国際化を進めていますので、このままでは日本の乳業メーカーとの差は開く一方でしょう。

海外メジャーからの資本受け入れにより、生産・調達の世界最適化を

雪印メグミルクの本質的な問題もガラパゴス化した日本の乳業業界にあり、今後の成長のためには、国際標準を国内に持ち込み、生産と調達を世界最適化させることが必要です。

その方法として、海外乳業メーカーの買収と、海外乳業メーカーの傘下入りの2つが考えられます。しかし同社はこれまで、食中毒問題とそれに続く事業分離・再編という苦難を受けてきましたので、手元流動性は約100億円しかありません。買収相手のキャッシュを抵当にLBO（Leveraged BuyOutの略。企業の買収方法の1つで、買収先の資産やキャッシュフローを担保として買収資金を調達し、企業買収を行う手法）を狙う方法も不可能ではありませんが、リスクが高く、大手の買収は困難でしょう。

それよりは海外メジャーの資本を受け入れて傘下に入り、国際化を図る方が現実的です。菓子メーカーのカルビーもこの方法で業績改善に成功しました。同社は日本のスナック菓子市場で約半分のシェアを占めながら、利益率が低いという問題点を抱えていました。2009年、米国の食品大手PepsiCo（以下、ペプシコ）と提携し、ペプシコがカルビーの株式の20%を保有する一方でカルビーがペプシコ傘下の企業を子会社化、経営スタイルを米国化することで利益率が改善し、業績は飛躍的に向上しました。雪印メグミルクも海外メーカーの買収ではなく、海外メーカーの資本受け入れによる国際化を目指すべきでしょう（図−13）。

パートナーは農協系メーカー、調達最適化とコスト改革を図る

海外メーカーの資本受け入れによる生産・調達の世界最適化および生産コスト改革を進める場合、最も配慮が必要とされる問題は雪印と農協や国内酪農家との関係です。食中毒事件の際にも、実はNestléをはじめとする海外メーカーが雪印の買収を打診していました。日本の乳業市場は大きく、よい流通経路があっ

図ー11　高コストな国内酪農と生乳取扱の寡占により乳業メーカーは国際的な競争力を持ち得ない

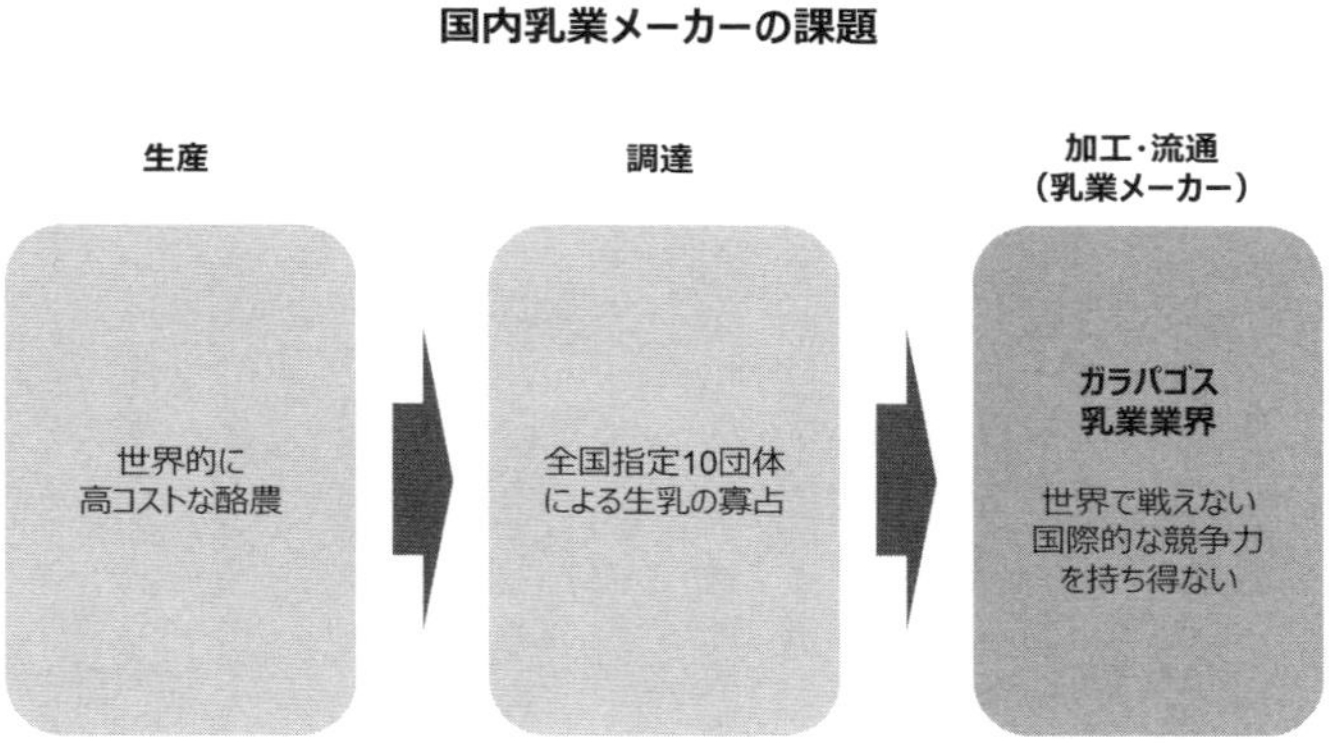

資料: BBT大学総研作成

図ー12　欧米、ニュージーランドを中心に世界乳業メーカーは巨大化と国際化を進めている

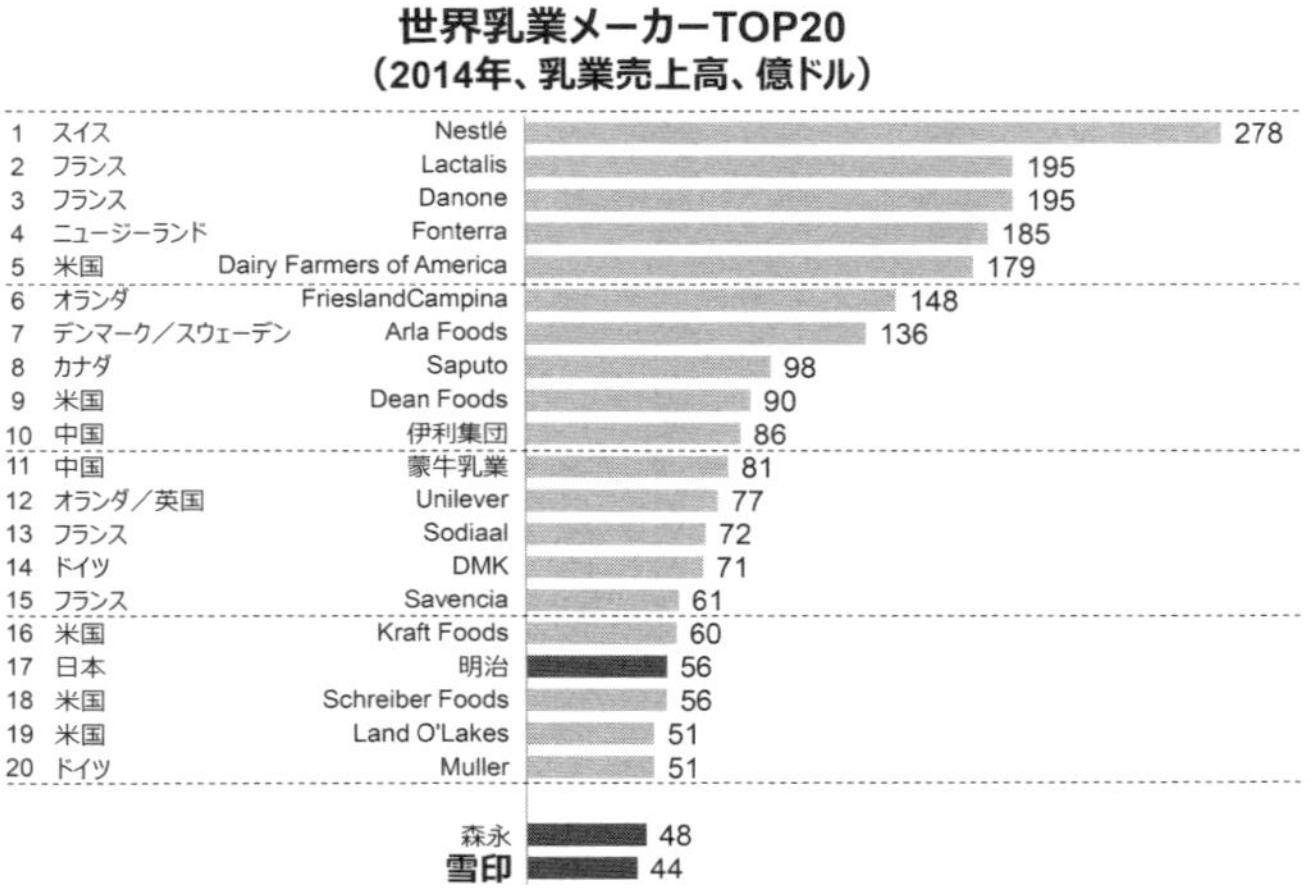

資料: Rabobank, Global Dairy Top20, 2015よりBBT大学総研作成

たことから、外資企業にとっても魅力があったのですが、農政問題に深く関わることから農林水産省が許可しませんでした。単純に海外メーカーの傘下に入り、国内生産者を切り捨て、生産・調達ルートを海外に切り替えるという話では実現は極めて困難なのです。したがって、雪印の今後の成長戦略には農協や酪農家を巻き込む形で、国内酪農の高コスト構造を是正しつつ、生産者にもメリットのある形で進めていくことが重要になります。

これらのことを考慮した場合、資本受け入れのパートナーは農協系の乳業メーカーとするのがよいと思います。海外メーカーのなかにも、フランスのLactalisやニュージーランドのFonterra（フォンテラ）、米国のDairy Farmers of Americaなど農協系メーカーは少なくありません（図－14）。これら生産者ありきの農協系メーカーのビジネスモデルは、同じく農協系メーカーである雪印にとっても受け入れやすいと思われます。また、海外農協との技術交流を進め、国内酪農の高コスト体質の改善を図りながら、徐々に生産プロセスや調達コストを国際標準に近づけていくという形をとるならば、国内酪農の課題を同時に解決していくことにもなり、政府も生産者も納得させられるのではないでしょうか。

海外農協系乳業メーカーの資本を受け入れ、国内酪農の生産コスト改革を図りつつ、生産・調達の世界最適化を進め、消費者に安価で高品質な商品を安定的に提供する体制を構築していく。これが私の考える、雪印メグミルクがとるべき戦略です。

図―13　ガラパゴスな国内乳業業界から脱却、生産・調達の世界最適化を図る

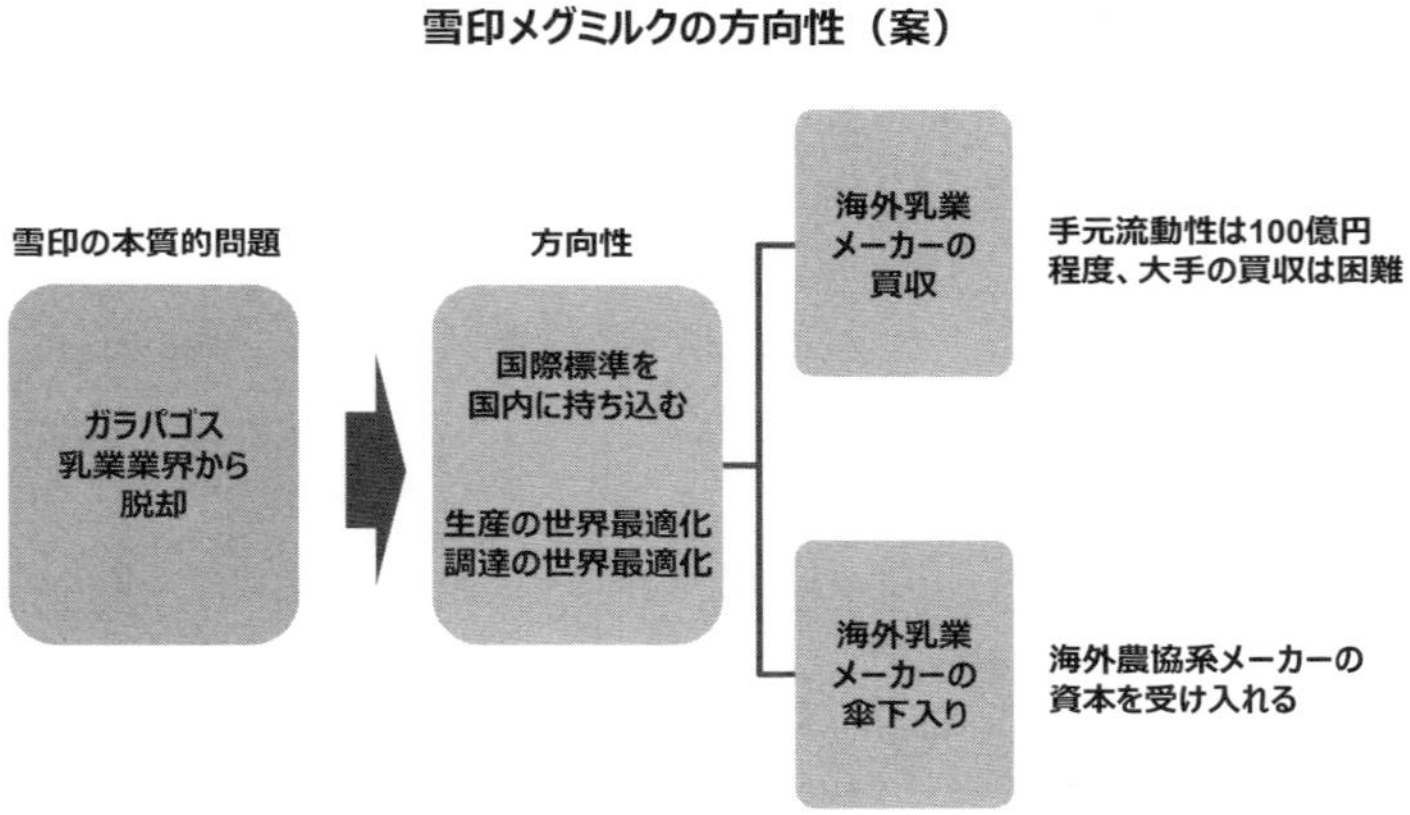

資料: BBT大学総研作成

図―14　海外の農協系乳業メーカーの資本参加を受け入れ、世界に調達網を広げつつ、同時に国内酪農のコスト改革も主導する

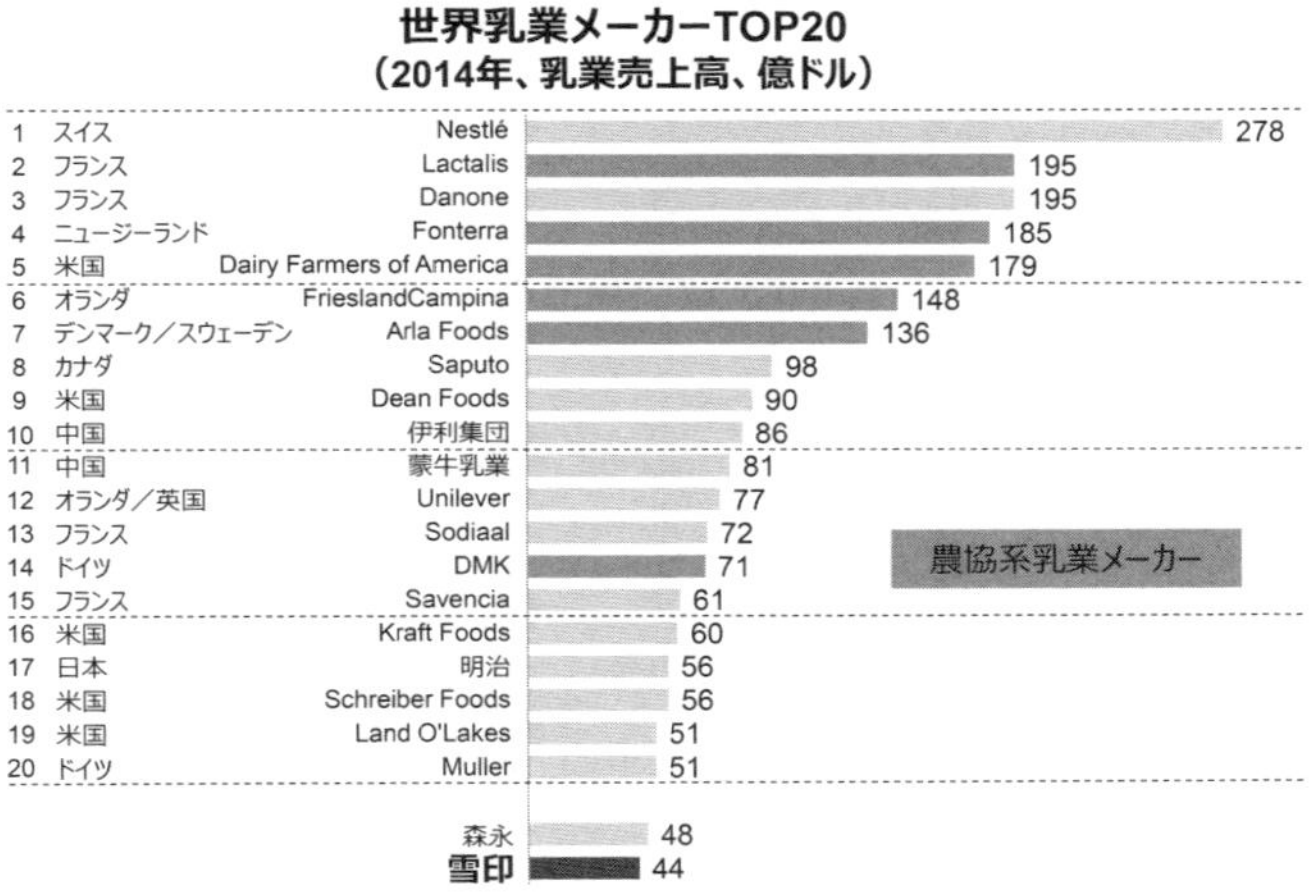

資料: Rabobank, Global Dairy Top20, 2015よりBBT大学総研作成

まとめ

☑ 海外農協系乳業メーカーの資本を受け入れ、海外農協との技術交流により、国内酪農の生産コスト改革を主導する。

☑ 一方でガラパゴス化した国内乳業業界の世界標準化、および最適なサプライチェーンを構築する。

大前の総括

〝ガラパゴス化〟した国内業界は国際的競争力を持ち得ない。世界最適化を目指す努力を

日本の酪農は高コスト体質なうえ、その流通構造は競争性の低いガラパゴス化した状態。ここを変えられなければ世界との差は開くばかり。食品に限らず、ボーダレスに製造・流通を結ぶサプライチェーンの世界最適化は避けられない。国際標準を受け入れ、世界で戦える競争力を追い求めよ。

CaseStudy

19

永谷園ホールディングス

市場成長を見越した「ポートフォリオ」管理

あなたが**永谷園ホールディングス**の社長ならば、画期的な新商品が不足し、利益が乱高下するなか、成長戦略をどう描くか?

※2016年12月に実施したケーススタディを基に編集・収録

正式名	株式会社永谷園ホールディングス
設立年	2015年(前身の永谷園本舗は1953年創業)
代表者	取締役社長　永谷　泰次郎
本社所在地	東京都港区
業種	食料品製造業
事業内容	グループ全体の経営戦略の策定および経営管理等
連結事業	お茶づけ、ふりかけ、即席みそ汁、その他飲料食品の製造販売
資本金	35億292万円(2016年3月期)
売上高	791億9,300万円(2016年3月末現在)

次々とヒット商品を生み出し、和風即席食品のトップメーカーに

発祥は江戸時代、「お茶づけ海苔」で創業しヒット商品を連発

お茶づけや即席みそ汁・お吸いもので有名な永谷園は、和風即席食品のトップメーカーです。ほかにも中華風調理食品などの商品を展開しており、売上高は2016年3月期で791億円超にのぼりました。

創業は1953年、発祥は江戸時代中期にまでさかのぼります（図－1）。

1738年、山城国宇治田原《うじたわら》郷湯屋谷村（現・京都府綴喜郡宇治田原町）で製茶業を営んでいた永谷宗円が煎茶の製法を発明したことが永谷園の発祥です。煎茶は最も消費されているお茶で、現在国内で生産されるお茶の6割を占めます。この永谷宗円を始祖とし、分家筋10代目にあたる永谷嘉男が1953年に設立した「永谷園本舗」が現在の永谷園です。創業の契機となった商品が、歌舞伎の定式幕になぞらえたパッケージデザインでおなじみの「お茶づけ海苔」です。

1960年代から1980年代にかけて、相次ぐ新商品の投入とインパクトのあるテレビCMにより多くのヒット商品を生み出し、会社は大きく成長します。1964年には永谷園を代表するもう1つのロングセラー商品「松茸の味お吸いもの」、1970年代には即席みそ汁の「あさげ」、ちらし寿司の素「すし

図—1　1960〜1980年代に新商品投入で成長、その後は高付加価値化、多角化戦略を展開

永谷園ホールディングスの沿革

■ **発祥〜創業**

1738年	永谷宗円が煎茶の製法を発明
1952年	「お茶づけ海苔」発売
1953年	分家筋10代目にあたる永谷嘉男が「永谷園本舗」を設立

■ **新商品投入による成長期（1960〜1980年代）**

1964年	「松茸の味お吸いもの」発売
1970年	「さけ茶づけ」発売、北島三郎氏のCM起用で全国的ヒット
1974年	即席みそ汁「あさげ」発売、フリーズドライ製法を導入
1977年	ちらし寿司の素「すし太郎」発売
1980年代	「麻婆春雨」「かに玉の素」「チャーハンの素」など発売
1989年	「おとなのふりかけ」シリーズを発売

■ **高付加価値化（2000年代）**

2000年代	減塩やアレルギー対応など健康志向商品を投入
2007年	通販開始、高級茶づけ「極膳」シリーズなど発売

■ **多角化（2000年代終盤〜現在）**

2008年	「藤原製麺」買収（ラーメン）
2013年	「麦の穂ホールディングス」買収（シュークリームなどスイーツ専門店）
2016年	英「ブルームコ」買収（フリーズドライ食品）

資料: 永谷園「永谷園の舞台裏」、永谷園ホールディングス「有価証券報告書」よりBBT大学総研作成

太郎」、１９８０年代には「麻婆春雨」などの中華風調理食品、大人にターゲットを絞った「おとなのふりかけ」など、次々とヒット商品を出し続けました。

１９９０年代以降は新商品投入が減速し、新たな成長戦略を模索。２０００年代には健康志向商品や高級茶づけ「極膳」シリーズを投入して高付加価値化を図ります。そして２０００年代終盤以降はM&Aによる多角化を進め、ラーメンの藤原製麺やスイーツ専門店の麦の穂ホールディングス、英国のフリーズドライ食品会社Broomco（ブルームコ）などを買収しています。

なお、２０１５年に持株会社制に移行して、持株会社である株式会社永谷園ホールディングスを設立、食料品の製造販売を手がける株式会社永谷園はそのグループ会社となりました。

和風即席食品トップ、「お茶づけ」と「即席お吸いもの」はほぼ独占

永谷園の事業別売上高構成について詳しく見てみましょう（図－2）。和風即席スープが26・2％、お茶づけ・ふりかけが19・7％、贈答・業務用商品が7・3％と、これら和風即席食品が売上の53・2％を占めています。次に、ちらし寿司の素やチャーハンの素など食材に混ぜ込んで使用する調理食品類が32・5％を占めます。そして、近年の多角化戦略により買収した麦の穂ホールディングスを中心とする中食・その他事業が14・3％となっています。

主力の和風即席食品は国内トップシェアを誇ります（図－3）。即席みそ汁は28・6％でマルコメの26・2％と拮抗しているものの、お茶づけは77・8％、即席お吸いものは97・9％とほぼ独占状態にあります。

その他の主力商品については、ふりかけのシェアが13・4％で丸美屋、田中食品に次ぐ3位、ちらし寿司の素のシェアが30・4％でミツカンに次ぐ2位、そしてチャーハンの素では63・6％と2位の江崎グリコに大差をつけてトップです（図－4）。

図ー2　お茶づけ・ふりかけ・即席みそ汁など和風即席食品が売上の5割超

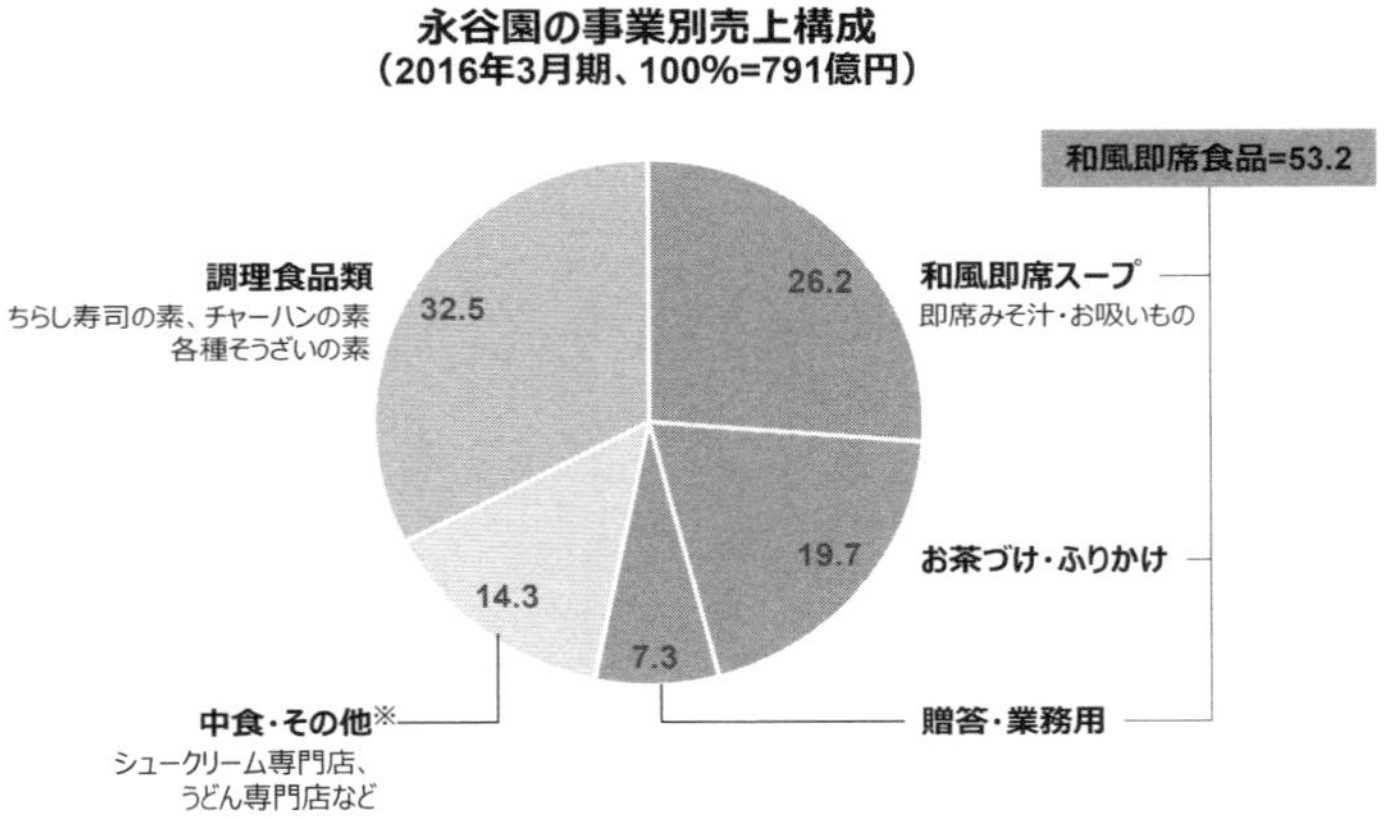

※ シュークリーム専門店「ビアードパパ」などを展開する「麦の穂ホールディングス」を2013年11月に買収

資料: 永谷園ホールディングス「有価証券報告書」の数値よりBBT大学総研作成

図ー3　お茶づけ・お吸いもの・みそ汁など和風即席食品で国内トップ

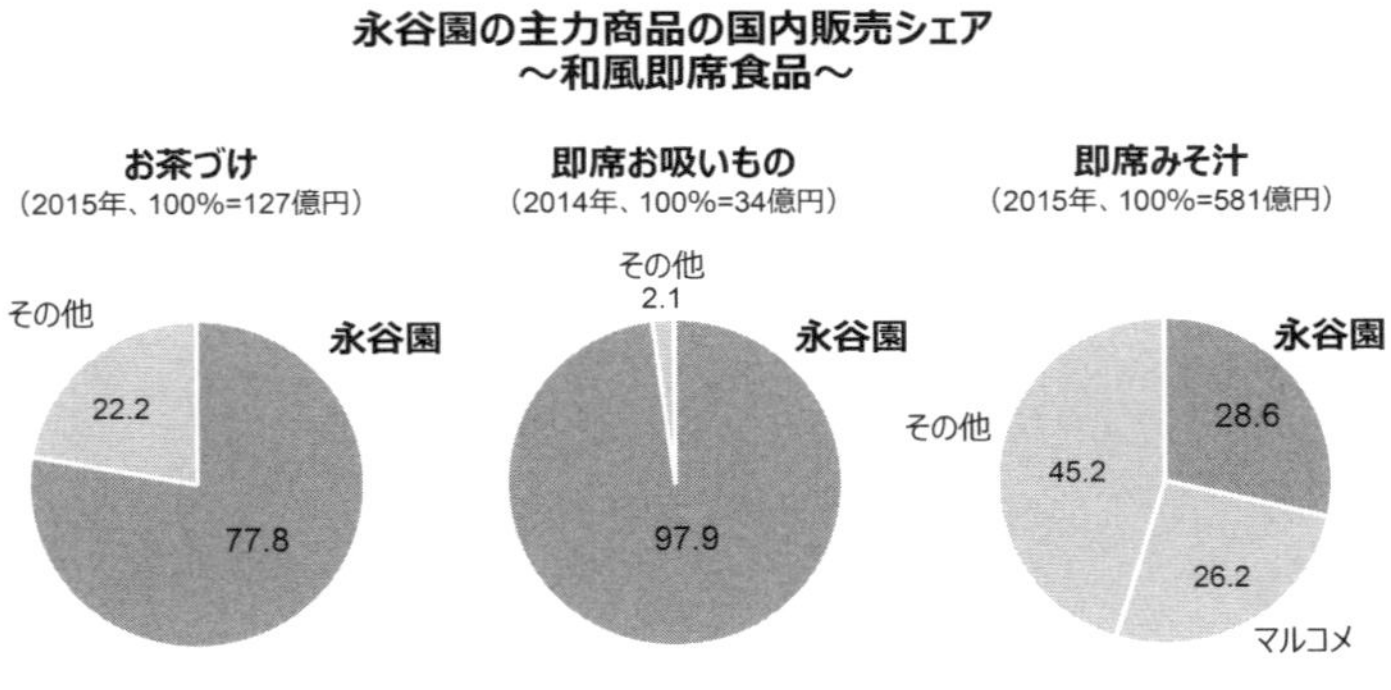

資料: 日刊経済通信社「酒類食品統計年報」「酒類食品産業の生産・販売シェア」
「酒類食品統計月報」よりBBT大学総研作成

天井の低いマーケットで不安定な経営が続く

ニッチ市場のトップメーカー、成長分野は限定的

和風即席食品ほかシェアの高い商品を多く持つ永谷園ですが、調味料市場全体を見ると、永谷園の主力商品の市場規模は小さいことが分かります（図－5）。2014年のお茶づけ・ふりかけの市場規模は656億円、和風即席スープは581億円、粉末調味料は383億円、合計で1620億円ですが、これら全てを合計しても醤油の市場規模1565億円とほぼ同程度なのです。つまり、永谷園の主力商品の市場規模は小さいうえ、すでに高いシェアを持っているため、成長分野は限定的という状況です。さらに詳しく見てみましょう。

「即席みそ汁」と「ふりかけ」が成長を牽引

永谷園の主力商品の国内市場は長期的に拡大しています（図－6）。1980年代後半から1990年代にかけては年平均成長率（CAGR）4・0％で拡大、1985年に約900億円だった市場規模は1999年に1600億円弱まで成長しました。2000年代以降は年平均成長率が0・6％と減速しますが

図―4　ふりかけ3位、寿司の素2位、チャーハンの素1位

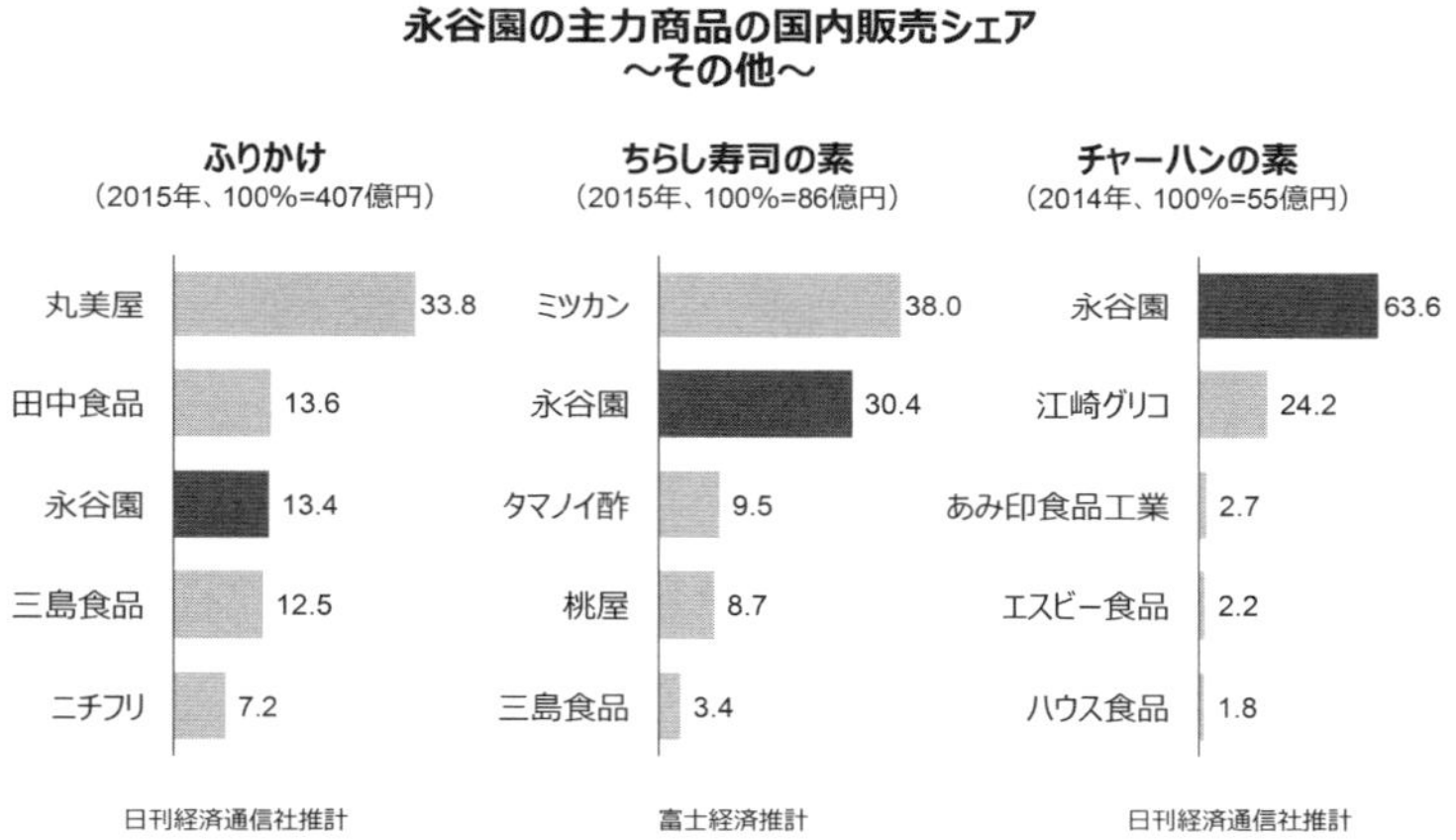

資料: 日刊経済通信社「酒類食品産業の生産・販売シェア」「酒類食品統計月報」
富士経済「食品マーケティング便覧」よりBBT大学総研作成

図―5　永谷園の主力商品の市場規模は小さく、その合計は「醤油」の市場規模とほぼ同等

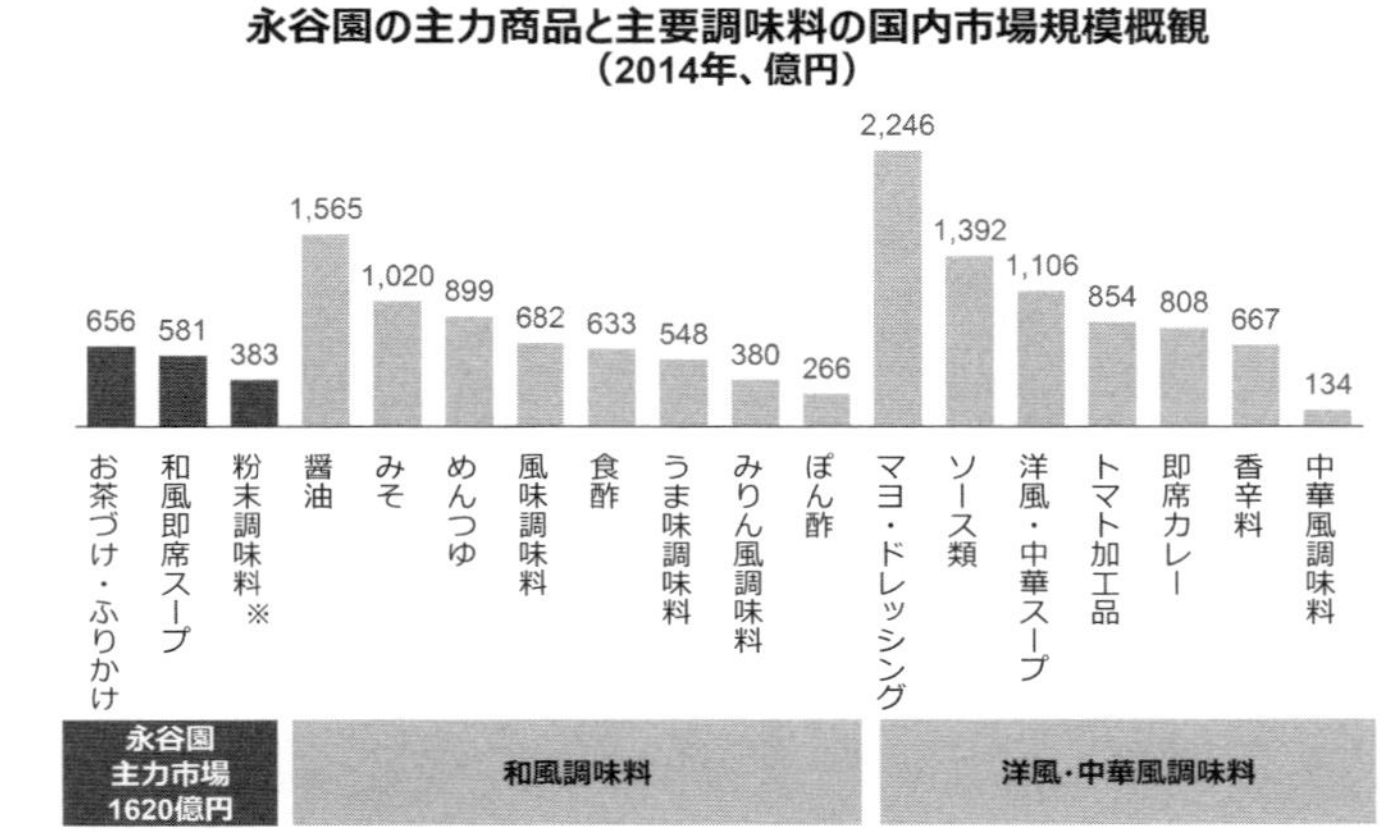

※ 粉末調味料＝ちらし寿司の素、チャーハンの素などを含む

資料: 日刊経済通信社「酒類食品統計年報」「酒類食品統計月報」よりBBT大学総研作成

緩やかに成長を続け、2015年には1600億円を超えました。

永谷園の主力マーケットの拡大を牽引しているのは即席みそ汁とふりかけです（図－7）。これはファミリー世帯の減少および単身世帯の増加に伴い、自炊で使用するみその消費が減少する一方で、即席みそ汁のニーズが高まっていることが背景にあります。また、ふりかけに関しては子ども向け商品としてのニーズが大半でしたが、大人向けを訴求した商品戦略が奏功し、全年齢層にニーズが拡大したことが成長要因となっています。即席お吸いものもわずかながら成長していますが、市場規模は小さく、すでに永谷園が約98％とシェアを独占しているため大きな成長は見込めません。

お茶づけと粉末調味料の市場は1990年代後半にピークを迎え、その後は衰退を続けています。ただし、お茶づけ市場は永谷園のほぼ独占状態にあるため、衰退市場においても一定の利益は確保できるでしょう。

新商品不足、定番商品低迷により売上高はほぼ横ばい

ここで永谷園の売上高の推移を見てみましょう。1990年頃までは新商品の投入が続いて順調に成長を重ね、1990年代前半までは概ね右肩上がりで伸びました（図－8）。しかしそれ以降は画期的な新商品が不足したうえ、定番商品が低迷したことで売上高は減少に転じました。1997～99年度にポケットモンスターとタイアップしたキャラクター商品がヒットしたことによる特需や、2008年度の藤原製麺

図—6　永谷園の主力商品の国内市場規模は長期的に拡大

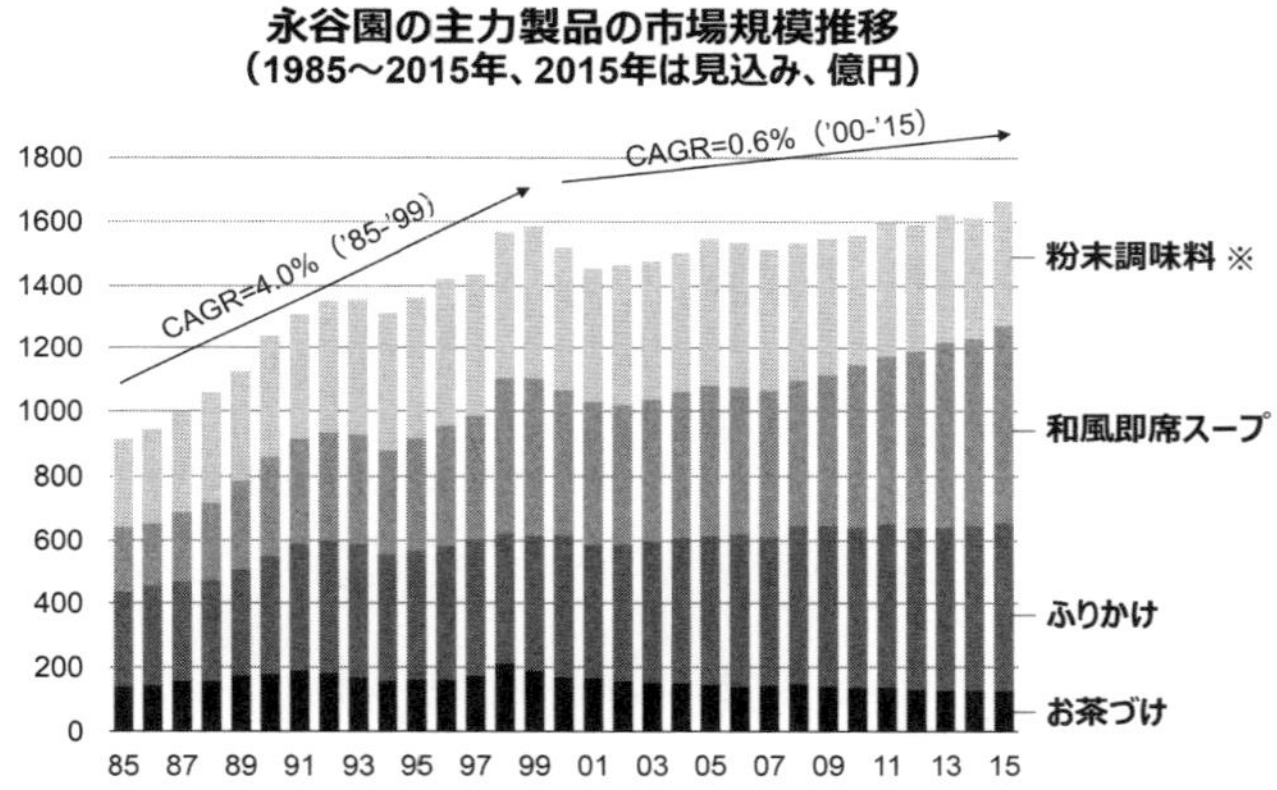

※ 粉末調味料＝ちらし寿司の素、チャーハンの素などを含む

資料: 日刊経済通信社「酒類食品統計年報 各年版」よりBBT大学総研作成

図—7　即席みそ汁・ふりかけが成長を牽引、お茶づけ・粉末調味料は衰退

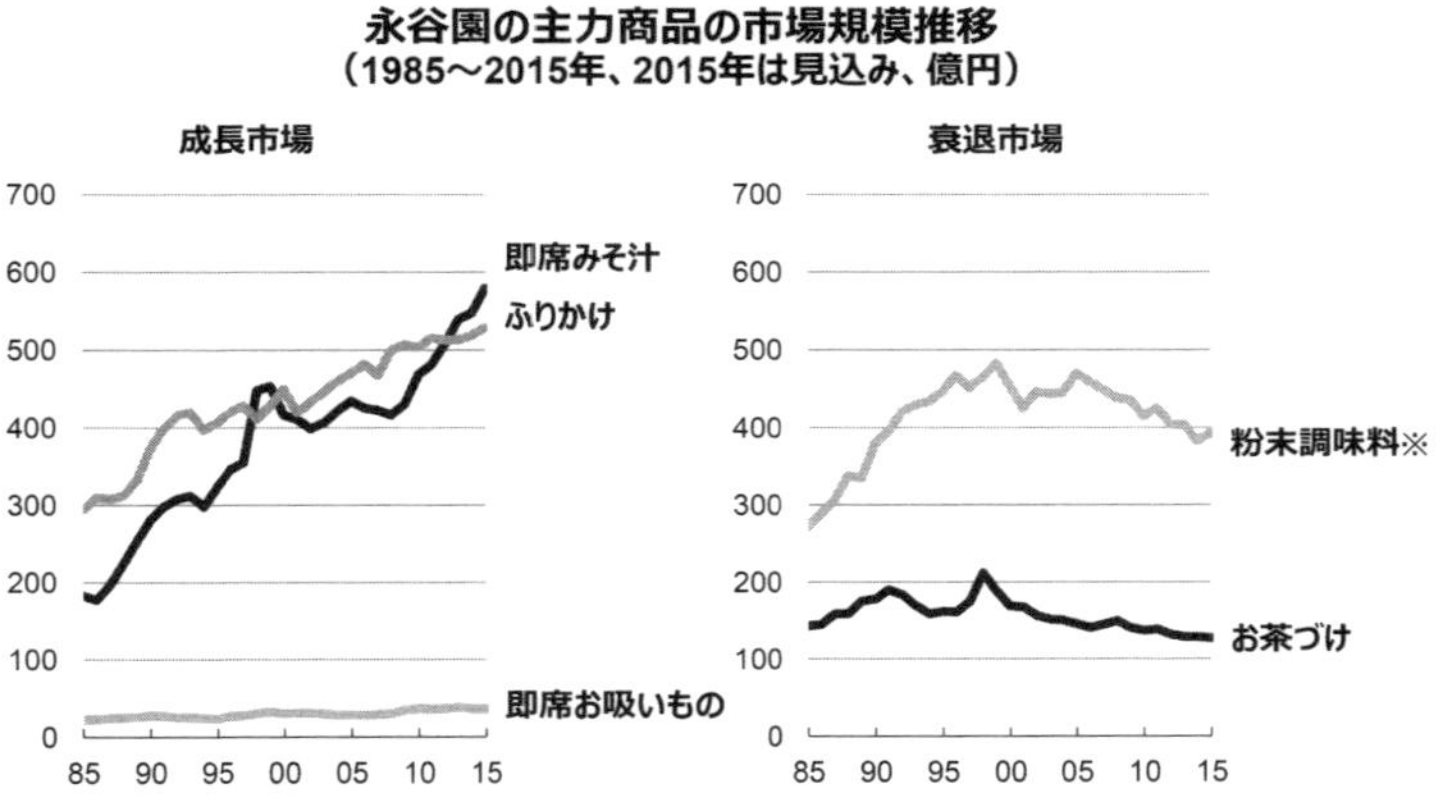

※ 粉末調味料＝ちらし寿司の素、チャーハンの素などを含む

資料: 日刊経済通信社「酒類食品統計年報 各年版」よりBBT大学総研作成

の買収および２０１３年度の麦の穂ホールディングスの買収などにより一時的に売上高が増大したものの、それ以外の売上高に大きな変化はありません。特需や買収の要因を除くとほぼ横ばいの状態です。売上高が概ね横ばいの一方、利益は乱高下が見られます（図－9）。

営業利益は、１９９９年度までのポケットモンスター特需により40億円超まで伸びたものの、翌２０００年度にはその反動で４分の１に急落しました。その後は徐々に回復し、11年度には再び40億円を超えましたが、14年度になると円安や原材料費の高騰により30億円を下回っています。

これにはいくつかの複合的な要因が絡んできます。即席みそ汁やふりかけでは市場が成長している一方で強力な競合が存在しているため、シェア獲得のために価格競争を余儀なくされ、これが利益を圧迫する要因の１つとなっています。

また、お茶づけや即席お吸いものなど、独占的シェアを持つ商品では価格競争は避けられますが、これらの市場は成長が鈍化・衰退しており、さらに定番のロングセラー商品であるがゆえに大幅な値上げもできないため、原材料費の変動によって利益が上下します。原材料費は為替の影響を受け、円高時には調達コストが下がり利益が膨らみますが、円安時には調達コストが上がり利益を圧迫します。このように、商品ごとに市場環境や競合状況が異なり、収益構造も異なっています。

図ー8　90年代以降は画期的な新商品がなく、特需や買収要因を除けばほぼ横ばい

永谷園ホールディングスの事業別売上高推移
（年度、億円）

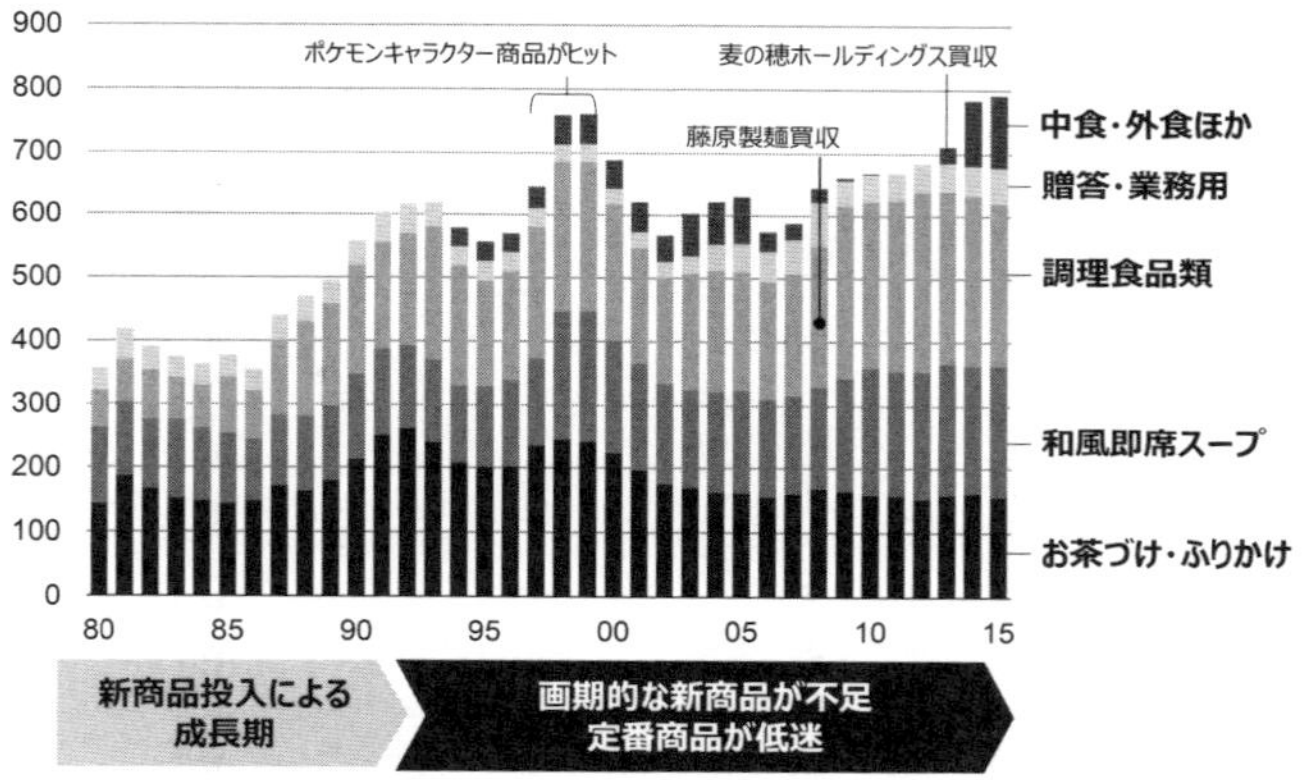

資料: 永谷園ホールディングス「有価証券報告書」よりBBT大学総研作成

図ー9　長らく定番商品頼みのため、消費動向や原材料費高騰の影響を強く受け利益が乱高下

永谷園ホールディングスの営業利益、純利益
（年度、億円）

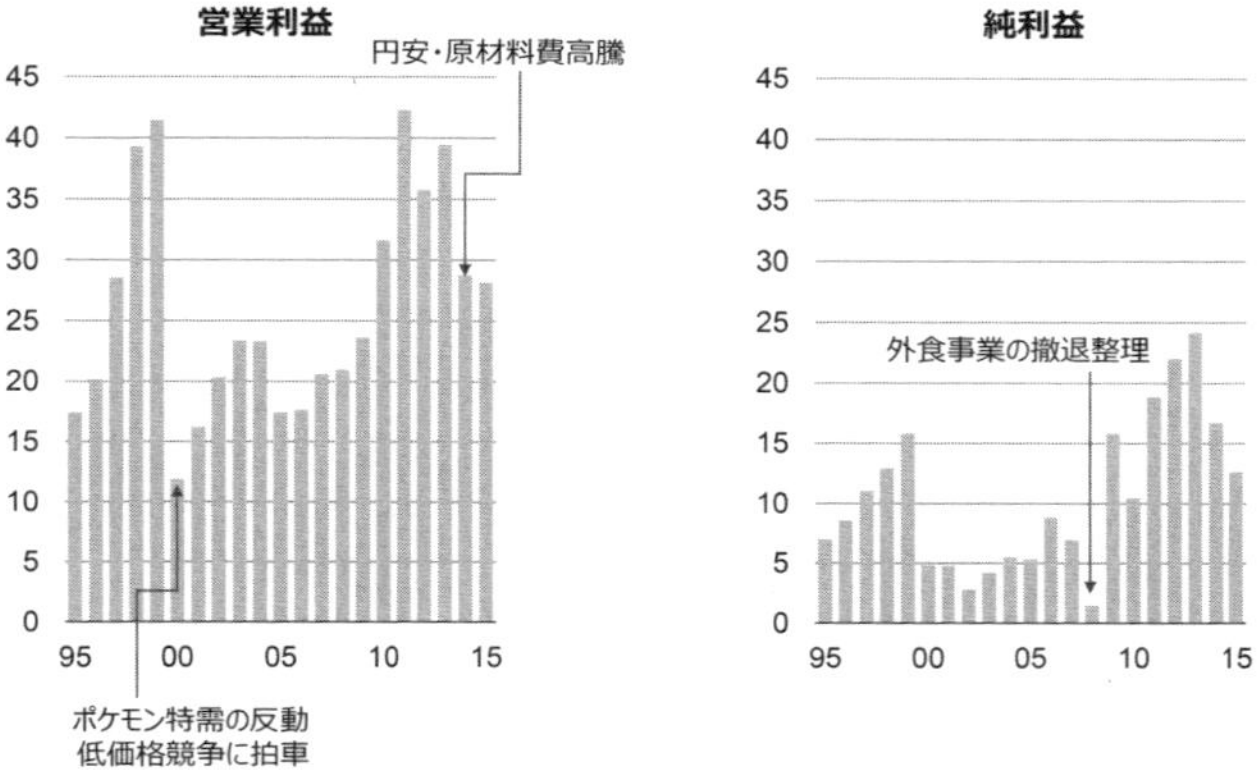

資料: 永谷園ホールディングス「有価証券報告書」よりBBT大学総研作成

商品の市場成長性に合わせた戦略を

課題はシェア拡大と新しい用途・レシピの開発

ここで永谷園の現状と課題を整理しましょう。これまでに見てきたように、同社の主力商品は和風即席食品や和風調味料ですが、状況は商品ごとに異なっています。永谷園の主力商品をＰＰＭ（Product Portfolio Management）分析によって整理してみましょう（図－10）。

市場の成長性が高くシェアの高い〝花形〟にあたる商品は「即席みそ汁」です。当面は永谷園の稼ぎ頭として収益を牽引していくことが期待できます。ただしトップでも2位のマルコメと拮抗しているため、価格競争を強いられ、販促費用も増加します。収益性を安定させるにはシェア拡大が課題となります。

次に、市場の成長性は高いがシェアの低い〝問題児〟にあたる商品は「ふりかけ」です。ふりかけ市場では丸美屋が圧倒的なトップで、永谷園を含む2位から4位が拮抗している状態です。ここでもシェア拡大が課題となりますが、3位からトップを狙うにはかなりの開発費用、販促費用が必要となります。

そして、市場の成長性は低いがシェアの高い〝金のなる木〟にあたる商品群を見てみますと、「お茶づけ」「即席お吸いもの」「チャーハンの素」「ちらし寿司の素」などです。これらの商品群は当面の間、安定的

図－10　「ふりかけ」「即席みそ汁」はシェア拡大が課題、「お茶づけ」などは新たな用途やレシピの開発が課題

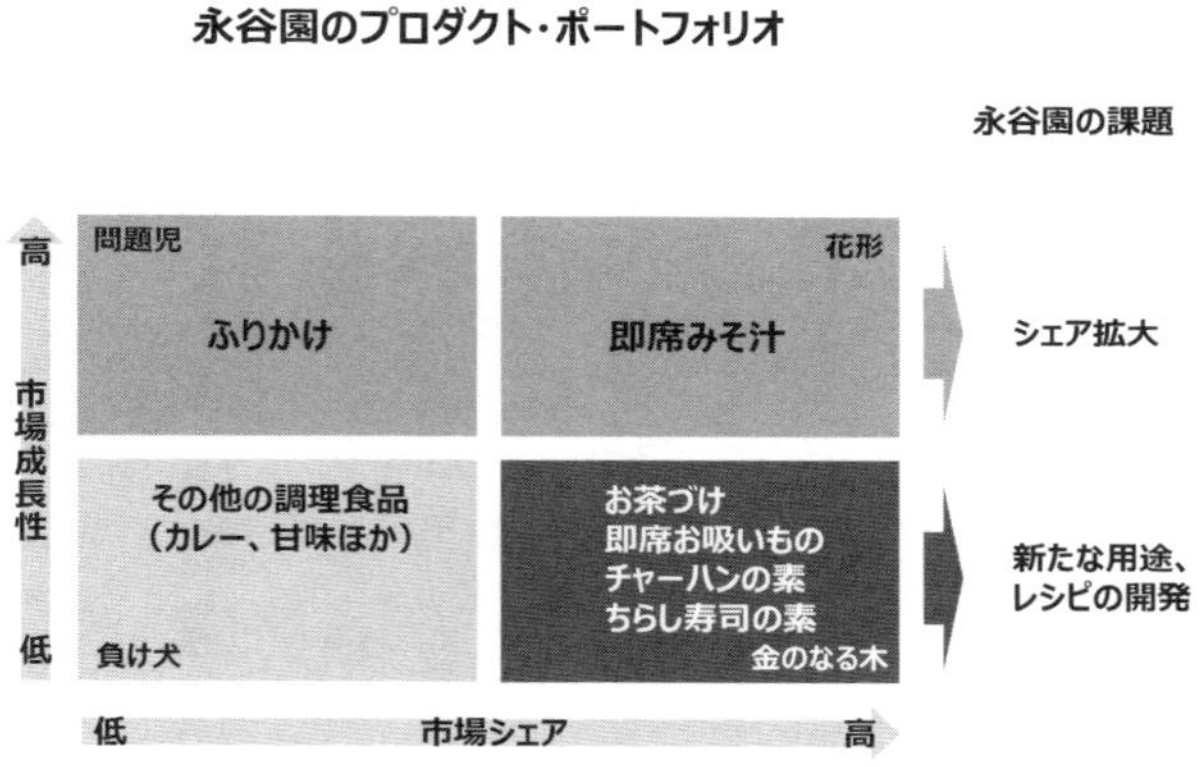

資料: BBT大学総研作成

図－11　成長性の高い即席みそ汁とふりかけに販促を集中、レシピサイトを通じ世界中からレシピのアイデアを募集する

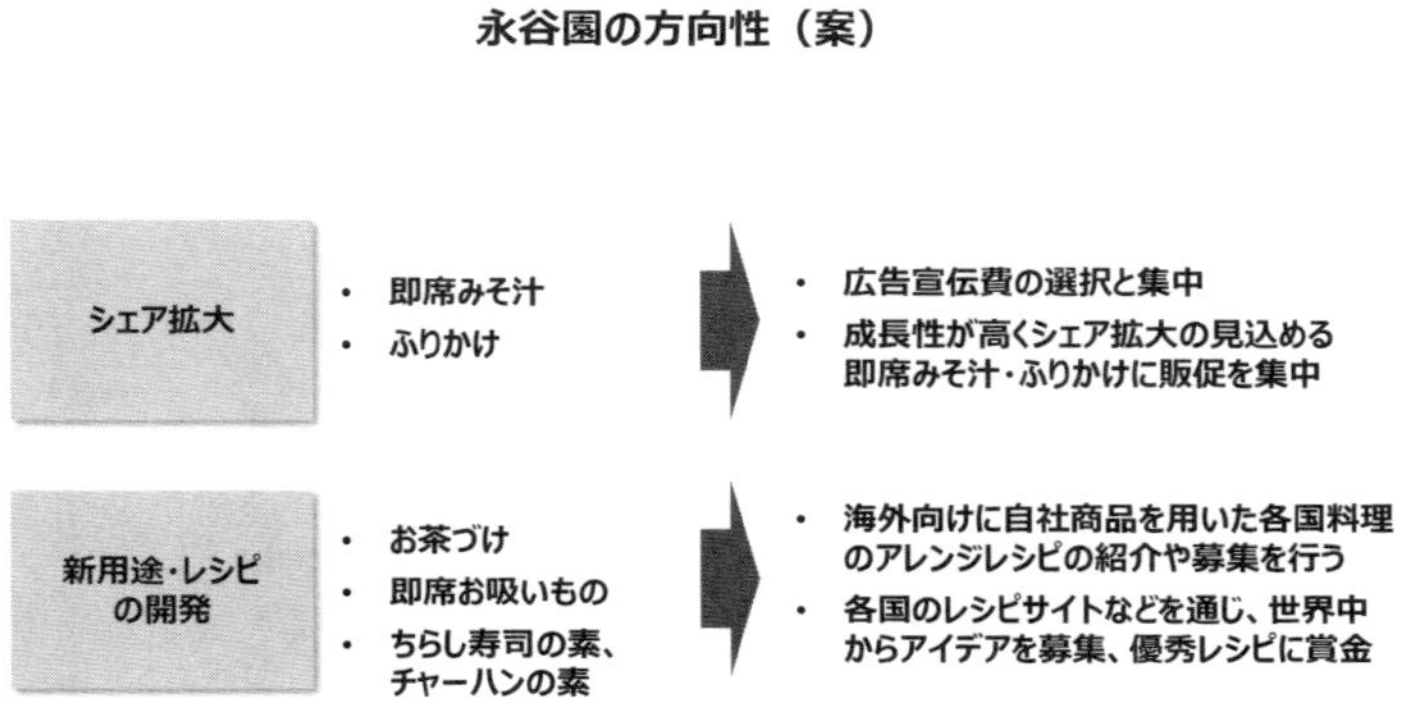

資料: BBT大学総研作成

な収益をもたらしますが、長期的には衰退していく事業です。しかし、お茶づけや即席お吸いものを粉末調味料として使用するなど、従来とは異なる新たな用途を開拓できれば成長の可能性があります。したがって、新たな用途開拓やレシピの提案が課題となるでしょう。

最後に、市場の成長が低くシェアも低い〝負け犬〟にあたる商品群ですが、撤退を検討するべきです。

マーケティングと広告宣伝でシェア拡大を目指す

まず、市場成長性の高いふりかけと即席みそ汁については、販促や広告宣伝に力を入れてシェア拡大を狙います。永谷園はかなりの広告宣伝費を使ってはいるのですが、多くの商品について満遍なくテレビCMが制作されています。しかし、お茶づけや即席お吸いものなどは〝金のなる木〟とはいっても、市場成長性が低いうえ、すでに独占状態のものもあり、これ以上のシェア拡大は期待できません。したがってお金をかけるべき分野に集中して広告宣伝費を投入するべきです。ここではふりかけや即席みそ汁など市場成長性が高くシェアの拡大が見込める商品に広告宣伝費を集中して、シェア拡大を目指します。

クラウドソーシングで外部からのアイデアを募る

次に市場成長性の低いお茶づけ、即席お吸いもの、ちらし寿司・チャーハンの素はシェア拡大は難しいので、新しい用途やレシピの開発が必要です。永谷園もすでに取り組んでおり、2007年頃には「松茸の味お吸いもの」のパッケージの裏にアレンジレシピを掲載しています。現在は自社のホームページ上で商品別に500以上のアレンジレシピが参照でき、消費者もレシピを投稿できるようになっています。

しかし、これらの取り組みにもかかわらず、お茶づけや即席お吸いものの売上は低迷しており、新たな需要の喚起に結びついていません。この取り組みは日本国内だけでなく、海外に向けても積極的に発信していくべきでしょう。和風即席食品メーカーは国内ではニーズが飽和しても、海外にはブルーオーシャンが広がっています。海外にはそもそもお茶づけやお吸いもの、みそ汁といった和風即席食品市場はほとんど存在しないため、海外にこれらの商品を定着させることができれば大きな成長が見込めます。

海外市場の攻略に、このアレンジレシピの取り組みを応用するべきです。初めから、お茶づけや即席お吸いものなどをだしの素や調味料として使った現地料理のアレンジレシピを提案していきます。さらに、世界中の人たちから永谷園の商品を使ったレシピを募集するのです。優秀なレシピには賞金を出すのもよいでしょう。メディアとしてはYouTubeでもよいですし、世界中にあるクックパッドのようなレシピサイトを活用するのもよいと思われます。これらに公式アカウントを開設し、自社商品を使った各国料理のアレンジレシピの紹介や募集を行い、海外市場の開拓を進めていくのです。

国内では、市場の成長性が見込める「即席みそ汁」「ふりかけ」に広告宣伝費を集中させ、シェア拡大を目指す。市場の成長性が低く国内独占状態の「お茶づけ」「即席お吸いもの」などの商品は、各国料理のアレンジレシピの提案や募集により海外展開を図る。これが永谷園がとるべき道だと考えます（図－11）。

まとめ

☑ 国内では、市場の成長性が見込める「即席みそ汁」「ふりかけ」に広告宣伝費を集中させ、シェア拡大を目指す。

☑ 市場の成長性が低く、国内独占状態の「お茶づけ」「即席お吸いもの」などの商品は、新たな用途を海外に求め、各国料理のアレンジレシピの提案や募集により、海外展開を図る。

大前の総括

プロダクトポートフォリオ分析。商品の市場成長性にあわせて投資投下を検討せよ

市場成長性が高くシェア拡大が見込める分野には、広告宣伝費の集中投下で販促をかける。成長性は低いが高いシェアを持つ商品については、新たな需要掘り起こしを考える。まずは成長性とシェアの2つの軸で自社商品を分析せよ。

CaseStudy

20

ヤマサ醤油

「最大手の躍進」に死角はないか

あなたが**ヤマサ醤油**の社長ならば、
醤油の国内消費が減少するなか、
どのような成長戦略をとるか?

※2016年11月に実施したケーススタディを基に編集・収録

正式名	ヤマサ醤油株式会社
設立年	1928年（創業1645年）
代表者	代表取締役社長　濱口 道雄
本社所在地	千葉県銚子市
業種	食料品製造業
事業内容	醤油の製造・販売、各種調味料の製造・販売、医薬品類の製造・販売等
資本金	1億円
売上高	535億円（2015年12月期）

キッコーマンが支配する醤油の国内市場

創業370年超の老舗メーカー

千葉県銚子市を拠点とするヤマサ醤油（以下、ヤマサ）は、創業370年を超える老舗の醤油メーカーです。近代以降、醤油醸造を科学的に解明するために研究を積み重ねた結果、酵母のリボ核酸（遺伝情報の伝達やタンパク質合成に関与する物質、RNA）を分解して、イノシン酸（鰹節などのうま味成分）やグアニル酸（椎茸などのうま味成分）を作り出すことに成功します。これにより、うま味調味料の工業的生産を手がけるようになります。さらに、こうした技術は核酸関連化合物を作り出す技術として発展し、医薬品原薬や診断薬の分野へと事業を拡大してきました。これらはみな醤油醸造における微生物の研究から発展した事業です。これらの経緯を踏まえ、ヤマサの事業別売上高を見ると、半分近くをうま味調味料などの各種調味料が占めており、醤油の割合は41%、医薬品原薬や中間体、診断薬などが13%となっています（図－1）。

経営は非常に堅実です。1980年以降の業績推移を見ますと、売上高は緩やかながらも長期的に増加傾向にあります。純利益の推移を見ても、2011年の東日本大震災の翌年に赤字となりましたが、長期にわたって黒字を続けています（図－2）。後述するように、国内醤油市場はこの間に大きく縮小していま

図−1　各種調味料46%、醤油41%、医薬品など13%

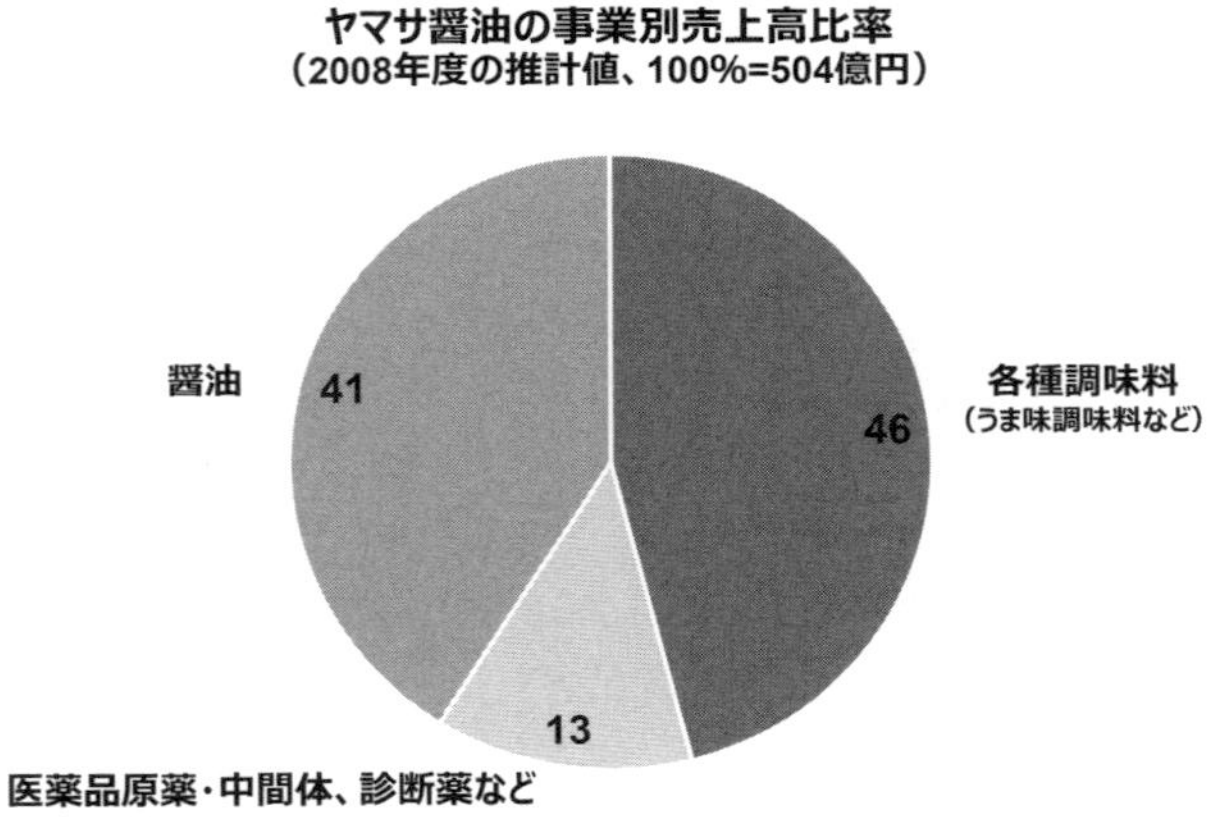

資料: 東京商工リサーチ「東商信用録」各年版よりBBT大学総研作成

図−2　長期的に増収傾向、震災時を除けば黒字を持続

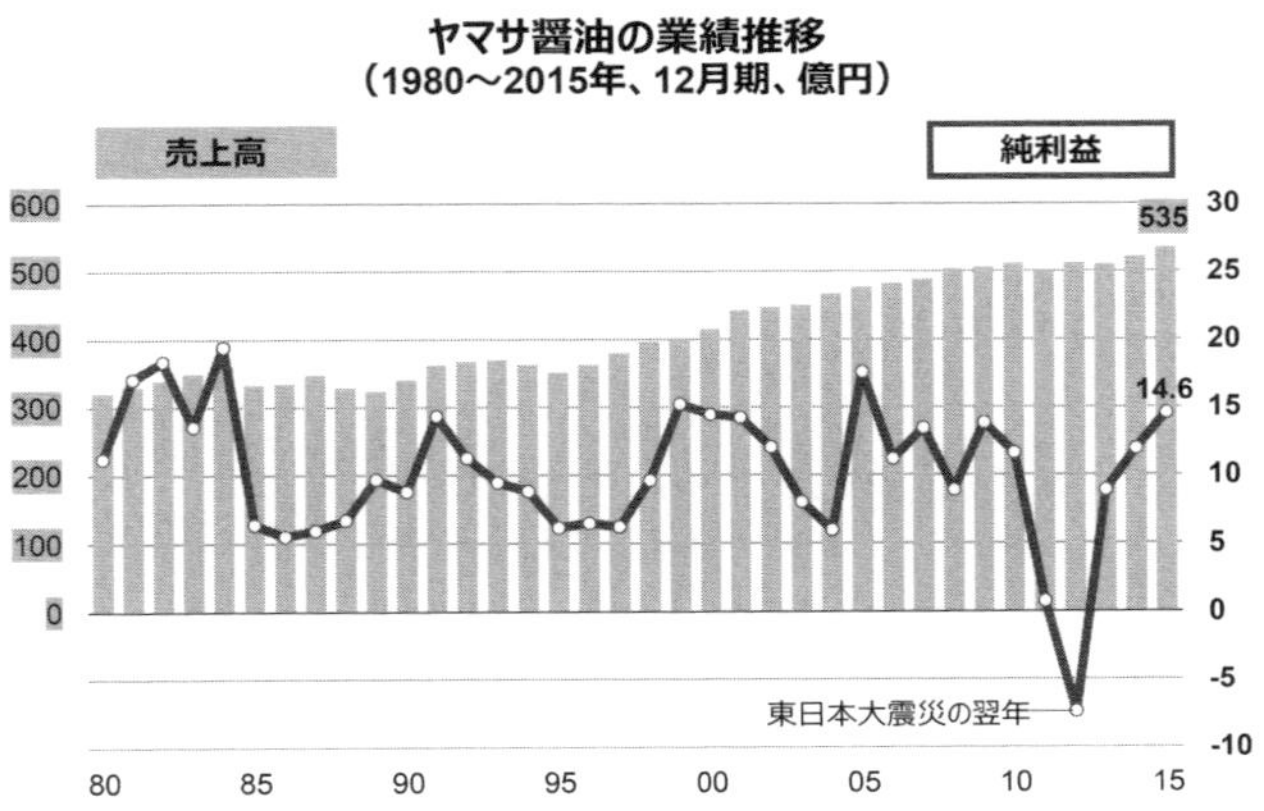

資料: 東京商工リサーチ「東商信用録」各年版よりBBT大学総研作成

す。このような状況で増収と黒字を持続しているのは、ブランド力に基づくシェアの拡大と、本業の技術力を活かした多角化がうまく機能している結果だといえます。

国内醤油市場はキッコーマンの一強状態

次に国内市場の状況を見ていきましょう。

醤油出荷量上位10社のシェアを見ると、トップはキッコーマンの27・5％、2位がヤマサで11・5％のシェアを占めます。以下、正田醤油、ヒゲタ醤油、ヒガシマル醤油と続きます（図－3）。

これら醤油出荷量上位10社の売上高を比べると、キッコーマンの一強状態が鮮明になります。ここでもヤマサは2位ですが、キッコーマンの４０８４億円に比べヤマサは５３５億円と8分の1ほどしかありません（図－4）。

上位5社で5割超の寡占、各地域でニッチ市場も

国内醤油メーカーは減少の一途をたどっており、１９５５年には約６０００社ありましたが、１９８０年には２９２7社と半減、以降も数は減り続けました。それでも現在、国内に約１３００社の醤油メーカーがひしめいています。

しかし、市場の寡占度は高く、国内出荷量の54％をキッコーマン、ヤマサ、正田、ヒゲタ、ヒガシマル

図―3　醤油出荷量でキッコーマンに次ぐ国内2位

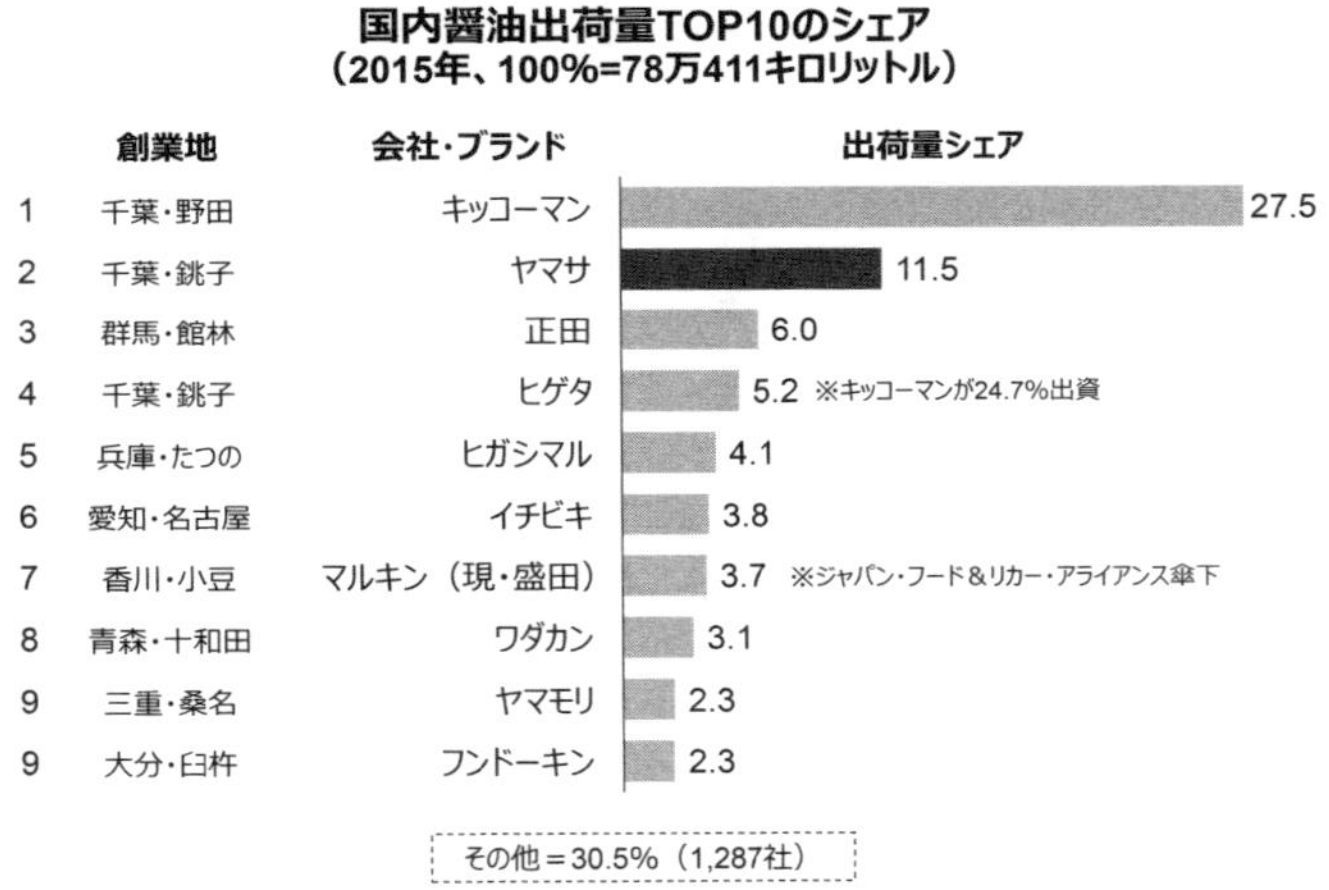

資料: 日刊経済通信社「酒類食品統計月報2017年1月号」よりBBT大学総研作成

図―4　売上高ベースではキッコーマンの一強状態

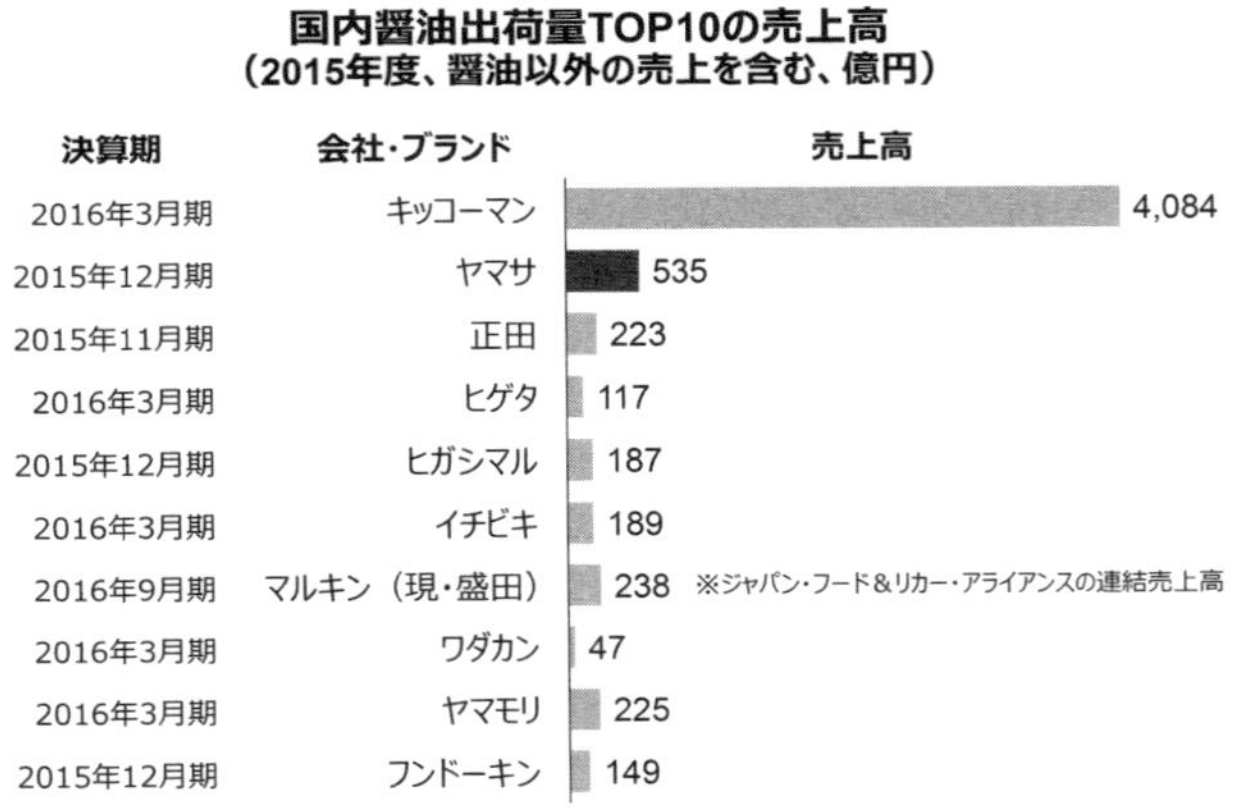

資料: 各社決算資料、東京商工リサーチよりBBT大学総研作成

の上位5社が占めています（図－5）。さらに6～10位のイチビキ、マルキン、ワダカン、ヤマモリ、フンドーキンまでを合わせた上位10社で全体の約70％を占めており、残りの約30％を1287社の小規模メーカーが分け合っているという状況です。

このように多くの小規模メーカーが存在する理由としては、地域ごとの食文化の違いにより醤油の嗜好も細分化されており、各地の食文化に合わせて地場の小規模メーカーがニッチな市場を形成しているためです。例えば「東日本はこいくち、西日本はうすくち」というような地域による嗜好性の違いや、郷土料理などとの関係性から多様な需要があるのです。図－6に示すように、よく消費される地域もバラバラで、全国で分散的に市場が形成されています。

ピークは1970～1990年代、現在は縮小傾向が続く

醤油市場全体の推移を見ると、1990年代以降は縮小傾向が続いています。図－7に示す通り、1945年に40万キロリットルほどだった出荷量は戦後順調に伸び、73年には130万キロリットルほどに達しました。しかし1990年代から減少傾向に転じ、2015年には79万キロリットルとピーク時の6割ほどになっています。

醤油の消費量が減少した原因は主に3つ挙げられます（図－8）。1つ目は「食習慣の変化」であり、和食から洋食、ごはんからパン、内食から中食へと食習慣が多様化することにより、食卓で醤油を使う場面

図―5　上位5社で54%、上位10社で70%を占め、その他30%に1,287社がひしめく

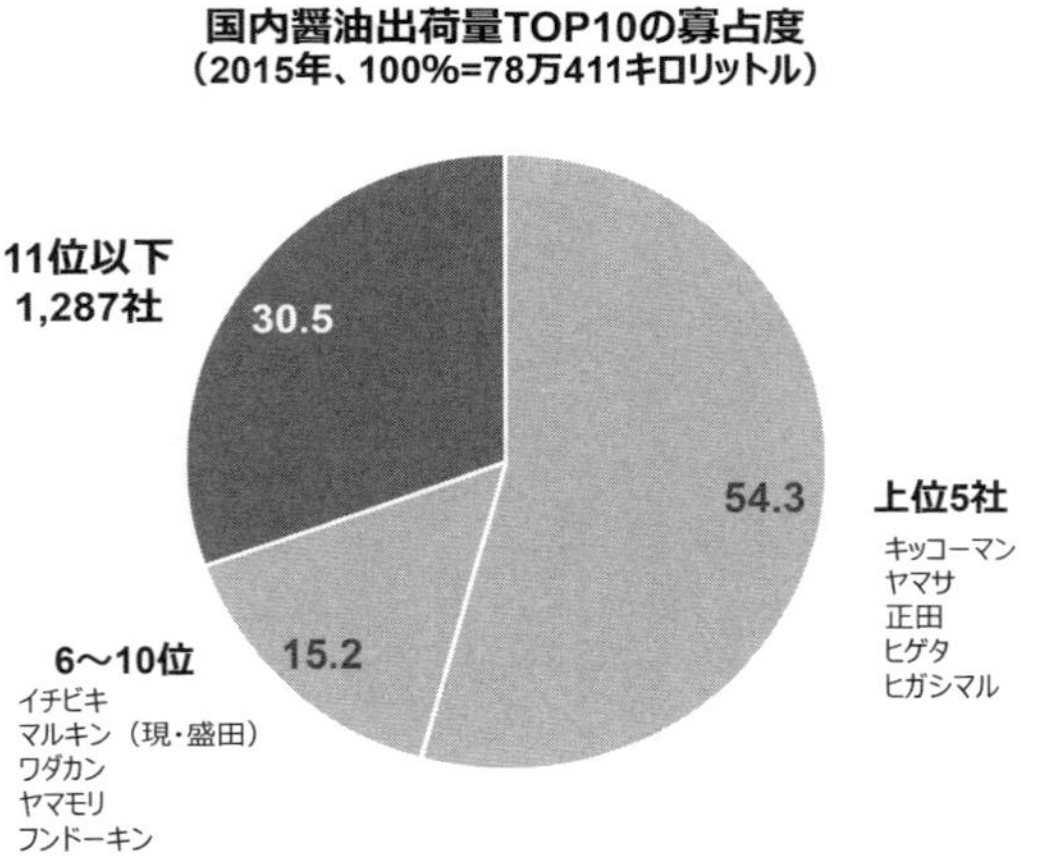

資料：日刊経済通信社「酒類食品統計月報2017年1月号」、
しょうゆ情報センター「醤油の統計資料」よりBBT大学総研作成

図―6　地域による嗜好性の違いや郷土料理との関係性により各地域でニッチ市場を形成

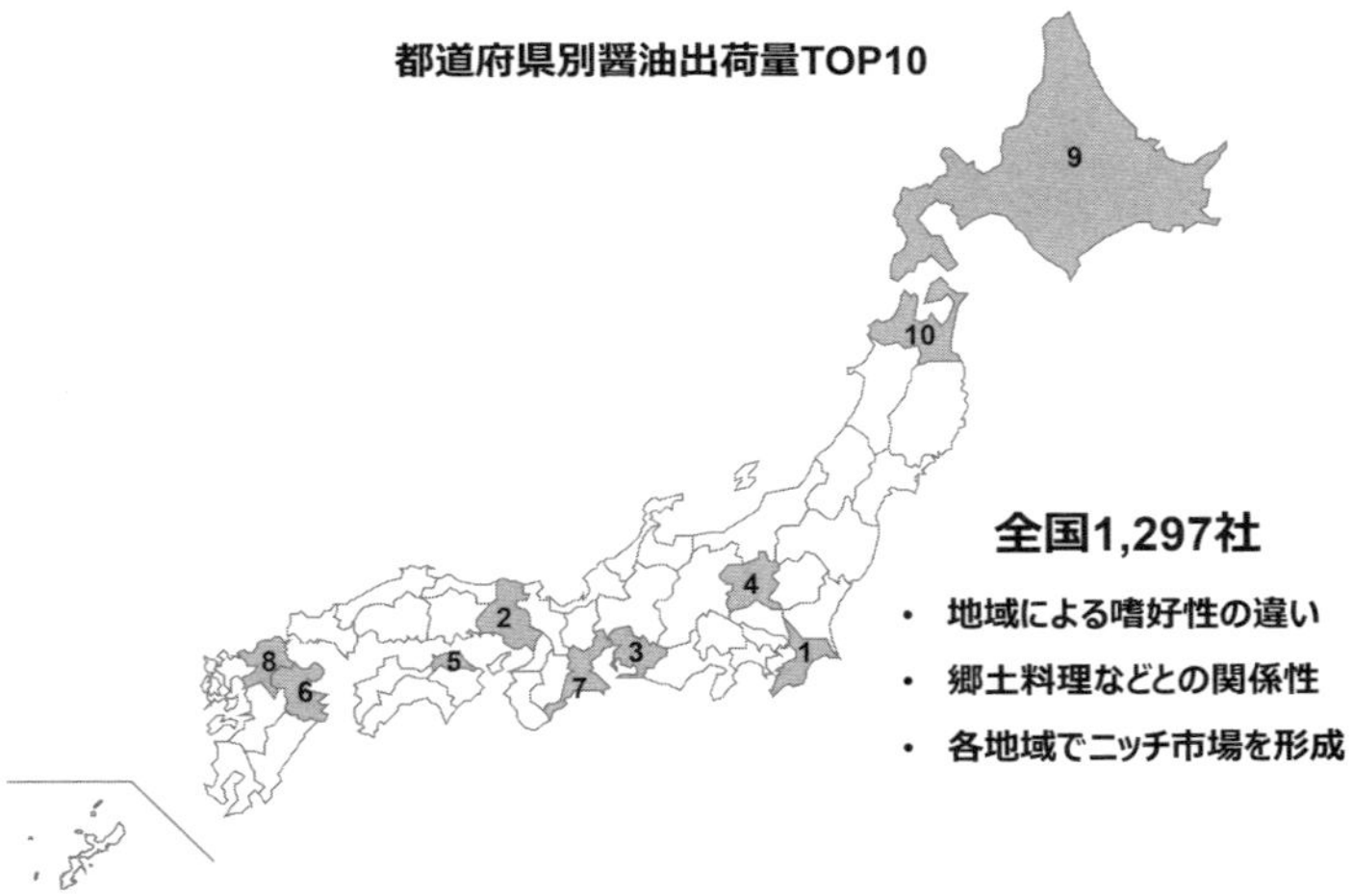

資料：しょうゆ情報センター「醤油の統計資料」よりBBT大学総研作成

が減少しています。2つ目は「世帯構造の変化」で、少子高齢化の進展により単身世帯が増加し、ファミリー世帯の減少が進んでいます。一人暮らしの場合は外食や中食の方が手軽だからと自分で料理する機会が少なくなりがちで、醤油の小瓶を買えば1年くらい持つという人もいますので、単身世帯が増えるほど醤油を買わなくなります。そして3つ目は「合わせ調味料での代替」であり、即席スープやたれ・ソース類、ドレッシングといったものはそのままかけるだけでよいため、食事の際に醤油を使う機会が少なくなるのです。これら3つの要因が重なり、醤油の消費量が減少しています。

一人あたり醤油消費量推移を見ると減少傾向はより明確に表れており、すでに1950年代から続いていることが分かります（図－9）。食習慣の多様化により醤油の使用場面が減少し、単身世帯の増加（ファミリー世帯の減少）により家庭で料理をすることが少なくなるにつれ、味付けに使う基礎調味料の使用量が減少する。一方で、食材や出来合いの惣菜にかけるだけですぐに食べられる合わせ調味料の使用量が増加するという構造的な変化が、醤油消費量減少の背景にあります。

主な調味料の市場成長率を1985年と2015年で比較してみると、醤油やみそといった基礎調味料が軒並みマイナスになっているのに対し、合わせ調味料と即席調味料はいずれもプラスとなっています。とくに成長率が高いのはドレッシングで、金額ベースで430％もの伸びを見せています。ほかに和風スープや洋風・中華スープ、めんつゆ、ぽん酢なども人気が高まっているようです（図－10）。

図−7　国内醤油市場は1970〜90年代にピークを迎え、その後は縮小傾向が続く

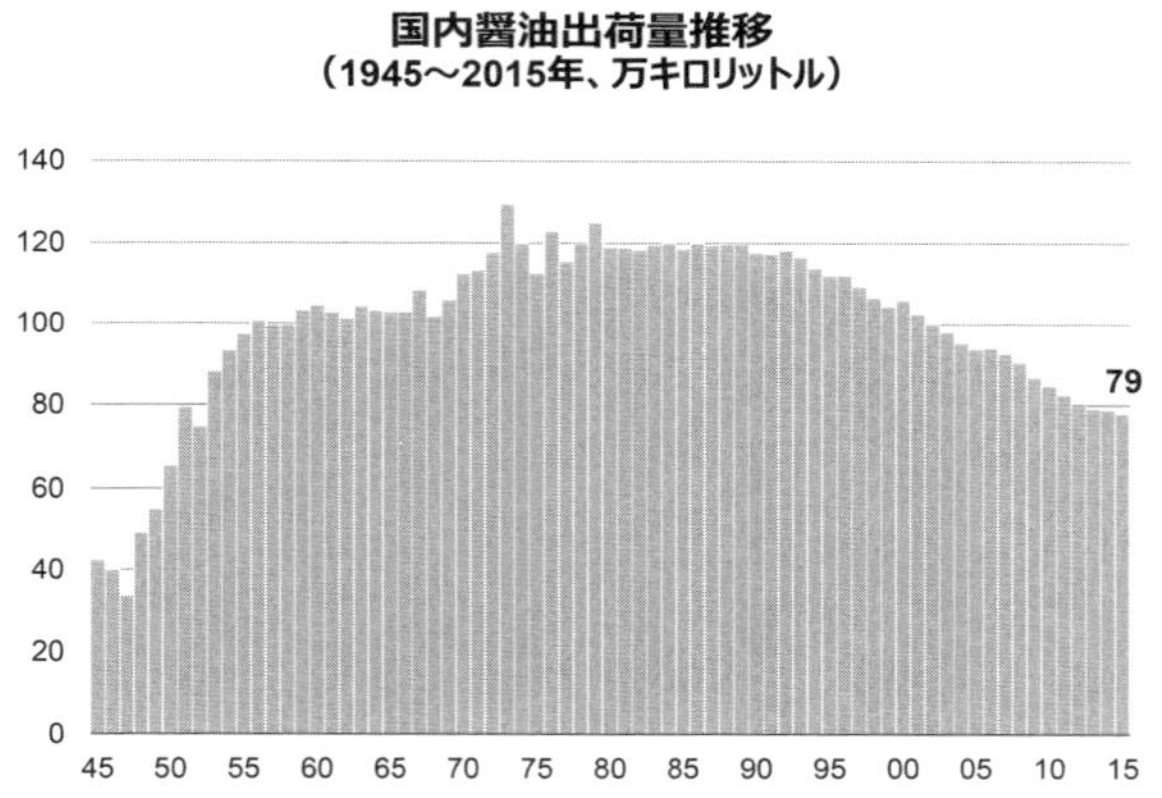

資料: しょうゆ情報センター「醤油の統計資料」よりBBT大学総研作成

図−8　食習慣の変化、世帯構造の変化、合わせ調味料の代替により一人あたり醤油消費量が減少

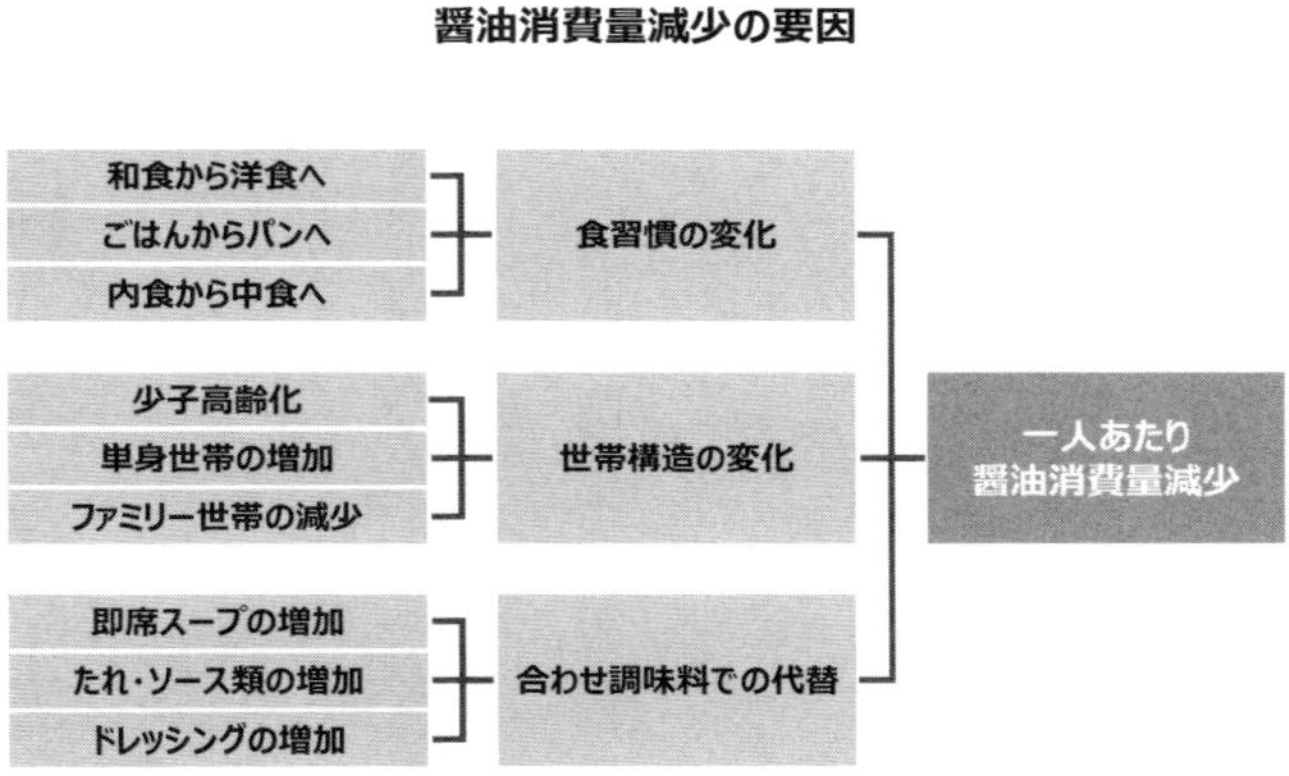

資料: 日刊経済通信社の担当編集者への聞き取り調査よりBBT大学総研作成

海外市場の活発化で大幅な増収が続くキッコーマン

海外の需要は伸びている

国内市場の縮小が続く一方で、海外需要は伸び続けています。海外で醤油生産を行っているのはキッコーマンとヤマサの2社のみですが、その生産量は文字通り右肩上がりで、2014年は22万キロリットル超にものぼりました（図－11）。これは各メーカーの業績にも大きく貢献しており、国内市場が長期減少という状況にあるなか、キッコーマンとヤマサは増収を続けています（図－12）。

キッコーマンの勝因は海外展開

海外生産を行うキッコーマンとヤマサですが、その生産量の9割はキッコーマンが占めているとされ、ヤマサは1割未満のようです。

キッコーマンは近年、大幅な増収が続いていますが、その成長を牽引しているのが海外事業です。地域別売上高推移（図－13）を見ると、キッコーマンの海外事業には醤油のほかアジア地域におけるデルモンテ製品（トマト加工品）、健康食品、そして和食食材の卸事業があります。海外売上は成長を続け、201

図―9　一人あたり醤油消費量は約60年間減少傾向が続いている

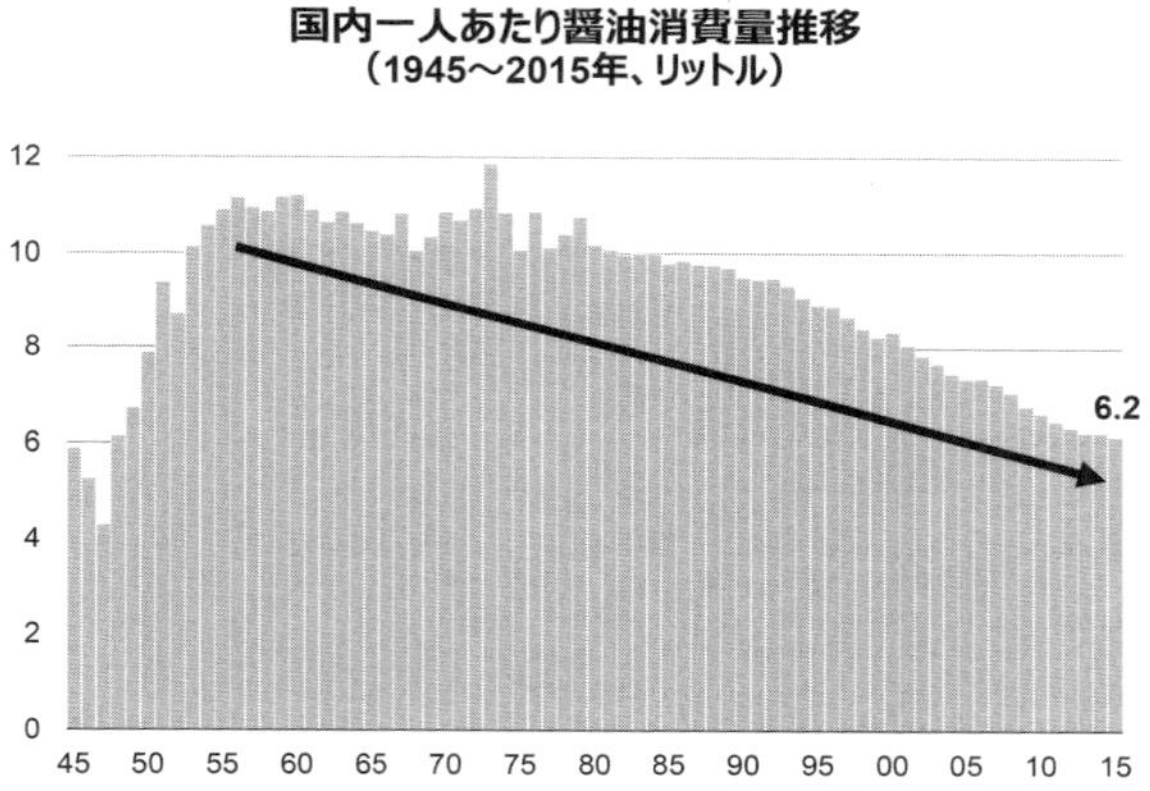

※ 出荷量を人口で単純除算、飲食店・加工食品などから摂取する量を含む

資料: しょうゆ情報センター「醤油の統計資料」、総務省人口推計よりBBT大学総研作成

図―10　調理に使用する基礎調味料が減少、合わせ調味料や即席スープが伸びている

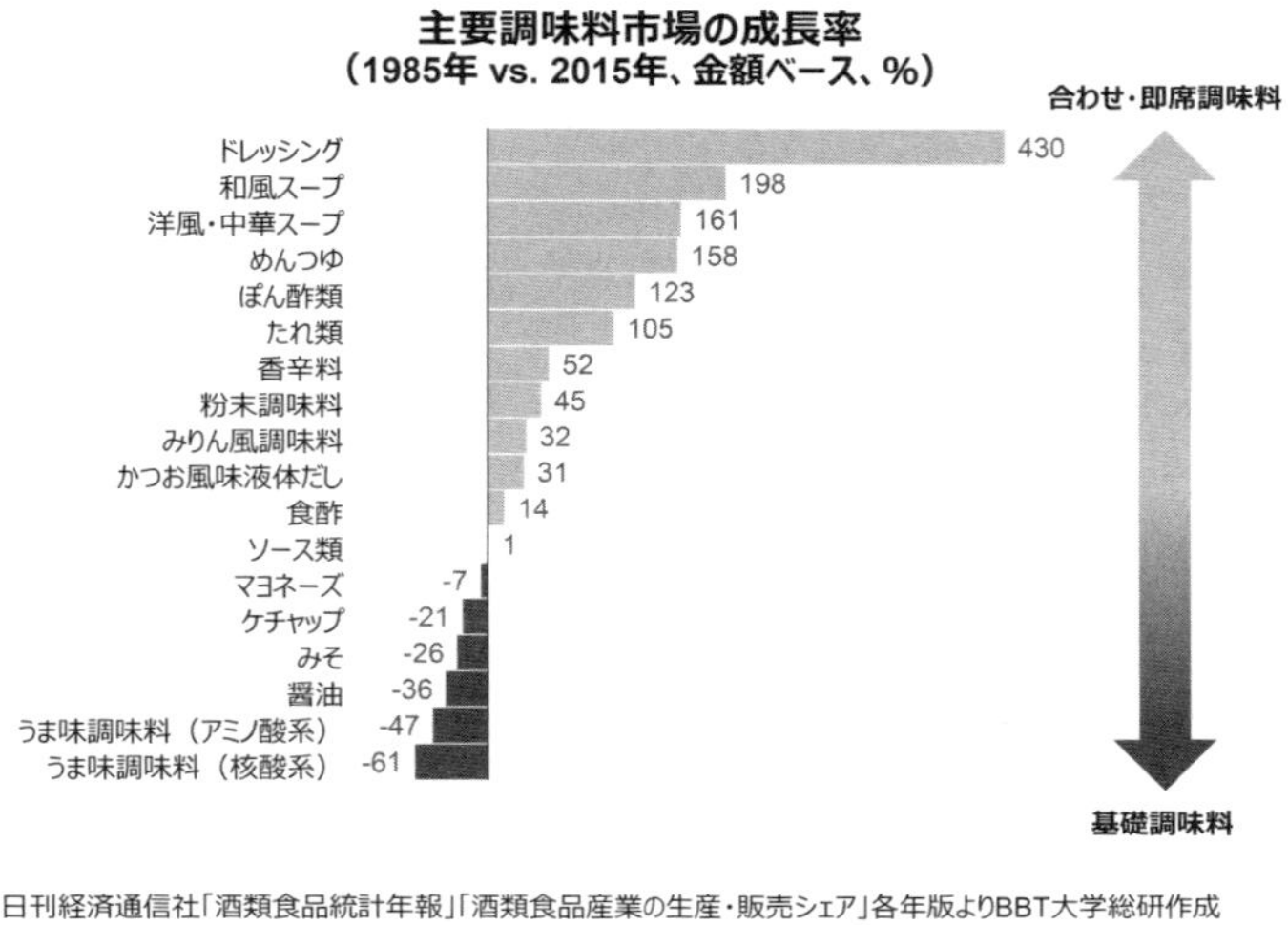

資料: 日刊経済通信社「酒類食品統計年報」「酒類食品産業の生産・販売シェア」各年版よりBBT大学総研作成

3年度には国内売上を上回り、2015年度は海外売上2315億円、国内売上1769億円という状況です。一方、国内売上も醬油市場の衰退を多角化でカバーすることで横ばいから微増と堅持しています。

海外売上比率を伸ばしているのは、キッコーマンだけではありません。ミツカンや味の素などの和系調味料メーカーは、いずれも海外売上比率が50%を上回っています。逆に欧米市場が本場である香辛料やマヨネーズ、トマト加工品などのメーカーは海外展開に苦戦している傾向が見てとれます。

和系調味料各社の海外戦略については数十年にわたる地道な努力の結果ですが、ポイントをあえて簡潔に説明すると、「現地化」「M&A」「隠し味」の3点だといえるでしょう（図－14）。キッコーマンの海外進出は1950年代から始まり、醬油を使った現地料理の開発やアンテナショップとなるレストラン展開により、海外における醬油の用途を開拓し現地化を進めてきました。

ミツカンは1981年に米大手食酢メーカーを買収したのを皮切りに、北米で多くの食酢メーカーの買収を進めています。2002年および2012年には英国の食酢メーカーを買収、2014年には英国・オランダのUnilever（ユニリーバ）社から北米のパスタソース事業を買収するなど、M&Aにより海外事業を強化してきました。

味の素の主力商品であり社名にもなっている「味の素」は、昆布だし等のうま味成分・グルタミン酸（アミノ酸の一種）からできた製品で、世界中のあらゆる料理や食品、調味料の隠し味として加えられる汎用性の高い調味料です。同社は現在27の国・地域に事業拠点を置き、130以上の国で製品を展開しています。

図ー11　国内需要の減少に対し、海外需要は伸び続けている

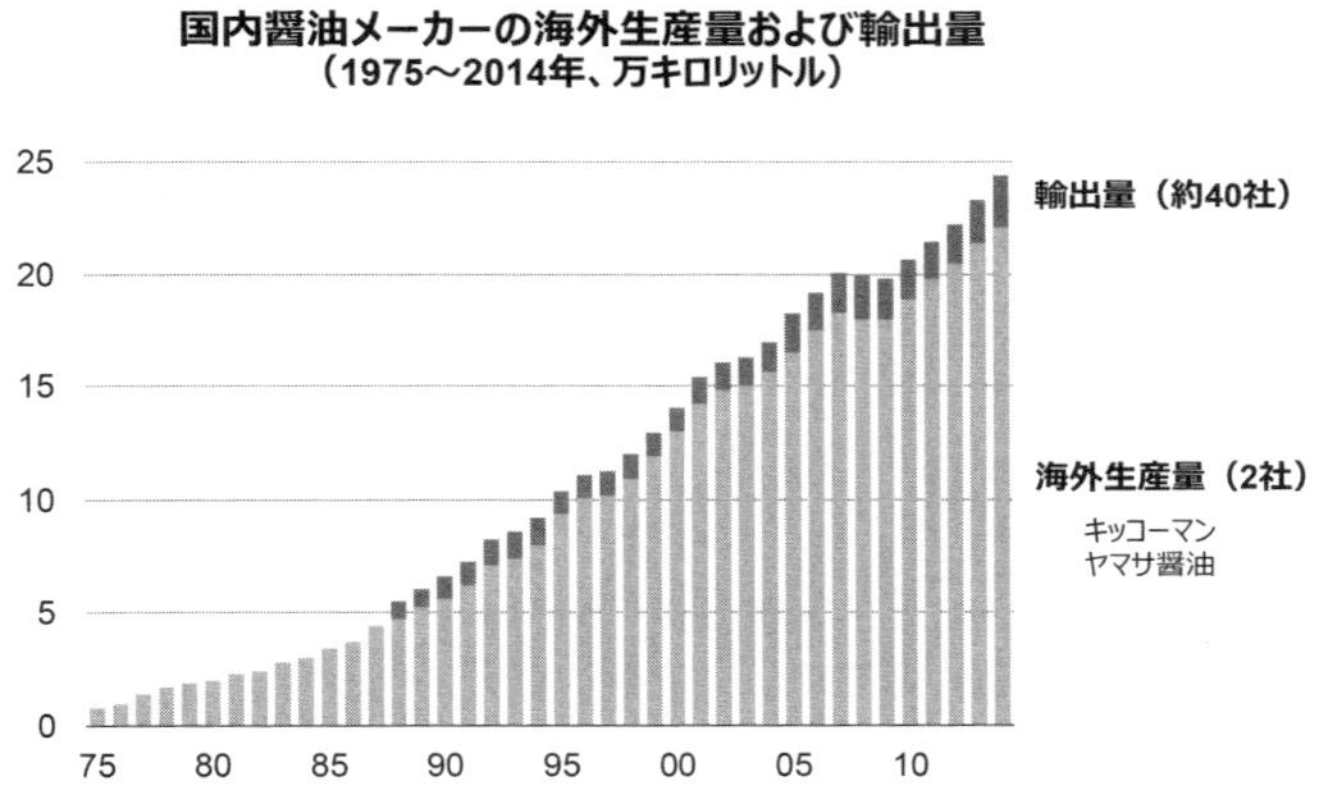

※ 1987年以前の輸出量は不明、海外生産量は日本醤油協会推定

資料: 横浜税関「醤油の輸出」2015年10月22日、日本醤油協会推計、
日刊経済通信社の担当編集者への聞き取り調査よりBBT大学総研作成

図ー12　国内市場が減少するなか、キッコーマンとヤマサのみが増収を続けている

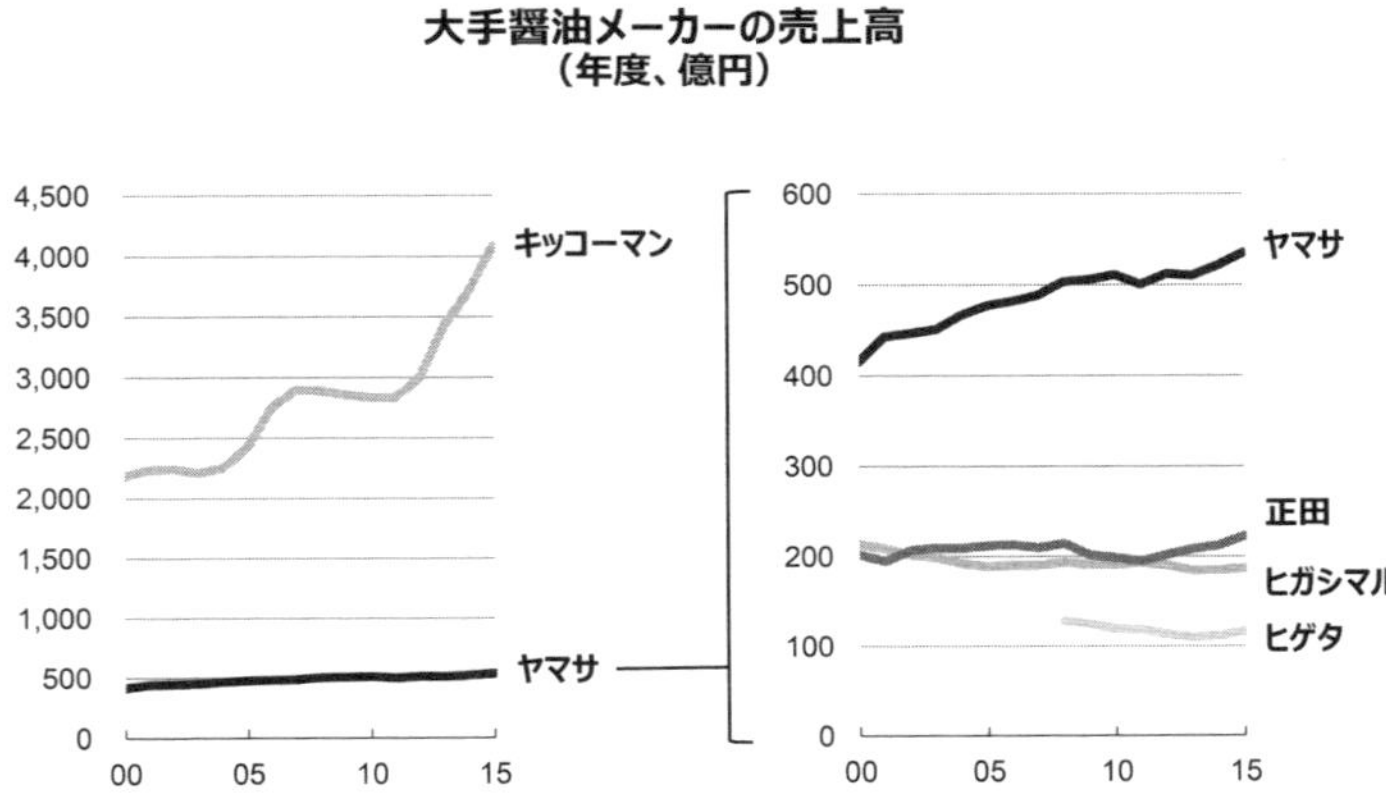

※ キッコーマンの売上高はコカ・コーラ事業を除いて算出（2000〜2008年度）

資料: 各社決算資料、東洋経済新報社「会社四季報」よりBBT大学総研作成

醤油のうま味成分は原料となる大豆や小麦由来のグルタミン酸です。したがって、キッコーマンの現地化戦略とは醤油を「隠し味」として現地料理に融合させていく戦略であったと言えます。

他メーカーとの提携で国内外の市場強化を

課題は国内シェアの拡大と多角化推進、海外展開の強化

ここでヤマサの現状と課題を整理しましょう（図－15）。

醤油の「市場」について見ると、一人あたり消費量の減少に伴い醤油の国内市場は縮小していますが、その一方で海外市場は成長しています。「競合」に関しては、国内醤油メーカーは地域ごとのニッチ市場に約１３００社がひしめき、ヤマサは国内2位に位置しているもののトップのキッコーマンとは大きな差がついています。これは主に多角化と海外展開の度合いの差といえます。

「自社」については、堅実な経営で増収と黒字を保っており、醸造技術の研究から派生した各種調味料への多角化や海外展開も行っているという状況です。こうしたなかでさらなる成長を目指すには、「国内シェアの拡大」「国内における多角化の推進」、そして「海外展開の強化」が課題となります。

図—13　キッコーマンは国内における多角化と海外展開で増収を続けている

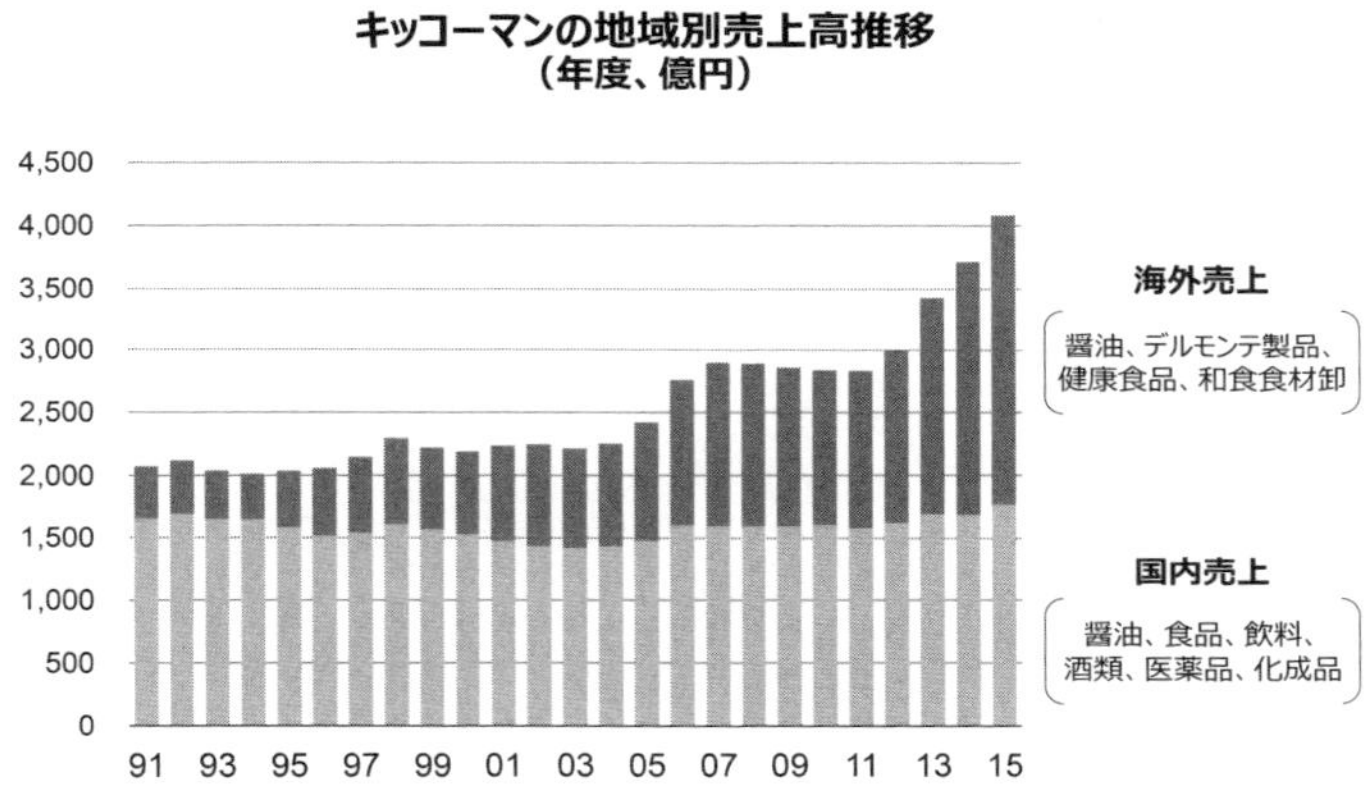

※ 国内売上はコカ・コーラ事業を除いて算出（2000～2008年度）
※ 2000年度以前は12月期、2001年度以降は3月期

資料: キッコーマン「株主・投資家情報」よりBBT大学総研作成

図—14　和系調味料の海外展開のポイントは「現地化」「M&A」「隠し味」

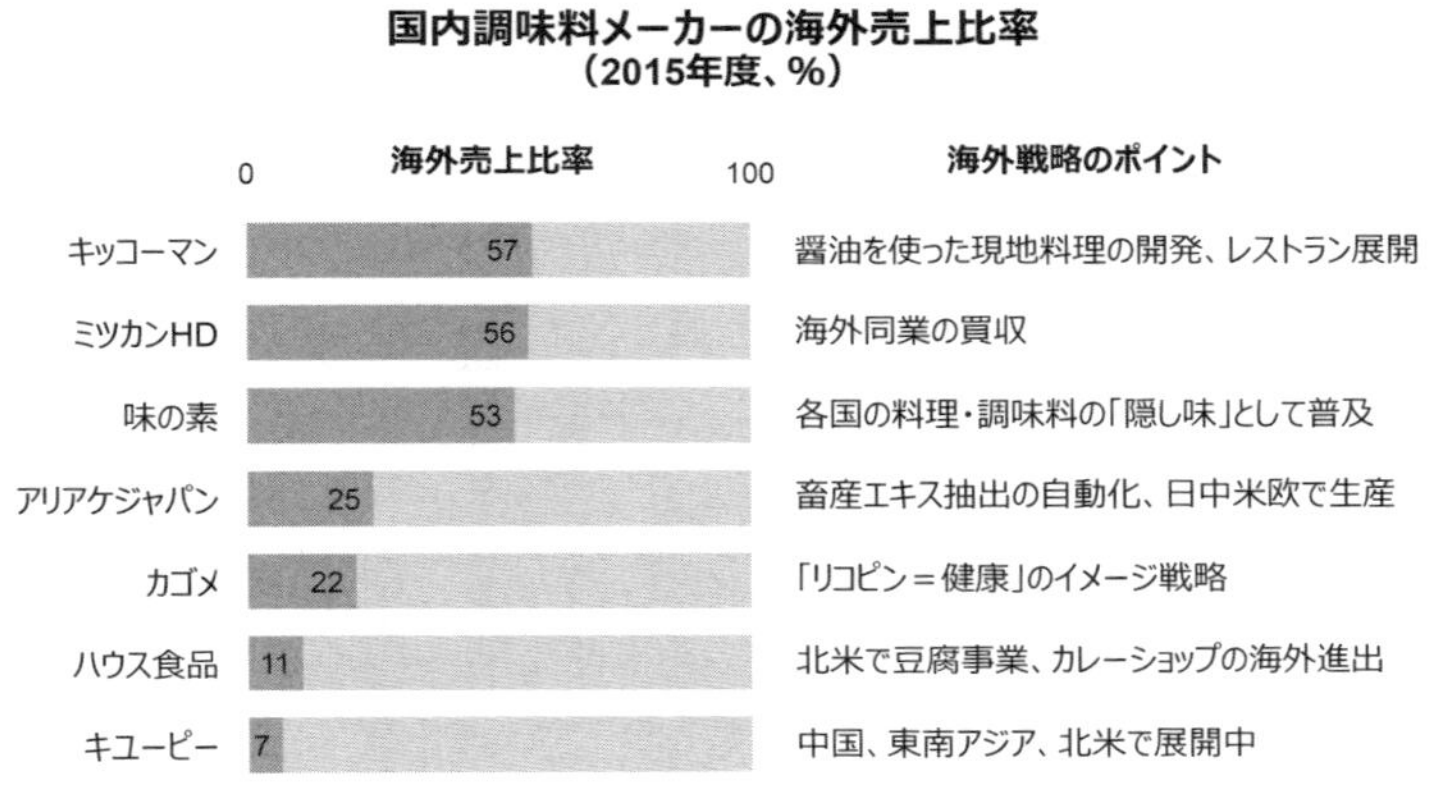

資料: 各社決算資料よりBBT大学総研作成

〝醤油メーカーの連合化〟でキッコーマンに対抗せよ

それぞれの課題に対する戦略を1つずつ見ていきましょう（図－16）。まず国内市場についてです。ここでの課題は「シェア拡大」と「多角化」ですが、シェア拡大を考える場合の壁となるのは、食文化の違いから生じる醤油の地域性の問題です。先述のように醤油は各地域で地元メーカーがニッチ市場を形成しており、地域性を超えたシェアの拡大に困難を生じます。しかし、これら地方の醤油メーカーには小規模零細事業者が多く、財務基盤が脆弱です。そこで、ヤマサが主導する形で各地の代表的な醤油メーカーを持株会社のもとに連合化することを考えます。この連合化により、原料の共同購買による原価の削減や、間接部門の集約化による販売管理費の削減、各社の財務体質の強化、および地域性への対応がクリアできます。さらには、共同で海外展開を行うことも可能でしょう。共同購買グループ形成の参考になるのは流通業界です。例えば、イオングループの前身はジャスコですが、ジャスコの起源はローカルなスーパーマーケットチェーンであった岡田屋、フタギ、シロの共同出資により設立された共同購買会社でした。小規模なローカル企業が手を組むことで、規模の経済性による経営の効率化を図るという事例の1つです。

「多角化」は各種調味料の1位、2位のメーカーとのM＆Aを検討します。国内には、特定の分野で高いシェアを持ちながらも事業規模の小さい調味料メーカーがあります。エバラ食品工業や永谷園、ケンコーマヨネーズ、ブルドックソースなどは各調味料分野の1位や2位のシェアを持ちますが、事業規模はヤマ

図－15　国内シェア拡大、多角化、および海外展開の強化が課題

ヤマサの現状と課題

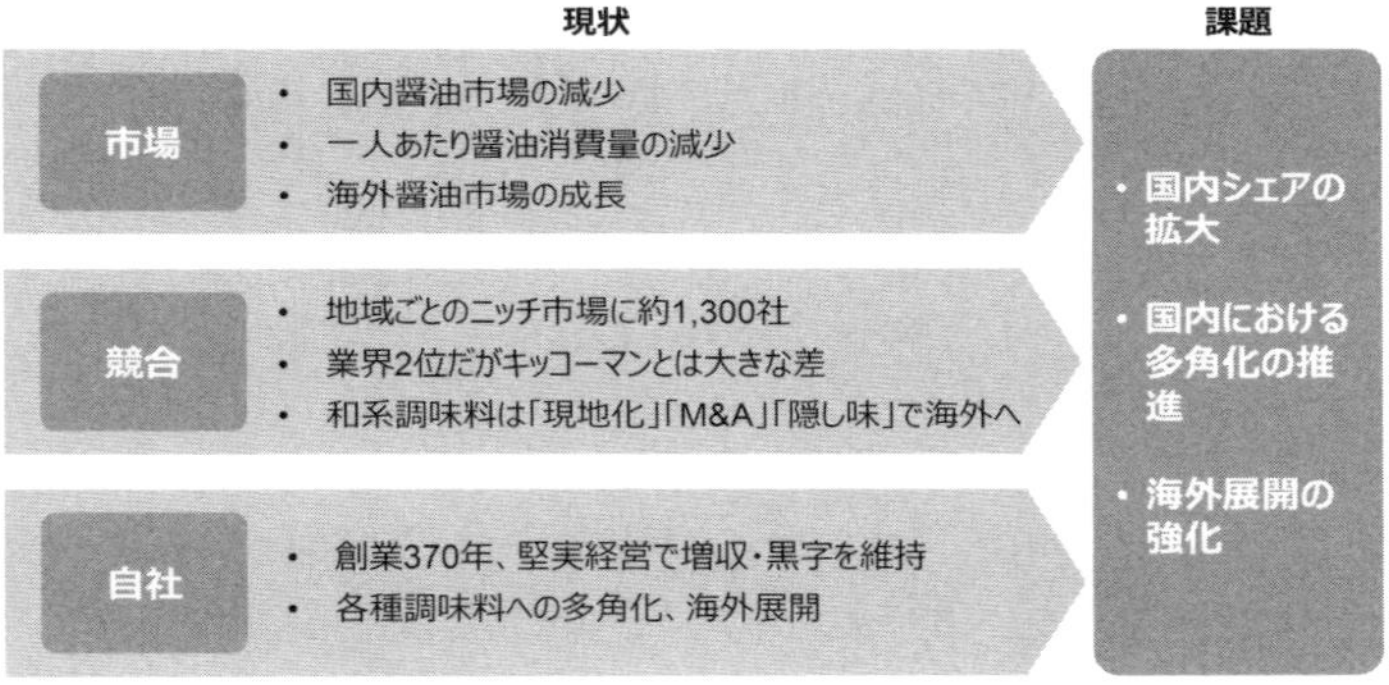

資料: BBT大学総研作成

図－16　醤油メーカーの連合化、M&Aによる多角化、ミツカンもしくはマコーミックとの提携で海外強化

ヤマサ醤油の方向性（案）

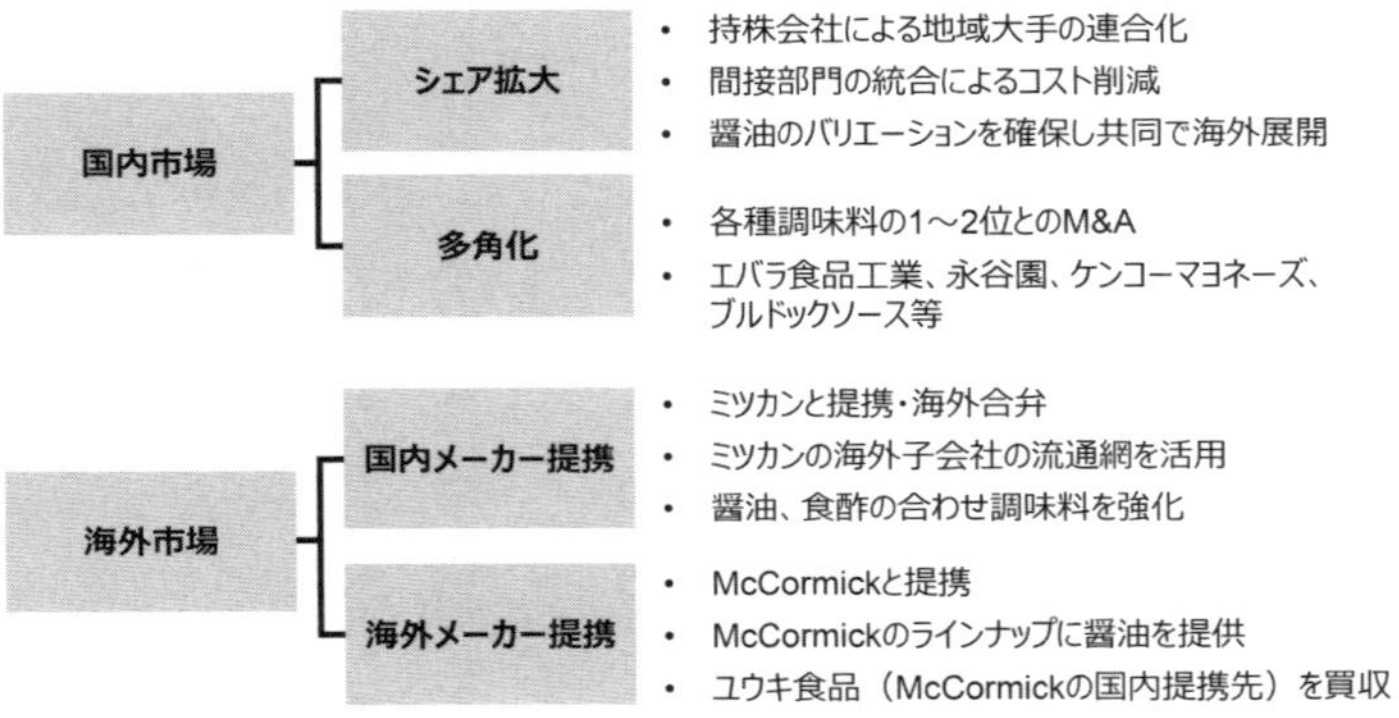

資料: BBT大学総研作成

サと同程度かさらに小さく、多角化が課題です。醤油とうま味調味料などの基礎調味料を主力とするヤマサと、これらの合わせ調味料メーカーは相性がよく、コラボレーションするメリットも大きいでしょう。

醤油を〝世界共通の隠し味〟に

海外市場では商品の販路構築が大きな課題となります。これにはキッコーマンや味の素のように数十年かけて地道に開拓していくという方法もありますが、海外メーカーとの提携や買収で販路を確保する方法もあります。最も早く展開が可能なのは提携です。ここでは「国内メーカーとの提携」と「海外メーカーとの提携」のいずれかを検討します。国内メーカーであれば、ミツカンと組むのがよいのではないでしょうか。ミツカンは先述した通り、M&Aにより多くの海外メーカーを傘下に置き、それらの販路を自社に取り込んでいます。ミツカンとの提携で、これらの販路にヤマサ商品を乗せることを打診します。ただしこの場合、両社の製品群で競合する「ぽん酢」についてはヤマサが何かしらの譲歩をする必要があるでしょう。この点さえクリアできれば、もともと醤油と食酢の組み合わせは相性がよいので、共同での海外展開も相乗効果が見込めると思われます。

ミツカンが難しければ、海外メーカーのMcComick（以下、マコーミック）との提携を考えます。この会社は世界最大のスパイスメーカーで、各地でスパイスやソース類などの生産・販売をしており、とくに北米や英国、フランスではシェアの半分近くを占めています。このマコーミックの商品ラインナップにヤマサの醤油を提供し、和食だけでなく世界中の料理に醤油が使われるようになることを狙うのです。また現在、マコーミックの国内提携先はユウキ食品ですので、この企業を買収するのもよいかもしれません。

そして私が最も重要な課題として取り組むべきだと思うのは、醤油を〝世界共通の隠し味〟にすることです。私は米国での留学時代、自分でスクランブルエッグなどを作る際には塩こしょうやスパイスだけでなく、必ず醤油も入れていたのですが、これがドイツ人、スイス人、イタリア人のルームメイトにとても好評でした。ヤマサのヒントはここにあると思います。醤油だからといって和食にこだわる必要はありません。例えばアジアで一番人気のあるスペイン料理のレストランでは、多くの料理に隠し味としてカレー粉が使われているのですが、醤油もこのポジションを狙うのです。世界中で何を作るにも醤油を少し入れるという習慣を作り出すことができれば、かなりの出荷量が見込めます。マコーミックのような世界的なスパイスメーカーと組むことで、醤油をベースとした合わせ調味料を開発し世界展開できれば、このようなことも可能になると考えます。

最大手のキッコーマンは、独自の戦略で国内市場、海外市場とも大きく躍進しており、現状のままではヤマサに成長の余地はありません。自社だけでなく他のメーカーとも手を組み、国内外で多方面からの成長戦略を探る。これが私の考える、ヤマサのとるべき道です。

まとめ

- ヤマサ主導で、各地の代表的な醤油メーカーを持株会社のもとに連合化。原料の共同購買や間接部門を集約して経営効率を高め、各社の財務体質強化を図る。食文化の違いによる醤油の地域性を補完し、共同で海外展開も行う。
- 国内各種調味料の1位、2位メーカーとのM&Aを検討。商品ラインナップの相互補完により多角化を進める。
- ミツカンとの提携により、海外子会社の販路活用を狙う。醤油と食酢の合わせ調味料の強化を図る。競合する「ぽん酢」はヤマサが譲歩する。
- マコーミックと提携し、同社の商品ラインナップに醤油を提供。また醤油をベースとする調味料の開発を行う。同社を通じて世界の料理に醤油を隠し味として普及させる。

大前の総括

シェア2位で安定も市場は縮小。国内外との積極的提携で圧倒的一強に対抗を

市場は圧倒的な一強で、さらにその一強が海外展開でも断トツを誇り、手堅い経営ながら2位に甘んじざるを得ないという状況。全国各地の代表的メーカーの連合化を主導し、国内外で多方面からの成長戦略を探る。

CaseStudy

21

ミズノ

ニッチトップを目指す「マルチブランド戦略」

あなたが**ミズノ**の社長ならば、業績が低迷しアシックスと大きな差が開いてしまった現状においてどのような成長戦略を構築するのか?

※2015年5月に実施したケーススタディを基に編集・収録

正式名	美津濃株式会社
創業年	1906年
代表者	代表取締役社長　水野 明人
本社所在地	大阪本社:大阪府大阪市、東京本社:東京都千代田区
業種	その他製品
事業内容	スポーツ用品の製造販売
資本金	261億3,700万円(2015年3月31日現在)
連結売上高	1,870億7,600万円(2015年3月期)
連結従業員	5,365名(2015年3月31日現在)

アシックスに大きく水をあけられた、かつての国内トップメーカー

国内市場の縮小で売上高低迷、アシックスに追い抜かれる

ミズノは総合スポーツ用品メーカーの大手です。かつては日本のトップメーカーだったのですが、現在ではアシックスに大きく差をつけられてしまいました。1990年代をピークにスポーツ用品の国内市場が縮小傾向にあり、それとともにミズノの業績も低迷しています（図―1、2）。

その一方で、アシックスは2005年頃から急激に業績を伸ばして、2015年には4715億円の売上高を達成しています。ミズノは1871億円でしたので、両社には大きな差が開いてしまいました。

アシックス成功のカギは〝足〟へのこだわりと海外展開

国内市場が低迷するなか、アシックスがここまで売上を拡大できたのは、海外展開の躍進が大きな要因です（図―3）。ミズノの海外売上比率が34・5％にとどまるのに対し、アシックスの同比率は78・6％に達しています。そして、この海外躍進の原動力となっているのがシューズ事業です（図―4）。近年はアパレルにも力を入れているのですが、やはりアシックスといえばランニングシューズとしてのブランド力が

図ー1 国内スポーツ用品市場は90年代に減少に転じ2000年代以降横ばい

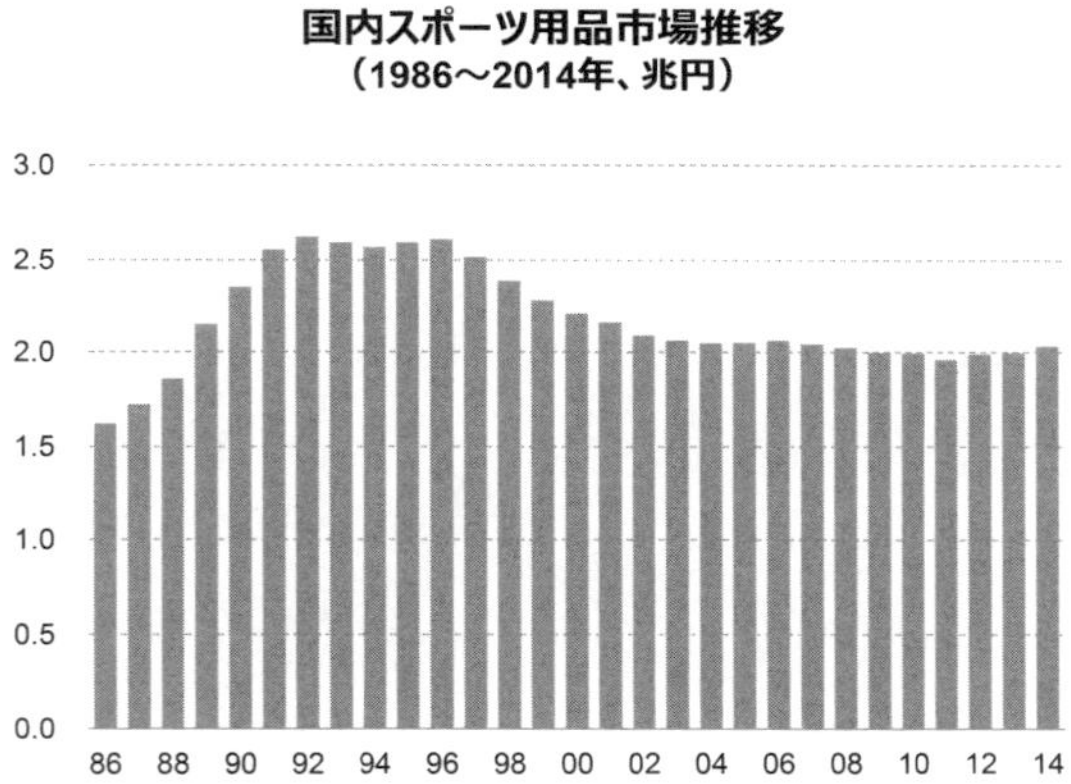

※「レジャー白書」の余暇市場におけるスポーツ部門のうち「スポーツ施設・スクール・観戦料」を除いた「用品」市場

資料: 日本生産性本部『レジャー白書』各年版よりBBT大学総研作成

図ー2 ミズノの売上は国内市場の縮小に連動し低迷、一方、アシックスは躍進

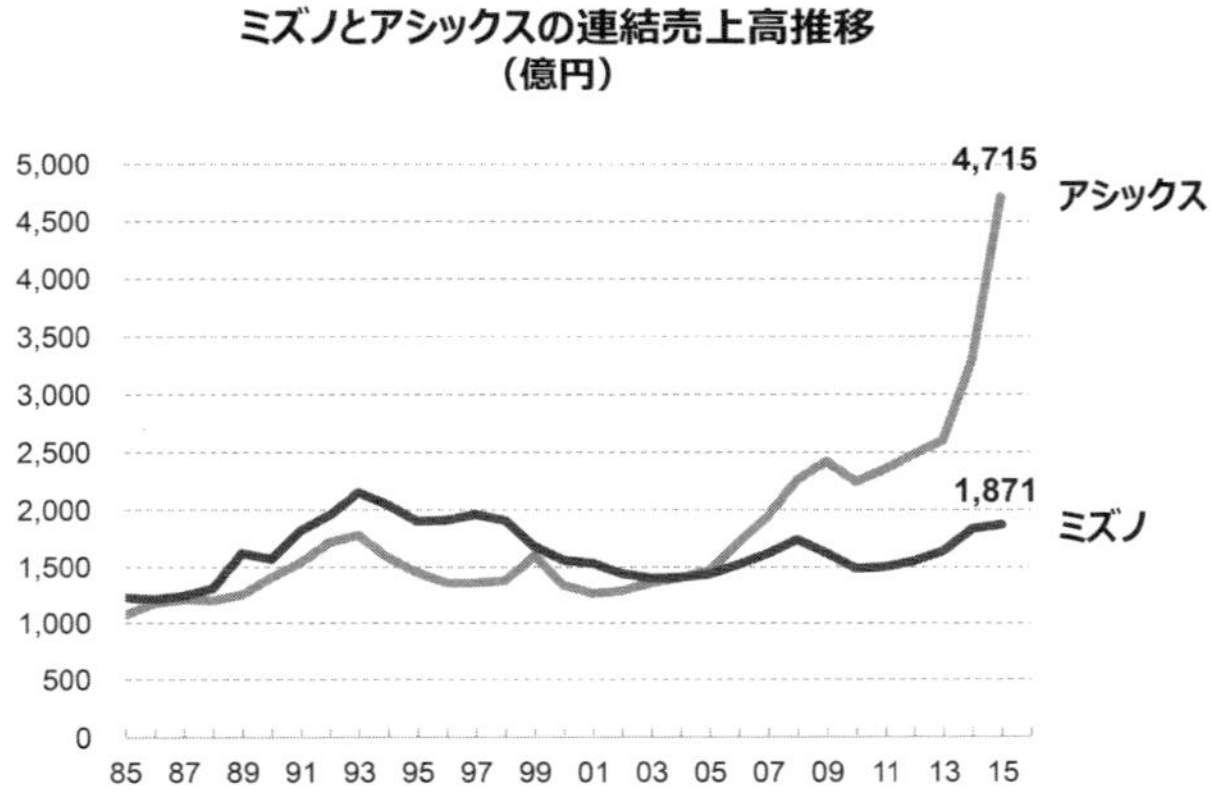

※ミズノ：85〜87年は単体、88年までは2月期、89年決算期変更（13カ月決算)、以降3月期決算
※アシックス：98年までは1月期、99年決算期変更（14カ月決算)、以降3月期、14年に12月期決算に変更しているが15年3月期を試算

資料: 有価証券報告書ほか、IR資料よりBBT大学総研作成

圧倒的です。前身のオニツカ時代にはオニツカタイガーのシューズが有名でした。現在、世界最大のスポーツ用品メーカーであるＮＩＫＥ（以下、ナイキ）は、もともと、オニツカタイガーシューズの米国における販売代理店として創業した会社です。〝足ックス〟とも言われるほどに、とにかくシューズに重点を置いています。

世界各国・地域によって人気のスポーツは様々ですが、ランニングシューズはあらゆるスポーツの基礎トレーニングに用いられる汎用性の高いスポーツ用品です。また、機能性の高いシューズは、普段履きのシューズとしても人気が高く、ファッションアイテムとして展開が可能であり、グローバル展開が容易なスポーツ用品といえます。

一方で、ミズノが扱うのはそれぞれのスポーツに特化した専門用具であり、そのスポーツをしない人にはまったく縁のないものが多いのです。ミズノはとくに野球用品で有名ですが、グローブやバット、スパイク、ヘルメットなどは、野球をしない人にはまったく不要なアイテムです。また、野球というスポーツが盛んな国も限られています。すなわち、ミズノは様々なスポーツの専門用具を扱っていますが、専門性が高いがゆえにグローバル展開が困難になっているといえます。

この事業ポートフォリオの差が両社のグローバル展開の差、ひいては売上高の差につながっていると考えられます。

図－3　売上の格差は海外展開の差

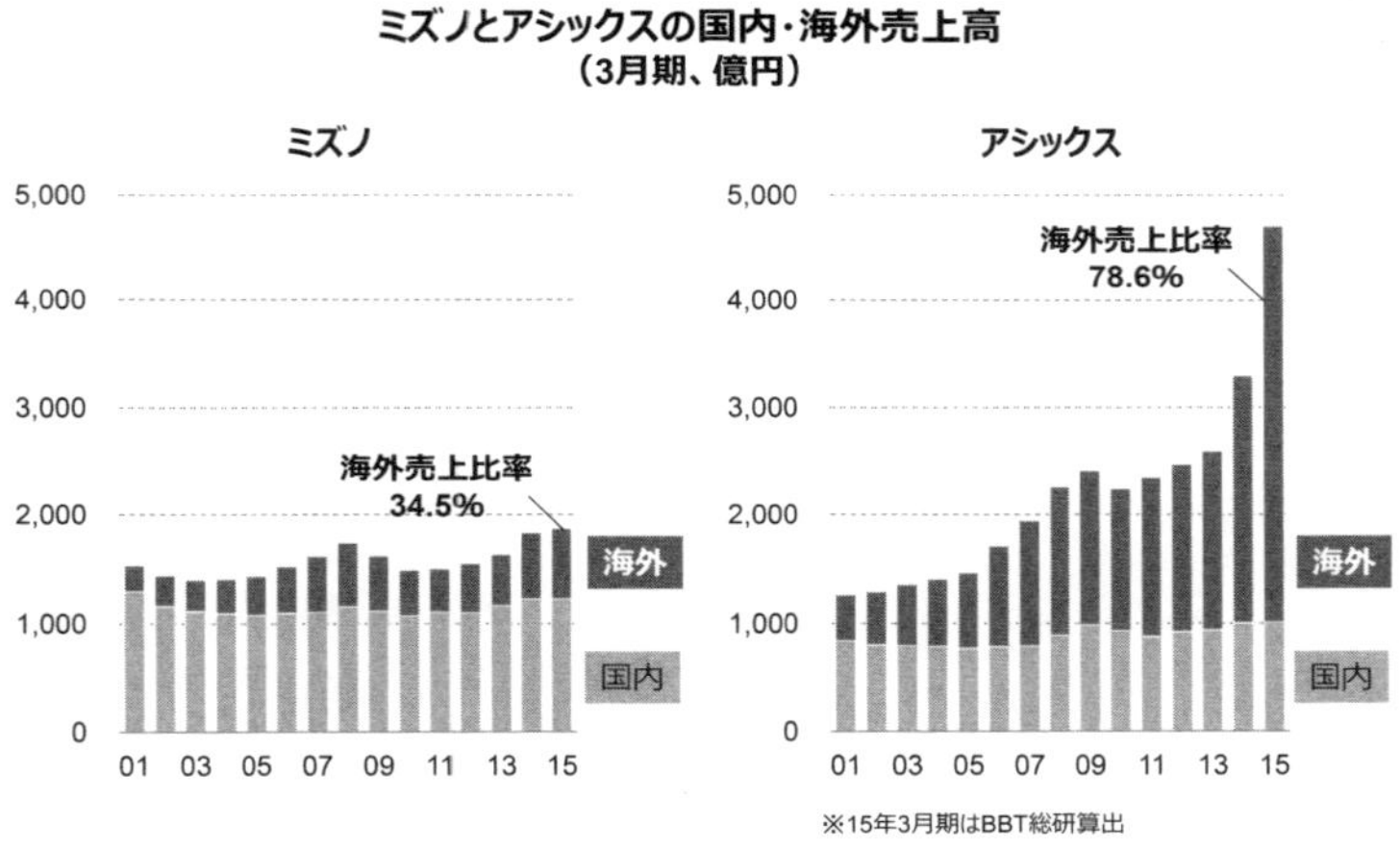

資料: 有価証券報告書ほか、IR資料よりBBT大学総研作成

図－4　アシックスはシューズへの集中が海外躍進の原動力となっている

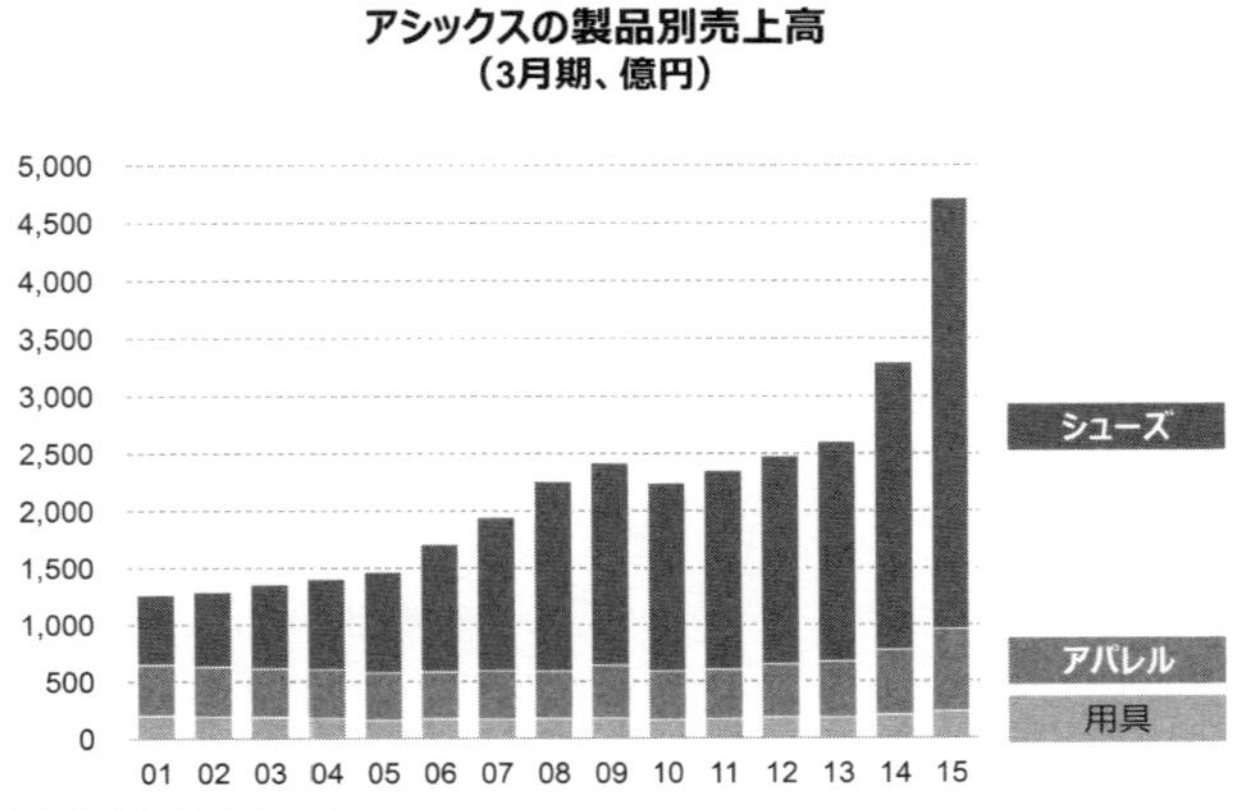

※15年3月期の数値はBBT総研試算

資料: アシックス決算資料よりBBT大学総研作成

スポーツ用品の流通構造が変化し、従来のビジネスモデルが崩壊

幅広い商品展開が量販店時代に適合しない

ミズノの主力事業は野球やゴルフ、その他の各種スポーツの専門用具です。ただし、野球は日本と米国以外ではあまり需要がありませんし、ミズノのゴルフ用具もあまり人気があるとはいえません。その他各種スポーツ用具やシューズ、ウエアも幅広く展開していますが、まさにこの点にミズノの業績低迷の原因があります。家電メーカーと同じ状況が起こっているのです（図－5）。

例えば松下電器（現・パナソニック）は、ナショナルショップ（旧松下グループ企業の製品を販売する特約店の通称およびそのネットワークを指す。日本最初の系列電器店として発足した、国内最大の地域電器店ネットワーク。現在はパナソニックショップに名称変更）という販売店網を持っていて、自社で全てのジャンルの家電製品を生産してきました。

しかし家電量販店時代になると、様々なメーカーの商品が1つの店舗に集められ、消費者は自分の目的とする商品のコーナーだけに行けばすむようになり、独自の販売網は重要ではなくなってしまいました。ミズノもこれとまったく同じ状況にあります。かつてスポーツ用品は街の個人商店を中心とする流通構造

図―5　ミズノは野球やゴルフのほか幅広いスポーツの専門用具を扱っている

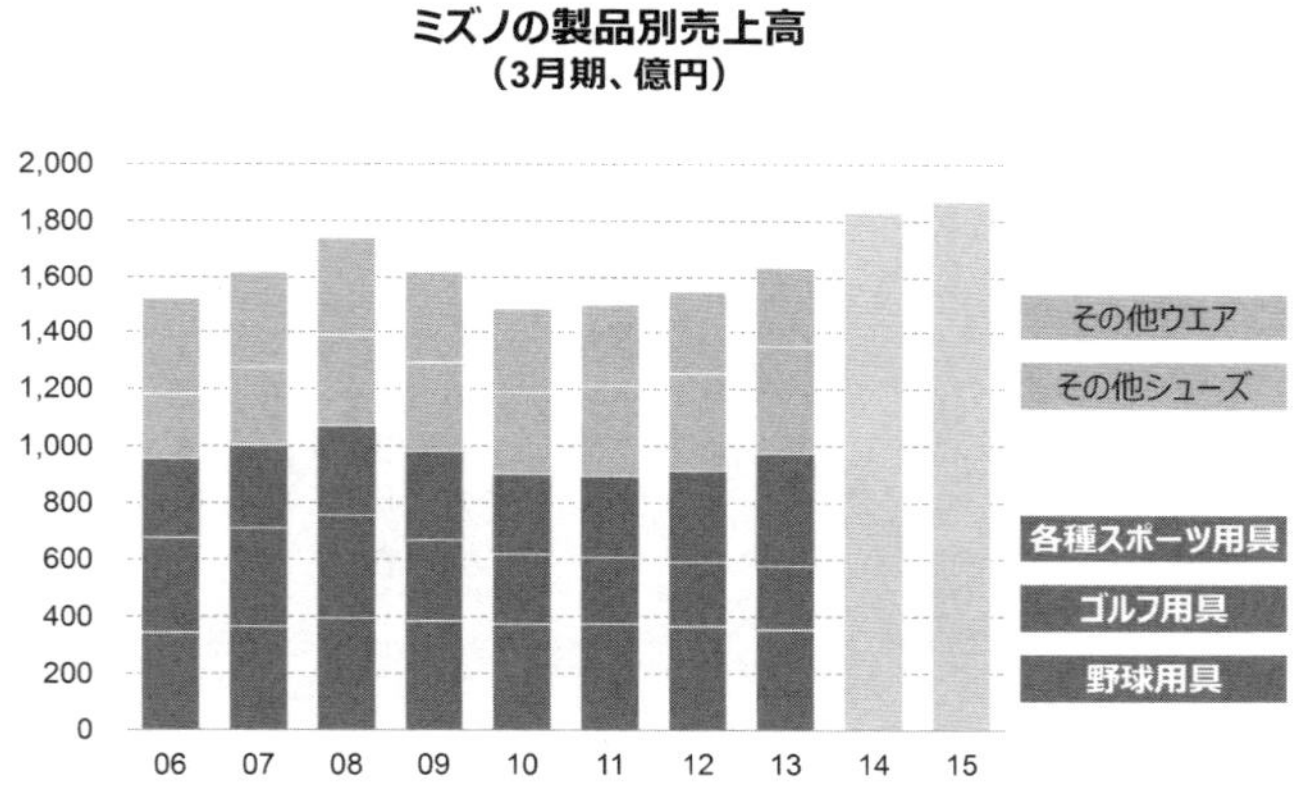

※「野球」「ゴルフ」「各種スポーツ」用具にはそれぞれ専用のシューズ・ウエアを含む
※14年、15年は区分変更のため内訳不明

資料: 美津濃株式会社 投資家情報 ファクトブックよりBBT大学総研作成

図―6　様々なスポーツ用具を展開しているものの、野球と水泳以外は存在感がない

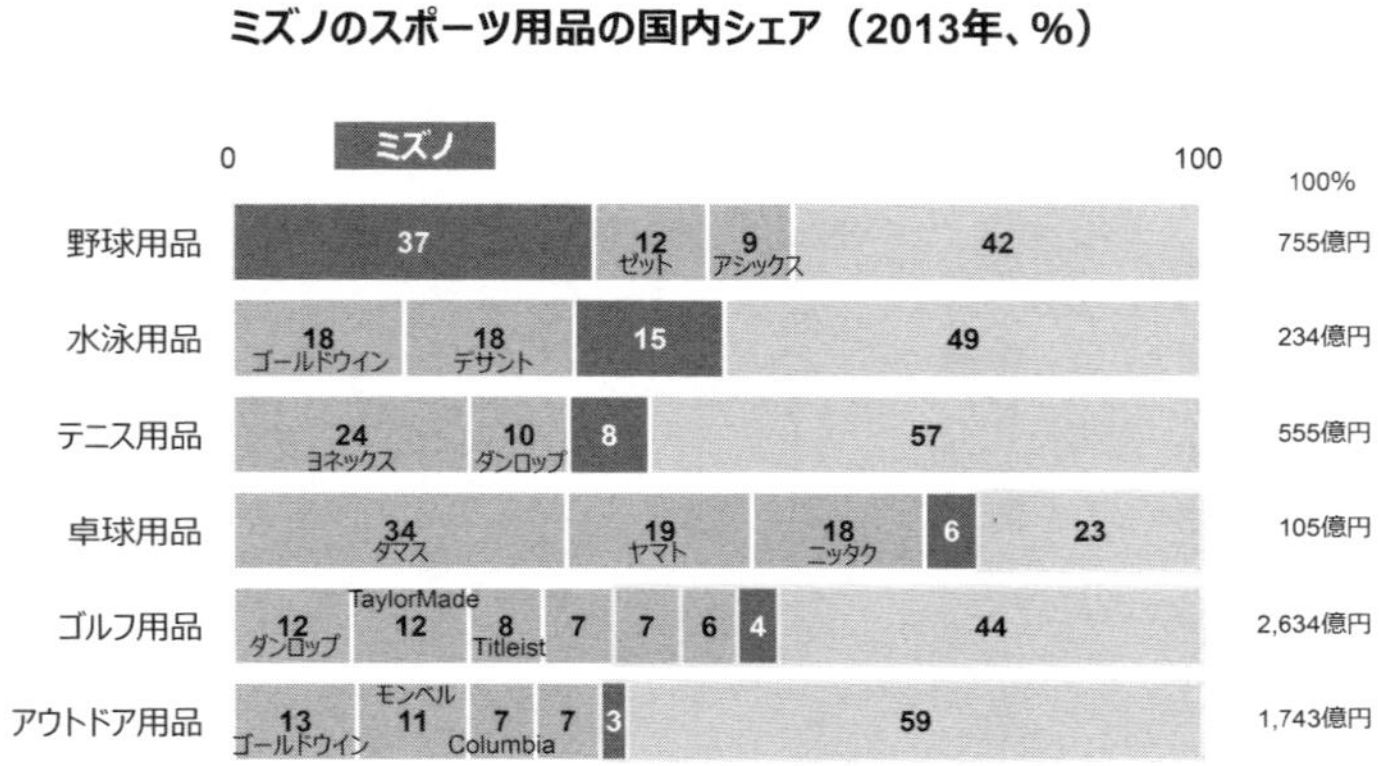

資料: 矢野経済研究所『2014年版 日本マーケットシェア事典』よりBBT大学総研作成

でした。小規模な個人商店が各種のスポーツ用品を仕入れる場合、ミズノのような専門用具の総合メーカーが優位性を持っていました。

しかし現在ではスポーツ用品の量販店が出現し、ミズノのような総合メーカーの商品だけでなく、アシックスのランニングシューズやWilson（ウィルソン）のテニスラケットなど、特定のジャンルに特化したメーカーの商品も一緒に並ぶようになりました。

こうした店舗では、ミズノの商品はどのコーナーでも取扱数がかなり少なくなっています。この流通構造の変化がミズノのビジネスモデルに与えた影響は大きいといえます。

野球と水泳以外に存在感を示せず

スポーツ用品量販店で見られるミズノの劣勢は、ミズノのスポーツ用品の国内シェア（図－6）からも読み取れます。

各分野におけるミズノの国内シェアは、野球用品はトップ、水泳用品では3位に位置していますが、それ以外のジャンルでは、テニスやバドミントンのヨネックス、卓球のタマス、ゴルフのダンロップやTaylorMade（テーラーメイド）など、それぞれスペシャリストともいえるメーカーが大きなシェアを占めています。

つまり、野球と水泳以外では、あまりミズノの存在感はないといえるでしょう。

専門用具総合メーカーのジレンマ

グローバルメーカーはシューズ・アパレル主体、ミズノは専門用具

米欧亜の主なスポーツ用品メーカー売上高（図－7）を見ると、世界トップはナイキで売上高は3兆円以上、Adidas（以下、アディダス）は2兆円弱、3位はアウトドア向けの複合アパレルブランドのVF Corporationで1兆5000億円弱にのぼっています。次にかなり規模は小さくなりますが、アシックスが続きます。それに比べ、ミズノは13位、売上高は1871億円ですので、世界の上位メーカーとはかなり差があります。

この最大の原因は、専門用具の総合メーカーであるミズノと、シューズおよびアパレル中心のグローバルメーカーのビジネスモデルの違いにあります。上位メーカーの売上構成比を見ると、シューズの占める割合が大きく、ナイキはランニングやバスケット、アディダスとPUMA（以下、プーマ）はサッカーやランニング、アシックスはランニングを中心に販売しています（図－8）。一方のミズノは、専門用具が最も大きな売上を占めています。

先述した通り、ランニングシューズは大変汎用性の高いスポーツ用品で、スポーツのジャンルを問いま

せん。また、同様にスポーツウエアなどのアパレルも汎用性の高いスポーツ用品です。ミズノとアシックスの売上格差はシューズによるものと述べましたが、アシックスと欧米二強との差はアパレルへの展開度合いの差であるといえます。シューズやアパレルは、ファッションブランドとしての応用が可能であり、その裾野市場は各スポーツの専門用具市場に比べはるかに巨大だからです。

専門用具は裾野市場が小さく、頂上戦略の波及効果も小さい

スポーツ用品メーカーは各スポーツのトップ選手と契約し、彼らを広告塔とした頂上戦略マーケティングを行っています。汎用性の高いシューズやアパレルは、その裾野市場が巨大なため、頂上戦略によるプロモーションの波及効果も絶大です。

トップ選手を目指すミドルクラスのスポーツ選手だけでなく、カジュアルなスポーツ愛好家や、とくにスポーツを行わない層にまでプロモーション効果が波及します。

一方、ミズノのような専門用具メーカーでは各スポーツの裾野市場は小さく、頂上戦略によるプロモーション効果はせいぜい各スポーツを行っているミドルクラスの選手に波及する程度であり、一般大衆がファッション感覚で専門用具を入手することは期待できません。

また、総合メーカーであるがために、契約選手の確保においては、1つのスポーツ用具に集中特化しているメーカーに負けてしまいます（図－9）。

図－7　世界トップ企業はシューズ・アパレルが中心

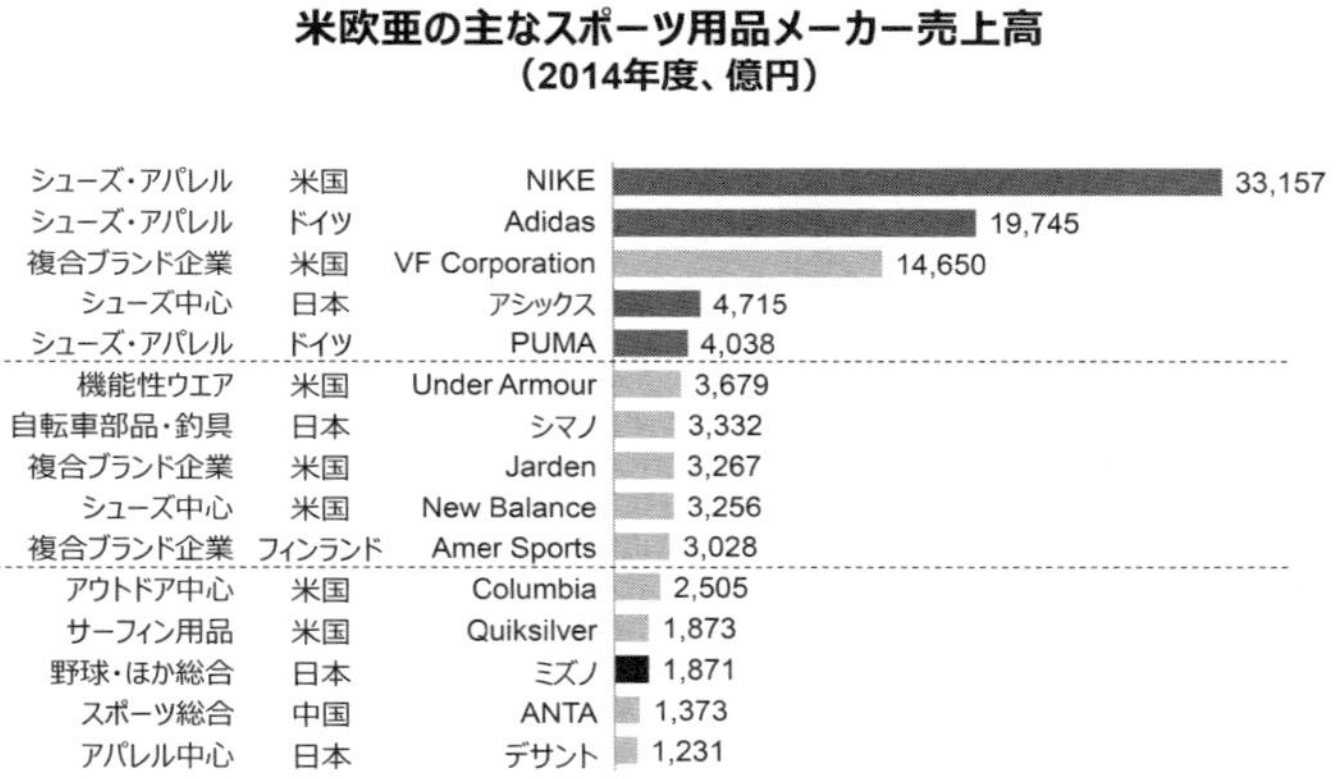

資料: Bloomberg、ReutersよりBBT大学総研作成

図－8　ミズノは専門用具の売上が大きい

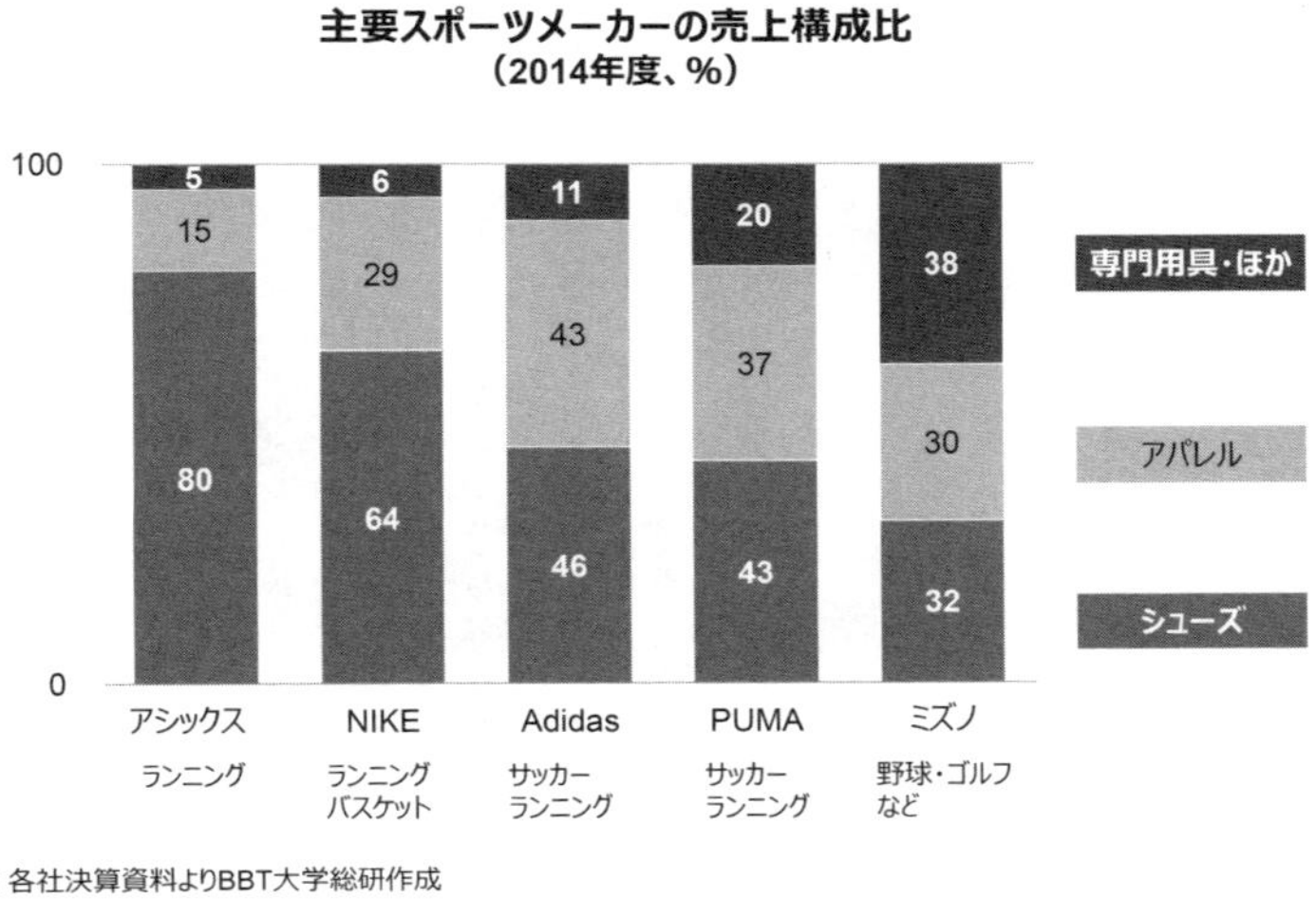

資料: 各社決算資料よりBBT大学総研作成

専門用具のマルチブランド展開でニッチトップを目指すべき

市場環境に対応しM&Aによるブランド展開を考える

ここまで述べてきたミズノの現状を整理すると、国内のスポーツ用品市場の縮小とともに業績が低迷していますが、主力事業が裾野市場の小さい専門用具であり、一般愛好家の多いジャンルでの得意分野を持たないために、グローバル展開、ひいては売上の拡大が見込めないという状況です。では、どうすべきか。

仮にミズノが総合専門用具路線を転換し、シューズやアパレルを主力にしていくとしても、この分野で差別化を図れるほどの強みはなく、先行するナイキやアディダス、アシックスとは戦えないでしょう。しかし、総合専門用具メーカーという弱点を、強みに変えることができるならば、シューズ・アパレル系のグローバルメーカーと差別化を図り、直接的な競争を避けることが可能です。

したがって、今ミズノがとるべきは、総合専門用具メーカーとして、各スポーツ分野でトップシェアを目指すニッチトップ戦略であると考えます。野球だけでなく、水泳やゴルフ、テニス、卓球、バドミントン、釣具、アウトドアといった特定のスポーツ用具のトップメーカーを傘下に組み入れマルチ展開するという戦略が、総合専門用具路線を歩んできたミズノにとって、最も現実性のある戦略であると考えます。

図—9　専門用具を主体とするミズノは各スポーツの裾野市場が小さく、頂上戦略による波及効果がアパレルやシューズほど見込めない

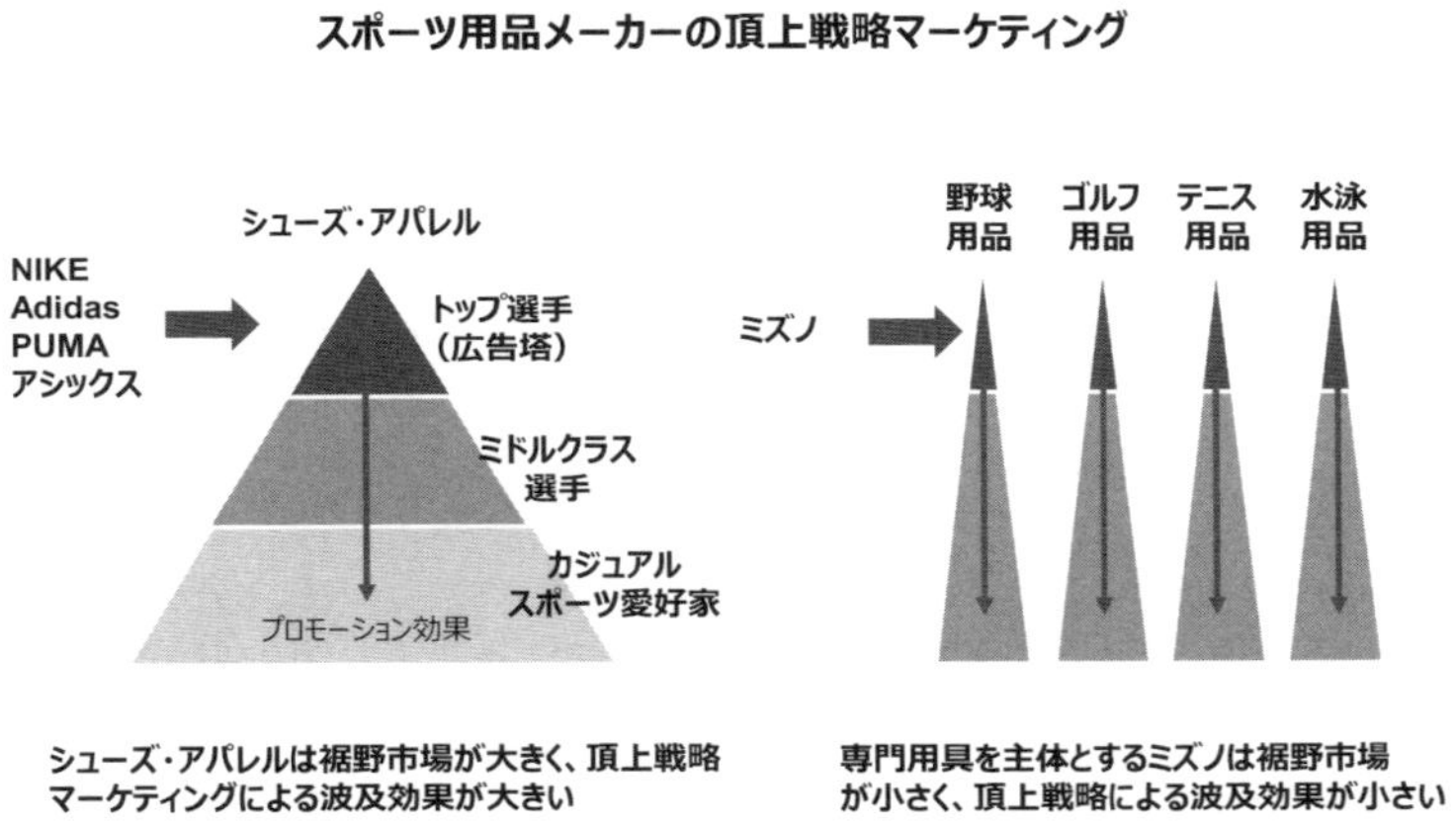

資料: BBT大学総研作成

図—10　特定のスポーツ分野に強い製品をマルチブランド展開するメーカーが台頭している

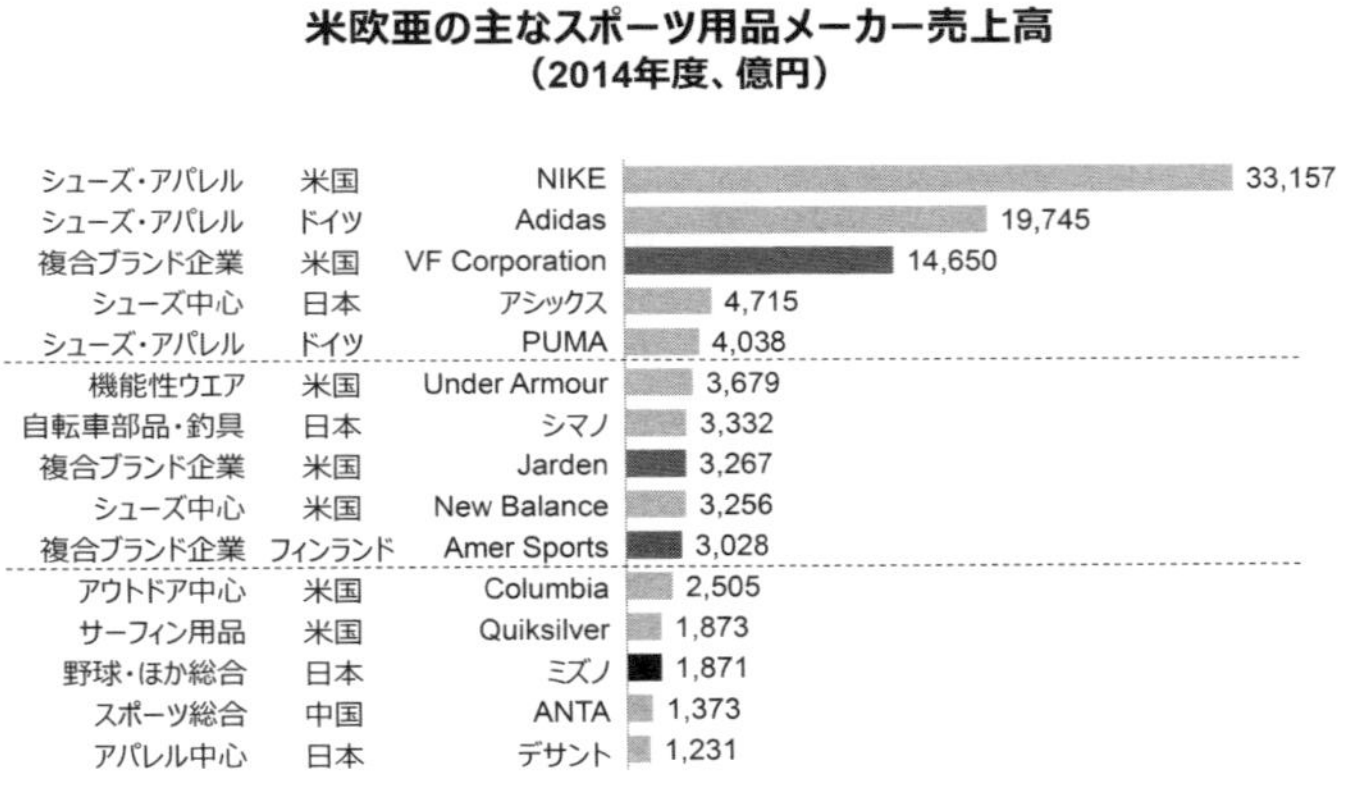

資料: Bloomberg、ReutersよりBBT大学総研作成

世界ではすでにマルチブランド展開のメーカーが台頭

すでに欧米では、特定のスポーツ分野に強い製品をマルチブランド展開するメーカーが台頭しています(図－10)。VF CorporationはThe North FaceなどのアウトドアブランドからLeeなどのファッションブランドまで約30のブランドを展開しています。JardenもColeman(コールマン)など約60のアウトドアブランドを展開しています。

そのうちの1つがフィンランドに本社を置くAmer Sports(アメア スポーツ)です。このメーカーはフィンランドのアイスホッケー用具メーカーでしたが、オーストリアのスキー用品ATOMIC(アトミック)、フランスのアウトドア用品SALOMON(サロモン)、そして米国のテニス・野球用品の老舗であるWilsonや、かつてベーブ・ルースが使用していた老舗バットメーカーのLouisville Slugger(ルイビル・スラッガー)を買収し傘下に収めています(図－11)。ミズノもこの方法がよいのではないでしょうか。

スポーツは観戦事業化、トップアスリートの起用も有効

ミズノが海外進出に成功しなかった原因の1つは、世界のトップブランドを持っていないことがあります。ですから、そうしたブランドを持つメーカーを統合・買収し、ニッチトップのマルチブランド展開という戦略に変えなければ、これから先、戦っていくことはできないと考えます。

図ー11　Amerは世界の特定スポーツ用品ブランドを買収しマルチブランド展開を行う

Amer Sportsの傘下にあるスポーツ用品ブランド
（本社フィンランド）

SALOMON	フランスのマウンテンスポーツ用品（アディダスから買収）
ATOMIC	オーストリアのスキー・スノーボード用品
ARC'TERYX	カナダのアウトドア用品メーカー
SUUNTO	フィンランドのスポーツ用・軍用精密機器
PRECOR	フィットネスクラブ向けエクササイズマシンの米国メーカー
MAVIC	フランスの自転車ホイールメーカー
Wilson	米国球技用品メーカー テニスラケット、野球グローブなど
Louisville Slugger	米国の老舗バットメーカー（ベーブ・ルースが使用）
DeMARINI	米国のソフトボール用品メーカー

資料: Amer Sports Brands ListよりBBT大学総研作成

図ー12　ニッチ領域で一定のシェアを持つ国内外のスポーツ用品メーカーとの統合や買収を狙う

国内の主なスポーツ用品メーカー売上高
（2014年度、億円）

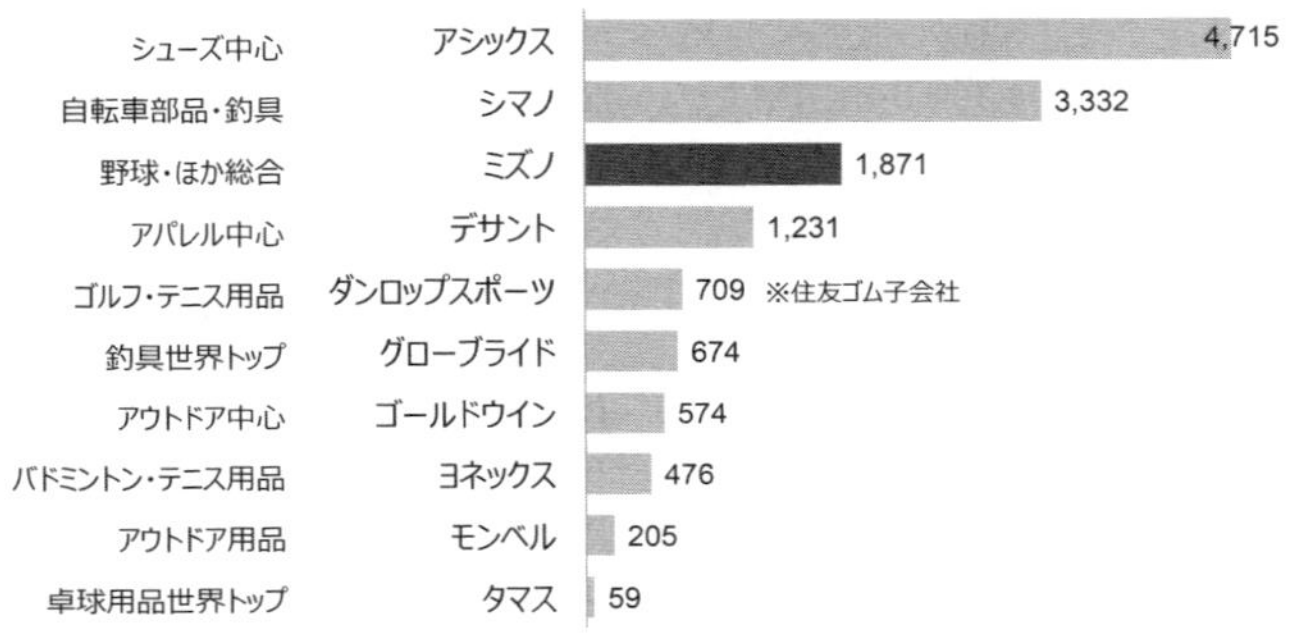

資料: 各社決算資料、東京商工リサーチ購入資料よりBBT大学総研作成

オリンピックやFIFAワールドカップなどの影響でスポーツ観戦は大衆娯楽として世界的に大きなビジネスとなっています。こうした状況にあっては超一流の選手が広告塔として大きな力を発揮します。私はかつてナイキの取締役を務め、その間、タイガー・ウッズと契約してアパレルのプロモーションをしましたが、試合で勝った日にウッズが着ていたものが必ず爆発的に売れました。

ニッチ領域に強い国内外メーカーとの統合・買収を

トップアスリートは商品のプロモーションに非常に有効ですが、反面、難しい点もあります。先ほどのウッズは、超一流であるがゆえに用具も選びますので、クラブとボールにはナイキの製品を使ってもらえないということもありました。錦織圭がWilsonを使っているのも、同じようなことだと思います。このWilsonのようにトッププレーヤーに選んでもらえるメーカーを集めていくということが、ミズノが最も取り組まなければならない戦略でしょう。

では具体的に、どのようなメーカーと統合・買収すべきかですが、ニッチ領域で一定のシェアを持つメーカーがターゲットになるでしょう。卓球のタマス、テニスやバドミントンのヨネックス、水泳のSPEEDO（以下、スピード）、arena（アリーナ）のような専門性の高いトップメーカーとの統合・買収を検討すべきです（図－12）。

次善の戦略としては、プーマと統合するという選択肢も考えられます。ミズノの得意ジャンルは野球、

図―13 NIKE、Adidas、アシックスと競わず、専門用品のマルチブランド展開でニッチトップ戦略を狙う

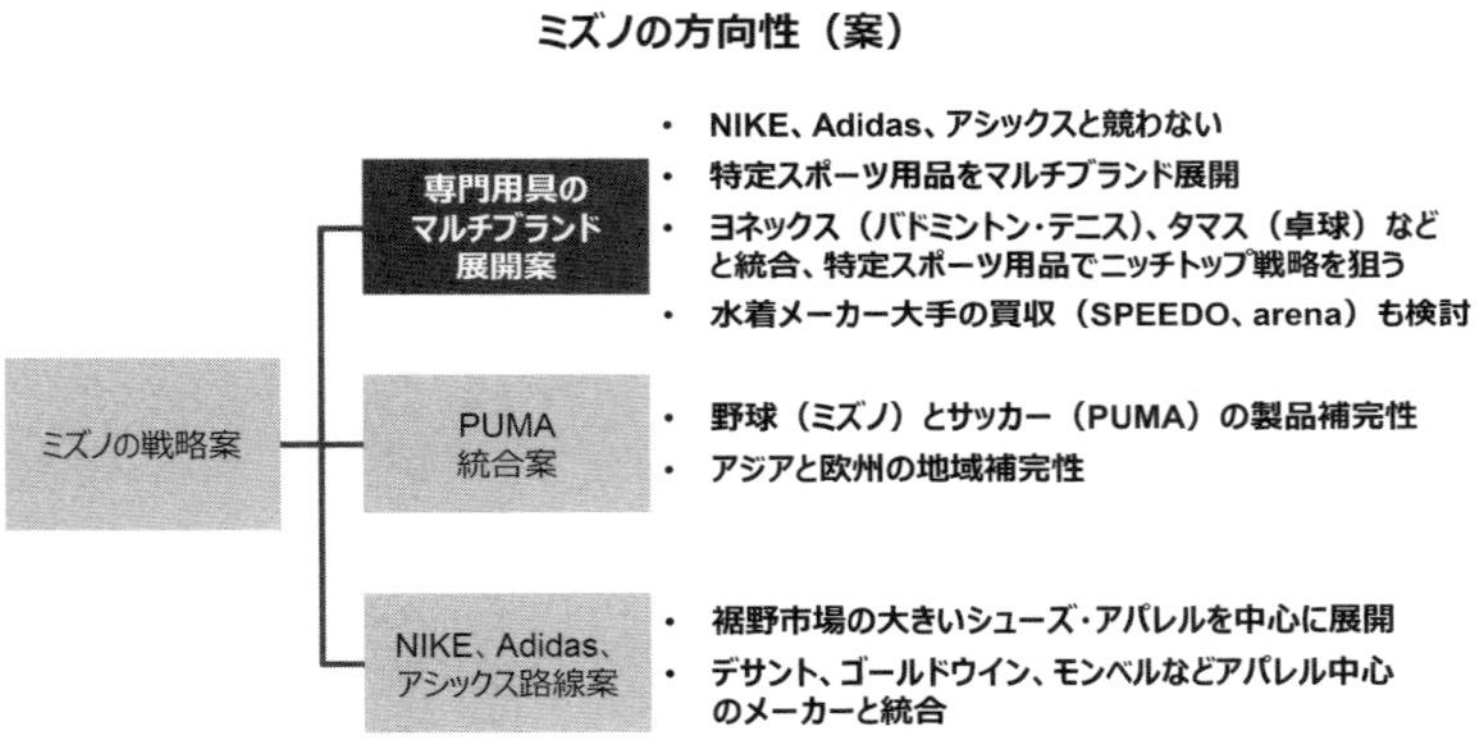

資料: BBT大学総研作成

プーマはサッカーですので、統合によって互いの製品を補完することが可能になります。また野球は日本・米国・カリブ海、サッカーはヨーロッパ・南米と、それぞれ盛んな地域が異なりますので、地域の補完も狙えます。

また、裾野市場の広いアパレル・シューズブランドを強化する選択肢も考えられますが、その場合はデサントやゴールドウイン、モンベルといったメーカーとの統合が具体的な方向性としては挙げられます（図―13）。

しかし、やはりニッチトップのマルチブランド戦略こそが、これまでのミズノが培ってきた総合専門用具路線を強化しつつ、ナイキ、アディダス、アシックスとの競争を避け、世界展開していくうえで最良の戦略だと考えます。

まとめ

- ナイキやアディダス、アシックスとの競争を避け、特定スポーツ用品でニッチトップのマルチブランド戦略を目指す。
- ヨネックスやタマス、スピードなど、ニッチ領域に強みを持つ国内外のメーカーと統合・買収を検討する。

大前の総括

首位転落の元トップメーカー。グローバル戦略の構築でニッチ領域に活路を見出せ

競合グローバルメーカーの巨大なシューズ・アパレル市場に対して、ミズノが戦う専門用具市場に頂上戦略は効果薄。ニッチ領域での統合や買収も視野に入れニッチトップのマルチブランド戦略を目指せ。

CaseStudy

22

ツムラ

「新市場の開拓」のリスクにどう備えるか

あなたが**ツムラ**の社長ならば医療用漢方製剤では圧倒的なシェアを誇る一方OTC医薬品やサプリメントでの伸びしろがある現状においてどのようにして両輪を確立するか?

※2014年7月に実施したケーススタディを基に編集・収録

正式名	株式会社ツムラ
設立年	1936年(創業1893年)
代表者	代表取締役社長　加藤 照和
本社所在地	東京都港区
業種	医薬品
事業内容	医薬品(漢方製剤、生薬製剤他)の製造販売
資本金	194億8,700万円(2015年3月31日現在)
売上高	連結:1,104億3,800万円(2015年3月期)
	単体:1,086億5,800万円(2015年3月期)
従業員	連結:3,335名(2015年3月31日現在)
	単体:2,358名(2015年3月31日現在)

副作用問題と放漫経営による経営危機を克服し高収益企業へ

副作用問題で市場が縮小するも、普及・啓蒙活動で成長軌道に

ツムラは日本の医療用漢方市場において圧倒的なシェアを持つ漢方メーカーです。漢方薬は中国医学をベースに日本で独自に発展した漢方医学に基づく医薬品で、西洋医学による西洋薬が人工的に合成された単一成分から成るのに対し、様々な有効成分を含む生薬が組み合わされているという特徴があります。1976年に漢方エキス製剤33品目が薬価（薬価基準：医療保険者から保険医療機関や保険薬局に支払われる各医薬品の基準価格、および公的医療保険で使用可能な医薬品の品目。厚生労働大臣により定められる）に収載されて公的医療保険の対象となり、その後1987年には148品目にまで拡大、それに伴い漢方製剤の市場規模も拡大しました（図－1）。

しかし、1991年に慢性肝炎の治療用として、医療用漢方製剤で大きな売上を占めていた「小柴胡《しょうさいこ》湯《とう》」に重篤な副作用があることが報告され、さらに1996年には副作用による死亡例が発生したことで、市場が急激に縮小しました。その後、ツムラを中心に医療現場における漢方の教育や普及に取り組んだ結果、市場は1998年以降、年率2・7％で成長を続けています。

図－1　副作用問題で市場縮小後、地道な啓蒙・普及活動により98年を底に年率2.7%で成長

国内漢方製剤市場の推移
（1976～2013年、生産金額ベース、億円）

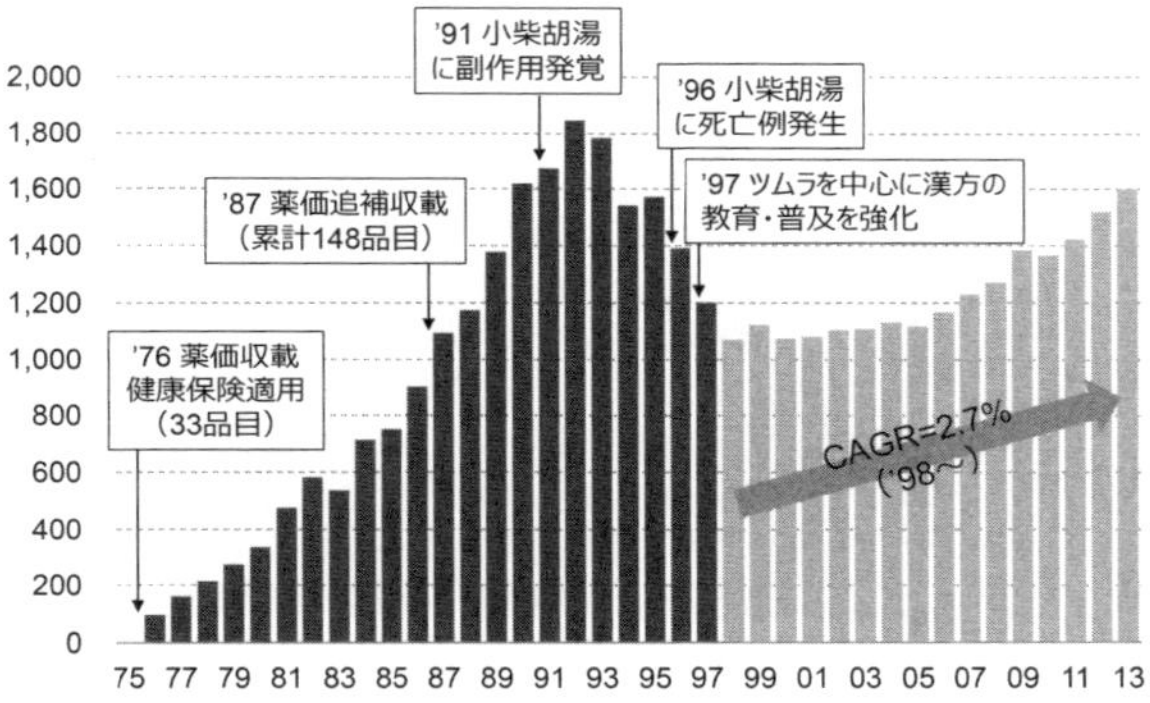

資料: 日本漢方生薬製剤協会『漢方製剤等の生産動態』、厚生労働省『薬事工業生産動態統計年報』、ツムラホームページ、各種報道よりBBT大学総研作成

図－2　主力漢方薬の副作用問題、放漫経営の損失処理を乗り越え、業績は堅調に回復

ツムラの業績推移
（各年3月期、億円）

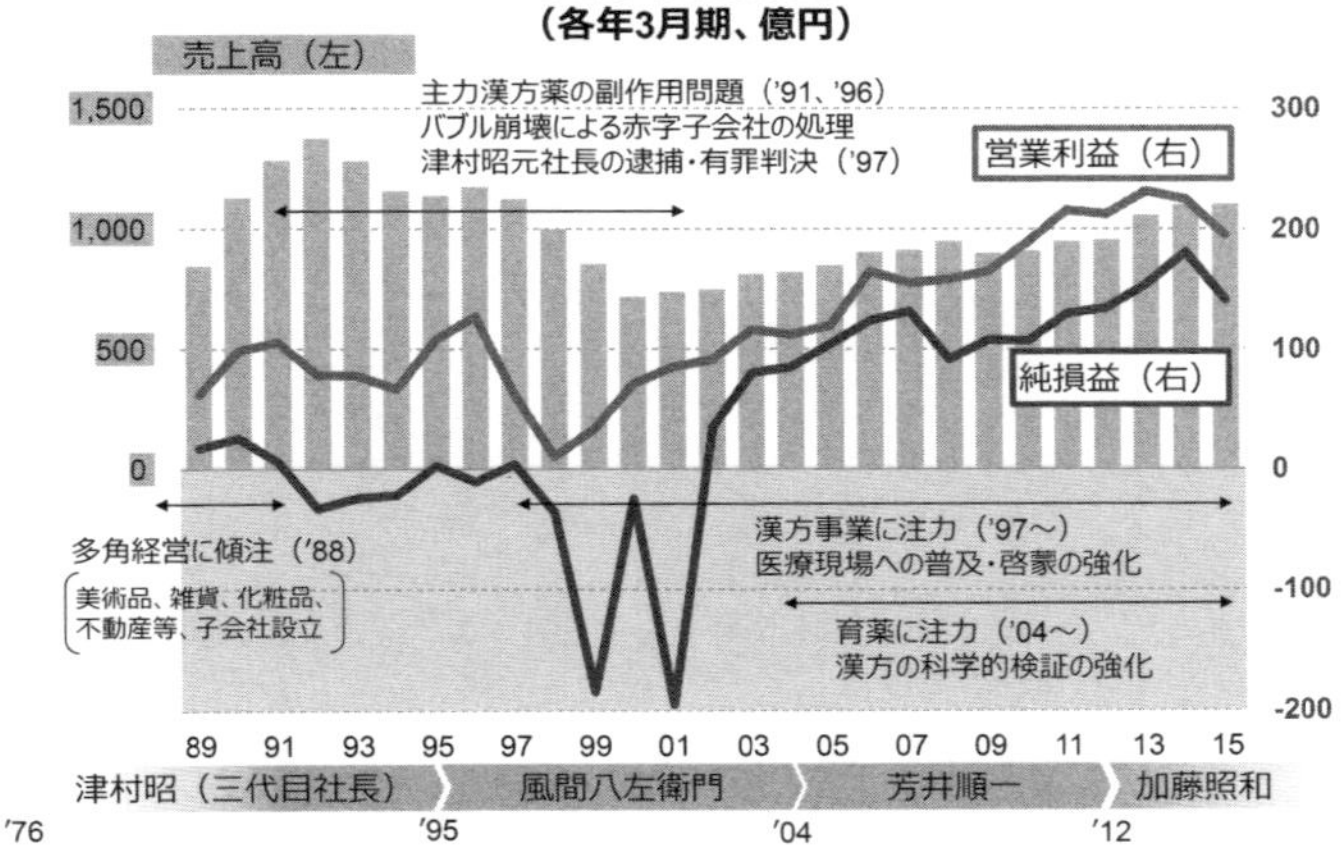

資料: 有価証券報告書よりBBT大学総研作成

放漫経営による経営危機からの再建

ツムラの業績は市場動向の変化に大きく影響を受けました。一方で、三代目社長の津村昭氏がバブル期の高成長を背景に美術品や不動産などの多角経営に傾注、これらの子会社がバブル崩壊とともに赤字化、さらには支払い能力のない赤字子会社に対し架空の事業資金名目で70億円の借り入れを行ったことが発覚し、1997年に津村昭氏は不正債務保証による特別背任罪で逮捕・起訴、有罪判決を受けました。これらの放漫経営の処理と副作用問題が重なり、1990年代は経営危機の状況に陥りました（図－2）。

1995年に創業者の孫・風間八左衛門氏が四代目社長に就任。第一製薬から移籍した後の五代目社長・芳井順一氏と経営再建に着手、漢方事業へ注力し、医療現場への普及・啓蒙活動を強化しつつ、赤字子会社の損失処理を進め、2001年3月期に約200億円の最終赤字計上を最後に業績は回復に向かいます。

2004年に社長を引き継いだ芳井氏は2008年に代名詞的商品だった「バスクリン」などの家庭用品事業を売却し、新薬開発の中止を断行、医療用漢方製剤へ集中を進め、現在では営業利益率20％前後を誇る高収益企業となっています。2012年には加藤照和氏が社長となり、次なる成長を模索しています。

家庭用品事業を分離し、医療用漢方製剤に注力

先述したように、ツムラは「バスクリン」などの家庭用品事業も展開していましたが、医療用漢方製剤

に集中するため分離しました。この事業は２００８年にＭＢＯ（Ｍ＆Ａの手段の１つで、経営陣が自社を買収し、会社から独立すること。通常、経営陣だけで買収資金を用意することは困難であり、投資ファンドなどからの金融支援を受ける場合が多い）によりツムラグループから独立し、２０１２年には大塚製薬傘下のアース製薬が１８０億円で完全子会社化しました。

医薬品は、医師の処方箋に基づき薬剤師が調剤する医療用医薬品と、薬局などで誰でも自由に購入できる一般用医薬品（ＯＴＣ医薬品）に、一般用医薬品はさらにそれぞれのリスクに応じて第１類～第３類に分類されています。医療用医薬品は医師が患者の症状に合わせて処方するため、効果の強いものが多く、一般用医薬品の効果は穏やかで安全性に重点が置かれているという違いがあります。

ツムラは医療用医薬品を中心とする方針にシフトし、業績回復に成功、売上の９割以上は医療用漢方製剤が占め、ＯＴＣ医薬品やその他の医薬品はわずかです（２０１５年３月期。ツムラ決算説明会資料より）。

国内漢方メーカーはツムラの一強状態

国内医薬品市場のうち漢方製剤はわずか2・3％

日本の医薬品市場の規模は２０１３年の時点で７兆円弱にのぼりますが、そのなかで漢方製剤が占める割合は2・3%に過ぎず、1599億円にとどまっています。漢方製剤についてさらに見ると、8割以上が医療用で、一般用は2割以下です（厚生労働省・平成25年薬事工業生産動態統計年報より）。

医療用漢方製剤でのツムラのシェアは8割を超える

2014年度の医療用漢方製剤の市場規模は1405億円で、ツムラが占める割合は84・5%と独占的なシェアを持っています。一般用漢方エキス製剤は、医療用製剤に比べるとかなり規模が小さく166億円ですが、トップは36・1%を占めるクラシエ薬品で、ロート製薬が続き、ツムラは3位です（図－3）。

2014年度の国内の主要な漢方メーカーの売上高はツムラが1104億円で、2位のクラシエ薬品は210億円、他のメーカーは数億円から数十億円です（日本漢方生薬製剤協会資料、東京商工リサーチ・帝国データバンク・日経会社プロフィル購入資料より）。国内漢方メーカーはツムラの一強状態にあるといえるでしょう。

漢方市場の特殊性と原価高騰のリスク

新規参入のうま味は少なく、参入障壁は高い

漢方市場は特殊な領域です。他の医薬品に比べ市場規模が非常に小さく、医療用漢方製剤の市場全体が、

図—3　医療用漢方製剤で独占的なシェアを持つ

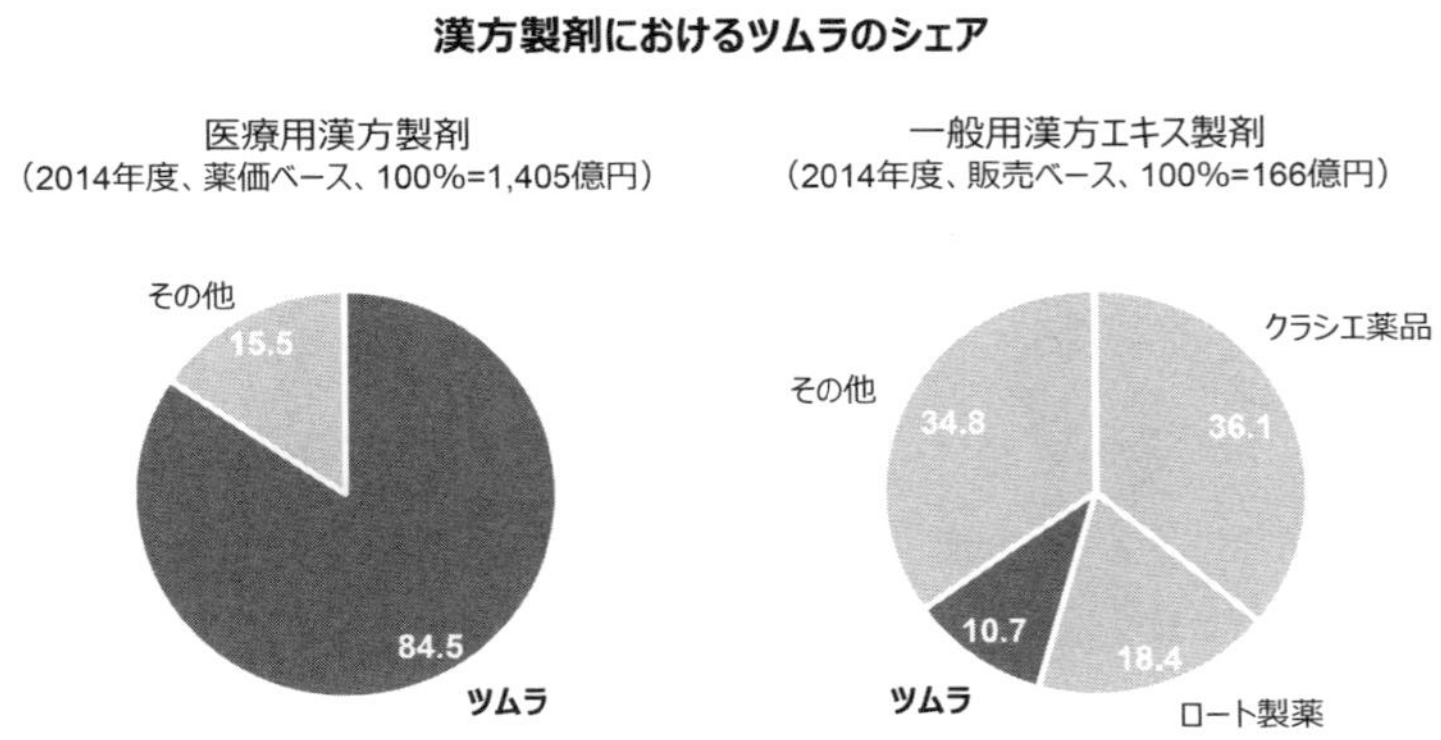
漢方製剤におけるツムラのシェア
医療用漢方製剤
(2014年度、薬価ベース、100%=1,405億円)
その他
15.5
84.5
ツムラ
一般用漢方エキス製剤
(2014年度、販売ベース、100%=166億円)
クラシエ薬品
36.1
その他
34.8
10.7
ツムラ
18.4
ロート製薬

資料: アイ・エム・エス・ジャパン株式会社、ツムラ決算説明会資料、
富士経済『一般用医薬品データブック2014』よりBBT大学総研作成

図—4　市場の特殊性により新規参入のうま味が少なく、結果的に高い参入障壁となっている

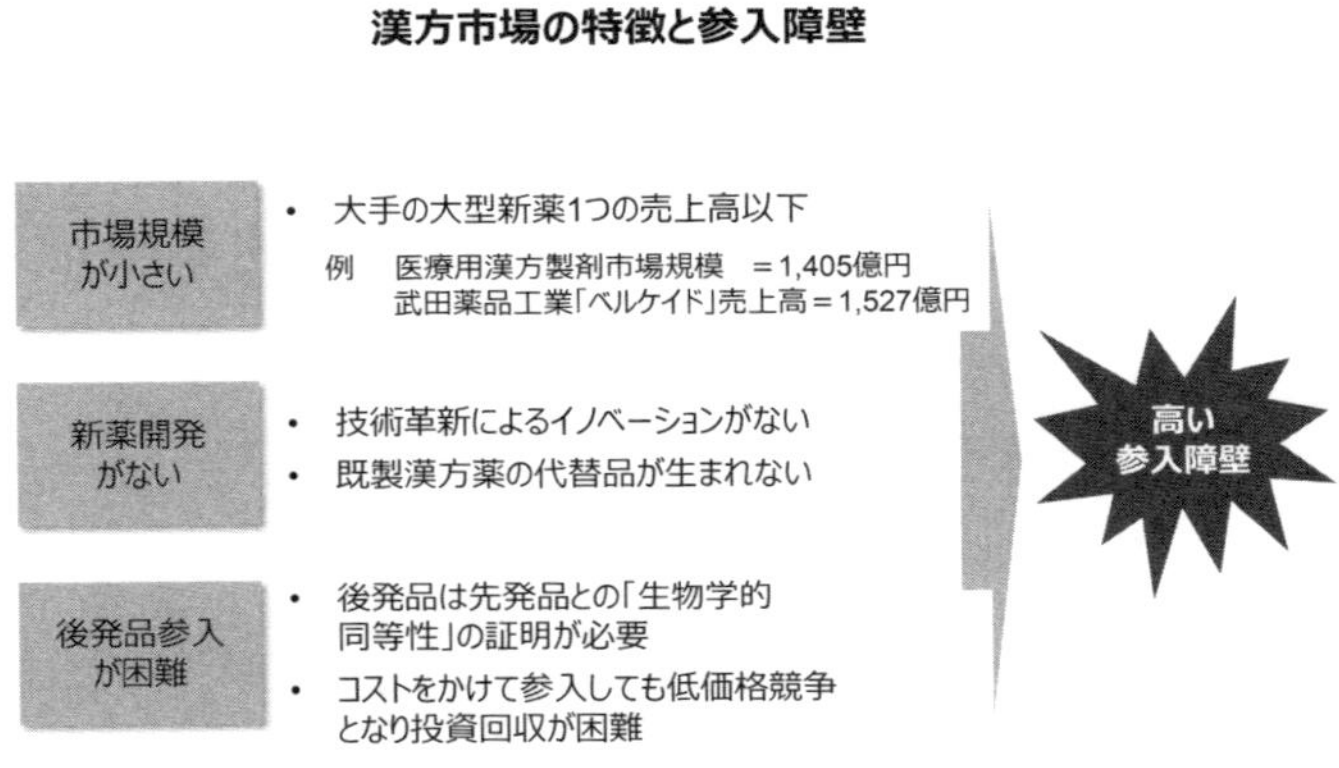
漢方市場の特徴と参入障壁
市場規模が小さい
• 大手の大型新薬1つの売上高以下
例　医療用漢方製剤市場規模　＝1,405億円
武田薬品工業「ベルケイド」売上高＝1,527億円
新薬開発がない
• 技術革新によるイノベーションがない
• 既製漢方薬の代替品が生まれない
後発品参入が困難
• 後発品は先発品との「生物学的同等性」の証明が必要
• コストをかけて参入しても低価格競争となり投資回収が困難
高い参入障壁

資料: ツムラホームページ等よりBBT大学総研作成

大手製薬会社の1つの大型新薬の売上高よりも小さくなっています（図－4）。2014年度の医療用漢方製剤の市場規模は1405億円ですが、武田薬品工業の多発性骨髄腫治療薬「ベルケイド」は、この製品単独での売上高が1527億円です。また漢方薬では新薬の開発が実質的に行われておらず、イノベーションにより新市場が開拓される可能性は期待できません。さらに、後発医薬品（ジェネリック）の参入には先発医薬品と同等の効果を持つことを示す「生物学的同等性」を実証せねばなりませんが、単一成分の新薬とは異なり、漢方薬には多くの成分が含まれ、生物学的同等性を証明することは非常に困難です。コストをかけて参入しても後発品は低価格競争とならざるを得ず、投資回収も難しいでしょう。漢方市場はこうした特殊性により新規参入のメリットは少なく、参入障壁が高くなっています。

他の医薬品メーカーとは異なる事業特性

漢方市場の特殊性により、ツムラの事業特性は大手新薬メーカーやOTC医薬品メーカーとは異なっています。これらの事業特性の違いはコスト構造を比較することで明確化できます（図－5）。

武田薬品工業やアステラス製薬、第一三共などの医療用新薬メーカーの事業特性は「R&D（研究開発）型の創薬」であるため、研究開発に最も多くのコストをかけています。ツムラは新薬開発を行っていないため研究開発に大きなコストはかかりません。また、大正製薬やロート製薬などのOTC医薬品メーカーの事業特性は「プロモーション型の大衆薬」であるため、広告や販促に大きなコストをかけています。ツ

図ー5　ツムラのビジネスは「R&D型の製薬会社」や「プロモーション型の大衆薬メーカー」と異なる

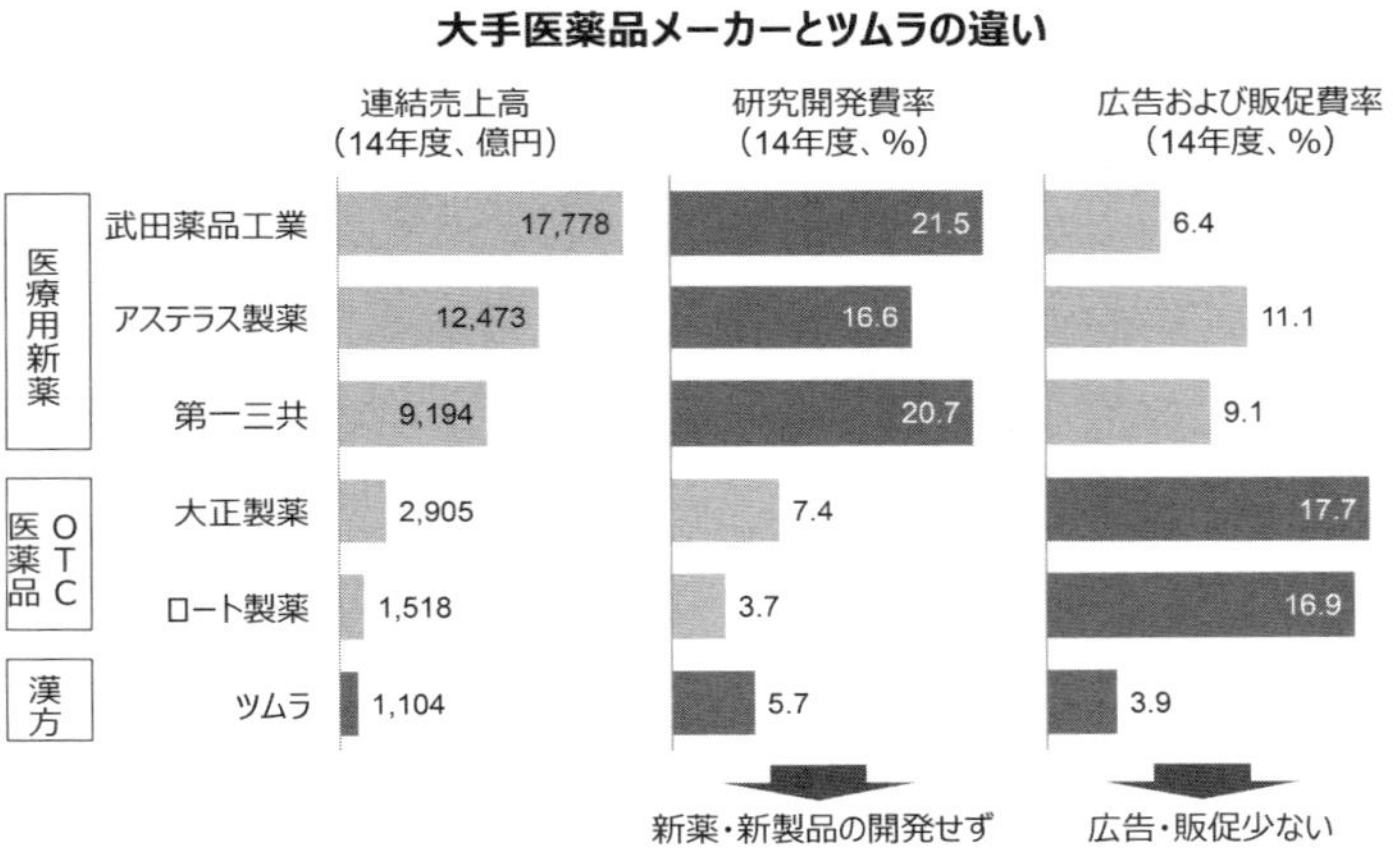

資料: 各社決算資料よりBBT大学総研作成

ムラは医療用医薬品が主力のため、そこにあまりコストをかけていません。

ツムラの事業特性は調達および製造の最適化

医療用漢方製剤を主力とするツムラでは、新薬やOTC医薬品に比べ製造原価比率が高いという特徴があります。代表的なメーカーとその比率を比べると、新薬メーカーの武田薬品工業は9%、OTC医薬品メーカーのロート製薬は26%ですが、ツムラでは40%と武田薬品工業の4倍以上です。その内訳を見ると66%が原材料費です（武田、ロートは13年単体、以降記載なし、ツムラは15年3月期。各社有価証券報告書より）。すなわち、ツムラの事業特性は原材料の調達と製造にあり、調達と製造をいかに最適化するかが重要な課題といえます。

原料生薬の調達は80%が中国、価格上昇がリスク要因に

ツムラの原料生薬の調達先は、80%が中国で、日本が15%、ラオスが5%と、圧倒的に中国の割合が多くなっています（図－6）。中国の各産地とラオス自社農場からの原料は横浜港へ集め、国内の契約栽培地からのものと合わせて石岡センターに送り、茨城と静岡の工場で製剤を生産します。

しかし、中国産の原料価格は2010年以降、年々、上昇傾向にあります。2006年の価格に比べ、2011年は中国国内の需要増や天候不順、投機的買占めにより2・5倍近くになり、その後は一度落ち着いたものの、人参価格の高騰などにより再び上昇しています（図－7）。

海外展開の高いハードル

膨大な時間と資金がかかり、市場開拓は困難

多くの製薬会社は海外展開を進めていますが、漢方製剤では簡単ではありません。漢方薬が使われるのは主に日本、中国、韓国の3カ国ですが、日韓の類似処方率は57%、中韓は14%、日中は10%、日中韓では2・4%のみです（図－8）。漢方薬のルーツは同じでありながら各国で独自に発展し、法規制も国ごと

図ー6　原料生薬の調達先は中国80%、国内15%、ラオス5%

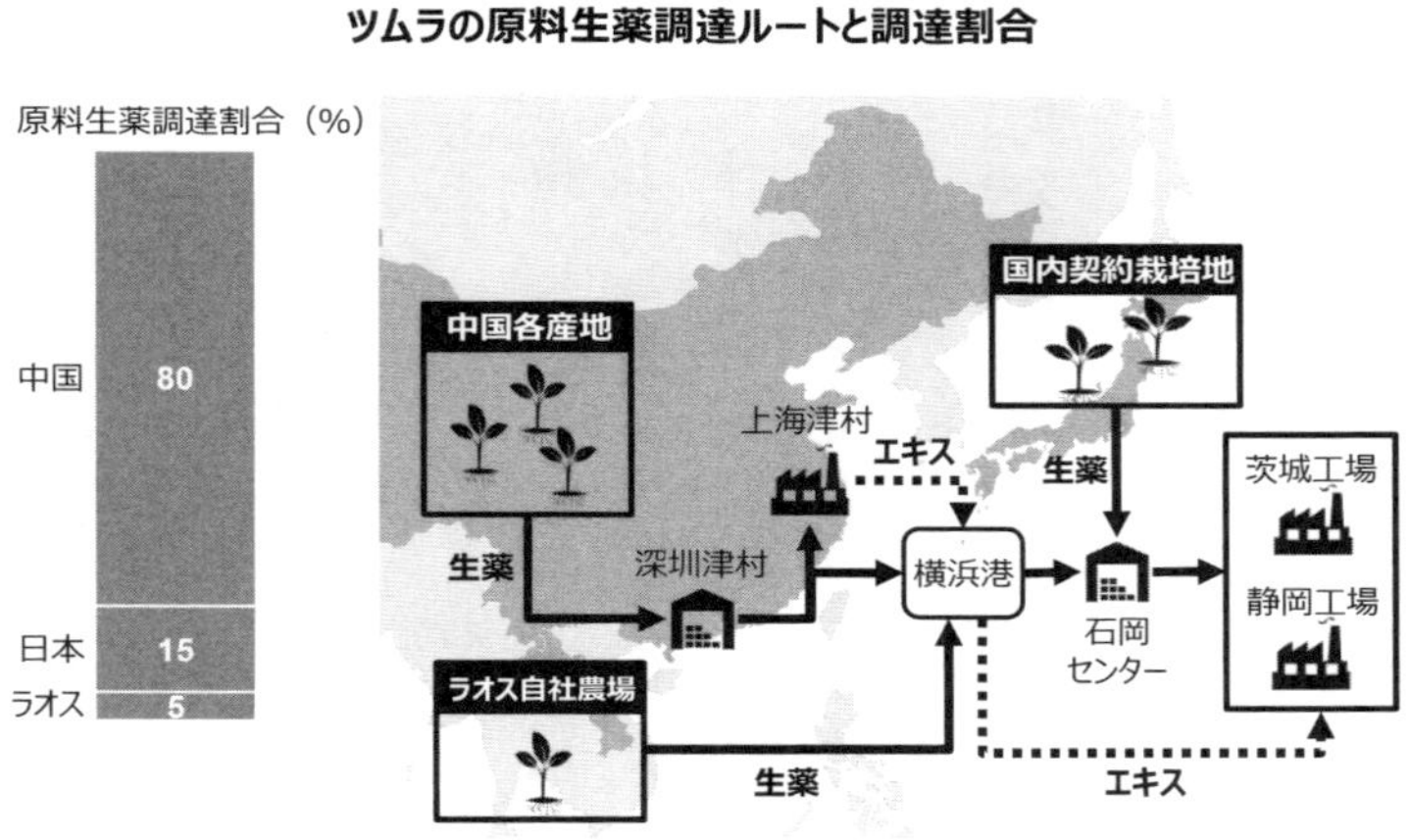

資料: ツムラホームページよりBBT大学総研作成

図ー7　中国産原料生薬の価格上昇がリスク要因となっている

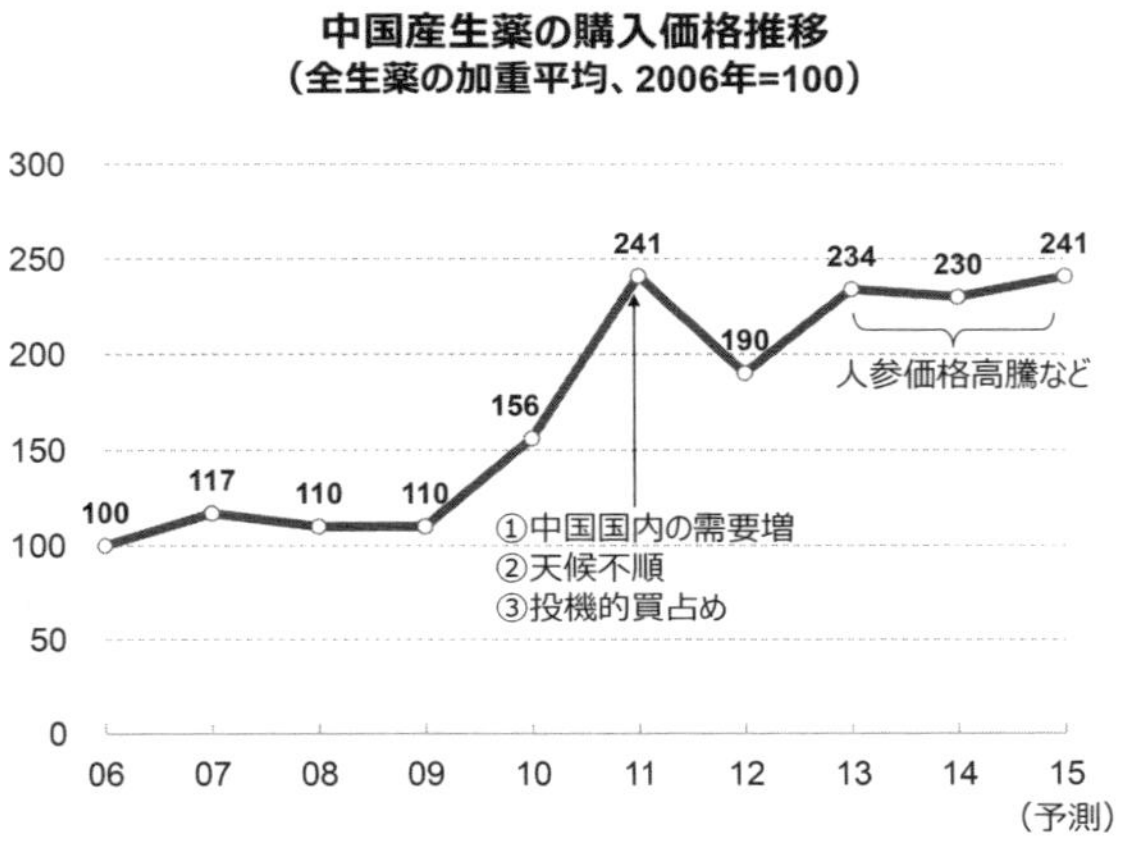

資料: ツムラ決算説明会資料よりBBT大学総研作成

に異なるため、日本の製剤をそのまま中国や韓国で販売することはできず、その逆も同様です。

欧米で販売する場合は他の医薬品と同様、漢方製剤にも有効性と安全性の科学的根拠が求められ、長期間にわたる臨床試験が必要で、膨大な時間と資金がかかるため、ツムラ単独での市場開拓は困難でしょう。

米国で臨床試験が進むが、製品発売への道のりは長い

しかしツムラも手をこまねいているわけではなく、すでに現在、大腸手術後の腸閉塞回復に効果が期待される「大建中湯《だいけんちゅうとう》」に絞って米国での臨床試験が進行中です。健康な成人を対象に薬剤の安全性を確認する第Ⅰ相試験、少数の患者で安全性と有効性、用量、用法を確認する第Ⅱ相試験が終了しており、今後より多くの患者で詳細なデータを集める第Ⅲ相試験が予定されています（図－9）。ただし長い時間がかかり、上市できるのは2020年と予想されています。

従来路線の強化とOEM展開に注力を

コストコントロールと市場拡大が最重要課題

ここまでに述べてきたツムラの現状と課題を整理しましょう。図－10にあるように、医療用漢方では8

図ー8　現時点では海外市場はほとんど存在しない

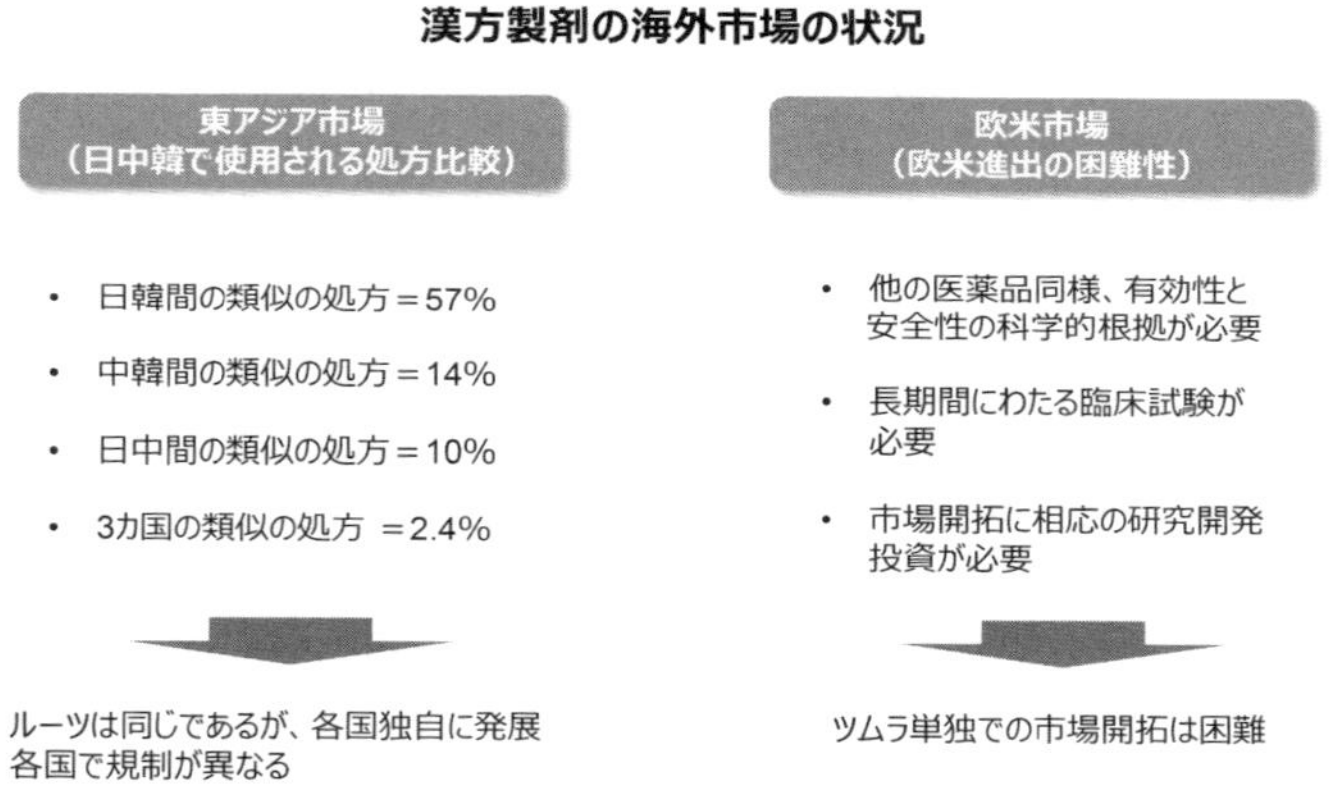

資料: 国立医薬品食品衛生研究所・合田幸広『日本の漢方薬における伝統的知識の利用の現状』2013/5/13、各種報道等よりBBT大学総研作成

図ー9　大腸手術後の腸閉塞回復に効果のある「大建中湯」に絞って米国での臨床試験を実施

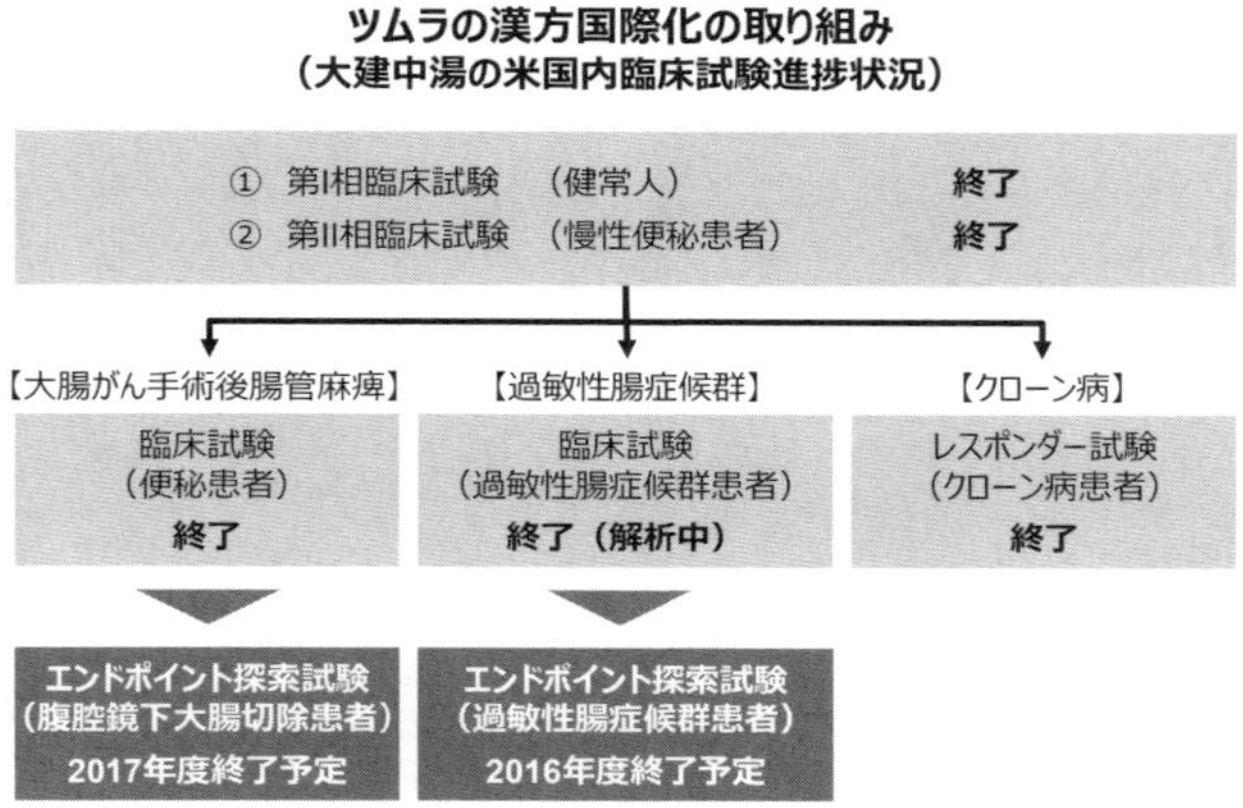

資料: 決算説明会資料よりBBT大学総研作成

割を超すシェアを持ち、安定した成長を続けていますが、製造原価比率の高さという問題を抱えています。国内市場はツムラの一強状態ですが、市場規模は小さく、処方や法規制の違いなどから漢方の海外市場はほぼ存在しません。こうした現状において、ツムラが取り組むべき課題は、調達・生産のコストコントロールと、国内外の漢方市場の啓蒙・普及・拡大です。

課題に対するツムラの取り組み

もちろん、ツムラはこれまで、自社の課題に対して集中的かつ妥当な取り組みをしてきました。調達・生産のコストコントロールという課題に対しては、日本各地での契約栽培強化による生薬の国産化、ラオスでの自社農場設立、中国における自社管理圃場の拡大によって、自社管理圃場の強化を実施しました(図－11)。これらの取り組みにより、品質の保持とコストの抑制が図られています。

漢方市場の啓蒙・普及・拡大については、国内外において対策を実施しています。

日本では大学への教育プログラム提供、医師への啓蒙・普及を通じて大学や研究機関との連携を深め、漢方の科学的検証も強化しています。同時に一般市民への普及活動も行い、国内市場の拡大にも取り組んでいます。

海外では米国での臨床試験や国内の専門家と連携した情報発信を実施、海外市場拡大の可能性を探っています。

図−10 調達・生産のコストコントロールと漢方市場の啓蒙・普及・拡大が課題

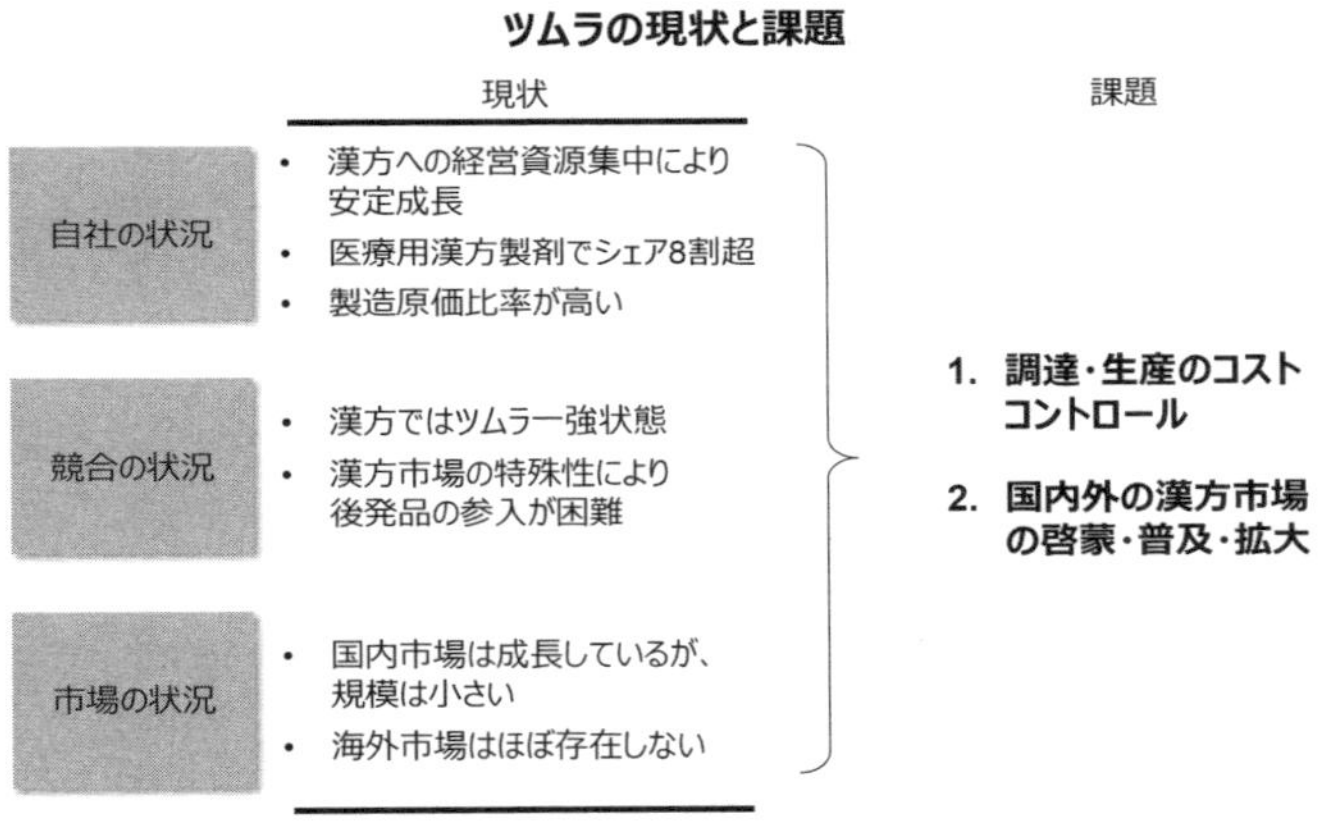

	現状	課題
自社の状況	・漢方への経営資源集中により安定成長 ・医療用漢方製剤でシェア8割超 ・製造原価比率が高い	
競合の状況	・漢方ではツムラ一強状態 ・漢方市場の特殊性により後発品の参入が困難	1. 調達・生産のコストコントロール 2. 国内外の漢方市場の啓蒙・普及・拡大
市場の状況	・国内市場は成長しているが、規模は小さい ・海外市場はほぼ存在しない	

資料: BBT大学総研作成

図−11 ツムラは自社の課題に対し集中的かつ身の丈に合った投資を行ってきた

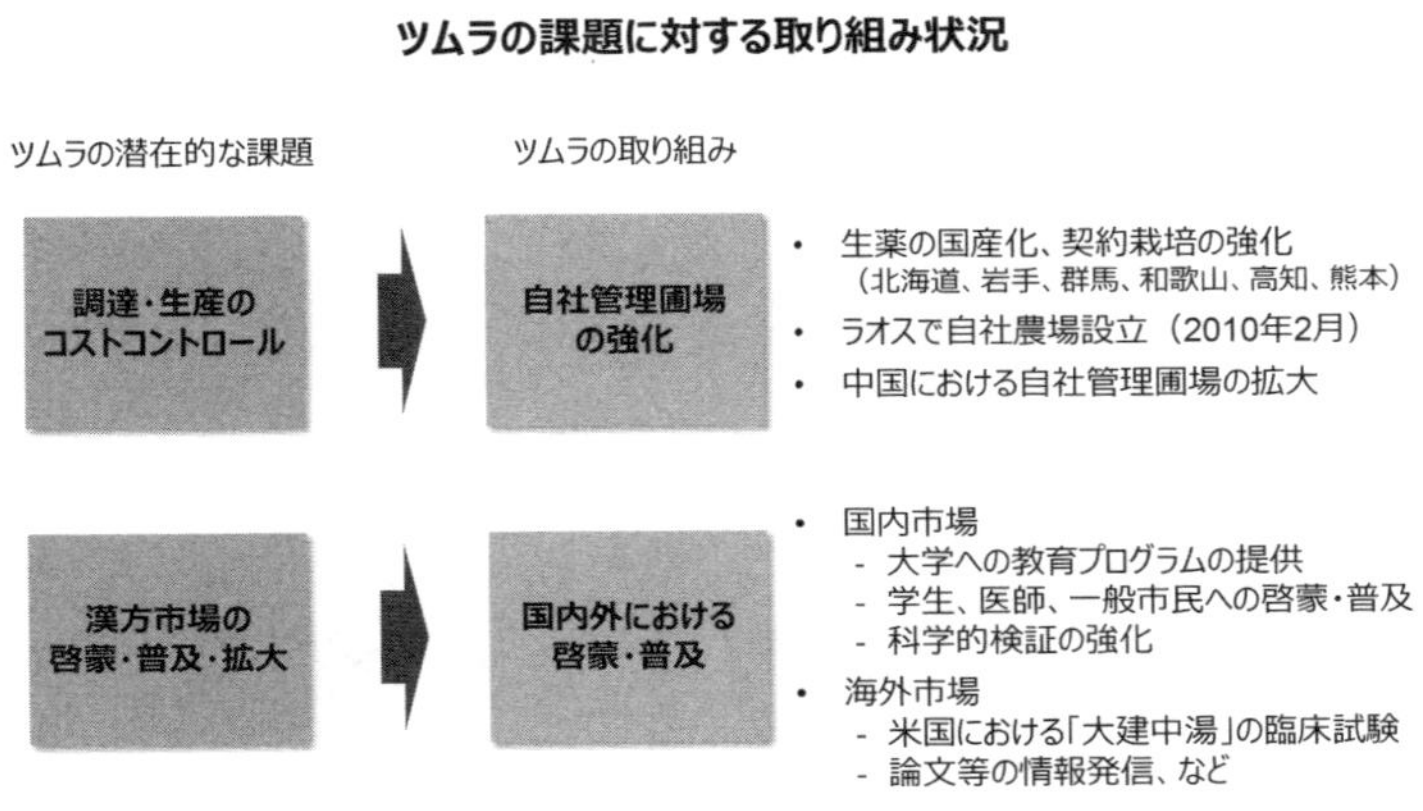

資料: 決算説明会資料、ホームページよりBBT大学総研作成

ＯＴＣ医薬品・健康食品市場に進出すべきか

これらの従来路線はツムラが経営危機に陥って以降、継続的に取り組み一定の成果を上げてきました。危機からの再生を果たしたツムラは、新たな成長戦略を模索していく必要があります。現在、ツムラの売上高１１０４億円に対し、医療用漢方製剤の市場規模は約１４０５億円であり大きな成長の余地がありません。一方で、ＯＴＣ医薬品や健康食品の市場は6～7倍と規模が大きく魅力があります。しかし、これまでツムラは多角化で膨張した資産を圧縮し、改善させたキャッシュフローを医療用漢方事業に集中させてきたという経緯があります（図－12）。前述のとおり、ＯＴＣ医薬品や健康食品は他社製品との差別化が難しいため広告や宣伝に費用をかけざるを得ず、安易な進出はコストの増加のみを招くリスクがあります。

ツムラの祖業の１つであり、大衆向けの看板商品であった「バスクリン」などの家庭用品事業は長期にわたって赤字が続き同社の経営を圧迫していたため（図－13）、経営再建に際し売却・撤退を断行、それによって販管費を削減して利益率20％前後を達成するようになったという経緯があります。ＯＴＣ医薬品市場は競合が激しく、トップは大正製薬で、武田薬品工業と第一三共ヘルスケアが続きます。この市場ではツムラのシェアは33位と非常に小さく、売上高は大正製薬の約１４００億円に比べて約25億円しかありませんので、ここに参入するとなるとかなりの経営資源を分散させることになります（２０１３年度。富士経済『一般用医薬品データブック２０１４ Ｎｏ３』より）。したがって、今になってＯＴＣ医薬品や健康食品市場

図−12　これまで資産圧縮を進め、改善したキャッシュフローを漢方事業に集中させてきた

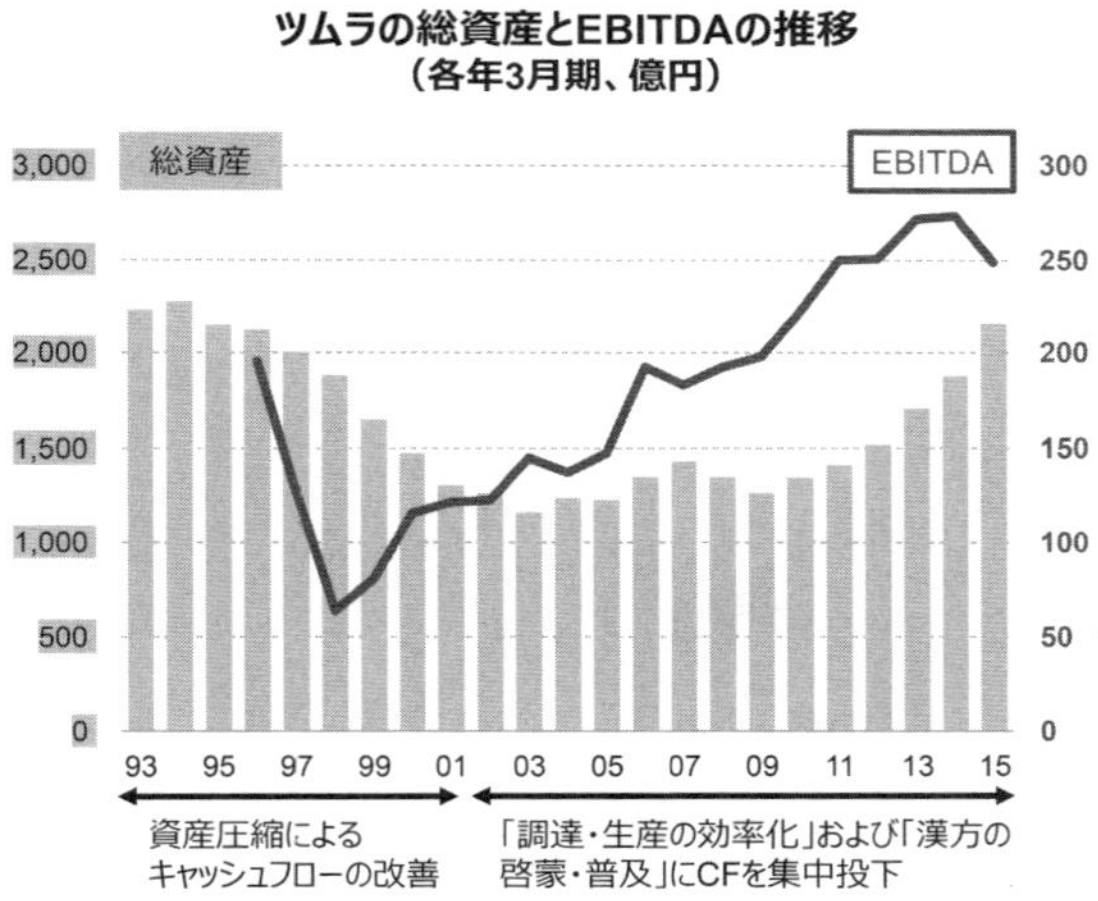

資料: ツムラ決算資料よりBBT大学総研作成

図−13　長年赤字であった家庭用品事業（バスクリンなど）からは撤退

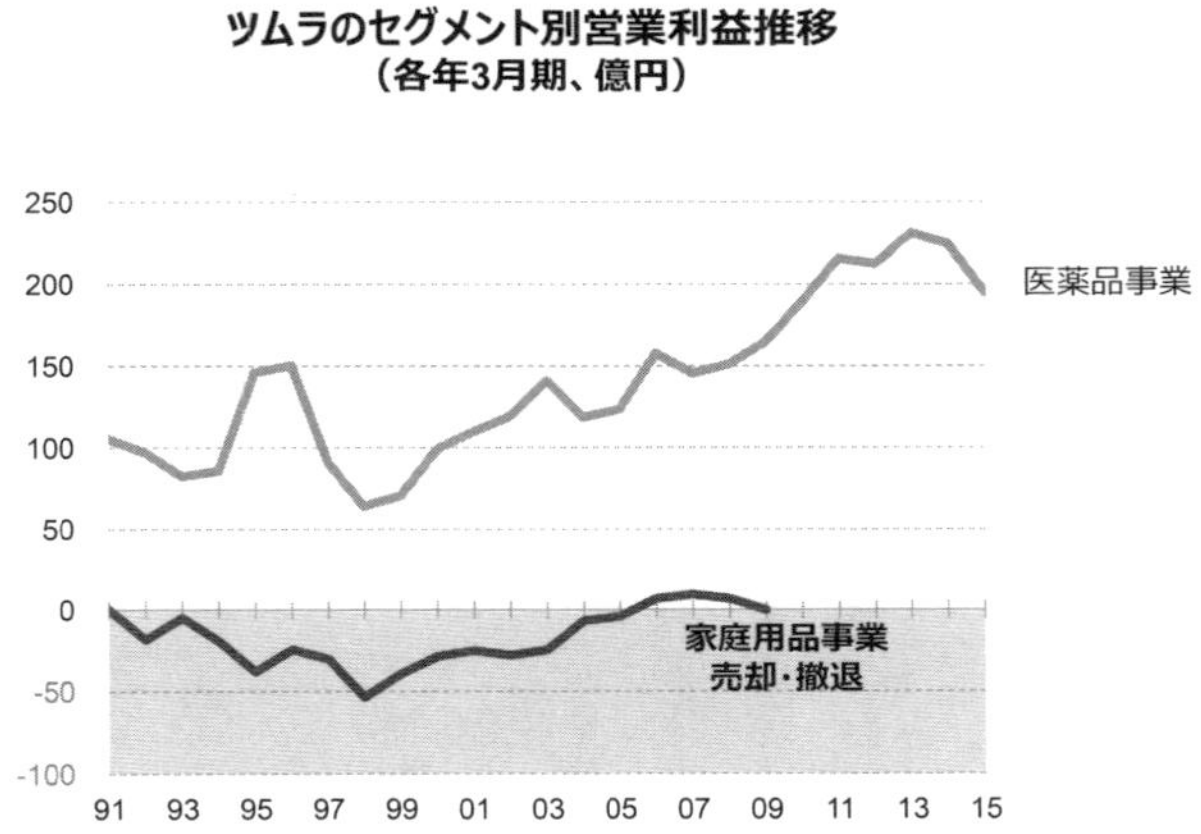

資料: ツムラ決算資料よりBBT大学総研作成

に参入することは、これまでの改革路線を逆行させ、リスクを増大させる可能性が大きいでしょう。

OEM展開に注力し、そのキャッシュフローで従来路線をさらに強化

ここで改めてツムラの強みを考えてみますと、漢方製剤において国内最大規模の調達・生産能力を保有しているという点です。したがって、OTC医薬品や健康食品市場での伸びしろを追求するのであれば、自社で直接に事業を展開するのではなく、OEM（Original Equipment Manufacturingの略。自社ブランドを持ちながら、発注元の相手先ブランドで販売される製品を受託製造すること、またそのメーカー）として製品を提供するのがよいと思います（図－14）。自社の強みを最大限に活かして、大手OTC医薬品メーカー全てを顧客とすることで新たな成長を図ります。そうして獲得したキャッシュフローで、コストコントロールや漢方の普及といった従来路線を強化すべきでしょう。生薬の配合された様々な漢方処方OTC医薬品が主要OTC医薬品メーカーから販売されています（図－15）。これらのメーカーに対して、ツムラの原料調達能力およびエキス製剤の生産能力を提供できれば、ツムラの調達・生産能力は規模の経済性によってさらなるコスト競争力の強化が望め、主力事業である医療用漢方製剤の収益力強化にもつながるでしょう。

OTC医薬品や健康食品事業を展開しないというのは、芳井社長の偉大な功績ですし、この方針は今後も堅持すべきですが、OEM事業は成長余地の限られた漢方市場において、ツムラの新たな成長機会になり得ると考えます。OEM事業のパートナー候補は多く、勝算は十分にあるでしょう。

図−14　漢方における国内最大規模の調達・生産能力を活かしOEMに注力、そのキャッシュフローで従来路線のさらなる強化を図る

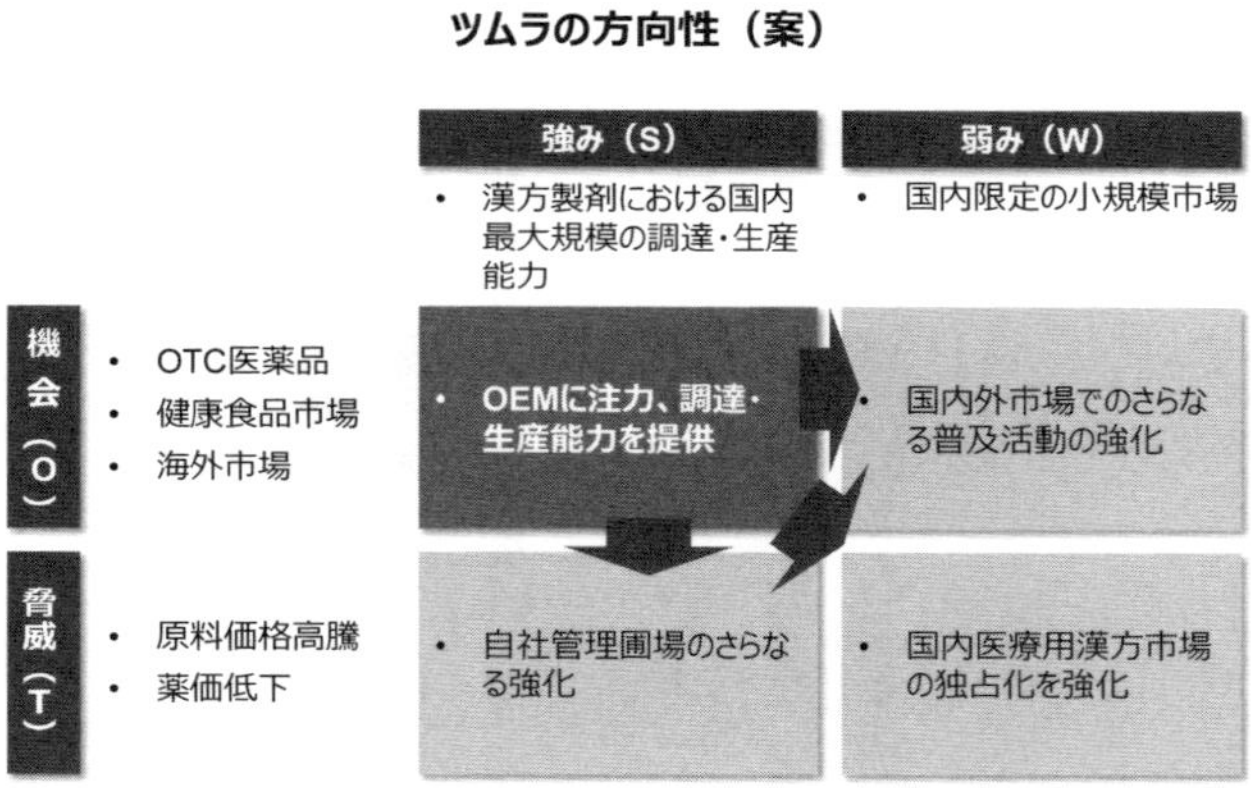

資料: BBT大学総研作成

図−15　漢方処方OTC医薬品の主力メーカーに対しOEMを展開

漢方処方OTC医薬品メーカーとおもな製品

漢方処方OTC医薬品メーカー	おもな漢方処方製品
大正製薬	リポビタンシリーズなど漢方処方ドリンク
佐藤製薬	ユンケルシリーズなど漢方処方ドリンク
第一三共ヘルスケア	カコナールなど感冒薬、新三共胃腸薬など
養命酒製造	養命酒
小林製薬	ナイシトールなど漢方処方の肥満防止剤
クラシエ薬品	OTC向け漢方エキス(粉末)製剤トップ
湧永製薬	キヨーレオピンなど滋養強壮剤
全薬工業	ジキニンなど感冒薬
ロート製薬	OTC向け漢方エキス(粉末)製剤2位
アルプス薬品工業	原料調達・原薬エキスの製造
ゼリア新薬工業	ウィズワンなど便秘薬
太田胃散	太田胃散など胃腸薬
武田薬品工業	タケダ漢方便秘薬、ストレージなど胃腸薬
大鵬薬品工業	ソルマックなど胃腸内服液
大幸薬品	正露丸など

資料: 富士経済『OTC漢方マーケティング便覧2010』よりBBT大学総研作成

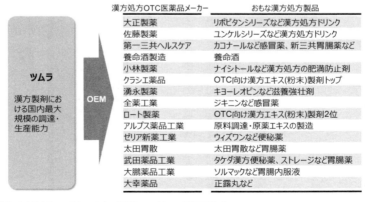

まとめ

☑ 漢方製剤における国内最大規模の調達・生産能力を活かし、OTC医薬品メーカーに対してOEM事業を展開し、新たな収益源とする。

☑ そのキャッシュフローにより、コストコントロールの強化、漢方の普及・啓蒙の強化、海外市場の開拓など、従来路線のさらなる強化を図る。

大前の総括

求められる新たな成長戦略。やみくもに新市場参入せず強みを活かした事業展開を

参入障壁が高く新規参入のうま味も少ないという特殊な市場で一強状態を誇るが、規模は小さく海外市場はほぼ存在しない。成長性のある新市場への展開は考えたいが、安易な事業展開にはコスト増大のリスクも。自社の強みを意識した展開方法の検討を。

CaseStudy

23

小松製作所

新たな「ビジネスモデル」を創造

あなたが小松製作所の社長ならば
需要減少による減収減益が予想されるなか
どのように収益構造を再構築していくか?

※2015年6月に実施したケーススタディを基に編集・収録

正式名	コマツ(登記社名:株式会社 小松製作所)
設立年	1921年
代表者	代表取締役社長(兼)CEO 大橋 徹二
本社所在地	東京都港区
業種	機械
事業内容	建設・鉱山機械、ユーティリティ(小型機械)、林業機械、産業機械など
資本金	連結 678億7,000万円(米国会計基準による、2015年3月31日現在)
売上高	連結 1兆9,786億円(2015年3月期)
従業員	連結 4万7,417名、単独 10,416名(2015年3月31日現在)

経営改革で高収益体質へ、業界トップクラスの利益率

2000年以降、新興国の建設機械需要に連動して売上拡大

世界的な建機メーカーであるコマツですが、ここ数年、予測と実績が乖離してきています。今後、減収減益で苦戦が予想されるなか、企業体質をどう再構築していくかということが重要になります。コマツが取り扱っている主要7建機の世界需要を見ると、1980年代は日米欧の先進国が牽引しましたが、1990年代には成熟期に入ります（図－1）。2000年代には新興国・資源国の需要が高まりはじめ、欧米の需要も上向きましたが、2008年のリーマンショックにより先進国は大きく減少。その間、中国政府は4兆元（約56兆円）の大型景気対策を実施したため、2009年度からの数年は中国特需がありました。こうした需要の伸びにうまく乗ったのがコマツです。コマツの連結売上高を見ると、国内と海外の連結売上高は世界の建機需要と連動しています（図－2）。2014年度は、海外が78・6％、国内が21・4％です。

経営改革によりコスト体質を強化

図－3を見ると、1990年代に国内需要が減少トレンドに入り、乱売合戦により販管費が大きく増加

図ー1　1990年代以降国内需要が低迷、先進国市場は成熟化、2000年代以降新興国需要が急増

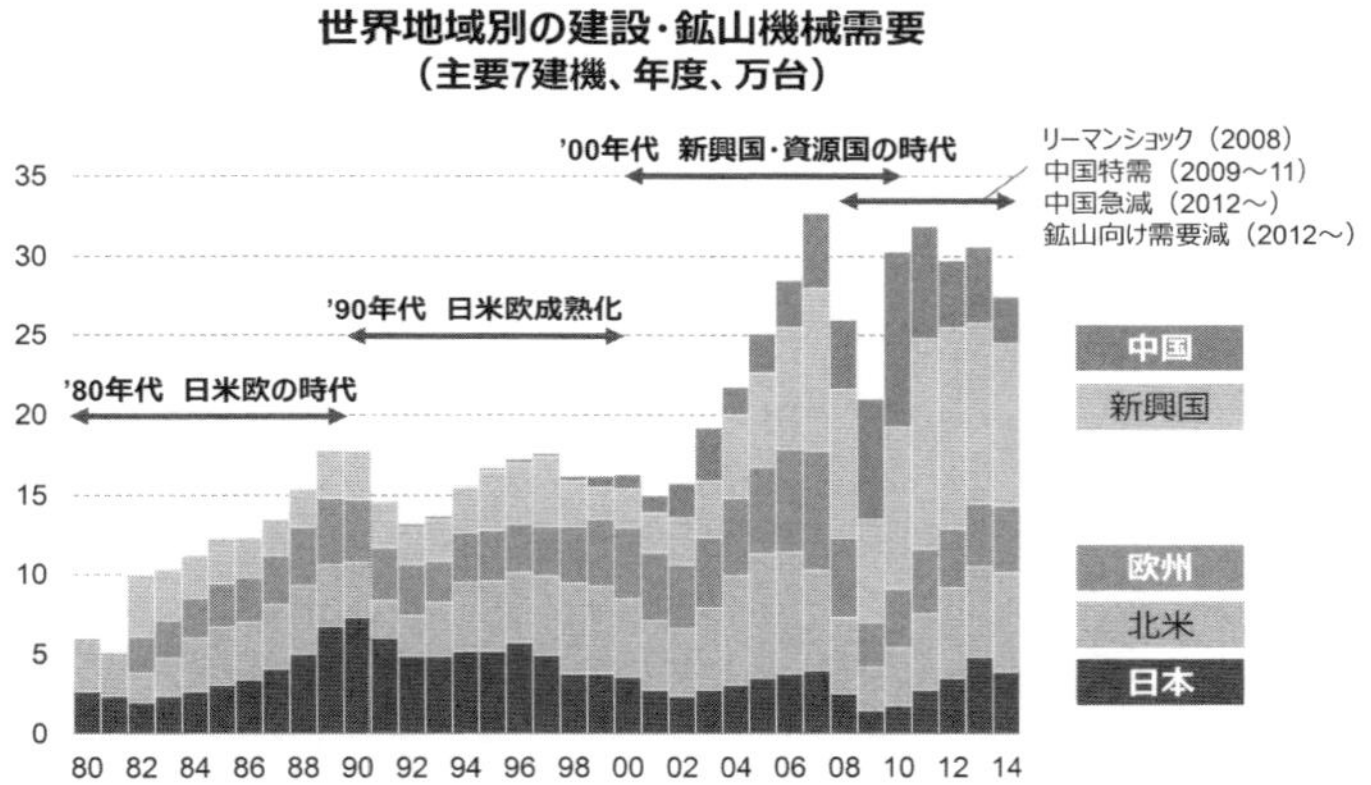

※ 主要7建機：
油圧ショベル（クローラー式、ホイール式）、ブルドーザー、ホイルローダー、ダンプトラック（リジット式、アーティキュレート式）、モーターグレーダー

資料: コマツレポート 2014、決算説明会資料 2015年3月期よりBBT大学総研作成

図ー2　コマツの売上高は建機需要に連動、新興国需要の拡大を背景に急成長

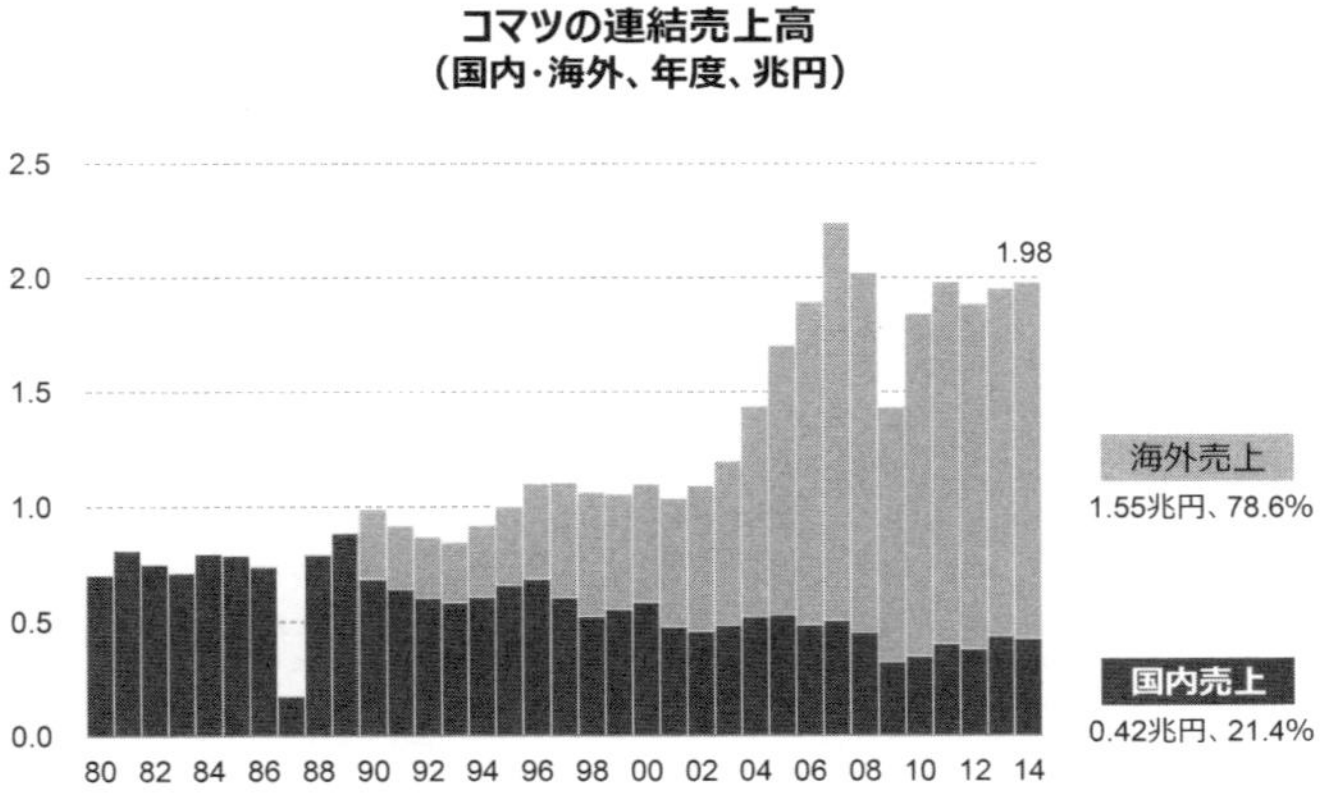

※ 1989年以前は内外合算、1987決算期変更、3カ月決算

資料: コマツレポート2014、決算説明会資料 2015年3月期よりBBT大学総研作成

したことで営業利益は悪化、2001年度には営業赤字に陥りました。これを受けて、同年度より第一次経営改革を断行、販管費削減、KOMTRAX（コムトラックス）の導入、無人ダンプトラックの投入などを行いました。KOMTRAXとは、コマツが開発した建機の情報を遠隔で確認するための稼働管理システムです。車両システムには、GPS、通信システムが装備され、車両内ネットワークから集められた情報やGPSにより取得された位置情報が通信システムにより送信されます。サーバー側システムでは、車両から送信されたデータを蓄積し、インターネットを通し顧客や販売代理店に提供され、保守管理、車両管理、稼働管理、車両位置確認、省エネ運転支援、帳票作成などができます。

さらに需要が高まりつつある新興国市場に注力していき、この「経営改革」によって収益が回復したというわけです。とくにKOMTRAXの導入は業界の革命と呼ばれ、同社の世界中の建機の稼働状況をリアルタイムに管理することで正確な需要予測を可能にし、さらに営業・サポート部門の業務効率化で、販管費の削減に大きな効果を発揮しました。また、2006年度以降には第二次経営改革を実施、さらなるコスト体質の強化とコア事業への集中を進め、収益力の強化に努めてきました。

業界トップクラスの利益率を実現

実際に経営改革の成功によって、2005年度以降は競合である米国のCaterpillar（キャタピラー）社よりも高い利益率を実現しています（図－4）。2013年度の世界建機メーカーの売上高・営業利益率を見

図－3 1990年代の国内需要低迷で収益性悪化、「経営改革」を経て高収益体質への転換を果たした

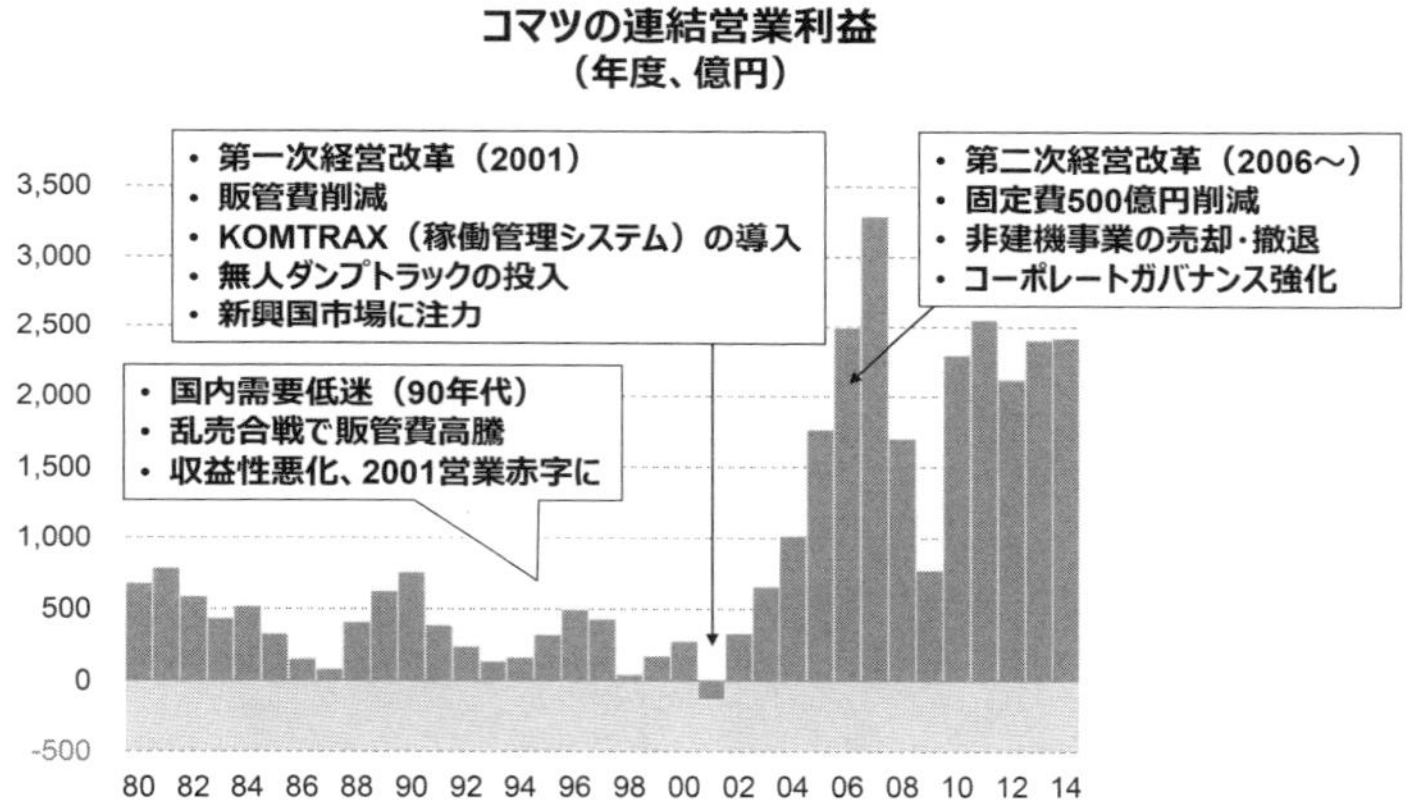

※ 1987決算期変更、3カ月決算

資料: コマツレポート2014、決算説明会資料 2015年3月期よりBBT大学総研作成

図－4 経営改革の成功により米競合（Caterpillar社）より高い利益率を実現している

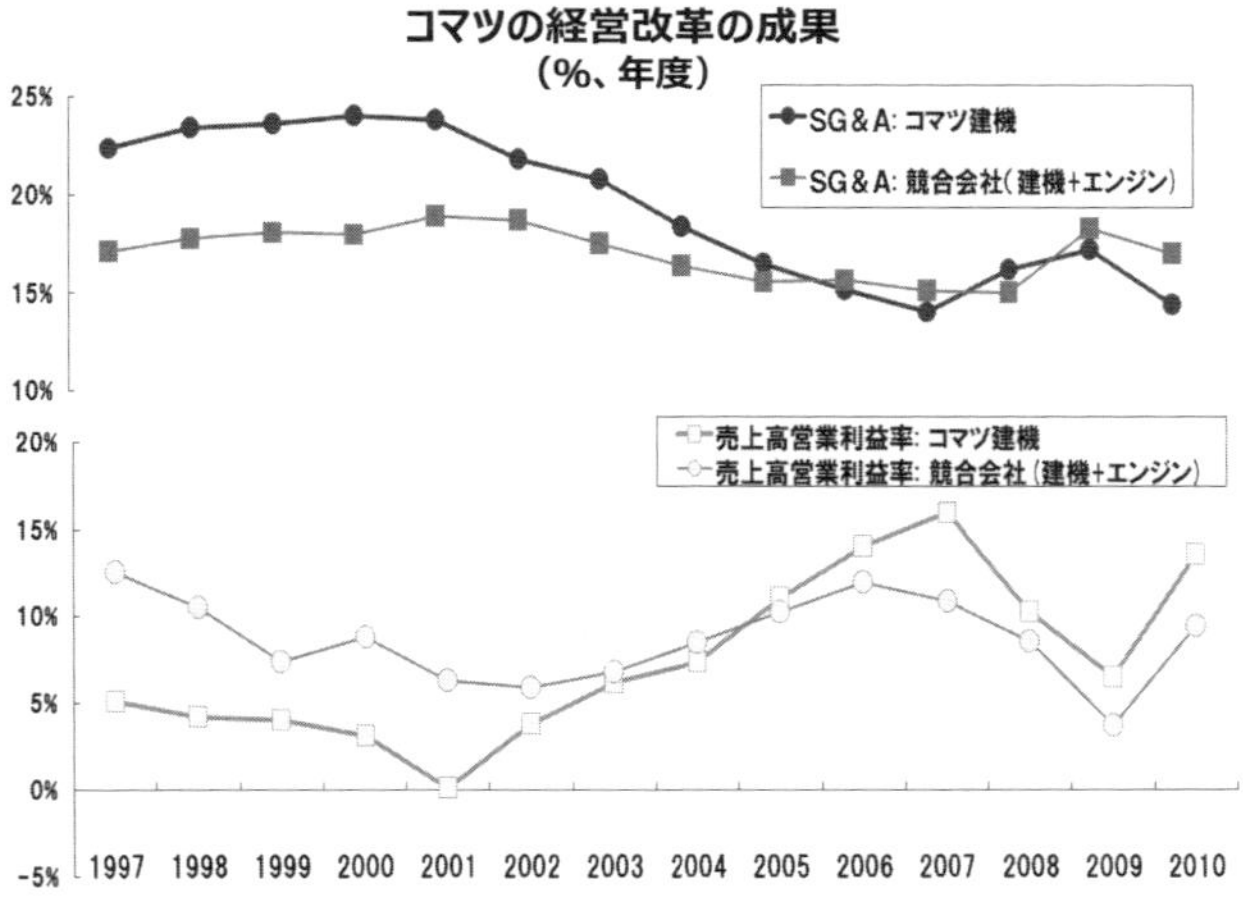

資料: 向研会緑陰セミナー 2012/5、小松製作所プレゼンテーション資料よりBBT大学総研作成

ると、第1位のCaterpillar社の売上高は、第2位のコマツの約2倍でした（図－5）。しかし、利益率のみを見るとCaterpillar社が9・3％であるのに対し、コマツは13・8％です。利益率の高さだけを見れば、売上高8位のスウェーデンのAtlas Copco（アトラスコプコ）社が17・7％となり、続いてコマツですから、利益率の高さは業界トップクラスといえます。日系企業で見ると、続いて日立建機が8・6％で売上高第6位ですが、中国企業では徐工集団が6・2％で売上高第5位、続いて中連重科が11・8％で第9位、三一重工が7・4％で第10位と中国勢が急速に追いかけてきている状況にあります。

新興国を中心に需要減少、世界需要は調整期に

世界需要が調整期に入り減収減益へ

世界の建設・鉱山機械の需要実績および見通しでは、2011年度までの中国特需から一転、翌2012年度には中国の建設市場が急減しました。建設が止まるということは、鉄鉱石や石炭も不要になるので、資源国のブラジルやオーストラリアの鉱山向け需要も同時に減少するわけです。そうした結果、新興国需要の拡大を見込んでいた予測は外れ、世界需要は逆に減少トレンドへと向かっています（図－6）。したがって、コマツでも、リーマンショック以降、緩やかに回復傾向にあった業績は反転し、2015年度は減収

図ー5　コマツは世界第2位、利益率は業界トップクラスだが、近年中国メーカーが台頭

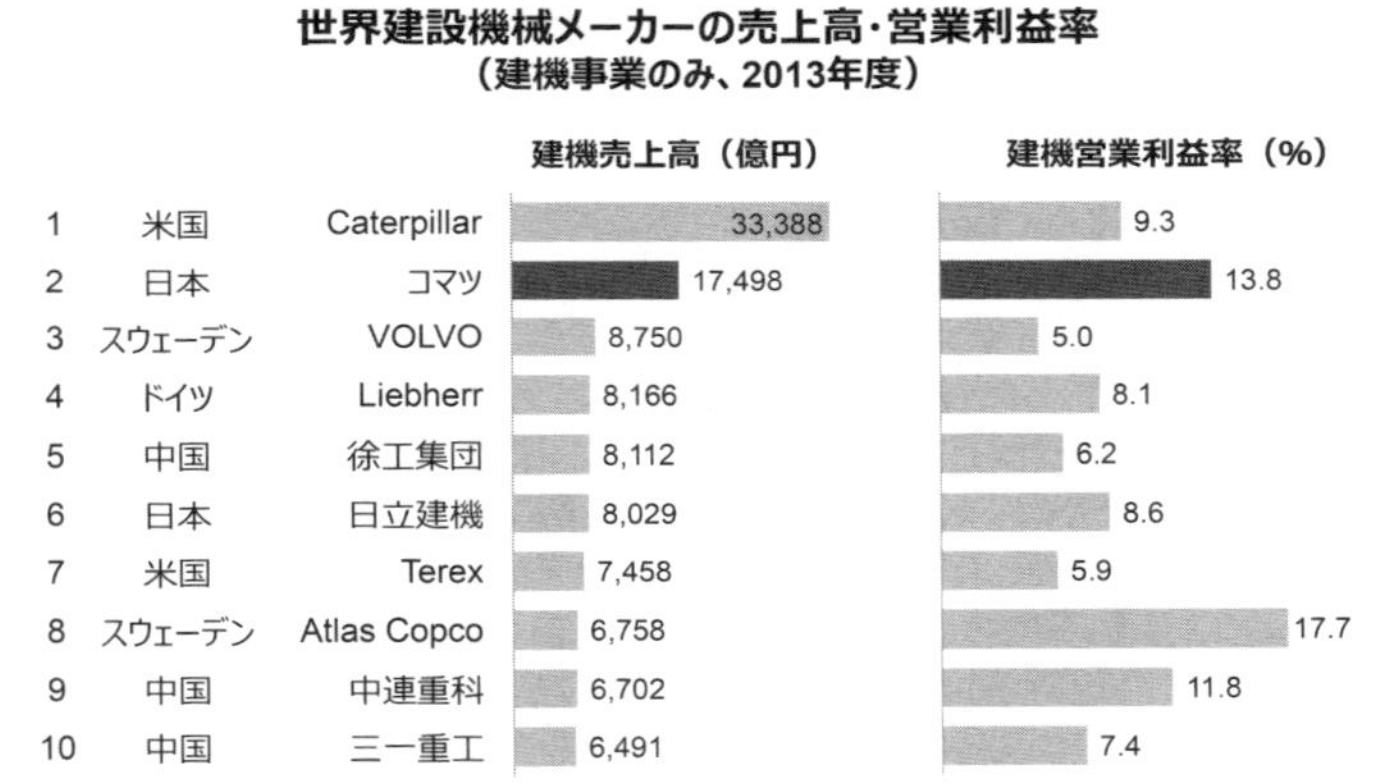

※ 1USD=105.274JPYで換算

資料: 中国新聞网『2014全球工程机械制造商50强公布』2014/8/6よりBBT大学総研作成

図ー6　世界需要は新興国を中心に調整期に突入、需要予測から大きく乖離している

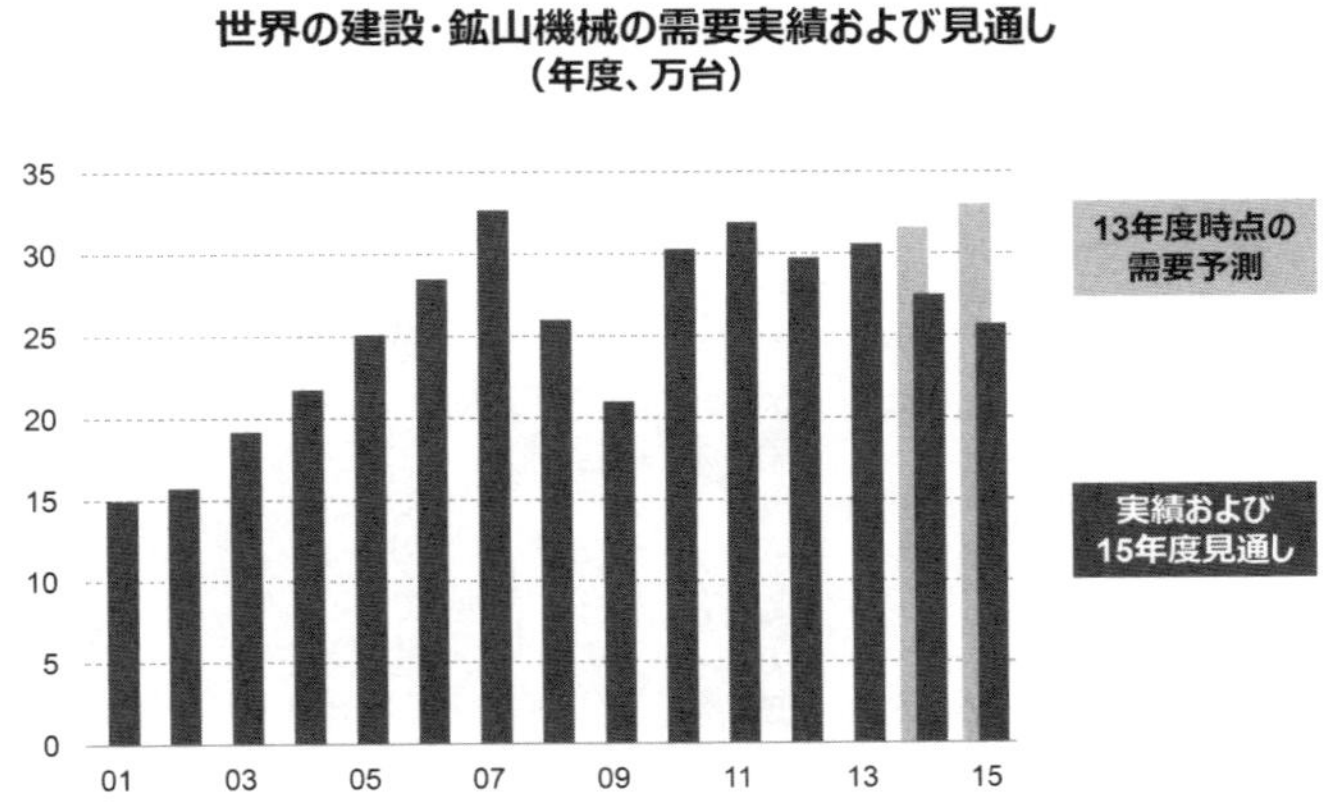

資料: 決算説明会資料 2015年3月期よりBBT大学総研作成

減益となる見通しです。対応を誤れば、久しくなかった窮状に陥る可能性もあるでしょう（図－7）。

需要減少に耐えうるコスト体質の強化と収益構造の転換が課題

コマツの現状と課題をまとめてみましょう（図－8）。

コマツの強みは、業界トップレベルの収益性を誇るコスト体質、そして、GPSを用いた稼働管理システムのKOMTRAXにあります。しかし市場の状況を見ると、中国が急減速、それを受けて他の新興国需要も調整期に突入しており、先進国市場も横ばいの状況。競合としては、中国市場で徐工集団、中連重科、三一重工をはじめとする国産メーカーが台頭し、コマツは中国市場のシェアを喪失しています。

明らかに長い構造不況が来ることが予測できるわけですから、需要減少局面でも利益が出るようなコスト体質の強化を図るとともに、需要変動に左右されない収益構造への転換が大きな課題となります。

顧客企業のコスト削減と自社のシェア拡大でWin-Win

需要減少期における成長戦略とは

コマツの今後の方向性について考えてみましょう（図－9）。

図—7　2015年度は減収減益となる見通し

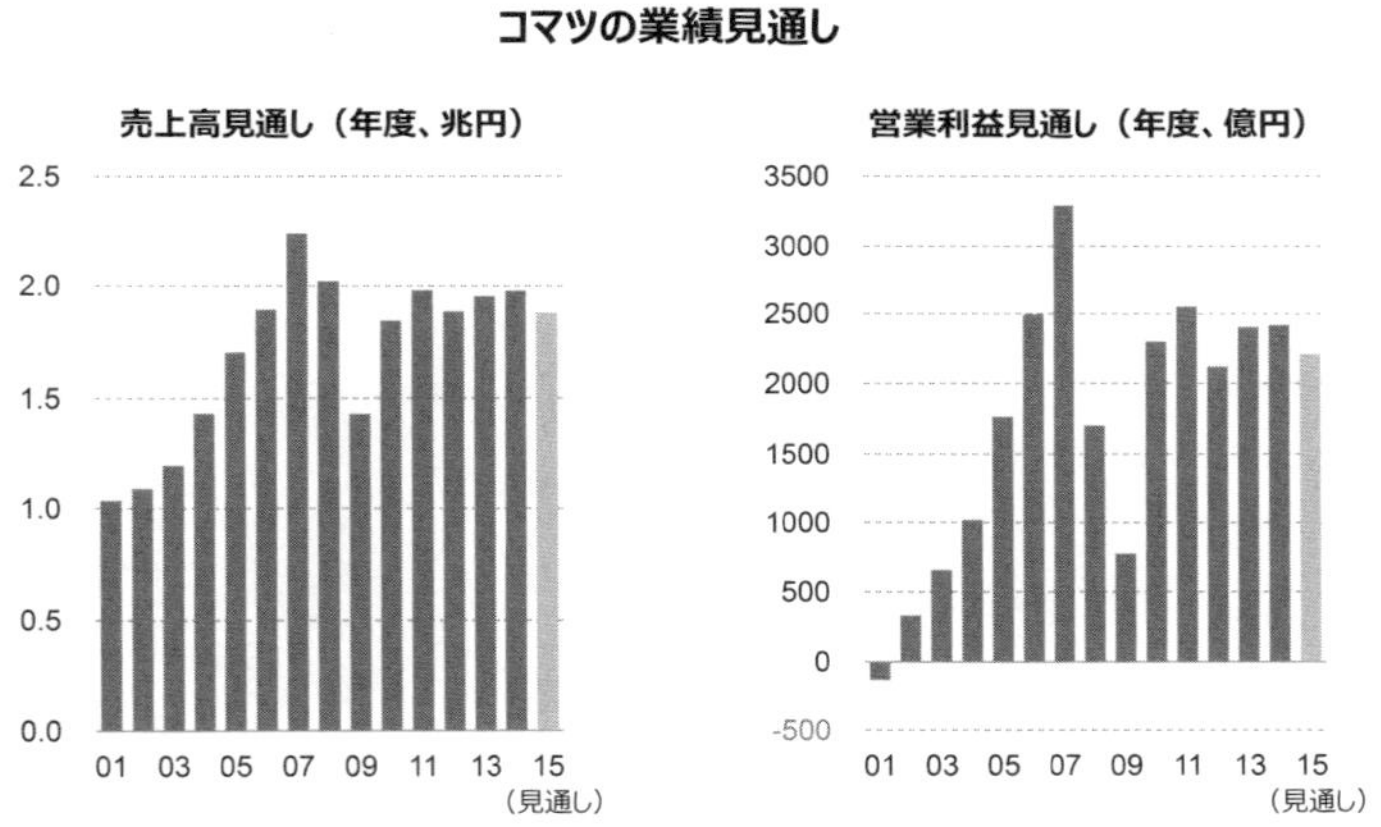

資料: 決算説明会資料 2015年3月期よりBBT大学総研作成

図—8　需要減少を見越したコスト体質の強化と収益構造の転換が課題

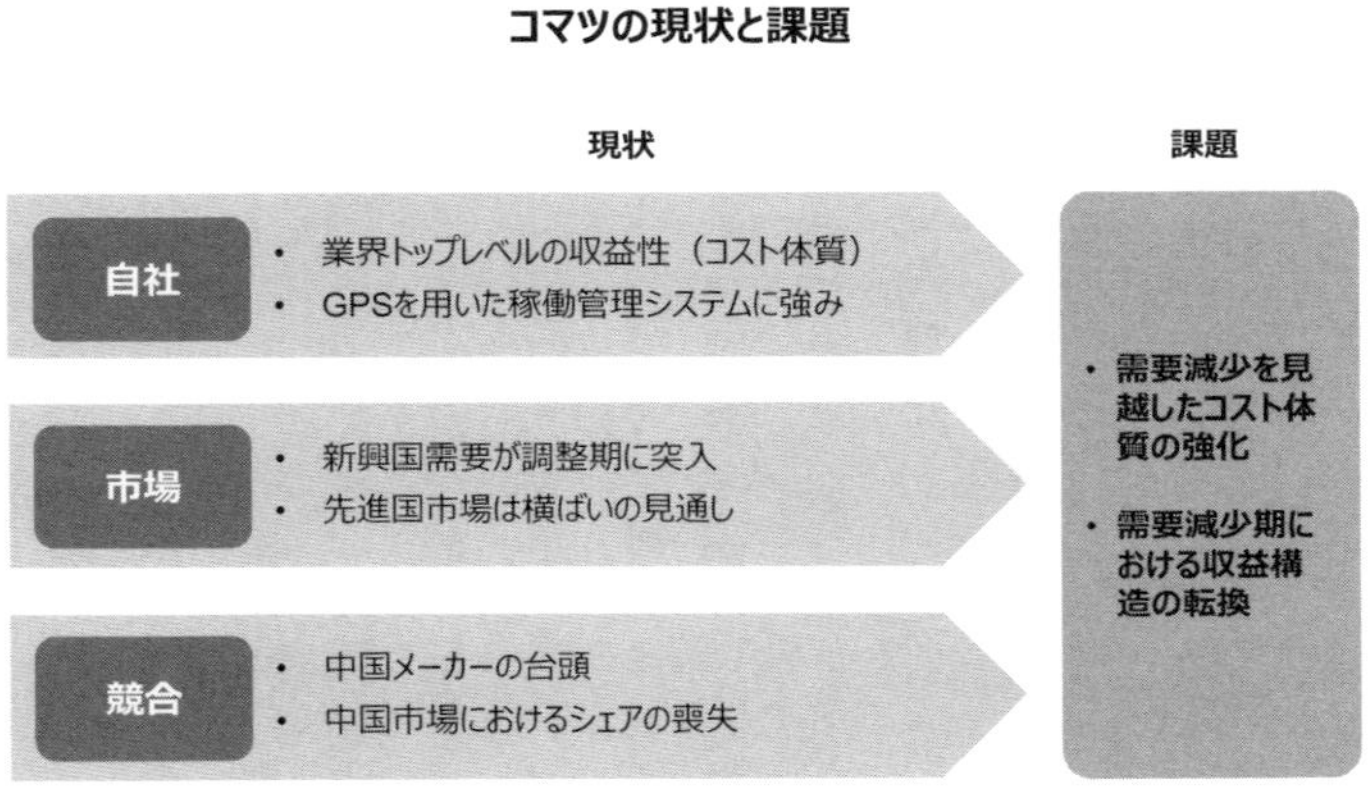

資料: BBT大学総研作成

まずは、需要減少期における戦略としてコスト体質の強化、つまり「守り」の戦略が必要です。これは2000年代以降同社も継続的に取り組んできていますが、再度グローバルレベルで業務を見直し、最適な営業・保守・管理体制の再構築を進め、販管費を中心に固定費を切り詰めていく必要があります。

これまで、同社は需要減少に対して「守り」の戦略を徹底的に磨いてきましたが、これからは需要減少期における成長戦略、すなわち「攻め」の戦略も必要になります。建機メーカーとして、機械の売り切りモデルから脱却し、顧客企業に対しソリューションサービスを提供することで、需要変動に左右されにくい収益構造を構築することが重要です。

従来の建機業界においては、「1台でも多くの機械を販売したい」というメーカーの使命と「購入した機械を長く使用し、稼働率を上げたい」という顧客企業のニーズがあり、利害が相反してきました(図-10)。したがって、この利害相反を解消しメーカーが顧客企業のニーズに立脚することで、新たなソリューションビジネスが生まれる可能性があります。具体的な事例として、複写機業界で行われているMPS(マネージド・プリント・サービス：Managed Print Serviceの略。印刷業務に関わるあらゆるコストを低減することを目的とし、大手印刷機器メーカーが力を入れている運用アウトソーシングのことを指す。MPSを提供する各社は、企業内の設置台数や保守サービスの契約先を調べ、機種選定や配置、ヘルプデスクや料金支払い窓口の統合などを提案し、印刷コストの削減を支援する）の戦略が参考になります。

図—9　グローバルでの営業・管理体制の再構築による固定費削減（守りの戦略）、機械の売り切りモデルからの脱却、顧客企業に対するソリューションサービスを展開（攻めの戦略）

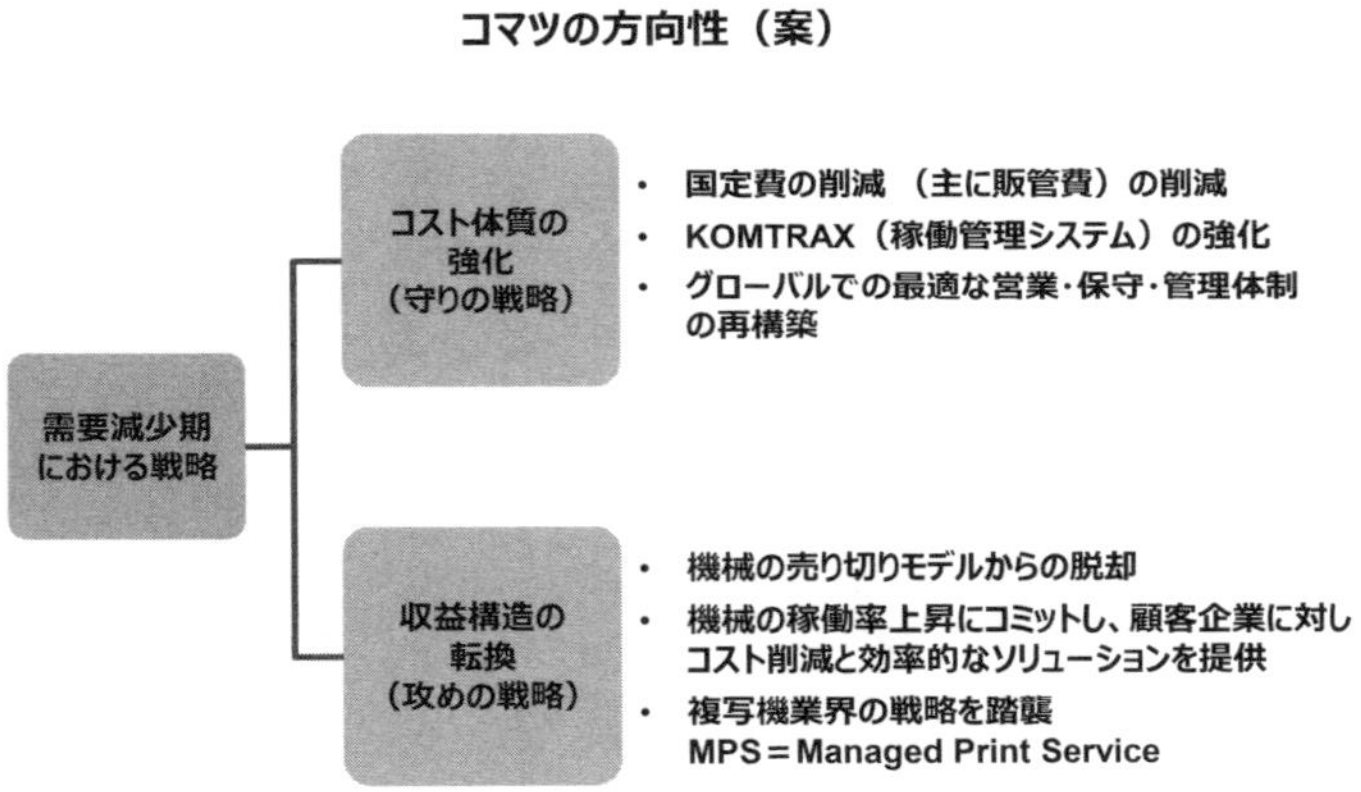

資料: BBT大学総研作成

図—10　「建機メーカーの使命」と「顧客企業のニーズ」の利害は相反している。顧客企業のニーズに立脚したビジネスモデルへの転換を図る

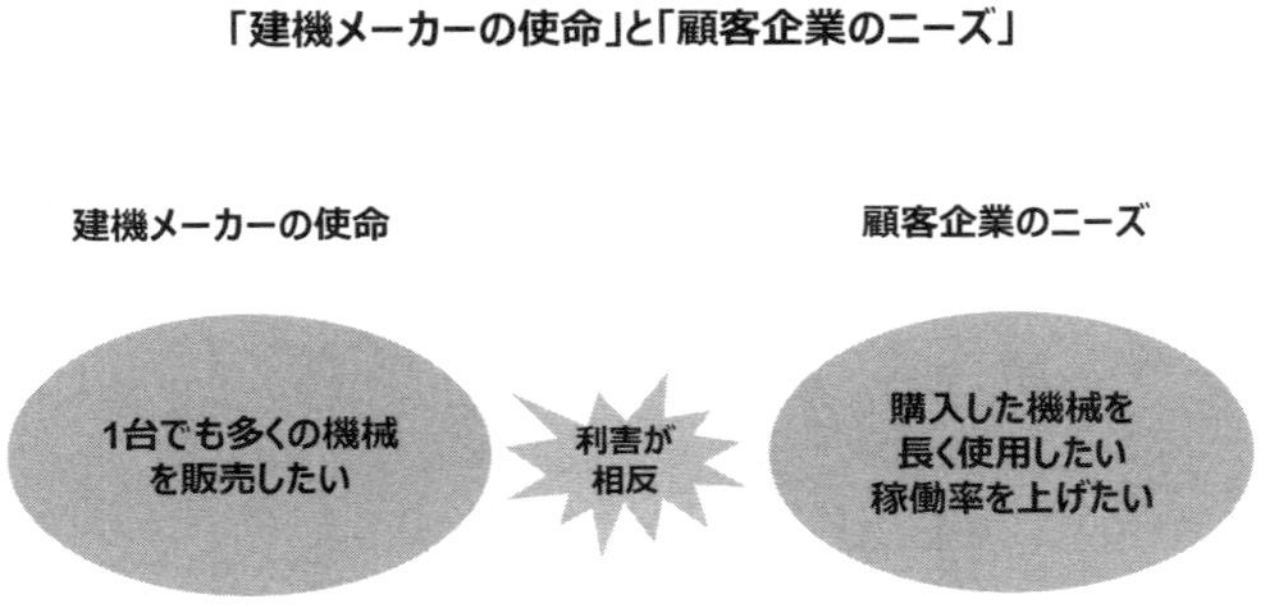

資料: BBT大学総研作成

複写機業界では印刷機器の一括管理サービスが伸張

複写機業界のビジネスモデルの変遷を振り返ると、初期の頃は顧客企業に対し複写機を販売するというビジネスであり、これは現在の建機業界と同じビジネスモデルです。次の段階では複写機をリースにし、使用量に応じて料金を課す収益モデルに転換しました。これは顧客側に一歩近づいたビジネスモデルです。そして現在、複写機業界では1社が顧客企業の全部署、全支社のプリント環境を一括管理することで、顧客企業の印刷コスト削減にコミットしたMPSというサービスが成長しています（図－11）。

従来、複写機の契約は同一の会社であっても、事業部や支社ごとに別々のメーカーやリース会社と契約することが常態化していました。これでは全社的に印刷コストの把握が困難であり、余剰な印刷コストが生じてしまいます。そこで、顧客企業のプリント環境を1社が一括管理することで、普段の使用状況を分析し余剰な機器を削減、全社ベースで機器の最適配置を見直します。こうすることで、顧客企業の印刷コストの大幅削減を実現しつつ、同時に自社製機器のシェア拡大を図るソリューションの提供が可能になるわけです（図－12）。

もともと、複写機には従量課金のために稼働状況を管理するシステムが組み込まれていましたが、それがネットワーク化の進展で稼働状況を一括集中管理できるようになりました。これはまさに、コマツの機械稼働管理システムであるKOMTRAXとまったく同じものといえます。したがって、複写機業界で起き

図－11　複写機業界では企業が保有する複写機を他社製を含め1社が一括管理するMPSが伸びている

Managed Print Service（MPS）の概要

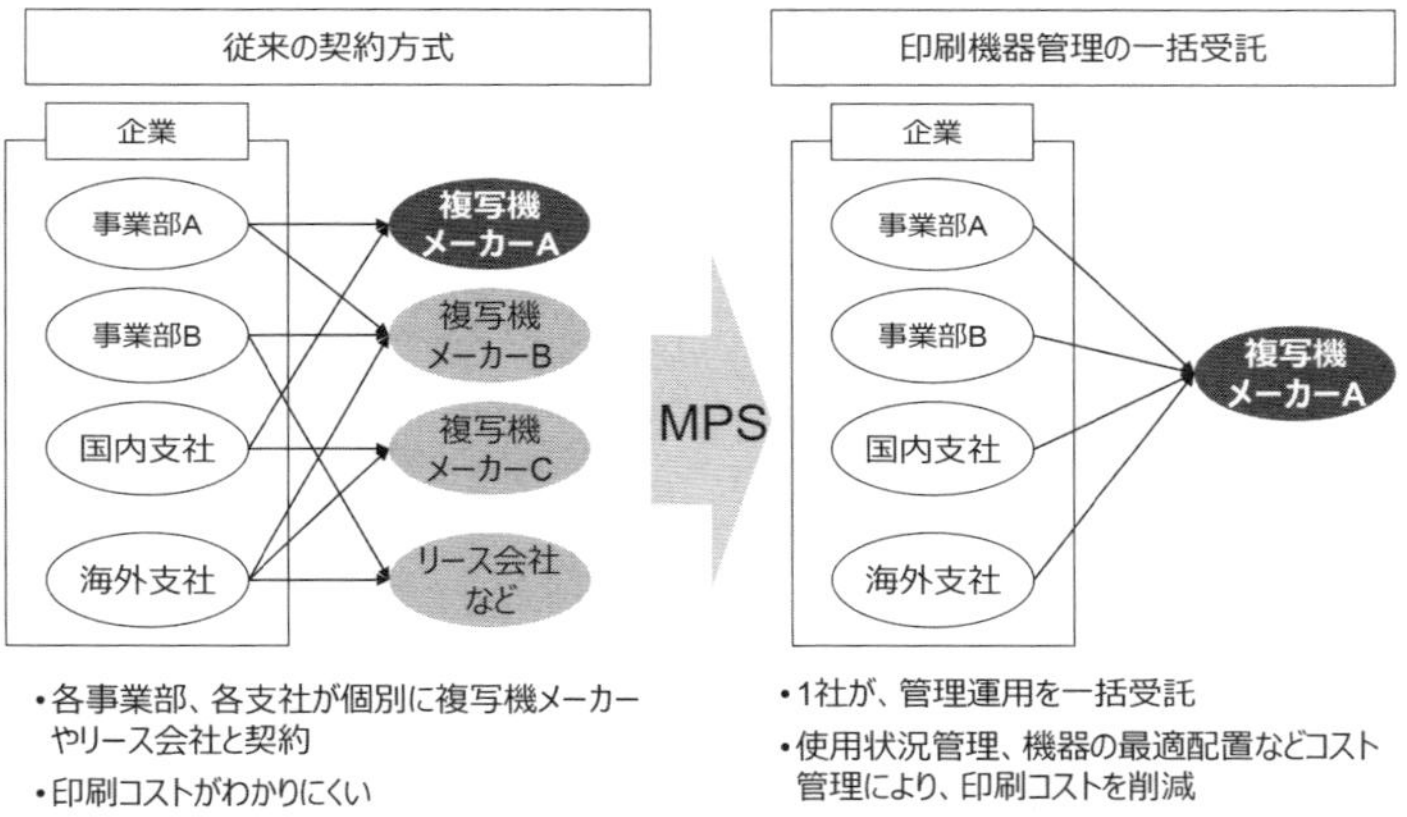

資料: RTOCS『リコー』2012/8/26放送分よりBBT大学総研作成

図－12　企業の複写機を一括管理して稼働率にコミットし、顧客企業に対しコスト削減を実現しつつ、自社製機器のシェア拡大を図る

MPSの導入イメージ

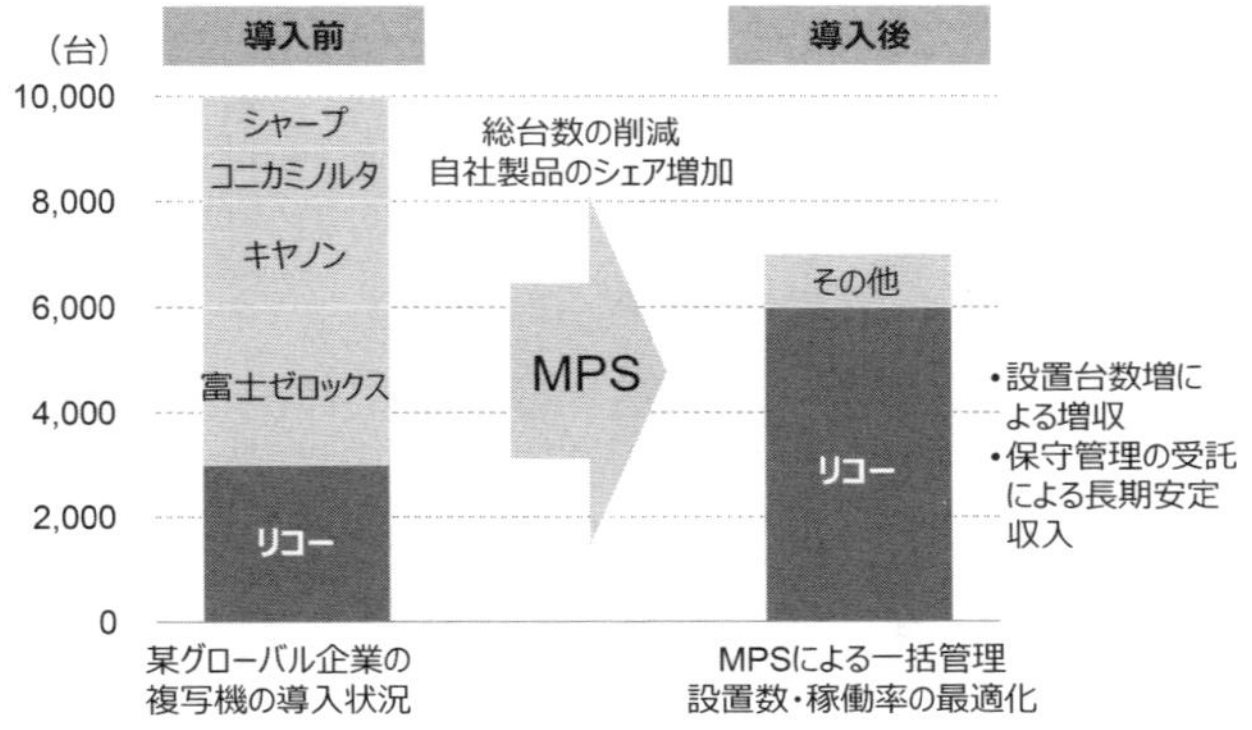

資料: RTOCS『リコー』2012/8/26放送分よりBBT大学総研作成

たMPSという新しいソリューションサービスをコマツが建機業界に応用することで、顧客企業のニーズに立脚した新しいビジネスモデルの構築が可能になると考えます(図－13)。現在建設会社は様々なメーカーの建機を保有していますが、顧客企業のこれらの建機に全てKOMTRAXを導入し、稼働状況をコマツが一括管理すれば、稼働率の最大化にコミットした最適なソリューションを提供することが可能となるでしょう。顧客企業はコスト削減ができますし、コマツとしては更新時に自社製品を売り込むことでシェアの拡大が図れるので、両社はWin-Winの関係になれるでしょう。

複写機業界におけるMPSは、設置数の削減を図りながら、同時にシェア拡大により成長を図るモデルであり、これを建機業界に応用することは、まさに需要減少局面における成長戦略であると考えます。

建機の共有化・下取りの仲介、中小建設会社向けに最適なパッケージを提供

中小建設会社には建機の共有(シェアリング)や下取り仲介のソリューションを提案します。全世界の建機の稼働状況を把握できているので、時間貸し、リース、買い取りでも対応可能ということです。新品・中古含め最適なパッケージを提供して中小建設会社を囲い込み、シェア拡大を図ります(図－14)。

こうした大転換を建機メーカー売上高世界第2位のコマツがやり抜くには、かなりの資金がかかります。しかし、自社製品を売ることに注力するだけでなく、収益構造の転換を率先して進めることで、未来のブルーオーシャンが開けるのではないでしょうか。

図ー13　他社製の建機も含め、コマツが顧客企業の建機を一括管理。稼働率の上昇にコミットし、コスト削減を実現しつつ、自社製品のシェア拡大を図る

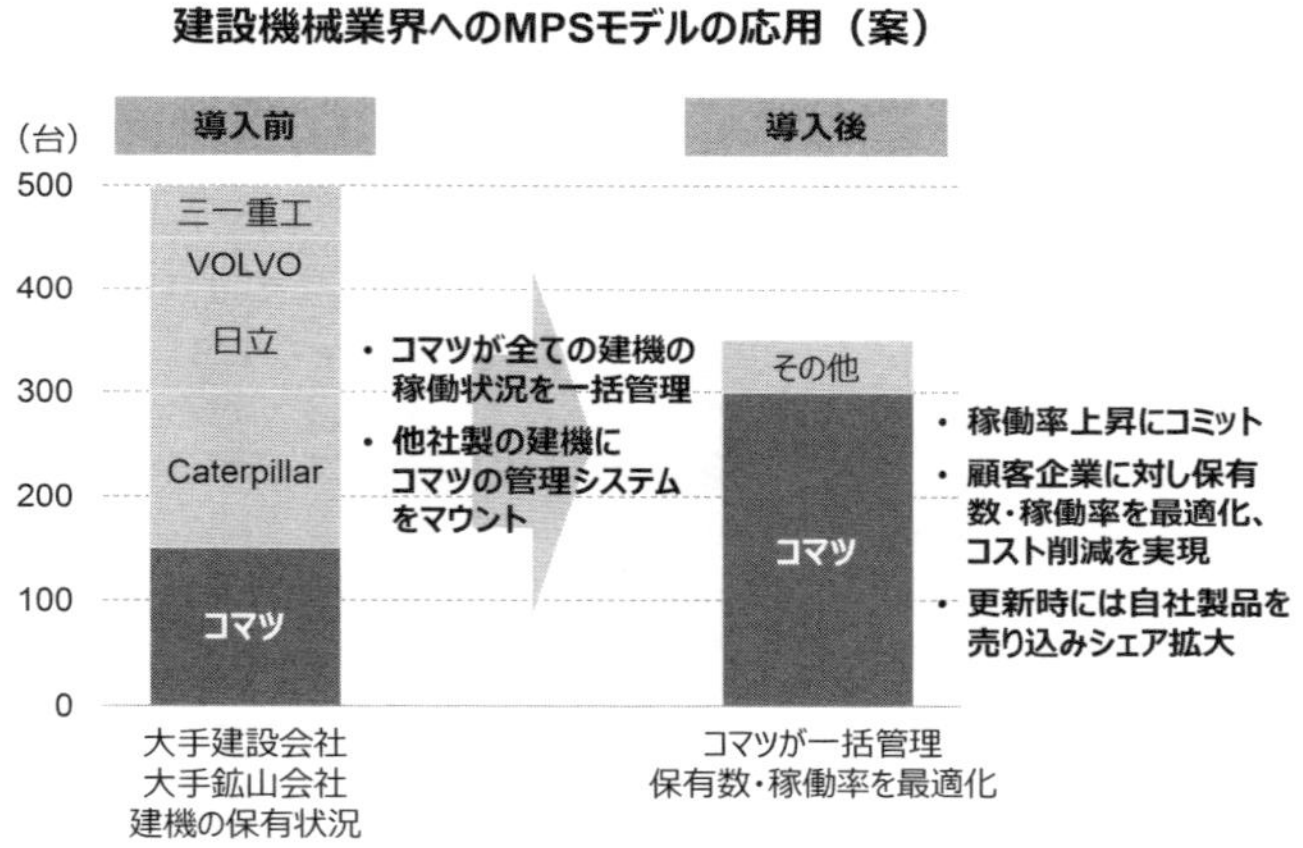

資料: RTOCS『リコー』2012/8/26放送分よりBBT大学総研作成

図ー14　建機のシェア（共有）や下取りをコマツが仲介、新品・中古を含め最適なパッケージを提供。中小顧客を囲い込みシェアの拡大を図る

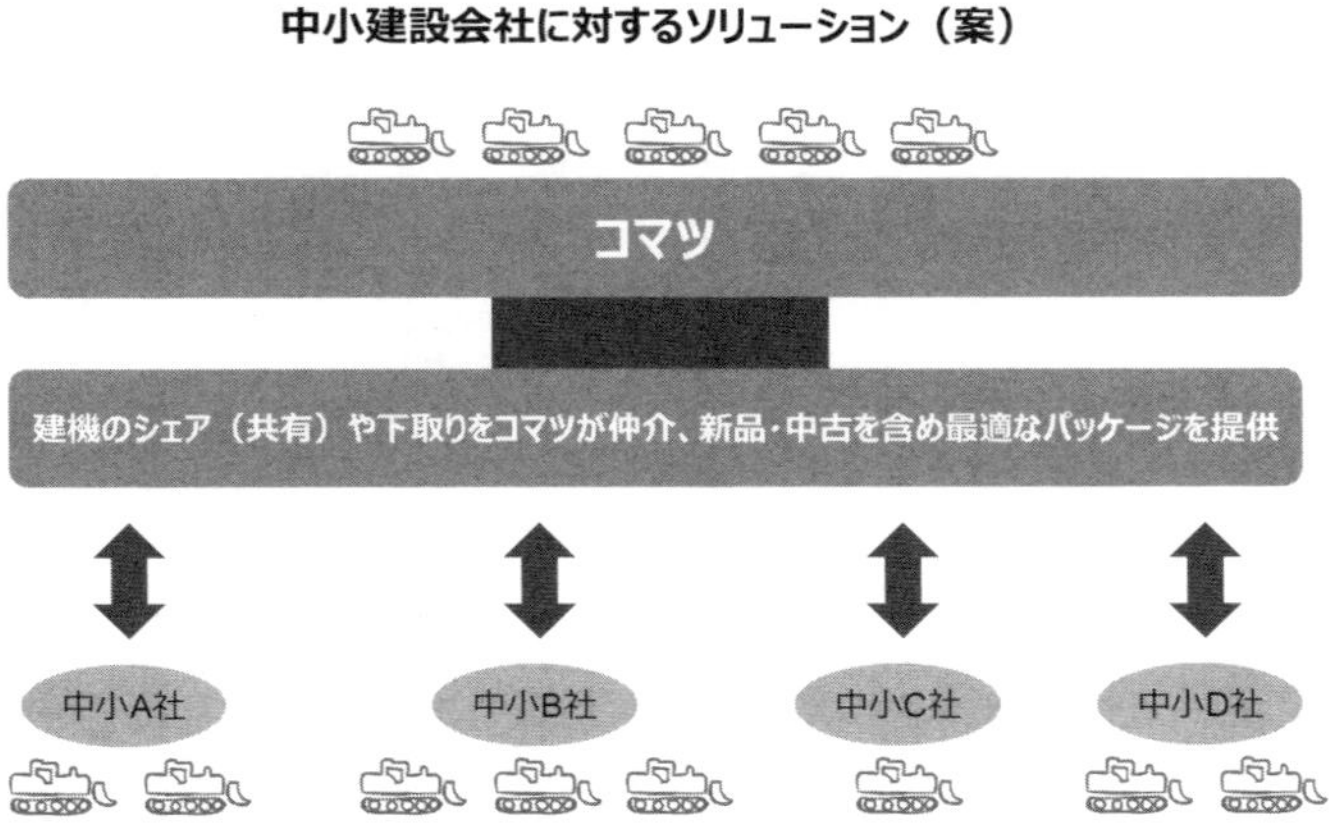

資料: BBT大学総研作成

まとめ

☑ 複写機業界のＭＰＳを建機業界に導入。顧客企業の建機を一括管理してコスト削減を実現し、自社製品のシェア拡大を図る。

☑ 中小建設会社に向け、建機の共有化や下取りを仲介。新品・中古を含めた最適なパッケージを提供する。

大前の総括

需要減少期にやるべき攻めと守り、二軸の成長戦略。コスト体質強化＋収益構造転換

新興国の需要拡大により成長を遂げてきたが、世界需要も調整期に。コスト体質の強化は継続的に行ってきたが、攻めの戦略も必要。複写機業界のＭＰＳ戦略を参考に、顧客側のコスト削減を提案しつつ囲い込みを狙え。

CaseStudy

24

村上開明堂

「競争ルールの変化」に向き合う

あなたが村上開明堂の社長ならば、バックミラーをカメラモニタリングシステムで代用可能とする道路運送車両法の保安基準改正を受け、どのような成長戦略を描くか？

※2016年9月に実施したケーススタディを基に編集・収録

正式名	株式会社村上開明堂
設立年	1882年
代表者	代表取締役社長　村上 太郎
本社所在地	静岡県静岡市
業種	輸送用機器
事業内容	自動車用バックミラー、光学薄膜製品の製造・販売
資本金	31億6,544万円（2016年3月現在）
売上高	377億4,200万円（単体）656億8,300万円（連結）（2016年3月期決算）
従業員	2,664名（連結）（2015年3月31日現在）

内外のシェア格差をどう埋めるか、海外展開が非常に重要

国内トップシェアだが世界シェアはわずか

村上開明堂の創業は1882年（明治15年）、静岡県静岡市で金具やブリキ細工を製造したのが始まりです。1897年（明治30年）には鏡の製造を開始し、現在のミラー事業に至ります。当初は女性がお化粧に使う鏡台などを製作していましたが、1958年にトヨタ自動車との取引が始まり、現在では自動車用バックミラーで国内トップのサプライヤーとなっています。

売上のうちトヨタ向けが37%を占めていますが、トヨタの系列会社というわけではなく、トヨタと資本関係もありません。タイを中心としたアジアや北米にも生産拠点を置いており、内外を含めた連結売上高は2016年3月期で657億円弱です。

バックミラーはドアミラーとルームミラーに大別されます。

それぞれの国内シェアを見ると、ドアミラーで41・9%、ルームミラーで47・4%といずれも村上開明堂が圧倒的なトップシェアを占めています（図－1）。一方、世界シェアはわずかで、ドアミラーで6・4%、

図―1　国内トップシェア

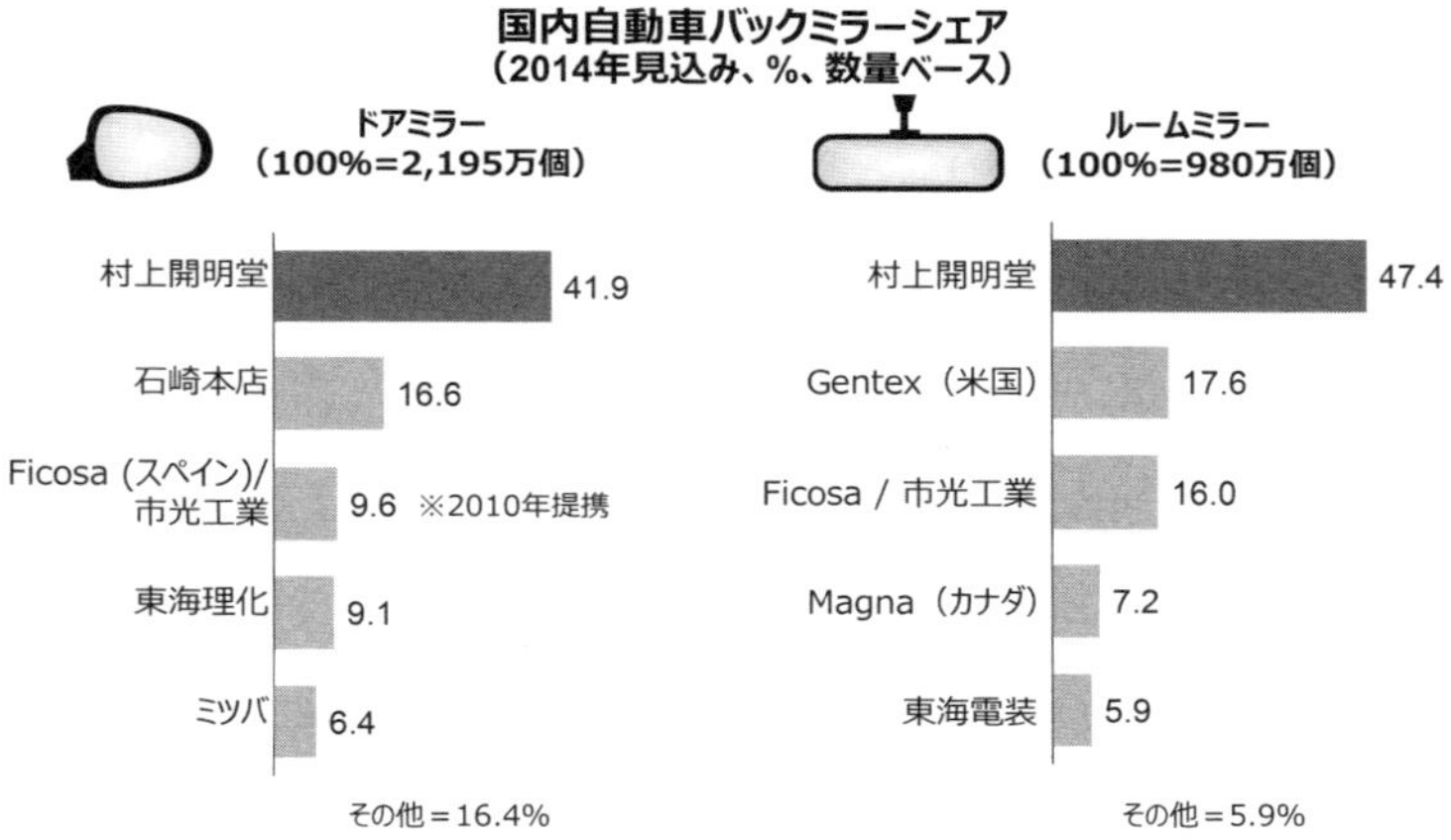

資料：富士キメラ総研「2014 ワールドワイド自動車部品マーケティング便覧」よりBBT大学総研作成

図―2　世界シェアはわずか

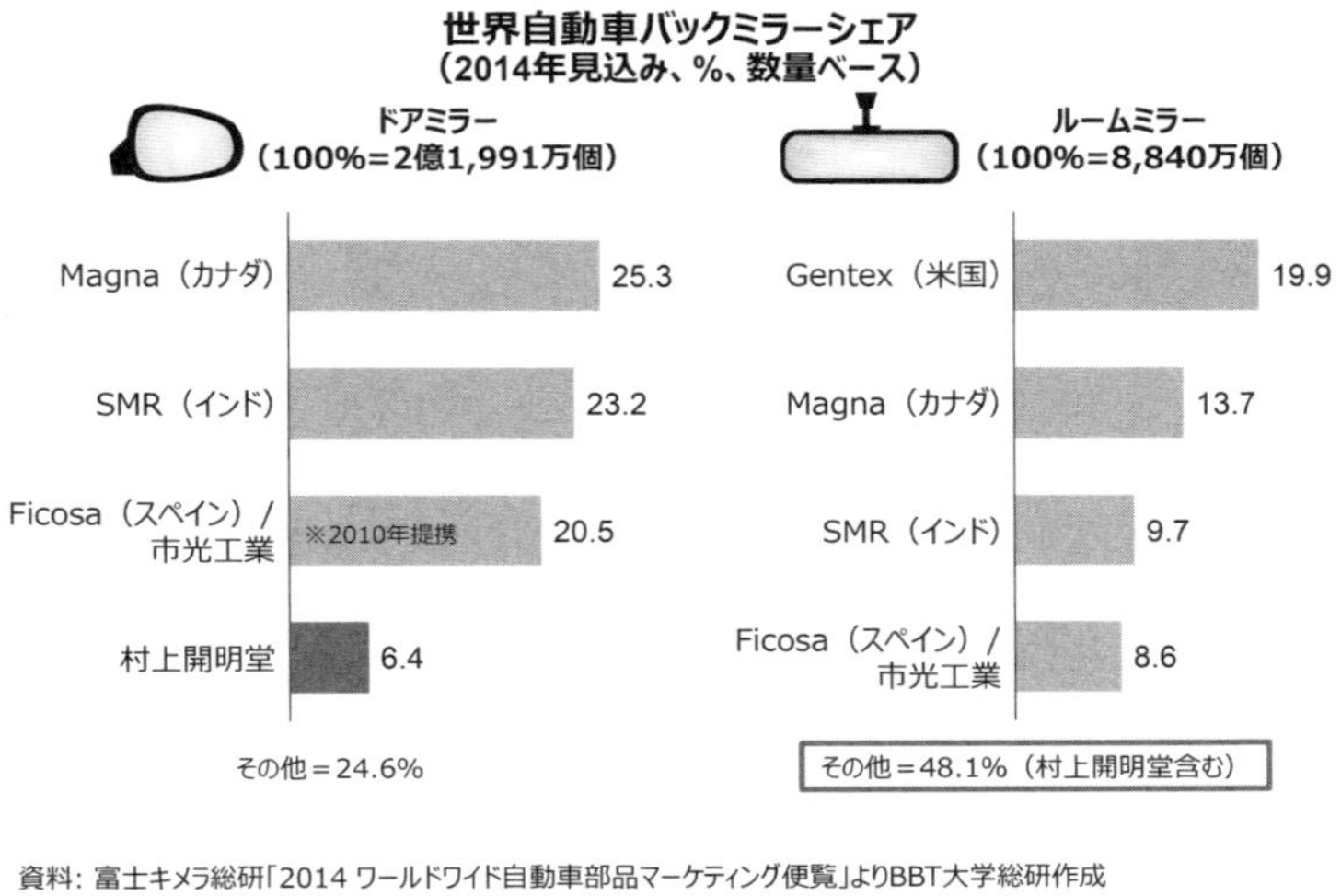

資料：富士キメラ総研「2014 ワールドワイド自動車部品マーケティング便覧」よりBBT大学総研作成

ルームミラーは数%に過ぎません（図－2）。

納入先は日本のメーカーのみ、トヨタへの高い依存度

ドアミラー各社の完成車メーカーへの供給状況を見てみますと、村上開明堂はトヨタ自動車や三菱自動車ほか日系自動車メーカーのみに供給しています。一方、世界大手3社を見ると、日米欧の完成車メーカーに対して幅広く供給体制を構築していることが分かります（図－3）。

ルームミラー各社の供給状況もまったく同様であり、村上開明堂が世界シェアを伸ばしていくためには、欧米や新興国の完成車メーカーに対していかに販路を拡大していくかが重要な課題となります（図－4）。

村上開明堂の販売先別売上高を見てみると（図－5）先述の通りトヨタ向けの販売が200億円前後と安定した収入源となっています。また、トヨタ向け以外の販売が増収を牽引しており、売上高に占めるトヨタ依存度は2002年の47%から2016年には37%にまで減少しています。

生産拠点の海外シフトで堅調な成長

事業別の売上高を見ると、創業初期より営んでいた建材事業は縮小の一途をたどり、2016年3月に売却撤退、現在は自動車用ミラーシステムの単一セグメントとなっています（図－6）。そのミラーシステム事業は1990年代後半から2000年代初期に国内自動車販売不振のあおりを受け低迷していました

図―3　村上開明堂の納入先は日系自動車メーカーのみ

完成車メーカーへの供給マトリクス
（2013年、ドアミラー）

	トヨタ	日産	ホンダ	マツダ	三菱自	スズキ	GM	Ford	Chrysler	VW	BMW	Daimler	Renault	PSA	現代自
村上開明堂	◎	○	○	○	◎	○									
石崎本店		○	○	◎		◎									
東海理化	○														
ミツバ	○					○									
ホンダロック			◎												
Ficosa/市光工業	○	◎	○		○		○	○	○	○				○	
Magna	○	○	○				◎	◎	◎	○	○	○	○		
SMR	○	○				○	○	○	○	○	○	○	○	○	◎

○ 供給　◎ 完成車メーカーから見たメインベンダー

資料：富士キメラ総研「2014 ワールドワイド自動車部品マーケティング便覧」よりBBT大学総研作成

図―4　村上開明堂の納入先は日系自動車メーカーのみ

完成車メーカーへの供給マトリクス
（2013年、ルームミラー）

	トヨタ	日産	ホンダ	マツダ	三菱自	スズキ	GM	Ford	Chrysler	VW	BMW	Daimler	Renault	PSA	現代自
村上開明堂	◎		◎	○	◎	○									
東海電装	○				○	◎									
Ficosa/市光工業		◎		○						○		○		○	
Gentex	○	○	○	◎	○	○	◎	◎	◎	◎	◎	◎	◎	◎	○
Magna	○	○	○	◎	○		○	○	○	○	○	○	○	○	
SMR	○	○				○	○	○		○	○			○	◎

○ 供給　◎ 完成車メーカーから見たメインベンダー

資料：富士キメラ総研「2014 ワールドワイド自動車部品マーケティング便覧」よりBBT大学総研作成

が、その後、日系自動車メーカーの海外生産シフトに追随する形で海外売上高が増収を大きく牽引しています（図－7）。現在では海外売上高比率が4割程度を占めるようになっており、またこの海外シフトに呼応して、同時期から利益も伸びてきています（図－8）。

ルームミラーの電子化・ミラーレスの時代がやってきた

保安基準改正による電子ミラーの認可

自動車用バックミラーに関しては、2016年6月17日に国土交通省が道路運送車両法の保安基準の改正を発表、カメラモニタリングシステム（CMS）、いわゆる「電子ミラー」を使用することが可能となりました。

過去にも保安基準の改正をきっかけとするバックミラーの進化、および技術トレンドの変化がありました（図－9）。かつての日本ではバックミラーは、ボンネットの上に取り付けるフェンダーミラーしか法令（道路運送車両法第44条）で認められていませんでした。しかしこれが、ドアミラーが主流である米国その他海外の自動車業界から非関税障壁だと指摘され、1983年にドアミラーも認められるように法改正されたのです。現在、フェンダーミラーはほとんどなくなり、ドアミラーが主流です。それに伴いミラーは大

図−5　とくにトヨタ向け販売が安定した収入を支えている

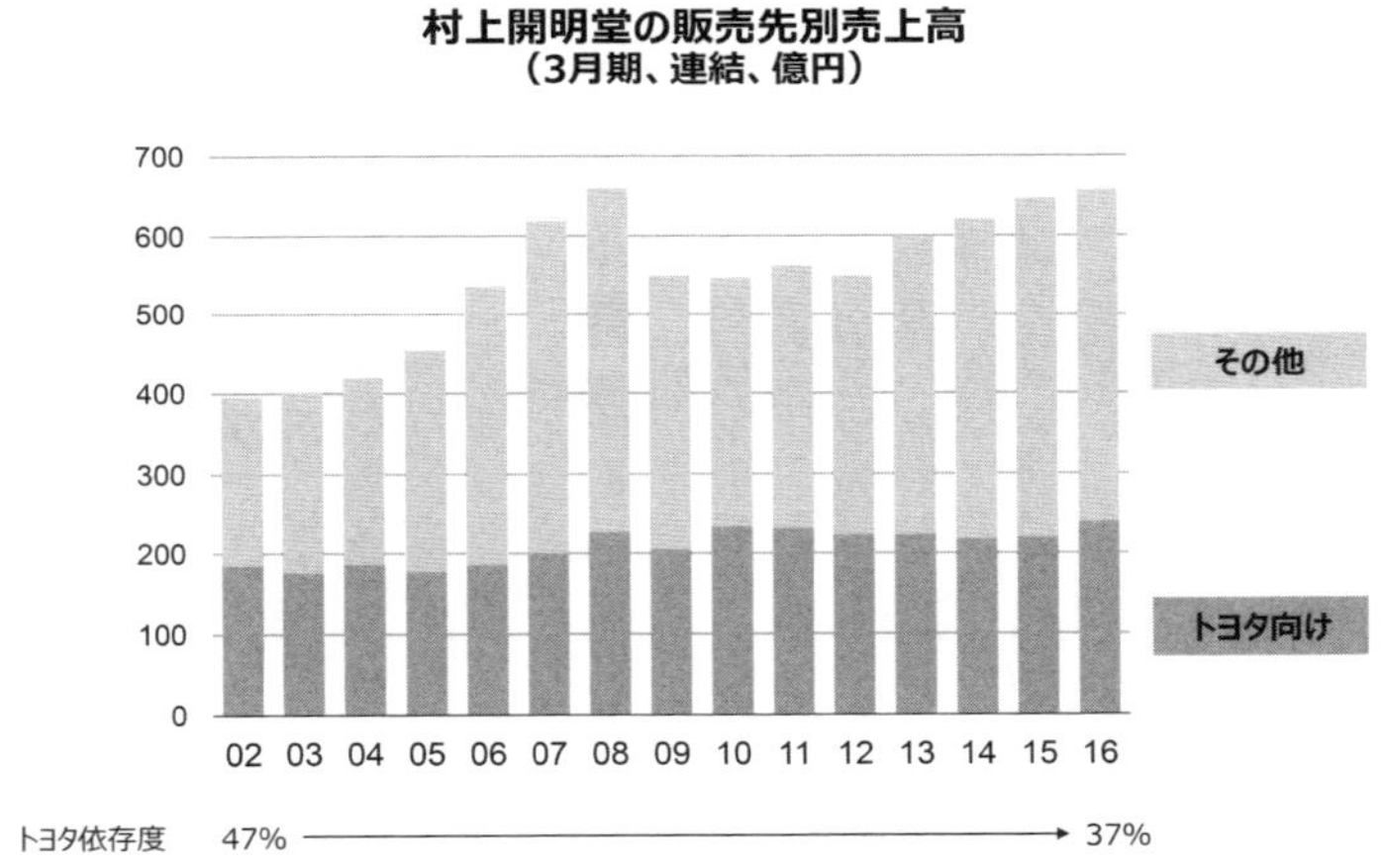

資料：有価証券報告書よりBBT大学総研作成

図−6　国内自動車販売の減少等により90年代後半〜2000年代前半にかけて低迷

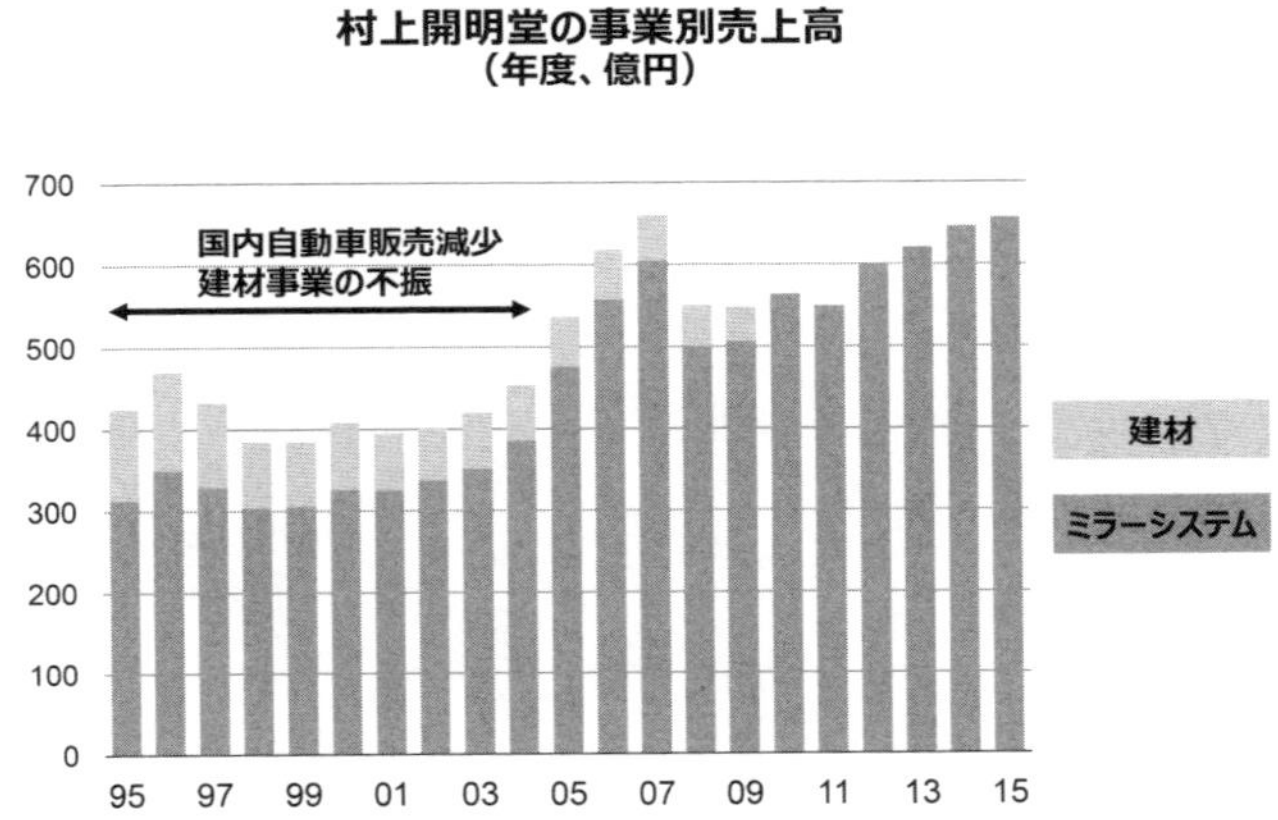

※「建材事業」は2010年度以降10%未満のためミラーシステム事業に含まれる。2016年3月に売却撤退

資料：有価証券報告書、決算短信よりBBT大学総研作成

型化、軽量化が進み、視認性を高める技術として防眩《ぼうげん》性能や防滴性能が追求されていきました。

今回、2016年6月の法改正により従来のミラーはカメラとディスプレイに代替されることになります。これにより、視認性を高める技術トレンドはカメラ性能、画像処理性能、ディスプレイ性能の追求へと移行していくことになります。村上開明堂がこれまで培ってきた技術とはまったく異なる分野の技術を必要とするため、いち早く要素技術を確保し競争力の高い製品を投入していくことが会社存続に直結する大きな課題となります。

ルームミラー兼用の〝インナーディスプレイ〟を2タイプ発表

村上開明堂も法改正公布に合わせ、ルームミラーにカメラモニター機能を搭載した電子ルームミラーの開発を発表しました。1画面＋2カメラのハイブリッドタイプ（図－10）と3分割画面＋4カメラのマルチミラータイプ（図－11）の2タイプとなっています。この特徴を図－12にまとめました。

村上開明堂の電子ミラーの最大の特徴は、ミラーがディスプレイを兼ねていることです。電源ON時にはディスプレイとして機能し、電源OFF時には通常のミラーとして機能します。設置場所は長年の安全実績のあるルームミラーの位置とし、カメラのデジタル化と画像処理技術により夜間でも高い視認性を実現しています。リバースギア作動時にはこれまで死角となっていた車両後方下部の確認が可能となっています。以上はハイブリッドタイプ、マルチミラータイプに共通する特徴です。

図－7　日系自動車メーカーの海外生産シフトに追随、海外売上が成長を牽引

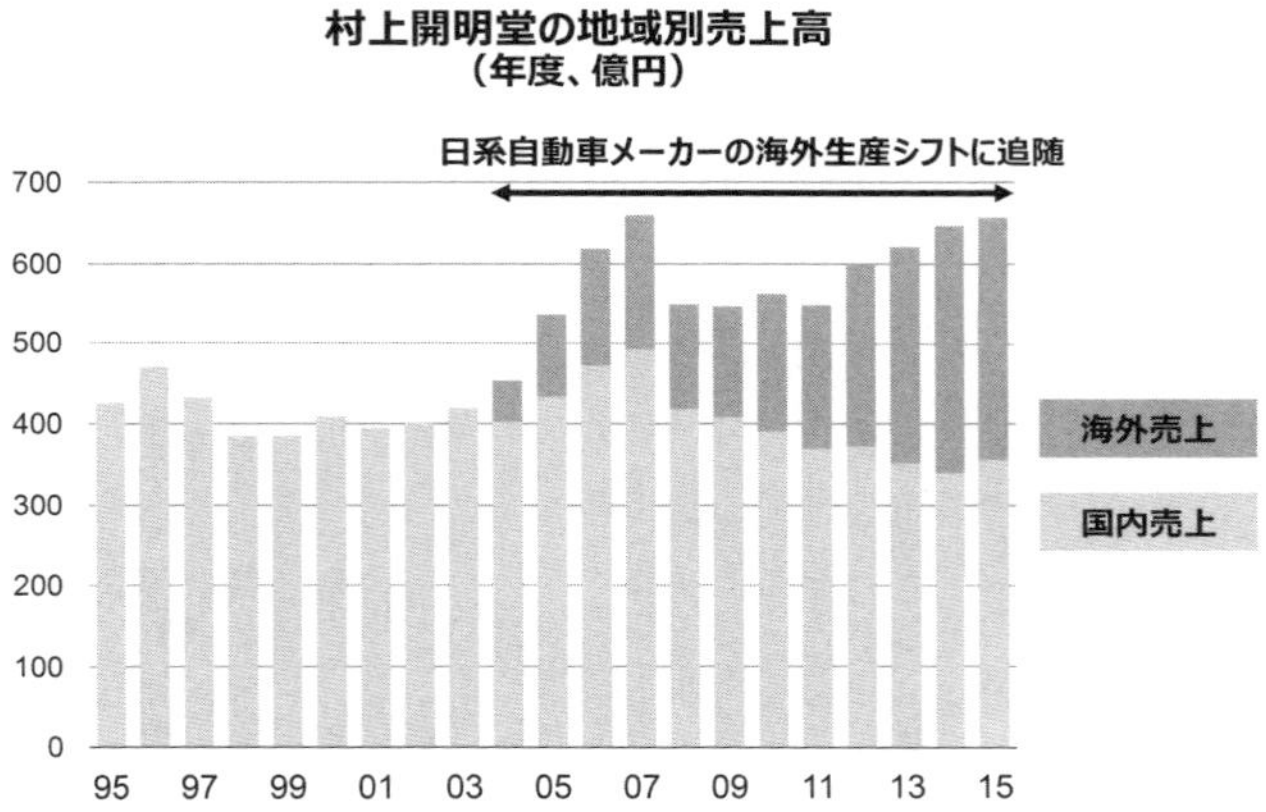

※ 2003年度以前の「海外売上」は10%未満のため国内売上に含む

資料：有価証券報告書、決算短信よりBBT大学総研作成

図－8　海外生産シフトが進展するにつれ利益は改善

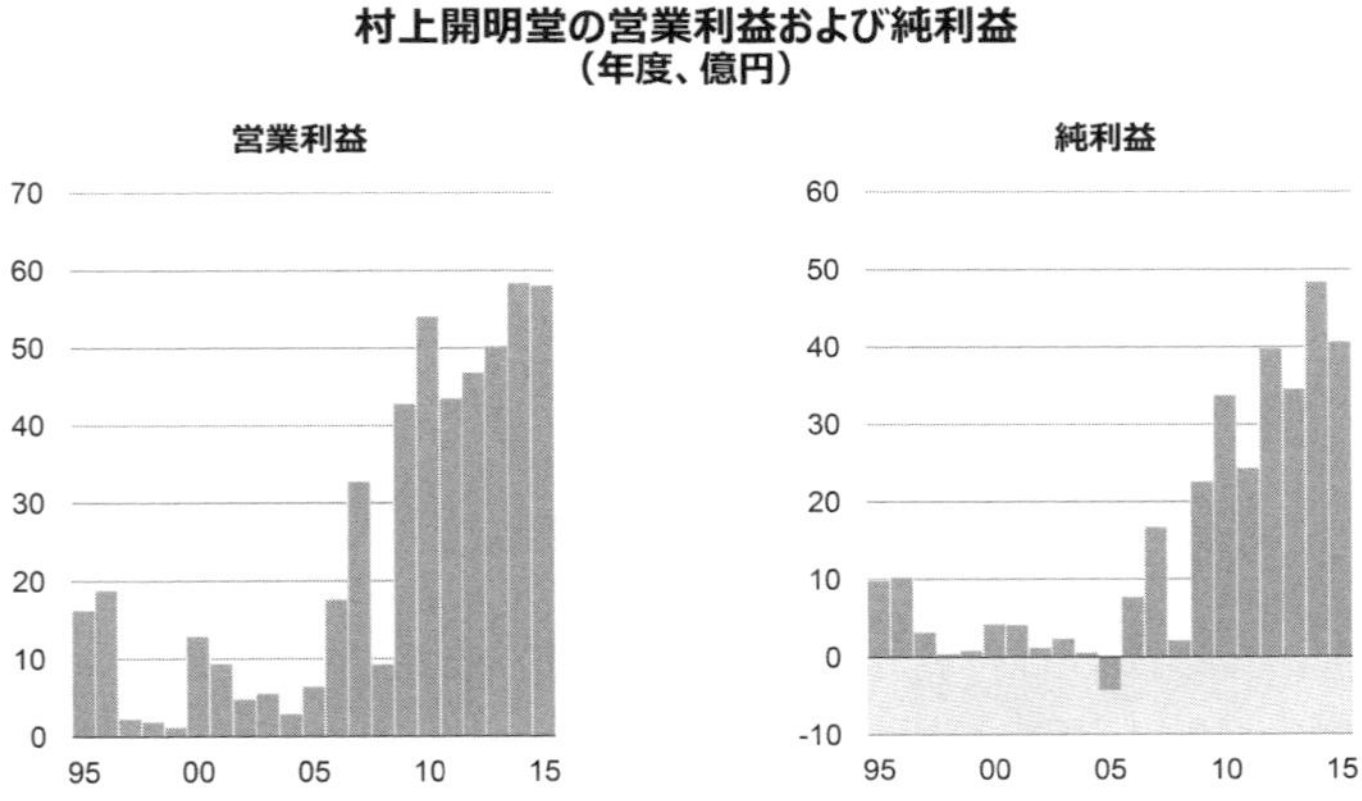

資料：有価証券報告書、決算短信よりBBT大学総研作成

マルチミラータイプはハイブリッドタイプの2つのカメラに、さらに左右のドアミラーの位置にもカメラを設置したものです。側方カメラの視界は従来のドアミラーよりも大幅に拡大しています。インナーディスプレイは3分割表示され、視点を移動させずに後方と左右後方の3方向を一度に確認可能です。

ルームミラーの単なる電子化では商品魅力に乏しい時代の変化に対応し、ミラーレス車という新たな技術革新に対応した商品開発を行った——村上開明堂の発表は、次世代カーに対する1つのコンセプトを提示したと評価できるものだと思います。しかし、従来のミラーシステムから電子ミラーへの転換が進むと、必要とされる技術も競争条件もまったく異なってきます。ミラーレス車時代の後方視認のあり方については、これまでの常識を疑いいったんゼロベースで再考する必要があると考えます。

村上開明堂のインナーディスプレイは従来のルームミラーに相当するものですが、搭載位置までルームミラーと同じである必要はないでしょう。車内で後方（および側方）を見る場合、従来は鏡だったからこそ〝その位置〟になければ適切に映し出すことができなかったわけですが、もはやカメラで撮像しているのですからディスプレイはどこに設置してもよいはずなのです。完成車メーカーもこれまでにない発想でデザインや設計を行うことになりますが、「従来のミラー位置でないと機能しない」という制限があれば、ミラーレス車時代の開発競争に後れをとることになりかねません。つまり「ミラー機能付き」にこだわる必要はないということです。

ではどこに置くか。運転席の正面、ダッシュボードの上です。右ハンドルで運転しながら〝左上〟のルー

図−9　2016年に電子ミラー認可、技術トレンドは「カメラ」「画像処理」「ディスプレイ」技術へ移行

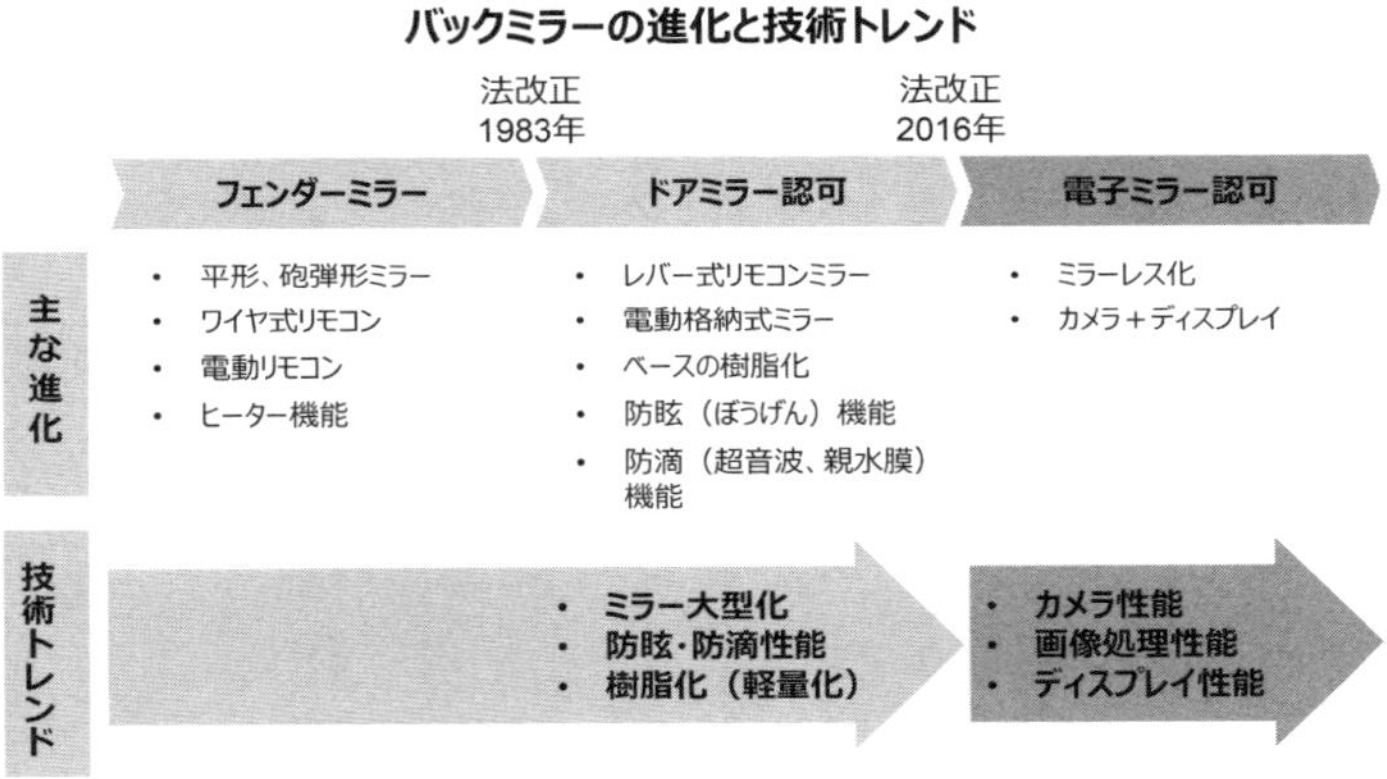

資料：日経Automotive Technology 2011年5月号「第24回　ドアミラー」ほか記事よりBBT大学総研作成

図−10　ルームミラーにカメラモニター機能を搭載した2タイプの電子ルームミラーを開発

村上開明堂の電子ルームミラー①
〜ハイブリッドタイプ：1画面＋2カメラ（後方・下後方）〜

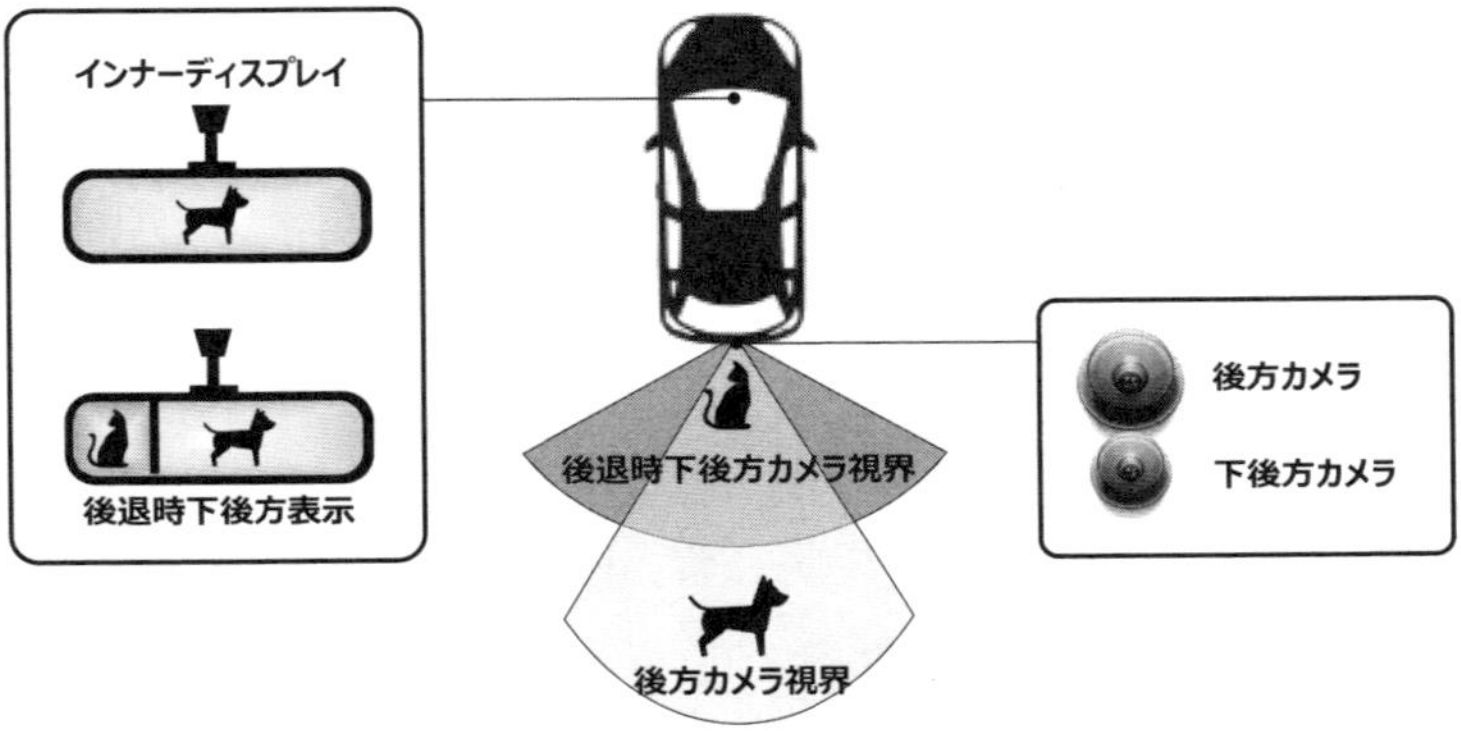

資料：村上開明堂「ニュースリリース」2016年6月17日をもとにBBT大学総研がイメージ図作成

ムミラーをチラチラ見るというのは、慣れない人には非常に難しいことですし、慣れているとしても負担の大きい行為です。ドライバーをこうしたストレスから解放することに、ビジネスチャンスと大きなチャレンジが存在します。

ダッシュボードとの一体化で高付加価値化を目指せ

ダッシュボードの製造は、自動車メーカーに直接部品を供給する一次請け企業（Tier1／一次サプライヤー）の事業領域です。ダッシュボードを得意とする日本の代表的なTier1メーカーにはデンソーやカルソニックカンセイなどがありますが、こうしたところが計器類の製造や組み立て・電気配線（ワイヤーハーネス）まで全部手がけ、最終的に自動車メーカーに納入したら後は取り付けるだけの状態になっています。村上開明堂も国内ミラーに関しては最大手のTier1ですが、電子ミラー開発にはこうした他の部品メーカーとの連携が必要となってきます。村上開明堂の成長戦略上、カギとなるのは、インナーディスプレイの組み込みをダッシュボードのTier1メーカーに対してどう提案していくか、ということになります。

映像機器・画像処理関連企業との提携が必須

さて、競合他社の動向を見てみましょう。電子ミラー市場（図－13）にはいくつかのTier1メーカー

図ー11　ルームミラーにカメラモニター機能を搭載した2タイプの電子ルームミラーを開発

村上開明堂の電子ルームミラー②
〜マルチミラータイプ：3分割画面＋4カメラ（右側・左側・後方・下後方）〜

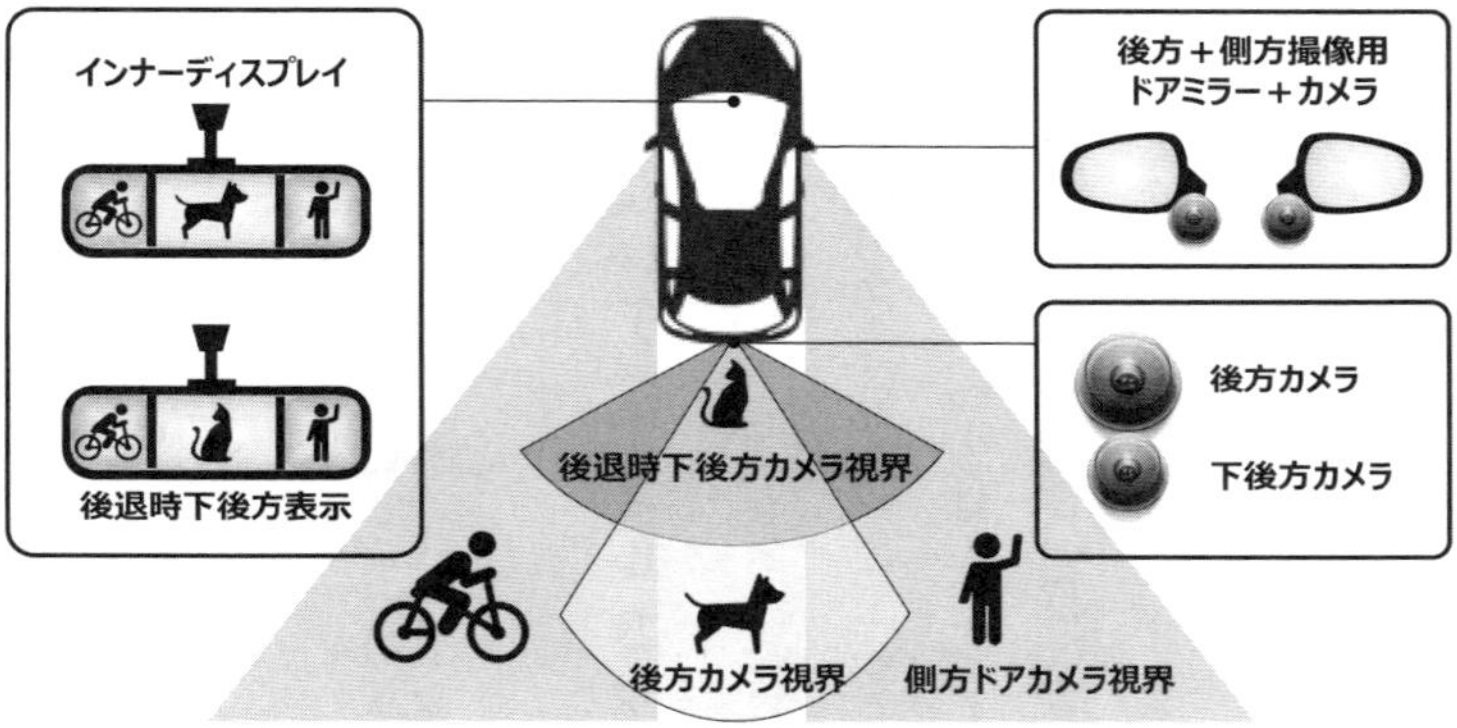

資料：村上開明堂「ニュースリリース」2016年6月17日をもとにBBT大学総研がイメージ図作成

図ー12　広い視野と高い視認性を実現、電源OFF時は通常のミラーとして利用可能

村上開明堂の電子ルームミラーの特徴

<共通の特徴>
- 電源ON時はディスプレイ表示、電源OFF時は自動でミラーに切り替え
- ディスプレイ取り付け位置に安全実績のあるルームミラーの場所を選択
- 特殊ミラー素子により「低消費電力」「低発熱」「明るい」ディスプレイ
- カメラのデジタル化により夜間でも高い視認性
- リバースギア作動時に死角である車両後方下部の確認が可能

<3分割画面タイプ>
- 側方視野を従来ミラーより大幅に拡大
- 視線を移動せずに左右後方を一括して確認可能

資料：村上開明堂「ニュースリリース」2016年6月17日よりBBT大学総研作成

のほかにも、映像機器や画像処理関連企業が参入しています。電子ミラーの開発・供給体制を見ると（図―14）映像関連や車載機器のメーカーが競合のＴｉｅｒ１と出資や共同開発で提携している一方、村上開明堂は独立した状態にあります。技術面での補強を図るためにも、こうしたメーカーと組むことが必要です。

国際競争力の強化と高付加価値化で海外に打って出よ

技術力の補強と〝デジタルコックピット〟の開発がポイント

村上開明堂の課題は以下の３つに整理できます（図―15）。

１つ目は、映像関連技術の確保です。従来のミラーに関する技術は長年の事業実績によって蓄積されていますが、電子ミラーにおける技術力は不足しています。カメラや画像処理やディスプレイに関する映像関連技術を確保する必要があります。２つ目は、欧米完成車メーカーへの販路開拓です。３つ目は、車載機器との一体的システムを開発し、ダッシュボードのＴｉｅｒ１メーカーと提携して〝デジタルコックピット〟を提案していくことです。

３つ目のデジタルコックピットに関しては、ＡＤＡＳ（Advanced Driver Assistance Systems：先進運転支援システム）の開発が重要になってきます。例えば、後方から高速で大型車両が急接近してくると、それをカ

図－13　自動車部品メーカーのほか、映像機器・画像処理関連企業も電子ミラー市場に参入

電子ミラーへの各社の取り組み

		事業概要	電子ミラーへの取り組み
自動車部品（Tier1）	村上開明堂	国内ミラー最大手	ルームミラーにカメラモニター機能を搭載した電子ミラーを自主開発
	東海理化	スイッチ、キーロック、シートベルト、ミラー等大手。トヨタ系	富士通ゼネラルがカメラモジュール系を担当し共同開発
	市光工業	自動車照明、ミラー大手	仏Valeoが市光に31.6%出資、電子ミラーシステムを共同開発
	デンソー	国内トップ、世界2位の部品総合。トヨタ系	画像処理ソフトベンチャーのモルフォに5%出資、電子ミラーを開発
映像機器	パナソニック	車載機器、車載用バッテリーなど	バックミラー世界大手のFicosa（西）に49%出資、電子ミラーに参入
	JVCケンウッド	車載機器、業務用無線システムなど	3カメラの映像をつなぎ目なく1画面に表示する電子ミラーおよび、電子ミラーを含むデジタルコックピットの開発

資料：各種報道よりBBT大学総研作成

図－14　映像関連や車載機器に強みのあるメーカーと組むことが課題となっている

電子ミラーの開発・供給体制

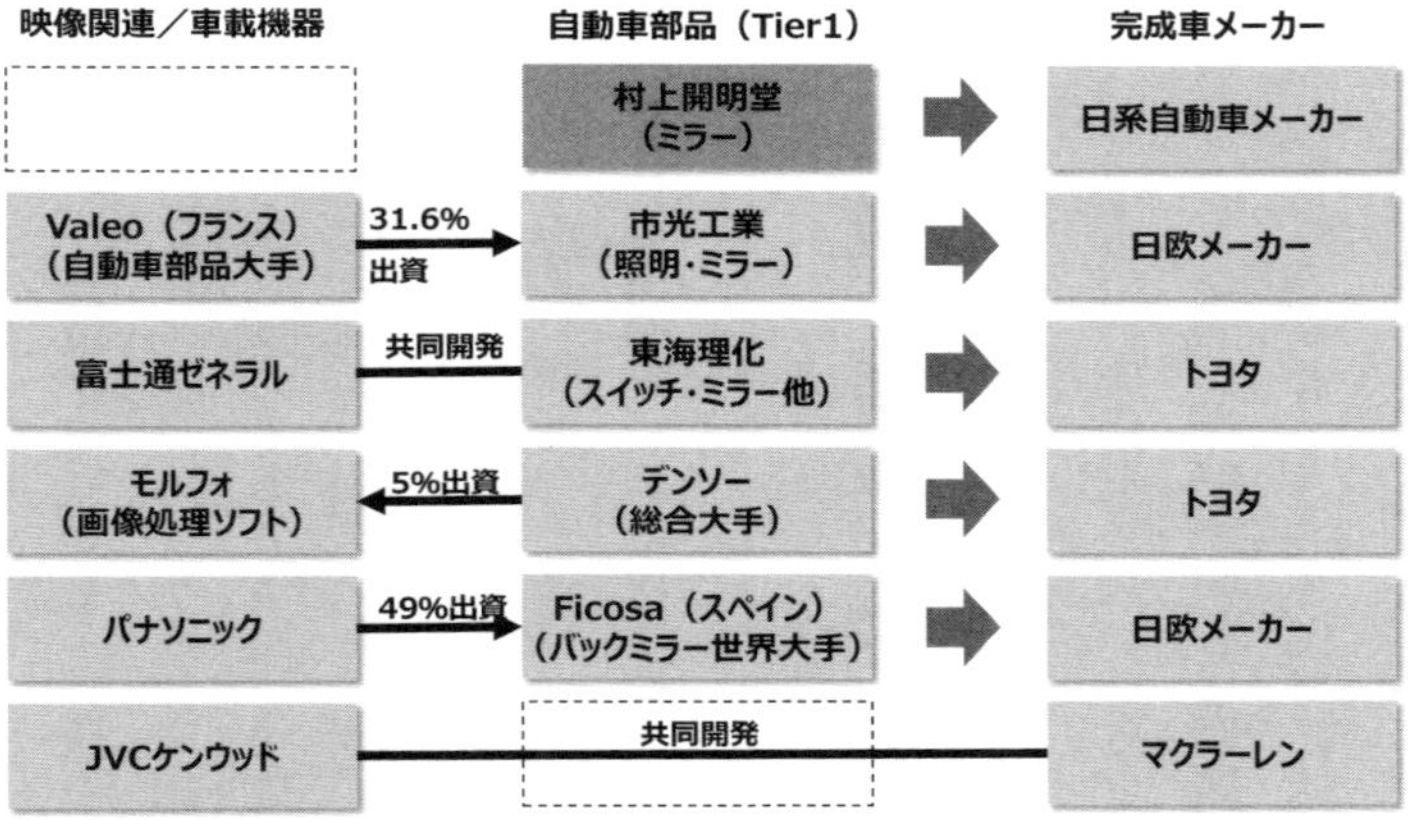

資料：各種報道よりBBT大学総研作成

メラやセンサーで検知してインナーディスプレイに映し出すだけでなく、警告を発し回避を促すようなシステムです。従来のバックミラーであれば、ドライバーが対象を「認知」し、危険かどうかを「判断」してから「回避行動」を行いますが、ミラーがカメラに置き換われば、ADASにより自動で危険を検知し事故を回避するようになります。単にルームミラーを電子化する、カメラに置き換えるというだけではなく、電子化ならではの付加価値を合わせて提供することに、この先の社運がかかっているのです。

一足飛びにデジタルコックピットを提供する前に、かつてのカーナビゲーションシステムがそうだったように、既存の車両に後付けで搭載するようなユニットの開発販売というのもあり得るでしょう。いわゆるレトロフィットのやり方です。5年から10年の間はそうした商品展開で移行期間を設けて切り替えていくという方法もあります。

価格破壊と商品の独創性で欧米メーカーへの販路を開拓せよ

では、村上開明堂の今後の方向性を2つの角度から提案しましょう。

まず、村上開明堂の課題のうち、映像関連技術の確保と欧米完成車メーカーへの販路拡大について考えてみましょう。とくに販路を開拓していくうえで重要な点は品質もさることながら、価格が大きな判断材料となります。従来のミラーがカメラやディスプレイなどのデジタル製品に置き換わると必ず価格破壊の波にさらされます。これらデジタル製品の価格破壊の震源地は台湾・中国系部品メーカーやEMS（電子

図－15 「映像関連技術の確保」「欧米メーカーへの販路開拓」「車載機器との一体化」が課題

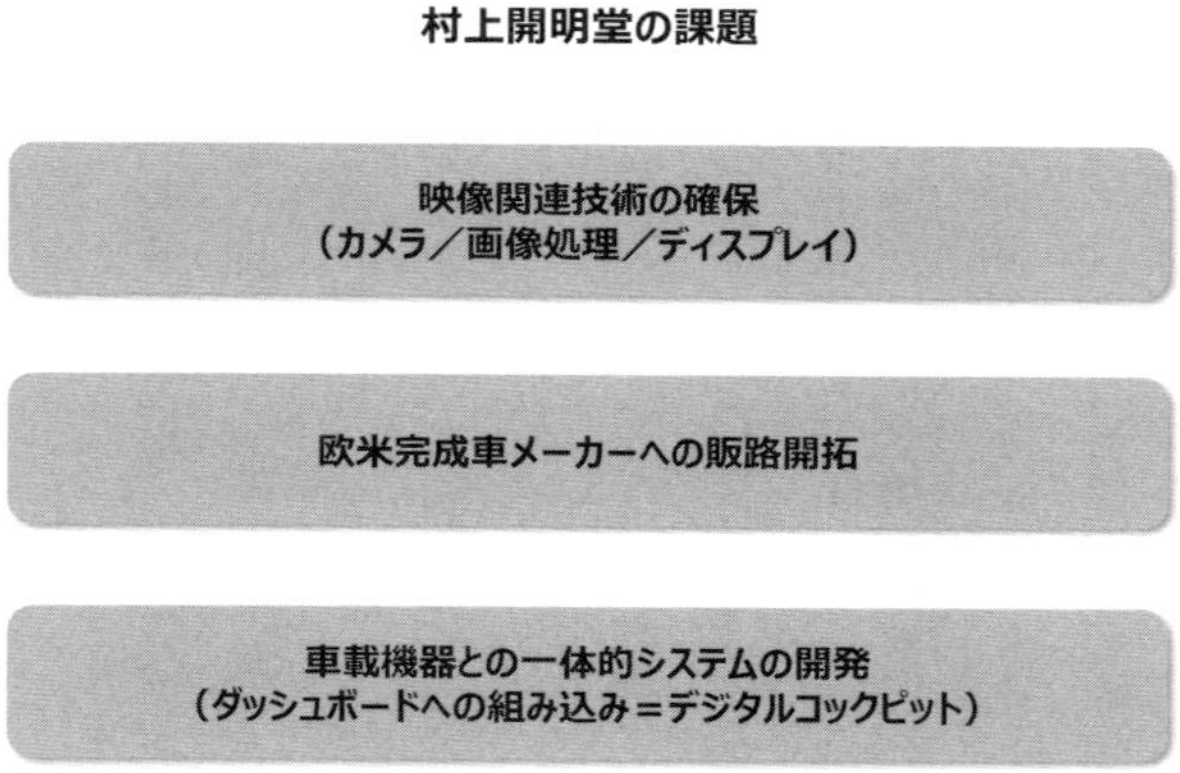

資料：BBT大学総研作成

図－16 シャープおよび台湾系サプライチェーンと連携、価格競争力で欧米メーカーへの販路開拓

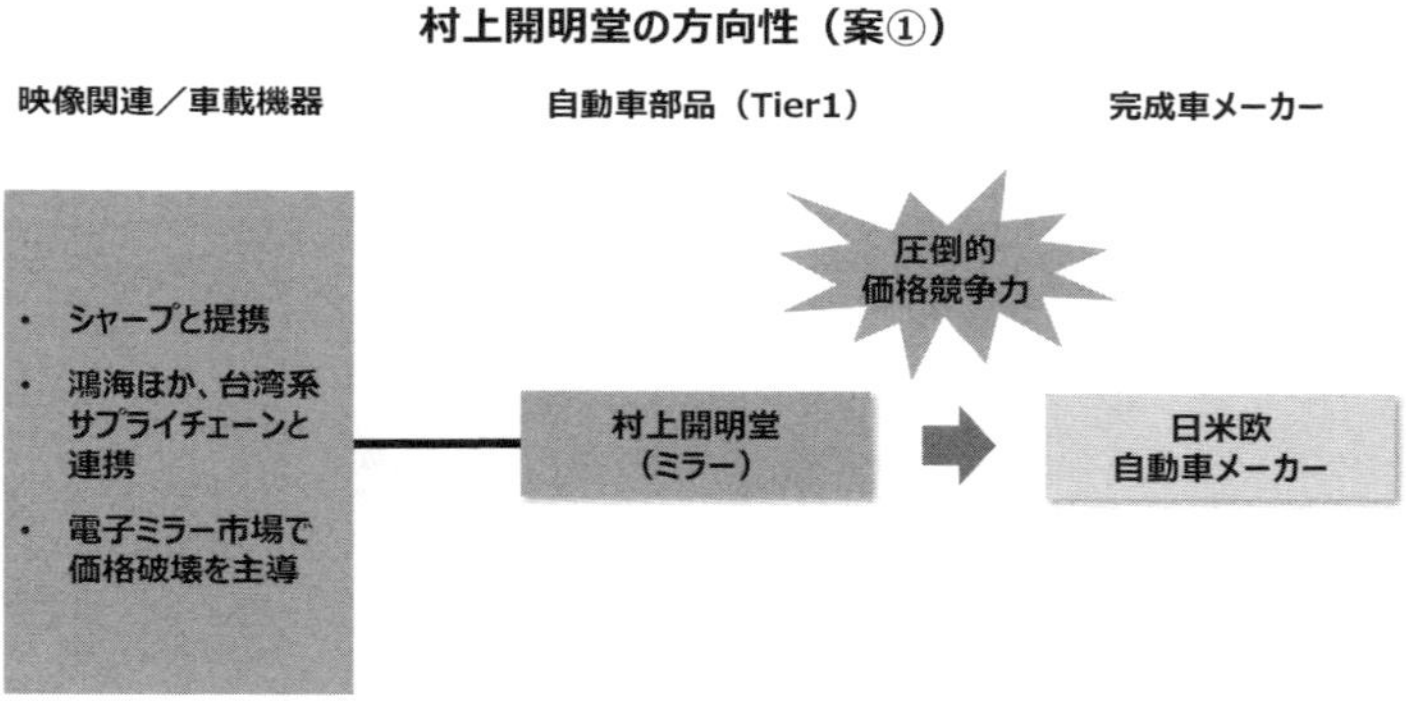

資料：BBT大学総研作成

機器製造受託サービス）です。

台湾では早くからドライブレコーダーなどの車載カメラの普及が進んでいますが、これらの核心部品にはOmniVision（オムニビジョン）社のイメージセンサーやAmbarella（アンバレラ）社の画像処理チップが組み込まれ、台湾系のEMSが製品を組み立て、市場に投入されています。OmniVisionやAmbarellaは台湾人が創業した米国企業です。デジタル製品ではこれら台湾系メーカーの部品調達、製造のサプライチェーンを活用することは必須となっています。

これらを考慮したうえで、映像関連技術を確保しつつ、価格競争力で欧米完成車メーカーへの販路を拡大するにはシャープとの技術提携を検討します。シャープは現在、台湾系でEMS世界最大手の鴻海の傘下で再建を進めています。シャープの技術力と鴻海のサプライチェーンを活用することで、電子ミラーおよびデジタルコックピットの製品開発力と価格競争力を確保するのです。とくに鴻海は新たな事業領域として自動車部品への進出を強化しているため、Tier1である村上開明堂との提携は魅力的に映るはずです（図－16）。これが1つ目の案です。

もう1つは、デジタルコックピットとして電子ミラーをダッシュボードに一体化させることに重点を置いた案です（図－17）。これも前段階で映像関連や車載機器のメーカーとの連携が必要となります。JVCケンウッド、富士通テン、パイオニア、クラリオンといったカーナビゲーションシステムで実績のあるメーカーが候補に挙げられますが、これらのメーカーと組んでデジタルコックピットのシステムを開発するこ

図―17　カーナビなど車載機器メーカーと連携、電子ミラーをダッシュボードに組み込む

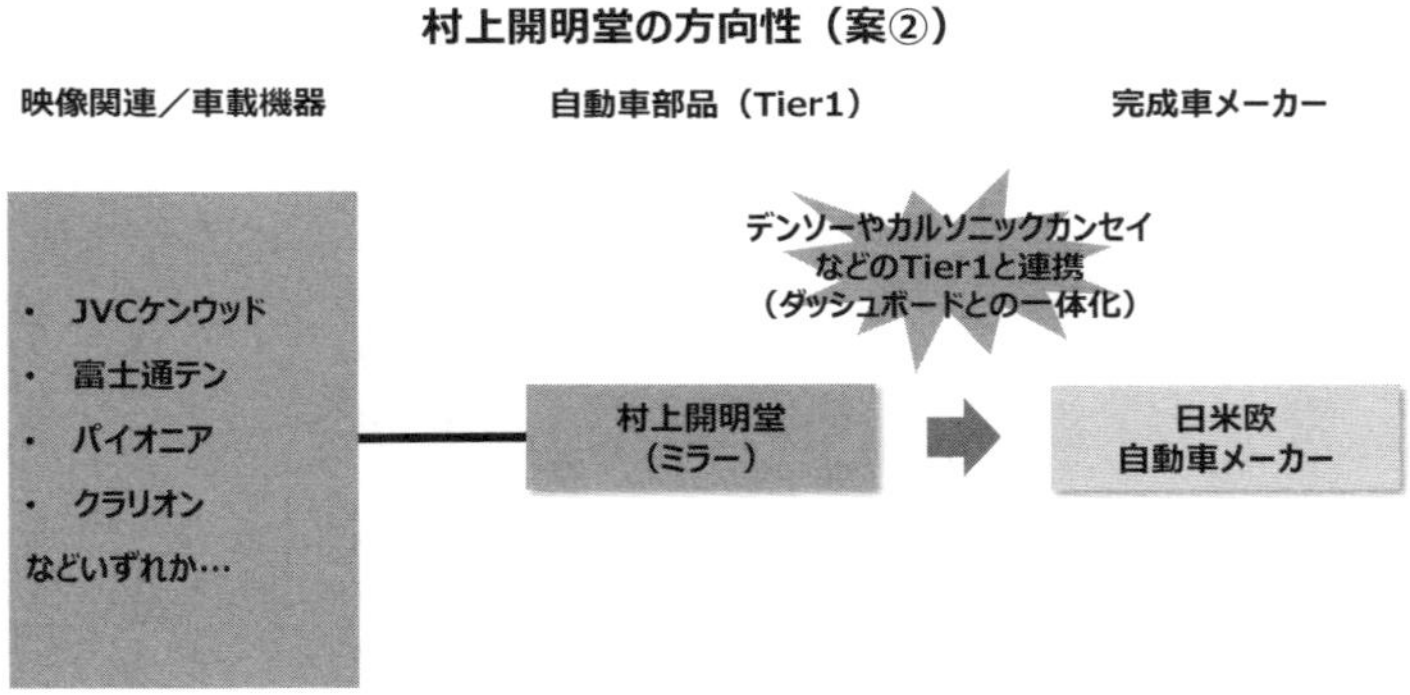

資料：BBT大学総研作成

とがまず必要です。さらにこうして開発したものをダッシュボードに一体化するうえで、デンソーやカルソニックカンセイなどダッシュボードのTier1メーカーとの提携が重要な課題となります。おそらくはこれが最も難しく、そして最重要となりますが、この革命的なチャレンジに取り組む、というのが私の考える村上開明堂のとるべき戦略です。

まとめ

- シャープおよび鴻海と提携し、製品開発力と価格競争力を強化。電子ミラー市場で価格破壊を主導し、欧米完成車メーカーへの販路拡大を図る。
- “デジタルコックピット”として電子ミラーとダッシュボードの一体化を進め、ＡＤＡＳ（先進運転支援システム）などの高付加価値化を目指す。
- 映像関連／車載機器メーカーとの提携による開発とダッシュボードのＴｉｅｒ１メーカーとの統合化で、完成車メーカーへ一体的納入を図る。

大前の総括

単なる電子化≠デジタル化。デジタルでしかあり得ない高付加価値化を目指すべし

国内首位のメーカーだが世界シェアはわずか。映像関連や車載機器メーカーと提携し、価格競争力・技術力ともに強化し海外展開の推進を。既存の製品を単に電子化するにとどまらない、独創的な商品開発がカギ。

CaseStudy

25

マツダ

好調の陰に隠れた「構造的な課題」

あなたが**マツダ**の社長ならば
新規格ディーゼルで過去最高益を達成した今
欧州発のディーゼル不正の余波をいかにクリーンに乗り切るか?

※2016年2月に実施したケーススタディを基に編集・収録

正式名	マツダ株式会社
設立年	1920年
代表者	代表取締役社長兼CEO　小飼 雅道
本社所在地	広島県安芸郡
業種	自動車
事業内容	乗用車・トラックの製造、販売など
資本金	2,589億5,709万6,762円(2015年3月期)
売上高	3兆339億円(2015年3月期)
従業員	単体:2万1,295名(出向者含む)、 連結:4万4,035名(2015年3月31日)

低燃費・高出力の独自技術への集中と円安による高収益

販売台数国内第6位、世界第14位の自動車メーカー

マツダは現在、国内販売台数で第6位の自動車メーカーです。２０１５年の国内販売台数を見ると、第1位はトヨタ自動車の１４５万台で、第2位のホンダの73万台を大きく引き離し、独走状態となっています。第3位はスズキの64万台、第4位はダイハツ工業の61万台、第5位は日産自動車の59万台で、これら2位以下の４社は同規模です。

それに続くのが第6位のマツダですが、その販売台数は25万台で日産自動車の半分以下と大きく差をつけられています（図－1）。

世界での販売台数（２０１５年）を見ると、国内第1位のトヨタ自動車がトップで１０１５万台、第2位がフォルクスワーゲンで９９３万台、第3位がゼネラルモーターズの９８４万台となっています。マツダは第14位の１５４万台です（図－2）。自動車業界は世界的な再編が進み、上位メーカーの販売台数は飛躍的に拡大しました。マツダの販売台数も伸びていますが、中国メーカーの台頭もあり、上位10社に入ることも困難な状況です。

図−1 マツダは国内第6位の自動車メーカー

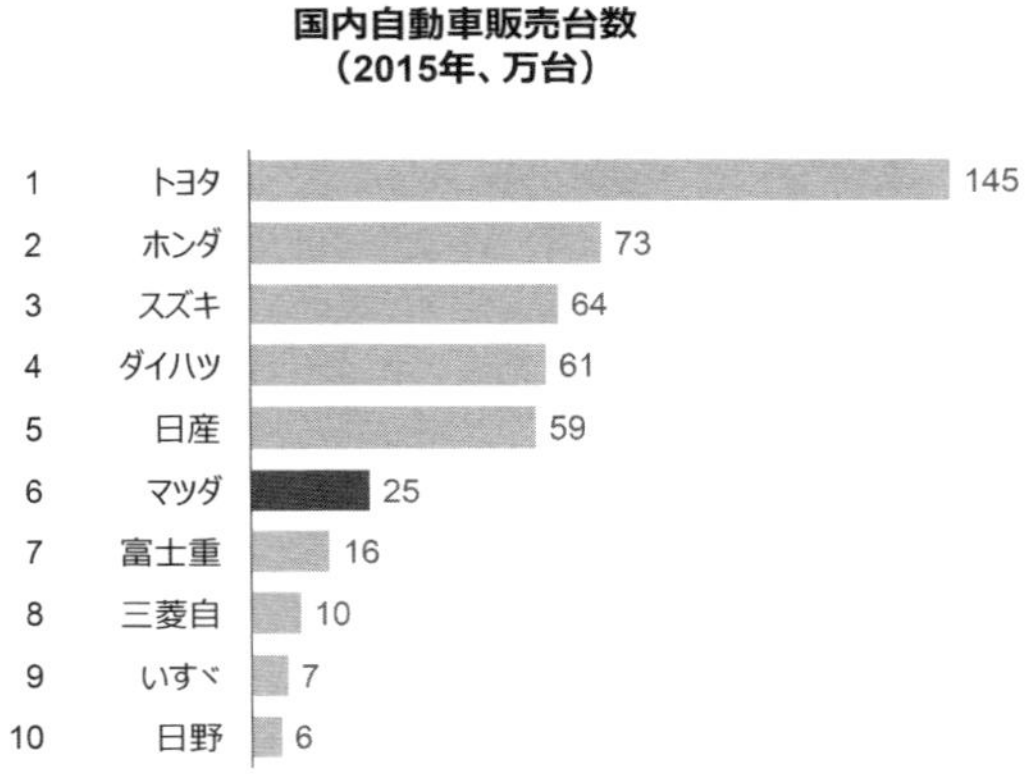

資料: 日本自動車工業会統計よりBBT大学総研作成

図−2 マツダは世界第14位の自動車メーカー

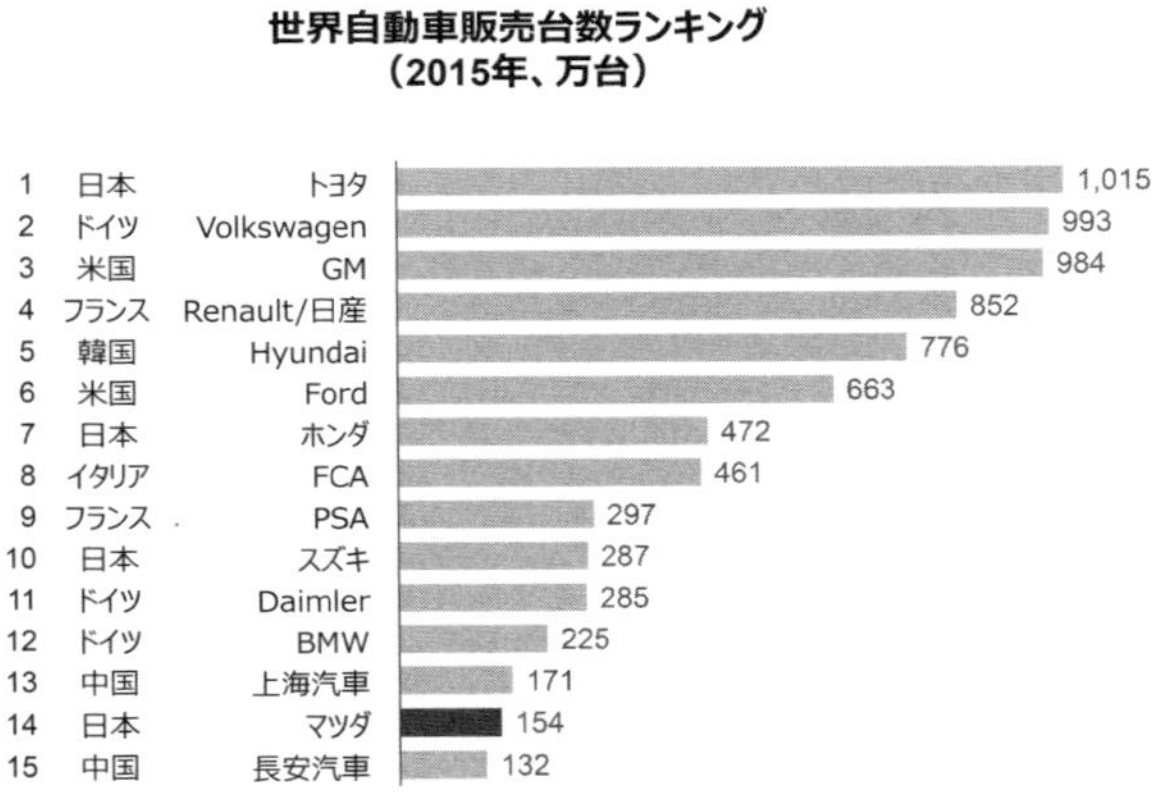

資料: 日本経済新聞社『日本経済新聞』2016/2/16、focus2move『Wold Car Group Ranking in the 2015』、
各社発表資料等よりBBT大学総研作成

フォードとの資本関係を解消し、トヨタと包括的業務提携

次に、主要自動車メーカーの資本・提携関係（図－3）を見てみましょう。マツダは1996年から2008年にかけて米ビッグ3の一角であるフォードの傘下にありましたが、リーマンショックを機にFord（以下、フォード）が経営危機に陥るとマツダ株を売却、2015年には完全に資本関係を解消しました。フォードとの関係解消で、長らくマツダがどこと組むのかが業界で注目されていましたが、2015年5月にトヨタ自動車と包括的業務提携を締結し、再び注目を集めています。

自動車業界では、分野ごとに提携することで、自社の弱点を補い経営資源を得意分野に集中するための「合従連衡」が世界的に進んでいます。

フォルクスワーゲンと販売台数世界首位を争うトヨタ自動車にとっては、エンジンのみでエコカー並みの低燃費を実現したマツダの「スカイアクティブ技術（SKYACTIV TECHNOLOGY：マッダのブランドスローガン「Zoom-Zoom（ズーム・ズーム）」宣言に基づいて、「走る歓び」と「優れた環境・安全性能」の高次元での両立をイメージした革新的な次世代技術の総称。高圧縮比を実現した新世代高効率直噴ガソリンエンジン「SKYACTIV－G」、低圧縮比の実現によりグローバルな排出ガス規制をクリアできる新世代クリーンディーゼルエンジン「SKYACTIV－D」、あらゆる方式の利点を集約した高効率かつダイレクト感溢れる6速オートマチックトランスミッション「SKYACTIV－DRIVE」などの技術を包含している。（『MAZDA COMPANY PROFILE 2015』P.28））」は大きな魅力です。

図−3　2015年、トヨタと環境技術などで包括的業務提携、Fordとの資本関係は完全解消

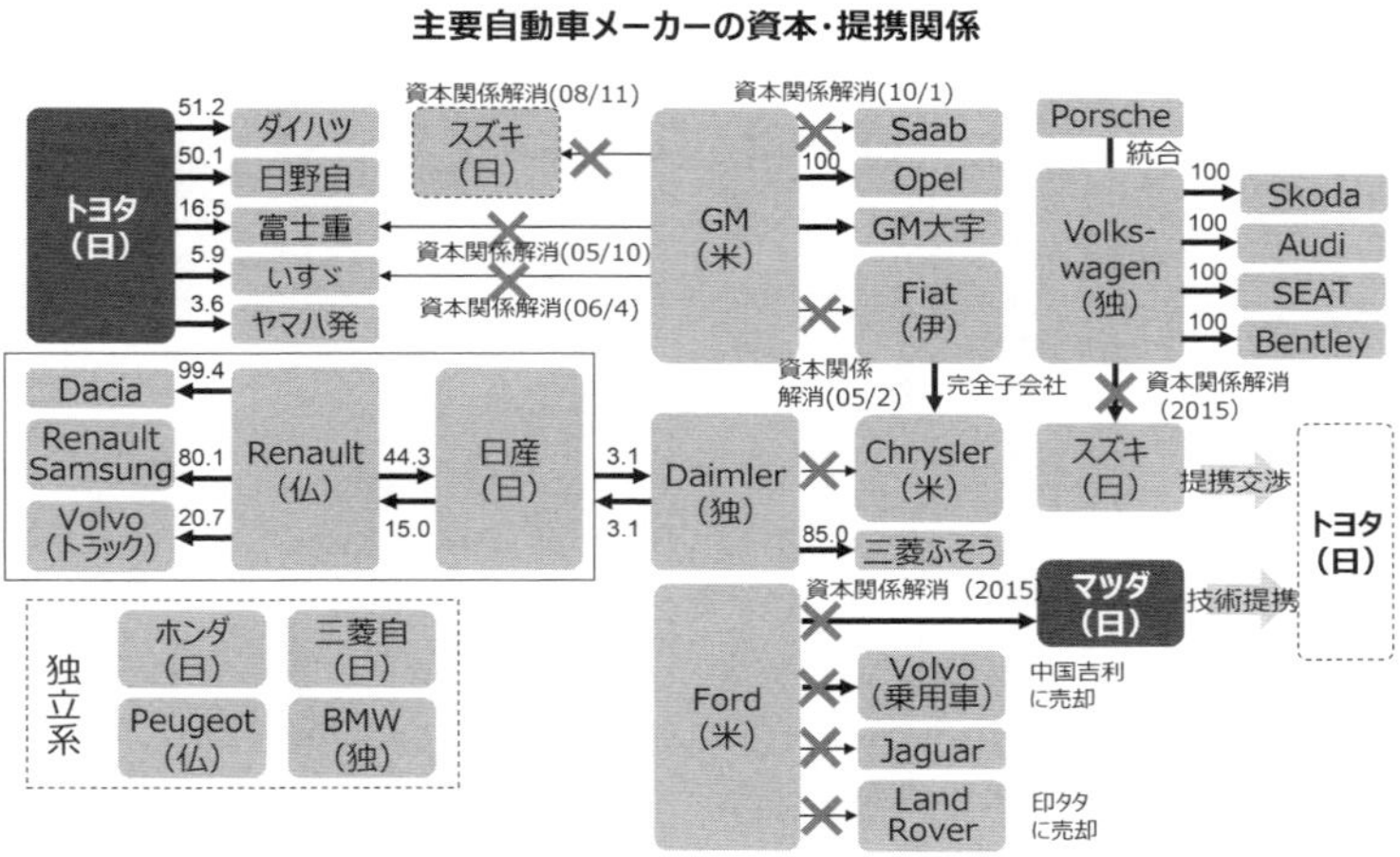

資料: 各種報道よりBBT大学総研作成

図−4　トヨタとの提携のほか、日産、スズキ、いすゞ、フィアットとも提携を拡大している

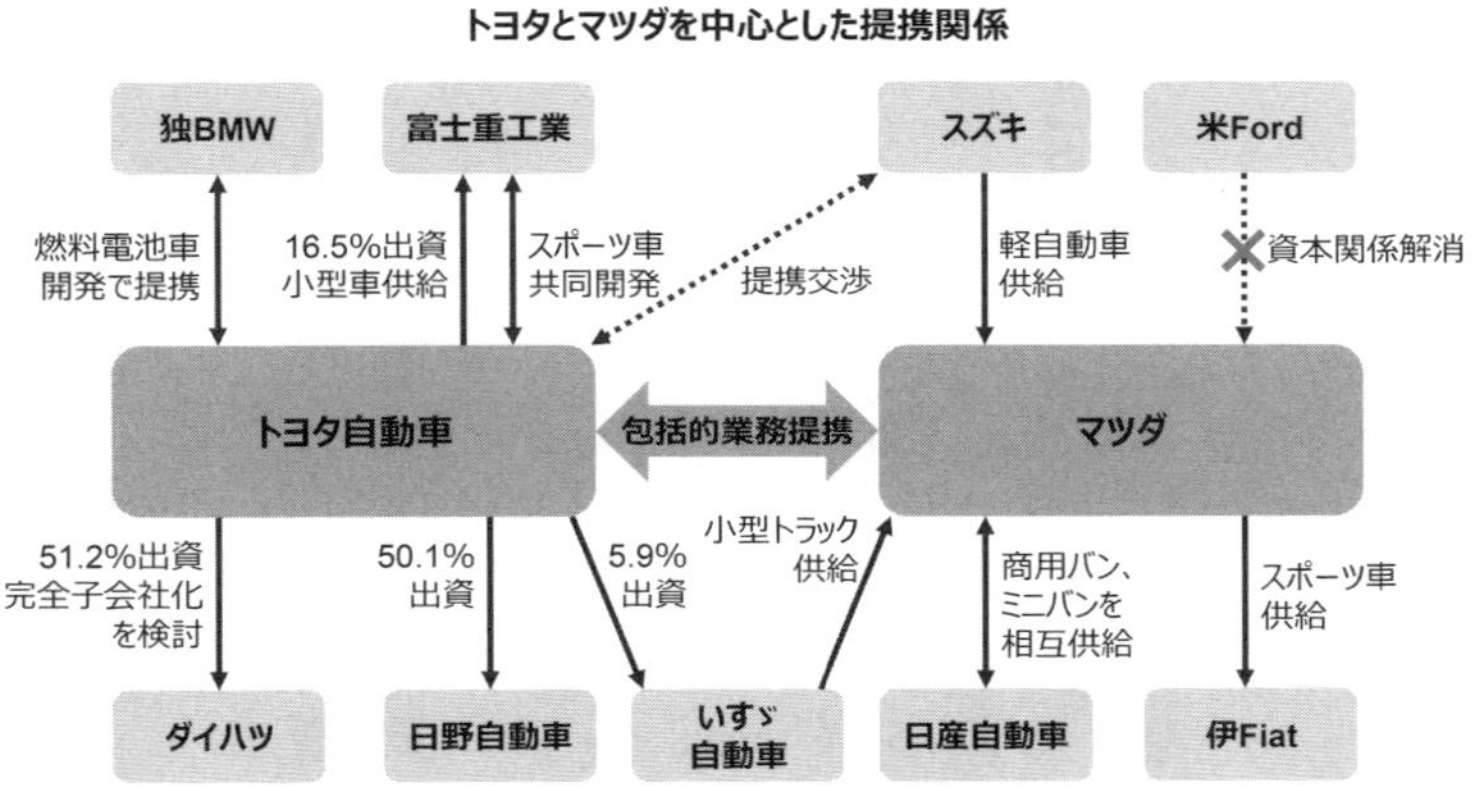

資料: 日本経済新聞社『日本経済新聞』2016/2/25よりBBT大学総研作成

また、マツダにとってもエンジンの効率化に集中した結果、ＨＶ（ハイブリッド車）やＦＣＶ（燃料電池車）などのエコカーの開発に手が回らない状況であるため、両社は包括的業務提携により互いの技術を補完します。

自動車業界全体を見ると、かつては世界的にＭ＆Ａによるグループ化が進んでいましたが、２０１４年にフィアットがクライスラーと経営統合した後は大きなＭ＆Ａはなく、業界再編はやや沈静状態となっています。

一方で環境技術、次世代技術競争は激化しており、各メーカーは技術ごとに提携相手を模索している状態です。トヨタ自動車とマツダの提携関係は、将来の環境・安全技術の開発などを視野に入れた包括的業務提携ですが、資本的な提携はしていません（図－４）。

トヨタ自動車は、富士重工業に16・5％を出資して小型車の供給もしながら、共同でスポーツ車の開発を行っています。日野自動車には50・１％出資しており、さらにダイハツ工業にも51・２％出資、さらに完全子会社化を検討しています。また、ＢＭＷとは燃料電池車の開発で提携しています。

一方マツダは、日産自動車と商用バンやミニバンを相互供給し、スズキからは軽自動車の供給を受け、イタリアのフィアットにはスポーツ車を供給しています。しかし、２０１５年に資本を解消したフォードとのような濃厚な関係を結んでいるところはありません。

図—5　リーマンショックの低迷後、低燃費・高出力の「スカイアクティブ技術」に集中、円安の追い風を受けつつ、新製品がヒット

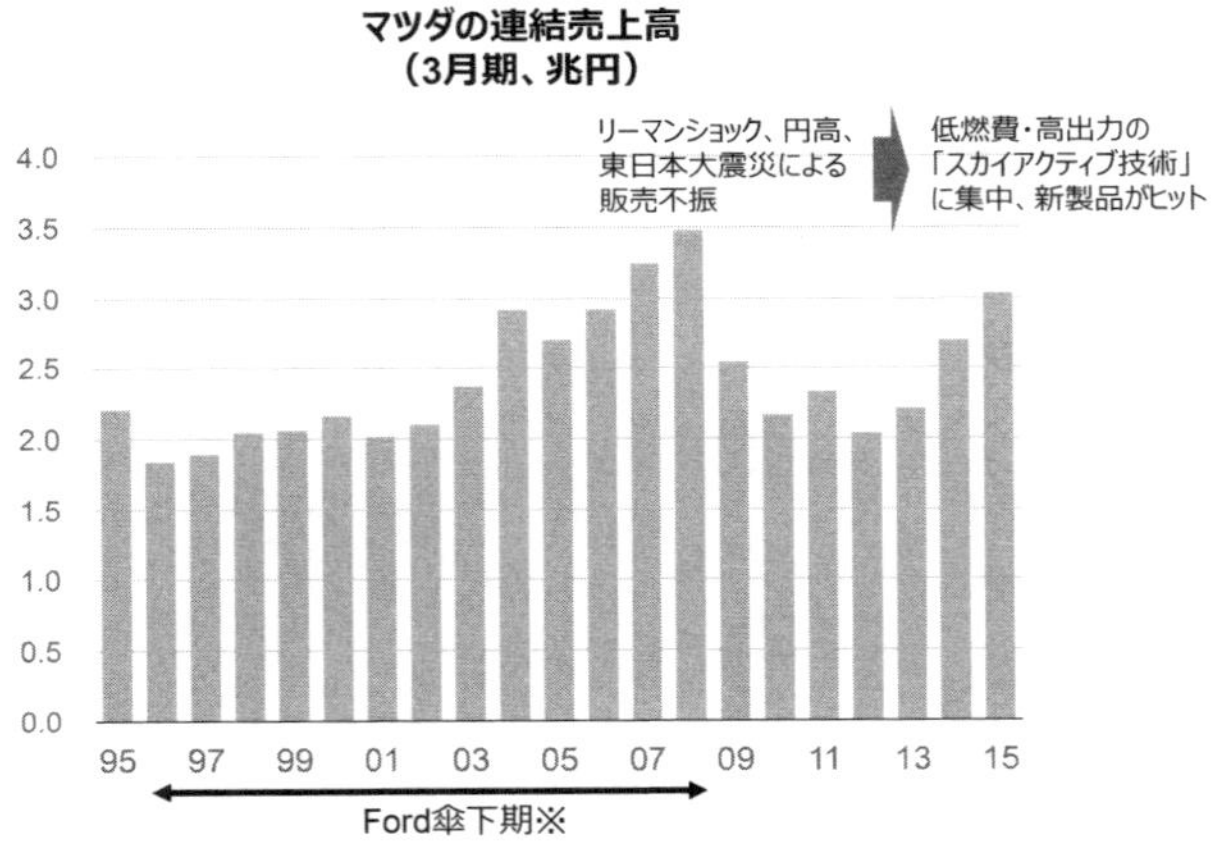

※ 1996年6月にフォードが33.4%出資、2008年11月に13%、2010年11月に3.5%、2015年9月全株売却

資料: マツダ株式会社ホームページよりBBT大学総研作成

図—6　とくに海外販売が伸張、8割弱が海外売上

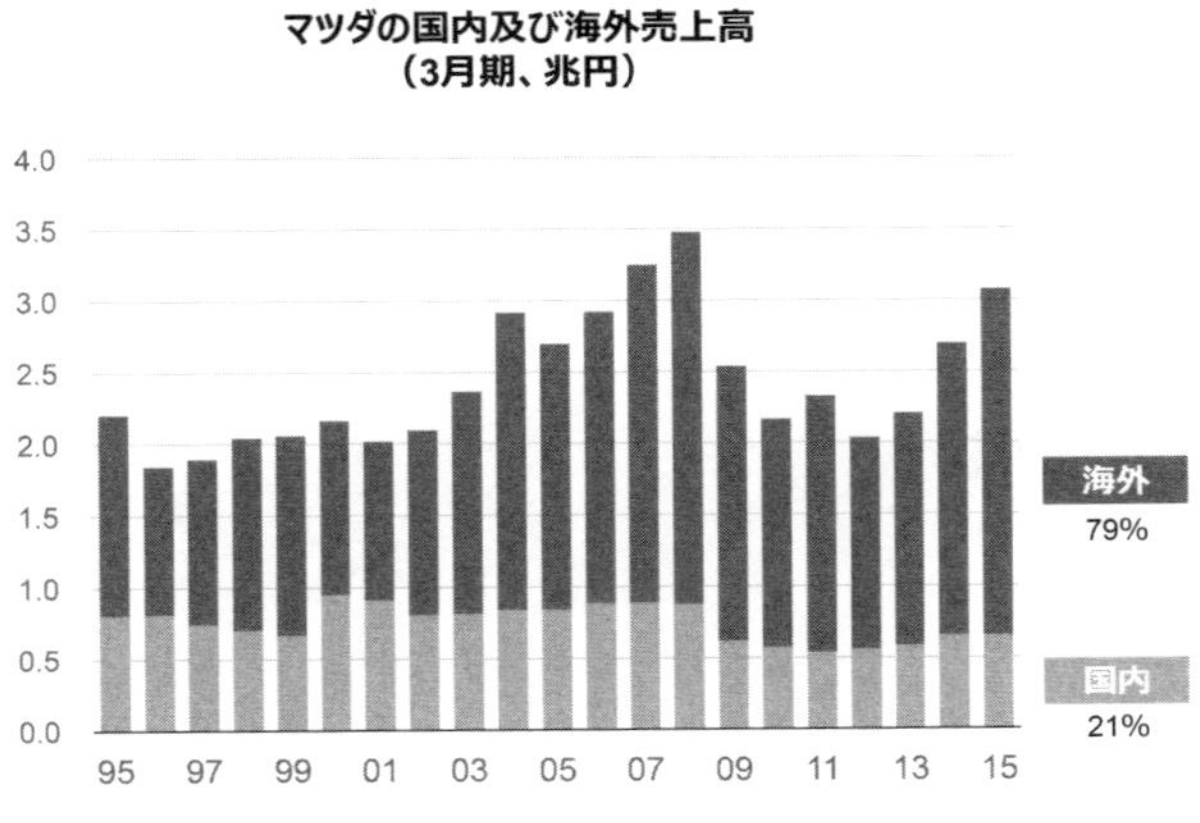

資料: マツダ株式会社ホームページよりBBT大学総研作成

低燃費・高出力の「スカイアクティブ技術」への集中と新商品のヒット

マツダは90年代に円高などの影響により業績が悪化、1996年にフォードが33・4%出資、さらに経営陣を招聘するなどフォード傘下のもとで再建を進め、売上を拡大してきました。しかし、2008年9月のリーマンショックでフォード傘下から離脱、さらに円高や東日本大震災が続き、販売不振により2012年まで売上は低迷していました。

その後、低燃費・高出力の「スカイアクティブ技術」に経営資源を集中したことや、円安が追い風となり、数々の新製品がヒットしました。業績低迷を抜け出すため、マツダが企業として生き残りをかけ取り組んできた構造改革が、実を結んだ結果といえます（図－5）。

海外生産比率を引き上げる生産改革

海外販売が8割を占め伸張するも、欧州では人気に陰り

伸張しているマツダの売上高ですが、内訳を見ると国内売上は低迷を続け、海外売上が牽引しています。現在、海外売上が79%、国内売上が21%と、海外が国内の3倍以上となっています（図－6）。

図−7 海外売上は北米が回復、アジアが伸張、欧州が低調

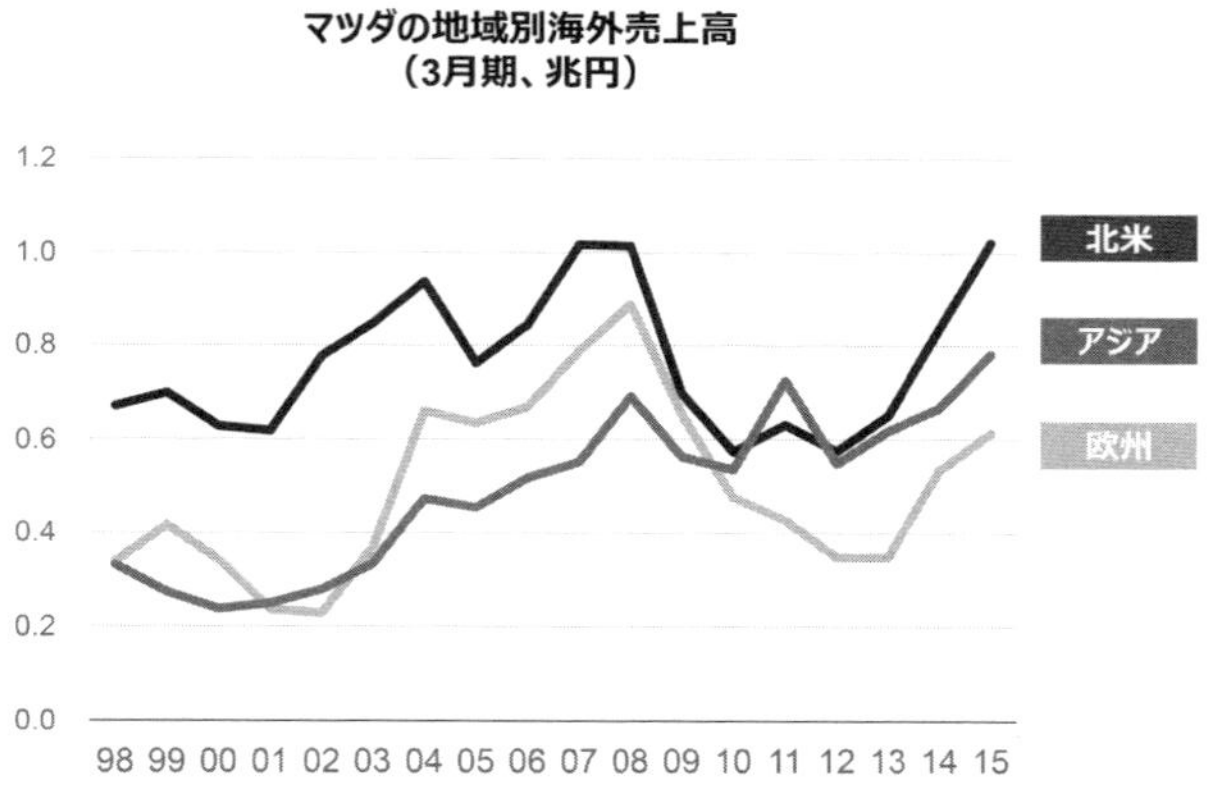

資料: マツダ株式会社ホームページよりBBT大学総研作成

図−8 マツダは7割弱を国内で生産、業績は為替の影響を強く受ける

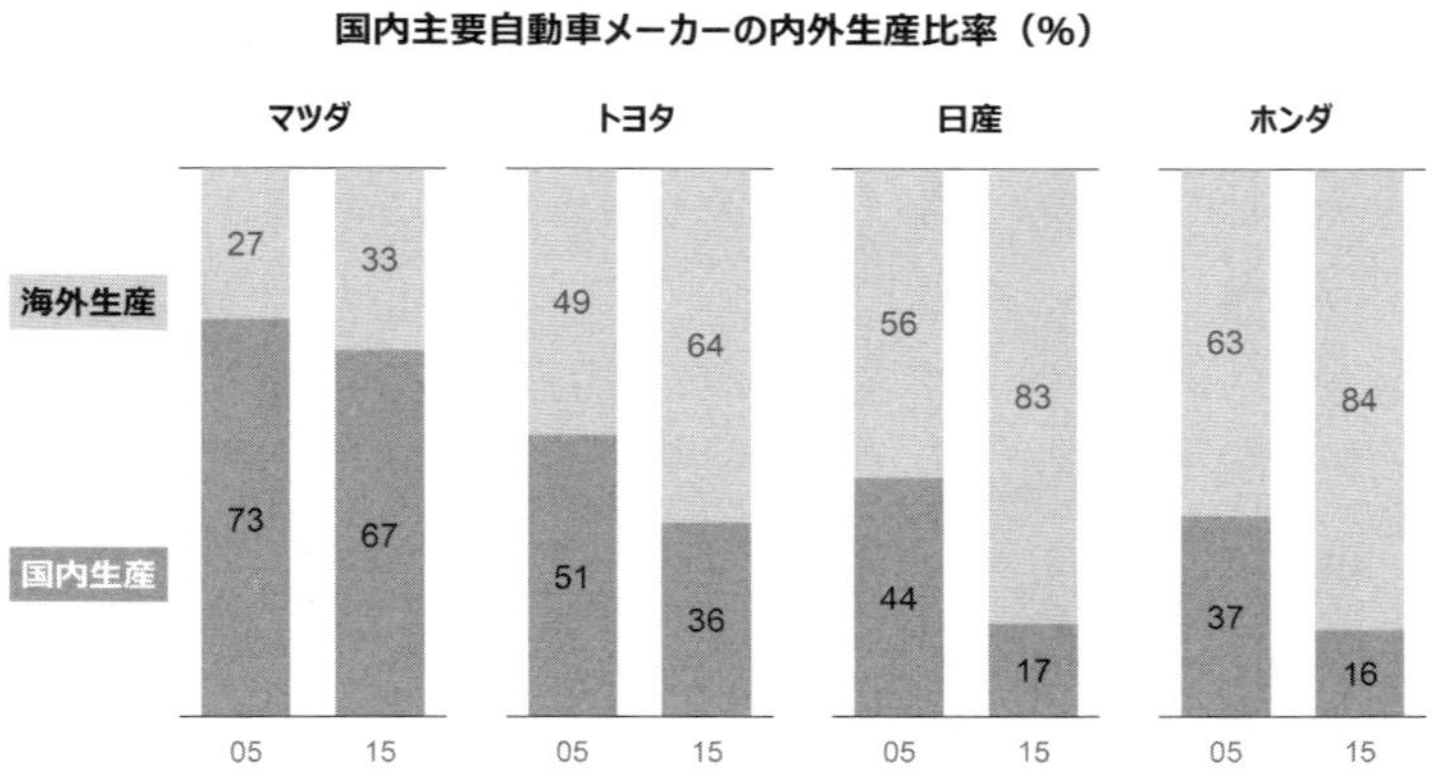

※ トヨタ、ホンダは1〜12月期、日産、マツダは4〜3月期

資料: 各社公表資料よりBBT大学総研作成

さらに、その海外売上高を地域別に見てみると、北米の売上がリーマンショック前の水準まで回復しています。欧州は回復傾向にありますが、いまだリーマンショック前の水準に達していません。アジアは長期的に売上を伸ばしており、欧州の売上を超える規模に成長しています。過去にはドイツをはじめとする欧州各国で、マツダの車はデザイン性、走行性能ともに高いと評判になり、非常に人気を集めていました。しかし現在はその人気にも陰りが見え、売上も注目度も下がり、2008年には0・8兆円を上回っていた売上高も0・6兆円程度になってしまいました。現在の地域別売上では、北米が約1兆円、アジアが約0・8兆円、欧州が約0・6兆円となっています（図－7）。

国内生産比率が7割弱、為替次第の収益体質

国内主要自動車メーカーの内外生産比率（図－8）をご覧ください。マツダ、トヨタ自動車、日産自動車、ホンダの4社の2005年と2015年の内外生産比率を比べてみると、大手3社が大きく海外生産にシフトするなか、マツダの海外シフトはほとんど進みませんでした。これは、マツダの生産が国内の広島県本社工場と山口県防府工場の2拠点に集中していることに起因します。2015年時点で海外生産比率が33%しかないにもかかわらず、売上の約80%は海外が占めています。他社の海外生産比率と比較してみても、トヨタ自動車は64%、日産は83%、ホンダは84%と、マツダとは約2〜2・5倍の開きがあり、マツダの海外生産比率がいかに低いかが分かります。つまり、マツダは90年代に円高で販売不振に陥った時か

図－9　円高の局面で赤字となる体質

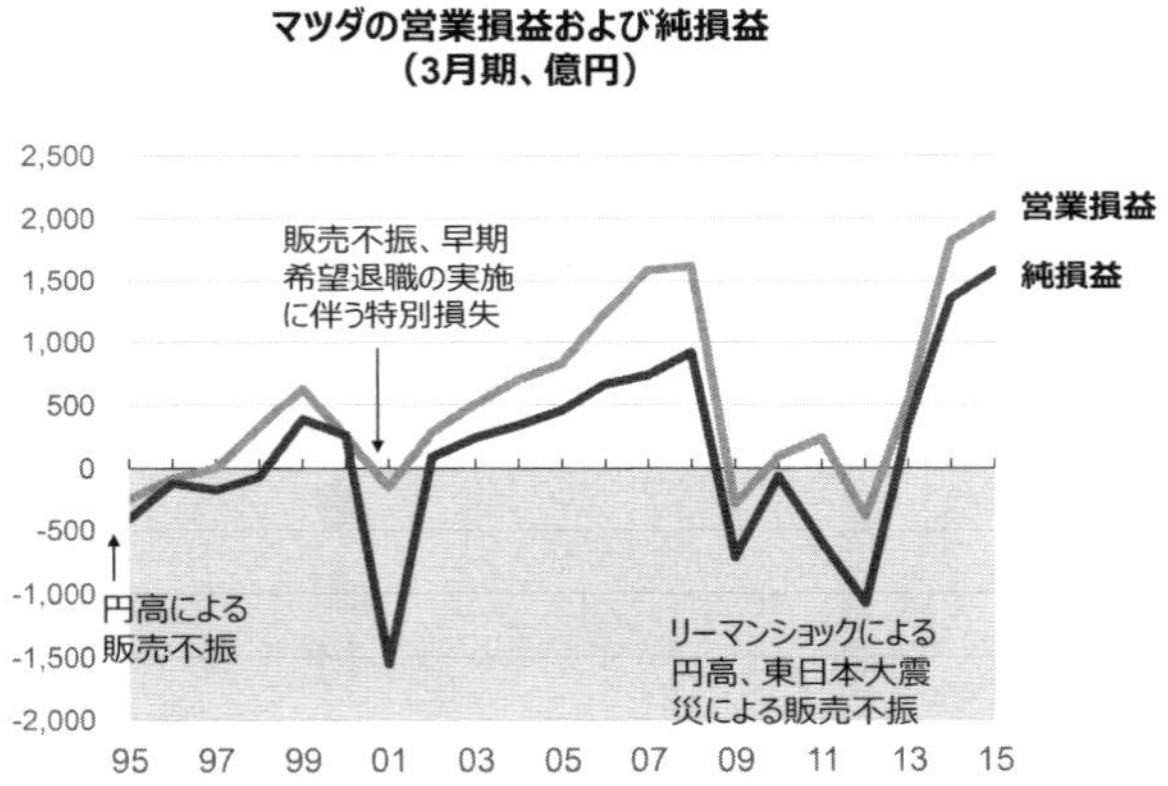

資料: マツダ株式会社ホームページよりBBT大学総研作成

図－10　現在、生産改革を実行中、海外生産比率を3～5割引き上げることが目標

マツダのグローバル生産体制

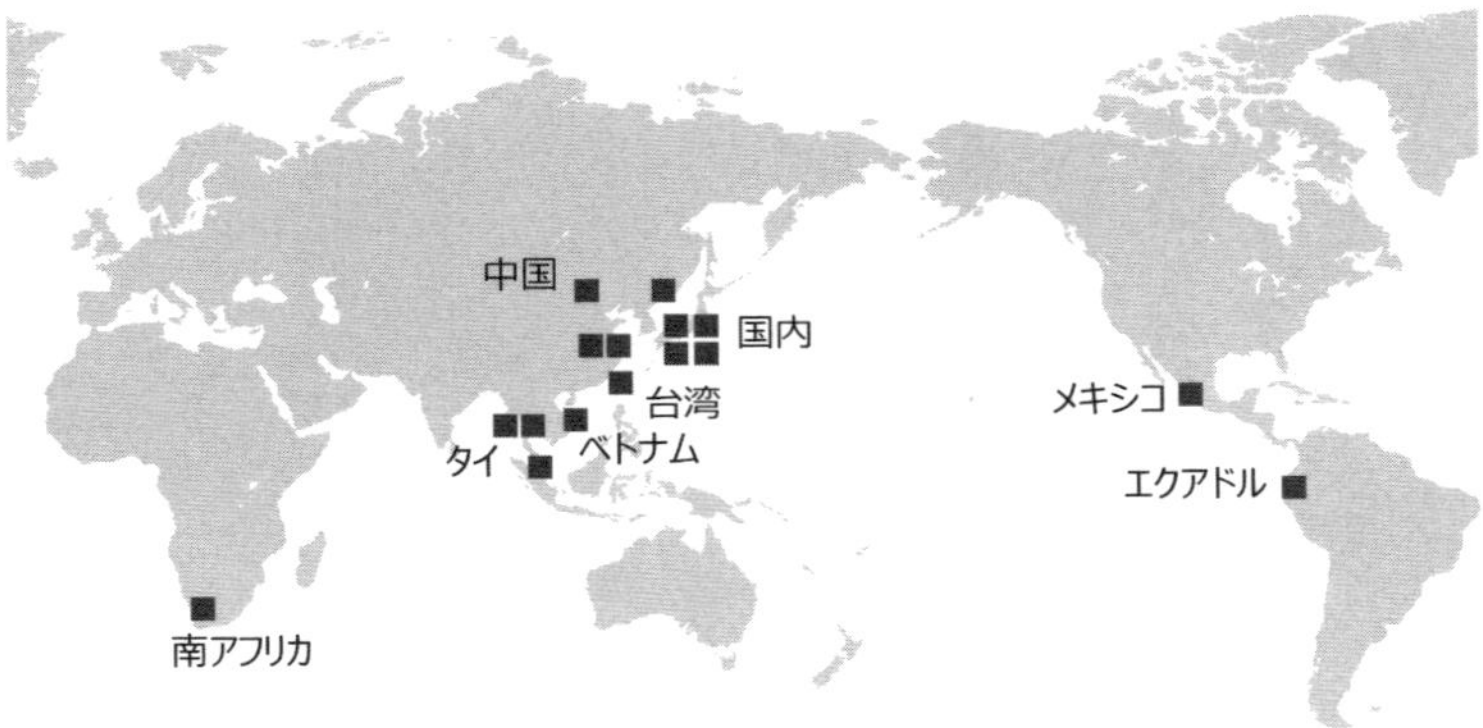

資料: Annual ReportよりBBT大学総研作成

ら20年以上経過した現在においても、為替次第の収益体質という問題を抱え続けているのです。

マツダの営業損益および純損益（図－9）の動きを見ると、1995年は円高による販売不振で赤字、2001年は主に構造改革費用による赤字ですが、2009～2012年にはリーマンショックにより円高が進行、東日本大震災による販売不振などもあって、4期連続の最終赤字に陥りました。このように、マツダは円高の局面で赤字となる体質になっているのです。

海外生産比率を引き上げるための生産改革

マツダは、アジアでは中国、台湾、ベトナム、タイ、北米ではメキシコ、南米ではエクアドル、アフリカでは南アフリカに、生産拠点を設けています。現在はアジアに集中していますが、今後、海外生産比率を3～5割引き上げることを目標とし、生産改革を行っていくとしています（図－10）。

世界の自動車販売台数は先進国が低迷するなか、新興国が牽引する形で成長を続けています。こうした世界の需要動向に応じた最適な生産体制の構築が急務です（図－11）。

海外売上比率が8割のマツダですが、各地域での販売ランキングを見ると、比較的日系メーカーが強い北米市場では42万台で第12位（2014年、四輪車計）、日系メーカーが弱い欧州市場では19万台で第13位（2015年、乗用車計）です（図－12）。また、巨大な中国市場でも24万台の第14位にとどまり、量産によるシェア拡大を狙う戦略では勝ち目がありません（図－13）。

図－11　世界の自動車販売台数はBRICsを中心に新興国が伸びている

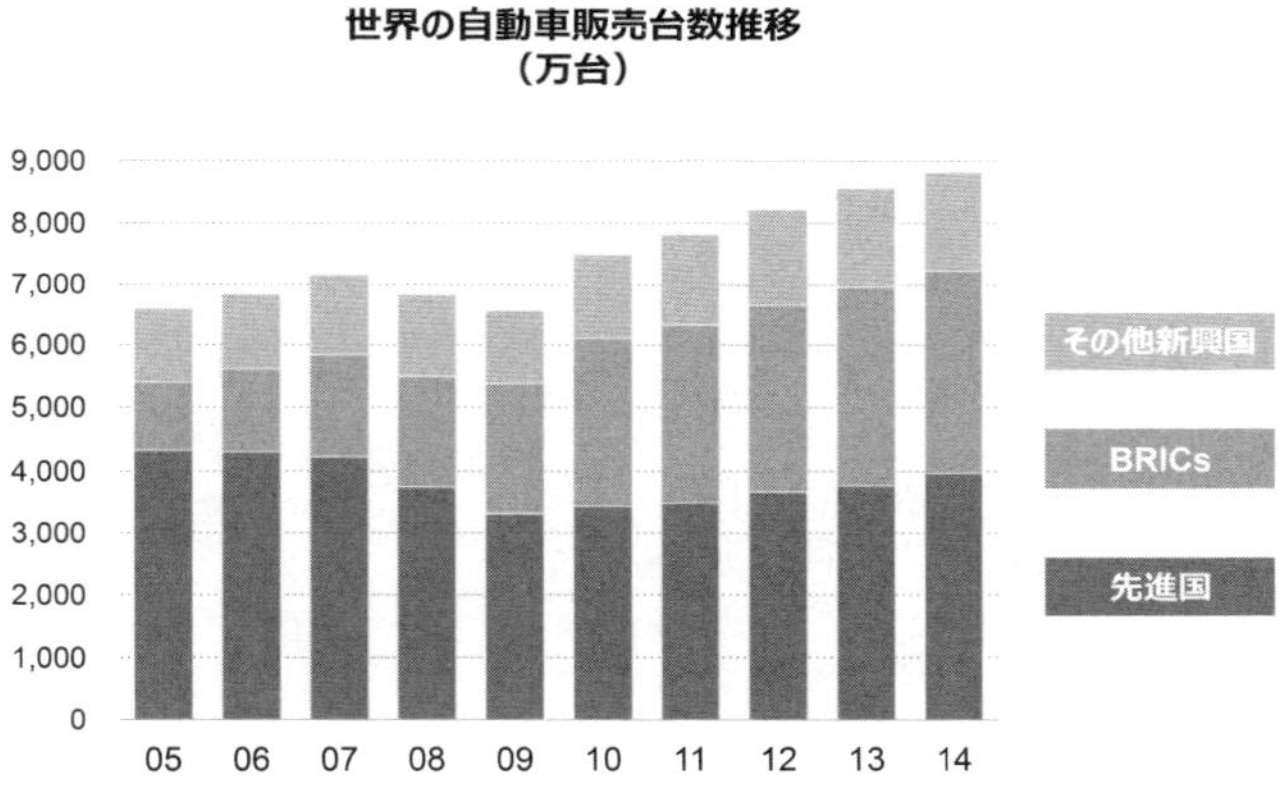

資料: 国際自動車工業連合会（OICA）統計よりBBT大学総研作成

図－12　北米で12位、欧州で13位

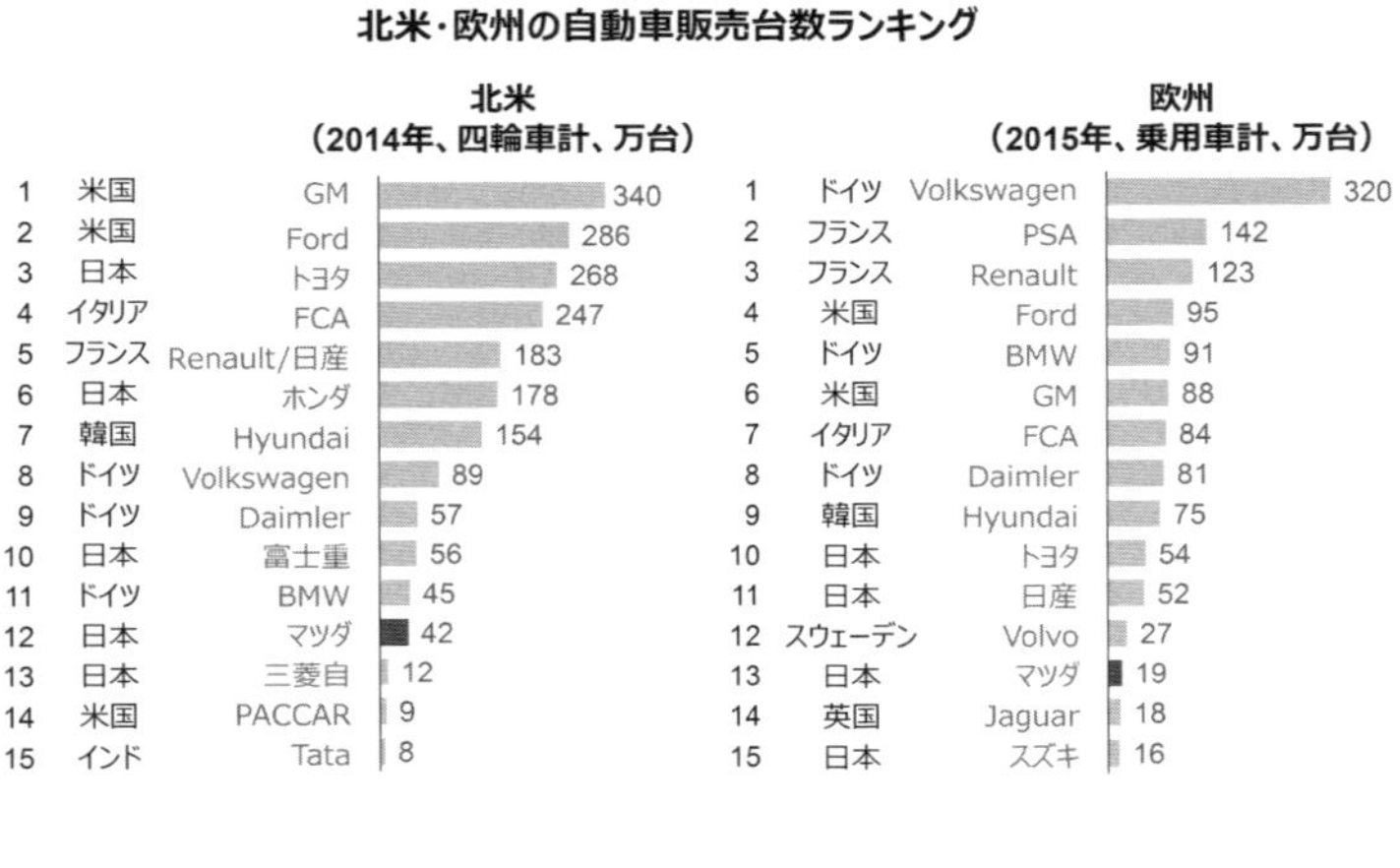

資料: フォーイン『世界自動車統計年鑑』2015、欧州自動車工業会（ACEA）よりBBT大学総研作成

マッツダの現状を打開する2つの解決案

「グローバル生産体制の早期確立」と「提携メーカーの拡大」がカギ

ここで、マツダの現状と課題を整理してみます。マツダは、自社独自の「スカイアクティブ技術」や「クリーンディーゼル」によって新車の販売は好調ですが、生産の約7割を国内生産が占めており、為替の変動リスクを受けやすい収益体質です。

また、今後の市場はBRICsを中心に新興国が牽引し、先進国市場の緩やかな回復傾向が予想されます。つまり、日本国内、北米、欧州、BRICsの全てを大市場と捉えていく必要がありますが、現状のマツダは自動車販売において先進国地域を優先してきたため、新興地域へのケアは十分ではありません。

競合との関係を見ると、トヨタ、日産、スズキ、いすゞ、フィアットと提携していますが、各市場におけるシェアは低く、単独でシェアを狙う戦略では勝ち目がありません。しかし、マツダはエンジンなどでユニークな技術を確立しているため、これをアピールしていくことができます。

以上のことから、今後のカギとなる戦略は、「グローバル生産体制の早期確立」と技術を活かした「提携メーカーの拡大」の2案に絞られるでしょう（図－14）。

図－13　中国で14位、シェア拡大を狙う戦略では勝ち目がない

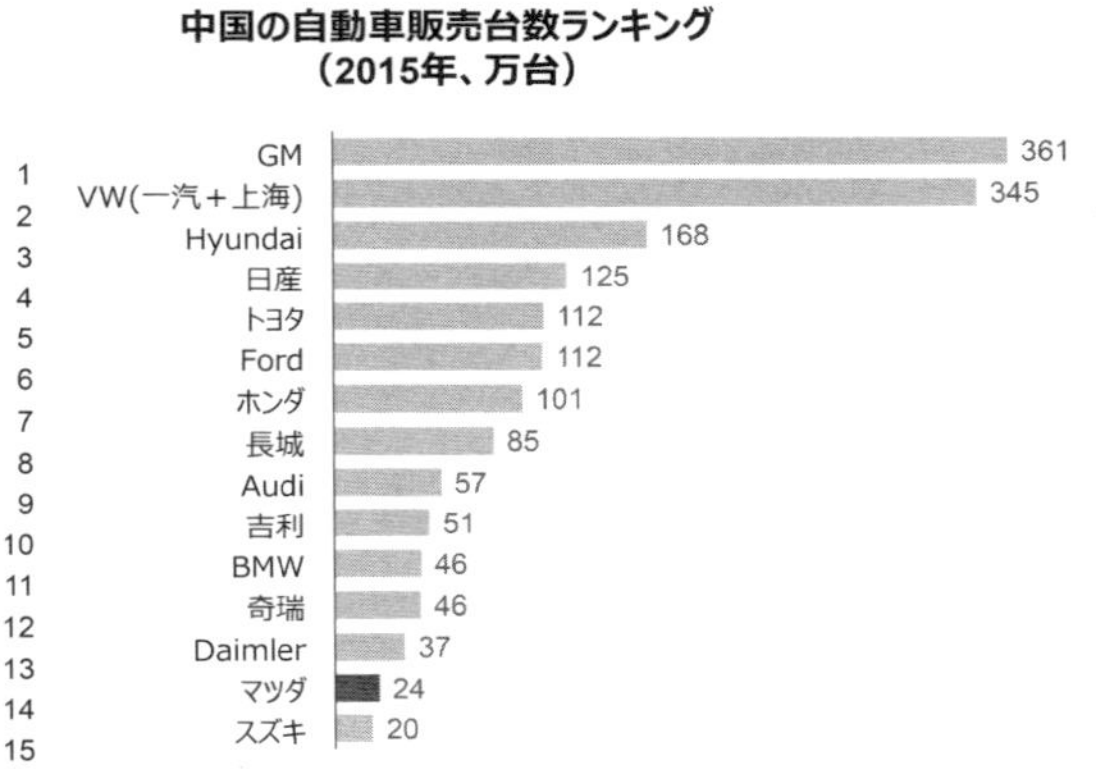

資料: 日本経済新聞社『日経産業新聞』2016/1/13よりBBT大学総研作成

図－14　グローバル生産体制の早期確立、および提携メーカーの拡大が課題

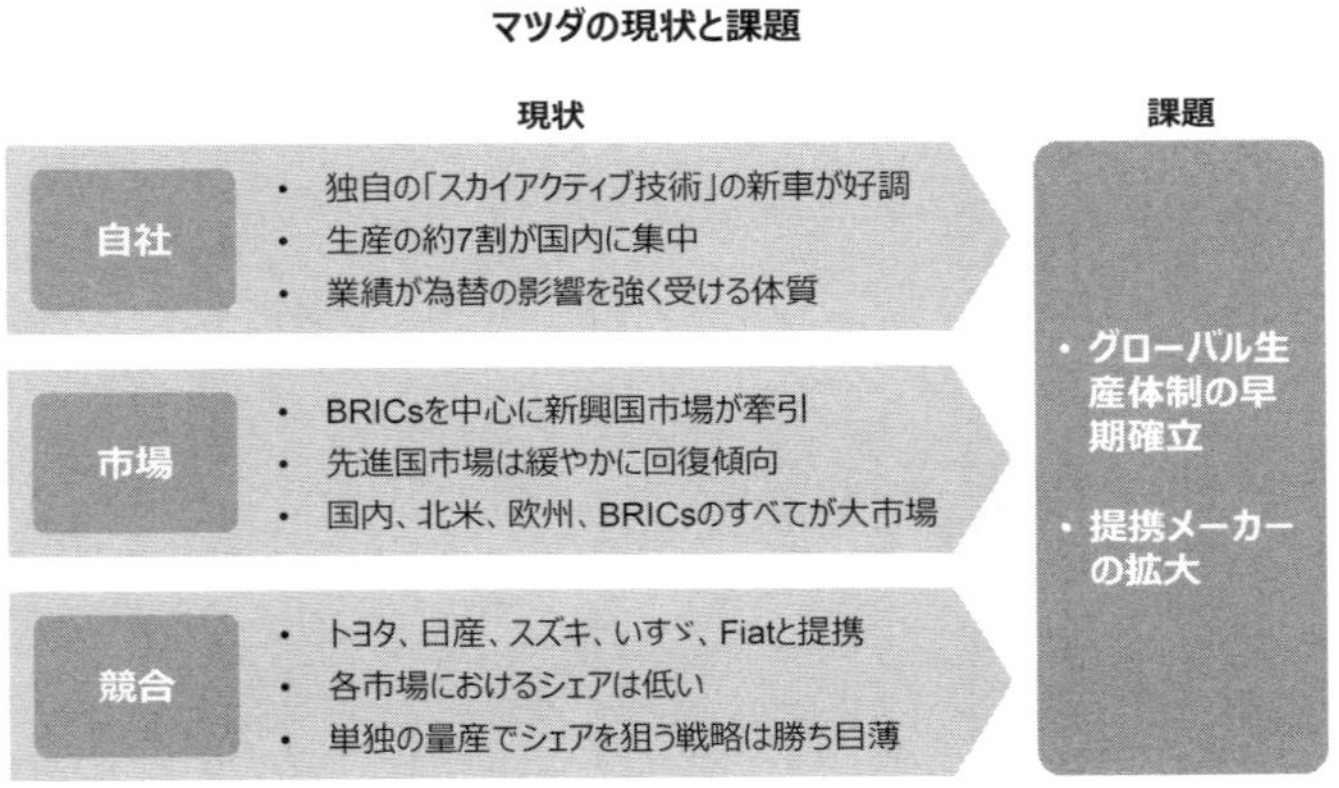

資料: 各種資料よりBBT大学総研作成

新興国メーカーへの出資と日米欧メーカーへのOEM供給

1つ目の戦略案である「グローバル生産体制の早期確立」を実現するには、新興国メーカーへの積極的な出資や生産合弁を検討します。フォード傘下にあった2012年に、中国で長安汽車とマツダが50：50で出資して設立した長安マツダ汽車がありましたが、この合弁を再検討するのもいいでしょう。

また、インド市場を視野に入れた、インド最大の自動車メーカーであるTata Mortors（タタ・モーターズ）との提携は実現可能だと思います。とくにクリーンディーゼルの確かな技術力は、確実なニーズがあると考えられます。これらの提携を通じて、海外生産比率7割超と、日本の他自動車メーカーと同水準を目指せば、為替リスクも少なくなるでしょう。

2つ目の「提携メーカーの拡大」については、日米欧自動車メーカーへのOEM供給のボリュームを増やすことが必要です。クリーンディーゼルで先行しているかに見えた欧州において、フォルクスワーゲンの排ガス不正が欧州メーカー全体に影を落とし、ディーゼルエンジンの先行きが不透明になっています。この機に、マツダのスカイアクティブ技術をフォルクスワーゲンに提供してはどうでしょうか。フォルクスワーゲンにとって、クリーンディーゼルは喉から手が出るほどほしい技術でしょうし、それによってフォルクスワーゲン自体が正常なディーゼルエンジン戦略に戻れる可能性も出てきます。包括的業務提携をしているトヨタが、フォルクスワーゲンとの提携に嫌悪感を示すことも考えられますが、法律上は問題あり

図ー15　新興国メーカーとの生産合弁でグローバル生産体制を早期確立、日米欧上位メーカーへのOEM供給・提携拡大を狙う

マツダの方向性（案）

グローバル生産体制の早期確立	• 新興国メーカーへの出資、生産合弁を模索 • Ford傘下時代の長安汽車との合弁の再検討 • Tata Motorsなどインドメーカーとの提携検討 • 海外生産比率7割超を目指す
提携メーカーの拡大	• 日米欧自動車メーカーへのOEM供給を拡大 • シェア上位メーカーとの提携 • スカイアクティブ技術を活かし、低燃費車の共同開発拡大

資料: 各種資料よりBBT大学総研作成

ません。フォルクスワーゲン以外にもシェア上位メーカーと提携し、スカイアクティブ技術を活かした低燃費車の共同開発などへアプローチしていくことによって、提携メーカーを拡大し、ディーゼル社会の欧州において確固たる基盤を構築できると思います（図－15）。

まとめ

☑ 新興国メーカーへの出資や生産合弁を模索。グローバル生産体制を確立することで海外生産比率を高め、為替変動に強い収益体質を構築する。

☑ 日米欧自動車メーカーへのOEM供給の拡大や独自技術を活かした共同開発などのアプローチを行い、提携メーカーの拡大を狙う。

大前の総括

技術力だけで収益安定は不可能。生産体制の世界最適化で稼ぐ力を高めよう

イノベーションによってしっかりと収益増を達成してきているが、国内生産比率が高く為替の影響を受けやすい。グローバル生産体制の速やかな確立、技術力という強みを活かしたOEM供給による提携メーカー拡大。生産・販売先の世界最適化によって強い収益体質の構築を。

CaseStudy

26

SGホールディングス

「両面戦略」を成功させる

あなたが**SGホールディングス**の会長ならば、宅配事業でアマゾンと決別した今、いかにヤマトと差別化を図りつつ事業を再構築していくか?

※2014年2月に実施したケーススタディを基に編集・収録

正式名	SGホールディングス株式会社
設立年	1957年(創業)、2006年(持株会社化)
代表者	代表取締役会長 栗和田 榮一
本社所在地	京都府京都市
業種	運輸業
事業内容	グループ経営戦略策定・管理、およびそれらに付帯する業務
連結事業	宅配便、企業物流受託、不動産ほか
資本金	118億8,290万円
売上高	9,433億円(連結:2016年3月期)
グループ企業	佐川急便、佐川グローバルロジスティクス、SGリアルティ、佐川アドバンス等

拡大を続ける宅配便市場

国内宅配便の年間取扱数は37億個

SGホールディングス（HD）は宅配便国内2位の佐川急便（佐川）を中核企業とし、ロジスティクス事業（企業間物流）、不動産事業などを展開しています。2016年3月期の連結売上高9433億円のうち、デリバリー（宅配）事業が76・5%、ロジスティクス事業12・1%、不動産・その他事業が11・4%です。

主力事業である宅配便の国内市場は拡大が続いています（図-1）。1981年にコンビニ窓口での取次ぎが開始されて以降、1985年の5億個あまりから徐々に伸び、1990年代末には約5倍の25億個へと急成長。その後も通信販売市場の拡大を背景に成長は続き、2015年には37億個に達しています。

宅配便二強のヤマト運輸と佐川急便

国内宅配便の事業者別シェアでは宅配サービスの先駆けであるヤマト運輸（以下、ヤマト）が大きなシェアを持っていますが、1998年に佐川が参入して以降、徐々にシェアを伸ばし、2012年にはヤマト43%、佐川39%と国内市場を二分するほどに成長しました（図-2）。ところが2013年4月、佐川が

図－1　通販市場の拡大を背景に宅配便市場は拡大が続く

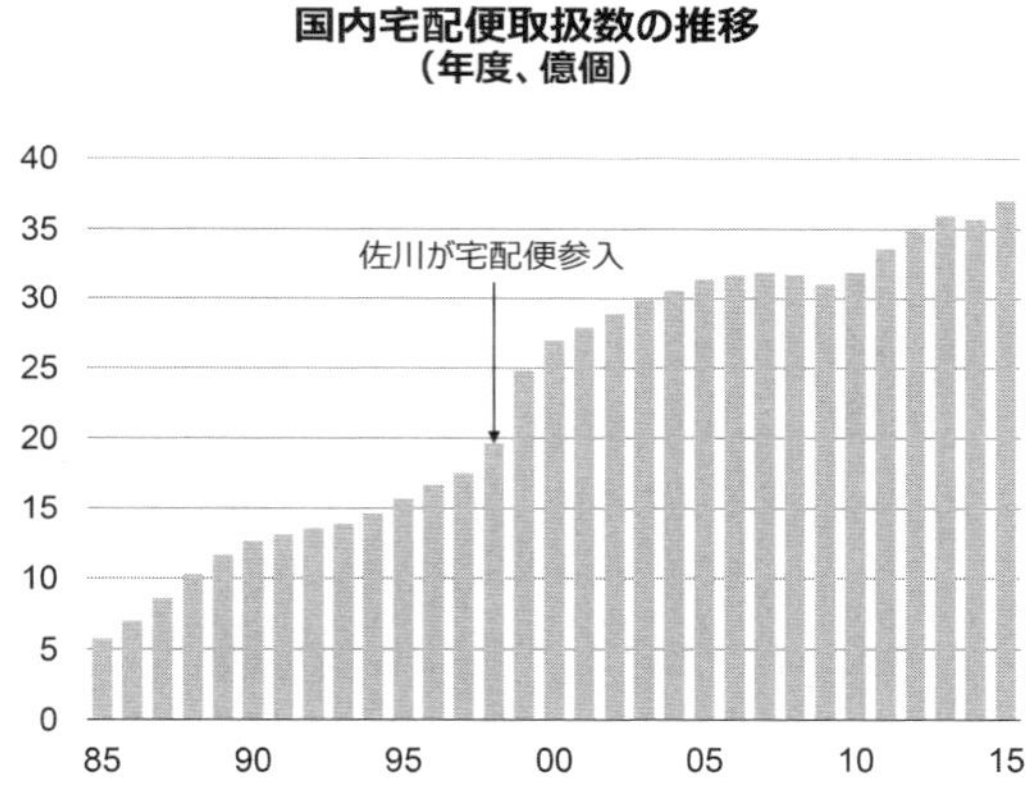

※ 2006年度以前は日本郵政の「一般小包」を加算してBBT大学総研が再集計

資料: 国土交通省「宅配便取扱実績」、日本郵政ディスクロージャー、報道よりBBT大学総研作成

図－2　佐川とヤマトがシェアを二分、佐川はAmazonとの取引停止でシェア低下

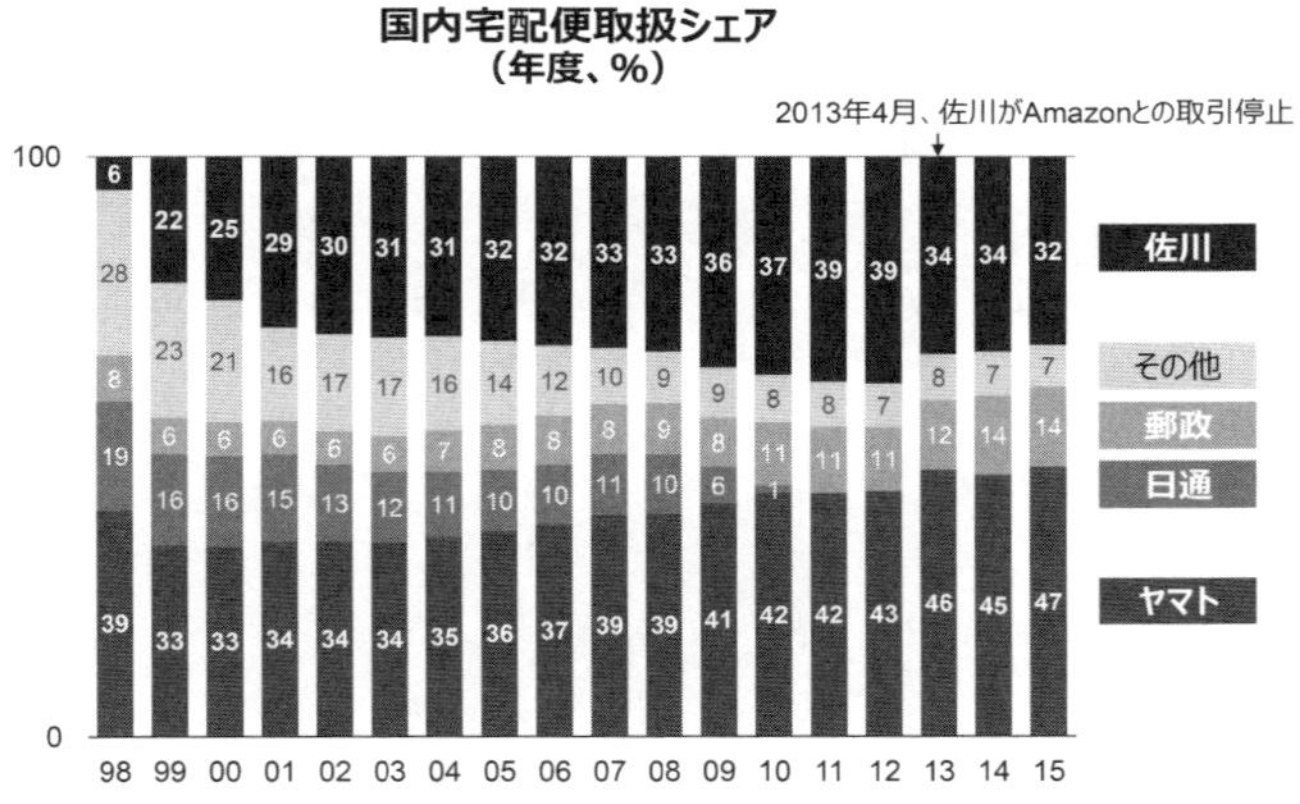

※ 2006年度以前は日本郵政の「一般小包」を加算してBBT大学総研が再集計

資料: 国土交通省「宅配便取扱実績」、日本郵政ディスクロージャー、報道よりBBT大学総研作成

Amazonとの取引を停止した後は、佐川の減少分をヤマトが吸収する形で両社の差が開いてきています。

配送能力で差がつく佐川急便とヤマト運輸

宅配便取扱数の増加に対して利益が減少する佐川

佐川とヤマトは宅配便市場の二強ではありますが、その内情はかなり異なっています（図－3）。

まず取扱数は、佐川のAmazon取引停止前の2012年度にはヤマト14・9億個、佐川13・6億個と両社の差は1・3億個でしたが、2015年度では佐川は12・0億個に減少する一方、ヤマトは伸び続け17・3億個と、両社の差は約5億個に拡大しました。

売上高を見ると、ヤマトは取扱数の増加とともに概ね売上高も伸びていますが、佐川は取扱数を伸ばしていた2006～2012年度にかけて売上高が横ばいとなっています。この背景には競争激化による宅配便単価の下落がありますが、後発の佐川はヤマトのシェアを切り崩すために、ヤマトよりも大幅な安値で受注をとっていたことが売上高横ばいの原因です。Amazonとの取引停止後には宅配事業は減収となりましたが、法人向けと不動産事業の強化により全体として増収となっています。

営業利益を見ると両社の違いはより顕著になります。ヤマトが長期的に増益傾向にある一方、2012

図－3　佐川はAmazonとの取引停止後に業績が急回復

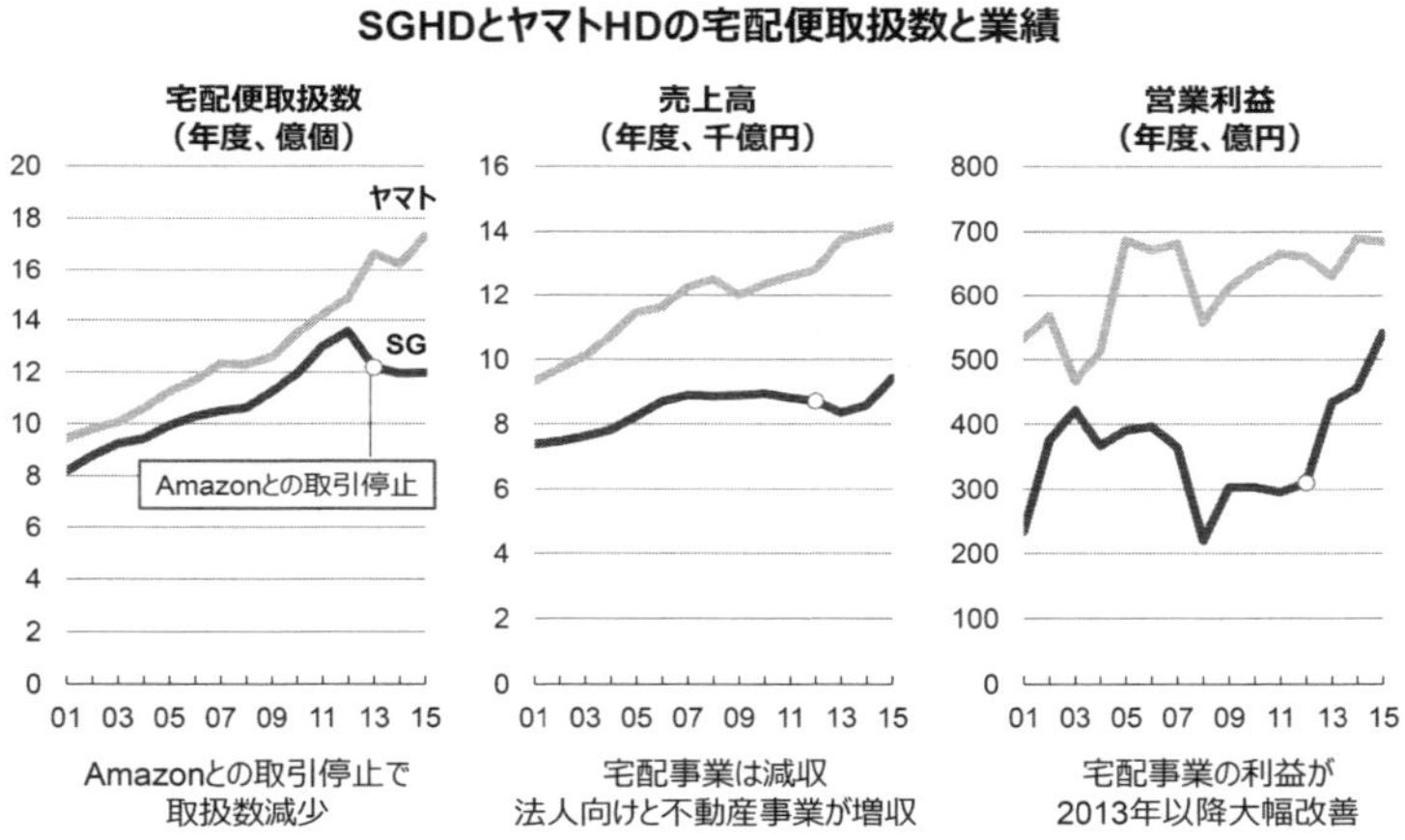

資料: SGHD（決算報告）、ヤマトHD（決算短信）よりBBT大学総研作成

年度以前の佐川は取扱数が伸びるほど営業利益が減少しています。さらに営業利益率を見ると、ヤマトは取扱数の増加に対してコスト比率を一定に保っており、営業利益率は5%前後で推移していますが、佐川は取扱数の増加につれてコスト比率が高まり、利益率が悪化傾向にあることが分かります（図－4）。そのため、Amazonとの取引停止により取扱数が減った後、宅配事業売上高は減少したものの、コスト負担解消のおかげで営業利益や営業利益率は急激に回復しています。

配送能力の差がコスト体質の差

両者のコスト体質の差は、配送能力の違いに起因しています（図－5）。宅配便取扱数にはそれほど大きな差はないものの、ヤマトの事業所数は佐川の15倍で、ドライバーや車両、従業員の数も約

2～3倍の多さです。この配送能力の差は、もともとヤマトが個人間配送を前提とした配送網を設計してきたこと、佐川が企業間配送をベースに配送網を設計してきたことによる違いです。

こうした配送能力の違いが、コスト体質の違いを生み出しています。集荷から配達までの流れを両社で比較すると、集荷は自社ドライバーが担当して、集配センター間の幹線輸送はアウトソースというのは両社とも同じです。しかし、配達の段階で両社の配送能力の差が出ます。ヤマトは事業所やドライバー、車両も多いので、全て自社ドライバーで配達をまかなえるのですが、佐川は自社ドライバーでは配達しきれず下請けに依頼せざるを得ません（図－6）。そのため配達数が増えると、佐川は下請けへの外注費が増加することになり、利益が減少してしまうのです。先ほどのAmazonとの取引停止により業績が回復したというのは、取扱数が減ったことで下請けへの外注費が抑えられたことによるものです。

過当競争から離脱し宅配便の単価を適正化

佐川は方向転換し、宅配便単価を適正化して過当競争から離脱しました。2012年度までは価格競争により宅配便の単価は下がる一方で、とくに佐川はヤマトよりもかなり安い単価をつけていました（図－7）。2012年度には約450円とヤマトの4分の3にまで落としていましたが、2013年度のAmazonとの取引停止以降はこの価格競争を止め、2015年度には約500円まで引き上げています。

図－4 ヤマトは宅配便取扱数の増加に対してコスト比率を一定に保つが、佐川のコスト比率は上昇

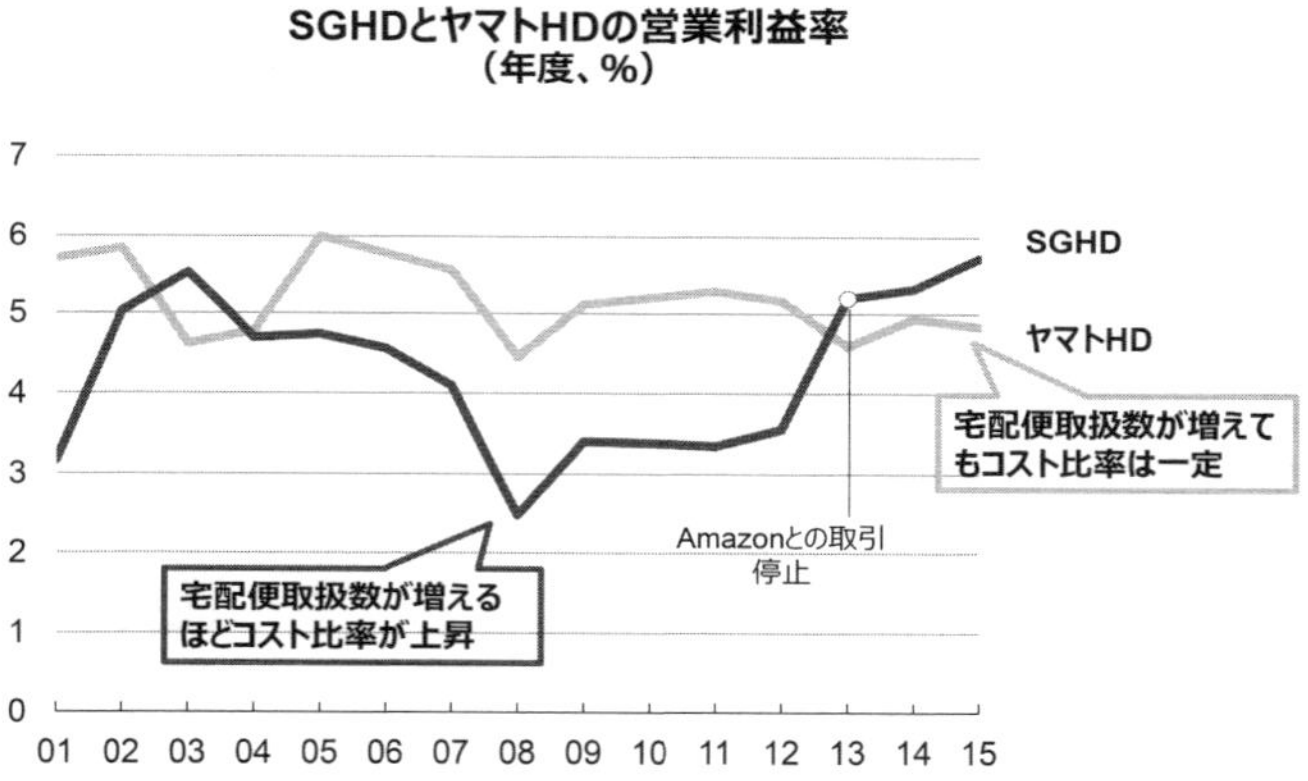

資料: SGHD（決算報告）、ヤマトHD（決算短信）よりBBT大学総研作成

図－5 佐川は宅配個数の増加に対応できる配送能力が不足している

佐川とヤマトの配送能力比較

	佐川急便	ヤマト運輸	
宅配便取扱数	11億9,800万個	17億3,100万個	1.4倍
事業所数	420	6,300	15.0倍
ドライバー数	約3万	約6万	2.0倍
車両台数	2万4,400	4万4,600	1.8倍
従業員数	4万6,800	16万	3.4倍
配送網の特徴	企業間配送（BtoB）をベースに配送網設計	個人間配送（CtoC）をベースに配送網設計	

資料: SGHD（決算報告）、ヤマトHD（決算短信）、会社紹介資料、報道等よりBBT大学総研作成

宅配便事業から企業物流事業へシフト

3PL最大手の日立物流と資本業務提携

佐川の現体制では、宅配便の取扱数を増やせば増やすほど業績が悪化してしまいます。そこで佐川は宅配事業でのヤマトとの消耗戦を避け、企業向け物流事業に注力することにしました。そのためのプランが図−8で、大きく分けると「総合物流ソリューション強化」「グローバル物流ネットワークの構築」、「物流周辺事業の強化・最適化」「人材マネジメント／IT利用促進」の4つがあります。

このうち「総合物流ソリューション強化」の1つとして、2016年3月、3PL（Third Party Logistics：荷主企業に代わり、第三者の企業が最も効率のよい物流戦略を企画立案したり、物流システム構築を提案したり、またそれを一括受託して実行するサービス）最大手の日立物流と経営統合を視野に入れた資本業務提携を結びました。国内の物流企業トップは日本郵政、その後に日本通運とヤマトホールディングスが続きます（図−9）。SGホールディングスと日立物流はそれぞれ4位と5位ですので、両者が提携することでヤマトを追い抜き3位へとランクアップし、売上高は1兆6237億円になります。

日立物流が佐川と業務提携を結んだ背景には、大手メーカーがコスト削減の一環として物流子会社を売

図－6　ヤマトは集荷・配達を自社でまかなえるが、佐川は配達を自社でまかなえず下請けを使用

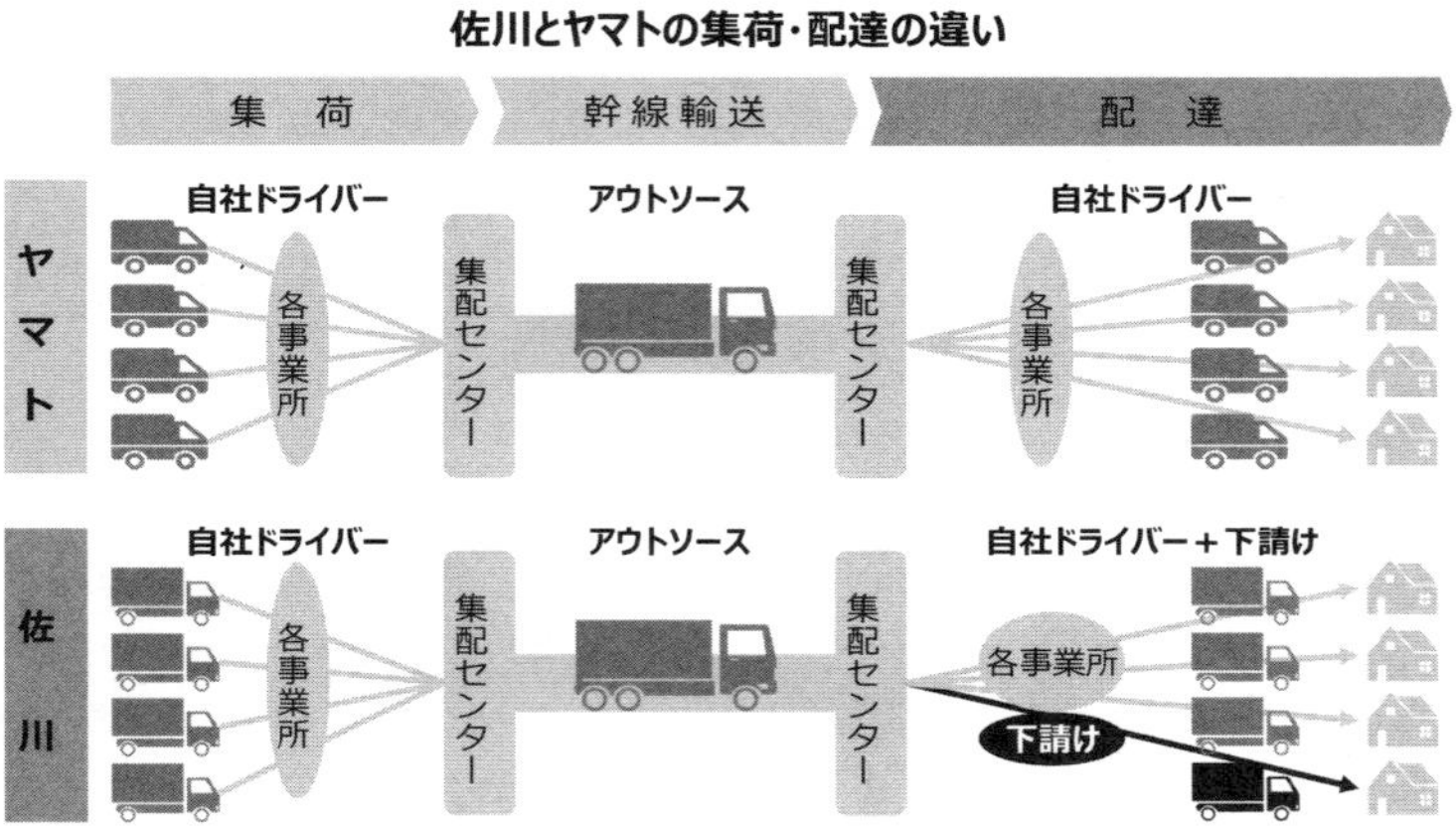

資料: 東洋経済新報社『週刊東洋経済』2013/9/28 よりBBT大学総研作成

図－7　宅配便市場における過当競争から脱却

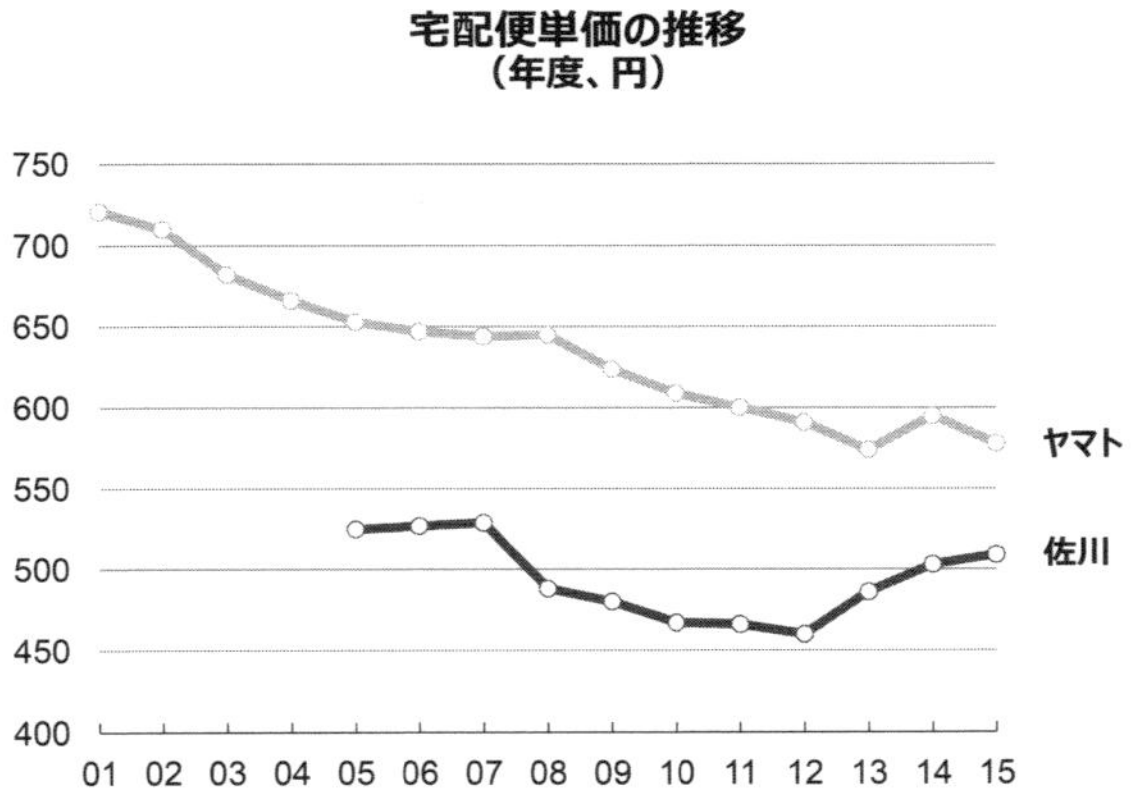

資料: ヤマトホールディングス「ファクトデータ」、SGホールディングス「決算説明資料」よりBBT大学総研作成

却し、事業活動に関連する物流を一括外注するという業界のトレンドがあります（図－10）。物流事業者はメーカーの物流部門を人材ごと引き受けることで、そのメーカーの物流業務を一括受託します。買収で生じた余剰能力でさらに他メーカーの物流業務を受託し、事業拡大を図るという流れが、ここ十数年来の物流業界のトレンドとなっているのです。

宅配および企業物流の両面戦略を支える配送網構築が課題

成長への2つの課題

ここでSGホールディングスの現状と課題をまとめましょう（図－11）。

市場環境に関しては、通販市場の成長により宅配便市場の拡大が続いています。また、企業向けでは企業の物流業務の一括受託がトレンドになっています。

競合環境に関しては、宅配事業でヤマトと佐川の国内二強体制ではありますが、配送能力および配送コストの競争力でヤマトに大きく差をつけられています。また企業物流においては、メーカーが物流子会社を売却する動きが続き、物流各社による企業物流業務の受託競争が活発化しています。

自社環境に関してはラストワンマイルの配送能力が不足しているため宅配便取扱数が増えると外注費が

図−8 企業向け総合物流ソリューションの強化に伴うグローバル一貫輸送網の拡充を図る

**SGHDの中期経営計画の概要
（2016〜2018年度）**

総合物流ソリューション強化	• 日立物流との資本業務提携、企業向けソリューションを強化 • 物流の川上〜川下全体をカバーするソリューション提供 • 企業向け24時間納品サービスの強化
グローバル物流ネットワークの構築	• 買収したエクスポランカ社を活かし、アジアの物流ネットワークを強化 • プラットフォームの統一化、越境ECを中心とした各国間レーンを整備 • グループ各社の連携強化による国内外一貫輸送サービスを拡充
物流周辺事業の強化・最適化	• 不動産流動化による資金を元に、さらなる不動産投資を推進 • 物流付帯「決済サービス」の強化、IT活用の次世代決済サービスの創造 • 設置輸送・引越し、納品代行、車両関連ほか、物流周辺事業を最適化
人材マネジメント／IT利用促進	• 適切な人材マネジメントを通じ、グローバル企業への進化を支える人材確保 • AI、ロボット、自動運転技術など新技術の利活用により新サービスの提供 • 新技術活用によるサービスの品質・生産性向上

資料: SGホールディングス中期経営計画『First Stage 2018』よりBBT大学総研作成

図−9 3PL最大手の日立物流と経営統合を視野に資本業務提携、企業向け物流を強化

**国内物流企業売上高ランキング
（2015年度、億円）**

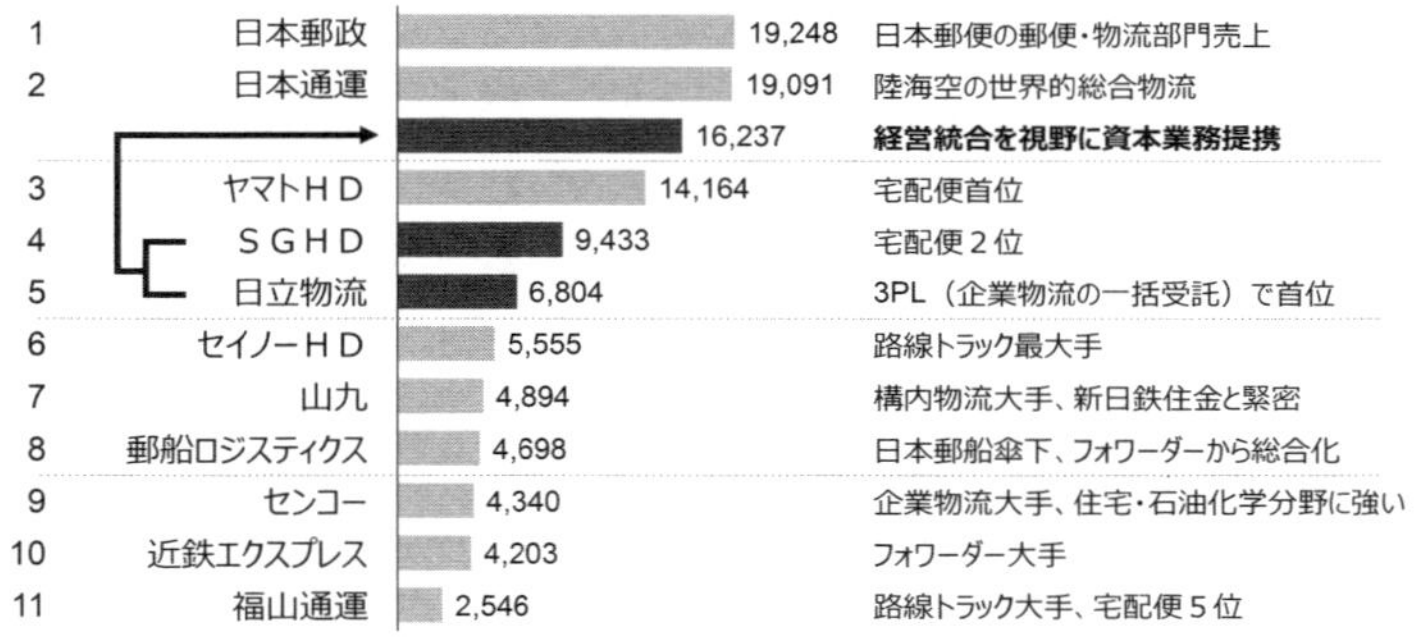

※ 3PL（サードパーティロジスティクス）＝企業に対し物流最適化を提案し、物流を一括受託するサービス
資料: SGホールディングス「2016年5月20日プレスリリース」、東洋経済新報社「会社四季報 業界地図 2017」2015/8/28
日本経済新聞社「日経業界地図 2017」2016/8/26 、ほかよりBBT大学総研作成

増加し利益を圧迫してしまう体質でしたが、Amazonとの取引停止により単価が適正化され、利益が大幅に改善してきています。また宅配事業に替わる柱として企業物流とグルーバル物流に注力しています。

こうした状況のなかで、宅配事業においては配送能力を強化し需要増に対して利益の出る体制を構築すること、企業物流においては一括受託事業を拡大するために陸海空のグローバルな運送体制を構築することの2点が課題となります。

ラストワンマイルの配送網は郵便局とコンビニがカギ

まず宅配事業における配送能力の強化については、日本郵政との提携を検討すべきでしょう。全国約2万4000の郵便局と連携すれば佐川の弱点であるラストワンマイルの配送網を補完できます（図－12）。

ただし、単純に宅配事業を統合することは困難です。なぜなら、日本郵政はかつて日本通運の宅配事業（ペリカン便）を統合した際、システムや現場で大混乱を起こした末に顧客離れが加速し、宅配便取扱シェアは両社統合前より減少してしまいました。宅配事業を単純に統合させることは大きなリスクを伴います。

したがって、統合以外の方法で徐々に配送網を相互連携させる方法を考えるべきでしょう。そのカギとなるのがコンビニです。そして佐川と日本郵政の架け橋となるコンビニがローソンです。

ローソンと日本郵政の提携は2003年、まだ民営化前の日本郵政公社時代にローソンの全店舗で郵便ポストを設置したことから始まります。民営化後の2008年2月には総合的提携を締結し、郵便局とコ

図—10　メーカーが物流部門の売却を加速、企業向け物流の一括受託が業界のトレンド

大手メーカーの物流子会社売却の経緯

年／月	親会社	物流子会社	譲渡先
2004年6月	富士通	富士通ロジスティクス	DHLグループ
2004年10月	TDK	TDK物流	アルプス物流
2007年4月	資生堂	資生堂物流サービス	日立物流
2007年4月	オムロン	オムロンロジスティッククリエイツ	住友倉庫
2008年1月	日本IBM	日本IBMロジスティクス	安田倉庫
2010年9月	富士電機	富士物流	三菱倉庫
2012年4月	パナソニック	三洋電機ロジスティクス	三井倉庫
2013年3月	コニカミノルタ	コニカミノルタ物流	DHLグループ
2013年12月	NEC	NECロジスティクス	日本通運
2014年1月	パナソニック	パナソニックロジスティクス	日本通運
2014年7月	三菱電線工業	菱星物流	トナミHD
2015年2月	日本電産	日本電産ロジステック	丸全昭和運輸
2015年4月	ソニー	ソニーSCS	三井倉庫
2015年4月	JSR	JSR物流	日本トランスシティ
2015年10月	アシックス	アシックス物流	丸紅ロジスティクス
2016年3月	**日立製作所**	**日立物流（※資本業務提携）**	**SGホールディングス**

資料: 各種報道、各社有価証券報告書等よりBBT大学総研作成

図—11　宅配需要増に対して利益の出る配送網の構築、企業物流受託拡大のためのグローバルな運送網構築が課題

SGホールディングスの現状と課題

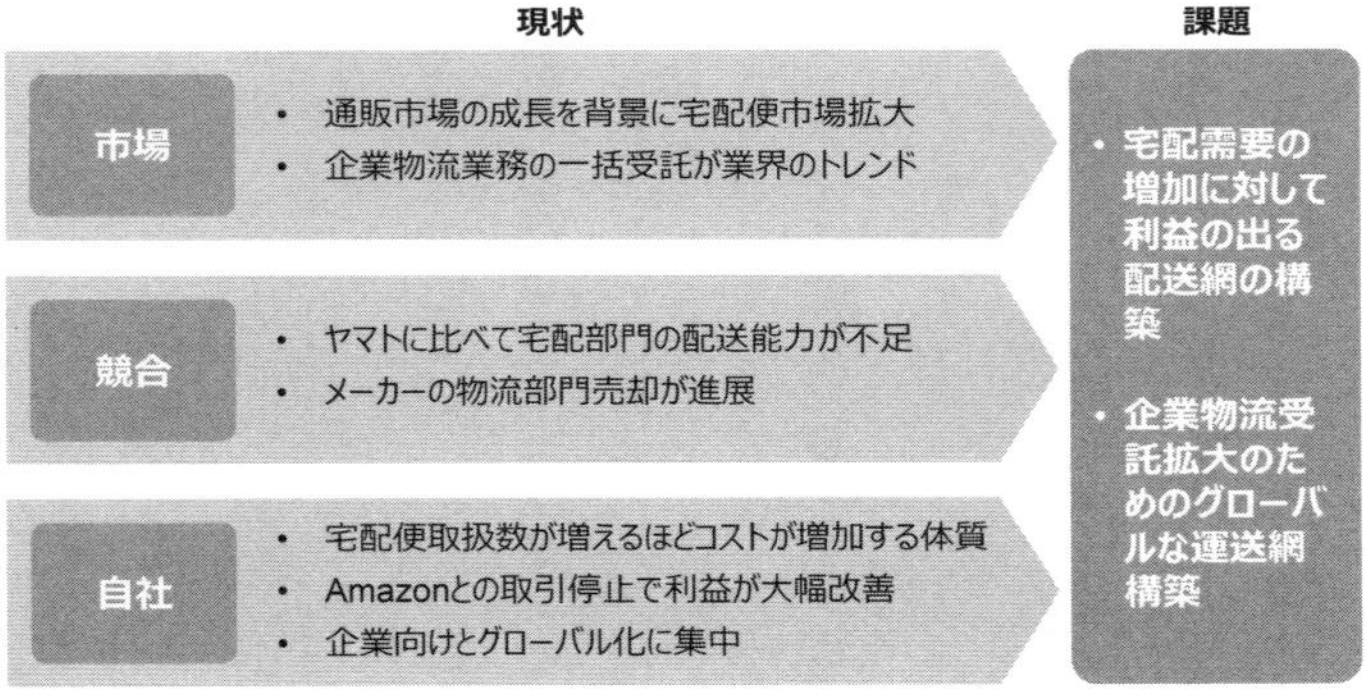

資料: BBT大学総研作成

ンビニが一体となった店舗「JPローソン」で郵便や物販等の各種サービスを展開しています。そして、ローソンとSGホールディングスは2015年4月にローソン店舗を拠点とした配送・御用聞きサービスを展開する共同事業会社「SGローソン」を設立しました。同時に、全国のローソンで佐川の荷物受取サービスを開始しています。コンビニ業界の再編により業界3位に転落したローソンは店舗数が飽和するなか、200m圏内という小商圏でいかに店舗の付加価値を高めるかが課題となっています。また、SGホールディングスや日本郵政にとっても、コンビニを拠点として活用することは不可欠です。

したがって、SGホールディングスの宅配事業における配送能力の強化については、ローソンとの合弁である「SGローソン」に日本郵政も参加してもらい、ローソンや郵便局を拠点としたラストワンマイルの配送網を構築します(図―13)。まずは配送頻度の高い首都圏で展開し、徐々に拡大していくのがよいでしょう。SGホールディングスは配送網の強化、日本郵政は物販などのサービス強化、ローソンは店舗付加価値の強化と、3社それぞれにメリットのある提携となるでしょう。

企業物流受託は提携、M&A戦略で強化

次に、企業物流受託事業については、企業の物流子会社売却というトレンドを背景に積極的な提携、M&Aを狙うのがよいでしょう。すでに、SGホールディングスは3PLで国内最大手の日立物流と、経営統合を視野に入れた資本業務提携を締結しています。今後、さらに同事業を拡大していくためには、企業

図—12　日本郵便の拠点網との連携を狙う

佐川・日本郵便・ヤマトの配送能力比較

	佐川	日本郵便	ヤマト
宅配便取扱数	13億5,600万個	3億8,220万個	14億8,700万個
事業所数	約380カ所	約1,100カ所	約4,000カ所
ドライバー数	約3万人	?	約5万4,000人
車両台数	約2万6,000台	約3万1,500台	約4万4,000台
従業員数	7万600人	9万8,600人	17万7,000人
配送網の特徴	企業間配送（BtoB）をベースに配送網を設計	約2万4,000の郵便局網	個人間配送（CtoC）をベースに配送網を設計

資料: BBT大学総研作成

図—13　宅配網の強化のためにローソン、日本郵政と連携、提携・M&Aによる企業物流受託の強化で国際輸送網の構築を図る

SGHDの方向性（案）

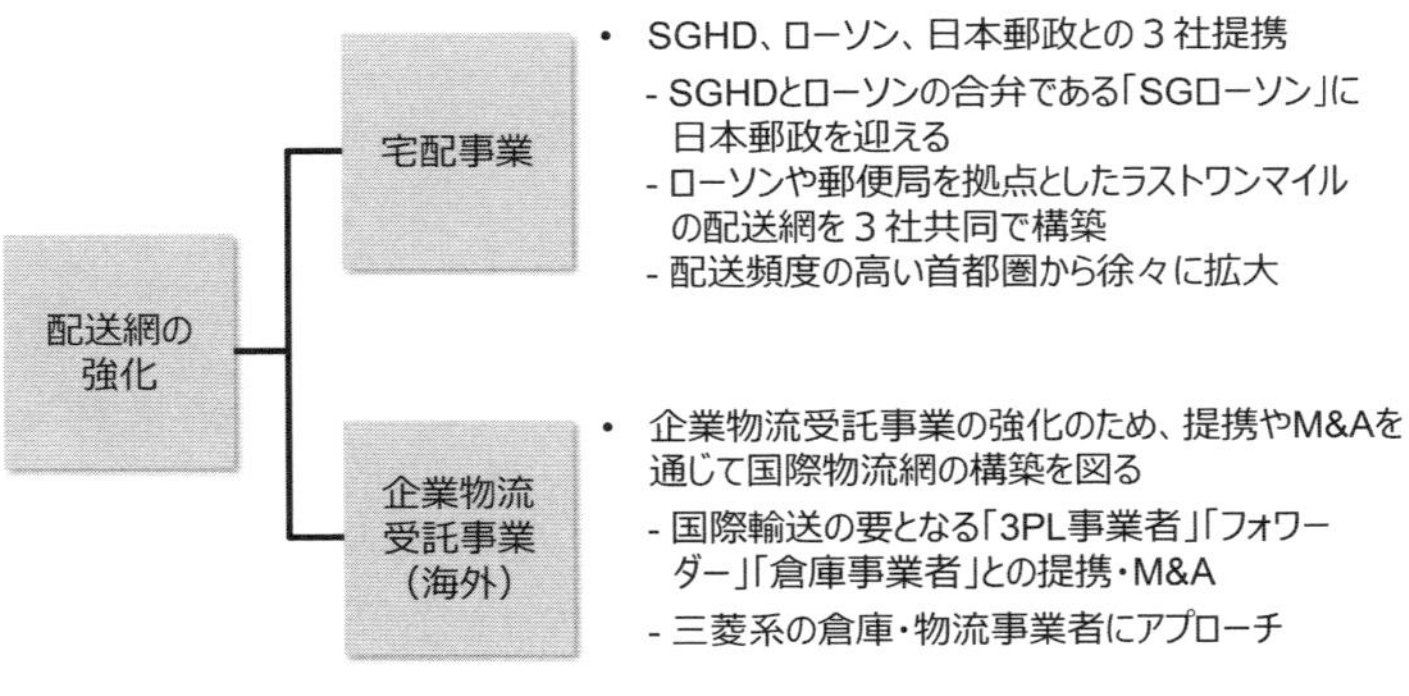

資料: BBT大学総研作成

のグローバルサプライチェーンをサポートできる国際輸送網を構築することが不可欠となります。

したがって、提携やM&A候補としては、国際輸送業務に強みを持つ「3PL事業者」、国際輸送業務を請け負う「フォワーダー」、国際輸送の拠点を担う「倉庫事業者」、などになります。

国際輸送業務に強みを持つ「3PL事業者」としては日新、また、総合商社系の物流子会社なども候補になります。とくにSGホールディングスはローソンとの提携を通じて、その親会社である三菱商事との関係を構築しやすい立場にあります。三菱商事の物流子会社で米欧亜に拠点を持つ三菱商事ロジスティクスは、有力な提携候補となるでしょう。

「フォワーダー」大手としては日本郵船子会社の郵船ロジスティクス、近鉄グループの近鉄エクスプレスなどです。両社ともに日立物流との提携関係があるため、この提携関係をさらに深化させ、内外一貫輸送網を構築していきます。

「倉庫事業者」大手は三菱倉庫、三井倉庫、住友倉庫が国内トップ3です。いずれも倉庫需要の減少を背景に総合物流化を進めており、企業物流の一括受託業務の強化を図っています。ここもまずは三菱倉庫からアプローチするのが自然でしょう。

以上が、私の考えるSGホールディングスの戦略です。

まとめ

- 宅配事業の配送能力を強化するために、SGホールディングスとローソンとの合弁である「SGローソン」に日本郵政を迎え、ローソンや郵便局を拠点としたラストワンマイルの配送網を構築。配送頻度の高い首都圏から徐々に拡大する。
- 企業物流受託事業では提携や、M&Aを通じて国際物流網の構築を図る。そのために、国際物流で重要な役割を担う「3PL事業者」「フォワーダー」「倉庫事業者」などとの連携や取り込みを図る。

大前の総括

後発ゆえ価格競争でシェア争い。方向転換を成功させるためには根本的な収益体質の改善を

市場拡大が見込めるにもかかわらず、収益を上げられないという構造的な問題がある。業界再編を主導してM&Aで弱点を補強しつつ企業の能力を高めていく。同業のみならず他業種の取り込みも強化のためには必要だ。

CaseStudy

27

京急不動産

地域の特徴を活かした「再開発戦略」

あなたが**京急不動産**の社長ならば
いかに京浜急行電鉄沿線の再開発をして
東京〜横浜間の路線価値を高めていくか?

※2015年11月に実施したケーススタディを基に編集・収録

正式名	京急不動産株式会社
設立年	1958年
代表者	取締役社長　樫野 敏弘
本社所在地	東京都港区
業種	不動産業
事業内容	土地・戸建住宅・マンションなどの分譲事業、仲介事業、賃貸管理事業
資本金	10億円
売上高	68億3,842万円（2015年3月期、単独）
従業員	147名（2015年3月31日）

不動産開発の基軸となる鉄道事業を取り巻く現状

1998年「羽田空港駅」開業以降、輸送人員は増加傾向

京急不動産を考えるうえで、まず京急グループの中核となる京浜急行電鉄（以下、京急電鉄）を取り巻く状況を見ていきましょう。

京急グループは、京浜地区から三浦半島に地盤を置き、京急電鉄を中核として沿線開発を行っています。メインとなるのは、泉岳寺駅から浦賀駅まで走っている京急本線であり、泉岳寺駅で都営浅草線の相互乗り入れを行っています。京急本線の金沢八景駅から新逗子駅まで逗子線が走り、京急川崎駅から川崎大師方面を大師線、堀ノ内駅から三浦半島の三崎口駅を久里浜線が結んでいます。これらに加え、京急蒲田駅から羽田空港までをつないでいるのが空港線で、今、大きな期待が寄せられています（図－1）。

この空港線の沿革を見てみましょう。1902年に京急蒲田駅から穴守駅までを穴守線として開通したのが始まりです。1931年に羽田飛行場が開業し、京急のほか、1964年には浜松町駅から旧羽田駅（現・天空橋駅）まで東京モノレールも開業しました。その後、1993年の空港延伸第一期工事により空港線羽田駅（現・天空橋駅）が開業、1998年に空港延伸第二期工事が完成、羽田空港駅（現・羽田空港国

内線ターミナル駅）の開業により、空港線の現行路線が完成しました。2012年には京急蒲田駅の高架化も完成し、品川〜羽田間、横浜〜羽田間の直通電車を10分間隔で運行しています（図－2）。

こうして羽田空港とのアクセス改善を進めてきた結果、京急電鉄の輸送人員は1998年の羽田空港駅の開業以降、増加傾向にあります。1998年度に4億人強だった輸送人員が、2014年度には約4億5000万人まで増加しました（図－3）。

空港線が輸送人員を牽引し、京急とモノレールが拮抗

京急電鉄の区間別輸送人員推移をご覧ください（図－4）。空港線は、羽田空港駅が開業した1998年以降、輸送人員が大きく増加しています。1998年を基点に約1・7倍超に増加しています。それに対し、京急本線は微増、久里浜線・逗子線には、減少傾向が見られます。

現在、羽田空港への鉄道アクセスは、京急とモノレールの2路線あります。アンケート調査による交通手段別シェアでは、モノレールが29％、京急が29％と拮抗しています。それに続くのが、路線バスの21％となっています。

利用者からは、品川駅から羽田空港までエアポート快特を使えば十数分という利便性が、浜松町駅でモノレールに乗り換えるよりも快適で早いと高く評価されています（図－5）。

図−1　京急グループは京浜地区〜三浦半島に地盤を置き、京急電鉄を中核に沿線開発を行う

京急電鉄のエリアマップ

資料: BBT大学総研作成

図−2　空港線(旧穴守線)開設は1902年、現行の空港線は1998年に完成

羽田空港と京急電鉄の沿革

1902	穴守線、京急蒲田〜穴守開通
1931	羽田飛行場が開業
1953	旧羽田空港駅（1993年廃止）開業
1963	穴守線を空港線に改称
1964	東京モノレール、浜松町駅〜旧羽田駅（現・天空橋駅）開業
1983	国から羽田空港までの乗り入れ延伸計画の認可
1993	空港延伸第一期工事完成、羽田駅（現・天空橋駅）開業
	東京モノレール、整備場駅〜羽田空港駅（現・羽田空港第1ビル駅）開業
	羽田駅（現・天空橋駅）でのモノレールとの連絡輸送開始
1998	空港延伸第二期工事完成、羽田空港駅（現・羽田空港国内線ターミナル駅）開業（現行路線が完成）
	羽田空港駅〜成田空港駅の直通「エアポート快特」の運行開始
2004	東京モノレール、羽田空港第2ビル駅開業
	京急、空港第2ビル改札口新設
2010	羽田空港国際線駅開業（京急・東京モノレール）
2012	京急蒲田駅の高架化完成、品川〜羽田間、横浜〜羽田間の直通電車を10分間隔で運行

資料: 京急グループ会社要覧、東京モノレール資料よりBBT大学総研作成

沿線人口は2015年を境に減少の見通し

空港線の輸送人員の増加で好調に見える京急電鉄ですが、実は、今後の沿線人口減少という大きな問題を抱えています。この問題は多くの私鉄が直面する問題です。例えば、高所得者が、沿線に多く住むことで知られる関西の阪急沿線は、日本で一番高齢化が進んでいる線でもあります。高齢化は、高台の高級住宅地から駅周辺までの移動が難しくなるものですが、この傾向は京急沿線にも当てはまります。

京急の沿線人口の推移および将来推計を見ると、沿線人口は2015年の374万人から、2040年には339万人に減少することが予想されています。2015年を境に減少に転じ、2040年までの25年で沿線人口は9・4%も減少する見通しです（図－6）。

京急沿線自治体の将来人口推計

沿線人口の減少について、エリア別で見てみましょう。京急沿線の自治体の将来人口推計を、2015年から2040年まで5年ごとに見てみると、一番大きく減少しているのが横須賀市です。一戸建てを求めて横須賀市に家を買い、都心に通勤する人は明らかに減少しており、私が立ち上げた一新塾（1994年に大前研一が創設した日本のネクストリーダーを育成するための養成機関。2003年、NPO法人となり運営体制が変わった。2015年8月現在、卒塾生を約4300名。現職の国会議員を7名、自治体首長を10名、地方議員を約10

図－3　京急電鉄の輸送人員は「羽田空港駅」開業以降、増加傾向

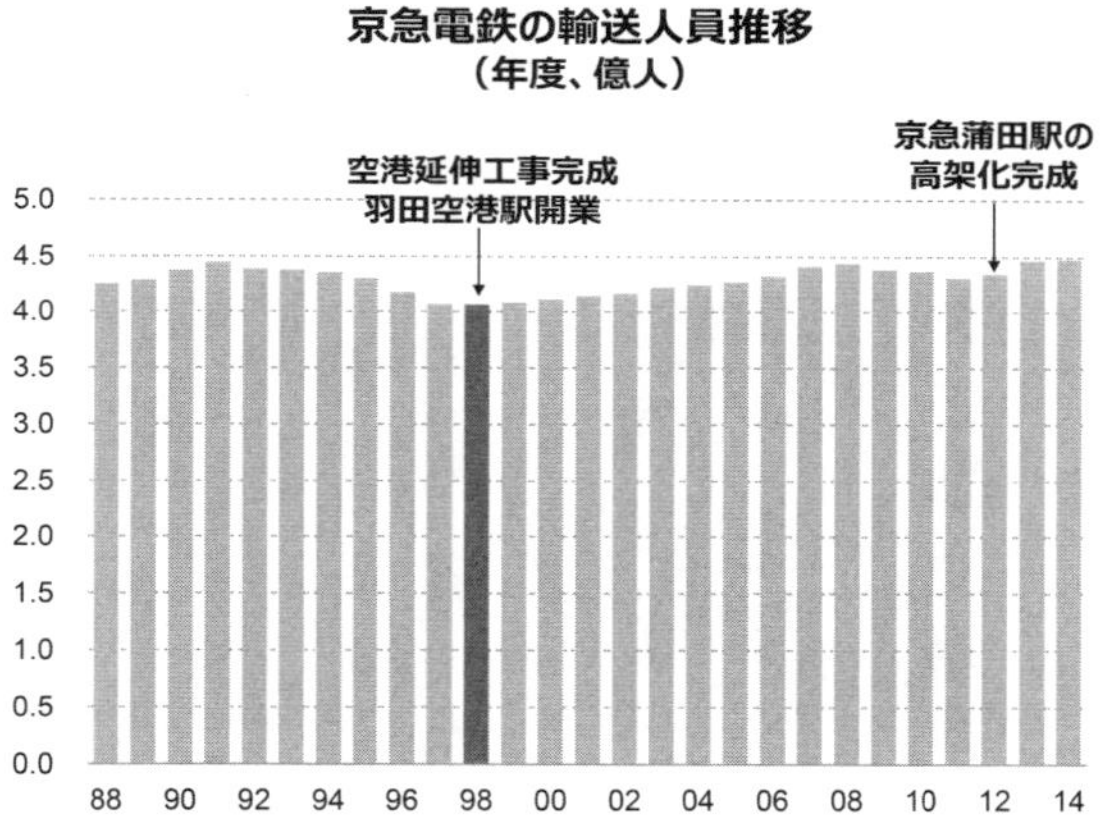

資料：交通統計研究所『鉄道統計データベース検索システム』、
日本民営鉄道協会『大手民鉄の素顔』、有価証券報告書よりBBT大学総研作成

図－4　空港線が輸送人員を牽引、本線は微増、その他の区間は減少トレンド

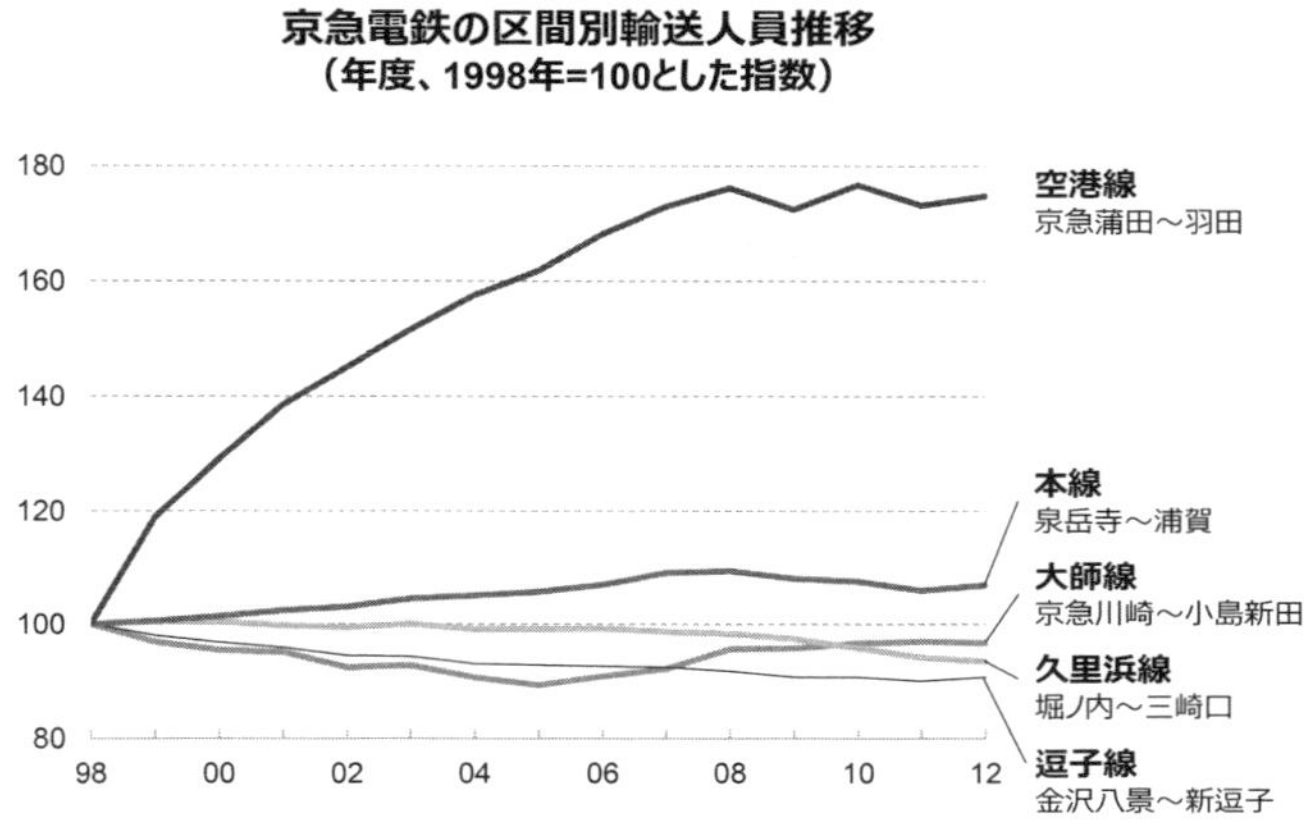

資料：交通統計研究所『鉄道統計データベース検索システム』、国土交通省『鉄道統計年報』よりBBT大学総研作成

0名、社会起業家を約200名輩出している）出身の横須賀市の吉田雄人市長からは、こうした人口減少の悩みとリアルな問題を聞く機会が多くあります。

沿線のなかでは、品川・羽田エリアの港区、鶴見・川崎エリアの川崎区、幸区、横浜中心部エリアの神奈川区あたりは現状維持が期待できますが（図－7）、それ以外の自治体は人口急減が避けられません。かつてサラリーマンのベッドタウンと呼ばれた地区は、著しい人口減少が予想されています。

さらに、将来人口を2015年と2040年の増減率で比較してみると、都心から離れるほど減少率が大きいのが分かります。横浜南部から三浦半島にかけて、とくにその傾向が顕著です。三浦半島の三浦市は2040年には、2015年の人口の約30％が減少する見通しとなっています（図－8）。

ニュータウン開発など住宅関連不動産事業を行う京急不動産

京急グループの不動産事業は6社で構成され、連結売上高の14％

ここからは京急グループの不動産事業を担う京急不動産について見ていきます。京急電鉄連結の2015年3月期の売上構成比を見ると、グループの不動産事業は親会社である京急電鉄や子会社の京急不動産を含む計6社から構成されており、連結売上高の14％を占めています（図－9）。

図－5 羽田への鉄道路線は京急とモノレールの2路線、利用シェアは拮抗、バス利用も多い

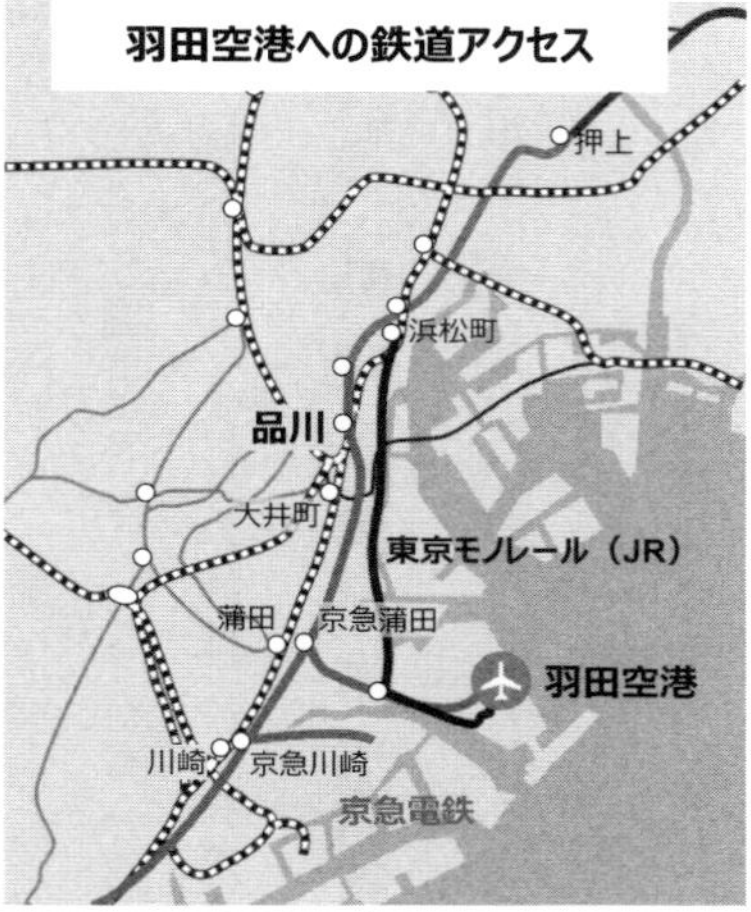

資料: 国土交通省『航空旅客動態調査』よりBBT大学総研作成

羽田への交通手段別シェア
（アンケート調査、2011年度、%）

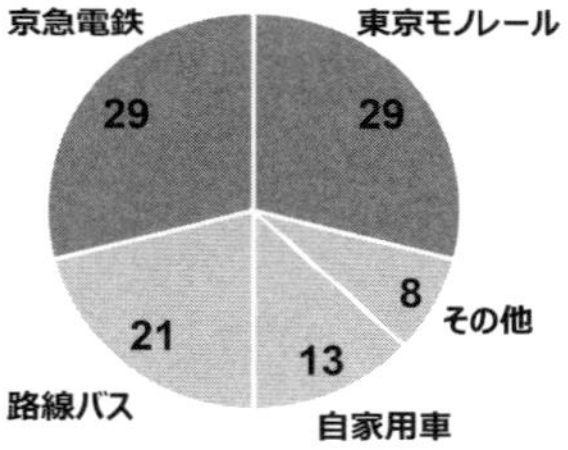

※空港利用者へのアンケートベース

図－6 京急の沿線人口は2015年を境に減少に転じる見通し

京急電鉄の沿線人口の推移および将来推計
（年度、万人）

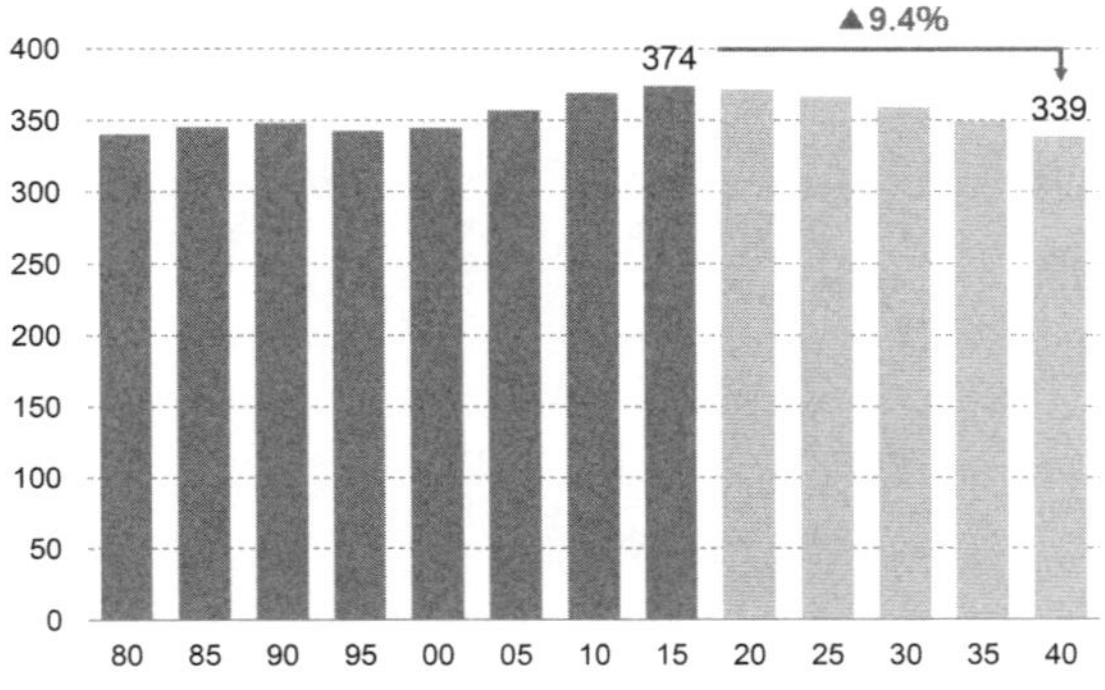

※京急沿線の自治体人口の合計、将来推計は国立社会保障・人口問題研究所

資料: 国勢調査、東京都統計、神奈川県統計、国立社会保障・人口問題研究所よりBBT大学総研作成

京急不動産はグループ内では、主に住宅関連の不動産事業を担っており、ニュータウン開発、区画整理事業、土地・建物の分譲事業、マンションの分譲事業、仲介・賃貸事業などのサービスを行っています（図－10）。また、親会社である京急電鉄は主に駅および駅周辺の商業ビル開発を行っています。

親会社の不動産事業が不振、売上停滞、利益も悪化

次に、京急電鉄のセグメント別業績を見てみましょう。グループ連結の不動産事業の売上高は、2015年3月期で430億円、営業利益は3億円となっています。京急不動産の単体売上高は68億円、営業利益は1・7億円です。営業利益を見ると、2011年以降、交通、レジャー、流通といった他セグメントが上昇しているのに対し、不動産だけが下降しており、利益が悪化していることが分かります（図－11）。

グループ連結の不動産事業の不振は、親会社の京急電鉄が担っている駅および駅周辺の商業ビル開発の不振が主因で、京急電鉄単体ベースの不動産事業の営業利益は赤字となっています。京急不動産単体の直近5年の売上は減少傾向、営業利益は赤字スレスレを推移しています（図－12）。

ニュータウン、マンション開発を経て出てきた沿線格差

これまで京急不動産は、横浜南部から三浦半島にかけてのニュータウン開発を進めてきました。主なところとしては、横浜南部のニュータウン港南、ニュータウン金沢能見台、ニュータウン富岡、三浦半島の

図ー7　品川・羽田エリアから横浜中心部にかけては人口減少の影響は軽微

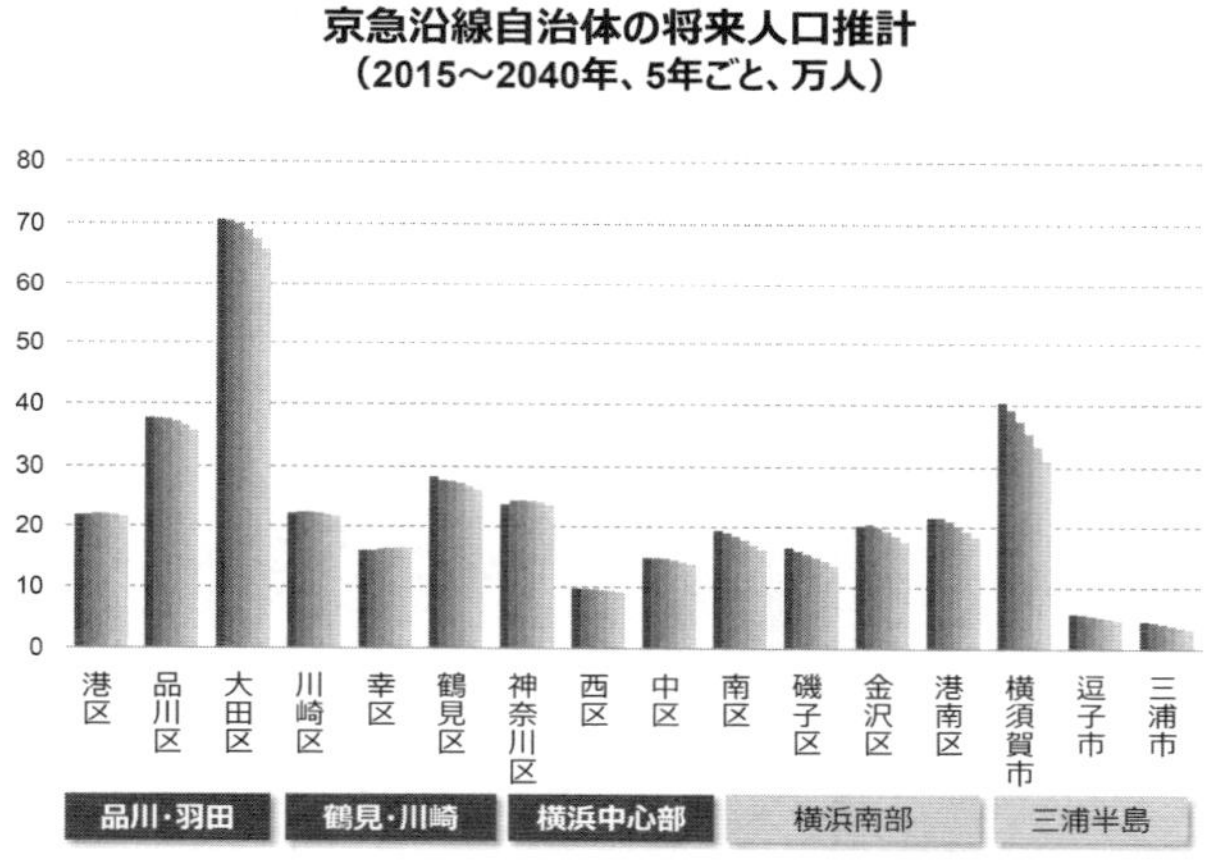

資料: 国勢調査、東京都統計、神奈川県統計、国立社会保障・人口問題研究所よりBBT大学総研作成

図ー8　横浜南部から三浦半島エリアの人口が大きく減少する見通し

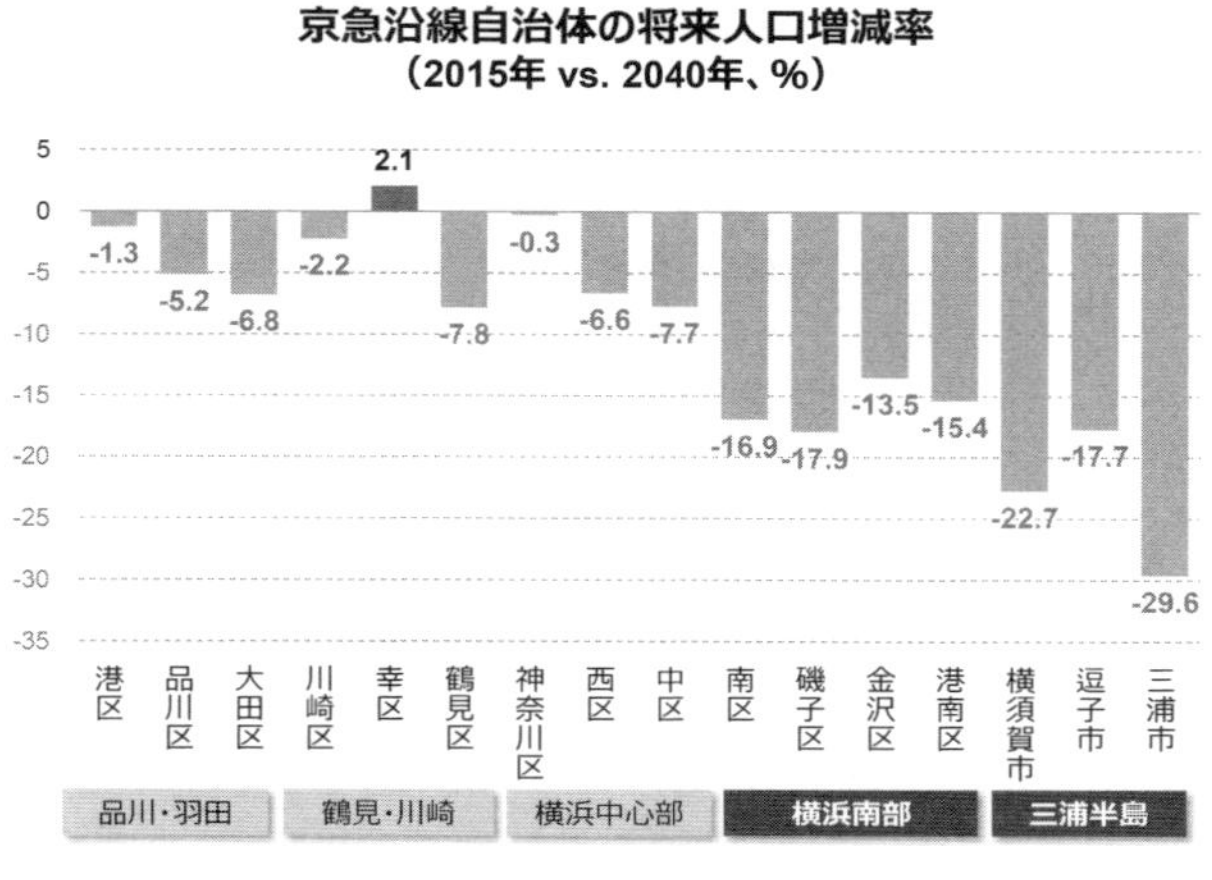

資料: 国勢調査、東京都統計、神奈川県統計、国立社会保障・人口問題研究所よりBBT大学総研作成

ニューシティ湘南大津の丘、ニュータウン観音崎、ニュータウン野比海岸、ニュータウンマリンヒル横須賀野比、ニュータウン三浦海岸、ニューシティ湘南佐島なぎさの丘があります。こうしたニュータウンに住んでいるのは、都心の職場まで通勤で1時間半くらいかかってでも一戸建てに住みたいという人々でしたが、この年代も高齢化が進み、ニュータウンがシニアタウンになっているのが現状です（図－13）。

現在、都心回帰の傾向も強まっていますが、そのニーズをマンション開発で取り込もうと、川崎・港町駅前マンション「リヴァリエ」、プライム川崎矢向、プライム横浜屛風浦、ザ・タワー横須賀中央などの開発も進めました。とはいえ、やはり横浜屛風浦や横須賀中央では都心から遠すぎて、川崎くらいまでが都心回帰のニーズを満たすエリアです（図－14）。

京急不動産の現状と課題を整理すると、今後、京急沿線は「北高南低」の沿線格差が進むといえます。横浜南部から三浦半島にかけての沿線南部の人口減少により、需要も減少していきます。それに対し、横浜以北から川崎・羽田・品川周辺の沿線北部は、大田区をはじめ人口減少はあるものの、羽田空港の利用客の増加や品川周辺への都心回帰によって需要も見込めます。

図—9 グループの不動産事業は京急不動産を含む6社から構成、連結売上高の14%を占める

京急グループの売上構成
(2015年3月期、連結、100%＝3,177億円)

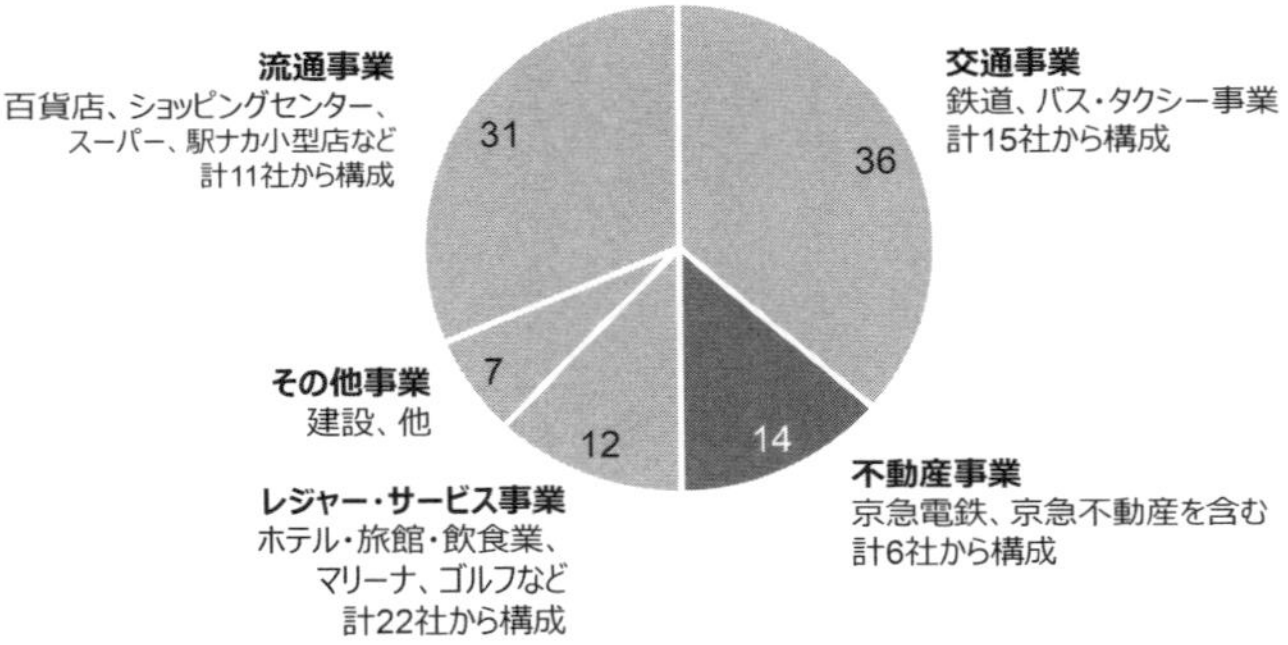

資料: 京浜急行電鉄IR資料よりBBT大学総研作成

図—10 京急不動産はグループ内で主に住宅関連の不動産事業を担っている

京急グループの不動産事業の概要

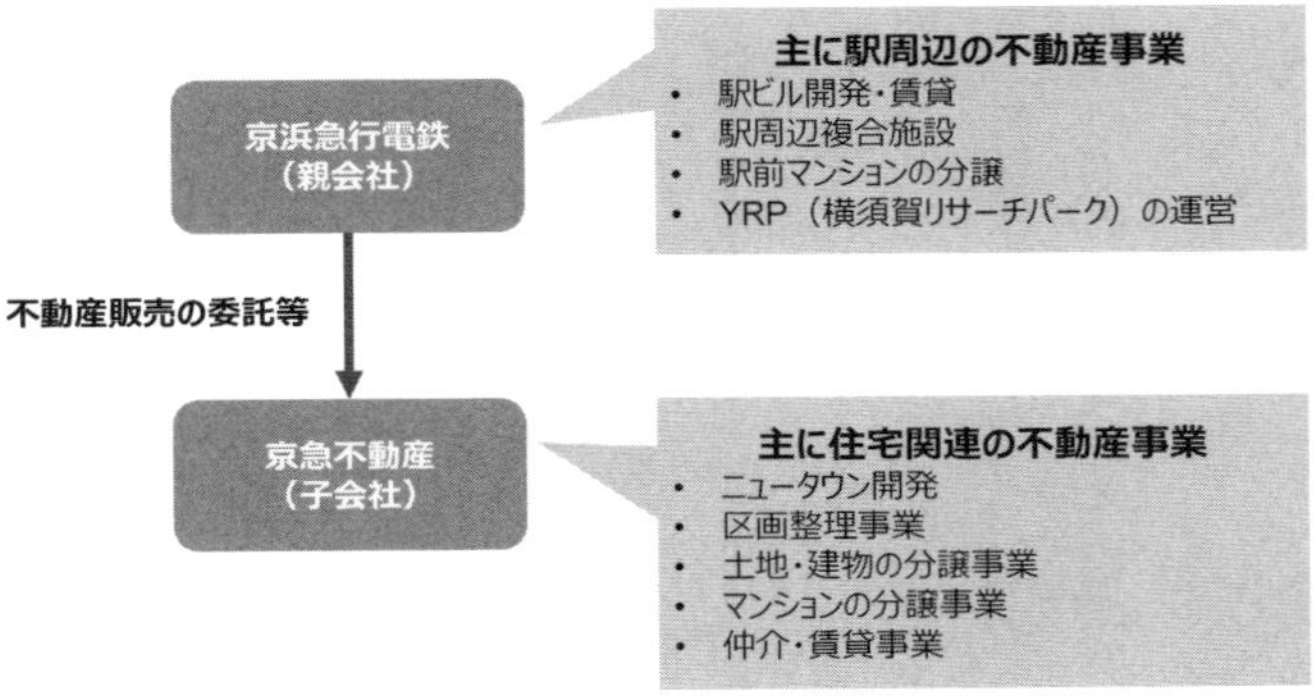

資料: 有価証券報告書、京急グループ会社要覧よりBBT大学総研作成

沿線地域の特性を活かした再開発

京浜運河の水路を活かした「東洋のベニス」

これらの現状を踏まえ、今後の京急沿線再開発における私の戦略案をご紹介しましょう。

私の提案する戦略は、京浜運河に沿って「東洋のベニス」をコンセプトに、工業団地跡地の再開発を主導する案です。ちょうど東京の品川あたりから横浜の大黒埠頭まで京急線と沿った形で海側に京浜運河がありすます。この運河は、途中、羽田空港や空港線にぶつかっていたり、横浜のみなとみらい近くに出たりと、非常に魅力的なルートでもあります（図－15）。

この京浜運河に沿った再開発ですが、人を輸送するための手段の中心となるのが京急電鉄となります。運河の沿岸をつなぐだけでなく、京急の特急停車駅から運河周辺まで路線を延伸することで、東京への通勤客を取り込むことも可能です。ＪＲや新幹線が使える品川へつなげれば多くの利用客を見込めるため、路線価値も高まるでしょう（図－16）。

現状の京急線の横浜駅から先は、運河を使った再開発にともなって、地下に電車を通すことも考えられます。モノレールを通すことは、船の往来が多い港周辺では現実的ではありませんが、水路を活用するこ

図−11　京急グループの不動産事業は停滞、利益は悪化している

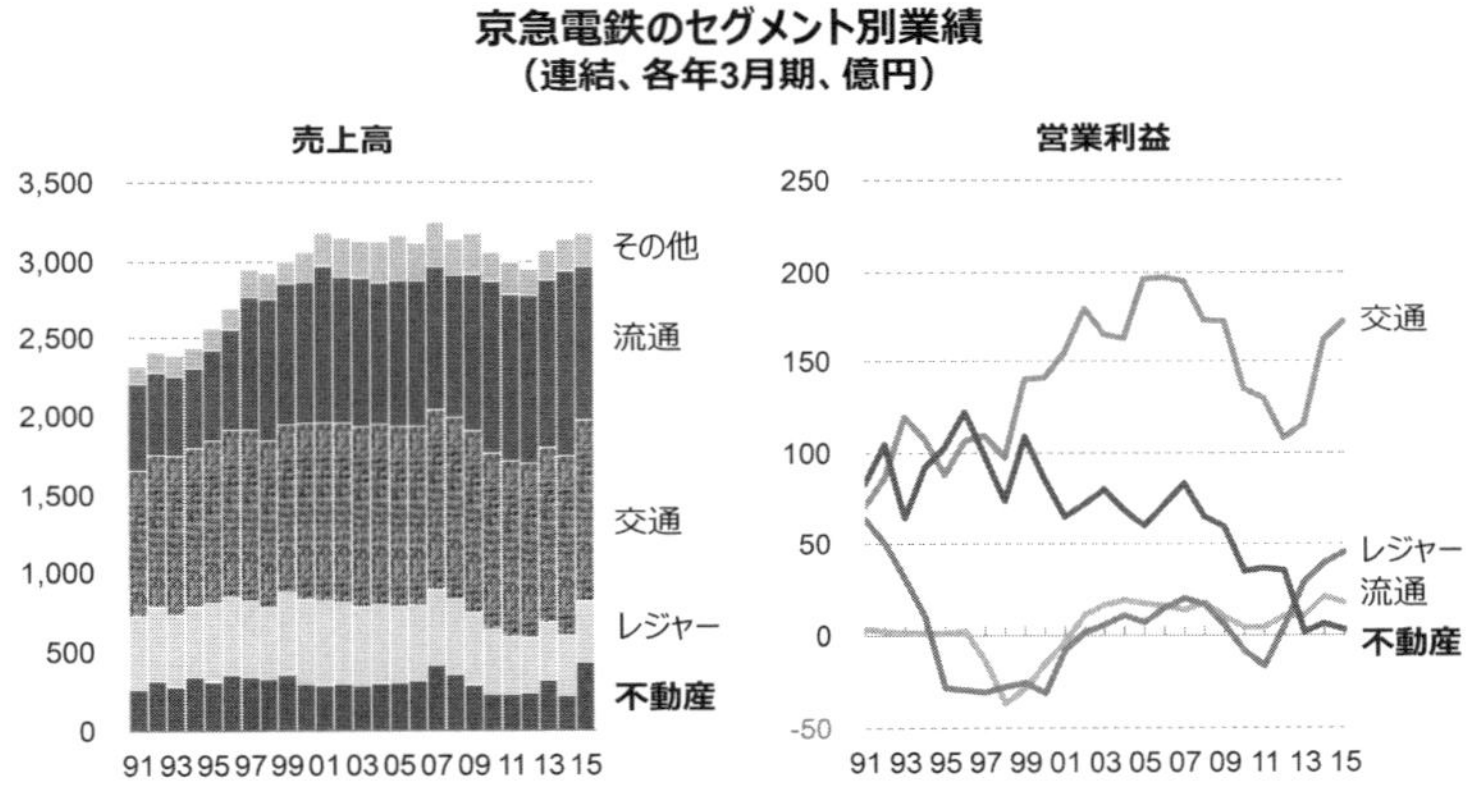

※グループ連結の不動産事業売上高＝430億円、営業利益＝3億円（15年3月期）
※京急不動産の単体売上高＝68億円、営業利益＝1.7億円（15年3月期）

資料: 京浜急行電鉄IR資料、東京商工リサーチよりBBT大学総研作成

図−12　不動産事業の不振は、京急電鉄が担う駅前商業ビル事業の不振が主因

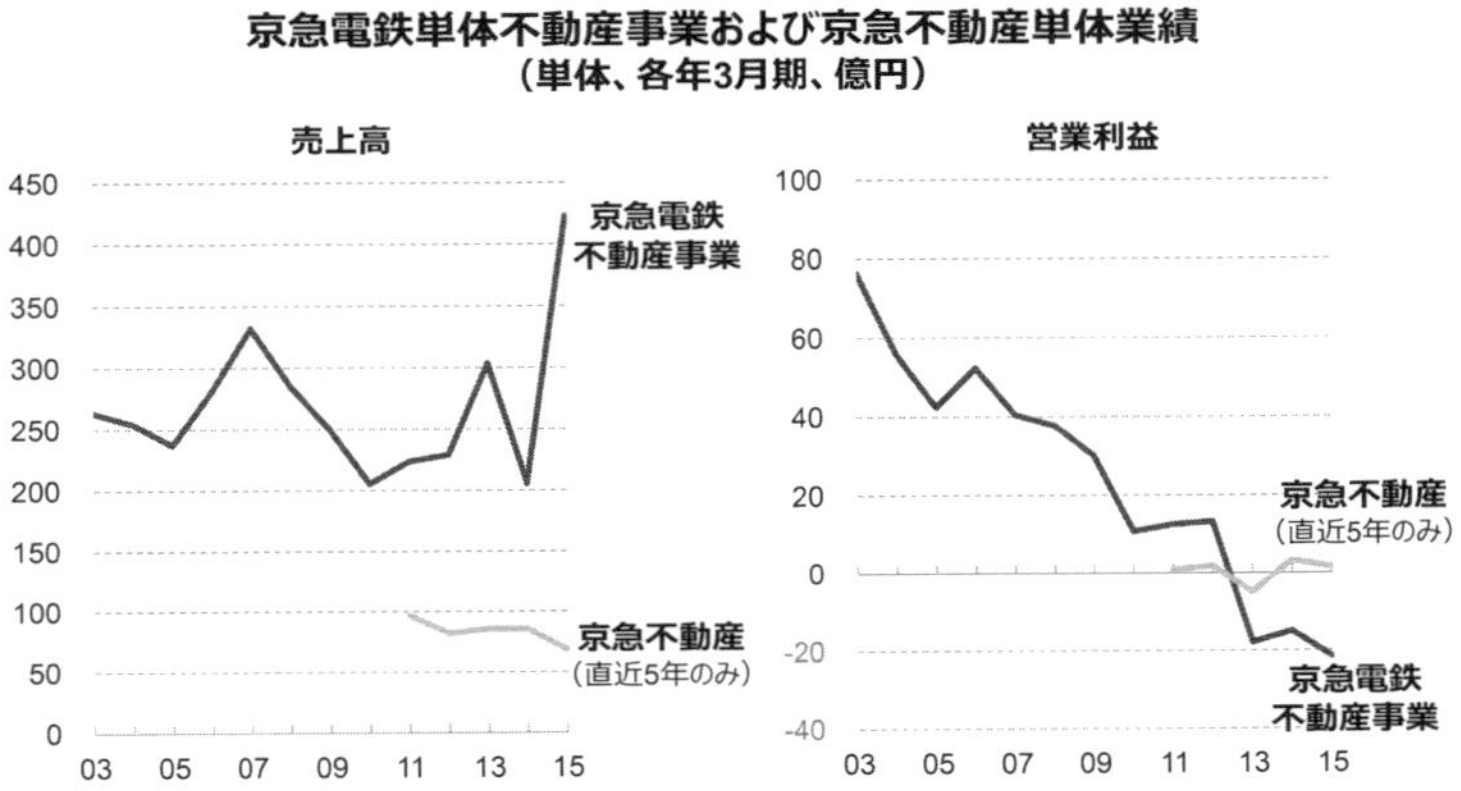

※京急電鉄単体の不動産事業売上高＝423億円、営業利益＝▲21億円（15年3月期）
※京急不動産の単体売上高＝68億円、営業利益＝1.7億円（15年3月期）

資料: 京浜急行電鉄IR資料、東京商工リサーチよりBBT大学総研作成

とで横浜港や元町、中華街、石川町などの中村川周辺などもより一層、利便性と魅力を兼ね備えたエリアに再開発できるのではないでしょうか（図－17）。

メルボルン型の発想でかつての工業地帯に高級マンション

参考に豪州メルボルンの再開発例をご紹介します（図－18）。このメルボルン型ＰＦＩ（Private Finance Initiative：１９９０年代前半に英国で生まれた手法。官民が協同して、効率的かつ効果的に質の高い公共サービスを実現するというＰＰＰ〈Public Private Partnership：官民の連携〉の概念からくる手法の1つ。民間の資金と経営能力、技術力を活用して、公共施設などの設計、建設、改修、更新や維持管理、運営を行う）と呼ばれる手法は、再開発のコンセプトに賛同してくれる企業や投資家から出資を募り、フレームワークのなかで自由に開発するというものです。

この開発例では、まず自治体が業務委託した開発会社が、再開発が必要な港湾のマスタープランを作成し、同時に投資家からの資金調達も行いました。ゾーン分けした地区ごとにコンセプトを示すことで、複数の業者から提案をもらい競合させ、コンセプトに合致する最適なものを開発会社が選定するようにしました。ここで選ばれた企業は、コスト削減をしながら自由に開発を実施しました。それが、さびれた港湾を活性化させたというわけです。

湾岸都市のメルボルンは、横浜と地理的条件も近いといえるでしょう。

図－13　横浜南部から三浦半島にかけてニュータウン開発を進めてきた

京急不動産の主なニュータウン開発

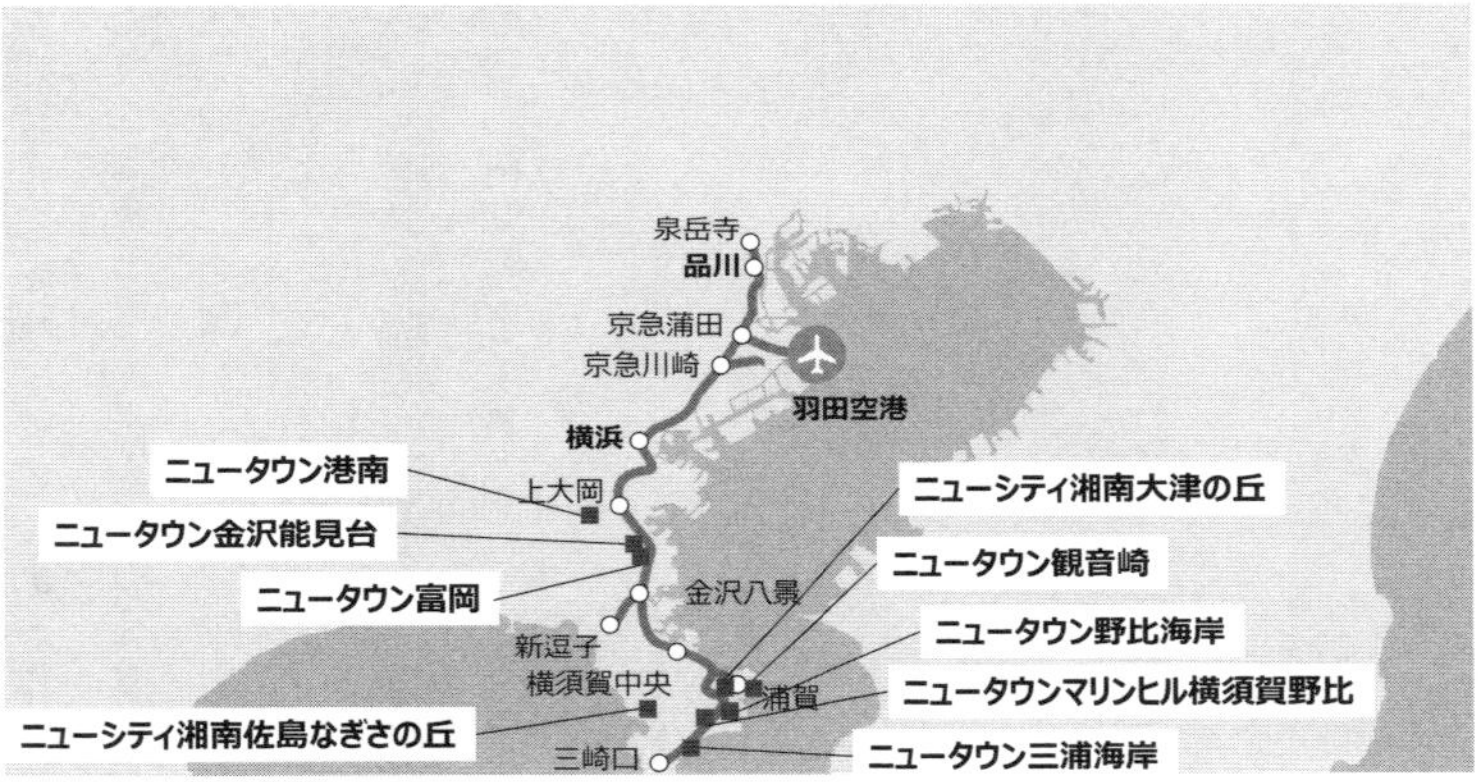

資料: 京急不動産ホームページ、京急グループ会社要覧よりBBT大学総研作成

図－14　マンション開発で都心回帰の取り込みを狙う

京急不動産の主なマンション物件の分布

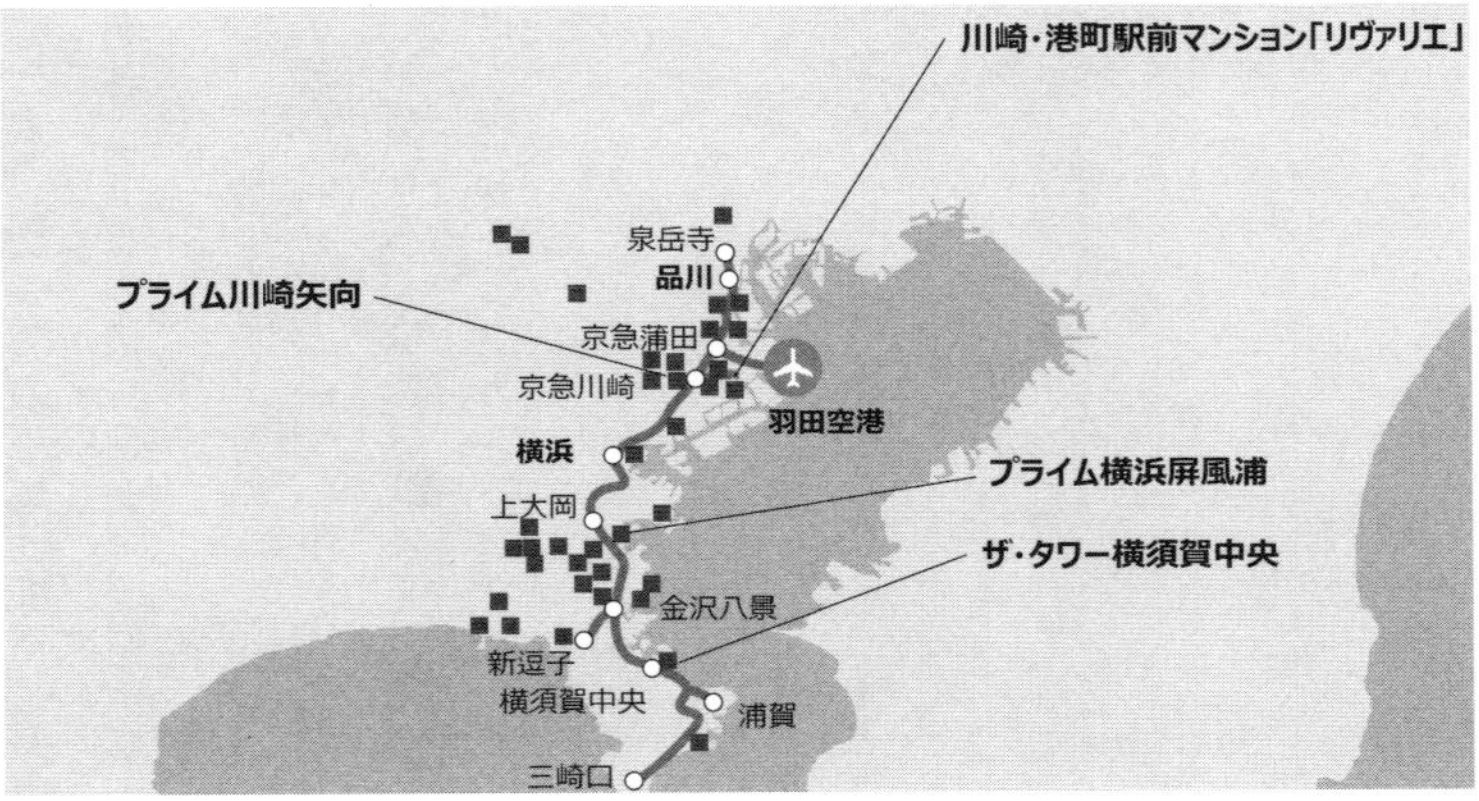

資料: 京急不動産ホームページ、京急グループ会社要覧よりBBT大学総研作成

この手法を京浜運河に応用するのであれば、沿線価値を高めるためにも、かつての工業団地だった場所を1つの街として再開発する必要があります。現在のお台場周辺にあるような高級マンションを数多く建設し、新たな住宅地として街づくりから始めます。

2020年の東京オリンピック・パラリンピックを控え、注目度の高いエリアなので、世界中のディベロッパーからの資金調達も期待できます。「水際に人が住む」をコンセプトに、京急電鉄の交通網を活かした京浜運河周辺の再開発をすることで、京急不動産が街作りの中心となる必要があるのではないでしょうか。

図－15　京浜運河に沿って「東洋のベニス」をコンセプトに工業団地跡地の再開発を主導する

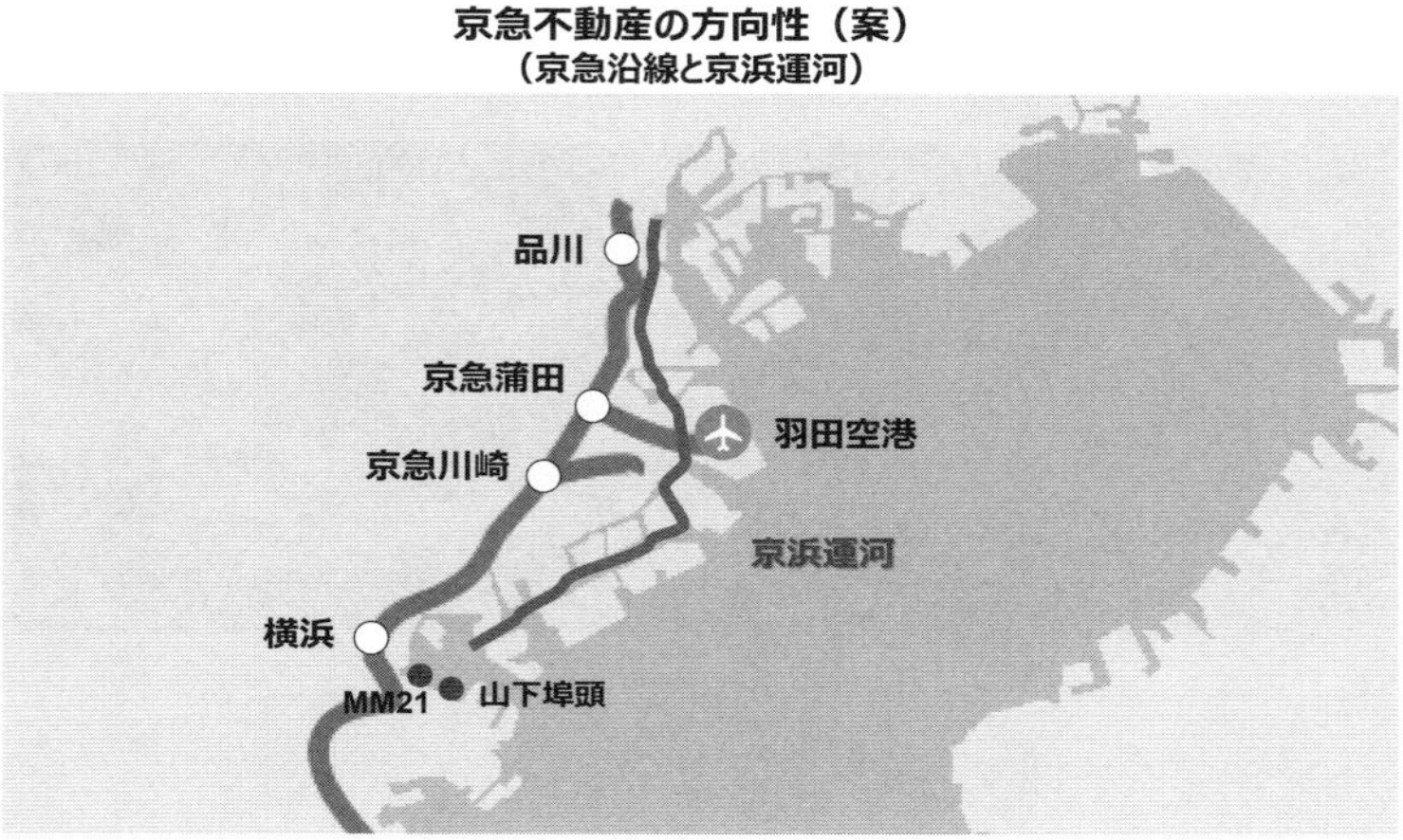

資料: BBT大学総研作成

図－16　水路を活用した再開発のイメージ（横浜港）

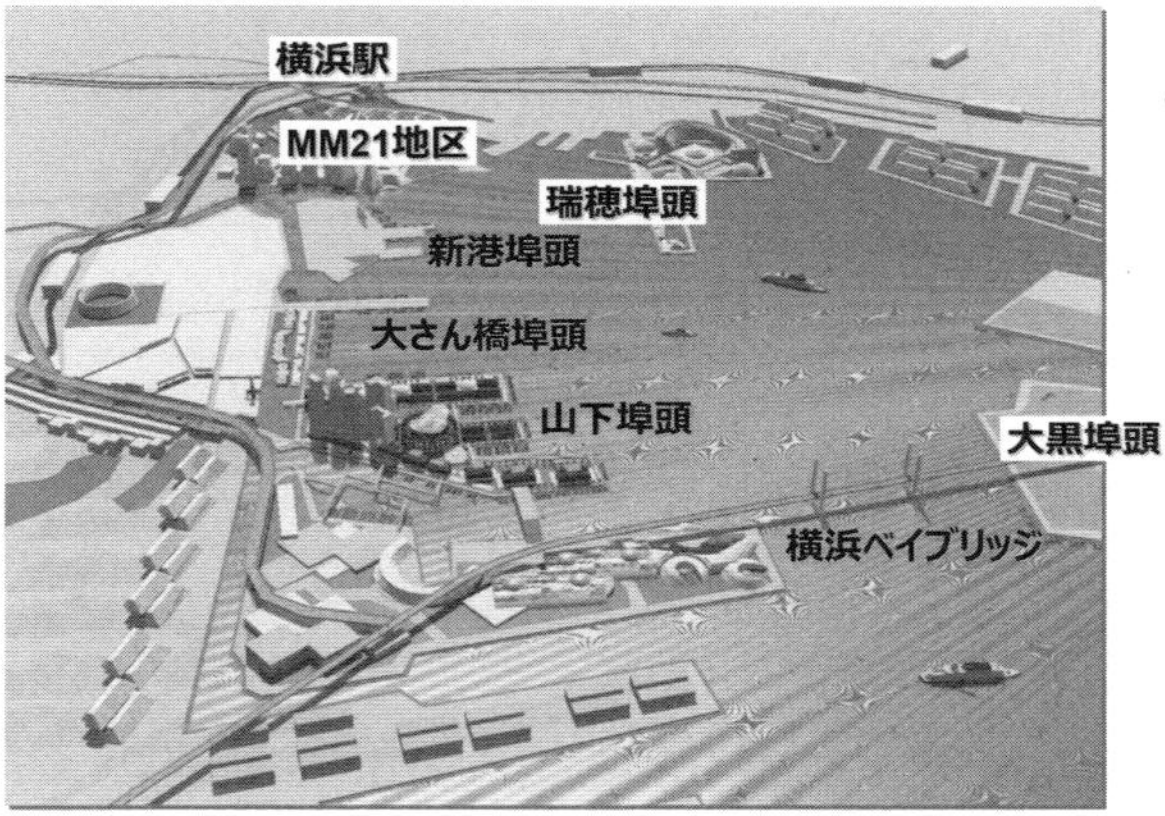

資料: 向研会『地域活性化』2012/3資料よりBBT大学総研作成

図－17　水路を活用した再開発のイメージ 中村川（元町・中華街間、石川町から山下埠頭方面向き）

資料: 向研会『地域活性化』2012/3資料よりBBT大学総研作成

図－18　コンセプトに賛同してくれる企業や投資家から出資を募り、フレームワークのなかで自由に開発してもらう手法（メルボルン型PFI）を用いる

豪州メルボルンの再開発例

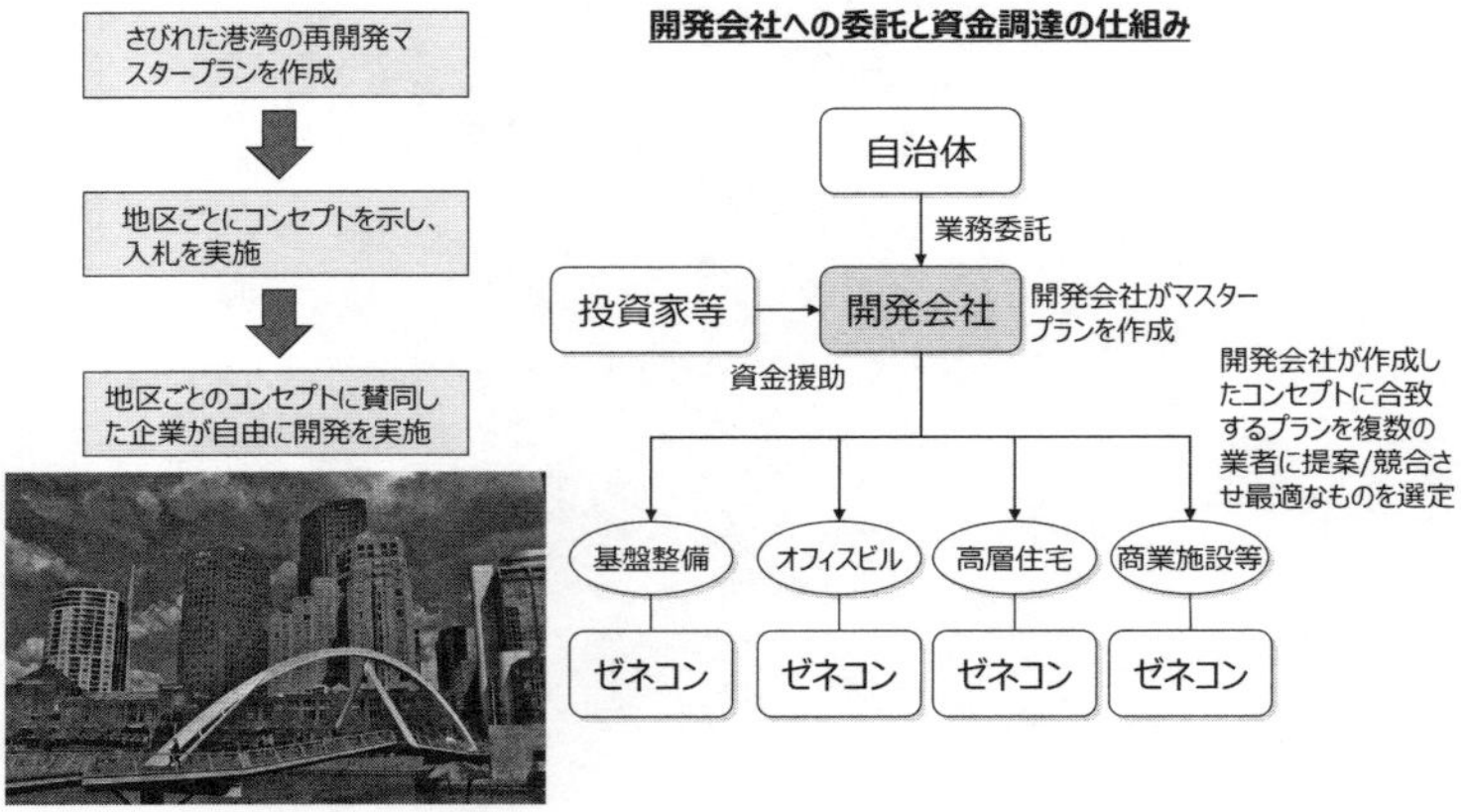

資料: 向研会『地域活性化』2012/3資料よりBBT大学総研作成

まとめ

- 「東洋のベニス」をコンセプトに、京浜運河の水路を活用した再開発を実施。
- 具体的な開発手法として、豪州で成功例のあるメルボルン型PFIの手法を参考に、京急が自治体等と協力してマスタープランを作成。
- 京浜運河の両岸の工業団地跡地にニュータウン開発を行い、新交通と京急電鉄の路線とをつなぐことで沿線価値を高め、新たな街作りを行う。

大前の総括

目指すは「東洋のベニス」。メルボルン型PFIを参考にコンセプトのある開発実現を

求められているのは1つの街の開発。魅力あるコンセプトを提示することで、高注目度エリアとして世界から投資を呼び込み、複数開発企業の提案を引き出すことができる。街作りの中心となり、沿線地域の特性を活かした開発で「水際に人が住む」の実現を提案したい。

〔著者紹介〕

大前 研一（おおまえ　けんいち）

株式会社ビジネス・ブレークスルー代表取締役社長／ビジネス・ブレークスルー大学学長

1943年福岡県生まれ。早稲田大学理工学部卒業後、東京工業大学大学院原子核工学科で修士号、マサチューセッツ工科大学（MIT）大学院原子力工学科で博士号を取得。日立製作所原子力開発部技師を経て、1972年に経営コンサルティング会社マッキンゼー・アンド・カンパニー・インク入社後、本社ディレクター、日本支社長、常務会メンバー、アジア太平洋地区会長を歴任し、1994年に退社。以後も世界の大企業、国家レベルのアドバイザーとして活躍するかたわら、グローバルな視点と大胆な発想による活発な提言を続けている。現在、株式会社ビジネス・ブレークスルー代表取締役社長およびビジネス・ブレークスルー大学大学院学長（2005年4月に本邦初の遠隔教育法によるMBAプログラムとして開講）。2010年4月にはビジネス・ブレークスルー大学が開校、学長に就任。2013年10月にアオバインターナショナルスクールを株式会社ビジネス・ブレークスルーの子会社化し、1歳半から幼稚園、小学校、中学校、高等学校までの教育および経営に携わり、日本の将来を担う人材の育成に力を注いでいる。

ビジネス・ブレークスルー大学総合研究所

ビジネス・ブレークスルー大学総合研究所（BBT大学総研）は、ビジネス・ブレークスルー大学の研究機関として、刻々と変化する経営環境のその時々の「ベストソリューション」を導き出すべく、企業経営者やビジネスリーダーにとって重要な経営課題、国内外の経済社会動向などにフォーカスした調査・分析・研究を行っています。その研究結果はビジネス・ブレークスルー提供の各種プログラムの主要コンテンツとして用いられ、提言・立案などにも活用されています。

勝《か》ち組《ぐみ》企業《きぎょう》の「ビジネスモデル」大全《たいぜん》

2018年３月16日　初版発行
2018年11月10日　３版発行

著者／大前研一《おおまえけんいち》

編著／ビジネス・ブレークスルー大学総合研究所《だいがくそうごうけんきゅうじょ》

発行者／川金 正法

発行／株式会社KADOKAWA
〒102-8177　東京都千代田区富士見2-13-3
電話　0570-002-301（ナビダイヤル）

印刷所／大日本印刷株式会社

KADOKAWAカスタマーサポート
［電話］0570-002-301（土日祝日を除く11時～17時）
［WEB］https://www.kadokawa.co.jp/（「お問い合わせ」へお進みください）
※製造不良品につきましては上記窓口にて承ります。
※記述・収録内容を超えるご質問にはお答えできない場合があります。
※サポートは日本国内に限らせていただきます。

定価はカバーに表示してあります。

ISBN 978-4-04-602271-4　C0095